비잔티움

BYZANTIUM
Copyright © Judith Herrin, 2007
All rights reserved

Korean translation copyright © Geulhangari Publishers
Korean translation rights arranged with Penguin Books Ltd.,
through EYA (Eric Yang Agency)

이 책의 한국어판 저작권은 에릭양 에이전시를 통한
Penguin Books Ltd.사와의 독점계약으로
(주)글항아리가 소유합니다.
저작권법에 의하여 한국 내에서 보호를 받는 저작물이므로
무단 전재와 복제를 금합니다.

BYZANTIUM
THE SURPRISING LIFE OF A MEDIEVAL EMPIRE

어느 중세 제국의 경이로운 이야기
비잔티움

주디스 헤린 지음 | 이순호 옮김

글항아리

일러두기

본문 중 ( )은 원저작자가, 〔 〕은 옮긴이가 보충 설명을 한 것이다.

비잔티움의 역사에 대해 물어준 타마라와 포셔에게 이 책을 바친다

차례

서문: 비잔티움의 또 다른 역사 _11

제1부 비잔티움, 찬란한 역사의 발을 내딛다

1장 콘스탄티누스의 도시 _35
2장 기독교계 최대의 도시, 콘스탄티노플 _57
3장 동로마 제국 _77
4장 그리스 정교회 _95
5장 거대한 위용, 성 소피아 성당 _131
6장 라벤나 모자이크 _159
7장 로마법 _177

제2부 고대에서 중세로 이행하다

8장 이슬람에 맞선 보루 _193
9장 새로운 기독교 미술, 성상 _221
10장 성상파괴와 성상숭배 _241
11장 개명된 사회 _273
12장 '슬라브족의 사도' 성 키릴루스와 메토디우스 _291

제3부 중세 국가를 완성하다

13장 그리스의 불 _305
14장 비잔티움의 경제 _317
15장 비잔티움의 환관 _335

16장 비잔티움의 궁정 _353
17장 '자주색 방에서 태어난' 아이들 _379
18장 아토스 산 _391
19장 베네치아와 포크 _407
20장 '불가르족의 학살자' 바실리우스 2세 _425
21장 11세기의 위기 _439
22장 안나 콤네나 _457
23장 세계의 중심, 비잔티움 _473

제4부 코스모폴리탄적 사회

24장 십자군의 지렛대 _491
25장 트레비존드, 아르타, 니케아, 테살로니카의 탑들 _509
26장 반역자와 후원자 _535
27장 "교황의 삼중관보다는 차라리 투르크족의 터번을" _559
28장 1453년 콘스탄티노플 함락 _576

맺는 말: 비잔티움의 위대성과 유산 _597
더 읽어볼 책들 _618
비잔티움과 관련된 역대 황제 목록 _639
연표 _644
감사의 말 _651
옮긴이의 말 _653
찾아보기 _658

림브르흐 십자가 성유물 용기. 968~985년 비잔티움에서 제작된 것으로, 새로운 에나멜 기법을 개척한 작품으로 평가된다.

성모 마리아와 아기 예수의 탄생, 그리고 천사들이 좌우에서 보좌하며 이들을 경배하는 모습을 묘사한 메달. 콘스탄티노플에서 6세기 후반에 제작된 것이다.

서문

비잔티움의 또 다른 역사

2002년 어느 날 오후, 건설 인부 두 사람이 킹스 칼리지의 내 연구실 문을 두드렸다. 대학 내 낡은 건물을 보수하면서 내 방 앞을 종종 지나다니다 '비잔티움 역사 교수 연구실'이라는 명패가 문에 달린 것을 보고 궁금증이 일어 들른 것이었다. 두 사람은 내게 '비잔티움 역사가 무엇이냐?'고 물었다. 그러면서 자기들 생각에는 비잔티움이 터키와 어떤 연관이 있을 것 같다고 말했다.

그렇게 해서 얼떨결에 나는 거친 작업복 차림의 진지한 노동자 두 사람에게 비잔티움의 역사를 대강 설명해주게 되었다. 그것은 다년간의 교직 경험이 있는 내게도 쉬운 일이 아니었다. 그래도 평생 연구한 결과를 10분 만에 뚝딱 이야기해주자 그들은 고맙다는 인사와 함께 비잔티움 역사가 그렇게 흥미로울 줄 몰랐다고 하면서 자신들을 위해 책을 써달라고 부탁하는 것이었다. 그렇다고 물론 내가 특정인의 사사로운 부탁에 응하여 책을 쓰려고 했던 것은 아니다. 내가 이 책을 쓰기로 결심한 것은 그들이 뜻하는 바를 알아차렸기 때문이었다. 비잔티움 역사서는 셀 수 없이 많이 나와 있지만 그

대부분이 지나치게 분량이 많아 읽기가 벅찼던 것이다. 그런 책들은 흔히 1100년의 비잔티움 역사를 정치, 군사, 종교와 같은 뻔한 테두리 내에서 90명이나 되는 역대 황제, 125명에 이르는 콘스탄티노플 총대주교, 수많은 전쟁들을 논하는 방대한 내용이기 일쑤였다. 그렇게 해서는 건설 노동자는 물론이고 비잔티움 역사에 문외한인 사람들의 흥미를 쉽게 유발할 수 없다. 내가 '비잔티움의 역사는 무엇인가?'라는 질문의 해답이 되는 책을 쓰기로 결심한 것도 그런 까닭에서였다.

  그런데 일을 시작하기 무섭게 나는 곤란한 문제에 맞닥뜨렸다. 심원한 역사서를 쓰고 싶은 욕심에 가설을 너무 많이 세운 것이 탈이었다. 그렇지만 나는 또 비잔티움 역사에 생소한 사람들에게 그것을 재미나게 이야기하는 데도 일가견이 있었다. 그래서 방법을 찾았더니 과연 해법이 나타났다. 비잔티움의 1천 년 역사에는 감각적 재미를 추구하는 독자들을 만족시킬 만한 다채롭고 충격적이며 비극적인 요소가 넘쳐났던 것이다. 하지만 또 그렇게 흥미 위주로 글을 쓰다 보면 책의 깊이가 떨어지고 내용이 단조로워질 우려가 있었다. 비잔티움은 부유하고, 바다를 지배하고, 제국의 힘을 행사한 것 이상의 존재였다. 그리고 나는 바로 그 점을 이야기하고 싶었다. 독자들이 행여 비잔티움에 대하여 흥미롭기만 한 게 아니라 이해하기도 어렵고 복잡하기도 한 나라라는 느낌을 받았다면 그런 이유 때문이다. 그 어려움은, 가령 오늘날 서구 언론이 "비잔티움처럼 얽히고설킨 조세 규정"(최근 유럽연합 협상에서 사용된 말이다)이라며 조롱조로 표현하는 것으로도 잘 알 수 있다.

  비잔티움은 과도한 부, 찬란한 금은보화, 음모, 암살, 신체절단이 공존한 표리부동하고 모호한 사회였다. 그러나 중세에는 복잡함, 반역, 위선, 모호함, 부와 같은 비잔티움의 전매특허를 내놓고, 지식인, 역량 있는 군 지휘관, 혁신적인 신학자도 많이 배출했다. 그런데도 후대인들은 그들마저 비잔티움의 전형으로 매도하면서 비방을 일삼고 있다. 그들은 종교재판소를 만들지도 않았고 범법자를 화형시키는 데도 대체로 소극적이었다. 그럼에도 딱히 정의하기 힘든 그 '잃어버린' 세계와 관련된 미스터리는 여전히 상존해 있는 것이다. 그 까닭은 비잔티움을 어느 정도라도 계승한 현대 국가가 없기 때문이다. 그렇게 해서 비잔티움은 황금, 모자이크, 비단, 황궁과 같은 찬란한 중세 예술의 뒤안길에 묻혀버렸다.

나는 이 책에서 비잔티움의 핵심적 요소, 다시 말해 제국의 바탕이 된 조직과 성격을 명쾌하고 설득력 있게 제시하여 비잔티움의 진면목을 보여줄 작정이다. 그런 식으로 독자의 흥미를 끝까지 유지시켜 새로운 문명을 알게 되었다는 뿌듯함을 느끼게 하고 싶다. 유럽에서 발전돼 나온 오늘날의 서방 세계도 알고 보면 비잔티움이라는 동방에서 벌어진 일로 보호되고, 그것에서 영감을 얻어 존재할 수 있었다는 점 또한 독자들에게 이해시킬 생각이다. 무슬림 세계도, 기독교계와 이슬람계 사이의 애증관계에서 알 수 있듯이 비잔티움 역사에서 빠뜨릴 수 없는 중요한 요소다.

그럼 그토록 중대한데도 정작 알려진 것은 별로 없는 비잔티움 역사의 특징은 무엇일까? 첫째, 비잔티움은 중세 내내 지중해 동부, 발칸 반도, 서유럽의 모든 나라에 영향을 끼친 1천 년의 역사를 지닌 문명이었다는 것이다. 정도의 차이만 있을 뿐 그 현상은 6세기부터 15세기까지 꾸준히 지속되었다. 두 번째 특징은 비잔티움이 이교와 기독교적 요소, 그리스와 로마적 요소, 고대와 특히 중세적 요소를 고루 갖춘 문명이었다는 것이다. 비잔티움의 문화와 예술적 특징이 오늘날 영원한 유산으로 인정받고 있는 것도 그래서이다. 외교 인력과 민간 관료들을 갖춘 궁정, 황제의 대관식, 여성의 정치력 행사 등 정부의 기본 형태와 관련된 모든 요소도 비잔티움에서 발전해

나왔다.

거대한 제국의 중앙에 자리 잡은 콘스탄티노플의 위용 또한 대대로 계승된 황제정부 제도와 그것에 영감을 불어넣은 다양한 원천과 더불어 지배자와 피지배자 모두에게 강력한 확신을 심어주는 역할을 했다. 비잔티움의 그런 측면은 강조되어야 마땅하다. 그리하여 유스티니아누스 1세(재위 527~565) 치세 때는 제국의 기본 구조가 200년이나 뿌리내려 거의 불변의 것으로 인식되기에 이르렀다. 그런 탄탄한 바탕을 갖출 수 있었기에 비잔티움은 기독교 이전 시대의 고대 그리스 및 로마와 기독교 사상에서 발원하고, 이념성과 실용성(철학적 논쟁과 군사적 축성이 그 좋은 예다)을 고루 갖춘 뿌리 깊은 문화를 창조할 수 있었던 것이다. 비잔티움의 모든 제도는 또 웅변으로 찬양되고 항구적 불멸성으로 승화되기에 충분할 만큼 하나의 예술로 제작되었다. 그것들에서 풍기는 느낌이 아무리 공허하다 해도 거기에는 황제, 조신, 또 그들보다는 다소 비천한 백성들의 자신감이 속속들이 배어 있었다. 그리고 그것이 7세기와 11세기에 불어닥친 위기, 그리고 무엇보다 1204년의 엄청난 도전을 극복하는 데 밑거름이 된 것이다. 비잔티움은 위기가 닥칠 때마다 전통에 대한 확실한 자각과 함께 뿌리 깊은 역사를 지닌 그런 구조에 힘입어 변화와 혁신을 이뤄낼 수 있었다.

그 점에서 비잔티움 문화는 프랑스 역사가 페르낭 브로델이 말한 이른바 장기지속 longue durée을 구현한 것으로 볼 수 있다. 교체가 잦은 정부, 새로운 유행, 기술 발전보다도 생명이 긴, 제약일 수도 영감의 원천일 수도 있는 지속적 유산을 발전시켰다는 의미에서다. 브로델이 지중해 역사를 규정하는 지리적 요소에 이용한 장기지속의 개념을, 비잔티움 문화와 그 주변 문화를 구분짓는 데 적용하면 자연스레 그런 결론이 나온다. 비잔티움은 서방과 이슬람계의 다른 중세사회와 달리, 샤를마뉴 대제와 하룬 알 라시드가

유스티니아누스 1세 황제(재위 527~565)를 새긴 목판. 지상의 권력자임을 표상하기 위해 왕관을 쓴 모습으로, 530년 그가 이끈 페르시아 전쟁에서의 승리를 묘사하고 있다. 파리 루브르 박물관.

활동한 800년 무렵에 이미 수백 년의 역사를 보유한 나라가 되었다. 그러다 보니 비잔티움 문화 또한 제약이면서 동시에 힘의 원천이기도 한 이중적 구조를 갖게 되었다. 실제로 비잔티움은 고대의 건축물과 조상彫像들의 위용이 빛나는 옛터에 제국의 수도를 건설한 고색창연한 국가였다. 비잔티움의 문화적 골격 또한 보수적이라 비난받기도 하고, 전통으로 찬양되기도 하며, 공동의 소속감을 제공해주기도 하고, 색다르고 가변적인 방식으로 기념되기도 하지만, 그 모든 점이 결국은 비잔티움에 더 큰 영광을 부여해주는 요소로 작용했다. 그것이 수많은 위기에 때로는 굳건히 대처하면서, 제국을 발전·보존·유지시켜준 탄력적인 유산을 만들어낸 힘이 되었다.

비잔티움 제국의 정체성은 언어의 연속성으로 강화되었다. 같은 언어를 쓰다 보니 고대 그리스 문화와 쉽게 연결되어 중세 학자들이 고대의 철학자, 수학자, 천문학자, 지리학자, 역사학자, 의사들의 저작을 보존하고 주석을 달며 편집하는 일이 촉진된 것이다. 호메로스의 시를 찬미하고 『일리아스』와 『오디세이아』의 중요한 초판본을 발행한 곳도 다름 아닌 비잔티움이었다. 극장 공연은 거의 사라졌지만, 아이스킬로스, 소포클레스, 에우리피데스, 아리스토파네스의 희곡들도 면밀히 연구되고 여러 세대에 걸쳐 학생들에 의해 암송되었다. 학생들은 데모스테네스의 연설과 플라톤의 대화도 학습했다. 고대의 강력한 이교적 요소는 그런 식으로 비잔티움에 착착 흡수되었다.

그 고대 유산이 기독교 신앙과 결합되어 이교 신들에 대한 숭배를 차츰 대신하게 된 것이다. 오늘날에도 영적 가르침으로 수도승과 순례자들을 고취시키고 있는 시나이 산과 아토스 산 같은 성산에 초기 기독교의 수도원 전통을 수립한 것 역시 비잔티움이었다. 비잔티움은 불가리아, 세르비아, 러시아도 기독교로 개종시켰다. 중세의 프레스코화와 성상으로 장식된 정

시나이 산의 성 카타리나 수도원 성지를 참배하는 순례자들의 모습.

교회 교회들이 발칸 반도 곳곳에 지금껏 산재해 있는 것도 그 때문이다. 그런가 하면 비잔티움은 7세기에 무슬림 지배하에 있던 기독교 지역들과도 지속적으로 접촉하면서 예루살렘, 알렉산드리아, 안티오키아의 총대주교구는 물론, 에티오피아와 수단, 페르시아, 아르메니아, 그루지야의 교회들처럼 멀리 떨어진 기독교 사회에도 지원을 아끼지 않았다.

비잔티움은 로마의 기술과 공학 기법을 이용하여 수도교, 요새, 도로, 교량도 지었다. 1천 년 뒤 로마의 베드로 대성당이 세워지기 전까지는 세계 최대의 돔이 얹혀 있었고 지금도 6세기 때의 장엄함을 고스란히 간직하고 있는 콘스탄티노플의 성 소피아 성당 같은 대건축물도 축조했다. 소피아 성당의 비잔티움식 돔은 여러 차례 수리를 거쳤음에도 기본 형태는 손상되지 않은 채, 지금도 세계 어디서나 볼 수 있는 정교회의 수많은 다른 성당들의 모델이 되었다. 덮개 없는 곳에서 예배를 보던 아랍인들도 여기서 영감을 얻어 사막의 고향 땅을 떠난 뒤로는 지붕 있는 모스크를 축조하기 시작했다. 유대교와 기독교 성지의 점령을 기념해 예루살렘에 지은 이슬람 사원도 그에 걸맞게 바위의 돔으로 명명되었다. 그 사원의 둥그런 지붕과 화려한 모자이크는 칼리프 아브드 알 말리크가 7세기 때 유스티니아누스 2세 황제에게, 빛을 받으면 반짝이는 유색석과 모자이크 각석을 세공하는 데 탁월한 기술을 보유한 장인을 보내달라고 하여 비잔티움 양식으로 지은 것이다. 돔의 기저 테두리에, "이슬람은 알라(신)의 마지막 계시이고 다른 모든 종교보다 우월하다"는 내용의 코란 구절을 장장 240미터에 걸쳐 새겨 넣은 것도 아마 비잔티움 장인들이었을 것이다.

비잔티움은 로마로부터 선진 법률 체계와 군사 전통도 물려받았다. 비잔티움의 장구한 역사를 지탱시켜준 것이 그 두 가지 요소였다. 이론상 비잔티움은 법치주의 국가였다. 그에 따라 제국은 법관을 훈련시키고 녹봉을 지

'바위의 돔'으로 불리는 이슬람 사원. 비잔티움으로부터 종교적·예술적 세례를 듬뿍 받았던 아랍인들은 비잔티움인들과 마찬가지로 지붕 있는 모스크를 짓기 시작했다.

급해 송사를 해결하도록 했다. 제국의 신민들은 억울한 일이 있으면 법에 호소하여 법관의 판결을 받았다. 군대도, 저 유명한 로마 군단은 7세기 이후 점차 사라졌지만, 보병대와 기병대의 전투 병력은 로마의 군사교범에 따라 훈련받았다. 육해군의 병법, 공성 무기, 군대의 지원 방식, 갑옷과 보호 장비들도 로마의 관행을 따랐다. 다만 한 가지, 물에서도 타도록 만들어진 유황 성분의 '그리스의 불'은 비잔티움의 발명품이었다. 게다가 그것은 국가 기밀 사항으로 철저히 비밀에 부쳐졌기 때문에 지금도 그 구성 성분을 알 수 없다. 아랍인들도 그와 비슷한 무기를 만들었으나, 해전 때나 도시에서의 공성전 때 그리스의 불은 그것을 처음 접하는 적군들에게 지속적으로 끔찍한 공포감을 심어주었다.

비잔티움은 스스로를 세계의 중심이라고 생각했고, 콘스탄티노플을 고대 로마를 대체하는 도시로 여겼다. 그리스어를 사용하는데도 비잔티움은 로마 제국, 시민들은 로마인으로 간주되었다. 고대 그리스 이주의 산물인 시칠리아와 남부 이탈리아의 그리스어권 지역들도 그런 논리로 지배했다. 비잔티움은 또 중세의 아말피와 베네치아처럼 국제무역을 생계 수단으로 삼은 이탈리아의 해안 도시들도 보호하고 발전을 촉진시켰다. 그러다 이윽고 그 도시들은 비잔티움을 추월해 경제 중심지가 되고 우수한 해군 및 상업적 능력을 갖게 되었다. 그러나 그 도시들이 비잔티움에 빚진 사실은 뚜렷이 남아 있다. 그 도시들의 성당만 해도 콘스탄티노플에서 제작된 청동 문이 달려 있고 성당의 내부 또한 비잔티움 양식의 대리석, 모자이크, 성상들로 장식돼 있다. 그렇게 남부 이탈리아 도시들은 비잔티움 제국의 비호 아래 번영을 이루었다.

그러나 오늘날의 우리에게 비잔티움의 가장 큰 특징은 역시 중세 초 서방 기독교의 보루가 된 점일 것이다. 실제로 비잔티움은 7세기까지는 로마 제

로마와 콘스탄티노플을 의인화하여 묘사한 빗. 6세기에 알렉산드리아에서 만들어진 것으로 추정된다. 비잔티움인들은 자신들을 로마 사람으로 생각했다.

국이었다. 로마 제국으로서, 로마와 콘스탄티노플을 먹여 살린 두 곡창지대인 북아프리카와 이집트는 물론, 남부 이탈리아, 성지, 저 먼 동쪽의 아라라트 산에 이르는 소아시아, 지금의 그리스 전역, 발칸 반도의 대부분을 지배했다. 그러다 7세기 무렵 아라비아 부족들이 새로운 종교인 이슬람에 고취되어 지중해 동부 태반을 점령했다. 아랍인들은 유대교와 기독교를 계승하여 나타난 계시종교의 이름으로 싸웠다. 그렇게 파죽지세로 진격해오는 아라비아 세력을 비잔티움이 소아시아에서 차단해, 다르다넬스 해협을 지나 발칸으로 넘어오는 것을 막아준 것이다. 콘스탄티노플도 이슬람의 포위공격을 수차례 받았다.

무슬림 세력은 콘스탄티노플을 점령하여 이슬람계의 수도로 만들고 로마 세계를 정복하려는 자신들의 목적을 지극히 합당한 것으로 여겼다. 그리고 그것이 논리에 맞는 일이라고 생각했다. 이슬람은 유대교와 기독교를 대체해 나타난 종교였으므로 이슬람 세력이 로마를 대신해 고대세계의 정치조직을 인수하는 것이 당연하다는 논리였다. 코란에 명시된 열망에 따라 지중해 일대는 무슬림 세력 아래 재통일되는 것이 마땅하다는 말이었다. 조로아스터교를 믿는 페르시아 지역도 조만간 이슬람 앞에 무릎을 꿇게 될 터였다. 실제로 아랍인들은 634년부터 644년까지 회오리바람 같은 원정을 실시하여 그 목적을 대부분 달성했다. 그것이 비잔티움이 맞은 최초의 중대한 위기였다.

만일 비잔티움이 678년에 이슬람의 팽창을 막지 못했다면 무슬림 세력은 콘스탄티노플의 재원까지 확보하여 발칸, 이탈리아, 그리고 정치적 분규로 방어의 공조를 이룰 희망이 없었던 서방으로까지 이슬람을 전파했을 것이다. 이렇게 보면 유럽은 이슬람 정복의 개연성을 막아준 비잔티움 덕에 탄생한 것이었다. 비잔티움이 이슬람 팽창을 저지해주었기에 작은 지역들로 쪼개져 있던 서방의 기독교 세력은 시간을 갖고 힘을 키울 수 있었던 것이다. 632년 예언자 무함마드가 죽은 지 100년 뒤 프랑크 왕국의 궁재 카를 마르텔은 프랑스 중부의 푸아티에 근처에서 무슬림 군을 격파하고 피레네 산맥 너머로 그들을 돌려보냈다. 카를 마르텔의 손자이자 그와 이름이 같은 프랑크 왕국의 카를(샤를마뉴) 대제 때에 이르러서는 유럽에 대한 개념이 점차 구체성을 띠기 시작했다. 그리하여 샤를마뉴가 그의 형제와 권력투쟁을 벌이고, 그의 계승자들도 내분을 벌여 유럽이 탄생하게 되었다.

그런 사실에도 불구하고 중세 서방의 성직자와 지배자들은 동방의 기독교 문명인 비잔티움을 도외시했다. 중세의 비잔티움이 전성기 때의 로마보다 지배 범위가 작았던 것은 사실이다. 그러나 비잔티움은 7세기부터 15세기까지 새로운 정치·문화 형태를 발전시켰다. 과거의 색다른 요소들을 결합해 새로운 중세 문명을 창조하여 북쪽의 비기독교 종족들도 다수 끌어들였다. 불가리아, 러시아, 세르비아도 기독교와 비잔티움의 문화적 요소를 받아들였다. 비잔티움은 그런 식으로 700년 가까이 정교회와 고대 학문의 등불 역할을 했다.

비잔티움은 십자군 전쟁 때도 이슬람으로부터 성지 수복을 꾀하는 기독교계 운동의 중심이 되었다. 그리하여 11세기부터는 서방과의 관계가 한층 돈독해졌으나 그렇다고 그 결과가 매번 좋게 나타난 것만은 아니었다. 제1차 십자군은 성공을 거두어 예루살렘에 라틴왕국을 건설했다. 그런데 1204년 제4차 십자군이 엉뚱하게 콘스탄티노플을 공격·점령하고 약탈하는 만행을 저지른 것이다. 그것이 비잔티움이 직면한 역사상 두 번째 위기였다. 비잔티움은 그 타격을 받은 뒤 예전의 힘과 위용을 결코 회복하지 못했다. 수도는 되찾았지만 1261년부터는 사실상 도시국가나 다름없는 존재로 축소되었고 그러다 1453년 오스만 제국에 정복된 것이다.

호데게트리아(길의 인도자이신 성모)의 기적을 담은 성상(이콘). 1498년 모스크바에서 제작된 것으로 추정된다. 러시아가 기독교와 비잔티움의 문화적 요소를 받아들인 예를 보여주는 대표적인 작품이다.

그런데 신기하게도 비잔티움의 문화적인 영향력은 정치력과 반비례하여 확산되는 기현상이 일어났다. 서방의 예술과 학문도 1204년부터 쏟아져 들어온 수많은 비잔티움 예술품 덕에 부활했다. 14세기에는 비잔티움의 그리스인들이 이탈리아에서 대학교수로 활약하며 제자들과 함께 플라톤 저작들을 번역하기 시작했다. 아리스토텔레스의 저작은 무슬림 세계를 통해 서방에 일찍이 전해졌으나 플라톤 철학은 그때까지도 알려지지 않았던 것이다. 동서 교회의 재통합으로 이어진 1439년 피렌체 공의회 때는 그리스 학자 겸 철학자로서 유명한 게오르기우스 게미스투스 플레톤이 플라톤 철학을 주제로 공개 강연을 했다. 그에 감화되어 코스모 데 메디치는 나중에 플라톤 아카데미까지 창설한다. 비잔티움은 이렇게 1453년 콘스탄티노플이 함락되기 훨씬 전부터 이미 이탈리아 르네상스에 기여하기 시작했다. 콘스탄티노플이 함락된 뒤에는 난민들이 원고를 싸 짊어지고 도시를 탈출해 서방의 새로운 학문과 예술을 더욱 활짝 꽃피게 해주었다. 그 몇십 년 뒤 서방에서 프로테스탄트 종교개혁이 일어났을 때는, 종교개혁자들이 성상을 비난하면서 보다 영적인 기독교 예배 형식을 모색하다가, 8세기와 9세기 비잔티움의 성상파괴주의자들이 수집한 성서와 교부들의 저서에서 그 대안을 찾기도 했다.

나는 이 책을 통해 비잔티움의 실체와 작동 방식 그리고 그것의 의미를 밝혀보고자 한다. 그 생각은, 초기 중세사에 있어서의 종교적 중요성을 다룬 나의 전작 『기독교계의 형성 *The Formation of Christendom*』을 위한 자료를 수집하는 과정에서 싹터 나왔다. 중세인들은 현대 서구인들의 사고방식으로는 도저히 이해가 안 갈 정도로 신앙의 문제를 중요하게 생각했다. 그 점은 일반 학자나 중세 예술을 감상하는 대중이 똑같이 알아야 할 문제다. 중세의 종교적 세계에는 통합과 분열을 일삼은 기독교도만 있었던 것이 아니었다. 거기에는 기독교로 개종하지 않은 다신교도, 조로아스터교와 마니교 신봉자, 동방의 이교 추종자, 오래전에 확립된 유대인 공동체 등 잡다한 신앙인들로 가득 차 있었다. 이슬람도 지중해 동부와 남부, 시리아와 에스파냐, 그 사이에 사는 모든 지역 사람들에게 심대한 영향을 끼쳤다. 8세기에는 비잔티움에서 시행된 최초의 성상파괴운동 때문에 일반인들이 성상을 위해 죽는 일까지 벌어졌다. 성상을 철저히 금지한 이슬람과 달리 로마 교회는 그것을 옹호했다. 샤를마뉴의 신학자들도 성상 파괴를 지지한 본래의 태도에 회의를 품기 시작했다. 그렇게 해서 8세기와 9세기에 개별적이면서도 서로 연관된 세 개의 지역이 형성되었다. 바로 동방의 비잔티움, 남방의 이슬람(이집트, 북아프리카, 에스파냐), 서방(유럽)의 라틴지역이다. 그것이 각기 다른 방식으로 오늘날까지 이어져온 것이다.

그 시대를 매혹적으로 만드는 또 다른 요소는 중세의 비잔티움 여성들이 종교 성상에 보인 헌신적인 태도다. 그것은 아마 성직계급에서 여성이 배제된 것과도 얼마간 관련이 있을 것이다. 그런가 하면 그것은 내가 쓴 책『여제들 Women in Purple』의 주인공들로, 787년과 843년 두 차례에 걸쳐 성상 숭배를 부활시킨 여성 지배자들의 동기에 관한 문제와도 관련돼 있다. 비잔티움의 두 여제 이레네와 테오도라는 남편과 먼 남자 친척들이 도입하고 옹호한 성상파괴주의를 철폐할 때 남자 못지않은 냉혹함과 간계로 그 일을 수행했다. 그렇게 성상 문제의 주도권을 쥠으로써 그네들은 다른 중세사회에서는 찾아볼 수 없는 미증유의 정치적 명성을 얻었다. 당대의 역사가들은 성상에 애착을 보인 그네들의 기질을 여성 특유의 나약함으로 설명했지만 그들의 행위에는 그 이상의 의미가 있었다. 나는 그것을 '비잔티움의 여성 통치 전통 the imperial feminine'과 관련이 있었을 것으로 본다.

유적 발굴도 비잔티움을 새롭게 알 수 있는 또 하나의 방식이 된다. 나는 그리스, 키프로스 섬, 콘스탄티노플의 중심에 위치한 칼렌데르아네 모스크의 발굴 현장에서 비잔티움 문명의 토대가 되는 물질문화로 연구를 수행했다. 크레타 섬과 그리스 남부 해안 앞바다에 떠 있는 키테라 섬의 교회들을 탐사하고, 키프로스 섬 남서쪽의 쿠클리아(지금의 피르고스)에서 발굴한 도기들을 살펴봄으로써 중세 비잔티움 문화권에 속한 사람들의 생활상을 좀 더 면밀히 다뤄보고자 했다. 키프로스 섬의 파포스에서 수행한 첫 발굴 작업에서는 1222년 지진 때 희생된 여인의 해골을 사란다 콜론네스 성 유적지에서 발견하는 성과를 거두었다. 그 여인의 손에는 금반지와 진주반지가 끼워져 있었다. 이스탄불에서도 칼렌다르(이슬람 탁발 수도승 공동체) 모스크의 동절기 누수 지점을 조사하던 작업단원이 지금도 그 옛 도시에 우뚝 서 있는 수도교 가까이 위치한 우물 뒤에서 푹 파인 구멍을 찾아냈다. 숙련된 한 유적복원 팀원은 패널 가장자리를 더듬다가, 성모가 성 시메온(949년경 ~1022년, 비잔티움의 수사이자 신비주의자)에게 아기 예수를 건네는 모습으로 확인된 초기 기독교 시대의 모자이크 각석을 발견하는 쾌거를 이루었다. 그것은 아마 성상파괴 때 화를 면하기 위해 벽 속에 숨겨놓았던 것이리라. 그와 비슷하게 1261년 라틴인들의 콘스탄티노플 점령이 끝나고 도시를 탈출할 때 서방 수도승들이 아시시의 성 프란체스코 모습이 담긴 프레스코화의 훼손을 막기 위해 예배당 전체를 벽돌로 막아놓은 것도 찾아냈다. 동방과 서방을 대표하는 그 탁월한 기독교 미술품들은 나중에 어네스트 호킨스에 의해 복원되어 현재 이스탄불 고고학 박물관에 전시돼 있다.

비잔티움에 대한 나의 생각은 광범위한 지역들에 산재한 그 중세 제국의 증거물에 의해서도 많은 영향을 받았다. 십대 시절 나는 이탈리아 북부의 라벤나에서 유스티니아누스 1세와 황후 테오도라의 모자이크 패널화, 호노리우스 서로마 제국 황제의 누이인 갈라 플라키디아 능묘 묘당의 천장을 수놓은 반짝이는 별들, 라벤나의 교회들에 장식된 성자와 양떼의 행렬을 보고 경악했던 기억이 있다. 그 40여 년 뒤인 2005년에도 나는 아드리아 해 북부에서 홍해까지 장장 2천 마일의 거리를 마다하지 않고 유스티니아누스 황제 부처가 지은 시나이 산의 카타리나 수도원 성당 지붕에 오르는 특권을 누렸다. 거룩한 터라는 신의 계시에 따라 모세가 신발을 벗었다고 전해지는 곳에도 가봤다. '불타는 떨기나무'가 있던 곳으로 추정되는 이곳에서 나는, 흰개미가 없고 건조한 이집트 사막의 특성으로 지금까지도 보존 상태가 완벽한 6세기 무렵의 들보를 만져보았고 유스티니아누스와 테오도라의 후원 내용도 읽을 수 있었다. 황제 부처를 연구하는 비잔티움 학자들에게 그런 생생한 체험은 더할 수 없이 중요한 요소다.

비잔티움 유적은 콘스탄티노플은 물론, 로마, 시칠리아, 모스크바, 터키 일대, 그리스, 발칸 반도의 어디에서든 찾아볼 수 있다. 그러나 그 어느 것도 10세기의 칼리프 알 하킴 2세의 지시로 축조된 에스파냐의 코르도바 대사원 미흐라브를 장식하고 있는 눈부신 비잔티움 모자이크를 따라오지는 못한다. 폰투스 산맥을 넘는 기나긴 여정을 마친 늦은 오후 흑해 남동부의 트레비존드에 도착해 그 도시에 우뚝 솟은 왕궁을 바라보는 정취 또한 기가 막히다.

비잔티움의 영향은 예루살렘 성묘교회에서 행해지는 부활절 예배 때 정교회 대주교가 그리스도의 부활을 나타내는 촛불을 들고 동굴 무덤을 나와 주변의 교인들 초에 그 불로 점화하는 장면에서도 잘 드러난다. 오늘날의 아테네에서도 부활절 일요일 자정에 군중이 촛불을 들고 리카베투스 언덕을 내려오는 의식을 거행하는데, 그 역시 2천 년 가까이 지속된 의식의 힘을 강하게 상기시키는 요소다.

비잔티움의 예술품들은 여러 가지 이유로 유럽 전역으로 퍼져나갔다. 그러다 보니 생각지도 못한 의외의 박물관에서 그것들을 보게 된다. '알렉산드로스 망토'로 불리는 비잔티움의 비단도 바이에른에 보관돼 있고, 10세기에 결혼한 비잔티움 공주 테오파노와 신성 로마 제국 오토 2세 황제의 혼인계약서는 독일 볼펜뷔텔에서 만나볼 수 있다. 당시 책 커버로 쓰인, 비잔티움 장인들의 솜씨와 함께 그런 사치품이 만들어진 문화의 존재를 새삼 느끼게 되는 10세기의 상아 조각품들도 유럽으로 전파되었다. 서방은 중세의 학자와 성직자들이 '비잔티움'의 왜곡된 정형화를 조장하는 와중에도 수백 년 동안 그것들을 소중히 간직해왔다.

비잔티움에 대한 내 생각은 매 학기 비잔티움 역사에 대한 강의 준비를 하는 과정에서 점점 무르익었다. 특히 도움이 컸던 것이 나의 관점에 이의를 제기해준 학생들이었다. 또한 1990년 프린스턴대 교수로 재직할 때 그곳의 쟁쟁한 교수진을 보고 몰려든 재기 넘치는 대학원생들을 만난 것도 큰 활력소가 되었다. 지적 자극이 되는 교수와 호기심 넘치는 학생들 틈에서 비잔티움에 대한 열정을 나누는 새로운 방법을 추구할 수 있었기 때문이다. 당시의 동료 교수들 가운데 한 사람인 크리스틴 스탠슬은 나중에 런던에 와서, 이제는 '성과를 보여줄 때'도 되지 않았느냐면서 연민 반 기대 반으로 나를 다그쳤다. 그 점에서 이 책이 나올 수 있었던 것은 어느 정도 내 연구실을 찾은 뜻밖의 손님들과 더불어 그녀의 독려 덕분이기도 했다.

이제 책의 집필 방법에 대해 이야기할 때가 된 것 같다. 셰익스피어 시대의 런던에서는 베잔트bezants와 캐비아가 똑같이 낯익은 풍경이었다. 런던 시민들은 비잔티움의 이름에 따라 명명된 그 금화와 철갑상어 알을 동일하게 소비했다. 비잔티움의 유산은 예측 불허의 장소에서 그런 간접적인 방식

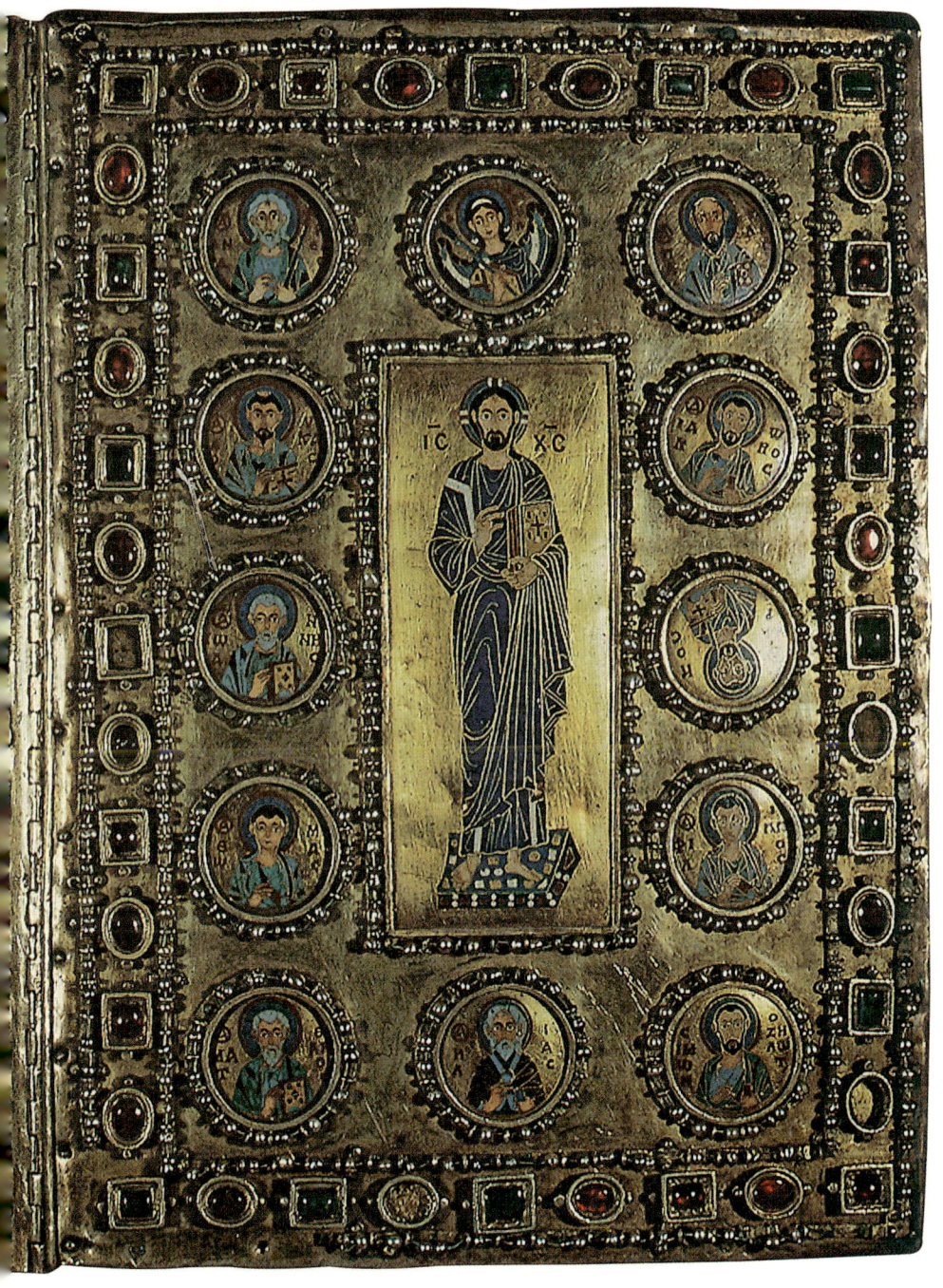

책 표지. 10세기 후반에서 11세기 초경 은도금과 나무, 에나멜 도금을 해 만든 것으로, 찬란한 비잔티움 미술을 입증하는 작품이다.

으로도 얼마든지 찾아볼 수 있는 것이다. 내가 이 책에서 말하려는 것이 바로 그것이다. 기존의 개론서와 연구서들의 패턴을 따르지 않고 특정 사건, 기념물, 인물들을 선별하여 비잔티움 역사의 골격이 되는 틀 안에서 그것들을 규명하려는 것이다. 그런 생각으로 책의 첫 일곱 단원은 콘스탄티노플, 법률, 정교회 등 비잔티움의 1천 년을 가로지르는 범주라고 할 수 있는 기본 주제에 할애할 것이다. 나머지 단원들은 동일한 사건을 다른 관점으로 바라보는 이야기들로 짜여 있다. 책을 쓰면서 특히 어려웠던 점은 주제를 취사선택하는 것이었다. 수많은 사례와 흥미로운 이야깃거리를 제외하기는 정말 힘든 일이었다. 그러다 보니 비잔티움의 입맛만 다시는 책이 되고 말았다. 아쉽지만 보다 전문적인 지식은 책 말미에 실어놓은 참고문헌을 통해 얻기 바란다. 이 책은 내 연구실을 찾은 건설 노동자들의 질문에 답하고 우리 모두가 비잔티움 역사를 좀 더 깊이 알아야 하는 이유를 설명하는 선에서 만족하려 한다.

제1부
비잔티움, 찬란한 역사의 발을 내딛다

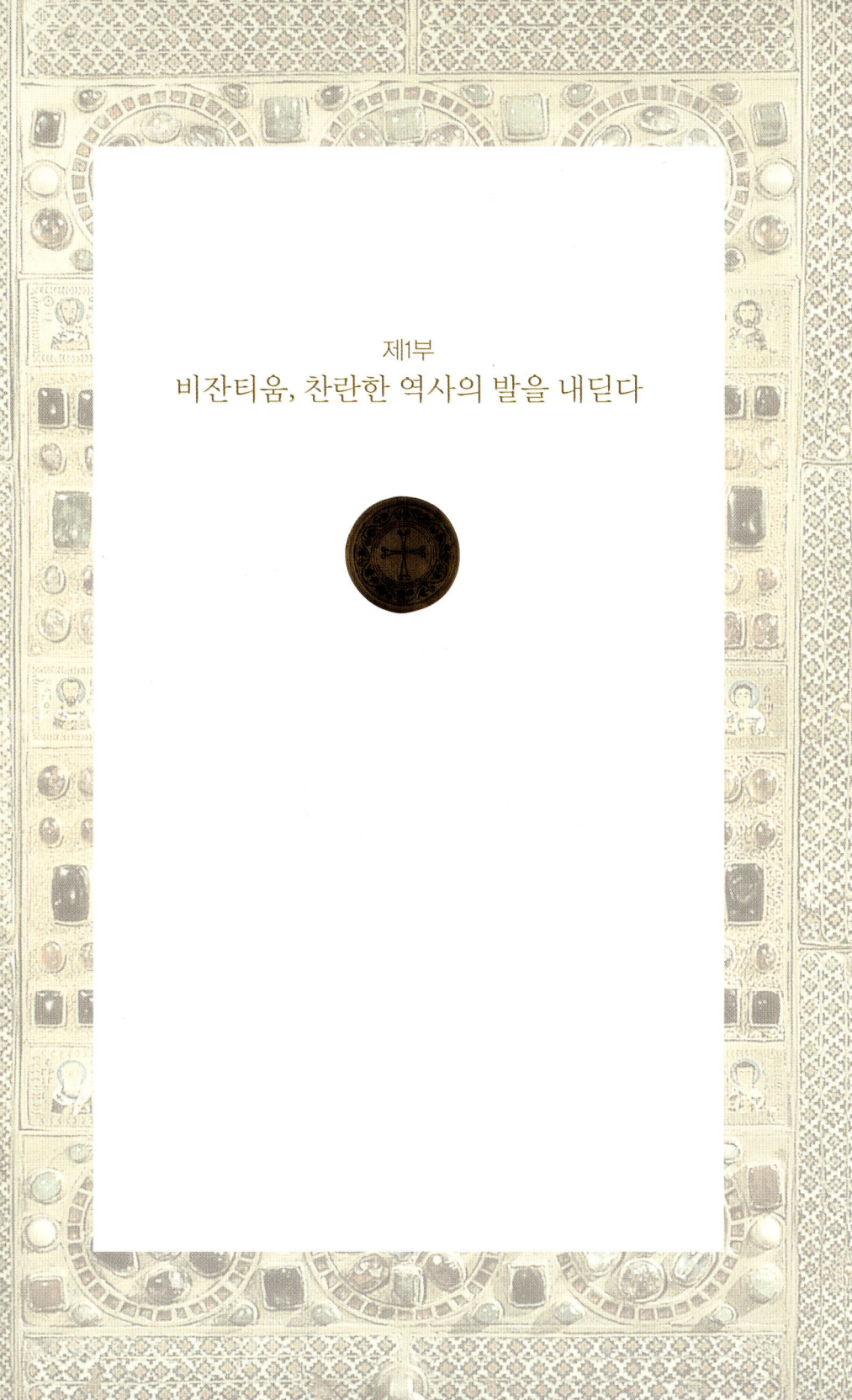

콘스탄티누스 1세의 청동 조각상으로, 325~330년경 만들어졌다. 각진 턱, 긴 곡선으로 표현된 콧날, 모자를 쓴 듯 표현된 머리 모양 등이 그를 세밀하게 묘사하고 있다. 유고슬라비아 베오그라드 국립박물관.

1
콘스탄티누스의 도시

콘스탄티누스는 도시를 황제의 위용에 손색없는 곳으로 만들고자 했다. 바다에서 바다에 걸쳐 있는 지협을 끊어 (…) 성벽으로 도시를 둘러친 것도 그래서였다. 로마에 뒤지지 않는 황궁도 지었다. 히포드롬도 내부에 디오스쿠로이 신전을 설치하여 세상에 둘도 없이 아름답게 장식했다.

— 501년경에 집필된 조시무스의 『새 역사New History』 중에서

비잔티움(콘스탄티노플, 이스탄불)은 천혜의 자연 입지를 지닌 곳이다. 뉴욕, 시드니, 홍콩처럼 도시 중앙에 바다가 들어오는 심해 항을 가진 대도시라는 점만 해도 그렇다. 바다와의 근접성, 파도에 일렁이는 햇빛, 저 멀리 수평선에 나타나는 풍경 또한 비잔티움을 돋보이게 하는 요소였다. 그러나 4세기 초 로마 제국의 새로운 수도를 물색 중이었던 콘스탄티누스의 눈길을 잡아 끈 것은 무엇보다 아시아와 유럽을 잇는 육로와 해로를 동시에 지배할 수 있는 그곳의 입지 조건이었다. 골든 혼Golden horn(황금뿔) 해협에 안전한 항구까지 갖춘 그곳을 그는 최적의 장소로 본 것이다. 항구에 쇠사슬을 설치하면 적선의 접근을 막을 수도 있고 보스포루스의 위험한 물살로부터도 도시를 지킬 수 있었다. 그리스 신화에 나오는 레안드로스가 연인 헤로를 만나기 위해 헤엄쳐 갔다고 알려진 그 해협을 오늘날엔 러시아 유조선들이 분

주히 오가고 있고, 지금의 이스탄불 역시 인구 1천200만 명을 헤아리는 대도시가 되었지만 콘스탄티노플이 만들어내는 보스포루스 해협 위의 파노라마는 여전히 장관으로 남아 있다. 얼마 전까지는 오스만 제국 시대의 부잔교를 갖춘 옛 목조 가옥들이 있는 곳까지 배를 저어가는 것도 가능했다. 아시아와 유럽을 이어주는 두 개의 다리가 있지만 홍차와 참깨 뿌린 시미트 빵을 파는 보스포루스 해협 횡단 여객선도 여전히 운행되고 있다. 청명한 날, 배의 갑판에 앉아 콘스탄티누스 도시의 장관을 감상하는 것도 이스탄불에서 누릴 수 있는 인생의 큰 낙 중 하나다.

콘스탄티누스는 발칸 반도의 니슈에서 콘스탄티우스 클로루스의 아들로 태어났다. 콘스탄티우스 클로루스는 방만한 제국을 효율적으로 통치하기 위해 디오클레티아누스(재위 284~305)가 도입한 '4제 통치제'의 구성원들인 네 황제 중의 한 사람이었다. 그 '4제 통치제'로 로마 제국은 사실상 정제 두 사람이, 그들이 죽으면 권력을 자동 승계하도록 된 부제 두 사람과 함께 통치하는 나라로 양분되었다. 하지만 그 제도는 야망을 거부당한 황제 아들들의 불만으로 곧 삐거덕거리기 시작했다. 306년 브리튼의 요크에서 아버지 콘스탄티우스가 죽은 뒤 병사들에 의해 황제로 추대된 콘스탄티누스야말로 그 야망의 화신이었다. 그러나 제국의 동쪽을 다스리는 황제 리키니우스는 그를 정제로 인정하지 않았고, 그리하여 몇 년 뒤 서쪽에는 황제를 칭하는 세 명의 장군이 난립하게 되었다. 이에 콘스탄티누스는 브리튼에서 유럽 본토로 넘어와 두 사람을 격퇴하고 312년 로마 외곽의 밀비우스 다리 전투에서 막센티우스(디오클레티아누스 황제의 아들로 그의 처남이기도 했다)와도 결전을 벌여 결정적인 승리를 거두었다. 그런 다음 영원의 도시 로마로 개선하여 원로원의 환호를 받았다. 그러나 예상과 달리 승리의 제단에 모셔진 로마의 신들에게는 감사를 드리지 않았다. 그에 대해 훗날 콘스탄티

베네치아 산마르코 성당에 있는 '4제 통치제'를 표현한 것으로, 300년경 조각되었다. 로마 제국의 이 제도는 나라를 삐거덕거리게 하는 근원적인 불안 요소로 작용하기도 했다.

누스는 밀비우스 다리 전투 때 하늘에 십자가 형상이 나타나는 것을 보았으며 그것을 그는 기독교 신이 자신의 승리를 예언한 신호로 받아들였기 때문이라고 말했다. 군사 정복으로 서방의 황제가 된 그는 이제 제국의 동쪽 지역의 황제인 리키니우스와 협상할 필요를 느꼈다.

두 사람은 313년 밀라노에서 만나 혼인동맹(콘스탄티누스의 이복누이인 콘스탄티아와 리키니우스의 결혼)으로 두 정부의 결속을 다졌다. 그와 더불어 로마 제국과 황제들의 안녕을 위해 기도를 하는 한에 있어서는 기독교를 포함한 모든 종교에 신앙의 자유를 부여하는 내용의 밀라노 칙령도 공포했다. 기독교도들이 그들 군주의 안녕을 위해 기도하기 시작한 것은 그때부터였다. 콘스탄티누스는 자신의 개인적 신앙에 대해서는 모호한 태도를 보였다. 그래도 313년의 밀라노 칙령으로 그는 기독교가 로마 제국의 국교가 되게 하는 첫 단추를 끼웠으며 기독교도들에게도 줄곧 우호적인 태도를 취했다. 그 11년 뒤에는 보스포루스 해협의 아시아 쪽에 위치한 크리소폴리스(지금의 터키 위스퀴다르)에서 리키니우스를 격파하여 단독 지배권을 놓고 치열하게 대립한 두 사람의 경쟁관계에도 종지부를 찍었다. 콘스탄티누스는 포로가 된 그를 테살로니카(현재 명칭은 테살로니키이다)로 추방한 뒤 은밀히 살해했다. 그렇게 해서 324년 그는 서로마보다 광대하고 부유하며 인구도 조밀한 동로마의 황제 자리마저 차지했다. 그런 다음 종횡으로 원정을 다닌 로마세계의 황제로 13년을 더 군림하다가 337년 숨을 거뒀다.

콘스탄티누스는 리키니우스에게 승리를 거둔 뒤, 수시로 침략의 위협을 가하는 로마의 숙적 페르시아와 가까운 동방에 제국의 수도를 둘 필요성을 느꼈다. 수도 후보지로 염두에 둔 곳은 고대 도시 트로이였다. 그러다가 기원전 7세기 메가라 출신의 그리스인들이 보스포루스 해협의 유럽 쪽 해안가에 세운 식민지 비잔티온(메가라 주민들이 그들의 왕 비잔타스의 이름을 따 붙인 콘스탄티노플의 본래 명칭. 현재 표준어로 쓰이는 비잔티움은 라틴어 표기다)을 새롭게 선정했다. 비잔티온은 그런 신비적 기원에서 출발하여 흑해와 마르마라 해를 이어주며 다르다넬스 해협에서 에게 해로 흘러드는 변덕스런 바다에서 해운업으로 번영을 일구었다.

비잔티온은 고지대에 건설된 데다 골든 혼에는 방비가 잘된 항구도 갖추고 있었다. 북쪽(골든 혼), 동쪽(보스포루스), 남쪽(마르마라 해)으로 삼면이 바다에 접해 있어 도시의 방어물은 서쪽의 성벽 하나만으로도 족했다. 머나먼 남쪽(호박, 모피, 금속, 목재)과 지중해(기름, 곡물, 파피루스, 아마, 극동에서 수입되는 향료)를 오가는 수익성 좋은 해상 무역로는 물론이고 서방과 아시아를 잇는 육로 또한 지배하고 있었다. 2세기 후반에는 로마 황제 셉티미우스 세베루스가 언제나 약점으로 꼽히던 도시 성벽을 강화하고, 새로운 기념물들도 세웠다.

콘스탄티누스는 그 비잔티온을 로마 황제 하드리아누스가 건설한 하드리아노폴리스(아드리아노플, 지금의 에디르네)나 알렉산드로스 황제가 건설한 알렉산드리아처럼 자신의 이름을 딴 새로운 수도로 만들고자 했다. 그렇게 해서 324년 전통 의식으로 8평방킬로미터의 지역을 둥그렇게 에워싸 수도 크기의 네 배가 되게 하고 도시의 가능성을 극대화한 새로운 육지성벽의 구획 범위가 정해졌다고 조시무스는 기록했다. 서쪽 성벽과 마르마라 해와 골든 혼 해안가에 들어설 성문들의 위치도 결정되었다. 그리하여 330년 5월 11일 6년간의 집중 공사 끝에 콘스탄티누스의 도시 콘스탄티노플은 마침내 고대 시민의 자긍심과 도시 축제의 냄새가 물씬 풍기는 의식으로 새로운 수도로서의 서막을 알렸다. 수도 창건을 기념하여 히포드롬에서는 로마인이면 누구나 좋아하는 경마와 전차경주가 개최되었고, 제욱시포스 공중 욕장도 개장되었으며, 주민들에게는 음식, 의복, 돈이 배포되었다. 로마 제국의

콘스탄티누스와 막센티우스의 전쟁을 그린 프레스코화, 피에로 델라 프란체스카, 아레조 산 프란체스코. 4제 통치제하에서 콘스탄티누스는 312년 막센티우스와 결전을 벌였다. 그림은 갑옷으로 무장하고 군대와 함께 말로 행군하고 있는 콘스탄티누스의 모습(십자가를 들고 있다)을 묘사한 것이다. 하늘을 찌를 듯한 긴 창이 확신에 찬 승리를 표상하고 있고, 독수리가 그려진 깃발은 황제의 권력을 상징한다.

새로운 수도에 사는 특권을 누리게 된 사람들도 고대 식민지 비잔티온과의 친근감을 드러내며 진정한 시민이 된 것에 우쭐해했다.

콘스탄티노플은 도시 중심에 유럽과 아시아를 가르는 심해의 해협에서 만나는 육해 교역로를 조성했다. 보스포루스 해협의 아시아 쪽에 속한 그리스 식민지 크리소폴리스와 달리 콘스탄티노플은 바위투성이 반도의 고지대에 위치하여 물리적 조건의 보호도 받았다. 바다에 둘러싸이다시피 한 지형이 주는 한 가지 장점은 반도를 가로질러 뻗어나간 서쪽 성벽이 비교적 짧은 거리로도 육지의 많은 부분을 감쌀 수 있다는 것이었다. 도시 방어군도 육지로부터 기습받을 위험이 적었다. 물론 그러자면 정기적인 물 공급이 필수였으나, 그것도 긴 수도교와 빗물을 모아두는 수조가 있었으니 문제될 것이 없었다. 콘스탄티노플은 가까운 곳에 비옥한 배후지背後地와 풍부한 어장도 갖추고 있었다. 그런 좋은 조건 속에 콘스탄티노플은 급습당할 위험이 지극히 낮은 천혜의 요새로 발달했다.

그러나 그런 자연적 이점도 도시 방어의 요체인 주민, 제도, 그리고 그곳에서 형성된 문화와 조직이 없었다면 빛을 발하지 못했을 것이다. 콘스탄티노플은 처음부터 새로운 로마로 불렸다. 구로마를 본 떠 도심에서 서쪽의 성벽 문들로 이어지는 대로와 사방으로 연결되도록 14개 구역과 7개 언덕으로 구획된 것만 해도 그랬다. 광장도 제국 전역에서 징발한 고대의 조각품들로 장식되었다. 보스포루스 해협을 굽어보는 아크로폴리스에는 신들의 어머니인 레아 신전과 행운의 여신 포르투나 신전이 세워졌다. 콘스탄티누스의 중앙 포룸에도 이집트에서 운반해온 자주색 원통형 돌들로 거대한 반암원주가 세워졌으며, 그 꼭대기에는 이교 신 아폴론을 황제의 모습으로 바꾼 동상이 설치되었다. 대로의 동쪽과 서쪽 입구에 개선문이 서 있는 원형의 광장을 둘러싼 주랑들에도 예술품이 장식되었다.

콘스탄티누스는 제국 곳곳에서 조각품을 날라와 수도의 미관을 아름답게 꾸몄다. 거기에는 기원전 479년 플라타이아이 전투에서 페르시아에 승리한 것을 기념하여 델포이 신전에 봉헌했던 그리스의 뱀 기둥과 고대 이집트 왕조 때 세워진 카르나크의 오벨리스크도 있었다. 히포드롬 또한 보호, 상징, 승리의 의미를 지닌, 그리스-로마 조상들이 즐비하게 늘어선 야외 박물관으로 변모했다. 제우스나 헤라클레스와 같은 이교 신, 야수와 공상적인 동물, 알렉산드로스 대왕과 율리우스 카이사르 같은 지배자, 로물루스와 레무스에게 젖 먹이는 늑대의 형상을 한 로마의 동상들 또한 승리의 전리품과 경쟁하듯 아름다움을 뽐냈다. 히포드롬 입구의 출발문 위에는 흥미진진한 전차경주를 벌이는 선수와 관객 모두의 가슴을 설레게 한 네 마리의 청동 마상이 세워졌다. 주랑으로 각각 분리되고 그 안에 상점과 공방들이 들어선 대로들 또한 새로운 도시 콘스탄티노플의 장려함을 드높이는 데 한몫했다.

콘스탄티누스는 309년 그가 서방에 도입한 솔리두스 금화(그리스어로는 노미스마nomisma)도 주조했다. 그리하여 금 24캐럿의 새로운 화폐는 이윽고 고전 후기와 비잔티움 제국 시대의 가장 신뢰할 만한 통화가 되었다. 비잔티움 황제들은 11세기 초까지 그와 유사한 순도와 질을 지닌 금화를 계속 주조하여 700년 넘게 안정된 본위를 유지했다. 그것은 대단한 공적이었다. 콘스탄티누스는 또 로마와 승리를 인격화하여 표현한 주화를 발행하는 제국의 관행에 따라, 콘스탄티노플을 그리스 행운의 여신 티케(로마판 포르투나)로 묘사한 금화를 주조했다. 영국의 소설가 겸 역사가인 마리나 워너는 콘스탄티노플 성벽을 나타내는, 총안 있는 성벽 모양의 왕관을 쓰고 풍요의 뿔 코르누코피아를 든 금화 속의 티케를, 여성의 형태를 한 남성의 힘으로 해석했다. 그렇게 해서 비잔티움 금화는 새로운 수도의 상징이 되어 광범위

산마르코 대성당 서쪽 면에 세워진 네 마리의 청동 마상 가운데 하나. 테오도시우스 황제가 콘스탄티노플로 들여와 히포드롬 전차 경주장 입구에 세운 것을 1204년 십자군이 콘스탄티노플을 점령한 뒤 베네치아가 탈취해왔다.

콘스탄티누스 1세(재위 306~337)의 주화(위). 뒷면에 승리의 장면(오른쪽)이 새겨져 있으며, 니코메디아에서 주조되었다.
바실리우스 2세(재위 976~1025)의 주화. 앞면에는 그리스도의 초상(왼쪽)이, 뒷면에는 십자가를 든 바실리우스와 콘스탄티누스(오른쪽)가 새겨져 있다. 콘스탄티노플에서 주조되었다.

하게 통용되었다. 고대의 상징들도 하나둘씩 기독교 상징물로 대체되어 6세기에는 십자가, 7세기 말에는 그리스도 초상이 처음으로 사용되었다. 7세기 이후에는 노미스마가 중세에 통용 가능한 유일한 금화가 되었다. 그에 따라 은화만 주조하는 지역에서 노미스마의 주가는 더욱 높아졌다. 비잔티움 금화는 스칸디나비아 반도, 서유럽, 러시아, 페르시아는 물론 실론 섬(스리랑카)에서도 발굴되었다.

콘스탄티누스는 테베레 강변의 옛 로마적 요소의 많은 부분을 보스포루스 해안의 새로운 로마로 옮겨놓았다. 로마의 원로원 의원들을 토지와 특권을 부여하는 방식으로 회유하여 동방으로 이주시킨 뒤 콘스탄티노플 원로원을 개원한 것이 그 대표적인 예다. 가옥 신축과 무료 급식을 연계시켜 집을 지으면 도시 내에 설치된 식량배급소 14곳 어디서든 매일 신선한 빵을 지급받을 수 있는 식권을 나눠주었다. 안전한 식량 확보를 위해 곡물저장소와 수조도 건설했다. 359년에는 로마를 본 떠 제국의 모든 행정을 총괄할 행정장관직을 신설했다. 로마 제국의 '빵과 서커스' 정책을 모방해, 증축된 히포드롬에 직업 예능인(전차경주 집단 또는 데모스)을 고용하여 고대인이라면 누구나 좋아한 전차경주와 구경거리도 제공했다.

그렇다고 콘스탄티누스가 새로운 수도에 안주해 있었던 것만은 아니다. 그는 330년부터 337년 죽을 때까지 제국 내 여러 곳의 황궁을 오가며 동방의 적들을 상대로 전쟁을 끊임없이 벌였다. 옛 수도 로마도 그곳에서 첫 승리(막센티우스를 무찌른 것을 말함)를 거둔 뒤로는, 황제 즉위 10주년이 되는 315년 단 한 차례만 들렀을 뿐이다. 콘스탄티누스는 로마에 머물며 지금도 포룸에 우뚝 서 있는 개선문과 새로운 바실리카(막센티우스 황제 바실리카, 콘스탄티누스 황제 바실리카로도 불린다)를 봉헌했다. 한편 콘스탄티누스의 새로운 수도는 옛 로마와 제국의 행정 중심지였던 다른 도시들의 희생으로 나날이 번창했다. 디오클레티아누스 황제가 좋아한 트리어와 니코메디아, 도나우 강변의 시르미움, 오늘날의 터키와 시리아 국경변에 위치한 안티오키아가 그런 곳들이었다. 또 원로원 의원들은 서방에 많이 남아 있었지만 공예가, 건축가, 상인, 모험가들은 콘스탄티노플로 모여들었고, 지식인들도 콘스탄티노플의 새로운 궁정에 진출하여 기독교도 황제들을 찬양하는 일을 하거나 행정 업무를 맡아보았다. 콘스탄티노플은 로마와 달리 혈통을 중시하는 특권계급이 없어 인재에 좀 더 개방적이었다. 따라서 능력만 있으면 사회 초년병들도 쾌속 승진할 여지가 있었다. 물론 콘스탄티노플에서도 졸부는 조롱의 대상이 되고 노예에 대한 매질도 계속되었으나 비잔티움 사회의 그런 유동성은 귀족과 평민으로 양분된 계급의식을 어느 정도 희석시키는 역할을 했다.

그러나 콘스탄티누스가 기독교에 헌신한 성격과 정도에 대해서는 논란의 여지가 많다. 기독교에 대한 그의 헌신을 특별히 강조한 인물은, 그의 전기를 쓴 카이사리아의 주교 유세비우스(재임 313~340년경)다. 그와 달리 속세의 역사가들은 콘스탄티누스 또한 그의 아버지 콘스탄티우스가 믿었던 무적의 태양신을 신봉한 것으로 기록했다. 5세기 말에는 조시무스가 '기독교가 그의 죄를 사해줄 것이라는 어느 이집트인의 말을 듣고' 콘스탄티누스가 조상 전래의 종교(이교 신 신봉을 말하는 것)를 저버렸다고 하면서, 로마 제국에 닥친 모든 불행의 책임을 그에게 뒤집어씌웠다. 조시무스는 또 콘스탄티누스가, 아들 크리스푸스를 그의 계모인 파우스타 황후와 부적절한 관계를 가진 것으로 의심해 죽인 후 죄책감을 느꼈다고도 말했다. 콘스탄티누스는 파우스타도 나중에 뜨거운 목욕탕에 넣어 죽였다. 콘스탄티누스는 세례도 임종할 무렵에야 받았다. 그러나 당시의 많은 기독교도들은 세례를 받으면 죄를 지을 수 없다는 것을 알고 되도록이면 늦게 받으려 했다. 그런 점에서

이 또한 희귀한 일은 아니었다.

밀비우스 다리 전투 때 그가 하늘에 나타난 십자가의 형상을 보았다는 것에 대해서도 이설이 많다. 이설이 많다는 것은, 비록 기독교 작가들이 콘스탄티누스가 기독교로 개종하게 된 계기로 이야기할지라도 신화일 가능성을 암시하는 것이다. 그러나 312~313년 로마에 체류할 때 콘스탄티누스가 한 행동을 보면 이야기가 또 달라진다. 그는 당시 카르타고 총독에게 기독교도를 박해하여 몰수한 재산은 주교에게 돌려주고, 매각했거나 녹여버린 것은 그에 합당한 보상을 해주라고 명령했다. 그것은 기독교를 군사력 약화의 주원인으로 파악한 이전 황제들의 관점으로부터 그가 결정적으로 선회한 것과, 고대의 신과 황제들에 대한 숭배도 부정한 것을 나타내는 것이다.

한편 기독교 지배자들을 후원하고 교회 건설 자금도 지원한 콘스탄티누스와 달리 그의 아들들은 이탈리아에 황실 숭배용 신전을 짓는 것과 사제가 이교적 방식으로 살아 있는 제물을 바치는 행위도 허용했다. 그와 동시에 일부 신전에는 조각상들을 치우고 문이나 지붕에 붙어 있는 귀금속도 떼어버리라는 지시가 내려졌다. 산 제물을 바치는 이교적 풍습도 차츰 피 흘리지 않는 제물을 바치는 기독교식으로 대체되었다. 그러나 '희생'에 대한 정신적 이해의 필요성은 이교도 철학자들도 강조한 부분이었으므로 그것을 반드시 기독교의 제약 탓으로만 볼 수는 없다. 그래도 기독교가 이교 숭배의 핵심인 동물 살해 행위를 사라지게 한 것은 맞는 것 같다. 그렇게 보면 312년 십자가의 형상을 보고 개종했는지, 337년 임종 시에 개종했는지는 알 수 없지만 아무튼 콘스탄티누스가 성인기의 대부분을 예전에는 박해 대상이었던 기독교의 후원자로 살았던 것은 분명하다. 그는 장엄하게 신축된 교회들에 보석으로 장식된 귀금속 제기를 증정하고 교리의 체계를 세우는 데도 일조했다.

6세기에 제작된 화폐로, 그리스도가 천사를 앞세우고 예루살렘으로 들어가는 장면을 표현한 것이다. 토론토 로열 온타리오 박물관.

콘스탄티누스가 콘스탄티노플에 얼마나 많은 교회 건축물을 세웠는지는 알 수 없다. 그러나 부속 황릉이 붙은 성 사도 교회와 성 이레네 성당 그리고 디오클레티아누스 황제의 기독교 박해 때 순교한 모키오스와 아카키오스를 기리는 교회들을 그가 건립하거나 계획했던 것은 확실해 보인다. 그는 그리스도의 삶과 관련된 다른 지역들에도 특별한 관심을 보였다. 326년 어머니 헬레나가 성지순례 여행을 떠난 것도 그래서였다. 헬레나는 성지순례 중에 그리스도가 탄생한 베들레헴의 구유와, 그녀가 십자가를 발견했다고 전해지는 예루살렘 골고다 언덕의 무덤 위에 교회를 세웠다. 병사들에게 돈도 나누어주었는데, 그것이 아마 순례여행의 일차적 목적이었을 것이다. 헬레나의 순례여행은 이후 성지순례의 전형으로 자리매김했고, 숙박시설과 병원의 건축으로 순례는 더욱 촉진되었다. 콘스탄티누스도 모후의 전철을 밟아 즉위 30주년을 앞둔 335년 성묘교회를 세우고 예루살렘 교회 회의에도 참석했다.

콘스탄티누스는 또 죽으면 화장하는 역대 로마 황제들의 전통을 따르지 않고 기독교식으로 12사도의 유골 안치를 위해 설계된 성 사도 교회의 황릉에 묻혔다. 생전에 사도들 사이에 안치되기를 바란 염원을 이룬 것이었다. 에우세비우스는 그런 콘스탄티누스를 사도들과 동급으로 보고 13번째 사도라 불렀으나 정작 황제는 그들보다 자신을 우위에 두었던 것 같다. 그가 죽은 뒤 아들 콘스탄티우스 2세는 성 사도 교회를 완공하고 356년에서 367년 사이 디모테오, 루가(누가), 안드레아의 유골로 믿어지는 것들을 그곳에 안치했다. 그를 계승한 황제들도 성인의 유물 수집에 열을 올렸다. 브라케르나이 성소에 보관된 성모의 베일, 허리띠, 수의는 특히 중요하게 여겨졌다. 다른 황제들도 매년 그곳과 황릉을 찾아 촛불에 불을 붙이고 분향을 하며 전임 황제들을 위한 기도식을 엄수했다. 콘스탄티누스가 수립해놓은 기독교 황제들의 계보는 그런 의식으로 더욱 공고해졌다.

비잔티움 특유의 황제 명명 방식으로 이후에도 제국에는 콘스탄티누스 1세와 이름이 같은 다수의 황제가 존재했다. 그로 인해 역사가 다소 복잡해지기는 했지만 말이다. 콘스탄티누스라는 이름을 가진 비잔티움 황제는 총 11명이었다. 그들 중에는 결혼 뒤 얻은 첫 남아에게 친할아버지 이름을 붙여주는 관행에 따라 콘스탄티누스가 된 경우도 있고, 비잔티움의 창건자와 동급임을 강조하며 새로운 콘스탄티누스로 환호받은 경우도 있었으며, 7세기 초의 헤라클리우스 콘스탄티누스(콘스탄티누스 3세)처럼 이름에 콘스탄티누스를 덧붙이는 경우도 있었다. 11명의 콘스탄티누스 황제 말고도 비잔티움에는 미카일의 이름을 가진 황제가 8명, 요한네스의 이름을 가진 황제가 8명, 레오의 이름을 가진 황제가 6명 있었다. 역대 황제들의 목록은 이 책의 말미에 실어놓았다. 그러나 그 황제들 중 누구도 콘스탄티누스 대제가 점했던 부동의 입지를 흔들지는 못했다.

그리하여 그 위대한 황제와 그의 경건한 어머니 헬레나에 대한 숭배는 점차 기독교 지배의 전형으로 자리 잡게 되었다. 두 사람에 대한 전설은 콘스탄티누스가 그의 아들과 그의 두 번째 부인 파우스타의 살해에 연루되었다는 것과 헬레나의 태생이 비천하다는 사실조차 지워버렸다. 그리고 그것은 동로마 제국 황제인 마르키아누스와 황후 풀케리아가 451년 칼케돈 종교회의에서 "새로운 콘스탄티누스와 헬레나"로 갈채받는 가장 극적인 모습으로 나타났다. 그 밖에 마르키아누스는 성 파울루스 및 다윗과도 비교되었고, 풀케리아 또한 헬레나 못지않은 신앙심과 열정을 품고 있었다고 전해진다. 막후에서 그 일을 조종한 조신과 관리들도 분명 자신들의 지배자를 숭고하게 만드는 것의 중요성을 인식하고 있었을 것이다. 그 과정에서 그들은 콘스탄티노플의 창건자와 그의 어머니를 기독교 교회의 성인 반열에 올려놓

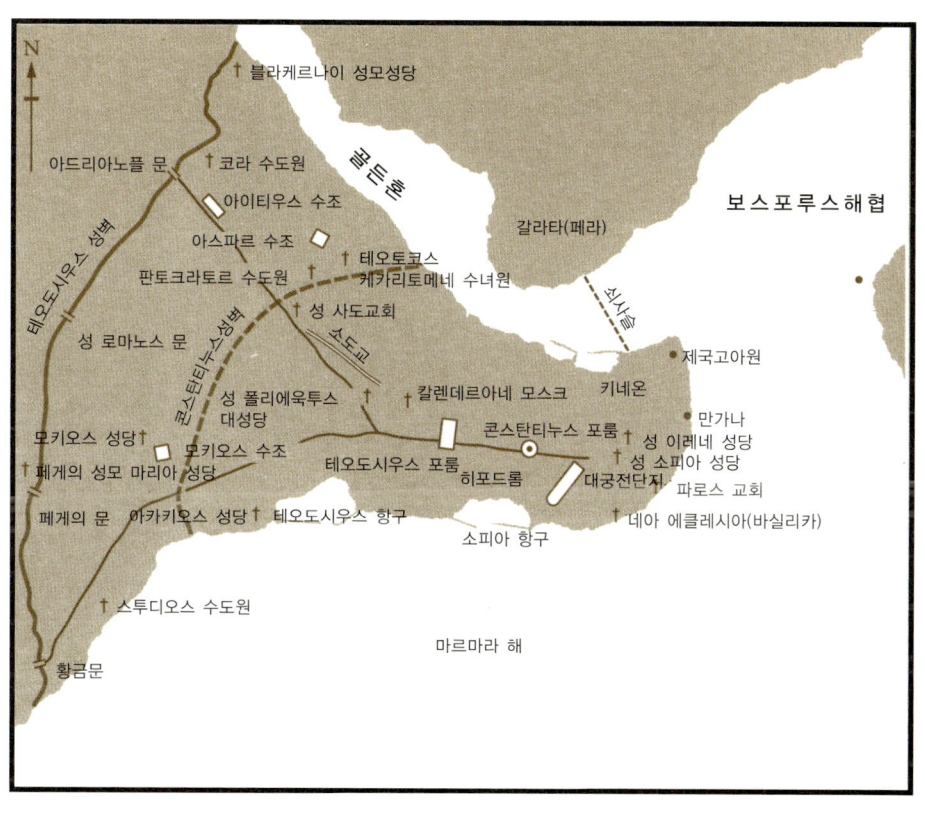

콘스탄티노플의 주요 건물을 나타낸 지도

책형과 성인들을 묘사한 상아 이연판. 10세기에 제작된 것으로 파리 국립도서관에 소장되어 있다. 비천한 태생이었던 헬레나가 아들 콘스탄티누스 대제와 함께 성인의 반열에 오른 모습이다. 또한 성 십자가에 대한 비잔티움인들의 숭배의식을 확실히 엿볼 수 있는 작품이다.

는 데도 일조했다. 두 사람이 중세의 이야기책과 프레스코화에서 십자가 양 옆에 자리한 성인의 모습으로 등장하는 것은 그 때문이다.

테오도시우스 1세

2
기독교계 최대의 도시, 콘스탄티노플

오 제국의 도시, 튼튼하게 요새화된 도시, 위대한 제왕의 도시 (…) 여왕 중의 여왕,
노래 중의 노래, 광휘 중의 광휘로 빛나는 도시여!

— 13세기 초 비잔티움의 정치가 겸 역사가 니케타스 코니아테스가 쓴 글 중에서

콘스탄티노플은 콘스탄티누스 1세가 사망한 50년 뒤 도시 역사상 최초의 중대한 위기를 맞았다. 로마 군이 378년 8월 9일 아드리아노플 전투에서 고트족에 참패를 당한 것이다. 제국의 동방 황제 발렌스(재위 364~378)가 서방 지원군을 기다리지도 않고 성급하게 대군을 몰고 나가 야만족을 격퇴하려다 당한 일이었다. 게다가 황제와 동방의 가장 노련한 군 지휘관들마저 사망함으로써 제국의 정치조직은 와해되었다. 두 명의 지휘관만 간신히 살아남아 그라티아누스 서방 황제(재위 375~383)에게 참패당한 사실을 알렸을 뿐이다. 그동안 고트족은 콘스탄티노플 성벽 코앞까지 들이닥쳐 동방 제국의 영토를 마음껏 유린했다.

제국은 언제나 그렇듯 이번 재난도 외교적 수완으로 타개하려 했고 시민들은 성벽 뒤로 몸을 숨겼다. 한편 발렌스의 전사로 혼자가 된 그라티아누

스는 그동안 군을 떠나 지중해 서단의 에스파냐 영지에 은퇴해 있던 테오도시우스를 다시 소환했다. 처음에는 동방의 군사령관에 임명할 생각으로 불렀으나, 발렌스에게 계승자가 없고 제국도 동방과 서방으로 갈려 있어 어차피 황제가 한 명 더 필요한 상황이었으므로 그 점 역시 염두에 두었다. 테오도시우스도 그라티아누스의 의중을 읽고 그가 제의하는 발칸의 군사령관 직을 받아들였다. 그리고 나중에 군대에 의해 황제로 추대되었다. 황제가 된 그는 고트족을 상대로 여러 차례 원정을 벌인 뒤 그들과 협정을 맺고 380년 11월 콘스탄티노플로 개선했다. 그가 콘스탄티노플을 본 것은 그때가 처음이었다. 그렇게 해서 2년간의 공백 끝에 새로운 로마는 마침내 새로운 지도자를 맞고 미래도 보장받게 되었다.

테오도시우스 1세(재위 379~395)는 독실한 기독교도였다. 그런 인물답게 381년 콘스탄티노플 공의회를 소집하여 아리우스파 신조를 정죄하고 대중의 이교의식을 금하는 칙령을 발표했다. 그는 또 가장 전통적인 방식으로 콘스탄티노플에 흔적을 남기기도 했다. 포룸을 지어 원주 꼭대기에 자신의 동상을 세우고 아테네에 있는 바람의 탑처럼, 공공시계로 사용하기 위해 거대한 풍향계를 설치한 것이다. 히포드롬의 전차경주장 중앙 출발구에도, 기원전 1440년 세계 최고最古의 종교와 언어가 탄생한 동지중해에서 이집트가 승리한 것〔모세의 출애굽 사건을 말함〕을 기념해 세운 카르나크 신전 유적지의 오벨리스크를 가져와 세워놓았다. 그리하여 그것은 로마 군 승리의 또 다른 상징이 되었다. 오벨리스크 토대에도 양옆에 조신을 거느리고 경주를 주관하는 테오도시우스 황제, 무희와 연주자, 조공을 바치는 야만족들의 모습이 조각되었다. 오벨리스크 북쪽 면에는 육중한 돌을 들어올리는 데 사용된 기술이 그리스어와 라틴어로 새겨졌다. 콘스탄티노플에 지진이 자주 일어나 건물이 붕괴되고 원주 꼭대기에 세워진 동상들이 떨어질 때도 그 오벨리스

390년 콘스탄티노플의 히포드롬에 세워진 테오도시우스 1세 오벨리스크 토대. 원로원 의원과 군인들을 양옆에 거느린 채 황제석에 앉아 있는 황제와 아들들의 모습이며 그 아래에서 야만족이 엎드려 조공을 바치고 있다.

크만은 390년 4세기의 기술자들이 토대의 네 모서리 받침에 세워놓은 그 모양 그대로 훼손되지 않은 채 오늘날까지 남아 있다.

로마세계는 테오도시우스 1세가 창건한 황조 아래에서 변모했다. 395년 죽기 전 그는 제국을 양분하여 맏아들 아르카디우스에게 동방을, 차남 호노리우스에게는 서방의 통치를 맡겼다. 이중 서로마 제국은 5세기 초 여러 지역에서 세력을 키우고 있던 고트족, 훈족, 반달족, 프랑크족 같은 비로마계 세력의 점증하는 압력에 굴복했다. 로마도 410년과 455년 두 차례 약탈을 당하고 476년에는 서로마 제국의 마지막 황제마저 폐위되었다. 이탈리아의 지배권은 게르만족 용병대장인 오도아케르가 차지했다. 반면 동로마 제국은 구로마의 희생으로 세력이 확대되고 번창했다. 심지어 동로마 황제들은 제국을 집적거리지 못하게 하려고, 동방에 있던 야만족에게 금품을 주어 서방으로 보내기까지 했다. 우리가 지금 비잔티움으로 알고 있는 동방의 로마세계는 이런 기나긴 과정을 통해 형성되었다(3장 참조). 콘스탄티노플은 빠르게 성장했다. 412년에는 서쪽에 있는 본래의 성벽에 길이 1.5킬로미터의 성벽을 덧대어 증축되었다. 그 1년 뒤에는 지금도 압도적 위용을 자랑하는 전장 6킬로미터의 거대한 삼중 성벽이 완공되었다. 70~75미터 간격으로 사이사이에 탑들이 들어선 높이 11미터의 내벽, 역시 일정한 간격으로 중간에 탑들이 들어선 그보다 낮은 외벽, 그리고 또 하나의 외벽과 깊은 해자를 앞에 둔 그 성벽은 1204년 제4차 십자군 때까지는 제국의 모든 적들로부터 도시를 구해준 난공불락의 방어물이었다. 골든 혼과 마르마라 해의 자연 방벽에도 바다성벽이 세워졌다. 그렇게 해놓으니 콘스탄티노플은 면적이 5평방킬로미터나 늘어나, 예전에는 공동묘지였던 곳이 성벽 안에 편입되는 바람에 그 사실을 몰랐던 인부들이 묘지 무덤에 부장품으로 묻혀 있던 소상과 유골들을 보고 혼비백산했다는 이야기가 전해지기도 한다. 성벽 밖으로까지 뻗어나간 그 지역은 대부분 포도밭, 과수원, 채소밭 등의 원예지대로 변해 있었다. 아나스타시우스 1세 황제(재위 491~518) 치세 때는 마르마라 해안가의 셀림브리아(지금의 터키 실리브리)와 흑해 사이에도 콘스탄티노플 외곽 방어용으로 45킬로미터에 달하는 성벽이 세워졌다. 그러나 현대 역사가들은 적군이 그곳으로 침입했을 경우 도시 서쪽 65킬로미터 지점까지 진입할 수 있었을 것이라는 점을 들어 그것을 실패작으로 간주하는 경향이 있다.

비잔티움의 황제들은 너 나 할 것 없이 모두 기념 원주와 같은 건축물을 세우고, 시장과 항구를 개량하고, 교회와 수도원을 짓고, 황궁을 확장하여 콘스탄티노플에 자신들의 족적을 남기고 싶어했다. 4세기에 발렌스 황제도 까마귀가 나는 거리로 측정하였을 때 120킬로미터에 이르는 트라키아의 비지예Bizye 수원에서 물을 끌어와 거대한 수도교를 건설했다. 지금도 구시가지에 떡 버티고 서 있는 그 거대한 건축물이 도시의 안전한 물 확보를 위해 지어진 것이라면 복잡한 지하하수 시설은 도시의 오수를 배출시키기 위해 만들어졌다. 물은 공중 욕장 외에 개인 욕장과 분수에도 쓰였고 방수시멘트 처리가 된 거대한 수조에도 보관되었다. 421년에는 도시의 행정장관 아이티우스가 콘스탄티노플에 조성된 특별구역에 25만 내지 30만 세제곱미터 용량의 어마어마한 야외 수조를 건설했다. 유스티니아누스 대제도 거대한 메두사 머리받침처럼 일부는 고대 조각상들의 토대 위에 원주 336개가 세워지고 지붕이 덮인 바실리카 수조를 축조했다. 그것도 자그마치 7만8천 세제곱미터의 저장 용량을 지니고 있었다. 휑뎅그렁한 그 건축물을 송에뤼미에르〔사적史蹟 등에서 밤에 조명과 녹음된 음악과 설명을 곁들여 그 사건을 재현하는 일〕를 곁들여 감상하는 것도 현대의 이스탄불에서 맛볼 수 있는 관광의 묘미 가운데 하나다. 그것을 보노라면 포위공격을 막아낼 수 있었던 도시의

373년 콘스탄티노플 도심에 세워진 발렌스 수도교의 모습. 1966년 사라차네 지하도 건설 때 촬영한 사진.

포위된 도시로부터의 구출. 여러 장면을 하나의 조각에 새긴 것으로, 왼쪽에 도시에 당도한 비잔티움 군이 기를 들고 가는 모습이 묘사되어 있다. 이들은 콘스탄티누스의 군대이며, 그리스어로 그리스도의 문자가 새겨져 있다. 하지만 이 조각이 역사적으로 정확히 어떤 사건을 가리키는가에 대해서는 명확하게 밝혀진 것이 없다.

역량도 느껴진다.

그런저런 장대한 방어물과 발달된 곡물 및 물 저장 능력에 힘입어 콘스탄티노플은 이민족의 숱한 공격을 막아낼 수 있었다. 그중에서도 특히 눈부셨던 것이 626년 아바르족, 슬라브족, 페르시아 연합군의 진격과 몇 차례의 포위공격을 물리친 것이었다. 626년의 공격은 헤라클리우스 황제(재위 610~641)가 도시를 비운 사이에 발생한 것이어서 기간은 짧았지만 상황이 매우 심각했다. 당시 그는 총대주교 세르기우스 1세와 보누스 장군에게 콘스탄티노플을 맡겨놓고 동방의 페르시아 군을 상대로 기나긴 원정을 벌이고 있었다. 아바르족과 슬라브족이 육지 쪽 도시를 봉쇄하고 수도교를 파괴하여 물 공급을 차단하는 동안 페르시아 군은 보스포루스의 아시아 쪽 해안으로 접근하고 있었다. 그것을 보고 보누스는 해군으로 하여금 슬라브족이 배로 페르시아 군을 보스포루스 해협 너머로 실어 나르지 못하게 해놓고, 한편으로는 아바르족 족장과 협상을 벌이고 또 한편으로는 성벽 밖으로 출격하여 포위군을 공격했다. 총대주교도 주민들을 끌어모아 손에 그리스도의 성상을 들고 성모 마리아에게 바치는 기나긴 송가 아카티스토스를 부르며 성벽을 도는 행렬을 이끌었다. 아바르족이 공성기계를 만들어 성벽을 공격하자 성모로 보이는 여인이 방어군을 지휘했다고 주장하는 목격담이 전해지기도 했다. 상황이 상황이었던 만큼 그런 초자연적인 힘이라도 빌려야 했을 것이다. 실제로 초자연적 요소는 이미 콘스탄티노플의 특징이 되어 성모의 도시를 뜻하는 '테오토코폴리스Theotokoupolis'로 불리고 있었다. 사람들은 성모의 유골이 도시를 보호해줄 것으로 믿었다.

626년 이후에는 아랍 세력이 콘스탄티노플에 눈독을 들였다. 그들은 콘스탄티노플을 점령하여 이슬람의 수도로 삼으려 했으나, 7세기에 실시한 몇 차례의 포위공격은 실패로 끝났다. 8세기에는 아나스타시우스 2세 황제

다윗의 접시는 헤라클리우스 황제가 628~629년 페르시아를 상대로 한 싸움에서 승리하자 이를 기념하기 위해 만들어진 것으로 추정되고 있다. 은으로 만들었으며, 뉴욕 메트로폴리탄 박물관에 소장되어 있다.

(재위 713~715)가 또 한 차례 중대한 위기가 닥칠 것을 예감하고 장기간의 공성전에 대비하기 위해 3년간 버틸 식량이 없는 가족은 도시를 떠날 것을 명령하기도 했다. 그리고 717년 봄 육상과 해상으로 아랍 군이 밀어닥치기 직전 비잔티움의 황제가 레오 3세로 바뀌었다. 레오는 즉위하자마자 외교와 군사적인 수단을 병용하여 한편으로는 하자르족〔7세기에서 10세기에 걸쳐 카스피 해 북쪽에 거주했던 투르크계 민족〕을 부추겨 후위의 아랍 군을 습격하도록 하고, 또 한편으로는 그리스의 불Greek fire〔비잔티움 제국 시대에 그리스인들이 사용한 해전용 액체화약〕로 아랍 함선들을 공격했다. 아랍 군은 낙타를 잡아먹으며 혹한의 겨울을 난 뒤 공격을 재개했으나 더는 버티지 못하고 결국 이듬해 여름 칼리프의 명령으로 철수하던 중 비잔티움 군에 또 한 번 된서리를 맞았다. 비잔티움은 아랍 군에 승리를 거둔 718년 8월 15일을 매년 예배의식으로 기념했다. 8월 15일은 코이메시스Koimesis(서방에는 성모승천 Assumption으로 알려진 성모의 영면Dormition을 말한다) 축일이기도 했다. 그러나 성모 마리아의 힘으로 도시를 지킬 수 있었다고 믿은 교회와 달리 레오 3세는 조직적인 방어를 승리의 요인으로 꼽았다.

이후 아랍세계는 내분이 일어나 더는 비잔티움의 위협이 되지 못했다. 그러자 이번에는 불가르Bulghārs족이 제국에 도전장을 던지며 9세기 초와 920년대에 콘스탄티노플을 점령하려고 했다. 하지만 병참선이 지나치게 길어 장기간의 포위공격이 어렵게 되자 두 차례 모두 몇 주 만에 포위를 풀고 군대를 철수시켰다. 불가르족이 물러난 뒤에는 흑해 너머 러시아가 860년, 941년, 1043년 세 차례에 걸쳐 콘스탄티노플을 공격했으나 비잔티움은 이것도 성공적으로 막아냈다. 그러다 13세기 초 콘스탄티노플은 결국 골든 혼을 통해 뚫고 들어온 서방 십자군의 포위공격(1204)에 함락되었다. 그것은 군사력 부족이라기보다는 책략, 변절, 내적 허약함으로 빚어진 결과였다.

코이메시스 성상. 10세기 중반경 콘스탄티노플에서 만들어진 것으로, 10세기 사람들의 성상숭배의 역사를 대표적으로 보여주는 유물이다. 이 장면은 성모의 영면을 표현한 것으로, 가운데 성모가 누워 있으며 사도들이 그 주위를 둘러싸고 있다. 중앙 뒤쪽에 그리스도가 서 있는데, 그의 팔에는 성모의 영혼이 옷에 단단히 싸여 아기의 모습으로 표현되었다.

기독교도가 같은 기독교도를 공격한 그 어처구니없는 사건은 이 책의 24장에서 상세하게 다룰 것이다. 하지만 끔찍한 약탈과 57년이나 지속된 라틴인들의 점령에도 불구하고 콘스탄티노플은 1261년부터 1453년까지 비잔티움의 특성을 되찾고, 적으나마 예전의 영광도 회복했다. 그러다가 1453년 5월, 5세기의 성벽은 투르크족의 화약과 대포에 맥없이 무너져 내렸다.

비잔티움의 역사에서 콘스탄티노플은 도시가 처한 곤경의 정도에 따라 인구가 늘기도 하고 줄기도 했다. 유스티니아누스 1세(재위 527~565) 치세 때는 4세기부터 꾸준히 늘기 시작한 인구가 50만 명을 헤아렸다. 대부분의 인구통계가 추정치인 것과 달리 이 50만 명은 도시에 기초 식량을 실어다준 곡물선단의 용적과 도시 내 정부 및 건축활동을 근거로 뽑아낸 정확한 수치였다. 구로마가 쇠퇴하는 동안 새로운 로마는 타지의 인구를 끌어들여 고대 후기 세계 최대의 도시로 발전했다. 그러던 중 541년에 창궐한 흑사병(림프절 페스트)이 선박의 쥐와 육지로 실어 나른 상품을 통해 각지로 전파되면서 수많은 사람이 목숨을 잃었다. 그때의 참상을 목격한 비잔티움의 역사가 프로코피우스는 기원전 5세기의 그리스 역사가 투키디데스가 페스트에 대해 쓴 유명한 글의 형식을 빌려 이를 기록했다. 프로코피우스는 투키디데스식의 묘사에 자신이 목격한 것을 덧붙여나갔는데, 시신 묻을 사람이 없어 우물이나 수조에 던져 넣었다는 등등의 이야기다. 콘스탄티노플의 인구는 541~542년의 페스트뿐 아니라 7세기와 8세기에 재발한 페스트 때문에도 급감했다. 그 불가해한 죽음의 원인 외에 콘스탄티노플은 일련의 지진으로도 공포, 파괴, 인명 상실의 고통을 겪었다. 740년의 대지진 때는 성 이레네 성당의 토대가 무너지고 다른 수많은 건축물들도 붕괴되어 인구가 또다시 감소했다.

그러던 중 콘스탄티누스 5세 황제(재위 741~775)가 이레네 성당을 시작

유스티니아누스 1세 황제의 모습을 담은 금으로 만든 메달의 복제품이다. 534(?)~538년경 제작된 것으로 원래의 유물은 유실되었다.

으로 건축물 재건사업을 벌이면서 콘스탄티노플은 전보다 더욱 멋진 도시로 탈바꿈했다. 도시의 부활보다 중요했던 것은 766년 그가 수천 명의 노동자를 강제 동원하여 626년의 포위공격 때 부서진 수도교를 복구한 것이었다. 폰투스, 아시아, 그리스, 에게 해의 섬들로부터 징발해온 그 노동자들은 아마 수도교 복구가 끝날 때까지 콘스탄티노플에 머물렀을 것이다. 콘스탄티누스는 그 밖에 대궁전 지역의 시계도 수리하고, 757년에는 프랑크족 왕에게 오르간도 선물하여 악기에 대한 지대한 관심을 나타냈다. 그런 악기들은 필시 분수나 비잔티움 궁정의 금제기계 장식물처럼 수력으로 작동되었을 것이다. 그는 또 대궁전 단지 내의 등대 옆에 파로스 교회 같은 새로운 교회들을 지어 야심찬 재건 의지를 보여주었다. 그것도 새로운 주민과 상인들을 도시로 끌어들이는 역할을 했다. 콘스탄티노플은 이렇게 내적 확장과 시장의 부활로 국제무역 중심지로서의 위상을 착착 되찾아갔다.

콘스탄티노플은 행정, 외교, 관직, 숙련된 공예 교육 등의 모든 요소가 집약된 제국의 허브답게, 지방민은 물론이고 일자리, 후원자, 용병, 정신적 지도자를 찾아 먼 곳에서 온 타지인들에게도 기회를 제공해주었다. 9세기 중반 씨름꾼 겸 조마사였던 바실리우스도 그 기회를 잃지 않고 타고난 친화력을 십분 발휘하여 867년 미카일 3세 황제의 제위를 찬탈했다. 특출난 기술이 없는 사람도 저택이나 수도원에서 일자리를 찾았다. 젊은 여성들은 황후의 수발을 드는 짬짬이 남편감을 얻을 수도 있는 궁정의 시녀 자리를 놓고 치열한 경쟁을 벌였다. '이탈리아인' 혹은 '슬라브인'과 같은 별칭으로 불린 외국인들도 궁정의 고위직에 올랐다. 콘스탄티노플과 관련이 많은 카프카스 지역도 군인들이 곧잘 출세 가도를 달리는 그 다문화 사회의 일원이 되었다. 필리피쿠스 바르다네스 황제(재위 711~713)와 함대 사령관 출신인 로마누스 1세 황제(재위 920~944)도 아르메니아 태생이었다. 반면 레오 3세

(재위 717~741)는 소아시아 남부 이사우리아로 이주한 시리아 태생이었다. 그리하여 9세기 무렵 콘스탄티노플은 다시 후원자, 총대주교, 궁정 관리, 행정가들의 기부금으로 지어진 수많은 빌라와 궁전으로 넘쳐나게 되었다.

11세기 말과 12세기에는 소아시아로 진출한 셀주크투르크족(11장 참조)을 피해 다수의 난민들이 콘스탄티노플로 이주해왔다. 그렇게 인구가 늘어났는데도 도시는 모든 사람을 무난히 먹여 살렸다. 그것은 아토스 산 수도원들처럼 대개는 종교단체가 보유한 제국 서쪽 지역의 토지를 효율적으로 개발한 결과였다. 12세기 말에는 규모가 가장 큰 수도원들 중의 하나였던 아토스 산의 대수도원(18장 참조)이 작은 선단까지 보유하고서, 성산聖山 밖 토지에서 수확된 여분의 곡물을 제국의 수도로 실어 나르기도 했다. 콘스탄티노플의 인구가 정확히 어느 정도였는지는 알 수 없지만 서방 방문객들은 수많은 인구와 도시의 붐비는 거리들을 보고 경악했음이 분명하다. 1212년에서 1218년 사이에 죽은 프랑스 역사가 조프루아 드 빌라르두앵(빌라르두앵의 조프루아)도 제4차 십자군 연대기에 콘스탄티노플 인구를 40만 명으로 기록해놓고 그것을 상당히 신빙성 있는 것으로 이야기했다. 그는 콘스탄티노플이 기독교계 최대의 도시라는 점에 한 점의 의혹도 품지 않았다.

콘스탄티노플 성벽 내에는 수도원, 교회, 성소가 숱하게 많았다. 그것들도 기독교계 전역의 순례자와 거룩한 사람들을 끌어들인 요인이 되었다. 5세기에는 시리아의 수도승 다니엘이 성벽 밖의 기둥 꼭대기에 올라가 일반인들에게 설교하는 것으로도 모자라 황제들에게까지 조언을 했다. 그런 고행자들은 교회 운영을 맡은 주교들로부터 높은 존경을 받았다. 콘스탄티노플 총대주교도 종교 교육을 지도하고 방대한 양의 신학서적을 수집했다. 그와 동시에 제국 초기로 거슬러 올라가는 세속 교육의 전통 또한 면면히 살아 있었다. 테오도시우스 2세 황제만 해도 425년 카피톨리움의 특별구역에 있던 대학에 라틴어와 그리스어 문법, 수사학, 철학, 법률 과목에 31개 강좌를 개설하여 세속 교육을 강화하는 조치를 취했다. 콘스탄티노플은 그렇게 황제들의 확고한 후원 아래 수준 높은 법률 연구는 물론, 수리 과학과 철학 과목으로 구성된 고등 4학의 중심지로 계속 남아 있었다. 그와 달리 테오도시우스의 손윗누이 풀케리아는 철야예배로 성모 마리아 숭배를 장려했다.

성모 숭배는 레오 1세(재위 457~474)의 부인 베리나 황후의 지원 아래 콘스탄티노플의 중요한 두 성소에 확고히 뿌리내렸다. 도시 성벽의 북서 구역에 자리한 블라케르나이 성당과 대궁전 단지 부근의 구리 생산지역에 있는 칼코프라테이아 성당이 그곳들이었다. 두 곳에는 성모의 베일, 허리띠, 수의와 같은 유물이 안치돼 있는 것 외에 성모자의 성상도 있었고, 설교와 기도로 성모의 축일들도 기려 성모에 대한 대중의 신앙심을 크게 고취시켰다. 몇몇 그림은 루가의 작품, 그러니까 성모가 살아 있을 때 그려진 것으로 전해지기도 했다. 레오 이후의 황제들도 유물 수집에 힘을 보탰다. 레오 6세는 특히 10세기 초 기적을 행하는 특별한 성상 두 점을 성 소피아 대성당의 정문 양쪽에 설치했다(5장 참조). 십자군 시대에 그 성당을 찾은 서방 방문객들은 값진 유물과 수집된 성상의 양에 놀라 입을 다물지 못했다. 그들은 궁중에 환관이 많은 것에도 놀랐다(15장 참조).

무슬림 방문객들도 콘스탄티노플과 비잔티움인들에 대해 흥미로운 글을 남겼다. 11세기에 외교관 겸 역사가였던 알 마르와지는 이렇게 기록했다.

룸Rum은 굉장한 나라다. 광대한 영토에는 좋은 물건이 그득하다. 그들은 공예에도 남다른 재능을 지니고 있다. [각종] 물품이나 직물, 카펫, 배를 만드는 기술이 뛰어난 것이다.

여기서 '룸'은 로마의 의미로 쓰였다. 비잔티움인들이 스스로를 로마인으로 부른 것과 같은 이치다. 알 마르와지는 공예 부문에서 비잔티움을 능가하는 나라는 중국밖에 없을 것으로 믿었다. 그는 대칸의 궁정에도 가본 적이 있었으므로 그의 판단은 정확할 것이다. 알 마르와지는 또 비잔티움을 부자 국가라고도 하면서 "상인과 각지에서 입항하는 선박 (…) 육로로 들어오는 대상 (…) 시리아인, 슬라브인, 루스족, 그 밖의 지역 사람들로부터 거둬들이는 관세" 수입을 부유함의 요건으로 꼽았다. 서방 방문객들도 비단옷을 입고 캐비아를 먹는 콘스탄티노플 시민들을 부러운 시선으로 바라보았다. 1118~1206년의 비잔티움 역사를 저술한 니케타스 코니아테스와 같은 도시의 식자층에게는 콘스탄티노플이 진정 "여왕 중의 여왕인 도시"였다. 그는 그것을 도도하고 당당한 황후 혹은 여왕을 뜻하는 그리스어 바실리사basilissa로 표현했다. 콘스탄티노플의 위대함은 도시의 부와 함께 수많은 기념물과 예술품이 뿜어내는 아름다움에서 비롯되었다. 그것이 서방의 시기심을 촉발시켰고 알렉시우스 4세 황제(재위 1203~1204)가 제4차 십자군에 약속한 빚을 갚지 못하자 1204년 4월의 콘스탄티노플 약탈로 이어지게 된 것이다.

1204년 이후 콘스탄티노플은 예전의 인구 수준을 결코 회복하지 못했다. 그런 가운데서도 상인, 예술가, 학자들은 도시로 꾸준히 모여들어 그들의 후원으로 건물이 신축되고 교회도 새롭게 장식되어 콘스탄티노플은 오스만 제국에 함락당하기 전까지 지적 중심지의 위치를 계속 유지했다. 비잔티움의 정치가 겸 학자인 테오도루스 메토키테스(1270~1332)만 해도 도시 북서쪽의 유서 깊은 코라 수도원(지금의 카미예 카미)을 새로운 모자이크와 프레스코화로 훌륭하게 복원시켰다. 건축가와 공예가들도 제국의 역사와 문화적 힘을 바탕으로 비잔티움 문명에 새로운 형식을 부여했다. 후원자를 위해

콘스탄티노플 북서쪽에 위치한 코라 수도원. 6세기 초에 건립된 이 수도원은 테오도루스 메토키테스가 1316~1321년에 복원, 증축하고 내부도 새롭게 단장했다.

능을 갖춘 장례예배당을 여러 교회에 덧대어 지은 것이 그 좋은 예다. 콘스탄티노플에 대한 아랍인들의 호의적인 평가도 계속 이어져 13세기 초 알 하라위는 "콘스탄티노플은 명성보다 실제 모습이 더욱 멋지다"고 하면서 "신의 은총과 관대함으로 그곳을 이슬람의 수도가 되게 해달라"는 기도의 말을 덧붙였다. 14세기에는 알 카즈위니가 "콘스탄티노플은 예전에도 없었고 앞으로도 없을 전무후무한 도시"라고 말했다. 위대한 아라비아의 역사가 이븐 할둔(1332~1406)도 콘스탄티노플을 "훌륭한 구조에 장려한 건축물을 보유한 황제들의 거소, 장엄한 도시"로 지칭했다.

오스만 제국이 콘스탄티노플을 이슬람의 수도로 삼기로 한 것도 전부는 아니지만 어느 정도 그런 이유 때문이었다. 그리고 1453년 콘스탄티노플이 함락되자 정복자 메메드(메흐메트) 2세는 병사들에게 사흘의 약탈 기간을 준 뒤 수년간 공을 들여 도시와 인구의 재건사업을 벌였다. 콘스탄티노플에 세워진 돔형 교회들에서 영감을 얻어 성 사도 교회 터에 황릉이 붙은 정복자(메메드 2세) 모스크를 지은 것도 그것의 일환이었다. 콘스탄티노플은 정복된 뒤에도 오스만 제국의 수도로 면면히 살아 있으면서 500년 동안 국제 외교와 근동 정책 결정의 중심지가 되었고, '쉬블림 포르트the Sublime Porte'〔오스만 제국 정부를 지칭하는 말〕로 불렸다. 콘스탄티노플은 진정 국제무역, 국내 상업활동, 관료제, 의식이 활기차게 조화를 이룬 곳이었다.

이제 콘스탄티노플은 더 이상 터키의 수도가 아니다〔터키의 수도는 이스탄불이 아니라 앙카라다〕. 도시의 옛 성벽도 고속도로와 대규모 교외지역에 둘러싸여 있다. 수도교 아래와 아치형 교각 사이로는 아타튀르크 대로가 지나고 있다. 골든 혼 건너편의 북쪽 교외, 다시 말해 갈라타(일명 페라) 지역의 제노바인들이 지은 탑도 현대식 건물들에 포위되어 있기는 마찬가지다. 성 소피아 성당과 블루 모스크(술탄 아흐메드 모스크)의 돔들도 옛 도시에서 사람들의 눈길을 사로잡기 위해 서로 경합을 벌이고 있다. 그래도 콘스탄티노플은 여전히 1천700년의 위대한 역사를 상기시키는 경관과 공공장소 그리고 기념물들로 찬연히 빛나고 있다.

3
동로마 제국

> 창을 던지고 화살을 날려 (…) 그들에게 그리스와 로마의 후손과 싸우고 있다는 사실을 일깨우도록 하라.
>
> — 1453년 5월 28일 비잔티움 제국 최후의 황제 콘스탄티누스 11세가 병사들에게 한 말
>
> 『위僞-스프란체스의 연대기 Chronicle of Pseudo-Sphrantzes』 중에서

로마 제국과 로마의 문화가 브리튼, 북아프리카, 발칸 반도, 이집트, 중부 유럽, 근동으로까지 확대·전파된 일은 지금까지도 놀라운 현상으로 받아들여지고 있다. 제국은 모든 속주들에 빠짐없이 세금을 징수하여, 전쟁을 하고 중앙 관료제를 유지하는 탁월한 행정 능력으로 서로 다른 특성을 지닌 지역들에 대해 전례 없이 효율적인 지배권을 수립했다. 로마 제국의 힘은 정복지역을 통합시켜 국력을 신장시키는 제도에서 비롯되었다. 제국은 속주들을 종속적 지위로 격하시키는 한편 그곳들에서 인재를 뽑아 제국의 정치조직에 동참하도록 하는 탁월한 기술을 지니고 있었다.

언어는 서방에서는 라틴어, 동방에서는 그리스어가 모든 동지중해인들의 공용어로 쓰였다. 비잔티움은 6세기까지 라틴어와 그리스어를 모두 썼다. 서방 관리가 오면 라틴어와 그리스어를 비교한 단어집과 용어 해설집을 배

포했다. 그리스어를 라틴어로 번역하는 작업은 주로 성서와 신학서적을 서구에 소개하고 싶어했던 기독교 학자들이 맡았다. 라틴어 서적이 그리스어로 번역되는 비율은 그 반대의 경우보다 훨씬 낮았다. 그러다 보니 카이사르 시대의 로마 웅변가 키케로, 1세기 전후에 살았던 시인 오비디우스, 서사시「아이네이스」를 쓴 기원전 1세기의 위대한 로마 시인 베르길리우스, 기원전 1세기의 시인 호라티우스의 작품들은 그리스어 사용자들에게 거의 알려지지 않았다. 그러나 고도로 지적인 인물은 2개 국어를 구사했다. 그리스인이자 군인을 자처한 안티오키아 출신의 역사가 암미아누스 마르켈리누스(330년경~392년 또는 그 이후)만 해도 율리아누스 황제의 원정이 포함된 동시대의 역사서를 라틴어로 집필했다. 그는 391년 기독교도가 파괴한 알렉산드리아의 사라피스(태양신) 사원(사라페움)이라든가 로마에 있는 트라야누스 포럼 같은 고대 유적지의 아름다움을 절묘하게 묘사한 것으로도 정평이 높다.

　로마 제국의 황제들은 광대한 제국의 통합을 유지하는 것 외에 그 지역들에 통일된 정부를 수립하는 데에도 애를 먹었다. 디오클레티아누스 황제(재위 284~305)는 그 타개책으로 제국을 둘로 나누어, 두 사람의 정제가 그 밑에 각각 한 명의 부제를 두고 통치하도록 하는 '4제 통치제'를 실시했다. 방어 책임은 별도로 지되 법률은 공동으로 발효하는 방식이었다. 민간 행정과 군사 방어의 안정화를 기하기 위해 만든 4제 통치제는 별 탈 없이 운영되어 20년 뒤에는 디오클레티아누스와 그의 공동 정제가 퇴위하고 부제들이 황제가 되었다. 그러나 앞의 1장에서도 살펴보았듯이 콘스탄티누스 1세가 단독 지배자가 되려는 야심으로 그 제도를 뒤집어엎은 탓에 로마는 다시 군주국이 되었다.

　그러나 군주제로도 4세기 로마 제국이 직면한 문제들을 해결하기에는 역부족이었다. 콘스탄티누스 대제의 후계자들은 두 종류의 서로 다른 군사적 위협에 직면했다. 하나는 알려진 세계의 얼굴에 박힌 두 개의 눈 가운데 '다른 쪽 눈'으로 인식되어 로마로서는 반드시 저지해야 했던 페르시아의 위협이었고, 또 하나는 이제나저제나 로마 제국을 침범하여 점령할 기회를 노리고 있던 북서유럽의 게르만 부족이었다. 게르만족은 문자도, 화폐도, 법률도, 제대로 된 정부조직도 없어 미개한 야만족으로 간주되고 있었다. 그러나 율리아누스는 황제(재위 361~363)가 되기도 전에 라인 강 동쪽에서 게르만족의 일파인 알레마니족과 전쟁을 벌였고 유프라테스 강 너머 페르시아와도 싸웠다[그는 페르시아 원정 중 사망했다]. 로마 제국의 그 어느 황제도 광대한 제국의 모든 영토를 동시에 방어할 수는 없었다.

그러자 테오도시우스 1세 황제는 395년 제국을 다시 공식적으로 양분하는 조치를 취했다. 차남 호노리우스에게 서방을, 장남 아르카디우스에게 동방을 통치하도록 한 것이다. 당시 두 사람은 모두 미성년이어서 후견인과 조언자가 필요한 상황이었다. 그 틈을 타 군 지휘관들이 득세하여 서방의 실권은 플라비우스 스틸리코(반달족과 로마인의 혼혈이었다)가, 동방의 실권은 해방 노예이자 환관인 유트로피우스가 쥐게 되었다. 두 사람은 또 부족한 로마 병력을 비로마계, 특히 고트족 병사들로 충원하여 야만족 병사가 로마 군의 최고직에 오를 수 있게 하는 빌미를 제공했다. 그 일은 동방과 서방 양쪽에서 벌어진 일이었으나 야만족의 영향이 한층 위험하게 미친 곳은 서방이었다. 406년에는 브리튼에서 반란이 일어나 제국 군대를 철수시켜야 했는데, 공교롭게도 그 사건은 반달족, 수에비족, 알라니족이 로마 제국을 침범하는 사건과 동시에 일어났다. 그 야만족들은 얼어붙은 라인 강을 건너 갈리아로 진격해온 뒤 에스파냐로 침투해 들어갔다. 그것이 서방 제국 종말의 단초가 되었다.

그러나 로마 제국에 가장 큰 위협이 된 세력은 뭐니 뭐니 해도 역시 족장 알라리크가 로마의 속주 일리리쿰(지금의 발칸 반도)의 군 장관으로도 봉직했던 서고트족이었다. 그가 410년 서고트족을 이끌고 이탈리아를 침공해 원로원의 협상과 보상금 제의도 거부한 채 로마를 포위한 것이었다. 그리고 그 해 8월 불만에 가득 찬 서고트족은 마침내 고대세계의 최대 제국이었던 곳의 수도, 영원의 도시 로마를 유린했다. 그 참상을 보고 당시 북아프리카 히포의 주교로 있던 성 아우구스티누스는 서방의 기독교도들에게 속세의 영광을 멀리할 것을 경고하는 『신국론 City of God』을 집필했다.

알라리크의 로마 약탈 이후 로마에 대한 야만족의 침입은 더욱 극성을 부렸다. 그중에서도 특히 심했던 것이 훈족의 아틸라와 455년 로마를 두 번째로 약탈한 북아프리카의 반달족이었다. 그리고 476년 로마의 마지막 황제 로물루스 아우구스툴루스가 폐위되는 것을 끝으로 서로마 제국은 멸망했다. 이후 로마세계의 서쪽 절반은 야만족 지배자들 사이에서 분할되었다. 알라리크와 동고트족의 테오도리쿠스 같은 지배자들도 동로마 황제들에 회유되어 서쪽으로 옮겨왔다. 그 덕에 콘스탄티노플은 평온함을 유지했다. 다른 야만족, 이를테면 부르군트족과 프랑크족은 라인 강을 넘어 갈리아의 중북부에 정착했다. 망해가는 제국의 잔재를 움켜쥐고 있던 소수의 로마 관리들은 지금의 프랑스 남부 아를 지방으로 쫓겨가 새로운 세력과의 협상에서 최상의 결과를 얻기 위해 안간힘을 썼다. 다수의 원로원 의원들은 교회로 피신했다.

서로마와 달리 동로마는 쇠락하지 않았다. 쇠락은커녕 제국의 강건한 수도 콘스탄티노플에 기반을 두고 부유한 근동 지방들의 지원을 받아 1천 년 이상 존립해 있었다. 동로마는 대략 도나우 강 유역의 신기두눔(지금의 세르비아 베오그라드)에서 아드리아 해를 거쳐 남쪽의 북아프리카 키레네(지금의 리비아)로 이어지는 지중해 동부지역을 지배했다. 대부분의 발칸지역, 그리스, 에게 해 섬들, 지금의 터키 전역이 제국의 북쪽 절반을 점유했고, 시리아, 팔레스타인, 이집트, 리비아가 제국의 동남쪽을 차지했다. 흑해 너머에도 크림 반도에 조그만 정착촌이 있었으며, 에욱시네 곧 '순한 바다(흑해)'를 건너는 항해도 계속되었다. 지중해에서는 크레타 섬, 키프로스 섬, 시칠리아 섬이 비잔티움 항해의 주요 거점이 되었다. 알렉산드리아, 가자, 카이사리아, 안티오키아 항구들도 콘스탄티노플의 지배 아래 교역활동을 지속했다. 7세기 무렵에는 북아프리카의 카르타고, 에스파냐 남부의 카르타헤나와 세비야 같은 서쪽 중심지로 비잔티움의 교역 범위가 확대되었다.

로마 제국의 그 동쪽 절반이 비잔티움이었다. 그러나 비잔티움은 서로마 제국이 붕괴된 뒤 서방의 인문주의자들이 제국의 잔재를 찾아내는 작업을 벌이기 시작하면서 붙여진 이름이었다. 비잔티움이라는 이름을 사용했다 해도 시민들은 여전히 스스로를 로마인(그리스어로는 로마이오이Romaioi)이라 불렀다. 그렇다고 그들이 허영심이나 속물근성으로 로마인임을 주장한 것은 아니다. 비잔티움은 콘스탄티노플 시민들에게 먹거리와 오락을 무상으로 제공해주는 것을 기본 취지로 하는 '빵과 서커스' 정책을 실시한 것에서도 알 수 있듯이, 330년부터 619년까지 제국의 이념은 물론 실생활도 함께 구현했다.

앞서도 언급했듯이 콘스탄티누스 1세는 콘스탄티노플에 가옥을 신축하는 사람들에게 무료 급식을 제공해주었다. 그러다 보니 이집트로부터 식량을 차질 없이 들여오는 것이 국가 정책의 기조가 되어, 수송선, 선원, 선장을 보유한 선주들에게는 일거리가 끊이지 않았다. 수송선들이 알렉산드리아에서 곡물을 실어오면 운송업자는 다르다넬스 해협 어귀의 테네도스 섬에서 짐을 하역하여 거대한 창고에 보관해두었다가 순풍이 불면 수도로 옮

로마세계의 판도

그루지야
케르손
흑해
트레비존드
아르메니아
다뉴브 강
콘스탄티노플
아드리아노플
니코메디아
니케아
카이사리아
키지코스
니사
나지안주스
에데사
티그리스 강
페르가몬
타르수스
† 성 시메온 수도원
사르디스
셀레우키아
안티오키아
유프라테스 강
크테시폰
에페소스
바빌론
키프로스 섬
베이루트
로도스 섬
티레
다마스쿠스
카이사리아
크레타 섬
예루살렘
가자
† 마르사바의 수도원
아카바
리비아
알렉산드리아
† 시나이 산
이집트
성 안토니우스 † 수도원
성 카타리나 수도원
아라비아
홍해

동로마 제국과 서로마 제국의
대략적 경계선

졌다. 거기서 곡물은 다시 제분업자와 제빵업자 조합으로 보내져 도시민의 일용할 양식으로 만들어졌다. 그러면 시민들은 주민증 비슷한 것을 제시하고 받은 청동 식권을 계단이 있는 배급소에 가서 제시하고 빵을 지급받았다. 이렇게 비잔티움의 무료 급식은 빈곤의 정도에 따른 것이 아니라 비잔티움인이라는 사실을 입증할 수 있는 사람, 다시 말해 도시민이 받는 일종의 특권이었다.

619년 이집트가 페르시아에 점령당한 뒤로는 곡물 수송선 왕래가 중단되었다. 그래도 빵은 계속 지급되었다. 트라키아와 같은 새로운 공급처가 생겨 곡물을 충분히 확보할 수 있었기 때문이다. 하지만 그때를 기점으로 시민들은 돈을 지불하고 빵을 구입했다. 그리고 빵의 질이 떨어지거나 부족 사태가 발생하면 폭동이 일어나고 도시의 행정장관(에파르크)이 더러 공격받는 일도 있었으나, 그런 어려움 속에서도 고전시대의 기초 식량이었던 빵을 당대 최고의 도시에 제공해주는 원칙만은 수백 년간 변함없이 지켜졌다. 흑사병이 창궐하기 전 유스티니아누스 치세 때 50만 명까지 치솟아 콘스탄티노플 인구가 최대로 불어났을 때나 인구 40만 명 규모였던 12세기에도 빵은 충분히 공급되었다.

비잔티움은 빵 지급뿐 아니라 공공오락에서도 끊이지 않는 즐거움을 제공했다. 행사는 주로 콘스탄티누스 1세가 개축한 콘스탄티노플의 히포드롬에서 열렸다. 그 전차경주장은 도시의 모든 인구를 수용할 수 있도록 설계되었다. 트랙과 가장 가까운 대리석으로 된 귀빈석은 원로원 의원과 정부 고관들이 차지하고 그 밖의 사람들은 나무의자에 앉았다. 경기장 맨 꼭대기의 입석 장소도 아녀자들로 만원을 이루었다. 비잔티움 시민들은 말과 전차경주에 열광했으며 색깔로 구분된 팀들을 파벌을 지어 미친 듯이 응원했다. 로마에 기원을 둔 그 팀들은 직업선수 조합이 결성한 빨강, 흰색, 녹색, 청색 팀들로 나뉘어 있었으나, 6세기 무렵에는 녹색과 청색 팀만 남고 나머지는 유명무실해졌다. 그들은 전차경주뿐 아니라 경주 막간에 체조, 운동경기, 권투, 야생동물 쇼, 팬터마임, 춤, 노래 등 오락의 모든 것을 보여주는 막강한 단체로 발전했다.

6세기의 비잔티움 역사가인 프로코피우스가 쓴 역사 덕에 후대인들은 당대의 유명한 예능인도 한 사람 알게 되었다. 497년경에 태어난 테오도라가 그 주인공이다. 몇몇 역사가들은 프로코피우스의 책에 묘사된 내용은 그녀를 중상모략하기 위해 근거 없이 기록된 낭설이라며 일축하지만 유스티니아누스 황제가 법률까지 뜯어고쳐 그녀를 아내로 맞이하려 한 것을 보면, 설사 프로코피우스의 말대로 심하게 난잡하지는 않았다 해도 그녀가 비천한 태생이었던 것은 분명해 보인다. 프로코피우스의 저서에는 녹색 팀과 청색 팀 단원들이 서로 다른 레퍼토리로 쇼를 한 것으로 나타나 있다. 테오도라의 아버지 아카키우스는 녹색 팀의 곰 조련사로 활동하면서, 곰에게 춤을 추게 하거나 갖가지 묘기를 섞어 싸움 시키는 일을 주특기로 삼았다. 그가 죽은 뒤에는 테오도라의 어머니가 청색 팀의 곰 조련사와 일을 하려고 했으나 뜻을 이루지 못했다. 그녀는 세 딸을 무대에 올린 뒤에야 다시 일을 할 수 있었다.

테오도라는 춤을 추거나 플루트 부는 기술 같은 특별한 재능(히포드롬의 오벨리스크 토대에 기록된 내용이다)은 없었으나 외설적인 행위와 관객을 포복절도하게 하는 코미디에 탁월한 끼를 가진 서커스 배우가 되었다. 그런 유의 공연은 연극 무희들이 음악 반주에 맞춰 고대 그리스의 신화 이야기를 무언극으로 재연하는 것과는 차원이 달랐다. 테오도라는 저속한 춤에 능했고, 그것이 바로 그녀와 취향이 비슷했으리라 짐작되는 유스티니아누스를 사로잡은 비법이었다. 그리하여 이윽고 결혼에 장애가 되는 법률이 개정되자 그녀는 유스티니아누스의 아내가 되고, 나아가 제국의 황후 자리에까지 올랐다. 비잔티움 제국에서의 테오도라의 행적과 라벤나에 있는 그녀의 유명한 초상에 대해서는 이 책의 후반에서 상세히 다루고 있다.

한편 로마의 빵과 서커스 정책은 교회가 전차경주, 내기 도박, 그 밖에 외설적인 오락으로 여겼던 요소를 억제하려고 노력함에 따라 차츰 '수프soup와 구원'이라는 기독교적 방식으로 대체되어갔다. 그리하여 고대 그리스풍의 연극공연은 쇠퇴하고, 고대 도시들의 두드러진 특징이었던 극장과 음악당도 돌무더기로 변해 건축자재로나 쓰이게 되었다. 폐허가 된 건축물들의 터는 악령이 깃든 것으로 간주되었고, 심지어 고대의 일부 조상彫像들은 예언적 힘이 있는 것으로까지 생각되었다. 기독교는 그 두 요소를 모두 위험한 것으로 보았다. 교회는 또 목욕과 같은 도회적 관습이나 포도수확 축제와 같은 농촌 관련 전통을 공격하면서, 부도덕하고 부적절한 행동도 함께 억제하려고 했다. 그러나 히포드롬의 오락에 미친 비잔티움인들의 열정까지 막지는 못했다.

청색당과 녹색당은 전차경주를 개최하는 일 외에 또 다른 중요한 임무가 있었다. 즉 황제가 왕궁과 연결된 통로를 통해 히포드롬에 행차하여 황제석에 앉으면 환호하는 것이었다. 그러다 그들의 행동은 차츰 개인이나 단체가 파벌을 이용해 분노를 표하는 정치색을 띠게 되었다. 녹색당이나 청색당은 황제를 향해 의무적으로 환호한 뒤에는 연출된 각본에 따라 높은 물가를 비난하는 것과 같은 구호를 연호했다. 6세기의 기록에는 특정 관습에 대한 그들의 비난에 황제가 의전관(프라이포시투스praipositos)을 통해 답변한 논쟁적인 내용이 나오기도 한다. 잠재적인 정치적 이견도 히포드롬이라는 공공장소를 통해 표출되었다. 사람들은 부패한 관리와 과도한 징세에 대한 불만을 전차경주장에서 해소했다. 그러나 그 정도에서 그쳤을 뿐 진지한 심의나

토의가 이루어지는 수준에는 이르지 못했다. 독재적 성격을 지닌 비잔티움은 그런 행위를 결코 용납하지 않았다.

히포드롬이 할 일은 황제를 포함하여 비잔티움의 모든 계층 사람들에게 흥미 만점의 여흥을 제공해주는 것이었다. 때로는 지배자가 전차경주에 직접 참여하기도 했다. 9세기에 테오필루스 황제(재위 829~842)도 청색 팀 소속으로 싸워 승리를 거두었다. 파벌들은 교회 성가대와 함께 황궁에서 귀빈들에게 비공식적인 여흥도 제공했다. 10세기에도 수력으로 작동되는 오르간 연주에 맞춰 무희들이 춤을 추는 흥겨운 연회가 장기간 지속되었다. 낙타 등 위에 올라타거나 히포드롬 경주장에 높이 매달린 줄 위에 올라가 각종 서커스 묘기를 펼쳐 보이는 것도 파벌들이 할 일이었다. 콘스탄티노플을 찾은 타지인들은 그런 구경거리에 열광했다.

히포드롬은 또 매년 5월 11일에 거행되는 콘스탄티노플 도성 창건 경축식이라든가 승리의 개선, 적군과 사형수의 처형, 어린 공동 황제의 탄생이나 즉위 같은 의식의 행사 장소로도 쓰였다. 요컨대 히포드롬은 황제가 백성을 만나는 곳이었던 것이다. 앙겔루스 왕가도 12세기에 블라케르나이 왕궁에서 은밀하게 결혼식을 치르려다 대중으로부터 거센 항의를 받았다. 그렇다고 분위기가 매번 호의적인 것은 아니었고 적대적일 때도 있었다. 청색당과 녹색당은 히포드롬의 지하 구역에 복장, 막대기를 비롯한 여러 장비를 비축해두고 여차하면 음모를 꾸밀 준비를 갖추고 있었고, 정부 부처들도 밀실을 운영하고 있었다. 히포드롬이 도시생활에서 담당하는 역할이 그토록 크다 보니 황제들도 적지 않은 돈을 대중오락에 쏟아부었다.

비잔티움 궁정은 로마식 힘의 상징과 페르시아에서 도입한 권위의 상징물로 가득했다. 그 모든 것은 또 제국의 이데올로기로 뒷받침되었다. 디오클레티아누스 황제는 비잔티움 제국 최초로 왕관, 금빛 용포, 황제의 표식―모두 동방의 관례다―을 착용하고 신하들도 어전에서 부복하도록 했다. 4세기의 지배자들은, 왕 중의 왕이 지저귀도록 만들어진 금빛 새들이 빼곡히 들어찬 황금 나무 밑, 으르렁대는 사자 두 마리가 양옆에 세워진 옥좌에 앉는 것 같은 페르시아의 관습을 더욱 정교하게 가다듬었다. 테오도시우스 2세는 황실 전용의 폴로 구장도 지었다. 폴로도 페르시아에서 수입한 운동이었다.

거대한 궁전 단지 내에 자리한 비잔티움 궁정은 독재 권력의 상징과 실제가 만나는 곳이었다. 황제의 권위는 물시계나 천문학 기구와 같은 발명품으로도 표현되었다. 비잔티움은 1세기에 알렉산드리아의 헤론이 발명한 원리를 이용한 수력 자동장치를 개발하여 궁정을 찾는 사람들을 놀라게 했다. 10세기에는 콘스탄티노플에 외교사절로 온 크레모나의 라우트프란트가 '으르렁대는 사자' 상이 양옆에 세워지고 치솟을 듯 높은 곳에 위치한 거대한 옥좌를 보았다는 기록을 남겼다. '이게 대체 어찌된 일인가! 방금 전에 보았을 때는 웬만큼 높은 곳에 앉아 계시던 분이 지금은 의복도 바뀌고 하늘 높은 곳에 앉아 계시니.' 황제 욕장과 옥외 정원에서도 금빛 새가 재잘거리고 오르간 음악 소리에 맞춰 분수가 춤을 추었다. 정확한 시간을 나타내고 일식日蝕을 예측하는 천문학 기구와 같은 궁정 내의 이런 모든 물품이 황제의 힘과 비할 데 없는 그들의 위상 그리고 위풍당당함을 표현해주었다.

황제의 우월성을 찬양하도록 만들어진 그 모든 건축적 환경은 구로마의 팔라티노 언덕에 세워진 아우구스투스 황제의 궁전을 모델로 조성되었다. 셉티미우스 세베루스 황제(재위 193~211)가 고대 비잔티온에 세운 본래의 궁전에 후대의 황제들이 하나둘씩 건물을 보탠 것이 콘스탄티노플의 14개 지역 가운데 첫 번째 구역의 광대한 면적을 차지하는 대궁전 단지로 변모한 것이었다. 대궁전에는 접견실, 황실 가족과 하인들의 주거지, 다수의 교회와 욕장, 수비대, 복도로 연결된 행정부의 중앙 부처들, 테라스가 갖춰진 정원, 수조로 물을 공급받는 분수가 설치돼 있었다(16장 참조). 아크로폴리스의 그곳 대궁전에서 바라보는 보스포루스 해협의 전경도 압권이었다. 7세기 말에는 유스티니아누스 2세 황제(1차 재위 685~695, 2차 재위 705~711)가 앞으로 축조될 여러 성채 가운데 첫 번째로, 대궁전 단지를 성벽으로 둘러쌌다. 하지만 그런 요새화도 반역자와 암살자가 침투하는 것을 막지는 못해 820년에도 암살단원이 성탄절 찬양 노래를 부르는 성가대원으로 변장한 채 궁전에 들어와 레오 5세 황제를 살해하는 일이 벌어졌다.

비잔티움 궁전은 또 거대한 도서관을 갖추고 황실 자제를 교육시킨 학문의 전당이었다. 비잔티움의 많은 황제들이 학문을 증진하는 일에 힘썼고 교사들을 후원했다. 바실리우스 1세(재위 867~886)도 포티우스를 콘스탄티노플 총대주교 자리에서 내쫓았다가 나중에 다시 불러들여 세 아들 콘스탄티누스, 레오, 알렉산드로스의 가정교사로 임명했다. 세 아들 중 나중에 레오 6세(재위 886~912)로 황제가 된 둘째 레오가 '현제 레오Leo the Wise'로 불리게 된 것도 아마 스승의 공이었을 것이다. 궁전 도서관도 콘스탄티누스 7세(재위 913~959)와 같은 지식인 황제를 양성하고, 필경사를 두어 외국 지배자 증정용으로 호화 필사본을 제작했다. 827년에는 그곳에서 필사된 디오니소스 위서僞書, pseudo-Dionysios가 신성 로마 제국의 경건왕 루트비히 1세에게 보내졌다가 파리 외곽의 생 드니 수도원에 보관되었다(지금은 프랑스 국립도서관에 소장돼 있다). 로마누스 2세 황제(재위 959~963) 때도 필경사들은 에스파냐 코르도바의 칼리프를 위해 그리스의 약리학자 디오스코리데스가 쓴 의학과 약리학 관계 서적을 삽화를 곁들여 필사했다.

로마의 전통은 비잔티움의 행정, 특히 징세 부문에도 면면히 살아 있었다. 인두세, 재산세, 토지세의 징세를 위해 인구조사와 토질 평가를 정기적

레오 6세의 왕관으로 베네치아 산마르코 대성당에 소장돼 있다. 886~912년과 그 이후에 제작된 것으로, 에나멜과 유선칠보 등으로 만들어졌다.

으로 실시한 것이 그 대표적인 예다. 세수는 비잔티움의 지출 가운데 가장 중요한 부분을 차지했다. 그러다가 11세기 비과세 토지를 허용해주고 세금의 대리징수제도를 시행하여 세수가 감소하는 바람에 제국은 큰 위기를 겪었다. 로마의 기록 관습도 석판 기록과 파피루스 기록에서 양피지 기록에 이르는 변천을 겪으며 기록물을 세 통씩 보관하도록 한 황제들의 결정으로 계속 유지되었다. 콘스탄티노플 성벽의 보수 일자를 기록하고 8세기 초 니케아에서 거둔 승리를 기록하는 데는 석문이 이용되었다. 양피지도 기록에 사용되었지만 파피루스처럼 불에 타거나 약탈당하기 쉬운 단점이 있었다. 그렇다 보니 비잔티움의 방대한 관료 기구의 흔적도 로마의 주교들과 나눈 서신이라든가 황제가 수도원에 기부한 내용과 같은 몇 안 되는 공식 서한의 형태로만 남아 있다.

비잔티움은 새로운 지배자를 공표함에 있어서도 로마의 관습에 기독교적 요소만을 추가하는 형식을 취했다. 원로원, 군대, 대중이 히포드롬에서 환호하던 종래의 의식에 457년 성 소피아 대성당에서 콘스탄티노플 총대주교가 집전하는 대관식을 추가한 것이다. 레오 1세는 기독교식으로 제관을 받은 비잔티움 최초의 황제였다. 총대주교 아나톨리우스가 굳이 기독교식 대관식을 고집한 것은 아마도 레오가 테오도시우스 왕가의 마지막 통치자(테오도시우스 2세)가 죽은 뒤에 생긴 공백을 메운 변변찮은 무명의 군인 출신이었기 때문일 것이다. 의식과 왕관은 황제 사칭자와 찬탈자들이 권위를 높이기 위해 즐겨 사용된 방법이었다. 그러나 그보다는 역시 로마 제국의 전통이 기독교 전통으로 바뀌었음을 나타내는 상징이라는 면이 더 중요했다.

비잔티움 대관식은 중세 유럽의 모든 국가가 선망하는 모방의 대상이었다. 800년에는 교황 레오 3세가 없는 왕관을 일부러 구해서까지 샤를마뉴의 머리에 씌워주었다. 왕관 없는 대관식은 무의미했기 때문이다. 그는 또 성유를 바르는, 동방에는 없는 서방 고유의 의식을 만들어내기도 했다. 중세의 서방에서 기름을 바르는 대상은 주교와 고위 성직자로 제한돼 있었다. 레오 3세는 그것을 군주의 대관식에 사용함으로써 필수적이고 우월한 교회의 역할을 주장한 것이었다. 로마 교황, 러시아의 수도 대주교, 캔터베리 대주교 모두 그 의식을 앞 다투어 시행하려고 했다. 반면 나폴레옹은 로마 교회에 대한 의존성에서 탈피하여 파리에서 자기 손으로 직접 왕관을 썼다. 다른 군주들은 구세계나 신세계 할 것 없이 모두 비잔티움식으로 대관식을 치렀다. 레오 1세가 아나톨리우스에게 왕관을 수여받은 지 1천500년 뒤인 1953년 텔레비전을 통해 처음 생중계된 엘리자베스 2세 영국 여왕의 대관식도 비잔티움식으로 거행되었다. 그러나 주교들이 군주를 둘러싸고 행하는 도유식만은 여전히 거룩한 의식으로 여겨 시청자들에게 공개되지 않았다.

비잔티움은 기독교로 치장되었지만 그런 가운데서도 로마의 통치를 유명하게 만든 전통은 변함없이 이어갔다. 그중에서 특히 중요한 것이 법률, 군사조직, 의학, 행정, 조세, 궁정 의식에 구현된 제국의 이데올로기였다. 가령 황제는 신에게 권위를 재가받기는 했지만 지상에서는 여전히 신과 같은 존재였다. 원정을 떠나는 군대에 신의 가호를 빌어주고 신이 허락해준 승리를 위해 기도하는 것 역시 성직자의 일이었지만, 군대를 훈련시켜 그들을 이끌고 전투에 나가는 것은 황제였다. 제국의 궁정 또한 하늘의 법정을 모방한 것이기는 해도 여전히 허장성세를 부리는 곳으로 남아 있었다. 사법도 황제의 특권이자 의무였다. 따라서 가난하고 미천한 백성의 탄원도 황제는 결코 무시하는 일이 없었다. 콘스탄티노플의 고대 신전들도 허물어지거나 교회로 즉시 개조되지 않고 6세기까지 계속 남아 있다가 세속적인 용도로 사용되었다. 고대의 예술품들도 가치를 인정받았다. 그중에는 벌거벗은 남

12세기에 제작된 요한네스 2세 콤네누스의 대리석 부조이다. 제왕의 옷을 입은 황제가 한 손에는 군기를, 다른 손에는 십자가가 세워진 구를 들고 있어 황제의 명령이 그리스도 세계 전체를 덮는다는 것을 의미한다.

녀 신들을 묘사한 것도 있었다.

    로마의 공학 기술도 예외가 아니어서 수백 년 동안 축조된 교량, 도로, 요새, 수도교의 형태로 여전히 빛을 발했다. 그러나 비잔티움을 지탱하는 데 있어 그보다 중요한 것은 관료제의 보이지 않는 역할이었다. 포카스(재위 602~610) 같은 무능한 황제가 권력을 잡았을 때도 비잔티움의 행정기구는 흔들림 없이 맡은 바 역할을 다했다. 알렉시우스 1세 콤네누스(재위 1081~1118)를 비롯한 몇몇 황제들은 제국의 행정조직을 개편하기도 했다. 숙련된 직업 관료에 대한 필요성은 수준 높은 교육을 지속시키고 전반적인 지식수준을 높이는 데도 일조를 했다. 관료들 또한, 서신에서도 분명히 드러나듯이, 직책에 대한 자긍심을 갖고 서로 간에 단결의식을 고취시켰다.

    이렇게 동방 제국은 기독교 이전의 이교 시대를 보전하려는 의식을 비롯하여 제국적, 고전적 전통에 종교적 전통을 새롭게 접목시키며 기독교적 비잔티움으로 서서히 변모해갔다. 비잔티움의 활력과 생존력은 대부분 그 요소들이 갈등하는 과정에서 솟아 나왔다. 1453년 5월 29일 투르크 군의 마지막 맹공이 있기 전 콘스탄티누스 11세가 백성들에게 수도를 지켜줄 것을 호소한 것도 그들의 조상인 그리스와 로마인의 정신과 힘을 보여줄 것을 일깨운 행위였다. 콘스탄티누스도 그런 정신 속에서 기독교적 순교가 아닌 카이사르와 아우구스투스, 콘스탄티누스 대제와 유스티니아누스 대제의 후계자로 전사한 것이었다.

4
그리스 정교회

모든 이들이 신앙의 거룩한 상징[신조]을 고백하는 것은 하느님에 대한 신비한 감사의 기도를 미리 드리는 것으로 (…) 그것으로 우리는 구원받게 된다.

— 640년경에 쓰인 고백자 성 막시무스의 「미스타고기아Mystagogia」 중에서
콘스탄티노플 총대주교 게르마누스 1세의 『거룩한 예전에 대한 논평Commentary on the Divine Liturgy』
(730년 이후)에 실린 글

역사가들은 언제나 기독교가 다신교도들의 마음을 빼앗을 수 있었던 비결, 그리고 고대 지중해 세계에서 기독교가 항구적 위치를 점하게 된 요인이 무엇인지에 대해 궁금증을 가졌다. 유대교의 한 분파인 기독교는 유대교의 유일신 사상을 계승하여, 그것에 귀 기울이는 모든 사람에게 그 유일신 사상을 설유하는 방식으로 보편적 종교가 되었다. 사람들은 다른 종교로도 수백 년간 욕구를 만족시켰다. 그런 그들이 아폴론, 이시스, 조로아스터, 미트라스 등 다른 신들을 버리고 기독교를 택한 이유는 무엇일까?

    그것은 동시대의 다른 사람들과 달리 그리스도 추종자들은 죽음으로 모든 것이 끝나지 않으리라는 확신을 가졌기 때문이다. 다시 말해 그들은 죽은 뒤에도 평화와 빛이 있는 하늘나라로 올라가게 되리라는 믿음을 갖고 있

었던 것이다. 그 믿음은 또 그들이 내세에서 영원한 생명을 얻기 위해 죄짓지 않고, 믿음, 희망, 사랑을 중시하는 기독교적 생활 방식을 영위하도록 만들었다. 기원후 몇백 년간 융성했던 유대교, 다신교, 그 밖의 종교들과 기독교가 구별되는 점이 바로 여기에 있었다.

일부 기독교도들은 또 신앙을 부정하기보다는 죽음을 택하여 로마 당국을 어리둥절하게 했다. 로마인들에게 그것은 불가해한 행동이었다. 기독교도들은 64년에 발생한 로마 화재의 책임을 '그 가증스러움 때문에 미움을 산' 기독교도들에게 돌린 네로 황제 시대부터 신앙을 포기하기보다는 차라리 순교를 택했다. 180년 프랑스 리옹의 원형경기장에서 다른 기독교도들과 함께 맹수들에게 던져진 노예 소녀 블란디나도 시종일관 "나는 기독교도"라는 말만 되풀이했다. 이어 그녀는 관중이 보는 앞에서 고문과 굴욕을 수차례 당한 뒤 황소의 뿔에 받혀 죽었다. 그러고도 "순교자들의 시신은 엿새간이나 노천에 방치된 채 갖은 모욕에 시달린 뒤 사악한 로마인들에게 불태워져 론 강에 뿌려졌다. (…) 그런 식으로 그들의 존재는 이 세상에서 흔적도 없이 사라졌다." 하지만 그들의 흔적은 사라졌을지 몰라도 사람들은 그 광경을 보고 경악했다. 그녀의 용기 있는 행동에 영감을 받은 사람들도 있었다. 로마세계의 기독교도들은 계층을 불문하고 그녀의 행동을 모방하기 시작했다. 로마의 라우렌티우스〔초기 기독교 일곱 부제 가운데 한 사람으로 발레리아누스 황제의 박해로 순교한 사람〕, 카르타고의 페르페투아〔3세기 초 배교를 거절하고 처형된 카르타고의 귀부인〕, 이집트의 아르테미우스〔배교자 율리아누스 황제 치세 때 처형당한 아리우스파 기독교도〕, 성 파울루스의 추종자로 알려진 셀레우키아의 테클라〔4세기 초 디오클레티아누스 황제 때 순교한 소아시아 출신의 여성〕가 그 대표적인 인물이었다. 기독교도들은 또 사정이 허락하는 곳이면 어디든 순교자들이 죽은 터에 성소와 그들의 유골을 담은 무덤을 조성했다.

순교가 초기 기독교의 분명한 특징인지는 알 수 없다. 하지만 데키우스 황제(재위 249~251)와 디오클레티아누스 황제에 의한 3세기와 4세기 초의 기독교 박해 시기에 기독교 공동체 전체가 로마 지배자를 위해 향 피우기를 거부하고 죽음을 택했던 것은 사실이다. 그들이 그런 극단적인 선택을 한 것은 기독교 신이 다른 신들의 숭배를 금했기 때문이었다. 기독교는 그리스도의 살과 피를 상징하는 무혈의 제물, 곧 빵과 포도주로 그리스도의 죽음을 기리고, 그것으로 제물을 바치는 다른 모든 형식을 대신했다. 그리스도의 부활도 기독교를 믿는 모든 사람이 죽은 뒤 천국에 가게 되리라는 약속으로 해석되었다. 영성체 의식에서 신자들이 암송하는 신조, "천지를 만드신 하느님 한 분만을 믿사오며…"의 중요성이 바로 거기에 있었다.

기독교의 초기 성장 과정은 성 파울루스의 지중해 동부 기독교 공동체로의 선교여행과 편지들을 통해 기록되었다. 나중에는 복음서 저자들이 주기도문, 우화, 산상수훈, 기독교도가 되는 데 필요한 지침 등 그리스도가 실제로 한 말도 포함된 그리스도의 생애에 대한 기록을 수집했다. 그러다 주로 도시인들로 구성된 기독교 집단이 늘어나자 대변인 격으로 감독자(그리스어로는 에피스코푸스episkopos)를 한 명 임명했는데, 그 감독자(주교)가 예배의식, 새로운 개종자들에 대한 교육, 병자와 노약자들의 보살핌, 공동체에 유증된 토지의 이용과 같은 일을 담당하는 직원을 거느린 지도자가 된 것이었다. 로마의 주교는 특히 그곳에서 십자가형을 당한 성 베드로의 직계로 간주되었다. 베드로의 몸을 결박하는 데 사용된 쇠사슬도 성물이 되었다. 나중에는 고대 다신교도들의 수도, 곧 로마의 주교들이 그리스도가 "너는 베드로라 내가 이 반석(페트라petra) 위에 교회를 세우리니"〔「마태복음」 16장 18절〕라고 말했다는 점을 들어 특별한 권위를 주장했다.

이렇게 콘스탄티누스 1세(대제)가 개종하기 전부터 로마세계에는 이미 교회들의 네트워크가 형성돼 있었다. 그러나 조직의 규모는 보잘것없어 예배 장소도 고대 신들을 모신 신전들에 비해 평이했고, 제단도 페르시아의 신 미트라스의 것보다 초라했으며, 대중적 인기도 이집트에서 도입된 이시스와 오시리스 신에 대한 숭배의식에 미치지 못했다. 게다가 4세기 초 디오클레티아누스 황제(재위 284~305)가 일으킨 '대박해'로 기독교는 엄청난 타격을 입었다. 많은 신자들이 그 기간에 배교했으며 성서와 제기마저 포기하고 당국에 넘겨주었다. 농촌으로 도망쳐 몸을 숨긴 신자들도 있었다. 순교자들은 눈덩이처럼 불어났다. 313년 콘스탄티누스 1세가 밀라노 칙령을 내릴 무렵의 기독교 인구 규모에 대해서는 역사가들의 의견이 분분하지만, 기독교에 반대하는 황제들의 칙령으로 교회가 약화되고 분열되었다는 점에 대해서는 의견이 모두 일치하고 있다.

콘스탄티누스 1세가 새로운 기독교 후원자로 행한 가장 중요한 업적은 두말할 나위 없이 325년 여름, 소아시아 서쪽에 위치한 니케아에서 기독교계의 모든 주교를 소집하여 공의회를 개최한 일이었다. 그러나 몇몇 도시에서 주교들이 교회 건물에 대한 지배권을 두고 다투었다는 사실만 알려져 있을 뿐, 주교들의 총수가 몇 명이었는지는 기록에 나와 있지 않다. 공의회의 목적은 알렉산드리아 교회의 부제 아리우스가 내세운 교리의 심의, 신조에 표시될 용어의 선택, 신앙 선언서(신조)의 채택, 부활절 날짜 계산법을 결정하는 것이었다. 숙박비를 포함한 회의 참석자들의 여행 경비는 모두 콘스탄티누스 황제가 부담하고 공의회도 황제가 직접 주재했다. 니케아 공의회는 또한 서방의 참석자들은 비록 소수에 불과했지만 로마 제국 전역의 교회 지도자들이 참석했다는 이유로 훗날 '보편적'임을 뜻하는 에큐메니컬 공의회로 불린다. 이후 제국의 황제들은 중요한 신학적 문제가 생기면 그 형식에 따라 공의회를 소집했다. 이렇게 열린 회의들 가운데 에큐메니컬 공의회(이 중 879~880년에 마지막으로 개최된 콘스탄티노플 공의회를 서방은 때로 에큐메니컬 공의회로 인정하지 않기도 한다)로 인정된 것은 여덟 차례이고, 그것들 모두 황제가 소집했으며 때로는 황제 본인이 직접 참석하기도 했다. 이렇게 기독교가 로마 제국에 편입된 첫 국면부터 세속적 힘은 교회조직의 형성에 깊이 관여했다.

니케아 공의회가 열리기 전 지방 차원에서 열린 교회 회의들은 교회들의 내분을 해소하는 방법을 제시하는 선에 그쳤다. 그러나 이번 공의회에서 콘스탄티누스는 그보다 좀 더 거창한 계획을 가지고 있었다. 전 기독교계에 시행할 20개 교회법을 제정하는 것과 아리우스 교리—그리스도는 신이 아니라 신의 피조물이므로 성부와 동일한 본질이 아니라는 교리—에 대한 결판을 지어 기독교계에 보편적으로 적용하도록 할 참이었다. 그리하여 기나긴 토의 끝에 공의회는 성부와 성자는 동일 본질(호무시오스homoousios)이라는 것과 성자는 성부와 더불어 영원한 존재임을 규정했다. 그것이 중요한 까닭은 만일 그리스도가 성부와 같은 신성을 지닌 '하느님의 말씀'이 아니라면 인간도 구원을 통한 영생을 누릴 희망이 없어지기 때문이었다. 결국 아리우스의 기록물은 정죄되고 아리우스도 추방되었다. 마지막으로 공의회는 신앙 선언서 곧 신조를 발표하고, 부활절 날짜 계산법(춘분이 지나고 첫 보름달이 뜬 뒤에 맞는 일요일)을 확정했다. 전해지기로는 공의회에 참석한 주교들 가운데 두 명을 제외하고는 모두 그 결정에 동의했다고 한다.

최초의 에큐메니컬 공의회의 내용 중 지금까지 전해지는 것은 4세기 말에 알려진 대로 아리우스에 대한 정죄, 교회법, 부활절 관련 기록, 그리고 신조뿐이다. 공의회에 참석한 주교들의 수는 318명으로 확정되어 이후 그들은 '318교부들'로 알려지게 되었다. 참석자 명단은 보관되지 않았으므로 익명으로 남아 있으나 그럼에도 지금까지 막강한 권위를 지니고 있다. 니케아 공의회는 또 전 기독교계를 대표하고 올바른 신앙과 실천 법규를 마련하는 공의회를 황제가 소집했다는 점에서 중요한 선례가 되기도 했다. 실제로 여덟 번의 공의회는 모두 동방에서 열렸고 토의도 그리스어로 진행되었다. 로마 주교(교황)가 서방의 유일한 대표일 때도 있었다. 먼 거리와 여행의 어려움 때문에 서방 주교들이 참석하기 힘들었기 때문이다. 그들은 공의회의 결정 사항을 교황이 배포해준 자료를 통해 알게 되었다. 나중에는 교회의 분열에 대한 문제, 이단적 신앙을 규정하고 정죄하는 일도 공의회에서 다루어졌다. 종종 토의 내용이 상세히 기록되기도 한 공의회 절차는 기독교의 성장은 물론 믿음과 실천 면에서 지역적 편차를 읽을 수 있는 중요한 증거 자료가 되고 있다.

니케아 공의회에서 정죄된 아리우스는 이후 사면을 받고 그의 교리도 335년 복권되었다. 콘스탄티누스 대제의 아들들은 4세기 내내 거의 그의 교리에 호의를 보였다. 그리고 그것은 니케아 신조를 지지한 측과 비로마계 민족들에 대한 기독교 전파에 심각한 영향을 끼쳤다. 340년대에 고트족 지도자 울필라스(310년경~382년경)가 콘스탄티노플을 찾아, 아리우스주의자로부터 주교 임명을 받았다. 그런 다음 그는 고트족 문자를 창안해 고트어로 복음서를 번역했다. 그렇다고 고트족만이 아리우스 교리를 받아들인 것은 아니었다. 고트족 이외의 게르만족도 거의 아리우스주의로 개종했다. 서방의 로마 제국이 멸망하자 제국을 멸망시킨 동고트족, 서고트족, 수에비족, 부르군트족, 반달족이 교회 회의에서 되풀이하여 정죄된 아리우스주의를 받아들였던 것이다. 그 과정에서 새로운 신도들은 반아리우스파 기독교도들의 맹렬한 저항을 받았다. 그 증거로 동고트족의 왕 테오도리쿠스가 이탈리아의 수도로 삼은 라벤나에는 지금도 아리우스파 세례당과 정교회 세례당은 물론 양측 신도 모두를 위해 지어진 교회들까지 남아 있다. 반면 북아프리카의 반달족은 동고트족보다 편협하여 반아리우스파 기독교도들을 심하게 박해했다. 그러다 6세기 무렵 유스티니아누스가 군대의 힘을 빌려 정통 교리를 강제로 시행한 뒤에야 아리우스주의는 근절되었다. 그렇게 해서 수에비족, 서고트족, 부르군트족은 시나브로 아리우스주의를 포기하고 에큐메니컬 공의회가 승인하고 '로마적' 특성이 강한 교리를 받아들이게 되었다.

지금까지 남아 있는 사료들은 대부분 기독교계에서 나온 것들이다. 그렇다고 해서 이교 숭배가 하루아침에 사라진 것은 아니었다. 알렉산드리아, 아테네, 안티오키아의 고등교육을 이끌어간 철학 유파들도 기독교가 도입되기 전의 환경에서 활동을 계속했다. 젊은 지성인들에게 철학은 유일한 고등교육 수단이었고, 그리스 교부들로 인정받은 동방의 위대한 네 성인인 카이사리아의 주교 바실리우스, 나지안주스의 주교 그레고리우스, 니사의 주교 그레고리우스, 콘스탄티노플 총대주교 요한네스 크리소스토무스도 그 문화의 세례를 흠뻑 받았다. 훗날 걸출한 라틴 교부가 된 성 아우구스티누스도 완전한 이교적 교과과정으로 교육받았다. 바실리우스 또한 황제가 되기 전의 율리아누스와 함께 플라톤 연구의 권위자인 아테네의 프로하이레시우스에게 고대 철학 강의를 들었다. 율리아누스 황제도 361년 즉위하자마자 즉시 이교 신들의 숭배를 활성화하려 했으나 즉위 18개월 만에 찾아온 때 이른 죽음으로 그 계획은 수포로 돌아갔다. 그래도 다수의 학자들은 고대 종교를 계속해서 숭배했고, 기독교의 손길이 미치지 않은 농촌지역도 해와 달의 순환과 신들에 대한 숭배의식으로 계절을 구분하며 전통적 습속을 이어나갔다.

황제들은 사회 저변에 남아 있는 그러한 고대 신들에 대한 뿌리 깊은 숭

나지안주스의 주교 그레고리우스의 설교를 수록한 『파리의 그레고리우스 사본』 중 그리스도전의 장면. 879~883년에 제작됐으며 파리 국립도서관 소장이다.

나지안주스의 주교 그레고리우스. 동방의 위대한 성인 중 한 명으로 꼽혔던 그는 철학 교육을 받았고, 이후 플라톤 철학의 사유에서 영향을 받아 기독교 삼위일체의 체계를 확립했다.

배의식을 공의회에서 이교와 이단적 신앙을 금하는 법률 제정과 교회 서열제의 수립으로 해결하려고 했다. 381년 테오도시우스 1세 황제(재위 379~395)가 콘스탄티노플 공의회를 개최했다. 이 공의회에서 150명의 주교는 니케아 신조를 확인하고 아리우스주의를 재차 단죄했으며, 이교 숭배를 금하는 중요한 법령을 추가로 제정하고 장차 모든 기독교도들이 암송하게 될 니케아 신조의 용어를 명확히 했다. 테오도시우스는 또 콘스탄티노플과 예루살렘을, 사도들이 창건한 로마, 알렉산드리아, 안티오키아와 같은 총대주교의 위치로 승격시킬 것을 주장했다. 예루살렘은 그리스도가 설교하다 십자가형을 받은 곳으로 헬레나에 의해 발견된 영예로운 장소라는 점을 이유로 들었고, 콘스탄티노플은 황제가 거주하는 로마 제국의 수도이기 때문이라는 점을 근거로 내세웠다.

콘스탄티노플을 승격시키는 문제에 대해 당연히 로마는 쉽게 합의에 이르지 못했다. 그런저런 우여곡절 끝에 451년 칼케돈 공의회에서 그 두 곳은 마침내 총대주교구로 공표되었다(칼케돈 공의회는 또 381년의 콘스탄티노플 공의회를 제2차 에큐메니컬 공의회로 인정해주었다). 그렇게 해서 새로운 로마는 구로마와 같은 지위를 얻게 되었지만 성 베드로가 교회를 세웠다는 이유로 구로마는 계속 우월한 위치를 유지했다. 구로마와 신로마에 이어 알렉산드리아, 안티오키아, 예루살렘 순으로 총대주교구의 서열이 정해졌다. 주교들 또한 그 순서로 황제의 오른편에 앉고 공의회 법령에 서명했다. 5세기 말에는 콘스탄티노플이 우월한 종교적 힘을 주장하는 명백한 징표로 '새로운 예루살렘'이 되었다.

총대주교로도 불리고 교황으로도 불리는 주교가 관할하는 그 5대 총대주교구가 기독교계(그리스어로 사람이 사는 세계라는 뜻의 오이쿠메네oikoumene)에 올바른 믿음과 교회의 질서를 유지하는 것을 골자로 하는 펜타르키아('5

개 총대주교구 중심으로 교회를 지배한다'는 뜻)를 수립했다. 그러다가 그것은 점차 에큐메니컬 공의회들에서 공표된 교회법에 기반을 둔 교회 행정조직으로 발전해갔다. 알렉산드리아와 콘스탄티노플 사이의 대립관계는 431년 에페소스 공의회와 451년 칼케돈 공의회에서 불거진 신학적 차이로 더욱 악화되었다. 그 분쟁은 콘스탄티노플 총대주교 네스토리우스(재위 428~431)가 성모 마리아를 그리스도의 어머니(그리스어로는 크리스토토코스 Christotokos)로 보는 것이 옳다고 말한 것이 발단이 되었다. 이에 에페소스 공의회에 참석한 주교들이 성모 마리아는 '하느님을 잉태한 자'를 뜻하는 테오토코스Theotokos로 부르는 것이 적절하다고 하면서, 성육신한 그리스도의 인성을 강조했다는 이유로 네스토리우스를 정죄한 것이었다.

그러나 그 정죄도 그리스도의 인성과 신성에 대해 다시 일기 시작한 논쟁을 막지는 못했다. 그리스도의 이중성은 언제나 기독교도들의 첨예한 관심사였던 것이다. 알렉산드리아의 총대주교 키릴루스(재위 412~444)는 그리스도의 인격 안에 두 개의 본성이 결합돼 있다(인격에 히포스타시스hypostasis(위격)의 용어를 사용하여)는 이론을 펼쳤다. 그런데 문제는 이 위격의 합체 곧 '성육신된 말씀의 단일 본성'이 그리스도의 실체(우시아ousia)와 본성(피시스physis)의 의미와 헷갈린다는 데 있었다. 그것이 원인이 되어 '단일 본성' 지지자들은 나중에 단성론Monophysite(Monophysite는 하나를 뜻하는 그리스어 모노스monos와 본성을 뜻하는 피시스physis가 합쳐진 말이다)이라는 독특한 기독교 종파를 만들어냈다. 그리스도의 위격 문제는 결국 마르키아누스 황제와 풀케리아 황후가 소집하여 451년 칼케돈에서 열린 제4차 에큐메니컬 공의회에서 그리스도 안에 '두 개의 본성이 존재하고 (…) 그리스도는 완전한 하느님이자 완전한 인간'임을 확증하는 것으로 일단락되었다. 교황 레오 1세도 흔히 레오의 토메Tome(라틴어로 토무스tomus)로 알려진 서신에

테오토코스 호데게트리아 상아관. 10세기경 콘스탄티노플에서 제작된 것으로, 거의 완벽한 상태로 보존되었다. 성모가 인류 구원의 근원이 될 아기 예수를 안고 있다.

서 공의회의 결정을 지지했다. 그러나 단성론자들이 그 결정을 수용하기를 거부하여 칼케돈 공의회는 영원한 분열의 상징이 되었고, 그것은 다시 교회의 분리로 이어졌다. 이 현상은 특히 시리아와 이집트에서 심하게 나타나 이집트의 콥트 교회는 지금도 '단일 본성(단성론)'을 고수하고 있다.

기독교의 제도는 거의 비잔티움에서 수립되고 또 그리스어로 기록되었다. 그러다 보니 기록물도 비잔티움인들의 독차지가 되었다. 서방은 고작 그리스인들이 쓴 신학적 정의를 불충분하게 번역한, 따라서 그리스도의 신성과 인성에 관한 논쟁의 미묘함이 잘 드러나지 않는 자료만을 접할 수 있었을 뿐이다. 그런 공적 표명 외에도 일부 광신도들에 의해 주로 성인과 관련된 야담이 만들어지고 그들에 대한 숭배의식이 일기도 했다. 그리하여 기적을 행하는 성인들―기적은 그리스도 설교의 가장 중요한 특징이었다―에 대한 믿음이 광범위하게 유포되자 병을 고치기 위해 기독교 치료사가 모셔진 성소로 너도나도 순례여행을 떠나기 시작했다. 로마의 원형경기장에서 죽은 성 메나스의 유골도 치료에 효험이 있는 것으로 전해져 알렉산드리아 서쪽에 위치한 그의 무덤으로 사람들이 몰려가 조그만 토병土甁들을 가지고 오는 일이 비일비재하게 일어났다. 성인이 두 마리 낙타 사이에 두 손을 쳐들고 서 있는 그림이 묘사된 토병이었다. 그런 토병이 기독교계 전역으로 유포되고, 성인의 치료 능력에 대한 이야기도 널리 확산되었다. 그렇다고 그런 성소들이 동방에만 있었던 것은 아니다. 그러나 초기 기독교 성인들에 관한 이야기는 대부분 그리스어로 먼저 기록된 뒤 나중에 라틴어로 번역되었다.

그런 기록물 가운데 가장 유명한 것이 알렉산드리아의 총대주교이자 아리우스의 가장 강력한 적수였던 아타나시우스(재위 328~373)가 쓴 『안토니우스의 생애 Life of Antony』였다. 아타나시우스는 친아리우스 정책을 편 황제

두 마리 낙타 사이에 성 메나스가 서 있는 문양이 새겨진 순례자 토병. 양손잡이가 달린 이 토병은 6세기 혹은 7세기에 이집트에서 만들어졌을 것으로 추정된다.

들에 의해 여러 번 추방당하는 과정에서 사막으로 피신해 있던 중 안토니우스를 만났다. 그리고 거기서 홀로 금욕생활을 하는 성인(안토니우스)을 본받고자 사막까지 그를 쫓아온 추종자들이 이집트어로 구술한 것을 토대로 그리스어로 된 최초의 기독교도 전기를 쓴 것이었다. 『안토니우스의 생애』는 가족과 재산을 버리고 사막에서 홀로 영적 수행을 하고, 간절한 철야기도를 하며, 하느님에 대한 묵상에 빠져든 한 젊은이의 기나긴 생애를 다룬 전기로, 이후 성인전의 귀감이 되어 비잔티움뿐 아니라 서방 문학에도 지대한 영향을 미쳤다. 몇 년 뒤에는 라틴어로도 번역되어 훗날 북아프리카 히포의 주교가 된 아우구스티누스의 손에도 들어갔다. 따라서 매우 비범한 자서전 『고백록 Confessions』을 쓴 성 아우구스티누스가 인격 형성에 관심을 갖게 된 것도 어쩌면 그 책에서 감화를 받았기 때문일 수 있다. 어쨌든 그것까지는 모르겠지만 그가 『안토니우스의 생애』에서 영감을 받아 고대 수사학의 대가에서, 중세에 서방 교회의 창시자로 알려진 금욕적 주교로 방향을 선회했던 것은 분명하다.

성인들이 지중해 유역 도시들을 떠나 사막 고행을 자청함에 따라 시리아와 팔레스타인에서도 그와 유사한 전통이 수립되었다. 4세기에는 성 카리톤이 예루살렘 남쪽의 유대 사막에 최초의 수도원 라브라 lavra(수도자들이 기거한 일군의 암자)를 세웠다. 고행자들은 주중에는 각자의 암자, 고대의 무덤, 외딴 산중에 흩어져 지내다 일요일이면 함께 모여 예배를 드렸다. 그와 거의 같은 시기에 이집트의 군인 파코미우스(346년 사망)도 훗날 수도원에서 가장 많이 필사된 수도자용 규율서를 작성했다. 그렇게 공동체 생활과 고립된 은수사隱修士 생활이 공존하게 되었고, 그 두 가지 고행의 형태 모두 추종자와 순례자들에게 영감을 불어넣었다. 수도자들 중 비잔티움에서 영향력이 가장 컸던 인물은 카이사리아의 성 바실리우스(329~379)였다. 그는 시리아와 이집트의 수도원들을 둘러본 뒤 소아시아 중부 카파도키아의 카이사리아 부근에 수도원을 건립하고 공동생활koinobion의 중요성을 강조하는 남녀 수도사용의 긴 회칙과 짧은 회칙을 만들었다. 그리스어 코이노비온 koinobion은 훗날 수도원을 뜻하는 용어로, 거기서 파생된 '케노비테coenobite'는 수도자를 뜻하는 말로 사용되었다. 바실리우스는 또 박애주의 정신을 지닌 종교 단체에서 사회적 약자―과부, 고아, 병자, 노인, 나병환자―를 보살펴야 할 필요성도 역설했다.

몇몇 성인들은 기둥 꼭대기에 올라가 고행을 하기도 했다. 그래서 그들은 '주상 고행자stylite' (기둥을 뜻하는 그리스어 스틸로스stylos에서 나온 말)로 불렸다. 주상 고행을 한 대표적인 두 인물은 대大시메온과 소小시메온이었다. 수많은 순례자가 안티오키아 부근에 있는 그들의 성소로 몰려와 기적의 치료를 받았다. 반면 성녀들은 사막 고행에서 이렇다 할 행적을 남기지 못했다. 사막의 수녀인 성녀 수산나가 예외였을 뿐이다. 그러나 창녀 출신의 '이집트 성녀 마리아' 같은 여자들의 이야기를 읽어보면 여성들도 사막에서 얼마든지 생존할 수 있었을 것 같다는 생각이 든다. 여자들은 고행을 위해 가끔 거세된 남자로 변장하기도 했는데 그런 예가 속설로 심심찮게 떠돌아다녔다. 이를테면 이런 이야기다. 마리나라는 여성이 고행을 하기 위해 머리를 짧게 자르고 남자 옷을 입은 뒤 마리노[마리나의 남성형]가 되어 수도원에 들어갔다. 그러다 여자와 정을 통해 아이를 얻었다는 죄를 뒤집어쓰고 수도원에서 쫓겨났다. 그런데도 그녀는 불평 한마디 없이 아이를 길렀고, 수도사들은 그녀가 죽은 뒤에야 결백을 알게 되었다는 것이다.

기독교 초기에 세워진 수도원들 중에서는 4세기 말 시나이 반도의 궁벽한 곳에 세워진 것이 가장 이름을 떨쳤다. 그것은 모세가 나중에 십계명이 적힌 돌판을 받았다고 전해지는 성산 발치의 불타는 떨기나무를 보호하기 위해 지어졌다. 그 불타는 떨기나무 속에서 모세는 하느님의 음성을 들었다. 기독교 고행자들은 모세가 하느님의 말씀을 듣고 이집트의 이스라엘 백성을 이끌고 약속의 땅을 향해 머나먼 길을 나서는 그 중요한 순간을 기리기 위해 불타는 떨기나무 주위에 탑을 축조했다. 380년대 초에는 서방 순례자 에게리아가 그 고행자들을 방문해, 모세 이야기를 담은 「출애굽기」 가운데 떨기나무와 관련된 부분을 소리 내어 읽었다. 그리고 6세기에는 유스티니아누스 황제가 베두인족의 습격으로부터 보호해달라는 수도자들의 간청을 받아들여 바위투성이 불모지에 서 있는 떨기나무 주위에 요새를 축조했다. 역사가 프로코피우스는 그곳을 "곡식이나 쓸 만한 것 하나 나지 않는 무인지경의 (…) 메마른 황무지"라고 묘사했다.

요새 주변에는 사막 부족의 공격으로부터 수도자들을 보호하기 위해 파견된 수비대가, 지금까지도 남아 있는 거대한 담을 쌓았다. 아카바(엘라트) 출신의 건축가 스테파누스는 그 지역에서 나는 화산암을 이용해 성모 마리아에게 바치는 성당을 짓고, 황제와 황후(테오도라는 548년에 사망했다)의 관대한 후원 내용을 성당 지붕의 대들보에 기록했다. 그 본래의 성당 형태가 지금껏 전해지고 있으며 나무로 된 문도 온전하게 보존돼 있다. 성당이 완공된 지 몇 년 뒤에는 대수도원장 롱기누스가 그리스도의 변모를 주제로 한 거대한 모자이크화로 후진을 장식했다. 그리스도의 변모는 겟세마네 동산의 그리스도를 둘러싸고 있는 빛과 시나이 산에서 하느님의 발현을 목격한 두 선지자 모세와 엘리야를 묘사한 것이다. 에게리아의 뒤를 이어 수많은 순례자들이 성상, 교회성물, 기부금 등의 선물을 들고 수도원을 찾았다. 척박하기 이를 데 없는 곳에 사는 수도자들에게 그들의 기부는 큰 보탬이 되었다. 그리하여 그 수도원은 점차 수개 국어로 작성된 필사본과 그리스도, 성모와 아기 예수, 성 베드로의 유명한 성화를 비롯해 뛰어난 물품을 소장한 곳이 되었다.

  7세기에는 아랍 정복으로 시나이 반도가 이슬람의 통치를 받게 되어 그곳 수도원도 다른 기독교 사회로부터 유리되었다. 그런 악조건 속에서 수도자들은 베두인족과 쌍방이 득이 되는 방식으로 관계를 맺으며 어렵사리 독립을 영위해갔다. 그들의 입지는 그들이 시나이에 살도록 허가해준 것으로 알려진 예언자 무함마드가 '서명한' 증서로 더욱 강화되었다. 수도자들은 이슬람 통치자들이 수도원을 빼앗겠다고 윽박지를 때마다 그 '예언자의 손'을 제시하여 위기를 모면했다. 무함마드의 손이 그려진 그 증서(무함마드는 이름을 쓰지 못했으므로)는 나중에 필사되어 수도원에도 보관되었다. 수도자와 아랍인들은 성산을 찾는 기독교와 이슬람 순례자, 그리고 알렉산드리아의 성 카타리나(성물도 포함하여) 공동체의 도움을 받으며 그런 식으로 공존을 이루었다. 그렇게 해서 시나이 산의 카타리나 수도원은 4세기와 저 태곳적 구약성서의 모세 이야기를 잇는 생생한 연결고리로, 기독교 초기 수도원 제도의 전통을 상징하는 곳이 되었다. 2006년 로스앤젤레스에서는 그 수도원의 성상 전시회가 열렸다. 런던에서도 곧 전시회가 개최될 예정이다. 그러고 나면 그것들은 다시 삭막한 수도원으로 돌아가게 된다.

  이집트, 팔레스타인, 시리아의 이름난 사막 수도원들이 계속해서 고행을 고취시키는 동안 다수의 기독교도들은 640년대 아랍의 근동 정복으로 절정에 오른 이슬람 침입을 피해 북쪽으로 피신을 갔다. 그들 중 일부는 콘스탄티노플이나 로마로 도주하여 도시 이곳저곳에서 자선활동을 하며 예전과는 다른 도회적 환경에 적응해나갔다. 황제들은 처음에는 그들을 도시에 받아들이지 않으려 했다. 그들의 금욕운동이 문명세계를 멀리하고 사막으로 도피하는 데 목적을 두고 있었으므로 도시생활이 적합하지 않으리라고 본 것이었다. 그러나 예상과 달리 5세기 중반 무렵에는 도시에도 많은 수도원이 건립되었다. 원로원 의원 스투디오스만 해도 454년이 되기 전 콘스탄티노플 남서쪽에 있는 자기 개인 소유지에 성당을 축조했다. 한 수도회가 성 세례자 요한의 머리까지 안치하여 그곳은 14세기까지 콘스탄티노플에서 손꼽히는 수도원으로 남아 있었다. 그 밖에 동명이인인 같은 집안의 두 성녀 멜라니아처럼 사택에 수도원을 짓는 경우도 있었다. 로마의 귀부인 멜라니아는 지중해 유역을 여행하다가 예루살렘의 수도회에 재산을 기부했다. 그녀의 손녀 멜라니아 또한 이탈리아를 떠나 예루살렘에 정착한 뒤 올리브 산에 수도회를 설립했다.

에큐메니컬 공의회에서 그리스어로 정의된 정확한 교리에 입각한 기독교계, 다시 말해 그리스 정교회는 이렇게, 주교가 관리하는 교구 교회와 영적 삶을 중시하는 수도원으로 이원화되었다. 양측을 이어주는 것은 날마다 행하는 기도의식이었다. 그런가 하면 양측은 에큐메니컬 공의회와 지역 종교회의에서 제정된 법률, 성 바실리우스와 카파도키아 교부들이 만든 수도회 회칙을 포함하는 교회법도 함께 준수했다. 그러다 6세기 무렵에는 그것이 수도원 입회 연령과 성직 수임 연령 같은 종교적 문제를 규정하는 통합 교회법으로 정리되었다. 그것이 민법과 더불어 기독교 관련 문제를 다루는 황제의 칙령을 대신하게 된 것이다. 교회법은 민법과 달리 체계적으로 교육되지는 않았지만 특정 사안과 판례집에 대한 논평, 대요, 논문들이 작성되어 실용적이고 유용하게 쓰였다. 오흐리드의 코마테누스 총대주교가 13세기에 유스티니아누스 법과 교회법을 신축성 있게 적용하여 유부남의 처녀 겁탈 문제를 해결한 것이 그 좋은 예다(유부남에게 간음죄를 물어 처녀에게 금전적인 보상을 하거나 그의 재산 가운데 절반을 내주도록 하고, 그 지역 고위 성직자에게도 지시를 내려 7년간 예배에 나오지 못하도록 조치한 것이다).

그와 비슷하게 콘스탄티노플 총대주교도 종교회의나 재판을 주재하여 성

성 카타리나 수도원에 있는 그리스도 판토크라토르 성상. 6세기나 7세기에 제작된 것으로 목판에 납화기법으로 그려졌다. '만물의 지배자' 그리스도가 보석 박힌 표지의 복음서를 들고 축복의 표시로 손을 들고 있는데, 한쪽 눈은 심판을 내리고 다른 쪽 눈은 용서를 하는 듯한 표정을 짓고 있다.

불타는 떨기나무 앞에서 율법을 받고 있는 예언자 모세의 성상으로 12~13세기에 제작된 것이다. 성 카타리나 수도원.

6세기 중반 유스티니아누스 1세가 세운 이집트 시나이 산의 성 카타리나 수도원. 4세기부터 수도자들을 끌어당긴 불타는 떨기나무를 수도원 담이 에워싸고 있다.

최후의 만찬과 기도를 올리는 여러 성인의 모습을 담은 데이시스 성화벽 기둥. 1200년 경 시나이에서 제작된 듯하며, 성 카타리나 수도원에 있다.

직자와 관련된 사건을 청취하고, 촌수로 볼 때 해서는 안 될 친족 간 결혼을 한 경우와 같은 사건에 명쾌한 판결을 내려주었다. 1316년 요한네스 13세 총대주교도, 어느 남자의 초혼에서 얻은 아이들과 재혼으로 얻은 딸 사이에 벌어진 유산 분쟁에 종지부를 찍었다. 그 이듬해에는 에우프로시네 마리니아 수녀가 라케데모니아의 수도대주교에게 기부한 성모 마리아 상과 작은 땅뙈기에 대한 소유권 분쟁이 일어난 것을, 종교회의가 제3의 주교에게 넘겨주도록 판결하자 수녀가 그에 불복하고 그 두 가지를 모두 되돌려달라고 항소하는 일이 벌어졌다. 그런 사건들은 대부분 교회 재산과 관련된 것이지만 성직자의 비행, 근친상간, 마법의 무분별한 사용, 미신적 행위와 같은 비잔티움의 일상생활과 관련된 흥미로운 사건들도 심심찮게 일어났다.

교회는 독립적인 행정 체계를 갖추고 있었다. 그럼에도 황제는 종종 측근을 총대주교로 임명하려고 했다. 이론상 황제는 성 소피아 성당 성직자들이 제출한 세 후보자 가운데 한 사람을 총대주교로 뽑아야 했다. 그러나 황제는 그것을 무시하고 자기 막내아들이나 총애하는 수도사 등 후보자가 아닌 사람을 총대주교로 임명하기 일쑤였다. 그런 문제와 그보다 더 심각한 문제들이 충돌을 일으키고, 그러다 그것이 양측의 불화로 이어져 황제가 총대주교를 폐위하는 일도 곧잘 벌어졌다. 398년 콘스탄티노플 총대주교로 선출된 성 요한네스 크리소스토무스가 처음이자 가장 유명한 그런 양측 불화의 희생양이 되었다. 그는 황후 유독시아가 고대의 이교의식으로 요란스레 자기 동상을 세운 것을 질타했다는 이유로 404년 아르메니아로 추방되었다. 그리고 3년 뒤 지지자들에게 편지로 결백을 주장하며 항거하다 객지에서 숨을 거뒀다. 907년에는 네 번 결혼한 황제 레오 6세를 총대주교가 열 달 동안이나 성당 출입을 못 하게 하는 일이 벌어졌다. 하지만 그런저런 갈등 속에서도 정교政敎의 협조 체제는 비잔티움 기독교 문화의 큰 힘이 되었다.

성 요한네스 크리소스토무스 상.

중세의 서방은 비잔티움과는 분위기가 사뭇 달랐다. 수석 주교인 로마 주교(교황)는 콘스탄티노플 총대주교에 비해 세속적인 지원도 많이 받지 못했을뿐더러 침략자들과도 수시로 협상을 벌이는 딱한 처지에 있었다. 6세기에는 로마가 다시 황제의 지배하에 놓여 허울뿐이나마 8세기까지는 비잔티움의 통치를 받았다. 그러나 비잔티움 정부와 군대는 타국의 공격으로부터 로마를 적절히 보호해주지 못했다. 로마의 주교들 또한 자신들의 허약한 정치 현실을 성 베드로의 후계자라는 우월한 도덕적 권위로 극복하려고 했다. 5세기에 들어서는 라틴어로 아버지father를 뜻하는 파파papa의 호칭이 도입되어, 비록 모든 기독교 사제들도 아버지로 불리기는 했지만, 교황Pope은 점차 로마 주교를 지칭하는 말이 되었다. 도덕적으로 우월하다는 로마의 주장을 비잔티움이 받아들였는지는 확실치 않지만 황제나 총대주교에게 단죄되어 불만을 품은 동방의 성직자나 수도자가 로마에 호소를 했던 것 또한 사실이었다. 그런 식으로 그들은 비잔티움 권외의 기독교 당국의 지원을 얻으려 했다.

구로마와 신로마를 이간시키는 그런 행동은 비잔티움에서 성상파괴 논쟁이 일어났을 때 그에 반대하는 성직자들이, 로마에 지원을 호소한 것(10장 참조)과 네 번이나 결혼한 레오 6세를 콘스탄티노플 총대주교가 파문에 부친 사례에서 찾아볼 수 있다. 교황에게 호소한 레오는 로마 교회가 자신의 네 번째 결혼(四婚)을 반대하지 않는 것에 흡족해했다. 907년 그로 인해 불거진 콘스탄티노플과 로마 사이의 틈은 13년 뒤에야 봉합되었다. 정죄되거나 추방당한 사람들에 의한 것이든 부당하게 폐위되었다고 느낀 총대주교들에 의한 것이든, 성 베드로 교구에 호소하는 그런 행위로 교황의 입지는 기독교 분쟁의 궁극적인 조정자로 위상이 한층 높아졌다. 교황의 수위권首位權 인정에 불안감을 느낀 동방 교회의 지도자들은 그것을 위험한 선례로 생각했다.

휴면 상태에 있던 양측의 적대감은 급기야 콘스탄티누스 9세 모노마쿠스 황제(재위 1042~1055) 치세에 서로 비방하는 양상으로 나타났다. 구로마와 신로마의 접촉이 잦아지면서 동방 교회와 서방 교회 간 전례의 차이가 새삼 주의를 끌게 된 것이었다. 그중 몇 가지는 신조의 내용과 같은 기본적 사안들이었다. 성찬식에 사용되는 빵의 종류(동방에서는 누룩 넣은 빵zymos을 사용하고 서방에서는 누룩 넣지 않은 빵azyme을 사용했다), 성직자의 혼인(모든 성직자에게 일괄적으로 독신을 강요한 서방과 달리 동방은 사제와 하급 성직자들에게는 결혼을 허용했다), 로마 교황의 수위권 문제가 그런 것들이었다. 그 밖의 것들은 상대적으로 중요성이 떨어지고 몇백 년에 걸쳐 서서히 불거져 나온 문제들이었다. 사순절이 되기 전주에 치즈(고기는 제외하고)를 섭취한 동방과 달리 서방에서는 특정 단식일에는 치즈를 먹지 않은 것이 그런 경우였다. 서방은 교황 레오 9세(재위 1049~1054)와 같은 개혁가들이 일으킨 각성으로 전통의 순수함을 강조하려고 한 반면, 비잔티움은 서방이 신조의 내용에 한 구절을 덧붙인 것에 불과하다고 맞받아쳤다.

동방과 서방의 근본적인 교리의 차이는 325년의 니케아 공의회와 451년의 칼케돈 공의회에 따라 '성부로부터 나왔다'고 정의한 성령의 근원과 관련돼 있었다. 삼위일체에 대한 정교회의 입장은 분명했다. 성부, 성자, 성령은 창조된 본질이 아닌 선재先在성 실체, 곧 하나의 본질을 가진 3위격이라는 것이었다. 그렇게 하나의 본질을 지니고는 있지만 그 3위는 또 각각 고유의 위격을 지니고 있었다. 그 번역이 쉽지 않은 용어를 서방의 라틴어는 본성natura(nature) 또는 실체substantia(substance)로 표현했던 것이다. 그것은 정교회가 하느님의 본성이나 실체(우시아ousia)로 말한 선재성 존재와는 차이가 있었다. 이렇듯 라틴어 번역에는, 4세기 초 성 아우구스티누스도 인지했듯이, 그리스어로 정의된 초기 기독교 교리의 복잡한 관계가 충분히 반영되지 않았다.

성부에 대한 성자(로고스, 즉 말씀)와 성령(프네우마Pneuma)의 관계가 같지 않은 것은 성자가 태어난 존재인 반면 성령은 성부로부터 나온 존재였기 때문이다. 성부는 그 과정에 매개자로 참여한 것이다. 요컨대 성령은 성자를 통해 성부에서 나왔다(dia tou Hyiou)는 의미였다. 그것이 7세기에 고백자 막시무스가 3위격을 이해한 방식이었다. 그럼에도 그와 비슷한 시기 에스파냐에서는 "그리고 성자로부터"(라틴어 표현은 필리오쿠에filioque)의 구절을 덧붙였고, 세비야의 성 이시도루스가 막후에서 행사한 권한으로 그 구절은 다른 교회들로도 퍼져나갔다. 로마는 그것을 받아들이기까지 시간이 좀 더 걸렸다. 교황 레오 3세만 해도 성 베드로 대성당 입구에 그리스어와 라틴어로 된 기존의 전통 신조를 방패막이로 세워놓았을 정도다. 879~880년에 열린 콘스탄티노플 공의회에서는 '성령이 성부와 성자로부터 나왔다'는 서방 교회의 입장을, 325년과 451년의 에큐메니컬 공의회가 결정한 신조에 독단적으로 추가한 구절이므로 인정할 수 없다는 이유로 이단으로 규정했다. 로마 교회는 11세기가 되어서야 필리오쿠에를 채택하고 동방은 결코 인정하지 않은 성령에 대한 새로운 해석을 추인했다.

1054년 콘스탄티누스 9세 황제가, 이탈리아 남부의 노르만족에 맞서 로마 교회와 유효한 동맹을 맺을 것을 타진하기 위해 교황 레오 9세에게 대표단을 보내줄 것을 요청했다. 그렇게 해서 오게 된 세 명의 교황청 사절은 황제에 대한 예우는 정중히 갖췄으나 비잔티움에 대한 적대감이 유달리 높은 사람들이었다. 아니나 다를까 사절단 대표인 실바 칸디다의 훔베르트 추기경은 도착하기가 무섭게 콘스탄티노플 총대주교 미카일 케룰라리우스와 충돌을 일으켰다. 그는 비잔티움 신학자들과 몇 차례 격론을 벌인 뒤 7월 16

일 성 소피아 성당의 제단 위에 교황의 파문장을 올려놓았다. 미카일도 그에 질세라 로마 사절단을 파문에 부쳤다. 그때 마침 레오 9세가 죽어 교황 자리가 공석이 되는 바람에 파문장의 유효성 여부는 불확실하게 되었다. 그것이 이른바 '동서 교회의 대분열'로 일컬어지는 사건이다. 이후 파문은 사적인 것으로 간주되어 신속히 철회되고, 로마와 콘스탄티노플 교회 지도자들에 대한 축일도 예전처럼 다시 공통으로 엄수되었다.

알렉시우스 1세 콤네누스 황제(재위 1081~1118)가 동서 교회의 단절을 나타내는 증거를 찾으려 했을 때도 총대주교의 서재에서는 아무런 증빙서류가 나오지 않았다. 콘스탄티노플과 로마는 이렇게 같은 종파로 계속 남아 있었고, 서방인과 그리스인들이 그리스 교회와 서방 교회를 서로 찾아다니는 일도 변함없이 지속되었다. 알렉시우스 1세가 이슬람 세력에 맞서 싸우기 위해 교황청에 지원을 요청하여 그 결과 서방이 제1차 십자군을 일으켜 예루살렘을 수복한 것 역시 공통의 기독교 전통에 입각한 것이었다(14장 참조). 그러나 지금 그 시절을 돌이켜보면 1054년의 동서 교회 분리에는 그 보다 한층 중요한 의미가 담겨 있었다. 제1차 십자군 이후의 십자군이 교회 분열을 콘스탄티노플 공격을 정당화하는 빌미로 사용한 것만 해도 그랬다.

동서 교회의 차이가 기독교계를 대표하는 2대 교구에서 발전돼나온 사실도 그렇게 보면 놀랄 일이 아니다. 양측은 우선 언어부터가 달랐다. 콘스탄티노플은 예전처럼 그리스어를 계속 사용한 반면 로마는 라틴어를 썼던 것이다. 두 언어의 번역이 언제나 정확한 것도 아니었다. 동방 교회가 주교 밑의 하급 성직자에게 혼인을 허용해준 것 역시 중세의 서방 교회들과 다른 점이었다. 독신은 동방 교회의 주교들에게만 요구된 사항이었다. 따라서 만일 기혼 성직자가 주교에 선출되면, 부부는 원만하게 갈라서고 부인은 남편의 주교구에서 멀리 떨어진 수녀원에 들어갔다. 서방 교회는 모든 성직자

1099년 십자군이 예루살렘을 수복했을 때의 장면을 그로부터 200년이 지나 그린 것이다. 성곽의 사다리를 타고 올라가 높은 곳을 점령하려는 기사들의 모습이 전경을 차지하고 있고, 위로는 십자가를 끌고 있는 그리스도의 모습이 묘사되어 있다. 십자군 전쟁은 기독교 전통에 입각한 것이기도 했지만, 이후 콘스탄티노플을 공격을 정당화하는 빌미가 되기도 했다.

(다시 말해 성직서품을 받은 사람들)에 대한 독신의 의무를 완만하게 진행시켰다. 따라서 기혼자는 예전처럼 계속 주교가 되고 아들에게도 주교직을 물려주었다. 동서 교회의 가장 뚜렷한 차이는 서방 교회가 성찬식에서 누룩을 넣지 않은 납작한 빵(웨이퍼)을 사용한 반면 동방 교회는 누룩을 넣어 둥글게 부푼 빵(번)을 사용한 것이었다. 사제가 제단 앞에 몸을 엎드린 동방 교회와 달리 서방 교회는 무릎을 꿇는 것이 일반적이었다는 것도 다른 점이었다. 지역적 관습, 특히 단식의 문제도 동서 교회의 다양한 차이에 한몫을 했다. 동방 교회는 토요일에 고기 섭취를 허용했으나, 일부 서방 교회들은 단식으로 일요일을 준비하기 위해 고기 섭취를 금했다.

그런 차이점에도 불구하고 동서 교회는 기독교도의 영혼을 보살피고 기독교식 교육 혜택을 받지 못한 사람들을 개종시키려는 공통의 열정 앞에서는 힘을 합쳤다. 비잔티움만 해도 많은 인구가 모여 사는 마을들에서 기혼 사제들은 기독교도의 요구에 귀 기울이고, 아이들에게 세례를 베풀고, 결혼식을 집전하고, 죽은 자를 묻어주고, 도덕적 삶의 길잡이가 되었다. 그보다 규모가 큰 도시들에서는 주교와 직원들이 그 역할을 대신했다. 그러다 시간이 흐르면서 주교는 점차 관할지역의 대도시에 주재한 대주교나 수도대주교에 종속되었다. 그렇게 해서 생겨난 교회조직은, 콘스탄티노플 총대주교를 시작으로 서열이 정해진 수도대주교들에 이어 주교에 이르는 계서제에 등록되었다. 비잔티움 시대 후기에는 다수의 유럽 교구들이 약진하여 늘 전쟁에 휘말려 황폐해진 소아시아 교구들을 밀어내고 계서제의 상단을 차지했다.

아토스 산이 금욕적 수도생활의 등불이 되고 있는 동안 각 지역의 수도자와 성인들도 하느님께 헌신하고 신도들에게 영적인 삶을 살도록 고취하는 나름의 역할을 수행했다. 스티리스(중부 그리스)의 청년 루카스도 10세기 초

집을 나왔다가 펠로폰네소스 반도의 제멘나에 주상 고행자가 있다는 말을 듣고 그에게 봉사하는 삶을 살게 해달라고 간청하여 수년간 고행한 끝에 은수사가 되어 이오아니차의 오지로 들어갔다. 이후 그의 밑으로 들어온 수도자들이 수도원을 건립하고, 스티리스 지역의 총독 크리니테스 장군도 자기 돈으로 군인의 수호 성녀 바르바라를 기리는 그곳 최초의 교회를 설립했다. 나중에는 수도원이 루카스 묘지에 호시오스 루카스 교회를 세운 뒤 그것을 기존의 테오토코스 교회와 연결시켜 교회를 이중 구조물로 만들었다. 이후 그의 무덤에서 기적이 행해졌다는 소문이 퍼져 각지에서 기부금이 답지하자 수도자들은 그 돈으로 지금도 남아 있는 모자이크와 프레스코화로 교회를 아름답게 치장했다. 수도원들은 또 신도들의 기부금으로 부유하고 막강한 조직이 되기도 했다. 수도원의 재원이 황제의 후원뿐 아니라 농민의 기부금으로도 마련되었다는 사실을 아는 것은 매우 중요하다. 정교회에 대한 농민들의 헌신은 비잔티움의 특징이었다.

비잔티움 사회 내에도 물론 교회의 지배에 대한 도전이 있었다. 12세기 초 비잔티움의 철학자 요한네스 이탈루스와 보고밀파Bogomiles의 보리스(카리스마 넘치는 불가리아의 사제), 또는 15세기의 철학자 게오르기우스 게미스투스 플레톤이 그 대표적 인물이었다. 그러나 전체적으로 볼 때 비잔티움은 중세 서방보다는 이단이 보편적이지 않았다. 신학적 논쟁에서도 갖가지 요소가 뒤섞인 비잔티움 문화의 특징이 고스란히 드러났다. 일례로 이탈루스와 플레톤은 고대 그리스의 철학 전통과 숭배의식을 옹호한 반면, 보리스는 종파만 달랐을 뿐 중세 종교의 틀 안에서 움직였다. 그 결과 비잔티움은 그리스어로 쓰여진 모든 기독교 전통의 보고가 되었을 뿐 아니라 고대 신들에 대한 이야기와 시, 그리고 고대의 사원과 신상神像들의 보고가 되기도 했다.

이렇게 고전적 · 이교적 유산은 교육, 행정, 문화적 전통을 통해 비잔티움에 영속적인 힘을 부여해주었다. 그리고 그 유산은 남녀 구분 없이, 고립된 형태와 의식儀式의 형태로 갖가지 신앙의 체험을 할 여지를 제공해준 교리의 발전으로 더욱 공고해진 정교회로 통합되었다. 비잔티움이 아랍인에 이은 투르크족으로 대변되는 이슬람은 물론, 다른 기독교 종파, 특히 서방 교회와도 능란한 논쟁을 펼칠 수 있었던 이유가 거기에 있었다. 그 논쟁은 또 비잔티움이 수백 년 동안 로마 주교에 종속되기를 거부한 힘의 원천이 되기도 했다. 그 고집스런 그리스 정교회의 신학적 정교함이 바로 황제와 총대주교가 손을 맞잡은 정교일치를 통해, 비잔티움 고유의 신앙 체계와 유기적 권력을 만들어낸 것이다. 그리하여 비록 황제들은 그리스인과 로마인처럼 싸우다 죽었지만, 기독교도로 매장되고 기원받기를 원했던 것이다.

537년 유스티니아누스 대제가 건립한 성 소피아 성당.

5
성 소피아 성당

이 건축물의 빼어난 아름다움은 원주 위로 치솟아 오른 거대하고 둥그런 돔에서 나온다. 그 형상이 마치 견고한 석조 건물에 토대를 둔 것이 아니라 하늘에서 내려온 금사슬에 매달려 우주를 덮고 있는 것 같다.

— 560년경에 집필된 프로코피우스의 『건축기The Buildings』 중에서

아일랜드의 시인 윌리엄 버틀러 예이츠는 1928년에 쓴 자신의 시에 '비잔티움으로의 항해'라는 제목을 붙였지만 기실 그는 이스탄불에는 한 번도 가본 적이 없는 사람이다. 라벤나에 가서 비잔티움 모자이크를 보았을 뿐 뱃길로 비잔티움에 가보는 스릴은 느끼지 못한 것이다. 마르마라 해를 거쳐 다르다넬스 해협에서 도시로 들어가노라면 옛 도시의 첫 번째 흔적이 손꼽아 기다려진다. 그러노라면 어느새 도시를 에워싼 육지성벽과 바다성벽이 나타나고, 곧이어 성 소피아 성당의 돔을 에워싼 첨탑들이 시야에 들어오기 시작한다. 그 순간 이상하게도 마음이 흥분된다. 학창 시절 내가 이스탄불에서 받은 그 첫인상은 현대적 도시에 마천루가 솟아오른 지금까지도 생생히 남아 있다. 윤곽의 위용만으로 도시의 스카이라인을 압도하는 그 장엄한 건축물은 배를 타고 가까이 다가갈수록 더욱 거대하게 느껴진다. 성당의 돔

은 멀리서 봐도 멋지지만 그 돔을 떠받치고 있는 지지물과 함께 드러나는 모습은 더욱 장관이다. 그곳을 지나 세라글리오 지점 주변과 골든 혼 항구의 북쪽에서도 성당의 모습이 보인다.

성당의 외형에 깜짝 놀랐다면 성당의 내부에서는 경외감마저 느껴진다. 돔과 2층의 유리창을 통해 쏟아져 들어오는 햇빛 효과를 통해 성당 꼭대기의 황금빛 모자이크를 찬란하게 빛나게 한 반면 아래쪽은 어두침침하게 해 놓은 것만 해도 그렇다. 그 선명한 대조가 눈에 익기 시작하면 채색 대리석으로 장식된 벽면과 성당의 바닥이 관람객의 눈길을 사로잡고, 장려한 기둥들 위에 정교하게 조각된 주두柱頭가 돔 쪽으로 다시 보는 이의 눈길을 잡아끈다. 성 소피아 성당은 진정 비잔티움을 대표하는 상징물이라 할 만하다.

중세인들은 그만한 크기의 건축물을 구경한 적이 없었을 테니 성당의 규모와 기독교적 힘이 느껴지는 그곳의 아름다움에 몇 배나 더 놀랐을 것이다. 성당 내부는 채색 대리석, 황금빛 모자이크, 푸른색 모자이크를 돋보이게 하는 수천 개의 촛불과 성상 앞에 매달린 램프로 밝혀지고 있다. 그 성당의 본채와 제단 주위의 성단을 가르는 휘장 앞, 연단처럼 생긴 중앙 설교단에서 보제는 성서일과를 봉독하고 총대주교는 설교를 했다. 블라디미르 1세 키예프 대공〔재위 956년경~1015〕의 사절단은 그곳에서 본 광경을 나중에 이렇게 보고했다.

이곳이 하늘인지 땅인지 도무지 분간이 되지 않습니다. 이토록 찬란하고 아름다운 곳이 땅 위에 있을 리 없기 때문입니다. (…) 소신들이 알 수 있는 것은 이곳에는 인간들 사이에 하느님이 거하고 계시며 이곳에서 드리는 예배는 그 어느 나라의 의식보다 훌륭하다는 것입니다.

동쪽 끝과 돔이 보이는 성 소피아 성당의 내부. 2층 이슬람 방패들이 걸린 곳에 비잔티움 모자이크들이 희미하게 보이고, 그 위로 6세기의 세라핌(인간의 형상을 한 날개 달린 천사들) 모자이크 장식이 된 펜덴티브가 기저 네 귀에서 돔을 지탱하고 있는 모습이다.

537년 12월 27일 성 소피아 성당의 헌당식이 거행될 때만 해도 벽면에는 펜던티브(돔의 지붕을 지지하는 모서리의 삼각형 부분)를 덮고 있는 긴 날개부에서 지금도 얼굴을 빼죽이 내밀고 있는 4개의 거대한 세라핌 외에는 아무런 장식도 돼 있지 않았다. 그러나 성당의 측면 복도와 회랑들에는 아름다운 모자이크가 장식돼 있었고, 그것은 둥근 테두리 속의 거대한 십자가로 장식된 돔에도 반영되었다.

성 소피아 성당은 완전히 새로운 공법으로 건설되었다. 초기 기독교 성당은 대부분 왕궁 접견실을 모델로 한 바실리카형 평면 설계를 토대로 지어졌다. 옆으로 길쭉하게 퍼져나가고 높이 솟아오른 건축물을 동쪽 끝에 제단만 추가하여 성당으로 이용한 것이다. 로마의 성 사비나 성당과 콘스탄티누스 대제가 지은 독일 트리어의 바실리카형 성당이 그 대표적인 예다. 무덤 주변에 세워지는 것이 보통인 순교자의 묘지는 로마의 산타 코스탄차 성당처럼 회랑이 건물 중앙을 에워싸는 또 다른 형태로 지어졌다. 로마 건축에는 일찍부터 돔이 사용되어 만신전을 지을 때도 그 공법으로 상당한 효과를 보았다. 그러나 지중해 동부에는 돔이 사용된 흔적이 없었다. 성 소피아 성당이 지어지기 전 이사우리아(아나톨리아의 중남부 지방에 있던 고대의 내륙지역)에 조그만 돔 건축물들이 세워진 것이 전부였다. 결론적으로 유스티니아누스 대제가 성 소피아 성당을 축조하기 전까지는 콘스탄티노플에 거대한 돔을 지으려고 시도한 사람이 없었다.

성 소피아 성당을 축조하기로 한 유스티니아누스 대제의 결정이 얼마나 특별한 것이었는지를 이해하기 위해서는 먼저 기독교 이전의 예술 전통을 알아둘 필요가 있다. 그 전통으로 비잔티움은 다른 곳에는 없는 그곳만의 독특한 예술 형식을 창안해냈기 때문이다. 비잔티움이 고대로부터 물려받은 가장 독창적인 유산은 왕을 표시하고(동상, 부조, 모자이크화, 주화 등의 방법으로), 왕권의 표상(보석 박힌 왕관, 위에 십자가가 달린 보주, 홀, 결혼 예대, 자줏빛 어의와 붉은 신발)을 나타내는 황제 예술이었다. 거기다 비잔티움은 다시 기둥이나 주두처럼 건축물에 조각을 새기는 예술 기법을 기독교적 용도로 바꿔 무덤과 대리석 석관을 장식했다. 비잔티움의 장인들도 귀금속, 에나멜, 상아, 수정 장식물에 고대의 기법을 계속 사용했다. 그들은 주화를 주조하고, 코끼리 엄니를 조각하고, 채색 대리석을 깎아 색색의 포석과 벽면 외장을 만들고, 비단에 오묘한 다색 무늬를 짜 넣는 기예에 능통했다.

6세기 전에는 중국과 페르시아 산 견사絹絲가 비잔티움에서 최상품 대우를 받았다. 그래서 그것을 실로 풀어 로마와 비잔티움 직기로 다시 짜는 방법을 썼다. 키르루스의 주교 테오도레투스에 따르면, 그 일에는 '손가락 움직임이 빠른 아녀자들'을 동원했다고 한다. 그러던 중 수도자들이 중국에서 누에를 몰래 가지고 나와 유스티니아누스 대제에게 전해준 뒤로 누에나방의 생명주기에 대한 비밀이 알려져 누에 먹이인 뽕나무 재배가 비잔티움의 새로운 산업으로 각광받기 시작했다. 아랍이 페르시아와 근동을 정복한 7세기 무렵에는 티레와 시돈의 견직작업장이 토로스(타우루스) 산맥 국경선 뒤쪽으로 이동한 데 이어 나중에는 콘스탄티노플로 옮겨왔다. 콘스탄티노플 정부는 지방의 견직물 생산도 어느 정도 허용해주고, 그리스와 소아시아 해안에서 나는 조그만 고둥 껍질에서 자줏빛 염료를 추출하는 일도 면세로 장려했다.

비잔티움의 견직업은 콘스탄티노플의 제국 작업장에 집중되어 국가 독점 사업으로 철저한 보호를 받았다. 숙련 노동자들이 담당한 생산의 매 공정도 엄중한 통제를 받았다. 문양에는 자연적, 세속적, 제국적 주제가 즐겨 사용되었다. 가령 한 쌍의 사자, 독수리, 그리핀, 사냥꾼, 아마존 전사, 전차경주 선수들 같은 것이었다. 그리스도의 삶과 같은 기독교적 주제는 잘 쓰이지

비잔티움 예술의 상징이었던 쌍두 독수리. 건축뿐 아니라 견직물의 모양을 내거나 그 외 다양한 예술품에 쌍두 독수리의 문양이 새겨지곤 했다.

최상의 우아함과 세련됨을 보여주는 제의祭衣로 성 소피아 성당의 대주교나 군주가 입었던 것으로 여겨진다. 붉은 비단이 겹쳐져 있고 푸른색 바탕에 자수가 놓여 있다. 그리스도의 변용과 그의 영광을 표현하는 장면 등이 묘사되어 있다.

않았다. 7세기와 8세기 무렵에는 성상 화가인 하자르족의 라자로스가 857~858년에 로마로 가져온 것과 같은 비잔티움 비단이 로마 주교들의 선물 목록에 오를 정도로 제국의 견직산업은 크게 번창했다. 824년 서로마 제국의 황제 경건왕 루트비히에게 파견된 사절단의 선물 보따리에도 색색의 비단 10종이 들어 있었다.

비잔티움에서는 비단 외에도 호화 공예품, 에나멜, 금 장신구도 만들어졌다. 결혼 예대, 전통적 화합의 상징에 부부에게 축복을 내리는 모습의 그리스도 상이 더해진 반지가 그런 것이었다. 금 선조세공품, 에나멜 귀걸이, 펜던트, 팔찌도 고대적 형태와 기독교 문양이 혼합되어 계속 만들어졌다. 주화와 상아 장식물에도 그리스도가 황제에게 제관을 씌워줘 신이 황권을 승인해주는 모습의, 하늘의 권위와 세속적 권력이 혼합된 문양이 새겨졌다. 필사본을 만들 때도 자줏빛으로 물들인 양피지에 은 잉크로 기록하여 고대의 전통을 계속 이어나갔다. 주로 파피루스에 삽화를 곁들여 필사한 『일리아스』와 『오디세이아』 또한 중세 화가들이 거의 연재만화 수준으로 삽화를 그려 넣은 성서의 전형이 되었다.

그림의 주제도 처음에는 빵덩어리와 물고기, 십자가의 형상과 같은 기독교 상징물이 주를 이루었으나 나중에는 그리스도, 성모, 순교자 등 기독교 지도자들의 묘사로 내용이 바뀌었다. 비잔티움 예술가들은 로마의 무덤 초상에 이용된 납화蠟畵 기법(여러 가지 색상의 물감에 뜨거운 밀랍을 섞어 쓰는 기법)을 사용해 성인들의 초상을 그렸다. 그렇게 그려진 성상은 비잔티움 예술의 정수로 간주되고 있으나, 정작 그것들이 지배적 위치를 점하게 된 데에 관해서는 논란의 여지가 많다. 그 문제는 뒤의 9장에서 상세히 다루어진다. 시나이 산의 카타리나 수도원에도 옛 성상들이 일부 보존돼 있다. 그중에서도 특히 유명한 그리스도 판토크라토르(만물의 지배자라는 뜻) 상, 전사

성 수태고지 장면을 묘사한 붉은 비단. 800년경 시리아에서 제작된 것으로 추정되는데, 화려한 실을 사용한 것 등에서 비잔티움 미술의 영향이 확연히 느껴진다.

상아에 조각된 그리스도 상. 972년 오토 2세와 비잔티움 공주 테오파노가 결혼한 것을 기념해 그리스도가 두 사람에게 왕관을 씌워주는 모습으로 조각된 10세기 작품. 왼쪽의 오토가 딛고 선 발판 아래 그리스도의 발치에 엎드려 있는 인물은 요한네스 필라가토스로, 그리스 세계에서 자주 인용되는 '주여 당신의 종을 구하소서'를 말하며 그리스도에게 도움을 청하는 모습이다. 이 그리스도 상을 의뢰한 것도 필라가토스였을 가능성이 크다.

4세기 중후반경에 만들어진 금 주조화 펜던트. 가운데 콘스탄티누스 대제의 모습이 있으며, 이 뒷면에는 그의 두 아들인 크리스푸스와 콘스탄티누스 2세의 모습이 묘사되어 있다.

펜던트가 달린 금목걸이. 6세기 후반에서 7세기 초반경 이집트에서 만들어진 것으로 추정된다. 가운데 콘스탄티누스 대제로 보이는 황제의 모습이 새겨져 있고, 그 뒷면에는 콘스탄티노플이 새겨져 있다.

비잔티움에서 만들어진 금 장신구들. 300년경 제작된 것에서부터 600~700년경 제작된 것도 있는데, 성모상이나 성수태고지 등과 같이 기독교적 주제들이 장식의 바탕을 이루고 있다.

성인과 천사들에 둘러싸인 성모 마리아와 아기 예수 상, 성 베드로 상이 포함된 최고最古의 몇몇 작품들은 보통 황제의 후원으로 제작된 것으로 간주되고 있다. 하지만 그리스도 상은 나중에 덧칠해져 6세기 작품으로 평가받지 못하다가 옛 모습으로 복원된 뒤에야 진품으로 인정받았다. 뛰어난 형태와 기능을 지닌 그 성상 속의 그리스도는 모든 것을 꿰뚫어보는 커다란 두 눈으로 관람자를 응시하는 듯한 모습을 하고 있다. 한쪽 눈은 준엄하게 꾸짖고 다른 쪽 눈은 용서하는 표정을 짓고 있는 것이다. 그와 달리 성모 마리아와 성 베드로 상은 관람객에게 직접적으로 말을 걸지 않는다. 그 성상들 모두 건축적 배경과 조화를 잘 이루고 있다. 납화 기법으로 제작된 그런 그림들은 뚜렷하고 대담하며 강렬한 느낌을 준다. 그것들은 또 인간의 특징, 특히 눈과 피부를 살아 있는 듯 생생하게 묘사하기 위해 재빠른 속도로 그려졌다. 납화 기법의 전통은 중세까지는 이어지지 않았다. 중세에는 계란 흰자로 색깔을 냈다.

이 모든 분야에서 비잔티움 공예가들은 고대의 기법을 사용하여 새로운 예술을 창조해냈다. 그런 그들이 성 소피아 성당에는 전대미문의 새로운 기법을 도입한 것이다. 그 독창적인 실험은 유스티니아누스 치세 초기에 진행되었다. 유스티니아누스는 어린 시절 그를 콘스탄티노플로 데려와 일찌감치 계승자 수업을 받게 한 삼촌 유스티누스 1세가 죽은 527년에 비잔티움 제국의 황제가 되었다. 군 지휘관으로는 이름을 날렸으나 무식했던 삼촌과 달리 그는 수준 높은 교육을 받아 제국의 행정, 법률, 신학, 의전에 통달해 있었다. 그래서 그 능력으로 삼촌이 10년간 황제로 있는 동안에도 막강한 영향력을 행사하며 제국의 정책을 주도적으로 변화시켰다. 앞서도 언급했듯이 그는 루피키나 에우페미아 황후의 강력한 저항과 원로원의 반대를 무릅쓰고 평민인 테오도라와 결혼하기 위해 법률까지 뜯어고쳤던 인물이다.

유스티니아누스는 삼촌과 공동 황제로 있다가 단독 황제가 되기 무섭게 국정을 장악하고, 법률 개정, 세금 인상, 페르시아와의 전쟁을 일사천리로 진행시켰다. 전쟁은 유능한 장군들에게 맡기고 자신은 수도에서 생의 태반을 보냈다. 그런 그가 어디서, 어떻게 건축에 대한 열정을 키우게 되었는지는 분명치 않다.

532년 히포드롬의 오락사업을 주관한 녹색당과 청색당이 황제 권력에 중대한 도전을 해왔다. 평소에 앙숙이던 양측이 유스티니아누스의 재정 정책에는 한목소리로 적대감을 드러내며 전 황제 아나스타시우스 1세의 조카 히파티우스를 경쟁 황제로 선포한 것이었다. 히파티우스는 아내의 반대를 무릅쓰고 마지못해 그들의 뜻에 응했다. 군중도 새 황제가 자주색 어의를 입고 환호하는 모습을 보기 위해 히포드롬으로 몰려들었다. 그것이 이른바 '니카' 반란이다(니카Nika는 경기장에서 응원하는 소리로, '이겨라'라는 뜻이다). 녹색당과 청색당은 협박의 강도를 높이기 위해 도심에 불을 질러 성 소피아 성당을 포함해 많은 지역을 전소시켰다. 그 사건의 기록자인 프로코피우스에 따르면, 황제는 황궁에서 조언자들과 머리를 맞대고 대책을 논의했다고 한다. 지척에서 부르짖는 군중의 연호를 들으며 황궁 나루터에서 배를 타고 도주하는 세부 계획안까지 마련했다는 것이다. 그 순간 황후 테오도라―그녀야말로 군중과 그들의 박수갈채에 이골이 난 여자가 아니었던가―가 나서며 그들 앞을 가로막았다. 그러고는 이소크라테스와 같은 고대 작가들의 말을 인용해 이렇게 말했다. "자줏빛 어의는 빛나는 수의가 될 수도 있습니다. 나는 도망치지 않겠어요. 도망치느니 이 황후복을 입은 채 죽고 말겠어요." 유스티니아누스도 아내 테오도라의 결연한 태도에 힘을 얻었는지 이윽고 반도들과 협상하거나 도주하기를 포기하고, 폭력을 사용하기로 결심했다. 그리하여 황제가 명령을 내리자 군대는 히포드롬으로 난입해 무장도 안

성 카타리나 수도원의 성 베드로 상.

성모와 아기 예수가 왕좌에 앉아 있고, 그리스도와 성모의 삶을 표현한 장면들이 양옆에 묘사되어 있다. 13세기 중반에 제작된 것으로 성 카타리나 수도원에 있다.

성 소피아 대성당에 있는 성모와 아기 예수의 모자이크. 865년경 제작된 것이다.

성 카타리나 수도원에 있는 성모와 아기 예수, 성자와 천사들의 상이다. 550년 제작된 것으로 성모와 아기 예수가 정좌해 있고, 그녀 오른쪽에는 성 테오도르가 그리고 왼쪽에는 성 게오르기우스가 보좌하고 있다. 초기 비잔티움 시대의 성상 제작의 예를 잘 보여주는 작품이다.

된 군중을 학살했다.

테오도라는 비잔티움에서 막강한 권한을 지닌 여자들 가운데 최초는 아니었지만 가장 걸출한 여성들 중의 한 사람이었던 것은 분명하다. 그런 여자들은 대개 기득권층이 아닌 아웃사이더로, 독재 권력을 열성적으로 대변하거나 살육을 주도하는 것이 예사였다. 비잔티움의 황후와 황제 미망인들은 다른 중세사회로서는 상상도 할 수 없는 막강한 권력을 휘둘렀다. 설사 프로코피우스의 말이 지어낸 것이라 해도 니카 반란에 개입한 테오도라의 이야기가 궁중과 도시민들 사이에 회자했던 것은 사실이다. 그녀는 다른 여성들이 본받고 싶어한 귀감이었던 것으로 알려져 있다. 레오 4세 황제의 아내로 그가 죽자 아들과 공동 황제가 된 이레네 황후(재위 780~790, 797~802), 남편 테오필루스가 죽은 뒤 아들 미카일과 공동 황제가 된 테오도라(재위 842~856), 레오 6세의 네 번째 아내로 콘스탄티누스 7세의 섭정을 지낸 조에(재위 914~919), 로마누스 2세의 미망인으로 공동 황제였던 바실리우스 2세와 콘스탄티누스의 섭정을 지낸 테오파노(재위 963~969)가 그런 여성이었다. 물론 그녀들도 남자의 보호를 받고 남성 작가들에 의해 기록되었다. 하지만 황권을 쥐고 행사한 것은 사실이었다.

테오도라처럼 재위 중인 황제와 결혼한 여자들은 궁정의 긴장관계를 자신에게 이로운 방향으로 사용하는 법을 재빨리 터득했다. 이레네가 그 대표적인 경우였다. 그녀는 궁정 파벌과 교회의 지지를 얻어 아들 콘스탄티누스 6세를 장님으로 만들고 스스로 여제가 되어 5년간 제국을 단독으로 통치했다(10장 참조). 그와 달리 11세기의 조에와 그녀의 동생 테오도라, 그리고 12세기의 안나 콤네나는 어려서부터 황실 가족에 관례적으로 주어지는 의전 교육을 받고 박애주의 관습을 익혔는데도 일반적으로 여성에게 허용된 것 이상의 역할을 수행하여 당대인들을 놀라게 했다. 조에와 테오도라는 다섯 명의 남자를 황제 자리에 앉히며 1028년부터 1056년까지 단독 혹은 공동으로 제국의 국정을 좌지우지했다. 조에가 죽은 뒤에는 테오도라가 제위를 물려받아 제국을 단독 통치했다. 이렇게 유스티니아누스의 아내 테오도라의 유산은 유력 인물과, 가능성은 희박하지만 매우 성공적이었던 결혼의 기억을 상기시키며 몇백 년 동안이나 후대에 그 흔적을 남겼다.

*

유스티니아누스 황제는 니카 반란으로 불에 타 황폐해진 지역을 웅대하게 재건할 계획을 세우고 황제들의 광장인 아우구스테움 주변 구역에 대한 설계에 착수했다. 북쪽에는 흔히 대성당으로 불리며 신성한 지혜를 의미하는 '성 소피아 성당'과 신성한 평화를 뜻하는 '성 이레네 성당'(콘스탄티노플에서 가장 중요한 두 성당)을 배치하고, 남쪽과 서쪽에는 원로원 의사당, 총대주교 공관, 삼손 병원(자선기관), 대궁전 단지의 정문인 찰케 문을 세우려고 했다. 그 바로 곁에는 제욱시포스 공중 욕장을 재건하고 대로(大路) 양편에는 저 멀리 콘스탄티누스 포룸까지 이어지는 주랑 열주를 세울 생각이었다.

성 소피아 성당의 형태는, 부유한 귀족 부인 아니키아 율리아나(462~527/8, 단명에 그친 서로마 제국의 황제 올리브리우스의 딸로 예술의 후원자였다)가 발렌스 수도교 부근 그녀의 영지에 세운 성 폴리에욱투스 대성당의 영향을 받아 결정했을 가능성이 크다. 그 성당의 지붕이 돔이었는지 경사진 형태였는지는 알 수 없지만, 아무튼 유스티니아누스가 그보다 더 크고 더 아름답게 지으려 했던 것은 분명하다. 그리하여 니카 반란이 종결된 직후 착공에 들어간 성당의 건설에 그는 아낌없이 돈을 쏟아부었다. 성당의 설계도 트랄레스의 안테미우스(수학자로도 알려져 있었다)와 밀레투스의 이시도루스에게 맡겨, 지상에서 꼭대기까지의 높이가 55미터에 이르고 지름도 31미터나 되는 거대한 돔을 본당 중앙에 설치하는 전대미문의 건축적 위업을 달성했다. 니카 반란이 일어난 뒤 5년 만에 완공된 것으로 보이는 그 전례 없는 건축물에 새로운 석공술이 사용된 사실은 프로코피우스가 황제의 업적을 찬양하여 지은 「건축기」에도 기록돼 있다. 그는 아마 537년 성탄절 직후에 거행된 성당의 봉헌식에도 참석했을 것이다. 그러면서도 프로코피우스는 정작 성당 아래층의 거대한 공간에 햇볕이 들도록 외벽에 창문 40개를 설치한 돔의 지탱 방법에 대해서는 알지 못했던 듯, 건물이 공중에 붕 떠 있는 것으로 묘사했다.

그 전에도 돔은 존재했으므로 사실 돔의 기술 자체는 새삼스러울 게 없었다. 성 소피아 성당의 특별한 점은 그 가공할 규모에 있었다. 규모가 크다 보니 성당의 지붕을 받쳐줄 튼튼한 지지물이 필요했는데, 그 문제는 정방형의 평면 모서리 네 부분에 반半 마름모꼴의 펜던티브를 만곡형으로 올려 상부의 아치형 천장을 지지하게 하는 방식으로 해결했다. 중앙 돔의 동쪽과 서쪽에도 반원형 돔들을 나지막이 올리고, 그 돔들 아래로 앱스apse〔후진後陣, 보통 교회 동쪽 끝에 있는 반원형 부분을 말함〕와 두 개의 나르텍스〔본당 앞의 전당과 같은 곳으로 외부 입구 역할을 한 엑소나르텍스와 네이브로 들어가는 입구 역할을 한 에소나르텍스로 나뉘어졌다〕를 설치했다. 사람들은 일곱 개의 문으로 들어와 그 나르텍스를 통해 성당 안으로 입장했다. 중앙의 가장 큰 두 개의 문은 황제와 총대주교 전용으로 일반인들이 사용하는 것은 허락되지 않았다. 두 사람은 그 문에서 만나 인사를 나누고 본당으로 함께 들어갔다. 성당 내부 바닥에도 화려한 대리석이 측벽 아래 부분까지 깔리고, 역시 다채색의 수많은 열주가 내부를 빙 둘러싼 아름다운 조각 패널을 떠받쳐주었다. 기둥 머리에는 유스티니아누스와 테오도라의 이름자가 새겨졌으며, 회랑의 천장은 황금빛 테세라(모자이크 조각)로 장식되었다. 유스티니아누스는 그렇게 완공된 성당을 보고 감격에 겨워 "솔로몬, 내가 그대를 이겼노라"라고 탄성을 질렀다고 한다. 왜 아니겠는가. 그는 역사상 가장 위대한 건축자들의 반열에 오르고 싶어한 사람이었다. 안테미우스와 이시도루스도 황제의 기대를 저버리지 않고 혁신적인 건축물을 지어 근 1천 년 동안 불후의 명성을 얻게 해주었다.

유스티니아누스는 거기서 그치지 않고 고대의 황제 조각상들로 꾸며진 아우구스테움 광장에 꼭대기를 기마상으로 장식한 자신의 원주도 세웠다. 그곳에 그는 바실리우스 장군이 사산조 페르시아와 싸워 거둔 승리의 장면에 페르시아 군 제복을 입은 모습으로 묘사되었다. 원로원 의사당도 채색 대리석으로 모양을 낸 포티코〔기둥으로 받쳐진 지붕이 있는 현관〕를 장려한 백색 대리석이 떠받쳐주고 다수의 조각상이 지붕 꼭대기를 수놓은 모습으로 재건했다. 성 소피아 성당 서쪽에도 오늘날 '예레바탄 사라이Yerebatan Sarayi'라 불리는 거대한 지하저수조와 병원 두 곳을 신축했다. 유스티니아누스는 이 모든 건축물로 콘스탄티누스의 도시 중심에 자신의 흔적을 남겼다.

그로부터 22년 뒤 콘스탄티노플에 발생한 지진으로 성 소피아 성당 돔에 균열이 생겼다. 그것을 수리하는 과정에서 동쪽 제단 위의 반원형 돔이 또 붕괴되었다. 그러자 성당의 본래 설계자인 이시도루스의 아들 소小이시도루스가 다른 설계자들과 함께 7미터를 더 올려 예전보다 돔을 더 가파르고 좁게 만들었다. 천장은 본래대로 거대한 십자가 문양이 들어간 황금빛 모자이크로 장식했다. 그렇게 해서 재건된 소피아 성당을 궁정 관리인 파울루스는 장문의 시를 지어 찬양했다. 그 시에는 카리스토스, 라코니아, 테살리아 산 녹색 대리석, 얼룩덜룩한 프리지아 산 대리석, 마르마라 해상의 프로콘네소스 섬에서 나는 백색 대리석, 이집트 산의 자줏빛 대리석, 그 밖에 리비아와 리디아 산 대리석 등 갖가지 색상의 대리석을 오묘하게 섞어 성당의 기둥들을 세운 사실이 드러나 있다. 마노와 다량의 귀금속을 사용한 것, 그리스도, 성모 마리아, 성인들의 성화로 장식된 후진(일명 베마bema)을 휘장으로 본당과 분리시킨 것도 나타나 있다. 후진의 제단에도 비슷한 성상들이 은 원반에 새겨져 공중에 둥그렇게 걸려 있었으며, 설교단도 은으로 완전히 덮여 있었다고 한다.

성 소피아 성당과, 콘스탄티노플 이외의 다른 도시들에 세워진 수많은 교회, 요새, 욕장, 도로, 교량, 역참 겸용 여관 등 유스티니아누스가 벌인 재건 사업에 대한 내용은 프로코피우스의 「건축기」에도 상세히 기록돼 있다. 아나스타시우스 1세가 국가재정을 튼튼히 해놓은 덕에 건축에 열광한 황제가 무제한으로 돈을 뿌리는 데는 아무 문제가 없었던 듯하다. 군사 시설을 짓는 데 필요한 공학기술과 힘은 군대가 제공해주고, 예루살렘의 신新성모교회와 같이 성모 마리아에게 봉헌한 다수의 교회를 꾸미는 데 필요한 모자이크와 대리석 세공도 수백 명의 건축가와 장인이 있었으니 문제될 것이 없었다. 유스티니아누스는 당대 최고의 기술자와 공예가들을 뽑아 그들에게 자신의 웅대한 꿈을 실현시켜줄 것을 당부했다. 그 모든 건축물을 짓는 데는 비용도 엄청나게 들었을 것이다. 어느 정도나 썼는지 정확히 알 수는 없지만 국가재정에 커다란 부담이 되었을 것은 분명하다(14장 참조). 그런데도 프로코피우스는 관직이라도 하나 얻을 요량이었는지, 책에 황제에 대한 찬양만 잔뜩 늘어놓았다. 그는 「건축기」 외에 페르시아, 아프리카의 반달왕국, 이탈리아의 동고트족과 싸운 유스티니아누스의 전쟁담을 다룬 『전사戰史』도 집필했다. 그것은 프로코피우스가 벨리사리우스 장군의 문관 참모로 여러 전투에 참가해 협상 과정을 두 눈으로 직접 목도하고 저술한 고전적인 형식의 뛰어난 역사서다. 그 책에는 또 유스티니아누스가 옛 로마 제국을 회복하기 위해 구사한 전략도 세밀히 기록돼 있다. 하지만 정작 프로코피우스에 대해서는 후대에 별로 알려진 것이 없다.

반면 프로코피우스의 『비사 Secret History』(일명 『아네크도타 Anecdota』)에는 다른 작품들에서는 볼 수 없는 흥미로운 내용이 많이 수록돼 있다. 황후 테오도라가 서커스 배우 출신이라는 것과, 그녀가 조신들을 박대하고 종적宗敵을 박해한 것은 공처가 기질이 다분한 황제나 황제 스스로의 악취미와 무관하지 않다는 것이 그런 내용이었다. 잠을 자지 않고도 견디고, 음식도 거의 필요로 하지 않았던 황제의 능력은 초자연적 힘과 비잔티움의 사회조직을 파괴하려는 사악한 의도와 관련지어 이야기했다. 하층계급 출신인 황제와 황후가, 날 때부터 권력을 지닌 태생적인 귀족을 아니꼽게 여겨 그들의 전통적 우월감을 깎아내리려 했다는 것이다. 『비사』는 유스티니아누스를 맹비난하고 있다는 점에서 황제의 전쟁담을 다룬 『전사』나 입에 침이 마르도록 황제를 찬양한 「건축기」와는 성격이 완전히 다른 책이다. '비사'라는 제목도 프로코피우스의 생전에는 발간되지 않다가 그가 죽은 뒤 7세기에야 원고 형태로 로마에서 발견되어 붙여진 이름이다. 학자들은 처음에 그것을 프로코피우스와 동명이인인 사람이 집필한 것으로 간주했다. 그러던 중 옥스퍼드대학의 비잔티움사 교수인 에버릴 카메론이 세 작품 모두 동일 인물이 쓴 것이라는 사실을 밝혀냈다. 그렇게 보면 프로코피우스는 매우 다층적인 인물이었던 것 같고, 따라서 황제에 대해 일구이언을 한 그의 동기도 여전히 오리무중으로 남게 되었다.

유스티니아누스는 40년 가까이 제국을 통치하면서 수많은 업적을 이루었다. 하지만 그 어느 것도 영원한 명성을 얻은 성 소피아 성당을 능가하지는 못한다. 황제 부부는 중요한 축일 때면 성당에 나와 화려하기 그지없는 비잔티움 교회 의식이 한눈에 내려다보이는 2층 남서쪽 귀빈석에 총대주교와 나란히 앉아 예배를 보았다. 군주들은 일반 신도와 달리, 가령 제대祭臺에 까는 천을 바꿀 때나 제단에 왕관을 바칠 때 등 성직자만 드나들 수 있는 성소에도 들어가는 것이 허용되었다.

그런 건축물이 세워진 사실에 놀라기는 후대인들도 마찬가지다. 아랍인들은 24개의 문이 열리고 닫히는 것으로 시간을 알려준 성 소피아 성당의 대형 시계에 감탄한 사실을 기록으로 남겼다. 그런 식으로 성당은 『성당 건축에 얽힌 이야기 Account of the Construction』(10세기 후반부에 쓰여졌을 것이다)로부터 러시아인들의 순례 책자, 현대 그리스의 민담에 이르기까지 각종 전설의 소재가 되었다. 『성당 건축에 얽힌 이야기』에는 유스티니아누스 황제가 노아의 방주에 쓰였던 목재로 성당 문을 만들었다는 것, 성당이 무너지지 않도록 천사가 공사를 감독하고, 삼위일체를 기리기 위해 후진에 삼중창을 냈다는 내용이 기술돼 있다. 그것이 대중의 뇌리에 박혀 몇백 년의 세월이 흐르는 동안 변형되고 윤색되어 사람들 사이에 되풀이 회자된 것이다. 성 소피아 성당은 그렇게 몇 세기 동안 기독교계 최대의 교회가 되어 사람들을 놀라게 하고 상상력 넘치는 이야기의 원천이 되었다.

오스만 제국의 술탄 메메드 2세도 성 소피아 성당에서 영감을 얻어 1453년 콘스탄티노플을 함락시킨 뒤 제국의 황릉 터와 성 사도교회 터에 모스크를 축조했다. 그것은 본질적 변화를 알리는 중요한 사건이었다. 하지만 정복자(파티흐) 모스크로 불리는 그 돔이 얹혀진 신축 모스크는 누가 봐도 기독교 냄새가 물씬 풍기는 건축물이었다. 그와 비슷하게 바다 쪽에서 이스탄불로 들어가노라면 사원 내부가 푸른색 타일로 장식돼 있어 블루 모스크로도 불리는 술탄 아흐메트 모스크가 성 소피아 성당과 마치 경쟁이라도 하듯 우뚝 서 있는 것을 보게 된다. 하지만 그 역시 성 소피아 성당보다 1천 년 뒤에나 지어진 것인 데다 그보다 지대가 낮은 곳에 위치해 있어 성당과는 비교가 되지 않는다. 1453년 이후에는 성 소피아 성당 모서리에 첨탑 네 개를 세워 그 고대의 기념물이 이슬람 사원이 되었음을 세상에 알렸다. 그러나 그것도 아야소피아로 개칭된 모스크의 이질감만을 두드러지게 했을 뿐이고, 돔 아래의 거대한 건축물 또한 콘스탄티노플이 세계의 지배자였음을 나타내는 물리적 상징물로 여태껏 남아 있다. 그것이 서 있는 한 비잔티움의 존재는 영원할 것이다.

6
라벤나 모자이크

라벤나 산 비탈레 성당의 후진에도 예외 없이 그 막시미아누스 주교와 황제 부처의 모자이크 상이 아름답게 장식돼 있다.

— 9세기 초에 쓰여진 아넬루스(아넬로)의

『라벤나 교회 주교록Book of the Pontiffs of the Church of Ravenna』 중에서.

내가 처음이자 가장 흥분을 느낀 비잔티움 미술품은 이탈리아 라벤나의 산 비탈레 성당에서 본 모자이크화였다. 6세기에 제작된 그 걸작품들은 제2차 세계대전 때 연합군의 포격을 받고 훼손되었다가, 종전 뒤 유럽 전역으로 복사품이 보내져 각 나라에서 복원 기금 마련을 위한 전시회를 개최했다. 그런데 내 어머니가 그 전시회를 다녀온 뒤 라벤나로 진품을 보러 가겠다고 벼르는 것이었다. 당시에는 나도 마침 학교에서 이탈리아어를 배우고 있던 참이었다. 그래서 우리 모녀는 자연스레 라벤나로 여름휴가를 떠나 유스티니아누스와 테오도라를 기념하는 모자이크 패널화들을 보게 된 것이다. 하지만 그러고도 한참이 지나서야 나는 라벤나에는 평생 가본 적도 없는 비잔티움 황제 초상이 산 비탈레 성당 제단 입구의 측면을 장식하고 있는 이유가 무엇인지 궁금증을 갖기 시작했다. 그 그림들이 거기 있게 된 연유는 무엇일까?

아드리아 해안가에 위치한 소도시 라벤나는 기원전 89년 로마에 점령되어 속주 플라미니아 에트 피케눔의 주도가 되었다. 이후 요새화가 잘된 라벤나와 가까운 클라세가 지중해 일대에 주요 해상망을 보유한 안전한 항구로 부상하자, 아르카디우스 동로마 제국 황제(재위 395~408)의 동생으로 당시 서로마 제국을 지배하고 있던 호노리우스 황제(재위 395~423)가 그곳(라벤나)에 관심을 갖기 시작했다. 호노리우스는 대부분의 4세기 황제들이 그렇듯 로마에 있지 않고 밀라노에 황궁과 궁정을 두고 있었다. 그러던 중 402년 야만족의 공격에 취약한 밀라노를 떠나 라벤나로 수도를 옮길 결심을 한 것이다. 그렇게 해서 황제의 후원을 받자 라벤나는 건축물과 인구가 불면서 급속히 팽창하기 시작했다. 그것은 스러져가는 서로마 제국의 통치에 반드시 필요한 일이었다. 그리하여 라벤나에는 로마와 그 밖에 여러 제국 중심지의 귀족, 지중해 유역의 교역인, 로마세계 외곽에 포진한 세력들의 사절이 속속 모여들었다.

테오도시우스 1세 황제의 딸이자 아르카디우스와 호노리우스 황제의 누이인 갈라 플라키디아도 그런 와중에 라벤나에 정착했다. 그녀는 423년 아들 발렌티니아누스 3세가 다섯 살의 어린 나이에 서로마 제국 황제로 선포되자 25년 넘게 섭정으로 나라를 다스렸다. 그리고 그 과정에서 아리우스파와의 관계도 유지하면서 다수의 '정통파(반아리우스파)' 교회를 건설했다. 그중에 사도 요한 바실리카는 아마 산타폴리나레 교회(클라세의 이 교회에는 라벤나의 수호성인 아폴리나리스의 유골이 보관돼 있다)에 필적하는 장대한 기념물이었을 것이다. 플라키디아는 콘스탄티노플에서 배를 타고 오다가 거센 풍랑을 만난 직후 그 바실리카를 지을 결심을 했다. 위기의 순간 사도 요한(어부이기도 했다)에게 기도를 하면서 만일 배가 뒤집히지 않고 살아나게 해주면 교회를 지어 봉헌하겠다는 약속을 했던 것이다. 그 내역은 본래의 사도 요한 바실리카에 상세히 기록되었다. 갈라 플라키디아는 권력을 넘보는 장군들로부터 아들의 제위를 지키는 데도 제법 성공을 거두었다. 437년에는 발렌티아누스 황제가 테오도시우스 2세의 딸 유독시아와 성대한 결혼식을 올리고 그 내용을 라벤나 황궁에 모자이크로 장식했다.

 갈라 플라키디아는 450년에 죽기 직전, 자신과 남편과 아들의 유해를 담을 세 개의 대리석 관 위로 기독교적 내용으로 모자이크 장식이 된 벽을 세운 능묘를 지었다. 영묘한 석영 창, 선한 목자가 묘사된 상징적인 장면, 생명의 샘에서 물을 마시는 비둘기와 사슴, 별빛 가득한 하늘로 중앙 천장이 꾸며진 갈라 플라키디아 능묘는 십자가 형태로 설계된 작고 아름다운 묘당이다. 그녀는 그것을 불 옆에 서 있는 모습의 라우렌시오 모자이크화로도 알 수 있듯이, 뜨거운 석쇠 위에서 고문당한 동명의 로마 순교자에게 바쳤다. 모르긴 몰라도 그 묘당은 성 십자가 숭배를 위해 지은 교회당의 모자이크 바닥이 지금껏 남아 있는 대궁전 단지와도 관련돼 있었을 것이다. 페트루스 크리솔로구스 주교(재위 432~450) 시대에는 밀라노에 속해 있던 에밀리아의 교구 여섯 곳이 라벤나 관할로 들어왔다. 라벤나가 이탈리아의 행정수도가 되어 정치적 위상이 높아지자 그에 걸맞게 종교적 힘도 커진 것이었다.

 455년에는 북아프리카 반달족이 로마를 약탈했다. 현대에 쓰이고 있는 '반달리즘vandalism'의 유래가 되었을 만큼 그것은 야만성이 극에 달한 유린이었다. 이후 로마는 본래의 모습을 결코 되찾지 못했다. 로마의 정치적 쇠락은 489년 이탈리아의 왕이 되어 라벤나에 정부를 수립한 동고트족 지배자 테오도리쿠스 치세하에 제국의 진정한 수도가 된 라벤나의 흥기와 큰 대조를 이루었다. 테오도리쿠스는 서로마로 가서 망가진 이탈리아에 지배권을 수립하라는 콘스탄티노플 황제들의 권유를 받고 라벤나에 온 비로마계 군사 지도자들 가운데 한 사람이었다. 콘스탄티노플 황제들은 동로마에 가해지는 압력을 줄이기 위해 야만족 군인들에게 힘을 부여하는 그런 비뚤어진 방식을 사용했다. 그런데 그 방법은 종종 서로마의 토착 세력, 특히 로마 주교들에게 심각한 문제를 야기하기도 했다. 그러나 테오도리쿠스는 그런 사람이 아니었다. 그는 젊은 시절(461~470) 콘스탄티노플에 볼모로 잡혀 있으면서 양질의 교육을 받고 제국의 궁정 전통에도 웬만큼 익숙해 있었던 것이다.

테오도리쿠스는 자신은 동고트족의 왕임을 주장하고 비로마계 지배자들이 흔히 쓰던 국왕rex의 호칭도 사용했으나 내심 황제가 되려는 야망을 품고 있었다. 그 꿈은 그가 동로마 제국의 황제 제노(재위 474~491)의 지지를 받아 라벤나에 온 뒤, 학자 겸 그의 재무관이던 카시오도루스가 아나스타시우스 1세 황제(재위 491~518)에게 보낸 편지에도 잘 드러나 있다.

> 국왕께서는 황제를 귀감으로 삼고, 황제의 뜻을 따르고, 유일한 제국인 동로마를 본받을 것이며, 황제를 추종하는 한에 있어 다른 모든 나라를 이길 것이옵니다.

아닌 게 아니라 테오도리쿠스는 건축물을 짓고, 후기 고전문화를 후원하고, 자줏빛 어의를 입으며 제국의 관행을 충실히 따랐다. 당대의 동로마와 서로마인들도 이구동성으로 그가 로마인과 고트족에 선정을 베풀었다는 점을 인정했다. 그런데도 콘스탄티노플은 그에게 결코 황제의 칭호를 부여하지 않았다.

테오도리쿠스는 6세기의 첫 25년간 고트족이 믿는 친親아리우스 교리를 찬양하는 건축물들을 라벤나에 지었다. 그리스도 성당(지금의 산타폴리나레 누오보 성당), 아리우스파 세례당, 히포드롬의 전차경주 장면을 담아 전형적인 비잔티움 양식으로 꾸민 궁전 등이 그런 것이었다. 그는 성당을 그리스도의 생애와 기적, 고트족을 예배로 이끄는 테오도리쿠스 자신, 궁전, 항구도시 클라세의 모습을 담은 모자이크 장식으로 꾸몄다. 그런 식으로 아리우스주의는 제1, 2차 에큐메니컬 공의회(니케아와 콘스탄티노플)에서 단죄를 받은 뒤 고트족과 그 밖의 비로마계 종족들에 의해 보존되어 모자이크로 우아하게 장식된 교회들에 소중히 모셔졌다. 테오도리쿠스는 또 갈라 플라키디아를 본 떠 지금도 인상적인 건물로 장엄하게 무덤을 덮고 있는 그 자신의 영묘(테오도리쿠스 영묘)도 축조했다. 왕궁, 요새, 수도교, 욕장, 그리고 제국 후원자의 건축물이 되기에 손색없는 다른 공공건물도 여럿 축조했다.

테오도리쿠스가 로마를 방문한 것은 500년 단 한 차례뿐이었다. 로마 제국의 관행에 따라 재위 30주년을 기념하기 위해서였다. 그렇다면 그는 아버지가 세상을 떠나고 첫 군사적 승리를 거둔 470년경을 즉위 원년으로 삼은 것이 된다. 테오도리쿠스는 교황 심마쿠스와 전체 원로원 및 백성들의 공식 환영을 받은 뒤 성 베드로 대성당에서 예배를 보고, 원로원에서 연설하고, 서커스 경기를 개최한 뒤, 백성들에 대한 식량 공급을 늘려주는 조치를 취했다. 팔라티노 구릉의 옛 황궁에 6개월간 머물며 역대 로마 황제들의 법령도 충실하게 지킬 것을 약속했다. 테오도리쿠스는 옛 수도 로마를 학문의 중심지로 묘사했다. "창의력 넘치는 웅변이 탄생하고, 온갖 미덕을 갖춘 대신전이 있고, '타(他)고장'이라는 말로 결코 불릴 수 없는 도시 로마를 모두 즐겨야 한다"고 말했다. 그러나 그것은 말뿐이었고 실제로 그는 이후 25년간 라벤나에만 머물며 정치력과 관용을 적절히 조화시켜 친아리우스파와 반아리우스파가 혼재한 고트인과 로마인 사회를 슬기롭게 다스렸다.

라벤나에 세워진 테오도리쿠스의 영묘.

그 점은 테오도리쿠스의 야망이 드러난 카시오도루스의 수많은 편지에도 잘 나타나 있다. 일례로 그는 누군가의 청원에 이런 회답을 내렸다. "짐은 정의를 존중하는 만큼 설사 간원懇願이 아니라 해도 합당한 청원은 기꺼이 받아들일 것이다. 하물며 무기도 나라를 지키거늘, 그것이야말로 완전한 형평성으로 이 나라를 지키는 방법이 아니겠는가?" 그와 비슷한 사례로 제노바의 유대인들이 옛 유대교회의 재건 허가를 내려줄 것을 간청하자 테오도리쿠스는 지붕만 다시 얹고 확장은 하지 말라는 답변을 내렸다. "재건은 허락해줄 것이로되 부정한 자들의 청원은 책망받아 마땅할 것이다. (…) 누구도 자신의 의지에 반하는 신앙을 가져서는 안 되므로 종교 또한 강요하지는 않겠다." 테오도리쿠스는 인구도 많고 복잡다단한 백성들로부터 이런 식으로 충성을 이끌어냈다.

테오도리쿠스는 또 라벤나에서 로마 제국과 같은 형태의 주화를 주조하고 그의 초상이 들어간 대형 메달도 만들었다. 카시오도루스의 도움을 받아 파피루스에 기록하는 방식으로 나라도 효율적으로 통치했다. 그는 유식한 그 재상에게 고트족의 역사도 집필하도록 했다. 그렇게 해서 탄생한 것이 훗날 요르다네스[6세기의 역사가]의 『게티카 Getica』에 포함된 전12권짜리인 고트족의 역사서다. 그 밖에 테오도리쿠스는 라벤나의 지적 생활을 강화하고 철학자 보이티우스와 같은 학자들도 후원해주었다. 보이티우스는 국왕의 요청으로 해시계, 물시계, 그 밖의 각종 기계 제작법도 작성했다. 그러다가 524년 무렵 그는 반역 혐의로 감옥에 갇히는 신세가 되었다. 그렇게 감옥에서 형 집행을 기다리며 쓴 것이 저 유명한 『철학의 위안 Consolation of Philosophy』이다. 테오도리쿠스는 나중에 그 일을 후회했다.

테오도리쿠스가 그리스도의 본성 및 위격과 관련해 아리우스주의를 지지하고 정통 교리에 반하는 신아리우스 학문을 권장하는 한에 있어 두 교파는

테오도리쿠스를 새긴 메달. 로마 국립미술관. 493~526년경 금으로 만들어졌다.

평화로운 공존을 이뤘다. 울필라스가 고트어로 번역한 4복음서의 원고도 그의 후원으로 자줏빛 양피지에 은 잉크로 필사되었다. 라벤나는 언어, 법률, 기독교 교리의 측면에서 고트족과 로마 사이의 간극을 메워준 두 문화의 중요한 합류점이었다. 로마계와 비로마계의 종교와 실제가 그런 식으로 통합된 것은 향후 서방 역사의 향방에 중요한 요소가 된다. 라벤나의 역사에는 로마와 비로마계 사람들을 함께 끌어들여 서방의 새로운 수도가 되고, 문화적 대립과 변용의 과정을 거친 내력이 고스란히 녹아들어 있다.

테오도리쿠스 대왕은 526년에 영면했다. 뒤이어 그의 외손자 아탈라리크가 즉위했으나 열 살밖에 안 된 어린 나이였기에 그의 어머니이자 테오도리쿠스의 딸인 아말라순타가 섭정으로 나라를 통치했다. 그런데 로마식으로 양질의 교육을 받고 콘스탄티노플에도 호의적인 아말라순타에 대해 고트족 조신들은 점차 적대감을 갖기 시작했다. 그런 와중에도 534년 아들이 죽을 때까지는 그럭저럭 섭정의 지위를 유지했으나 이후에는 그들의 강요로 사촌 테오다하트를 공동 통치자로 받아들일 수밖에 없었다. 그러다 나중에 그녀는 추방되어 교살당했다. 이 사건이 고트족에 대한 유스티니아누스 1세의 앙갚음을 촉발시켰다. 콘스탄티노플 황제들은 그간 이탈리아에 대한 궁극적 권한이 비잔티움에 있다는 얼토당토않은 논리를 펴왔다. 유스티니아누스도 그 논리로 테오다하트에게 찬탈자의 누명을 씌워 이탈리아에 병력을 파견했다. 비잔티움은 당시 야만족에 정복된 서로마 제국의 영토를 수복하기 위해 다른 곳에서도 전쟁을 수행하던 중이었다. 페르시아와의 전쟁에 승리하여 동방 전선에서 이미 이름을 떨친 바 있는 벨리사리우스 장군도 533년 북아프리카의 반달족을 공격해 대승을 거두었다. 벨리사리우스는 그곳에서 다시 시칠리아로 쳐들어갔다. 유스티니아누스는 시칠리아에 원정가 있는 그 벨리사리우스에게 북쪽의 고트족을 치도록 했다. 그런 한편 제국의 또 다른 장군 문두스는 북쪽에서 이탈리아를 침공하도록 했다. 그런 식으로 양쪽에서 협공해오자 고트족은 테오다하트를 버리고 비티게스를 새로운 지도자로 선출했다. 그러나 그도 벨리사리우스의 적수가 되기에는 역부족이었다. 벨리사리우스는 540년 라벤나에 입성해 비티게스를 사로잡은 뒤 제국의 직접 통치권을 수립했다. 그 내용은 프로코피우스의 『전사』에도 상세히 기록돼 있다.

비잔티움이 고트족에 승리를 거둔 뒤부터 라벤나에는 다시 건축열이 일기 시작했다. 이번에 그 일을 주도한 이들은 라벤나 주교들이었다. 여기엔 아리우스파 교회인 클라세의 산타폴리나레 바실리카에도 기부를 했던 부유한 은銀 상인 율리아누스도 일조를 했다. 율리아누스는 라벤나의 또 다른 수호성인 비탈리스를 기려 지은 산 비탈레 성당의 전주 노릇도 한 사람이었다. 산 비탈레 성당은 에클레시우스 주교가 착공하여 547년 막시미아누스 주교가 완공했다. 그런데 그 팔각당 형태의 건축물에 앞서 말한 유스티니아누스 황제와 테오도라 황후의 모자이크 패널화가 설치된 것이었다. 제단 입구 측면에 세워진 그것은 이전에 설치된 테오도리쿠스 모자이크 상이 주는 효과를 반감시키며 라벤나가 정교회 교리로 돌아왔음을 확인시켰다. 두 군주는 모자이크 속에 조신들을 대동하고 수호성인에게 선물을 증정하는 모습으로 묘사되었다.

이탈리아 땅을 가본 적이 없는 비잔티움 황제 부부의 모자이크가 6세기 라벤나의 교회 벽에 장식된 이면에는 그런 내력이 숨어 있었다. 그럼 산 비탈레 성당에 두 사람의 모자이크를 장식하자고 주장한 이는 누구였을까? 유스티니아누스였을까? 그도 제국 각지에 수많은 교회를 짓고 치장하는 일을 했으니 산 비탈레 성당의 마지막 공정과 모자이크에 돈을 기부했을 가능성은 있다. 그러나 그보다는 역시 은 상인 율리아누스나 막시미아누스 주교

라벤나 산비탈레 성당의 모자이크 패널화. 유스티니아누스 1세, 547년에 이 성당을 완공한 막시미니아누스 주교, 사제, 병사들이 묘사돼 있다.

라벤나 산비탈레 성당의 모자이크 패널화로 황후 테오도라가 시녀들을 거느리고 있는 모습이다. 머리에 왕관을 쓰고 깃에 보석 달린 자주색 예복 차림으로 위엄을 보이는 황후 옆에서 시녀들은 비단옷, 장신구, 붉은 신으로 우아한 궁정 스타일을 뽐내고 있다.

가 주도하여 설치했을 개연성이 더 크다. 그야 어찌됐든 두 사람의 모자이크 패널화는 6세기 비잔티움 군주들이 제단을 둘러싸고 있는 성소 안에 묘사된 유일한 초상으로 오늘날까지 남아 있는 특별한 작품이 되었다.

테오도라의 모자이크 패널화에 관해서도 이야깃거리가 많다. 이 초상화에 그녀는 니카 반란 때 도망치기보다는 차라리 수의로 삼겠다고 선언한 자주색 황후복을 입은 모습으로 묘사되었다. 황후복의 옷단에는 동방의 세 박사가 아기 예수에게 선물을 바치는 모습이 그려져 있고, 안에 입은 흰색 튜닉에는 금색, 빨간색, 녹색의 짙은 테두리가 쳐져 있다. 어깨 부분은 보석이 주렁주렁 달린 널따란 깃으로 덮여 있으며 머리에는 가슴까지 내려오는 진주 줄이 매달린 높다란 왕관을 쓰고 있다. 그러다 보니 밝은 색상의 화려한 의복을 입고 붉은 신, 목걸이, 귀걸이, 머리쓰개를 착용한 시녀들 틈에서 테오도라에게서는 마치 인간이 아닌 불멸의 존재 같은 분위기가 느껴진다. 일부 예술사가들은 테오도라가 그림 속 어두운 부분 앞의 분수반(粉水盤)에 커다란 주화사발을 바치는 모습을 그녀의 죽음을 상징하는 것으로 해석하기도 한다. 그것까지는 모르겠지만 그 진지한 초상이 서커스단 배우에서 황후로 인생역전을 이뤄낸 테오도라의 도도한 권위를 절묘하게 포착한 그림인 것은 분명해 보인다. 그녀는 어의 일체를 완전히 갖춰 입고 막시미아누스 주교, 일단의 성직자, 수비대를 대동한 모습으로 묘사된 황제를 마주보는 형태로 서 있다.

정통파 기독교도들이 아리우스파의 흔적을 라벤나에서 말끔히 제거하려는 시도는 이후에도 계속되었다. 561년에는 아넬루스 주교가 금빛 천국으로 알려진 테오도리쿠스의 성당을 성 마르티누스와 정통파 숭배에 재봉헌했다. 그것도 모자라 그는 테오도리쿠스의 초상을 치우고 유스티니아누스 황제와 그 자신의 금빛 모자이크 상을 설치했다. 그래도 성당의 궁전 구역에는 본래의 아리우스파 모자이크 흔적이 한때 성인들의 몸에 붙어 있었을 손(手)의 모습으로 지금껏 남아 있다. 테오도리쿠스의 다른 초상들은 제자리에 남아 후대인들에게 계속 깊은 감명을 주고 있다. 300여 년 뒤에는 한 교회 사가가 830년대에 파비아의 궁전에 장식된 테오도리쿠스의 모자이크 초상을, 로마와 라벤나를 인격화하여 표현한 것으로 칭송했다. 그는 '반짝이는 금박이 뒤덮인 청동 말' 위에 올라탄 테오도리쿠스 기마상을 샤를마뉴가 '아헨에 있는 그의 궁정으로' 옮긴 사실도 기록했다.

유스티니아누스의 서방 원정은 친아리우스파 세력을 제거하는 데 그치지 않고 북아프리카와 이탈리아의 많은 지역을 수복하여 제국의 지배권 아래 두는 결과도 가져왔다. 6세기 말에는 콘스탄티노플 정부가 군민 양면으로 막강한 권한을 지닌 두 명의 엑사르크(총독)를 각각 카르타고와 라벤나 총독으로 임명했다. 그것은 군대와 행정을 분리시킨 로마 제국의 관행을 깨뜨린 정책으로, 비잔티움이 새로 정복한 영토를 그만큼 중시했음을 나타내는 징표였다. 아프리카 총독은 해안가의 부유하고 번성한 지역을 지배했다. 그곳은 예전처럼 곡물도 수출하고, 지중해 일대에서 터가 발견된 고급 도기, 곧 아프리카 산 적색 슬립웨어(이장泥漿 혹은 점토이장으로 불리는 반유동점토를 갖가지 방법으로 처리해 만든 도기)도 생산되는 알짜배기 땅이었다. 라벤나 총독은 이탈리아 북부에서 남쪽의 로마까지를 관할지역으로 삼았다. 이탈리아 남부의 나머지 지역과 시칠리아는 콘스탄티노플에서 파견한 그보다 직급이 낮은 관리가 지배했다. 그렇게 라벤나는 우월한 위치를 고수하면서 200년 가까이 콘스탄티노플과 이탈리아를 이어주는 다리가 되어 비잔티움 제국의 서방 수도 역할을 톡톡히 했다. 포 강 입구 가까이에 위치해 있으면서, 파피루스 같은 진귀한 물품을 이집트에서 들여와 북부와 서부지역에 공급해주는 이탈리아 동부 해안의 주요 항구로 남아 있었다. 하절기는 물론이고 선원들이 항해를 꺼리는 동절기에도 콘스탄티노플과 지중해 동부 다른 지역들과 라벤나 간의 해상 접촉은 멈추는 법이 없었다. 라벤나는 또 상아 조각과 모자이크 장인을 비롯해 각종 기술자들이 훈련을 쌓는 공예작업장의 후원지이기도 했다.

유스티니아누스 황제는 산 비탈레 성당의 모자이크 패널화에도 묘사되었듯 서방에서 로마 제국의 지배권을 회복하려는 야망을 지니고 있었다. 그런데 6세기 말 이탈리아 북부의 롬바르디아 지역이 게르만족 일파인 야만족에 정복되었다. 그런 연유로 롬바르드족이라는 이름을 갖게 된 그 종족은 고대 도시 파비아와 몬차에 정착한 뒤 이내 로마와 라벤나로 쳐들어갔다. 그리하여 수차례 공격을 가한 끝에 751년 마침내 이탈리아 최후의 비잔티움 전초기지를 점령했다. 콘스탄티노플의 콘스탄티누스 5세 황제(재위 741~775)는 로마에도 지원군을 보내줄 형편이 못 되었다. 그러자 교황 스테파누스 2세는 궁여지책으로 다른 곳에 도움을 청했고(10장 참조) 그것은 결과적으로 유럽 역사에 중요한 전기가 되었다. 로마의 주교가 그간 콘스탄티노플에 의존해온 전통적 외교의 축을 포기하고 알프스 산맥을 넘는 유례없는 강행군을 실시하여 프랑스 북부의 퐁티온에서 프랑크 왕국의 지도자 피핀 3세[카를 마르텔의 아들이며 샤를마뉴의 아버지]와 동맹을 맺었기 때문이다. 피핀은 롬바르드족으로부터 로마를 수호하고, 장차 수복되는 이탈리아 영토를 교황청에 귀속시켜주기로 약속했다.

그렇게 해서 피핀과 스테파누스 2세 교황은 북부 유럽과 서방 기독교계를 잇는 새로운 외교의 축, 장차 비잔티움을 배제하고 라벤나를 무시하게 될 외교의 축을 형성했다. 피핀의 아들 샤를마뉴도 훗날 라벤나를 북부 이탈리아 프랑크 왕국의 행정 기반으로 삼았다. 그는 또 고대의 원주와 기둥머리를 약탈해가서 프랑크 왕국의 새 수도 아헨의 건축물을 짓는 데 사용하고, 앞서 언급한 테오도리쿠스의 기마상도 빼앗아갔다. 그러나 프랑크 왕국과 이를 계승한 카롤링거 왕조에게 종교열을 일으키고 이들에게 군사적 행동을 하게 한 주요인은 역시 로마와 성 베드로의 유물이었다.

라벤나는 클라세 항구가 뻘에 막혀 제 기능을 못 하게 되면서 쇠퇴 일로를 걷기 시작했다. 846년 무렵에는 안드레아스 아넬루스 주교가 대중에게 연재물 형식으로 도시의 역사를 낭독해주는 처지로까지 전락했다. 아넬루스 주교는 나중에 그것을 『라벤나 교회 주교록』 또는 『교회 주교들의 삶』이라는 책으로 엮었다. 주로 지역 분쟁과 피비린내 나는 싸움을 다룬 책이었으나 기념비에 새겨진 글과 주교가 잘 아는 예술품들에 대한 글도 다수 수록되었다. 빅토리우스 주교가 6보격 시를 욕장의 황금색 모자이크에 새겨 넣었다든가, 산 차카리아에 그려진 4개의 천국의 강 위에 시구를 적어 넣었다는 것이 그런 것들이었다. 또 배를 구할 수 없게 되자 하늘을 날아 콘스탄티노플에서 라벤나로 돌아온 수도원장의 기적 같은 이야기, 성상을 보증인으로 세운 웃지 못할 에피소드 같은 재미난 이야기들도 수록돼 있다. 돈을 빌리는 자리에서 채무자가 채권자에게 성 안드레아의 성상을 증인 겸 보증인으로 세운 사연이라든가, 라벤나의 성직자들이 그들 교회의 재산을 강탈해간 혐의로 테오도루스 대주교를 고발할 때도 성 아폴리나리스의 성상을 증인으로 세운 내용이 실려 있다.

10세기 무렵에 라벤나는 말 그대로 낙후된 곳이 되었다. 바다로부터도 멀리 떨어져 있었다. 신성 로마 제국의 오토 1세, 2세, 3세가 그곳의 역사적 역할을 잊지 않고 찾아보기는 했으나 라벤나는 이제 누가 봐도 빛바랜 도시였다. 라벤나가 지중해 동부와 행하던 무역, 콘스탄티노플과 맺고 있던 관계는 아드리아 해 위쪽에 새롭게 부상한 베네치아 세력이 계승했다. 베네치아인들은 석호 일대의 섬들에 흩어져 살며 선박 건조, 해전, 국제무역에 총력을 기울여 비잔티움과 색다른 관계를 형성했다. 그 내용은 뒤의 19장에서 상세히 다룰 것이다. 한 가지 다행인 것은 위상은 추락했을 망정 라벤나의 모자이크는 잘 보존되어 로마인, 고트인, 비잔티움인들이 서방의 콘스탄티노플이었던 그곳에서 이탈리아를 통치했던 찬란한 시대를 상기시켜주고 있다는 점이다.

7
로마법

> 법률이 삶을 이롭게 하고, 안전하게 하고, 보호해주는 등의 역할을 한다는 것은 누구나 다 아는 일이다. 법률은 악을 제거하고 선을 육성하여 인간으로 하여금 선을 따르고 범법자를 처벌하는 것이 옳다는 생각을 하게 만든다.
>
> ─ 13세기 말에 쓴 토마스 마기스트로스(1275~1347년경, 테살로니카 출신의 문헌학자 겸 작가)의 식사式辭
> 『왕의 직무에 관하여On the Duty of a King』 중에서

비잔티움은 긴 역사가 지속되는 내내 성문법을 제국 법률의 기조로 삼았다. 일반 시민들은 유산, 재산, 집안싸움 같은 문제가 생기면 으레 법정에서 시비를 가렸다. 비잔티움 법은 로마가 세계 문명에 기여한 위대한 업적으로 평가받는 로마의 법 체계로부터 발전했다. 로마법은 기원전 5세기부터 기원후 1세기까지 법학자들이 심혈을 기울여 만든 법률이다. 로마법의 혁명성은 법정을 설치하고 훈련된 행정관에게 법정을 주재할 권한을 부여해준 점에 있다. 그들은 소환장을 발부하고 사건을 청취하며 항소의 개연성이 있는 형의 집행을 명령했다. 그 법률 절차는 민법의 적용을 받는 모든 나라에서 지금도 사용되고 있다. 로마는 또 행정관의 포고, 원로원의 결의, 황제의 율령(칙법)과 같은 독창적인 여러 형태의 성문법을 중시하는 전통도 비잔티움에 전수해주었다. 그 독특한 법 체계는 주요 도시와 속주의 수도들에 빠

짐없이 설치된 법정에 일률적으로 적용되었다.

그 밖에 로마법은 가령 흉년이 들었을 때 황제에게 세금 감면을 호소하는 것과 같은 청원으로도 만들어졌다. 그럴 때 도시와 속주들은 유능한 웅변가를 내세워 황칙에 덧붙여진 특별법을 제정하게 하는 성과를 거두기도 했다. 2세기 중반에는 황제가 유일한 입법자였으나, 그런 가운데서도 로마의 5대 초기 법학자들인 파피니아누스(파피니안), 파울루스, 가이우스, 울피아누스, 모데스투스가 만든 해설은 옛 법률을 해석하는 데 특히 중요하게 인식되었다. 라틴어로 작성된 복잡한 법령을 정확히 읽어 그것들을 해석하고 적용하기 위해서는 훈련된 전문가 또한 없어서는 안 될 존재였다. 그렇게 해서 법학대학과 실무 경험이 많은 법학자 scholastikoi 계층이 생겨나게 되었다. 탁월한 웅변력도 법정에서 판결을 좌우하는 중요한 요소였다. 고대 후기에는 로마, 알렉산드리아, 아테네, 콘스탄티노플, 베리투스(오늘날의 베이루트)가 법학 교육의 중심이었다.

앞서 언급한 대로 테오도시우스 2세는 425년 콘스탄티노플에 법학대학을 설립했다. 그는 또 모순투성이의 법률과, 같은 사안이 상이하게 해석될 소지가 많은 칙령은 적용하기 어렵다고 보고 429년 법률 전문가들로 하여금 콘스탄티누스 1세 시대 이후에 제정된 모든 법률을 개정하여 한 권의 법전으로 집대성하라는 명령을 내렸다. 이전에도 법은 만들어지고 그것을 만든 저자들의 이름으로 알려지기는 했지만, 공식적으로 법전이 편찬되기는 이때가 처음이었다. 그렇게 해서 탄생한 『테오도시우스 법전 Codex Theodosianus』은 437년 11월 제국의 고위 각료들에게 제출되어 이듬해 1월 1일 시행에 들어갔다. 구로마의 원로원에도 사본을 보내 법전을 배포하도록 했다. 이 법전에는 313년부터 437년까지 발효된 2천500건의 법률이 개정, 수록되었다. 기독교 관련 법률도 끝부분에 포함시켰다. 그렇게 해서 개별 법률 사이에 생겨나는 모순과 혼란을 제거하고 간소화한 그 법률 체계는 동서 제국 양쪽에서 쓰이고, 당시에는 동로마에 집중돼 있던 법학대학의 교재로도 이용되었다.

레바논 해안가에 위치한 로마 식민지 베리투스는 오랫동안 법학 교육 도시로 이름을 날렸다. 그 명성은 550년과 551년 사이에 일어난 지진으로 그 도시가 파괴될 때까지 계속되었다. 『세베루스의 생애 *The Life of Severus*』(단성론자 세베루스는 512년에서 518년까지 안티오키아의 총대주교를 지냈다)에도, 특정 해설에 대한 분석을 포함하여 베리투스에서 5년간 행한 법학 연구에 대한 내용이 기록돼 있다. 그러나 나중에 법조인이 된 그 책의 저자 자카리아스는 법률보다는 정작 고대 신들에 의존하는 요술, 3세기의 페르시아 예언자 마니〔마니교 창시자〕, 그 밖의 여러 불법 신앙을 뿌리 뽑기 위해 기독교 학자들이 기울인 활발한 노력에 더 많은 관심을 기울였다.

유스티니아누스 1세는 『테오도시우스 법전』이 발간된 지 근 100년 뒤에 비잔티움 황제로 즉위했다. 그는 황제가 되자마자 즉시 법률 개정 작업에 착수했다. 528년에는 법무장관 트리보니아누스를 위원장으로 한 노련한 법학자들로 10인 편찬위원회를 발족시켜 모든 법률의 실용적 가치를 따져보고, 6세기의 상황에 맞게 내용을 정리해 규정을 고칠 것을 지시했다. 그렇게 해서 529년 『칙법 휘찬 *Codex Constitutionum*』이 편찬되고, 그 안에 포함되지 않은 다른 칙법은 모두 폐기시켰다. 『칙법 휘찬』은 현재 남아 있지 않지만 그 내용은 이른바 유스티니아누스 법전으로 알려진 『로마법 대전 *Corpus Iuris Civilis*』(일명 『시민법 대전』)에 개괄돼 있다. 오늘날 시행되고 있는 유럽 법률의 토대가 된 것도 이 『로마법 대전』이다. 530년부터 534년까지 계속된 제2기 개정 작업 기간에는 16명의 유능한 법학자로 구성된 위원회가 모순된 견해로 가득 찬 로마 법률가들의 방대한 저술을 일목요연하게 정리하는 작업을 벌여 50권의 공인된 법전『학설 휘찬*Digest*』(일명『회전會典, *Pandects*』)을 편찬했다.『학설 휘찬』은 533년에 공표되고, 거기 포함되지 않은 것들은 이번에도 모두 폐기시켰다. 초학자용의 로마법 개설서『법학 제요*Institutes*』도 편찬되었다. 뒤이어 구칙법과 구별해『신칙법*Novels*』으로 불리는 법전도 편찬되었다. 그렇게 해서 534년 총 네 개의 법전과 법률 해석집으로 구성된『로마법 대전』이 완성되었다. 옛 칙법을 12권으로 개정해 집성한『신칙법 휘찬 *Codex Repetitae Praelectionis*』,『학설 휘찬』,『법학 제요』, 후대 황제들의 율령이 계속 더해진『신칙법』이 그것들이다. 이『로마법 대전』은 900년 뒤 오스만 제국에 함락될 때까지 계속 시행되었다.

그러나 서방에는 유스티니아누스 법전보다는 테오도시우스 법전이 널리 보급되어 로마의 관습법과, 서고트 왕국이 세워진 에스파냐, 프랑크 왕국, 부르고뉴, 롬바르디아의 이탈리아에서 사용된 야만족 법전 모두에 지대한 영향을 끼쳤다.『로마법 대전』은 7세기 초부터 '별처럼 아름다운'『학설 휘찬』의 훌륭한 사본이 재발견된 11세기 말까지는 사실상 잊힌 상태에 있었다. 그 사본은 아마 6세기에 만들어진 뒤, 콘스탄티노플의 지배를 받으며 로마법을 계속 사용하고 있던 이탈리아 남부 지방들에 잔존해 있었을 것이다. 그리하여『학설 휘찬』의 원문이 서서히 확인되자 라벤나, 파비아, 특히 볼로냐의 교수들이 그것에 주석과 해설을 달기 시작했다. 12세기 중반 무렵에는 1130~1140년에 베네딕투스 수도회 수사 그라티아누스가 편찬한『교령집*Decretum*』과 1158년 붉은 수염왕 프리드리히 1세 황제가 볼로냐 학자들에게 부여한 특권으로, 두 종류의 법률 곧 민법과 교회법의 고대 원전에 대한 지식이 더욱 장려되고 확대되었다. 그 경우 비잔티움의 법전이 서방의 정교政敎 관계에 얼마나 영향을 끼쳤는지는 알 수 없다. 그러나 교회법이 교황의 권위를 강조하는 쪽으로 나아가고 민법이 서방 황제들의 권력을 강화하는 수단으로 사용된 것은 분명하다.

로마법은 자유인과 노예에 모두 해당되는 인법人法, 결혼과 이혼에 관계된 가족법, 재산법, 불법행위법, 계약법, 상속법을 포함하고 있으며, 그 법들 모두 민사 사건이든 형사 사건이든 소송법의 규제를 받고, 유능한 법관 앞에서 공정하게 재판받는 것을 원칙으로 수립된 특징을 지니고 있다. 6세기에는 에큐메니컬 공의회와 지역 교회회의가 결의한 교회법, 총대주교에 청원하여 얻어진 결과 등 방대한 분량의 교회 법령도 만들어졌다. 안티오키아와 콘스탄티노플 모두 580년 무렵에는 그 법령집을 보유하고 있었다. 교회법과 민법의 모음집이었던 그 법전 가운데 가장 중요한 『14주제 비잔티움 법전Nomokanon in Fourteen Titles』은 아마 헤라클리우스 황제(재위 610~641) 치세에 6세기 총대주교들의 저술을 취합해 만들어졌을 것이다.

서방에서도 그와 비슷한 일이 진행되었다. 교황 호르미스다스(재위 514~523)가 소小디오니시우스를 뜻하는 디오니시우스 엑시구스 주교에게, 가장 으뜸이 되는 그리스 교회법을 라틴어로 번역하도록 명을 내린 것이다. 거기에는 사도 교회법의 첫 50가지(동방에서 받아들인 나머지 45가지는 포함되지 않았다), 에큐메니컬 공의회와 그 밖의 공의회에서 제정된 교회법, 384년에서 498년까지 작성돼 훗날 '교령decretals'으로 인정받은 교황 서신 38편이 포함되었다. 그렇게 해서 양쪽의 법령집 모두 종교회의에서 제정된 교회법으로 구성된 특징을 지니고 있었으나, 한 가지 차이점은 동방의 법령집이 성 바실리우스 전례 규정과 유스티니아누스 법전을 포함시킨 반면, 디오니시우스가 집성한 서방 법령집은 향후 교회법과 동일한 효력을 지니게 될 교령을 끼워 넣었다는 것이다. 그 다른 점이 앞으로 서방과 동방 교회 간에 불거질 불화의 씨앗이 된다.

12권으로 이루어진 『유스티니아누스 법전』은 『테오도시우스 법전』과 달리 6세기의 교회, 사회, 경제적 문제에 영향을 미친 기독교와 기독교적 결정의 사안을 중대하게 다루었다. 『신칙법』의 몇몇 요소는 거기서 더 나아가, 가령 순결한 처녀를 보호하고 나라에 매춘부 도입을 금해야 할 필요성과 같은, 기독교 윤리를 강조하는 것으로까지 내용이 확대되었다. 그런 식으로 민법과 교회법은 기독교 제국 비잔티움의 필요에 맞게 로마의 원리를 개조하는 법률행정 체계로 통합돼갔다. 529년에는 아테네의 플라톤 아카데미가 폐쇄되고 베리투스도 550~551년에 일어난 지진으로 파괴되어, 이집트의 알렉산드리아가 콘스탄티노플을 제외한 법률·철학의 유일한 중심지가 되었다. 학자들은 그곳에서 아테네의 신플라톤 철학보다는 덜 유해한 것으로 간주된, 기독교화된 아리스토텔레스 철학을 가르쳤다. 7세기의 아랍 정복 후에는 법률과 철학의 교육기관이 모두 콘스탄티노플로 옮겨갔다.

학생들은 법학 교육의 개론서 『법학 제요』를 교재 삼아 5년 동안 공부하고 교수의 요구를 만족시키면 두 종류의 법률가가 되었다. 바로 법조인(시네고로스synegoros 또는 스콜라스티코스scholastikos)과 공증인(타불라리오스taboularios)이 그것이었다. '스콜라스티코스'라는 호칭은 수많은 저자에 의해 사용되다가 7세기 무렵 법관을 뜻하는 크리테스krites로 대체되었던 것 같다. 콘스탄티노플에서는 법무장관, 행정장관(혹은 총독), 7세기에 신설된 탄원 심사장이 그 호칭을 사용했다. 행정장관은 도시의 사법을 책임지고, 근위대와 감옥을 통솔하고, 의전·상업·산업을 관장했다.

로마법 학습의 기본이 된 라틴어도 6세기에는 그리스어로 점차 대체되어 534년 11월에 발간된 『로마법 대전』도 그리스어로 신속히 번역되었고, 뒤이어 나온 유스티니아누스의 새 법전들도 모두 그리스어로 편찬되었다. 그렇게 해서 사용이 줄자 라틴어는 모습을 감추고 라틴어 교육도 더는 이루어지지 않았다. 로마 전통에 깊이 물든 군대와 법정에만 라틴어가 일부 남아 있었을 뿐이다. 법정 인사말로 사용된 '베네, 베네Bene, Bene'[Bene는 영어의 good이나 well에 해당되는 라틴어]가 그런 것이었다. 무기나 장교들에 쓰인 각종 전문용어나 호칭도 그리스어로 번역되기는 했지만 뿌리는 역시 라틴어에 두고 있었다. 라틴 문학도 막시무스 플라누데스가 13세기에 베르길리우스, 오비디우스, 키케로, 보이티우스의 작품을 그리스어로 번역할 때까지는 비잔티움에서 거의 읽히지 않았다(27장 참조).

비잔티움 황제들은 『에클로가Ekloga』[동로마 제국 황제 레오 3세가 아들 콘스탄티누스와 연명延名으로 발간한 법전]에서 볼 수 있듯이 결혼 관련 문제에 기독교적 요소가 점차 짙어지는 경향을 띠는 법전을 지속적으로 편찬했다. 740년 레오 3세가 편찬한 『에클로가』에는 사형을 수족 절단으로 대체한 조항도 포함돼 있다. 9세기 말에는 『법학 제요』와 『신칙법』 등으로 분리돼 있던 탓에 주제가 분산된 『유스티니아누스 법전』을 재검토하여, 주제와 연대 순으로 축약 정리한 60책 분량의 『바실리카 법전Basilika』 6권이 편찬되었다. 그 법전은 바실리우스 1세 황제(재위 867~886)가 작업에 들어가 그의 아들인 현제 레오 6세(재위 886~912)가 완성했다. 레오는 법전에 머리말도 썼다. 콘스탄티노플 총대주교 포티우스도 882~883년에 나온 『비잔티움 법전』 2판에 서언을 썼다. 거기에는 1판 이후 제정된 모든 교회법이 수록되고 새로 세워진 불가리아 교회를 돕기 위해 슬라브어로도 즉시 번역되었다. 민법과 교회법에 대한 관심은 1204년까지 계속 되살아나는 경향을 보여, 교회법 학자 테오도루스 베스테스만 해도 1089년에서 1090년 사이에 나온 『비잔티움 법전』의 세 번째 서언을 썼고, 1177년에는 교회법 학자 테오도루스 발사몬이 『비잔티움 법전』의 네 번째 서언과 해설을 썼다. 황제들 또한 민법 분야에서 모든 주제를 포괄하는 『신칙법』을 쉼 없이 편찬했다.

황제들은 법전을 편찬하는 데 그치지 않고 법률의 공정한 시행에도 많은 노력을 기울였다. 테오필루스 황제(재위 829~842) 치세 때는 금요일에 대궁전 단지에서 블라케르나이 황궁 교회로 행차했다가 돌아오는 시간을 일반 시민들이 황제에 탄원하는 기회로 이용했다. 콘스탄티노플의 한 과부도 언젠가 그때를 기다려 도시의 행정장관에 속아 말을 빼앗긴 사연을 황제에게 하소연했다. 황제가 타고 있는 말이 바로 그 빼앗긴 말이라는 것이었다! 조사를 해보니 과연 과부의 말이 사실인 것으로 드러났다. 행정장관이 과부의 말을 강탈해 황제께 진상한 것이었다. 이런 사실이 밝혀지자 테오필루스는 즉각 말을 주인에게 돌려주고 행정장관을 엄중 문책했다. 같은 이야기가 각색되어 많이 나돌아다닌 것을 보면 그 사건은 당대에 꽤 소란스러운 사건이었던 것 같다. 황제에게 탄원하는 관행은 13세기와 14세기 니케아와 콘스탄티노플에서도 다시 시행되었다. 콘스탄티노플에서는 그것이 '순행kavalikeuma'으로 불렸다. 황제의 순행에는 또 나팔수가 대동했는데,

그것은 부당한 대우를 받은 사람들에게 황제의 행차를 알려 그들로 하여금 지고의 존재에 가까이 다가가 도움을 받을 수 있게 하기 위해서였다.

성문법의 견고한 테두리 내에서는 지적 능력이 뛰어난 법관들이 소수 의견을 내는 것도 가능했다. 그 역시 비잔티움 법학자들의 지적인 융통성과 확신을 보여주는 대목이다. 11세기에는 비잔티움의 황실 법원장(드룬가리오스 테스 비글레스drougarios tes Vigles, 본래 '근위대 사령관'의 직책이었으나 당시에 민간인 직책으로 바뀌었다)을 지낸 사람으로 조부 또한 법관이었던 유스타티우스 로마이오스가 1034년 숨을 거둘 때까지 수많은 평결, 의견, 특색 있는 연구논문을 저술해 후대인들로 하여금 당대에 법률이 적용되고 해석된 방법을 알 수 있게 해주었다. 약취유인죄가 적용된 분쟁의 소지가 많은 사

블라케르나이 황궁으로 행차하는 테오필루스 황제에게 과부가 애처롭게 탄원하는 모습의 삽화. 12세기 혹은 13세기 시칠리아에서 필사되었을 것으로 추정되는 요한네스 스킬리체스의 연대기에 실려 있다. 후광에 싸인 테오필루스 황제와 블라케르나이 황궁은 제명으로도 알아볼 수 있다.

건에 대하여 '결혼에 해당한다'는 유권해석을 내려준 것도 그 하나의 예다. 유스타티우스는 동료 법관들의 의견이 갈리자 본래의 혐의에는 강간 문제가 언급되지 않았다는 점을 들어, '산파들'이 나중에 그 여인의 정절을 입증했으니 강간으로 볼 수 없고 따라서 결혼도 위법이 아니라고 판시했다. 원고 측이 산파가 증언한 것을 트집 잡고 나오자 그런 일은 남자가 증언할 수 없으므로 산파를 법정에 세우는 것은 당연하다고 하면서 결혼의 적법성을 주장했다. 유스타티우스의 글은 그가 행한 법률의 창의적 해석을 기반으로 동료 법관이나 학자가 엮은 판례집, 곧 『페이라*Peira*(경험담)』에 실렸다. 그렇게 작성된 『페이라』는 로마법의 적응성과 융통성을 상징하는 것으로 후대인들의 저술에 많이 인용되었다.

　1047년에는 콘스탄티누스 9세 황제(재위 1042~1055)가 활발한 지적 활동에 고무되어 콘스탄티노플에 법률학교와 철학학교를 설립했다. 법률학교는 공증인과 법조인 양성이라는 이중의 목적을 가지고 법률 전문대학으로 조직되었다. 그 대학의 장, 곧 법의 수호자 nomophylax 직은 올림푸스 산의 수도자가 되기 전 다수의 법률 해설서를 집필했고 나중에는 콘스탄티노플 총대주교(재위 1064~1075) 자리에까지 오른 요한네스 크시필리누스가 맡았다. 철학 대학장직에는 미카일 프셀루스가 임명되었다. 박학한 프셀루스는 역대 14대 황제가 포함된 비잔티움 제국사(976~1078)를 기술한 『연대기*Chronicle*』 작가로 가장 유명하지만, 철학과 수학 관련 작품도 다수 집필하고 서한집을 낸 저자로도 잘 알려져 있다(21장 참조). 11세기 말 무렵에는 『바실리카 법전』에 11세기 법령에 대한 참조 사항과 유스타티우스 로마이오스의 법률 해석을 덧붙인 『목록*Tipoukeitos*』('찾아보기')이 작성되었다. 파체스라는 법관이 만들었을 개연성이 높은 그 『목록』의 작성으로 사람들은 원하는 법률 자료를 머리글자로 손쉽게 찾을 수 있게 되었다.

한편 교회 영역에서는 민간인이든 주교든 문제가 생기면 콘스탄티노플로 가져와 총대주교가 주재하는 항소 법원에서 심의를 받았다. 11세기 셀주크 투르크족의 침략으로 소아시아가 점령된 뒤에는 다수의 주교들이 콘스탄티노플로 피신하여 총대주교의 부속 기구인 주교 상임위원회synodos ende-mousa 소속으로 그의 법정에서 활동했다. 항소 법원은 망명 중인 주교의 직책을 유지하게 하거나 혹은 무슬림 통치하에 있는 주교들이 불평하는 사항에 대한 지침을 내려주었다. 그들은 이런 불만을 털어놓았다. "60책으로 구성된 『바실리카 법전』을 이 땅에서는 구경하기가 힘듭니다. (…) 정교회 시리아인이나 아르메니아인들이 (…) 그들의 토착어로 예배를 보아도 괜찮지요?" 발사몬은 1194년 그에 대한 법률적 답변을 내리면서 각 지역의 토착어가 아닌 번역된 공인 그리스어를 전례에 상용할 것과 콘스탄티노플과도 용어를 일치시키도록 노력하라고 강조했다. 그는 또 교회법에 정교한 해설을 붙이는 전통을 만들어 12세기 말에 기록된 추잡하고 부적절한 기독교도의 행위를 해설에 다수 포함시켰다.

1204년부터 1260년까지 비잔티움은 십자군이 콘스탄티노플을 정복하고 라틴 제국을 세우는 거대한 소용돌이에 휘말려들었다. 그런 위난에도 니케아에 망명한 총대주교와 다른 곳들의 교회 법원에 힘입어 비잔티움 교회법의 높은 수준은 변함없이 유지되었다. 법률이 실제로 적용된 기록은 오흐리드의 데메트리우스 코마테누스 주교와 나우팍토스의 요한네스 아포카우코스 주교가 13세기에 내린 판결문에 보존돼 있다. 일주일간 억지로 합방을 시켜도 원수지간이 된 사이를 되돌리지 못한 부부의 이혼을 허락해준 것이라든가, 절도죄를 지은 노예의 양손을 절단하라는 주인의 요구에 그것은 개인의 생존 수단을 없애는 행위라는 이유로 한 손만 자르도록 판시한 것 등 그들의 판결은 오늘날의 시각으로 보아도 감탄이 나올 만큼 슬기로웠다.

14세기에는 법률 권위자의 한 사람인 마테우스 블라스타레스가 주제별로 분류하고 알파벳 순으로 정리한 교회법과 민법의 『혼합 법전*Syntagma kata stoicheion*』을 편찬해 양자의 조화를 도모했다. 그는 같은 주제에 있어서는 교회법이 민법을 우선하도록 했다. 1354년에는 콘스탄티누스 하르메노풀로스가 『실용 법률서*Procheiron Nomon*』를 편찬했다. 6권으로 구성돼 있어 『헥사비블로스*Hexabiblos*』로도 불리는 그것은 중세법에 가장 현저하게 이바지한 법전의 하나로 블라스타레스의 『혼합 법전』과 마찬가지로 세르비아어로 신속히 번역되었다. 하르메노풀로스는 교회법에 나타난 문제점에 대해 해설을 곁들인 『교회법 대요*Epitome kanonon*』도 편집했다. 블라스타레스도 찬송가를 작곡하고, 라틴어 법률 용어집, 교회법의 간략한 개요, 신학작품을 저술했다. 테살로니카의 지방법원에도 『유스티니아누스 법전』을 정확히 인용하고 당대의 법률과 관련해 그것의 법률 조항을 이용한 법관이 존재하고 있었다.

테살로니카는 또 토마스 마기스트로스가 「왕의 직무에 관하여」(이 장의 서두에도 인용되었다)를 통해, 군주의 광범위한 직무에 법의 존중을 포함시켜 넓고 깊은 지식을 장려해야 할 필요성을 일깨운 곳이기도 했다. 그것이 중요한 이유는,

법률이 본래 지식으로 제정되고 또 대체로 그것에 의해 유지되기 때문이다. (…) 지식이 가장 특별하고 가장 유익하고, 모든 것 가운데 인간에게 가장 귀중한 존재인 까닭도 간단하다. 그것은 바로 지식이 다른 혜택에 더하여 인간의 수준을 향상시켜주기 때문이다.

그렇게 말한 뒤 그는 국가와 군주는 교육을 증진시키고 발달하게 해 모든

사람이 교육의 혜택을 받을 수 있도록 해야 한다는 점을 주지시켰다. 비잔티움의 법률이 규모와 힘이 많이 줄어든 제국의 상황에 맞게 지속적으로 개정 작업이 이루어진 한편에서, 법률가와 법관 그리고 법률 교육을 받은 성직자들은 그렇게 자신들의 법적 체계에 자부심을 느꼈다.

물론 비잔티움에도 다른 사회와 마찬가지로 법이 남용되거나 오용된 사례가 있었다. 친족이라는 이유로 결혼을 무효화하거나 1185년 법적 근거 없이 안드로니쿠스 1세 황제의 팔다리를 자른 일이 그런 예였다. 반역자를 처벌할 때와 같이 강도 높은 폭력이 수반된 판결도 많았다. 그러나 비잔티움의 법률 체계는 비로마계 사회에 만연해 있던 자의적 재판과는 뚜렷이 대조되는 원칙을 지니고 있었다. 비잔티움 법률의 우수성은 특히 하르메노풀로스의 『헥사비블로스』 번역을 통해, 시공간적으로 제국의 범위를 훌쩍 뛰어넘는 민법과 교회법을 채용한 사실에 있다. 그것을 반영이라도 하듯 그리스 독립전쟁 뒤에 수립된 그리스 독립국도 『헥사비블로스』를 변화된 상황에 맞게 개조한 법률을 제정해 20세기까지 시행했다.

비잔티움의 법을 중시하는 정책은, 그 문명의 또 다른 특징인 정당한 전쟁의 관점에도 영향을 주었을 가능성이 크다. 정당한 전쟁은, 잃어버린 로마 제국의 땅을 수복하고 제국을 방어하며 더 이상의 영토 손실을 막는 전쟁을 인가하려는 목적으로 중세에 발달시킨 개념이었다. 비잔티움은 노련한 외교관을 이용해 심의와 협상의 방법으로 군사행동을 회피하려고 했다. 황제와 전술을 구사하는 군 지휘관들은 될 수 있으면 전쟁을 피해야 한다는 점을 언제나 역설했다. 그러다 그것이 도저히 불가능해지면 전쟁을 정당화할 법적 수단을 찾았다. 12세기의 서방 십자군은 외교를 중시하는 비잔티움의 그런 태도를 소심함의 증거로 받아들였다. 그러거나 말거나 비잔티움은 될 수 있는 한 유혈분쟁을 피하려고 했다. 비잔티움이 사형보다 신체 절단의 방법을 즐겨 사용한 것도 그런 이유 때문이었을 것이다. 그것은 또 서품 받은 성직자와 수도자를 별개의 신분으로 만들어 군사행위를 금지시킨 것과도 관련이 있다. 종교 지도자와 수도자는 군대에 축복을 내리고 승리를 기원하는 일만 했을 뿐 직접 무기를 들지는 않았다. 황제와 총대주교도 기독교 정책을 증진시킬 때는 힘을 합쳤지만 각자의 법률 체계를 보유하고 있었다. 비잔티움은 그런 식으로 교회는 교회법 지배를 받는 별개의 영역으로 남겨둔 채 민법으로 운영되는 세속 국가의 기틀을 다졌다. 성문법에 대한 뿌리 깊은 존중을 나타내는 그 모든 점은 주변 국가들에도 막대한 영향을 끼쳤다.

제2부
고대에서 중세로 이행하다

8
이슬람에 맞선 보루

> 아랍족의 왕 술레이만은 말했다. "나는 도시 안으로 밀고 들어가든지 아랍 전역이 파괴되든지 양단간에 결판이 날 때까지는 콘스탄티노플과의 전쟁을 멈추지 않으리라."
>
> — 7세기 역사를 다룬 디오니시우스 텔마하렌시스*의 『연대기 Chronicle』 중에서

7세기에 비잔티움은 아라비아 반도를 뛰쳐나와 동지중해를 휩쓸고 있던 사막부족에게 거의 멸망당할 위기에 처했다. 설상가상으로 그 도전은 620년대에 제국이 페르시아와 10년 가까이 전쟁을 벌이고, 발칸 반도에 대한 슬라브족의 습격이 만연하고 있을 때 들이닥쳤다. 아랍 군의 기세는 황제 콘스탄스 2세가 660년대에 수도를 떠나 시칠리아로 피신을 가야 할 정도로 상황이 자못 심각했다. 그러나 일부 원로원 의원들은 수도를 한사코 떠나지 않으려 했고, 제국의 저항 능력을 믿은 그들의 신념은 678년 아랍 군에 대한 비잔티움 군의 승리로 확인되었다. 그럼에도 난세는 고대 로마세계를 변화시켰다. 다마스쿠스에 수립된 이슬람의 칼리프 왕조 또한 기독교 제국 비

---

* 디오니시우스 텔마하렌시스: 818~848년 시리아 정교회 수장을 지낸 인물

잔티움의 영원한 적이 되었다.

  그 압도적 변화(아니 보는 시각에 따라 성공이라고도 말할 수 있다)를 이해하기 위해서는 먼저 6세기 말과 7세기 초에 일어난 일들을 살펴볼 필요가 있다. 비잔티움은 마우리키우스 황제(재위 582~602) 치세에 발칸의 슬라브족과 동방의 페르시아의 위협으로 방어력이 와해되어 일촉즉발의 위기에 처했다. 580년대에 슬라브족과 아바르족은 도나우 강 국경선을 넘어 싱기두눔(지금의 베오그라드)과 같은 제국의 요새 도시들을 점령했다. 그렇게 해서 방어선이 뚫리자 그들은 가솔과 가축 떼를 이끌고 질 좋은 목초지를 찾아 남쪽으로 이동해 7세기 초에는 테살로니카마저 포위했다. 일설에 따르면 테살로니카는 도시의 수호성인 성 데메트리우스 덕에 간신히 점령을 면했다고 한다. 그러나 발칸 반도의 태반, 그리스, 펠로폰네소스 반도의 서부는 그들에게 하나둘씩 제압되어 잠시나마 제국의 지배권에서 벗어났다. 그러자 602년 겨울 로마 군은 도나우 강 이북으로의 원정을 거부하고 콘스탄티노플로 진격해 황제를 폐위시켰다.

  군사 쿠데타가 끝나는가 싶더니 이번에는 또 페르시아가 동방의 국경선을 유린하며 소아시아의 주요 도시들을 황폐화시켰다. 혼란에 빠진 원로원은 허겁지겁 카르타고 총독에게 도움을 호소했다. 그리하여 총독 아들 헤라클리우스와 사촌 니케타스를 지휘관으로 한 원정군이 파견되어 비잔티움에는 다시금 질서가 회복되었다. 그러나 페르시아의 공격은 막지 못하여 614년 안티오키아가 정복되고 예루살렘도 무참히 약탈당했다. 페르시아 군은 예루살렘 주민을 학살한 뒤 총대주교와 살아남은 기독교도들에게 진실 십자가를 지고 행진하도록 명했다. 그런 후에는 유대인의 바빌론 유수에 빗대 그것을 페르시아 유수로 불렀다. 619년에도 페르시아 군은 알렉산드리아를 정복하고 콘스탄티노플로 가는 곡물선단의 항해를 금지시켰다.

헤라클리우스는 610년 자신에게 왕관을 씌워준 콘스탄티노플 총대주교 세르기우스 1세(재위 610~638)의 도움을 받아 페르시아를 무찌르는 데 총력을 기울였다. 10여 년에 걸쳐 전투력을 보강하고 새로운 전략을 수립한 뒤 622년부터 628년까지 내내 수도를 비워둔 채 카프카스 지역 종족들과 동맹을 맺고 페르시아 영토 깊숙이 진격해 들어가는 기나긴 원정에 돌입했다. 그런데 페르시아 군이 황제가 수도를 비운 틈을 타 당시에는 슬라브족까지 지배하고 있던 아바르족과 공동 전선을 구축하고 보스포루스 해안으로 진격해 들어왔다. 앞의 2장에 나온 대로 626년의 그 포위공격은 비잔티움 제국 역사에 매우 중요한 사건이었다. 그래서인지 시민들은 성모가 손수 콘스탄티노플을 구해주었고, 따라서 도시도 성모의 특별한 보호로 위기를 벗어난 것으로 믿었다.

그로부터 2년도 채 지나기 전 헤라클리우스는 북쪽에서 페르시아를 공격하여 니네베와 크테시폰을 점령했다. 628년에는 페르시아에서 궁정 반란이 일어나 왕 중의 왕 호스로우 2세가 타도되고 다스타기르드에 있는 그의 왕궁도 약탈당했다. 헤라클리우스는 진실 십자가를 되찾고, 다 가져갈 수가 없어 많은 양을 불살랐을 정도로 어마어마한 전리품도 획득했다. 뒤이어 콘스탄티노플에도 승전보가 전해졌다. 총대주교는 그것을 성 소피아 성당에 운집한 군중에게 읽어주었다. "모든 기독교도는 유일신께 감사를 드려라. (…) 하느님의 적, 오만한 호스로우가 죽었도다." 계속해서 승전보는 페르시아에서 귀환하는 군대에 대해 묘사한 뒤 이렇게 끝을 맺었다. "선하고 전능하신 하느님, 우리 주 예수 그리스도와 성모 마리아가 당신들의 선함으로 우리의 모든 일을 이끌어주실 것으로 믿습니다." 헤라클리우스는 630년 봄 예루살렘에 진실 십자가를 돌려주고 콘스탄티노플로 귀환해 성대한 개선식을 가졌다. 비잔티움 역사가 테오파네스의 『연대기』에는 총대주교 세르기

헤라클리우스와 호스로우의 전투 장면을 그린 프레스코화. 피에로 델라 프란체스카, 1452~1466, 아레초 산 프란체스코. 페르시아과 비잔티움의 전투에서 아직 승리를 거두지 진 전투를 벌이고 있는 장면이다. 하지만 오른쪽에 찢긴 페르시아의 깃발과 달리 독수리가 그려진 비잔티움의 커다란 깃발이 승리를 목전에 두고 있음을 상징하고 있다.

헤라클리우스와 호스로우의 전투에서 트럼펫을 불고 있는 전사. 푸른색과 붉은색이 어우러진 군복, 그리고 붉은 소매가 달린 왼팔을 들어올리고 있는 모습이 두드러진다.

헤라클리우스와 호스로우의 전투(부분). 헤라클리우스의 아들이 마음속의 어떤 동요도 없이 페르시아 군인을 죽이는 모습이 묘사되고 있다. 비잔티움 군복과 페르시아 군복은 구분되지 않을 만큼 비슷한데, 이것은 '적과 동지는 구분하기 어렵다'는 것을 상징하고 있다.

십자가의 승리를 그린 프레스코화, 피에로 델라 프란체스카, 아레조 산 프란체스코. 페르시아에 빼앗겼던 십자가를 탈환해 헤라클리우스가 이를 예루살렘으로 들고 가는 모습이 마치 예수가 골고다 언덕으로 올라가는 모습처럼 묘사되었다. 벌써부터 몇몇 이들이 찾아와 성유물을 되찾아온 것에 대해 경배를 올리려 하고 있다.

우스, 황제의 아들 콘스탄티누스, 도시의 전 주민이 황제를 영접 나가 "기쁨의 춤을 추며" 함께 입성한 내용이 기록돼 있다.

헤라클리우스가 이렇게 비잔티움에서 치세의 절정을 맞고 있는 동안 아라비아에서는 예언자 무함마드가 숨을 거뒀다(632). 그런데 공교롭게도 비잔티움의 가장 강력한 적이 사라지기 무섭게 기다렸다는 듯 또 다른 적이 나타났다. 조로아스터교의 페르시아를 대신해 이슬람의 아랍이 등장한 것이었다. 설상가상으로 비잔티움 관리들까지 승리 후 자만심에 빠져 사막 언저리를 지키며 사전 경보를 보내주는 부족들에게 전통적으로 지급해오던 공물을 끊어버렸다. 그로 인해 비잔티움은 남쪽에서 쳐들어오는 적의 침략에 거의 무방비 상태에 놓였다. 아니나 다를까, 630년 이후 헤라클리우스가 수복한 영토 시리아, 팔레스타인, 이집트에 수립해놓은 제국의 군사정부는 페르시아 군의 기습을 받고야 말았다. 부족 간 내전을 겪은 뒤 무함마드가 통합시켜놓은 아랍부족 군의 연합공격까지 받아 그 지역들은 아수라장이 되었다.

예언자의 죽음은 알려진 모든 세계에 이슬람교를 전파하려는 아랍인의 결의를 더욱 굳게 만들었을 뿐이다. 그들은 무함마드가 메카에서 메디나로 도주(헤지라)한 해(622)를 이슬람력의 원년으로 삼고 정복의 날짜도 그것을 기준으로 계산했다. 아랍인들은 사막에 길들여진 낙타를 이용해 효과적인 급습 전술과 포위공격 기술을 익혔다. 그런 다음 634년 다마스쿠스, 637년 가자와 안티오키아, 638년 예루살렘 등 근동 지역의 대도시들을 연달아 신속하게 점령했다. 헤라클리우스도 636년 시리아 북부의 야르무크 강 전투에서 아랍 군에 대패당하고 안티오키아로 후퇴했으나 그곳마저 곧 아랍 군에 내주고 말았다. 당시 콘스탄티노플 시민들 가운데 그 거대한 상실이 영원할 것으로 믿은 사람은 아무도 없었을 것이다. 그러나 결과적으로 그것은 돌이킬 수 없는 일이 되고 말았다. 661년 이슬람 세력은 다마스쿠스에 도읍을 정하고 비잔티움을 상대로 해마다 원정을 벌였다.

아랍 군은 632년에서 642년까지 불과 10년 만에 기독교 성지인 예루살렘과 베들레헴을 비롯해 시리아, 팔레스타인 그리고 비잔티움의 가장 부유한 지방 이집트를 점령했다. 그것이 비잔티움 역사의 전기가 되었다. 아랍 군은 비잔티움 영토의 3분의 2를 정복하고 소아시아와 북아프리카 해안으로 맹렬히 세력을 확대해가며 나머지 지역도 점령할 의도를 분명히 드러냈다. 실제로 그들은 비잔티움을 거의 끝장낼 뻔하기도 했다. 예루살렘을 점령하여 기독교 세계의 명예를 실추시키고, 이집트까지 정복하여 구로마가 구축해 신로마에 물려준 경제 체제까지 붕괴시킨 것이다. 아랍인들은 발달된 실용 천문학 지식으로 사막을 자유자재로 왕래한 민족답게 바닷길도 수월하게 익혀 비잔티움 제국의 섬과 해안가를 공략하기 시작했다.

아랍 지도자들은 근동 사람들과 교역하는 과정에서 로마 제국이 위대한 역사를 품은 나라라는 것을 알게 되었다. 그 사실을 알고 지중해 유역의 그 고대 국가를 이슬람 지역으로 탈바꿈시킬 생각을 했다. 서방 역사가들 눈에는 그것이 "기독교 문명을 수렁에 빠뜨리는 것"으로 비칠 수도 있겠으나 아랍인들의 생각은 달랐다. 그들은 기독교가 유대교를 대체하고 이교를 불법화한 것처럼 이슬람이 기독교를 대체하여 모든 사람을 하느님이 내린 마지막 계시종교로 개종시키는 것이 옳다고 믿었다. 그래서 구로마로 이동하기 전에 신로마를 먼저 정복하려고 했으나 결과적으로 비잔티움은 이러한 이슬람의 시도를 좌절하게 만든 장애물이 되었다.

아랍의 야망은 페르시아 제국을 멸망시킨 것으로도 확인되었다. 아랍 군은 648년 크테시폰, 타브리즈, 니네베, 이스파한(에스파한), 페르세폴리스를 점령하고 쿠파, 바스라, 모술에 새로운 주둔지를 세워 훗날의 정복을 위한 발판으로 삼았다. 그들은 또 아프가니스탄의 카불을 공격하고(664), 북아프리카의 카르타고와 가까운 튀니지 중북부의 카이루완(알카이라완)으로 진격하는(670) 동서 양면의 합공작전을 전개했다. 711년에는 옥수스 강(아무다리야 강)을 건너 부하라와 사마르칸트, 지브롤터 해협을 점령하고 에스파냐로 진공해 들어갔다. 사마르칸트와 타슈켄트의 푸른색 타일이 덮인 모스크, 카이루완과 코르도바의 대모스크들은 아랍의 팽창을 상징하는 건축물들이다. 이렇게 이슬람은 아라비아의 근거지를 박차고 나와 기독교의 탄생지에 이슬람을 심어놓은 것은 물론 알려진 세계의 가장 광대한 영토까지 지배했다.

　이슬람은 벨기에의 위대한 역사가 앙리 피렌이 "무함마드 없이 샤를마뉴를 논할 수 없다"는 유명한 말로 아랍 팽창의 중요성을 지적한 1930년부터 유럽의 형성과는 불가분의 관계를 맺어왔다. 피렌은 무슬림의 진출로, 그동안 지중해 유역을 통합시킨 고대 무역의 패턴이 교란당해 북부 유럽이 남부 유럽과는 다른 경제구조를 발달시킨 것으로 이야기했다. 요컨대 북해 너머 브리튼과 스칸디나비아 반도와의 접촉이 독일과 발트 해 연안지역 간의 한 자동맹으로 이어지게 되었다는 논리다. 그러나 피렌은 이슬람 세력이 소아시아와 다르다넬스 해협을 넘어 유럽으로 진출하는 것을 막아준 것이 비잔티움이었다는 사실은 알지 못했다. 그러다 보니 제국의 존속을 위해 비잔티움이 어떻게 싸웠는지는 모른 채, 서방의 보호막이 돼준 것만을 당연하게 여겼다. 그러나 만일 콘스탄티노플이 7세기에 아랍 군에 점령되었다면, 그들은 제국의 거대한 부와 힘을 이용해 유럽으로 곧장 진격해올 수 있었을 것이고, 만일 그렇게 되었다면 저항할 엄두도 못 냈을 슬라브, 게르만족의 발칸과 유럽 북서부 지역은 초기 무슬림 정복 때처럼 이슬람 천지가 되었을 것이다. 그리하여 기독교의 배후지가 사라졌다면 로마도 이슬람에 넘어갔을 것이다. 따라서 비잔티움 없이는 오늘날의 유럽도 있을 수 없는 것이다.

비잔티움은 살아남았다. 그러나 그것은 고대 후기 세계를 영원히 변화시킨 새로운 적, 비잔티움이 꺾을 수도 통합시킬 수도 없는 적과 타협해서 얻어진 결과였다. 그렇게 해서 로마의 텃밭이던 지중해 유역은 이슬람이 지배하는 남부, 그리스계 기독교가 지배하는 동부, 라틴계 기독교가 지배하는 서부로 나뉘어졌다. 아랍 세력은 비잔티움과 페르시아가 오랜 전쟁을 치르느라 제국적 구조가 취약해진 틈을 비집고 들어와 전쟁에 필요한 힘을 배양했다. 하지만 아라비아의 경제적 곤경에서 벗어나기 위해 시작한 첫 정복 때와 달리 그들은 이제 전쟁을 새로운 종교, 다시 말해 이슬람에 대한 의무로 여겼으며, 그것은 곧 (알라의 뜻에 대한) 복종을 의미했다. 자칭 '신의 마지막 예언자'였던 무함마드의 계시는 사막의 전사들을 강력하지만 편협한 기치 아래 통합시켰다. 그의 말도, 예전에 다신교를 믿은 사람들이 암송한 감칠맛 나는 구전 시와는 다른 경전으로 정리되었다. 고전 아랍어로 기록된 코란(꾸란)은 구어를 문어로 변환한 최초의 아름다운 경전이었다. 그렇게 아랍인들은 신의 마지막 메시지를 받아 그것을 자신들의 언어로 기록한 선택된 민족이 되었다. 이슬람은 일신교를 주장하고 쉽게 터득할 수 있는 영적 예배를 강조했다. 그것이 신도에게 영감을 불어넣고, 내켜하지 않는 개종자를 훈련시키고, 모든 신도들에게 새로운 목적의식을 심어주었다.

성전聖戰을 뜻하는 '지하드'도 이슬람의 다섯 기둥(신앙 고백, 하루 다섯 번 기도, 메카 순례, 라마단 달의 금식, 자선)에는 포함되지 않는 개념이었다. 그런데도 그것은 신속히 이슬람의 특징으로 자리 잡았다. 처음 정복의 거대한 물결에 참여한 아랍 부족들은 동서 양쪽으로의 원정을 지속하기 위해 추종자와 추가 병력을 필요로 했다. 그렇게 모여든 사람들은 급여도 지급받고 전리품도 차지하면서 피지배 민족과는 별개의 요새에서 생활했다. 이슬람 통치를 받는 경전(구약성서)의 백성들, 곧 유대인과 기독교도도 세금만 납부

가장 정교한 것으로 평가받는 코란의 사본(1313년 제작).

하면 예전의 종교를 믿도록 허락해주었다. 그런데도 대부분의 기독교도는 이슬람으로 개종했다. 그러나 패트리샤 크로운과 마이클 쿡(두 사람 모두 현재 프린스턴대학의 역사학 교수로 있다)이 지적한 대로, 그 놀라운 과정의 역사는 동시대의 국외자가 기록한 것을 개작한 것이 분명하다. 아랍 측 기록이 그로부터 몇백 년 뒤에 나왔고 내용도 거의 신비주의적이라는 것이 이를 입증해준다.

아랍인의 원정은 7세기 사람들의 지리적 이해 범주를 넘어서는 곳으로까지 확대되었다. 이슬람이 아라비아를 나와 알려진 세계의 끝까지 도달한 속도는 실감이 나지 않을 정도로 빨랐다. 712년 아랍 군은 서고트 왕국의 수도 톨레도를 점령하고 에스파냐에 무슬림 왕국을 세웠다. 그 40년 뒤에는 소그디아나(지금의 우즈베키스탄)의 탈라스 전투에서 당나라 군을 물리쳐 중앙아시아에 이슬람 세력을 확대할 만한 기반을 다졌다. 그 새로운 세계는 지브롤터 해협 건너편 세우타 항에서 육로를 통해 사막 길을 따라 극동까지 이어지는 낙타 행렬로 연결되었다. 그런데 문제는 성전에 대한 사막의 열정이, 점령한 도시의 유혹과 충돌을 일으켰다는 것이다. 병사들이 도시에 정착하여 현지 여성과 결혼해 살면서 부족적 정체성을 잃기 시작한 것이다. 그것은 또 거의 필연적으로 분열과 내전이 일어나는 원인이 되었다.

그보다 훨씬 앞서 아랍 군은 비잔티움을 침략할 때 소아시아와 아시아 본토 사이에 가로놓인 토로스 산맥에 막혀 정복을 저지당했다. 그렇게 비잔티움은 기독교계와 이슬람계, 유럽과 근동 사이에 가로놓인 방벽이 되었다. 이슬람의 세력의 힘이 절정에 달했던 660년에서 740년 사이 아랍인들은 해마다 토로스 산맥을 넘어 제국을 습격했다. 그 가운데 세 번은 육로와 해로로 콘스탄티노플을 겨냥한 공격이었다. 칼리프 술레이만(재위 715~717)은 콘스탄티노플이 굉장한 횡재가 될 것으로 보고 717년 기필코 도시를 점령하려고 했다. 그리하여 12개월 동안 포위공격을 펼쳤으나 실패하고 말았다. 이때 비잔티움이 아랍 군을 물리친 것은 콘스탄티노플이 살아남은 것보다 훨씬 중요했다. 그로 인해 콘스탄티노플을 서방으로의 세력 확대를 위한 발판으로 이용하려던 이슬람의 야망을 꺾었기 때문이다.

무슬림 왕국이 들어선 에스파냐에서는 피레네 산맥이 서방으로의 이슬람 팽창을 막는 방벽 역할을 했다. 카롤링거 왕조의 궁재 카를 마르텔(마르텔은 '망치'라는 뜻)이 이끄는 프랑크족 연합군도 733년, 피레네 산맥을 넘어 유럽 북부로 침공해온 이슬람 군을 푸아티에 전투(일명 투르 전투)에서 격파하고 에스파냐로 돌려보냈다. 이슬람 세력은 향후 700년간 그 자연 경계지 뒤에서 에스파냐, 특히 지금의 안달루시아 지방에 고도로 세련된 문화를 창조했다. 그렇게 두 산맥은 이슬람의 로마세계 정복의 경계선이 되었고, 그 상태가 수백 년간 이어졌다. 800년 무렵에는 서방에 새로운 기독교 사회가 등장하여 '유로파'의 탄생을 알렸다. 동방의 비잔티움도 기독교 제국으로 계속 남아 있었다. 양측은 그렇게 세력이 확대된 이슬람 경계지 바깥에서 번영을 누리며 그들 세력을 서서히 밖으로 몰아냈다.

지중해 세계 동단의 상황은 달랐다. 예루살렘이 이슬람 군에 점령된 것이다. 예루살렘 총대주교 소프로니우스는 끝까지 저항하기보다는, 614년 페르시아 군에 당한 신성모독과 학살의 전철을 밟지 않으려고 이슬람의 2대 칼리프(예언자의 계승자) 우마르 1세(재위 634~644)에게 항복하는 쪽을 택했다. 예루살렘은 무함마드가 신비적인 밤의 여행을 한 뒤 천국으로의 여행을 하는 출발지로 코란에 기록돼 있다. 건물에 둘러싸인 성전산Temple mount의 바위 위에서 무함마드는 하늘로 올라간 것이었다. 그리고 691년에서 692년 사이 우마이야 왕조의 5대 칼리프 아브드 알 말리크는 그 바위에 절묘하게 아름다운 성소와 바위의 돔을 축조했다. 돔 내부는 비잔티움 장인이 비잔티움풍 모자이크로 장식했다. 하지만 거기에 담긴 내용은 철저히 이슬람적이었다. 인간의 형상 없이 목가적 정원, 나무, 꽃, 장식 항아리로만 꾸며진 그림 위의 띠에 아랍어로 적힌 코란 구절은 분명 비잔티움을 겨냥하고 있었다.

예수 그리스도는 하느님의 선지자로 마리아에게 말씀이 있었으니, 이는 주님의 영혼이었노라. 하느님과 선지자들을 믿되 '삼'[기독교의 삼위일체설]을 말하지는 말라.

바위의 돔은 근동의 힘과 종교가 이슬람으로 옮겨갔음을 나타내는 상징물이었다.

그에 대해 비잔티움은, 아랍 부족이 적그리스도의 전조라는 의미가 내포된 지구의 종말을 예시한 묵시론적 이야기로 맞서는 우회적 방식을 택했다. 그것은「요한계시록」과 같은 고대의 예언을 기초로, 로마 제국 최후의 황제가 종말의 시간이 도래했음을 알리기 위해 예루살렘에 가서 퇴위하게 되리라는 설을 재해석한 것이었다. 한 이야기에는 콘스탄티노플의 콘스탄티누스 포럼에 있는 콘스탄티누스 기둥이 지구상의 모든 것을 집어삼키게 될 홍수에서 살아남을 유일한 기념물로 예시돼 있다. 시리아어로「요한계시록」을 쓴 인물로 추정되는 파타라의 주교 메토디우스의 이름을 빌린 그 위僞-메토디우스의 기록에는, 아랍인들이 콘스탄티노플을 정복할지도 모른다는 기독교도들의 두려움이 반영돼 있다.

아닌 게 아니라 콘스탄티노플 정복은 이슬람의 목적이었다. 그러나 그 목적은 결코 실현되지 못했다. 비잔티움은 군사, 황조皇朝, 문화, 종교의 모든 힘을 동원하여 이슬람에 저항했다. 콘스탄티노플의 거대한 성벽, 해자, 해안가 방어물은 성모 마리아에 대한 믿음으로 자신감이 붙은 도시민들 사이에 뚜렷한 자기 확신을 심어주었다. 그것은 또 도시를 난공불락으로 지켜줄 성벽 유지에 절대적으로 필요한 인력 제공의 원천이 되기도 했다. 기독교에 대한 헌신, 비잔티움의 승리는 하느님이 부여해준 것이고, 백성의 진실한 기도에 응답해 하느님도 그들을 지속적으로 보호해주리라는 믿음이 제국이 가진 내적 힘의 밑거름이 되었다.

한편 토로스 산맥의 자연방벽 뒤에서는 근동 지방들에 남아 있던 소규모 잔존 부대들이 소아시아 지역에 모여 재편성되는 작업이 진행되고 있었다. 당시 비잔티움은 신병을 모집하고 급여를 지급하는 전통적인 로마 군의 관행에서 벗어나 이른바 '중세적' 제도로 군대를 개편하던 중이었다. 병사들에게 테마thema(복수형은 테마타themata)라 불리는 군관구 내의 농지를 주어 가족과 함께 살게 하면서 하절기 원정 때가 되면 자비로 무장하게 하는 방식이었다. 630년경부터 680년까지 비잔티움에는 아나톨리콘(동방), 아르메니아콘(아르메니아), 옵시키온(수행원을 뜻하는 라틴어 옵세퀴움obsequium에서 나온 말)의 세 테마가 처음으로 설치되었다. 곧이어 트라키아(콘스탄티노플의 이서 지역), 소아시아 서부의 트라케시온, 소아시아 남부 해안의 해군 테마 키비르라이오톤(항구도시 안탈리아를 본거지로 한)이 또 세워졌다. 제국이 별도로 보유하고 있던 해군 함대 카라비시아노이Karabisianoi는 에게 해 일대에 대한 순시는 계속했으나 테마를 형성하지는 않았던 것 같다.

이 새로운 지방정부의 권한은 스트라테고스strategos라 불리는 장군에 주어졌다. 그 권한에는 군사권과 행정권이 모두 포함되었다. 그의 하급자인 문관은 신병을 모집하고 병사들의 이름을 병적(카탈로고이katalogoi)에 올리는 일을 주 업무로 했다. 그런 기본적인 일 외에 그들은 또 토지 측량, 제국의 지배를 받는 모든 영토에 대한 세금 계산, 기록, 징수하는 일도 담당했다. 비잔티움은 800년 뒤 오스만 제국에 점령당할 때까지 기본적으로 이 행정 체계를 그대로 유지했다. 그러나 새로운 지방행정 체계가 자리 잡는 데는 수십 년의 세월이 걸렸다. 그렇다 보니 수시로 제국을 습격하는 다마스쿠스의 이슬람 세력을 막을 수가 없었다. 그래서 제국은 다시 국방비의 조달 방식을 바꾸고 군대조직을 개편하며 정부조직 규모를 줄였다. 지난 수백 년간 콘스탄티노플의 곡물창고 역할을 한 이집트는 물론이고, 시리아와 팔레스타인 같은 부유한 지역까지 상실했으니 그에 맞게 재정 규모를 줄인 것이다. 이 중대한 변화가 향후 모든 역사를 형성하고 중세 비잔티움의 성격을 규정짓게 된다. 제국은 막대한 영토 상실에도 불구하고 신뢰성 있는 금화를 계속 주조하고 기존의 법률 체계도 유지했다. 로마법도 헤라클리우스 황제가 라틴식 호칭인 임페라토르imperator를 버리고 그리스어 호칭인 바실레우스basileus를 사용함에 따라 그리스어로 번역되었다. 헤라클리우스 황제는 새로운 법전을 편찬하고 동전화폐도 개혁했다.

한편 7세기 중반 아랍 군은 키프로스 섬, 코스 섬, 로도스 섬을 침략하여 모두 점령했다. 그리고 그곳들을 발판으로 에게 해를 오가는 선박을 약탈하고 섬과 해안가 도시들을 습격했다. 때로는 선박건조용 나무를 베어가기도 했다. 655년에는 헤라클리우스 황제의 손자인 콘스탄스 2세 황제(재위 641~668)가 소아시아 남부 해안에서 이슬람 군에 대패했다. 그 충격으로 그는 662년 콘스탄티노플보다 안전한 시칠리아의 시라쿠사로 궁정을 옮길 결심을 했다. 로마의 『교황실록Book of the Pontiffs』에는 당시에 그가 행한 행적이 상세히 기록돼 있다. 콘스탄스는 로마를 방문하여 교황 비탈리아누스의 영접을 받았다. 그런 다음 금실로 짠 팔리움(예식용 어깨 장식 띠)을 성 베드로 대성당의 제단에 바친 것을 비롯하여 다수의 선물을 교회들에 증정했다. 그리고 나서 황제는 로마에 열이틀을 머물며 도시의 모든 청동 장식을 몰수했다. 산타 마리아 아드 마르티레스 성당의 청동타일도 떼어갔다. (…) 그러고는 시칠리아의 시라쿠사에 가서 살았다. 황제는 수년간 (…) 사람들에게 (…) 말 못할 고통을 안겨주었다. (…) 그것은 유례없이 지독한 고통이었다. 그리고 제12 인딕티오[15년 기념법. 콘스탄스 황제의 재위 27년째가 되는 해다] 7월 15일, 목욕탕에서 살해되었다.

콘스탄티노플 원로원은 황제 사칭자가 나타나자 콘스탄스의 맏아들을 즉각 콘스탄티누스 4세(재위 668~685)로 즉위시켰다. 시라쿠사도 예전처럼 지방의 위치로 다시 격하되었다. 시칠리아와 남부 이탈리아는, 시칠리아 섬이 9세기를 거치며 아랍에 정복되기는 했지만 여전히 제국의 지배하에 있었다. 아랍에 정복당하고 오랜 세월이 지난 뒤에도 섬의 일부 법원들은 그리스어로 판결문을 썼고, 사람들도 정교회 수도원을 세웠으며, 예술 공방들은 여전히 비잔티움식으로 그리스 원고를 필사했다.

콘스탄티누스 4세가 즉위하자 콘스탄티노플에 대한 아랍의 공격은 더욱 집요해졌다. 아랍 군은 5년간 원정을 벌이는 동안 키지코스에서 월동을 하며 여름만 되면 비잔티움 해군과 교전을 벌였다. '그리스의 불'(그리스 화약)이 처음으로 효력을 발휘하며 적선을 파괴한 것이 아랍과의 이 전쟁 때였다. 678년 콘스탄티누스 4세는 난공불락인 콘스탄티노플의 방어시설을 십분 활용하고, 레바논의 산지 부족인 마르다이트족을 회유해 아랍 군을 공격하게 하는 양면작전을 구사하여 마침내 무슬림 정복의 흐름을 바꿔놓았다. 그는 칼리프 무아위야 1세와 금화 3천 닢의 연공 지불, 포로 50명, 순혈 말 50두를 내놓는 조건으로 30년 휴전조약을 체결했다. 그런 식으로 황제는 칼리프 아브드 알 말리크(재위 685~705)가 또다시 공격을 해올 때까지, 언제까지고 지속될 것 같았던 이슬람 공격에 종지부를 찍었다. 그는 또 이탈리아 롬바르드족 및 중부 유럽의 아바르족과도 유리한 조건으로 협상을 체결했으며 로마와도 우호관계를 회복했다. 형제들의 권력을 빼앗아 아들 유스티니아누스 2세가 흔들림 없이 황위를 계승할 수 있는 발판도 마련했다.

아랍-비잔티움 관계에 나타난 이런 변화로 숨통이 트이자 콘스탄티누스 4세는 서쪽 지방의 슬라브족이 제기하는 색다른 위협에도 주의를 기울일 수 있게 되었다. 슬라브족이 아랍인과 달랐던 점은 도시를 포위공격할 능력이 있는데도 군사활동보다는 농촌에 정착하는 경향을 보였다는 것이다. 비잔티움 역사가 테오파네스는 그런 슬라브족 정착촌을 스클라비니아이 Sklaviniai라 불렀다. 슬라브족이 발칸으로 침투해 들어오자 토착민 사회가 요새화된 도시나 산꼭대기 또는 섬으로 밀려났다. 그 과정에서 584년에는 둑길을 따라 펠로폰네소스 반도와 연결돼 있어 '접근할 수 있는 길이 하나뿐인' 도시가 된 모넴바시아가 암석 기슭에 건설되었다. 아르고스(펠로폰네소스 북동부) 주민들도 사로니코스 만 제도의 오로베 섬으로 도망쳤고 파트라스(파트라이) 주민들은 바다 건너 시칠리아 섬으로 넘어갔다. 당시 슬라브족 정착촌의 규모를 지명과 유적지로 파악하기는 쉽지 않다. 시대적 분류도 할 수 없다. 그러나 분명한 것은 슬라브족은 시간이 가면서 점차 군사력에 의해서든 교역과 사회적 교류에 의해서든 비잔티움화가 진행되었다는 사실이다.

슬라브족의 통합과 개종에 중요한 역할을 한 것이 새로운 지방행정 체계와 교회였다. 695년에는 중부 그리스의 헬라스가 장군과 참모진을 보유한 테마를 형성하여, 아테네와 코린토스 주교와 같은 현지 성직자들이, 교구와 수도원을 통해 정교회를 유지·관리할 수 있도록 지원해주었다. 슬라브족은 처음에는 상인과의 접촉을 통해 그리스어를 배우고, 그러다 군인으로 복무하고, 기독교를 받아들이고, 제국의 모든 신민이 그러하듯 콘스탄티노플에 납세를 하는 과정에서 제국에 서서히 흡수되어갔다. 그들의 문화적 전향으로 비잔티움의 힘은 강해지고 기독교의 정체성도 높아졌다.

그래서인지 사료에는 슬라브족 이름을 가진 사람이나 슬라브족 출신 사람들이 차별 없이 공평하게 기록돼 있다. 콘스탄티노플 총대주교(재위 766~780)를 지낸 니케타스만 해도 슬라브족 환관 출신이었고, '슬라브족 토마스'(레오 5세 황제 시절에 고위 군사령관을 지내고 미카일 2세 황제를 폐위시키려 한 인물)는 황제가 되려고 획책한 군 지휘관이었다. 이런 사람들은 흔히 비잔티움인들이 특이하게 여긴 출신지나 개인적 특성 혹은 직업으로 성이 붙여졌다. 반면 파플라고니티스(파플라고니아 출신)는 돼지고기를 먹는 추잡한 인간들로 희화화되었고, 시모카테스('넓적코'), 사란타페코스('40큐빗', 즉 꺽다리), 포도파구로스('게 발')의 성을 가진 사람들도 웃음거리가 되었다. 그러나 이런 성씨의 발달은 설사 비천하다 해도 개인의 정체성을 높여주는 사회적 과정이었다. 11세기에 원로원 의원의 지위까지 오른 미카일 케룰라리우스('양초 제조자') 콘스탄티노플 총대주교도, 성에 양초 제조자의 자손임이 드러나 있다. 중세사의 긴 관점에서 볼 때 성씨가 이처럼 광범위하게 사용된 현상은, 비잔티움을 혈통과 사적 관계의 중요성에 일찍 눈을 뜬 다른 사회와 구별시켜주는 요소가 된다.

슬라브인의 비잔티움화에는 주교구를 늘리고 교회를 세우는 등 교회도 중요한 역할을 했다. 그러나 그것은 806년 파트라스가 아랍 해적과 슬라브족 연합군의 공격을 당한 것으로도 알 수 있듯이 길고도 고된 과정이었다. 다행히 도시의 수호성인 성 안드레아가 행한 기적과 코린토스에 토대를 둔 지휘관의 활약으로 그들의 공격은 격퇴되었다. 시칠리아로 도주한 파트라스의 그리스 원주민도 승리자의 부름을 받고 주교와 함께 귀향했다. 9세기의 학자 아레타스는, 그의 부모도 당시 귀향인 행렬에 포함되었던 것으로 그의 저작에 기록했다.

콘스탄티노플 총대주교들은 슬라브족을 단순히 기독교도로 개종하는 것에 그치지 않고 그들을 비잔티움인과 같은 정교회 신자로 만들려고 했다. 611~619년 페르시아가 동방의 지방들을 공격했을 때 그곳 기독교 단성론자들(칼케돈 공의회(451년)의 결정을 받아들이지 않은 기독교도)은, 조로아스터교를 신봉하는 페르시아의 종교 정책이 콘스탄티노플보다 관대하리라는 이유로 비잔티움 군을 지원하지 않았다. 종교 분쟁이 정치 문제로까지 비화된 것이었다. 그러자 콘스탄티노플 총대주교 세르기우스 1세와 그의 계승자 파울루스 2세는 단성론자를 정통 교리로 끌어들이기 위한 교리적 해법을 찾아내, 634년, 638년, 648년 세 차례에 걸쳐 그리스도가 가진 두 개의 본성에 에너지와 의지론을 덧붙인 확장된 신학적 정의를 발표했다. 그러나 그리스도의 단의론은 비잔티움과 서방 양쪽 모두의 격렬한 반대에 부딪혀, 단성론자와 정통 교리를 화해시키려 한 콘스탄티노플의 노력은 결국 물거품이 되고 말았다.

이런 복잡다단한 신학적 논쟁도 이슬람이 팽창하는 데 한몫을 했다. 그로 인해 비잔티움의 신뢰도가 떨어졌기 때문이다. 콘스탄티노플의 고위 성직자들은 이슬람을 이단으로 매도하면서도, 정작 신이 왜 이단자들에게 빈번한 승리를 거두게 해주었는지에 대해서는 해답을 찾지 못해 전전긍긍했다. 단성론자를 정교회의 품안으로 끌어들이려 한 비잔티움의 노력도 무슬림 정복으로 효과를 보지 못했다. 콘스탄티노플에 적대적인 성직자와 주교를 지원하는 지역들이 이슬람 세력권으로 편입돼버렸기 때문이다. 그 과정에서 또 많은 단성론자들이 이슬람교로 개종했다. 콘스탄티노플 교회에 지속적으로 충실한 태도를 보인 여타 기독교도들은 멜키트 교도Melkite(시리아어로 왕을 뜻하는 '멜카melka'에서 유래된 말)로 불렸다. 이슬람은 그 모든 기독교도들을 피보호민(딤미dhimmi)으로 간주하고 관용을 베풀었다. 그리고 시간이 가면서 점차 그들은 아랍어를 전례 용어로 채택하게 되었다. 오늘날까지도 팔레스타인과 레바논에 아랍어 전례 용어가 많이 남아 있는 것은 그 때문이다.

그리스도의 단의론을 시행하려는 콘스탄티노플의 교회운동은 이윽고 정교회 반대자들에 대한 박해로 이어졌다. 비잔티움의 수도자인 고백자 막시무스와 교황 마르티누스 1세도 그 와중에 콘스탄티노플로 끌려와 재판을 받고 추방되었다. 교황은 유배지인 흑해 연안의 케르손(지금의 우크라이나 헤르손)에서 죽었고 막시무스는 사지가 절단된 채 성城 감옥으로 이리저리 끌려다니며 말 못할 고초를 겪었다. 두 사람의 저작에는 교황 호노리우스 1세와 다수의 콘스탄티노플 총대주교도 이 신학적 재난에 연루된 것으로 기록돼 있다.

그리스도의 단의론은 결국 680년 콘스탄티누스 4세가 소집한 제6차 에큐메니컬 공의회에서 단죄되었다. 황제가 여러 차례 직접 주재하기도 한 회의들에서 단의론 교리를 검토한 결과 옳지 않다는 결론에 도달한 것이었다. 황제는 단의론 기록물 한 부만을 총대주교구의 이단 도서관에 자물쇠를 채워 보관하도록 하고 나머지는 모두 불살라버리도록 했다. 그것은 제국적 구조를 가진 정부에 교회의 지지가 얼마나 중요한지를 확인시킨 조치였다. 황제들은 황제들대로 공의회를 자신들 황조의 지배 체제를 공고히 다지는 기회로 이용했다.

692년에는 유스티니아누스 2세 황제가 대궁전 단지 내에 있는 원형의 트룰로troullos 홀에서 개최하였다 하여 보통 트룰로 공의회로 불리는 퀴니섹스트 공의회[5와 6을 뜻하는 라틴어 quin과 sex를 합친 것으로 5차, 6차 에큐메니컬 공의회에서 해결되지 못한 문제를 다루는 공의회라 하여 붙여진 명칭]를 개최했다. 5개 총대주교구의 대표를 비롯해 총 211명의 주교가 참석한 이 공의회에서는, 일관성 있는 교리와 옛 법령에 명시된 기독교도의 행동 규칙을 균일하게 통일시킨 102개 조항의 교회법이 공표되었다. 거기에는 고대 로마에서 새로운 달과 매달 첫째 날에 즐기던 축제, 마트로날리아[출산의 여신 주노를 기념하는 고대 로마의 축제로 매년 3월 1일에 열렸다], 여성들의 공개적인 춤, 남장과 여장, 가면 착용, 디오니소스 축제와 같은 광란적 행위, 곰을 비롯한 갖가지 동물로 점치는 행위, 마법, 부적을 퍼뜨리는 행위, 길흉화복을 예언하는 행위와 같은 기독교 시대 이전의 풍습을 단죄하는 법령도 포함되었다. 이런 조치까지 취한 것을 보면 옛 전통을 근절시키기는 매우 어려웠던 모양이다.

퀴니섹스트 공의회에서는 또 교회법 사상 처음으로 종교미술에 대한 법령도 제정했다. 선정적인 느낌이 드는 그림의 전시를 금지한 법령 100조와, 초기 기독교의 상징인 하느님의 어린 양 대신 성육신한 인간, 곧 인간의 형상으로 그리스도를 묘사하도록 규정한 법령 82조가 그것이었다. 법령 100조가 이교 신과 여신의 화상, 그리고 여러 도시를 장식하고 있던 창녀와 첩의 초상화(그들이 구사한 사랑의 기교를 묘사한 것도 함께)를 겨냥한 것이었다면, 법령 82조는 수도자들도 종종 그린 성상의 제작에 즉각적인 영향을 미쳤다. 법령 82조는 또 앞면에는 그리스도의 얼굴을, 뒷면에는 황제의 초상을 넣어 주조한 유스티니아누스의 획기적인 금화로 한층 강화되었다. 주화는 수염 기른 그리스도와 짧은 곱슬머리를 한 젊은 그리스도 상의 두 종류로 발행되었다. 그 둘 다 모자이크화에서 흔히 볼 수 있는 익숙한 그리스도 상이었다. 실제로 성상 화가들은 카타리나 수도원의 거대한 패널화에도 나

유스티니아누스 2세(재위 685~695) 때의 주조화(위). 앞면에는 수염이 있고 머리가 긴 그리스도(왼쪽)가, 뒷면에는 십자가를 들고 서 있는 황제(오른쪽)가 묘사돼 있다.
유스티니아누스 2세 2차 재위(705~711) 때 주조된 금화. 앞면에는 짧은 곱슬머리를 한 젊은 그리스도(왼쪽)가, 뒷면에는 황제와 십자가를 손에 든 그의 아들 티베리우스가 묘사돼 있다(오른쪽).

타나 있듯이 수염 기른 그리스도 상을 이미 개발해놓고 있었다. 그런데도 트룰로 공의회가 굳이 그림 문제를 들고 나왔다는 것은, 이슬람과의 투쟁 격화로 성상의 중요성이 그만큼 커졌음을 반증하는 것이었다. 그러나 군사적으로 승승장구하고 있는 이슬람의 관점에서는 성상숭배를 조장하기 위해 우상숭배를 비난하는 행위가, 우상에 반대하는 구약성서 계율을 준수하는 무슬림 행위를 반영한 것에 지나지 않아 보였다.

헤라클리우스 황조의 마지막 황제(4대) 유스티니아누스 황제는 695년 군사 반란으로 타도되어 크림 반도의 케르손으로 추방된 뒤 코와 혀가 잘리고도—두 번 다시 통치하지 못하게 하려는 의도로—기어코 살아남아 황제로 복귀했다. 그러고는 얼굴에 금 코를 붙이고 통역관을 고용해 나라를 다스리면서 아들 티베리우스의 황위 계승을 공고히 다지기 위해 노력했다. 그러나 정작 706년부터 711년까지 계속된 그의 2차 재위 기간은 정적에 대한 무자비한 복수로 점철되었다. 그 와중에 그를 비롯한 가족도 몰살당했다.

그럼에도 이슬람의 초기 위협에 맞서 비잔티움에 연속성과 힘을 부여해준 것은 헤라클리우스 황조였다. 헤라클리우스 황조는 몇 번의 위기가 있기는 했지만, 610년부터 695년까지 아들에서 아버지로 이어지는 순탄한 황위 계승으로 비잔티움이 후기 고전시대에서 중세로 무리 없이 이행할 수 있도록 발판을 마련해줬다. 콘스탄티노플 원로원도 위기의 순간, 맡은 바 소임을 다하여 원로원의 존재감을 새삼 일깨워주었다. 원로원은 정부가 큰 혼란을 겪을 때 카르타고에 도움을 청해 비잔티움을 구했고, 교황 마르티누스를 비롯한 성직자들이 이단 혐의로 재판받을 때 최고 법원의 역할을 했으며, 콘스탄스 2세 황제의 가족이 서방으로 넘어가지 못하게 막았고, 노련한 협상기술을 발휘하여 외교 협약도 체결했다. 그러나 그들도 695~705년, 그리고 다시 711~717년에 킹메이커가 되어 황권을 좌지우지한 장군들에 맞서지는 못했다. 테마 제도에서 힘을 키운 그 새로운 권력조직은 군인들이 득세하여 문민 권력기관인 원로원을 무력화시키고 서로 간에 경쟁적으로 황제 후보자를 내세우는 결과를 가져왔다.

  비잔티움은 이슬람의 총공세 아래 로마 전통의 수호자, 정교회, 그리스 유산으로만 정체성이 유지되는 한층 축소된 중세 국가가 되었다. 새로운 정부에 힘을 실어주기 위해 황조제도 채택했다. 비잔티움은 아랍에 맞서 동지중해의 기독교를 지키고 소아시아로 이슬람이 침투하는 것을 막았다. 그러고는 매우 제한된 입지에서 앞으로 중대한 결과를 초래하게 될 슬라브족의 개종을 시작했다. 그러나 중세 국가 비잔티움의 가장 중요한 성과는 뭐니 뭐니 해도 콘스탄티노플을 점령하려고 한 아랍의 시도를 막은 것이었다. 그렇지 않았다면 이슬람은 콘스탄티노플을 발판 삼아 발칸과 중부 유럽, 아니 어쩌면 로마까지도 신속하게 정복했을 것이다.

9
새로운 기독교 미술, 성상

> 남편[대천사 성 미카일의 금박 입힌 목판 성상을 주문한 사람]은 임종이 가까워지자 아내의 손을 잡아 대천사의 손에 얹고 기도를 시작했다. "오 대천사 미카엘이시여, 보소서, 제 아내 유페미아의 손을 당신 손에 얹었나이다. 그녀를 잘 보살펴주소서." 유페미아는 남편이 죽은 뒤에도 계속 성상 앞에 향을 사르고, 밤낮으로 불을 밝혀놓고, 하루 세 번 기도를 드리며, 사탄으로부터 자신을 지켜줄 것을 기원했다.
>
> — 7세기경에 작성된 것으로 보이는 트라키아의 「유스타티우스 설교」 중에서

이 소박한 글에서 느껴지는 것은 대천사 미카엘을 향한 어느 노부부의 극진한 신앙심이다. 과부가 된 유페미아는 남편이 죽기 전에 마련한 그 성상을 침실에 모셔놓고 지극정성으로 기도를 드렸다. 과연 그 성상은 위의 글에 묘사된 대로 그녀가 사탄의 꾐에 빠져 신앙심을 잃지 않도록 지켜주었을 뿐 아니라 죽은 뒤에는 얼굴을 가리는 덮개로도 사용되었다. 그리하여 주교가 죽은 그녀의 얼굴에 성상을 덮자 금빛 옷을 입은 수많은 천사들을 대동하고 대천사가 모습을 드러냈다. 유페미아의 영혼을 하늘로 데려가기 위해 온 것이었다. 이후 성상은 한동안 자취를 감추었다가 교회 하늘 위에 다시 모습을 드러냈다. 그러고는 그곳에서 수많은 기적을 행하였다.

형상 앞에 향을 사르고 불을 밝히는 것은 고대의 숭배 방식이었다. 사람

대천사장 미카엘의 성상. 12세기 콘스탄티노플에서 제작된 것이다.

들은 황제들의 초상도 그런 식으로 경배했다. 3세기와 4세기 초에는 기독교도들이 그것을 거부하다가 정부의 박해를 받기도 했다. 어마어마한 크기로 도시의 풍경을 압도하는 신과 황제의 조상에 특별한 의식으로 예를 표할 때도 있었다. 축제 때는 신상神像을 깨끗이 씻고 옷을 입혀 도심에서 행렬을 벌였다. 조상들 앞에도 제단을 설치하고 화환을 장식했다. 아스클레피오스〔의학과 치료의 신〕 신전에서는 병자들이 신의 조상 옆에서 하룻밤을 지내며 병의 치유를 빌었다. 일반 가정에서도 수호신lar(복수형은 lares)을 두고, 특히 여성들이 신께 정성껏 봉헌물을 바쳤다. 기독교 성상이 고대의 형상을 서서히 밀어낸 이면에는 가정에 수호신을 모시는 그런 뿌리 깊은 전통이 자리해 있었다. 그 과정에 대한 구체적인 기록은 없지만, 모르긴 몰라도 그 현상은 일신교를 믿는 기독교도들이 다른 수호신들을 밀어내는 과정에서 생겨났을 것이다. 기독교가 확고히 자리 잡은 뒤에는 그리스도, 성모 마리아, 성인 상들이 가정의 안녕을 바라는 수호신 역할을 대신했다. 그렇게 하라고 강요한 적은 없지만 결과적으로 가정의 수호신 전통이 기독교 성상을 필요 불가결한 요소로 만든 것이다.

뉴욕대학 교수 겸 미술사가 토머스 매튜스는 근래에 고전 후기 비잔티움의 가정들에는 기독교 성상뿐 아니라 이교 신들의 성상도 모셔져 있었다는 사실을 밝혀냈다. 사람들은 그것을 틀에 끼워 벽에 걸거나 돌쩌귀가 달린 쪽 패널로 만들거나 혹은 그림 크기와 같은 덮개를 씌워 보관했다. 그림은 실물처럼 생생한 모습을 담아내기 위해 물감에 뜨거운 밀랍 용액을 섞는 납화 기법으로 얇은 나무판에 그려졌다. 그렇게 완성된 기독교 신과 지역 신들의 성상은 크고 강렬한 눈빛으로 정면을 쏘아보는 특징을 지니고 있다. 사람들은 성상 앞에 향을 사르고 불을 밝혔다. 성상은 또 종종 매장의 부장품으로도 쓰였다. 이집트 파윰에서 출토된 미라 얼굴에 초상화가 덮여 있었던 것이 그 대표적인 예다. 그렇다고 그 관습이 귀금속을 착용한 부잣집 여인에게만 해당되는 것은 아니었다. 노인, 어린이, 운동선수, 이교 신들의 얼굴에도 초상화는 덮여 있었다. 게다가 그 표정들은 마치 살아 있는 듯 생동감이 넘쳐흘렀다. 그러나 초상들은 기후가 건조한 파윰에만 다수가 보존돼 있을 뿐, 다른 곳들에는 로마세계를 그리도 숱하게 장식하고 있었다는 사실이 무색할 만큼 다 분해되어 지금은 남아 있는 것이 없다.

매튜스는 그 이교적 초상이 동일 기법으로 그려진 기독교 성상의 선구이고, 이시스(고대 이집트의 여신)의 상은 성모 마리아, 제우스와 사라피스(이집트, 그리스의 태양신)의 상은 그리스도의 첫 성상 모델이 되었을 것으로 추측했다. 그 고대의 성상들은 이교 신의 신전뿐 아니라 사적인 가정적 배경에서도 발견되고 있다. 화가들이 이교 신을 모델로 하여 기독교 성상을 그린 증거는, 그들이 제우스의 모습으로 그리스도 형상을 그리려 하자 한 팔 또는 양팔이 일시적으로 오그라드는 이변이 일어났다는 소문이 돈 것으로도 미루어 짐작할 수 있다. 580년에는 아폴론 신봉자들이 기독교 신자인 척 성상을 주문하다가 발각되는 일이 벌어졌다. 그것을 계기로 속임수를 쓰는 사람은 재판에 회부되어 사형을 선고받았다. 그것이 말해주는 또 다른 사실은 납화 기법으로 그려진 이교 신들의 모습과 그리스도 성상의 모습을 구별하기가 쉽지 않았으리라는 것이다. 그리스도를 긴 머리와 수염 있는 모습으로 그릴 것인지, 짧은 곱슬머리를 한 모습으로 그릴 것인지도 화가들의 또 다른 걱정거리였다. 일부 기독교 작가들은 그들이 말하는 이른바 '나사렛인'을 모델로 한 긴 머리의 그리스도 상을 실물이라고 찬양한 반면, 그 밖의 사람들은 짧은 곱슬머리의 그리스도 상이 실물에 훨씬 가깝다고 주장했다.

그리스어 이콘Icon(성상)은 어느 형상에나 다 쓰이는 말이다. 그러다 4세기 무렵부터는 그것이 납화 기법으로 그린 그리스도, 성모 마리아, 성인, 각

지역의 순교자, 주교, 수도자들의 형상에만 쓰이는 말이 되었던 것 같다. 종교적 성상은 또 가정 수호신의 형상과 달리 무덤에 예사로 사용되었다. 기독교도들이 대리석 석관에 상징과 형상을 아로새겨 자신들의 종교적 정체성을 드러내기 위함이었다. 그런 관들은 또 종종 교회 안에 안치되기도 했다. 성물에 대한 황제의 후원도 기독교 미술이 발달하는 요인이 되었다. 레오 1세 황제(재위 457~474)와 황후 베리나가 성모 마리아의 허리띠와 베일을 콘스탄티노플로 가져와 블라케르나이의 성모성당에 예배당을 짓고 그 안에 안치한 것이 대표적인 예다. 그런 예배당들은 흔히 황제 부부와 성물임을 입증한 두 명의 원로원 의원과 함께 그려진 대형 성모 마리아 상들로 장식되었다. 성모 마리아 축일에는 그 성상을 들고 사람들이 도시에서 행렬을 벌였다. 그보다 다소 위상이 떨어지는 축일에는 모자이크화 및 프레스코화로 그려진 거룩한 인물, 주교, 순교자, 성인들의 화상을 공공장소에서 전시했다. 패널화는 금속, 모자이크, 에나멜, 중급 재질의 화판에 신속히 복사되었다. 그러고는 그것에 테두리를 치고, 은 가리개를 덮고, 보석을 장식했다. 표면 보호를 위해 그림 앞에는 비단 가림막을 했다. 성상은 그렇게 새로운 미술 형식, 특히 비잔티움과 관련된 미술 형식이 되었다. 성상은 또 비잔티움에서만 최고의 중요성을 지닌 것이 아니라 다른 나라들에도 막대한 영향을 끼쳤다.

그렇다면 성상이 비잔티움에서 그토록 압도적인 위치를 점하게 된 까닭은 무엇일까? 초기 기독교 저작물에는 우상 새기는 일을 금하는 구약성서와 관련된 신학적 제약이 있었음에도 종교적 형상에 대한 언급들이 있다. 그리스도가 살아 있을 때는 성상이 있었다는 증거가 없지만, 성 누가가 성모와 아기 예수를 그렸고 나중에 복사된 성상들도 진품으로 인정받았다는 것 또한 그 성상의 주인공이 성스러운 존재였음을 말해주는 것이다. 그리스

그리스도의 세례 성상으로 14세기 초에 제작되었으며, 비잔티움적 요소가 전형적으로 드러나고 있다. 빛으로 빛나는 네 천사가 오른쪽에 둘러싸고 있으며 성령은 비둘기의 모습을 하고 하늘에서 내려오고 있다. 예수가 세례받을 요단강은 한 남자가 항아리를 들고 있는 모습으로 의인화되어 표현되었다.

성 테오도르 성상으로 1425~1450년 제작되었다. 금빛의 군복을 입은 테오도르가 용에 맞서 싸워 이를 용감하게 무찌르는 장면이다. 오른쪽 위에 신의 손길이 그에게 뻗쳐 축복을 내리고 있다.

마음(심장)의 어머니와 아기 예수의 성상화로 15세기 초반 제작된 것이다. 전형적인 비잔티움 예술의 기풍으로 만들어졌으며, 이탈리아 등 서구 미술의 영향이 스며들지 않은 것이 특징이다.

도로 믿어지는 얼굴 모습이 선명하게 찍힌 천, 곧 만딜리온과 같이 기적적으로 만들어진 성상은 아케이로포이에토스acheiropoietai(사람의 손으로 그린 것이 아닌)로 불리며 더욱 소중히 다루어졌다. 시리아의 에데사와 소아시아 중부의 카물리아나에서는 만딜리온을 모델로 하여 만든 성상을 도시의 수호신으로 모시며 적의 공격이 있을 때마다 사람들이 그것을 들고 성벽 주위에서 행렬을 지었다. 그와 비슷하게 최초의 에큐메니컬 공의회(니케아 공의회)가 끝난 뒤에는 '318교부들'의 성상이 니케아의 수호신 역할을 대신했으며, 성상들 중에서도 으뜸인 성모상은 콘스탄티노플을 방어하는 일에서 주도적인 역할을 담당했다. 앞서도 나왔듯이 콘스탄티노플은 그 이유로 성모의 보호를 받는다는 뜻의 테오토코폴리스라는 별칭을 갖게 되었다.

　성상이 힘을 지니고 있다는 믿음은, 성상은 어찌됐든 묘사된 인물의 본질을 포착하고 있으며 따라서 사람들은 그 성상을 통해 묘사된 인물과 의사소통을 한다는 이론과 밀접하게 관련돼 있었다. 그 관점은 카이사리아의 성 바실리우스(329년경~379)가 황제의 형상에 대해 언급한 유명한 말로 더욱 설득력을 얻었다. 성상에 경의를 표하면 성상 속 인물에 그것이 전달된다는 것이었다. 따라서 성상은 중재자였다. 성상을 향해 기도하면 성상에 묘사된 인물에게 그대로 전달되었다. 그 이론은 또 성상이 사람에게 말을 거는 방식으로 한층 강화되었다. 마치 대화를 원하는 듯 큰 눈으로 정면을 응시하는 성상의 모습에서는 위엄이 느껴졌다. 성상은 그런 즉각적 소통을 통해 보는 사람의 주의를 요했고, 그에 대해 기독교도들은 완전한 전념으로 답했다. 실제로 그리스도 성상 앞에서 환영을 보았거나 대화를 나누었다는 이야기가 전해지기도 한다. 아이가 없는 부부가 헤라클레아의 성녀 글리체리아 사당을 찾았을 때 남편 앞에 성녀가 나타나 아이가 생길 테니 걱정하지 말라고 했는데 머지않아 아이가 진짜 생겼다는 것이다. 그녀가 훗날의 성녀 엘리사벳이다. 성상은 그런 식으로 사제나 주교의 힘에 의존하지 않는 영적 교섭의 방법을 촉진시켰다. 성상은 교회뿐 아니라 가정에서도 효과를 나타내 은밀히 기도하는 사람에게 특별한 위로가 되었다. 그 점에서 기독교 성상은 기독교 이전 시대의 수호신과 다를 바 없었다.

성상은 그림 이외에 다른 소재로도 만들어졌다. 비잔티움의 장인들은 고대의 기법을 계속 사용해 귀금속과 상아, 보석, 에나멜, 수정과 같은 값비싼 재질의 조각 제품을 만들었다. 로마의 집정관들이 만든 이교적 상아 이면상은, 황제들이 대관식과 결혼 기념물로 상아 조각판의 제작을 의뢰하는 경우를 제외하고는 6세기 성상 조각물의 등장과 함께 자취를 감췄다. 현재 남아 있는 중세의 상아판들도 거의 모두 대천사 미카엘이라든가 그리스도의 생애와 관련된 장면 등 기독교적 주제를 담은 것들뿐이다. 그런 기독교 조각상들은 돌쩌귀로 중앙을 이은 집정관의 상아 이면상 같은 형태나, 혹은 양옆의 두 면이 중앙을 덮게 돼 있는 삼면상 형태로 만들어졌다. 삼면상 중에서는 또 앞뒤 양면에 조각이 새겨진 것도 있었다. 패널은 낱장으로 전시되기보다는 라벤나의 막시미아누스 주교가 6세기에 제작한 상아 옥좌들처럼 서로 연결시켜 규모가 큰 교회 시설물을 장식하는 용도로 쓰였다. 코끼리 엄니의 가격이 급등한 뒤에는 빗, 바늘, 둥그런 작은 상자들을 만드는 데 해마를 비롯한 각종 동물들의 뼈가 이용되었다. 기독교적 주제를 담은 비잔티움의 상아 조각품들은 중세의 서방에서 책 표지로도 활용되었다. 보석과 고대의 카메오〔보석 마노나 접시조개의 껍데기 같은 것에 양각으로 조각한 장신구〕 장식이 된 금속 테두리에 끼워져 양피지 필사본의 양쪽 면을 덮는 찬란한 금빛 표지로 다시 태어났다.

반면 은접시 세트에 다윗 생애의 일면이 담긴 것은 비잔티움 미술이 구약성서에서 영감을 받았음을 나타내는 것이다. 품질보증의 표시로 은 각인이

바실리우스의 목판 성상화로 집정관들의 모습을 형상화한 것이다. 541년에 로마에서 제작된 것으로 추정된다.

예수 그리스도와 성인(왼쪽)과 성 모자와 천사(오른쪽). 상아 이연판에 제작한 것으로 6세기 작품이다. 왼쪽의 예수의 모습은 나이가 좀 들어 보이며 베드로와 바울이 보좌하고 있다. 오른쪽에는 마리아, 천사, 아기 예수의 모습이 묘사되어 있다. 비잔티움 장인의 뛰어난 기술을 엿볼 수 있다. 베를린 국립미술관.

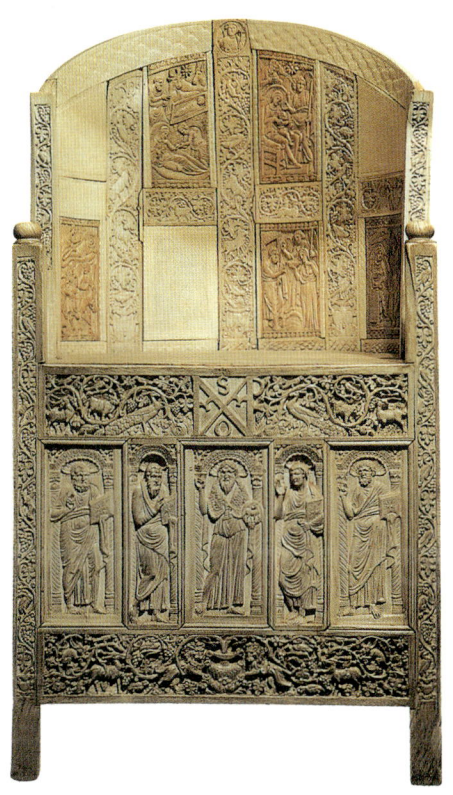 

막시미아누스의 주교좌. 라벤나 대주교 미술관. 550년경 상아로 제작된 것이다.

된 것으로 보아 접시 여러 개는 헤라클리우스(재위 610~641) 치세의 어느 시점엔가 만들어졌을 가능성이 높다. 그 외의 은제품들은 시리아의 마을 주민들이 그곳 시골 교회들에 세운 기념비로 확인되었다. 교회들의 건립 일자도 모자이크 바닥에 새겨진 명각으로 알 수 있다. 전례용의 십자가, 성반, 성배, 순가락, 제대, 책 표지들이 헌납된 사실은 봉헌물을 바치는 것이 비잔티움 사회의 보편적 현상이었음을 시사하는 것이다.

　기독교 성상은, 미술(조각과 그림)을 통해 고대 신들의 숭배가 확산되었듯이 특정 성인들의 이야기를 퍼뜨리는 데도 효과적이었다. 기적의 치료를 바라고 순례여행을 떠난 사람들이 운이 좋아 성인의 유골을 접하는 경우, 그들은 테살로니카의 수호성인 데메트리우스, 콘스탄티노플의 아르테미우스, 낙타들과 함께 있는 알렉산드리아의 메나스, 안티오키아의 주두(柱頭) 고행자 시메온 형상으로 장식된 교회들을 건립했다. 때로는 성상이 효험이 큰 액체 치료제를 뿜어내기도 했다. 성상을 밝히는 램프 불의 기름에도 치유력이 있었다. 6세기 말 예루살렘 총대주교 소프로니우스도 알렉산드리아의 순례자 무리 속에서 그 현상을 몸소 체험했다. 병이 치유되었다고 믿은 사람들은 치료자의 형상이 아로새겨진 점토병이나 은제병을 구입했다. 표면 보호용 덮개가 부착된 휴대용 성상도 만들어지고, 조그만 성상을 수호신처럼 목걸이로 매달고 다니는 사람도 있었다. 그런 것들은 순례자 토병과 저렴한 재질의 소규모 금속 성상과 더불어, 성인들의 기적담과 그들의 생애는 물론 명성을 드높이는 데도 한몫했다.

　종교적 성상에 보이는 이런 열정과 별개로 비잔티움 장인들은 이교적 이야기에 나오는 인물의 묘사에도 탁월한 능력을 과시했다. 그들 후원자들도 원하는 작품을 쉼 없이 주문했다. 근래에는 고대 후기의 시리아, 팔레스타인, 트랜스요르단 지방 사람들도 이슬람 지배하인 8세기 때, 모자이크에 묘

다윗의 생을 주제로 삼아 만든 은접시. 613~629/30년 콘스탄티노플에서 제작된 것이다.

역시 다윗의 생을 주제로 삼은 은접시로 앞의 것들과 같은 시기에 제작된 것이다.

사된 고대의 신화—페드라와 히폴리투스의 이루어질 수 없는 사랑, 최초의 인간을 창조한 프로메테우스, 디오니소스와 헤라클레스의 술 마시기 대회—에 매료되었다는 사실이 밝혀졌다. 그곳 상아 상자들에는 에우로파가 겁탈당하는 장면과 제우스의 사랑이 매우 현실감 있게 묘사돼 있다. 회원 수를 제한하고 품질보증제를 실시한 길드 소속의 금은 세공인들도 계속해서 고대 신화 속 인물들을 작품의 소재로 사용했다. 벌거숭이나 다름없는 옷차림을 한 광란의 여인들과 함께 있는 디오니소스(바코스)와 실레노스〔그리스 신화에 나오는 반인반수의 괴물〕의 형상이 그런 것들이다. 납화 기법도 6세기까지 이교적 초상화에 계속 사용되었고, 많은 경우 그것은 글로도 찬양되었다.

나는 뭇 남성들에게 돈을 받고 몸을 파는 비잔티움 로마의 매춘부였다. 이 능수능란한 칼리로에를 사랑에 눈먼 토마스가 마음속의 욕망을 주체하지 못해 이렇게 그림으로 그린 것이다. 밀랍이 녹아내리듯 그의 마음마저 녹아내린 것이리라〔그리스어로 아름다운 흐름이라는 뜻의 칼리로에는 그리스 신화에 나오는 여성으로, 같은 이름을 가진 여러 명의 여자가 있다〕.

교회가 부적절하다고 간주한 주제가 이처럼 광범위하게 사용된 것은 비잔티움이 기독교 이전 시대의 형상을 그만큼 즐겼음을 나타내는 것이다. 이 현상은 12세기 이후까지 계속되었다.

비잔티움은 또 십자가와 같은 상징들을 제외하고는 692년에서 695년까지 유스티니아누스 2세가 긴 머리와 짧은 머리의 그리스도 성상이 새겨진 금화를 주조할 때까지는 기독교 형상을 주화에 도입하지 않았다. 그러나 일단 물꼬가 트이자 성모와 성인들의 보호와 지지를 기원하는 마음에서, 그들의 형상을 넣은 주화가 예사로 발행되었다. 알렉산드로스 황제(재위 912~913)만 해도 뒷면에 황제 관을 씌운 모습의 세례자 요한 형상을 넣은 주화를 새로 주조했고, 860년대에는 콘스탄티노플 총대주교 포티우스가 아기 예수를 안은 둥근 형태의 성모 초상을 복사해 넣은 인장을 만들었다. 블라케르나이 성모 성당에 보존된 유명한 성상의 이름을 따 블라케르니티사 성모상으로 알려진 것이었다. 그 직후엔 레오 6세 황제도 성모상을 넣은 금화를 주조했다. 포티우스가 그의 인장에 성상을 새겨 넣었다는 것은 비잔티움에서 성상이 그만큼 중요해졌음을 나타내는 것이다. 9세기 무렵에는 성상이 정교회 신자들의 신앙심을 고취시키는 비잔티움 예술의 본질적 요소가 되었다.

비잔티움 예술은 거의 모두 오래된 고대의 기법을 활용해 만들어졌다. 성상에 이용된 납화 기법만 해도 이교 신과 각계각층의 로마인 초상화를 그리는 데 효과적으로 사용된 화법이었다. 그러나 기독교 국가 비잔티움의 다른 점은 그것으로 새로운 예술 형식인 종교적 성상을 창안해 비잔티움의 가장 특징적인 요소로 만들었다는 것이다. 그리하여 성상은 금, 은, 상아 제품, 화려한 색상의 비단과 더불어 기독교적 비잔티움 문화의 우수성을 알리는 일등공신이 되었다. 그런 예술적 전통은 또 군주를 기증자로 묘사한 형상, 황제를 성스러운 인물과 결합해 만든 주화, 황제를 승리자로 묘사한 이교적 예술품, 원고 필사의 후원자가 된 황제, 왕관, 그 밖의 황제 상징물들을 통해 제국적 이데올로기를 지탱해주는 역할도 했다. 그런 식으로 예술은 중세 국가로 이행하는 비잔티움의 버팀목이 되었다. 예술품들은 제국이 멸망한 1453년 이후까지도 비잔티움의 상징으로 남아 있었다. 반면 기독교 성상은 그것이 야기한 개인들의 헌신 때문에 730년부터 843년까지 제국을 혼란의 소용돌이에 빠뜨린 거대한 논쟁의 중심에 서게 되었다.

4대 복음서의 저자들을 새긴 흉배 십자가. 11세기 초중반경 콘스탄티노플에서 만들어진 것이다. 마태, 요한, 루가, 마가 등 네 사도가 에나멜로 찬란히 장식되어 있는 점이 두드러진다. 지금은 유실된 메달의 가운데 부분에는 원래 그리스도가 새겨져 있었을 것으로 추정된다.

10
성상파괴와 성상숭배

거짓되이 일컫는 '성상'은 그리스도, 사도, 교부들의 전통에도 없고, 그것의 범상함을 거룩하게 해주는 성변화의 기도 또한 없었다. 거룩하기는 고사하고 성상은 화가가 그린 대로의 범상하고 무익한 그림일 뿐이다.

— 754년 콘스탄티노플 종교회의 〈결의〉 중에서

성상을 만들고 숭배하는 것은 없는 것을 새로 지어낸 관습이 아니라 교회의 오랜 전통이다. (…) 물리적 형상을 이용하지 않는 것은 생각할 수조차 없다. (…) 신체를 보아야만 묵상에 도달할 수 있는 것이다. 그리스도가 영혼과 육체의 양상을 모두 취하고 있는 것도, 인간이 그 두 가지 요소로 만들어졌기 때문이다.

— 8세기, 다마스쿠스의 성 요한네스

말 그대로 '성상을 파괴한다'는 의미의 성상파괴Iconoclasm는 영어권 나라들과 비영어권인 유럽에서 함께 사용되는 몇 안 되는 비잔티움 용어 중의 하나다. 그것만으로도 성상의 위험성과 그것이 지닌 힘 사이에 벌어진 투쟁의 영속적인 영향력을 느낄 수 있다. 성상파괴는 처음 모세 율법(십계명)의 제2계명인 "너를 위해 새긴 우상을 만들지 말고 그것을 숭배하지 말라"는 말로 촉발되었다. 구약성서의 「신명기」 5장 8~9절에는 그것이 더욱 통렬하게 묘사돼 있다.

너를 위하여 새긴 우상을 만들지 말고, 또 하늘 위로 있는 것이나 땅 아래 물속에 있는 것의 아무 형상이든지 만들지 말며 그것들에게 절하지 말며 그것들을 섬기지 말라. 나 여호와 너의 하느님은 질투하는 하느님인즉.

그러나 기실 비잔티움의 성상파괴운동이 일어나게 된 것은 유대교와 기독교 전통 때문이라기보다는 이슬람 때문이었다. 우상숭배를 금지한 모세 율법을 이슬람이 준수하는 것을 보고 비잔티움 제국 내에서 성상의 역할에 대한 논쟁이 벌어졌던 것이다.

앞서도 살펴보았듯이 비잔티움 사람들은 성상에 남다른 애착을 지니고 있었다. 황제의 주화에 그리스도 상을 새겨 제국 전역에서 통용시킬 정도였으니까. 692년에 열린 트룰로 공의회는 그리스도 성상 사용을 결정하면서, 그 근거로 인격화된 기독교 미술은 성육신으로 정당화될 수 있고, 그것이 또 하느님을 어린 양으로 표현한 상징적 묘사보다는 한층 교훈적이라는 점을 꼽았다. 초기 기독교 문헌을 필사한 이들이 성서의 장면을 군데군데 삽화로 그려 넣은 것 역시 성서를 가르치는 데는 그림의 힘이 크다는 것을 믿었음을 나타낸 것이다. 그들은 서방 주교들에게 무학자에게는 글보다 그림이 효과적이라고 말한 교황 그레고리우스 1세의 권고를 따른 것이었다. 그림이 '무학자들의 성서'라는 관점은 나아가 초상화 형태로 된 근엄한 성상보다는 복음서의 내용을 따르는 이야기미술을 촉진시키는 결과를 가져왔다. 그 두 가지 모두 8세기 초 비잔티움에서 고도로 발달한 미술 형식이었다.

그렇다면 종교미술과 성상을 그토록 중시한 비잔티움이 그것에 반기를 든 까닭은 무엇일까? 숭배의 대상이던 성상을 파괴하려 한 데는 그럴 만한

성모와 아기 예수의 성상의 한 부분으로 원래는 거대한 크기의 작품이다. 610년경 로마 혹은 콘스탄티노플에서 제작된 것으로 추정된다.

이유가 있었을 것이다. 성상파괴에 대한 이론은, 황제 레오 3세(재위 717~741)에게 모든 책임을 떠넘기는 것으로부터 성상파괴운동에 실제로 가담한 사람은 극소수에 불과하고 대부분의 사람은 그것에 무관심했다는 최근의 주장에 이르기까지 매우 다양하다. 그럼에도 성상파괴는 역사상 가장 첨예한 이데올로기적 논쟁의 하나가 되었다. 성상파괴를 둘러싼 대립은 730~787년, 815~843년 두 차례에 걸쳐 100년이라는 시간을 끌며 많은 사람의 죽음과 순교를 수반했던 것으로 기록돼 있다. 성상을 여론에 호소한 방식은 아마도 1930년대 소비에트 군부가 사용한 방식을 연상하면 이해하기가 가장 쉬울 것이다. 소비에트 군 지휘관들은 교회의 영향력을 막으라는 상부의 지시를 받고 성상들을 한 줄로 늘어세운 뒤 사형을 언도한 다음 총살한 것으로 알려져 있다.

성상파괴운동이 일어난 원인을 알기 위해서는 8세기 초 비잔티움이 안고 있던 군사적 문제를 제대로 이해해야만 한다. 레오 3세는 걸핏하면 수도로 진격해 황제 폐위를 일삼던 테마(군관구) 군대에 의해 추대된 일련의 무능한 황제들 가운데 마지막 황제였다. 레오가 즉위하기 전 695년에서 717년까지 비잔티움에는 무려 7명의 군주가 난립했다. 내정이 그처럼 어지럽다 보니 제국 정부는 아랍인의 소아시아 침투와 불가리아인의 발칸 침투에 신경 쓸 겨를이 없었다. 그러다 아나스타시우스 2세 황제(재위 713~715) 치세에 이르러서는 급기야 아랍 군의 대대적인 포위공격이 목전에 이르렀다. 그런데도 황제가 할 수 있는 일은 성벽을 보수하고 보급품을 확보하는 것이 고작이었다. 그런 판에 옵시키온 테마의 주둔군이 또다시 반란을 일으켜 지방의 한 징세관을 떼밀다시피 하여 테오도시우스 3세 황제(재위 715~717)로 즉위시켰다. 그러자 아나톨리콘과 아르메니아콘 테마의 주둔군이 다시 들고 일어나 유능한 군 지휘관을 황제로 추대해 비잔티움의 고질적인 반란에 종지부를 찍으려고 했다.

아나톨리콘 주둔군 사령관 레오는 테오도시우스 3세 황제와 콘스탄티노플 총대주교 게르마누스 1세를 상대로 협상을 벌여 교회에도 문제를 일으키지 않고, 전임 황제도 공직에서 수도자로 조용히 살 수 있게 해주겠다는 약속을 하고 717년 3월 황제가 되었다. 그렇게 해서 황제가 되자마자 그는 즉시 아랍 군의 포위공격에 대비한 준비에 착수했다. 아랍은 지난 수십 년간 콘스탄티노플을 이슬람의 수도로 삼을 계획을 세웠다. 레오도 그것을 알고 여분의 식량 확보, 함대 준비, 도시 방어물에 대한 보강 작업을 벌이며 이미 진행 중인 정책을 더욱 강화하는 조치를 취했다. 그런 다음 '그리스의 불'의 능숙한 이용, 불가리아의 지원, 성모 마리아의 도움을 받아 717년부터 718년까지 12개월간 수도를 포위공격한 아랍 군을 대패시켰다. 그것은 레오의 군사적 역량과 도시를 지켜줄 것이라는 성모에 대한 대중의 믿음이 가져온 결과였다. 비잔티움은 그날을 매년 승전일로 기렸다.

레오 3세는 해상을 통한 아랍 군의 공격을 막기 위해 해군에 특별한 주의를 기울였다. 소아시아 해안가의 트라케시온 테마의 방어시설을 보강하고, 키비르라이오톤을 테마로 승격시켰으며, 에게 해와 크레타 섬에 해군기지를 창설했다. 그런가 하면 그는 시칠리아의 반란을 진압했으며 남부 이탈리아에 대한 비잔티움의 지배권도 공고히 했다. 유대인과 몬타누스파(2세기 프리지아 출신의 예언자 몬타누스를 신봉한 무리)로 알려진 이단 기독교도들에게 개종을 강요하는 방식으로 정교회 기독교도임도 과시했다. 그는 또 한 살배기 아들 콘스탄티누스를 공동 통치자로 임명해 수 세대 동안 이어질 새로운 황조의 창시자가 될 의도도 분명히 드러냈다. 황제의 메시지를 널리 알리기 위해 새로운 주화도 발행했다. 그럼에도 소아시아 지방들에 가해지는 아랍 군의 계속되는 습격을 막지 못해 그곳 지방민들은 숱한 고통을 당

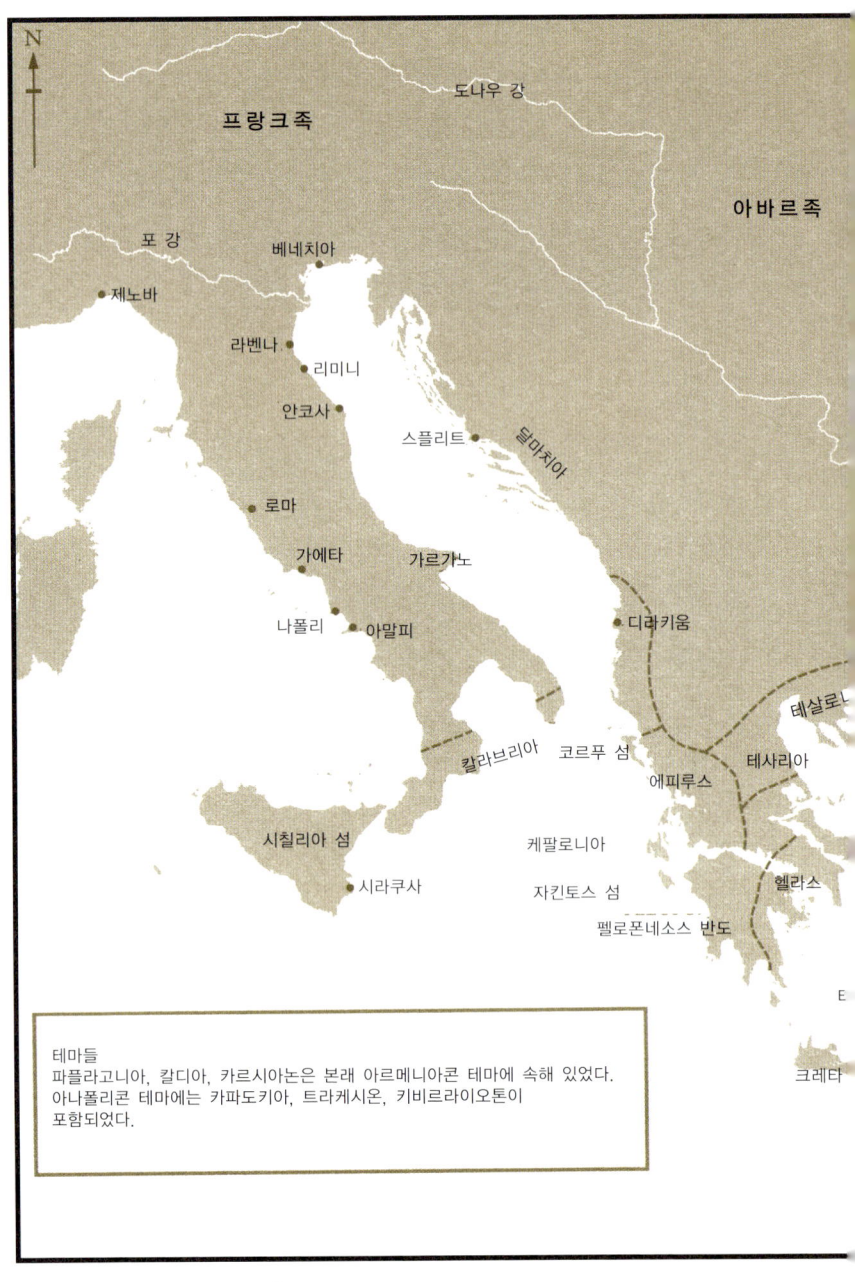

800년경 비잔티움 제국의 판도와 테마들의 위치

했다. 황제의 노력에도 불구하고 테마 주둔군이 아랍의 공격을 막지 못했기 때문이다. 비잔티움인들은 하느님이 자신들에게 승리를 부여해주었고, 지난날에도 유구한 역사를 지닌 페르시아 제국을 물리치도록 도와준 사실을 잊지 않고 있었다. 그런 하느님이 아랍인의 승리는 왜 묵과하는 것인지 그들은 도무지 이해할 수 없었다. 하느님을 두려워하는 사람들로서 그들은 자신들의 인간적 결점을 하느님이 왜 용납하지 않는지 그 이유가 알고 싶었다.

그러던 중 726년 에게 해 한복판에서 화산이 폭발하면서 용암과 '작은 산을 방불케 하는' 엄청난 크기의 바위들이 공중으로 솟구치며 며칠간 하늘을 시커멓게 물들이다가 소아시아, 그리스, 섬들의 해안가로 둥둥 떠밀려가는 일이 벌어졌다. 그 돌들이 쌓여 티라(산토리니)와 테라시아 섬 사이에 새로운 섬이 하나 만들어졌을 정도로 여파가 컸다. 레오가 그 하늘의 징조가 무엇을 뜻하는지 궁금해하자 조언자들은 성상숭배에 대한 경고로 해석하면서, 교회와 공공장소의 성상을 치우도록 권고했다. 레오가 그 시점에, 소아시아 니콜레이아의 콘스탄티누스 주교가 이미 성상들이 아랍 군에 포위된 도시들을 지켜주지 못하리라는 것을 알아차린 것, 혹은 기적을 행하던 성상들이 기대하던 기적을 더는 행하지 않으리라는 것을 알고 있었는지는 확실치 않다. 그러나 분명한 것은 콘스탄티누스가 나중에 레오의 조언자 가운데 한 사람으로 확인되었다는 것이다. 비잔티움 역사가 테오파네스에 따르면 레오는 성상에 대한 지나친 숭배로 인해 신의 지지가 끊긴 것을 알고, 그때부터 '성상에 반대하는 말을 했다'고 한다. 테오파네스는 또 722년부터 723년까지 칼리프 야지트가 기독교 미술을 파괴하도록 명령한 사실을 예로 들어 레오도 같은 생각을 품고 있었다고 하면서 레오의 '의식이 이슬람화' 된 것으로 주장했다. 그러나 아랍과 전쟁을 벌이고 있는 레오의 입장에서는 하느님의 지지가 필요했을 것이다. 그리고 그것이 성상파괴를 의미한다면 그 정책을 시행할 용의도 있었다. 그렇다면 성상파괴운동은 비잔티움의 존폐가 걸린 중차대한 시점에 하느님의 지지를 얻기 위한 방편으로 시행된 것으로 볼 수 있다. 반면 성상파괴의 동기를 신학적 용어로 설명하기는 했지만 기율과 효과를 중시한 이슬람적 방법의 효율성을 그가 유념한 것 또한 사실이었다.

성상파괴운동은 레오 3세가 730년 교회 지도자들에게 성상을 제거하도록 명령하면서 시작되었다. 총대주교 게르마누스 1세가 그것을 거부하자 원로원 의원과 문관 관리들로 구성된 심판위원회는 그를 해임하고 그의 보좌역 아나스타시우스를 후임으로 임명했다. 로마의 그레고리우스 2세 교황(재위 715~731)과 그의 계승자 그레고리우스 3세 교황(재위 731~741)도 성상의 위험성을 알리는 비잔티움의 공식 서한에 즉각 반발하고 나섰다. 두 사람의 적대감은 제국 정부가 실시한 인구조사로 세금이 늘어나는 데 반발하여 이탈리아 내에서 일어난 분쟁으로 더욱 격화되었다. 성상파괴운동은 황궁에 전시된 대형 성상을 제거하는 데 그치지 않았다. 사료에는 마치 종교적 관습을 바꾸려면 신학적 기반을 송두리째 뒤엎어야 한다는 듯 자잘한 것까지 파괴한 것으로 기록돼 있다. 레오의 아들 콘스탄티누스 5세도 나중에 자신의 저작에 그 사실을 기록하고 성상파괴운동도 그런 식으로 시행했다.

레오 3세는 24년간의 기나긴 치세를 마치고 741년 평온하게 숨을 거뒀다. 그가 행한 주요 업적으로는 죽기 한 해 전 아크로이노스 전투에서 아랍군을 대파한 일과 새로운 법전 『에클로가』를 발간한 것을 꼽을 수 있다. 『에클로가』에는 부패 방지를 위해 지방 법관들에게 봉급을 지급할 것과 법률제도 강화를 위한 여러 가지 개정 사항이 포함되었다. 레오는 로마의 관리 아래 있던 동東일리리쿰 교구도 콘스탄티노플 관할로 바꿨다. 그러자 남부 이탈리아, 시칠리아, 발칸 반도, 그리스 등의 그리스어권 지역들이 세수와 더불어 콘스탄티노플 관할로 넘어오게 되어 로마 주교들로부터 큰 반발을 샀다. 731년에는 교황 그레고리우스 3세가 지방 공의회를 개최하여 성상파괴운동을 단죄함으로써, 로마 교회와 콘스탄티노플 교회가 분리되는 단초를 제공했다. 그레고리우스 3세의 계승자들 또한 일리리쿰 지역에 대한 권리를 계속해서 주장했다. 하지만 그런 우여곡절 속에서도 레오의 치세 중에 제국은 안정을 찾고, 방어시설도 강화되며, 이슬람의 확산은 저지되었다. 성상파괴운동도 비록 성상을 완전히 파괴하지는 못했지만, 전쟁에서 하느님의 지지를 다시 얻었으니 일차적인 목적은 달성한 셈이었다.

743년에서 843년까지 100년간은 비잔티움이 종교적 성상을 둘러싼 투쟁으로 점철된 시기였다. 콘스탄티누스 5세(재위 741~775)는 반란으로 쫓겨났다가 짧지만 치열한 내전을 치른 뒤 황제로 복귀해, 목판 그림에 대한 여하한 우상적 숭배도 금지하는 영적 형태의 예배를 강조하며 성상파괴에 대한 그 나름의 이론을 개진하기 시작했다. 그의 저작 『연구*Peuseis*』에도 상세히 기록돼 있듯이 그 이론은, 성체가 그리스도의 진정한 형상이고 십자가는 그리스도의 가장 강력한 상징이므로 기독교 신앙에 성상은 필요치 않다는 내용을 골자로 하고 있다.

그는 또 성상파괴에 대한 자신의 신념과 그것의 실행을 확정짓기 위한 에큐메니컬 공의회를 개최하기 위해 그에 필요한 준비 작업으로 일련의 토론회를 열었다. 성상숭배론자들의 반대를 잠재워 모든 주교가 자신의 이론을 지지하게 만들기 위해서였다. 그런 다음 754년 히에레이아 지방 공의회가 열리자 성상파괴론자 주교들은 기다렸다는 듯 성서의 구절을 인용하여 성상숭배를 우상숭배로 규정짓고 목재 조각상이나 화상 같은 비천한 물건은

책형과 성인(피에스키 성유물함). 에나멜과 유선칠보로 만들어졌으며 9세기 초의 것이다. 뉴욕 메트로폴리탄 미술관 소장. 상자 모양으로 얇은 슬라이드형 덮개가 있는데, 덮개에는 열네 명의 성인이 책형을 둘러싸고 있다. 성상파괴 논쟁이 진행되는 동안, 성유물에 대한 숭상은 754년에 금지되었다가 787년 회복되었고, 다시 815년에 금지되었다가 843년부터 인정되기 시작했다.

책형(베레스퍼드 호프 십자가의 한 면). 9세기 초반경 만들어진 것으로 런던 빅토리아 앤드 앨버트 미술관에 소장되어 있다. 성상파괴와 성상옹호론자에게 공통으로 받아들여질 수 있는 것은 십자가상이었다. 이에 각종 십자가들이 만들어졌는데, 장신구처럼 목에 걸고 다니기도 했다.

네 명의 성인과 기도하는 성모(베레스퍼드 호프 십자가의 또 다른 면).

사용을 금지했다.

우리 기독교인들의 보편적 교회는 유대교와 이교의 중간에서 경신과 숭배의 새로운 길을 가고자 한다. (…) 우리는 유대교의 (…) 피 흘리는 제물도 인정하지 않거니와, 우상의 제작과 숭배에 관한 일체의 행위 또한 혐오한다. 가증스러운 미술을 주도하고 창안한 것은 다름 아닌 이교도들이다.

로마는 히에레이아 공의회에 참석하지 않았고, 따라서 성상파괴의 결정도 받아들이지 않았다. 그러나 공의회의 의사록은 훗날 파기되고 신앙에 대한 〈정의〉만 남아 787년 니케아 공의회에서 단죄되기는 했지만, 콘스탄티누스가 성상파괴에 주도적 역할을 담당했던 것은 분명하다. 이어 성상숭배자들의 박해와 죽음이 뒤따랐다. 희생자들 대부분은 성상과 그것의 숭배를 장려한 수도자들이었다. 유명한 성 스테파누스도 그중의 한 사람이었다.

콘스탄티누스는 740년대에 페스트가 다시금 수도를 한바탕 휩쓸고 지나간 뒤 부족한 인력을 끌어모아 지진으로 훼손된 수도교를 손보고 기념물을 복구하는 사업을 벌였다. 유스티니아누스가 건립한 성 이레네 성당도 후진에 모자이크 십자가를 설치하는 성상파괴 양식으로 다시 지었다. 그 성당은 당시에 우세했던 상징적 미술의 전형으로 오늘날에도 관람객의 찬탄을 자아내고 있다. 성상옹호론자들도 물론 그 십자가를 그리스도의 가장 강력한 힘의 상징으로 숭배했다. 그렇게 해서 그것은 성상파괴론자와 옹호론자 모두 축복하고, 보호하고, 치료하고, 귀신을 몰아내는 용도로 두루 사용하는 물건이 되었다. 그러나 앞의 6장에도 나왔듯이 성상파괴론자인 콘스탄티누스 5세는 751년 롬바르드족의 공격으로 위기에 처한 라벤나를 구해내지 못했다. 서방에 지원군을 보내지 못한 것이다. 그리고 그것은 어느 정도 콘스탄티누스가 아랍인, 슬라브인, 불가르족과 노상 전쟁을 벌이느라 제국의 자원이 고갈된 데 원인이 있었다. 그런데 그것이 결과적으로 큰 성공을 거두자 성상파괴 정책이 전쟁을 승리로 이끈 것처럼 되어, 참전한 군인들까지 그 정책의 열렬한 지지자가 되었다. 그리하여 콘스탄티누스는 775년 죽으면서 한층 강력해진 제국을 아테네 출신의 여자 이레네와 결혼한 아들 레오 4세(재위 775~780)에게 넘겨주었다.

비잔티움 황제 레오 4세는 780년에 사망했다. 그러자 황후 이레네는 45년간이나 지속된 성상파괴 정책을 거꾸로 돌려놓기로 결심하고 추방당한 성상옹호론자, 특히 수도자들의 지지를 등에 업고 대담하고 놀라운 반전을 시도했다. 그녀는 열여섯 살 된 아들 콘스탄티누스 6세의 이름으로 콘스탄티노플에 에큐메니컬 공의회를 소집했다. 교황 하드리아누스 1세와 동방 총대주교구 세 곳에도 초청장을 보내 대표를 파견할 것을 요청하고 총리대신으로 있던 타라시우스를 콘스탄티노플 총대주교로 임명하여 공의회를 주재하도록 했다. 그러나 786년에 열린 첫 공의회는 성상파괴론자들의 훼방으로 무산되고 787년 니케아 공회의가 다시 소집된 뒤에야 성상파괴는 기독교 전통에 위배되는 혁신으로 단죄되었다. 그렇게 해서 주로 성인들의 생애에 수록된 기적담의 인용으로 정당화된 성상숭배가 부활하고, 성물과 성인들의 성상이 없는 교회도 세울 수 없도록 규정한 교회법 21개조가 공표되었다. "그리스도는 하느님 아들의 성육신이므로 땅 위에 드러난 모습 그대로 묘사할 수 있다"는 것이 성상옹호론자들의 논점이었다. 예배latreia는 하느님에게만 지정되었다 해도 그리스도의 성상에 경의proskynesis 정도는 표할 수 있다는 것이었다.

하느님의 성스런 교회는, 그리스도가 하나의 위격에 두 개의 본성을 지녔음을 마땅히 공표하고, 그리스도의 성상을 만들어 그분이 행한 구속救贖의 뜻을 기억하라는 하느님의 명을 따르고자 한다.

― 787년 니케아 공의회의 여섯 번째 회의에서 결정된 사항

성상옹호론자들의 지시로 성상파괴주의 책자는 모두 제거되었다.

그러나 알고 보면 이레네 황후가 반세기 동안의 성상파괴운동으로 생겨난 종교적 분열을 기회 삼아 비잔티움에 성상숭배주의를 부활시킨 것은 제국에 대한 지배권을 강화하기 위해서였다. 새긴 우상을 복구하도록 한 것도 그녀가 특별히 경건해서가 아니었다. 그 점은 콘스탄티누스 6세가 모후의 그늘에서 벗어나 제국을 단독으로 통치하려 하자 26년 전 아들을 낳았던 바로 그 자주색 방에서 그의 두 눈을 뽑아버린 사실로도 알 수 있다. 그런 다음 그녀는 797년에서 802년까지 5년간 비잔티움의 단독 여제로 군림하며 법률을 공표하고, 칼리프 하룬 알-라시드 및 샤를마뉴와 외교관계를 체결했다. 금화도 기독교 성상이나 상징 없이 양면에 자신의 초상만 넣는 독특한 방식으로 주조했다. 그러다 결국 재무대신이 일으킨 궁정 반란으로 타도되어 유배되었다. 그렇다 해도 이레네의 재위 기간은 남편 레오 4세보다도 길었다.

815년 황제 레오 5세가 다시 2단계 성상파괴운동을 실시했다. 이번에도 그것은 군사적 승리의 약속과 밀접한 관련이 있었다. 성상파괴는 이제 콘스탄티누스 5세와 떼려야 뗄 수 없는 관계가 되었다. 그를 흠모하는 군인들은 각본에 따라 성 사도 교회 부속 무덤으로 몰려가 그들의 영웅에게 전쟁을 승리로 이끌어줄 것을 호소했다. 그에 응답이라도 하듯 레오 5세(재위 813~820)와 미카일 2세(재위 820~829)가 이끄는 성상파괴론자 군대는 불가르족과 싸워 승리를 거두었다. 학식이 깊어 문법학자(그람마티코스gram-

『테오도루스 시편』에 실린 것으로, 815년의 성상파괴공의회를 묘사한 것이다. 1066년 제작되었으며 런던 대영도서관 소장품이다.

이레네 여제 재위(797~802) 때의 주화. 일반적인 비잔티움 주화와 달리 앞뒷면 모두 이레네의 초상이 그려져 있다.

matikos)로 불린 총대주교 요한네스도 성상파괴를 정당화할 수 있는 이론을 어렵지 않게 도출해냈다. 테오필루스 황제(재위 829~842) 치세 때는 성상파괴운동이 더욱 맹위를 떨쳐 성상을 그리거나 숭배하는 사람들에게 극심한 박해가 가해졌다.

테오필루스가 죽자 과부가 된 테오도라 황후가 어린 아들 미카일 3세의 섭정으로 나라를 다스렸다. 그녀는 군 지휘관과 남자 친척들이 득시글거리는 궁정에서 환관장 테옥티스투스를 우두머리로 하는 권력층 및 유배되었던 성상옹호론자 수도자들과 용케 동맹을 결성하여 성상파괴를 철회하는 데 성공했다. 고문과 투옥의 경험이 있는 메토디우스를 콘스탄티노플 총대주교로 임명하여 올바른 신앙으로 돌아온 것을 기념하는 새로운 찬양문(즉 정교의 시노디콘Synodikon of Orthodoxy)[시노디콘은 공의회나 종교회의에서 포고된 법령을 말한다]도 쓰도록 했다. 그런 다음 마침내 787년 니케아 공의회의 결정을 재확인하고 843년 3월 10일 성상숭배를 부활시켰다. 성상파괴 책자들도 죄다 파기하도록 했다. 테오도라는 또 교회에 압력을 넣어 성상파괴 정책을 실시했던 죽은 남편 테오필루스의 죄도 면해주었다. 아들 미카일이 행여 이단에 연루되어 고통받는 것을 막기 위해서였다. 시노디콘은 성상파괴주의자들인 레오 3세 및 콘스탄티누스 5세의 이름과 함께 읽혔다. 그러나 테오필루스는 기나긴 이단자들의 명단에 포함되지 않았다. 그 의식은 지금도 사순절의 첫 일요일 정교회 교회들에서 엄수되고 있다.

성상숭배주의가 승리한 것을 일컫는 이른바 '정교회의 승리'는 성상으로도 기념되었다. 그러나 9세기에 만들어진 본래의 성상은 사라지고 지금은 14세기의 복제품이 대영박물관에 소장돼 있다. 거기에는 황후 테오도라, 미카일 3세, 총대주교 메토디우스가 성상옹호론자인 순교자들, 다수의 수도자, (가공의) 수녀가 나란히 서 있는 위쪽의 성모 마리아와 아기 예수에게 경

흘루도프 시편집에 들어 있는 세밀화로 9세기 중반의 작품이다. 십자가 옆의 유대인들을, 그리스도 성상을 지워버리는 성상파괴론자들에 빗대어 묘사한 그림이 들어간 시편 68편이다.

'정교의 승리'를 묘사한 성상. 1400년경 콘스탄티노플에서 제작된 것으로 843년 성상숭배 부활을 기념하여 그린 초기 성상의 복제품이다. 그림 위쪽에는 성모자 상을 사이에 두고 양 옆에 황후 테오도라와 어린 아들 미카일 3세(왼쪽), 총대주교 메토디우스, 사제들(오른쪽)의 모습이, 아래에는 십자가와 성상을 들고 있는 성녀 테오도시아(왼쪽)를 비롯한 일군의 성상 옹호론자 순교자와 성인들이 묘사돼 있다.

의를 표하는 모습이 그려져 있다. 성상파괴주의 그림(성상옹호론자들이 그람마티코스 요한네스 총대주교를 발로 짓밟고 있는 모습)이 주종을 이룬 시편집도 만들어져, 가장자리의 많은 그림들과 함께 초상미술의 부활을 알렸다. 유명한 흘루도프 시편집을 포함해 그런 종류의 필사본 3권은 843년 직후에 만들어져 훗날에 나온 시편집의 본보기가 되었다. 기념물에 묘사된 상징적인 성상파괴주의 그림도 수십 년간 훼손되지 않고 남아 있었다. 성상옹호론자들도 십자가에는 쉽게 손을 댈 수 없었던 것이다. 그러다 866년에야 성 소피아 성당의 후진 장식이 성모자 상 모자이크로 대체되었다. 콘스탄티노플 총대주교 포티우스는 부활절 일요일 성모자 상의 제막식을 거행하고 이것의 중요성을 강조하는 설교를 했다. 그것은 지금도 그 자리에서 사람들의 경배를 받고 있다. 회칠이 되거나 덧칠된 다른 곳들의 초상화와 모자이크도 복구되었다. 테살로니카의 호시오스 다비드 교회당에서는 에스겔의 환상 모자이크가 하늘에서 내려친 번개로 본래 모습을 되찾는 기적이 일어났다. 정교의 승리로 사람들은 이제 성상을 마음 놓고 숭배할 수 있게 되었다. 그래도 총대주교는 여전히 성상파괴가 부활하지 않을까 전전긍긍했다. 그러나 성상의 명예로운 위치는 이후 두 번 다시 도전받지 않았다.

*

지금까지 살펴본 것처럼 성상파괴에 대한 당대의 기록은 빈약하기 이를 데 없다. 그렇다 보니 현대의 이론도 부실할 수밖에 없다. 사료가 부족한 주원인은 투쟁에서 승리한 성상옹호론자들이 반대자들의 기록을 죄다 파기해 버린 데 있다. 앞서도 나왔듯이 787년과 843년 그들은 성상파괴에 관련된 책자를 모조리 불태워 그 이론을 말살하려고 했다. 그런 조직적인 파괴로 인해 성상파괴주의자들의 의도를 파악할 만한 증거가 사라져버린 것이다. 콘스탄티누스 5세가 쓴 『연구』, 754년과 815년에 열린 성상파괴 공의회의 법령, 요한네스 그람마티코스 총대주교의 신학 이론서들도 다 사라져버려 지금은 남아 있는 것이 없다. 754년 성상파괴주의자들이 발표한 『신앙의 정의Definition of Belief』가 그나마 오늘날 알려지게 된 것도 787년 문장을 조목조목 짚어가며 정죄하기 위해 낭독되었기 때문이다. 성상파괴주의자들이 거대한 십자가를 넣어 장식한 후진의 모자이크도 종국에는 성모자 상으로 대체되어 희미한 윤곽만 남게 되었다. 전차경주나 말경주와 같은 성상파괴 시대의 속인 미술도 불경한 것으로 간주되어 제거되었다.

  성상파괴에는 본질적으로 파괴가 내포돼 있다. 그런데 문제는 얼마나 많은 성상이나 그림, 프레스코화, 채색 필사본이 실제로 불살라지고, 덧칠되고, 지워졌는지 알 수 없다는 것이다. 현대 역사가들이 추정하는 바도 제각각이다. 사라진 것을 찾아내고 성상의 종류를 재구성하는 것 역시 불가능하다. 그래도 성상이 파괴된 흔적은 남아 있다. 일례로 콘스탄티노플 총대주교구의 방들에 장식돼 있던 성상들은 760년대에 십자가로 대체되었다. 지금 남아 있는 성상파괴 시대의 책자들 역시 그림이 제거되어 거의 찾아볼 수 없다. 843년 직후에 제작된 시편집도 성상 위에 성상파괴 상징들이 덧칠돼 있다.

  당대의 성상파괴 논쟁을 이해하는 첩경은 가장 넓은 맥락으로 상황을 바라보는 것이다. 비잔티움의 성상파괴운동은 730년에서 843년까지 이슬람의 정복, 제국 영토의 상실, 세상의 종말이 오리라는 예언으로 나라가 극도로 어지러운 정황 속에 일어났다. 그러다가 787년과 843년 새로운 상황에 대처하고 삶에 대한 자신감이 붙으면서 이레네 황후와 테오도라 여제의 주도 아래 성상숭배가 부활했다. 그런데 9세기 초 외부의 군사적 위협이 느껴지자 비잔티움은 다시 군인들의 주도하에 군사적 승리와 밀접히 연관된 정책을 시행했다. 따라서 815년부터 843년까지 진행된 성상파괴의 두 번째 국면은 제국의 존립을 위태롭게 할 수 있는 군부의 시도를 사전에 차단하려는 정부의 대응책으로만 설명이 가능하다.

성상파괴를 놓고 양측이 공방을 벌인 내용을 면밀히 살펴보면 이슬람의 위협과 그것이 직접적으로 연관돼 있음을 알 수 있다. 성상파괴론자들은 성상이 위험하고 기독교도들에게 죄가 되는 우상숭배로 이어질 수 있다고 주장했다. 그들은 또 성상의 효력이 다하여 진정한 기독교도들을 보호하고 치료할 능력을 상실했다는 점도 지적했다. 레오 3세도 730년 그 두 이론을 내세워 성상파괴 정책을 실시했다. 그에 대해 성상옹호론자들은 그리스도는 하느님의 성육신이므로 인간의 모습으로 표현할 수 있다는 이론으로 맞섰다. 다마스쿠스의 성 요한네스를 비롯한 신학자들은 기독교도들이 성상숭배를 통해 하느님에 대한 더 높은 인식에 이를 수 있다고 믿었다.

비잔티움은 바로 이 과정에서 성상파괴주의자인 아랍에 맞서 비잔티움 예술의 본질을 밝혀줄 중보자仲保者로 성상을 내세웠던 것이다. 이슬람은 무슬림의 주화와 바위의 돔 사원과 같은 기념물에도 표시돼 있듯이 유대인과 기독교도에게 내려준 하느님의 계시보다 자신들의 종교가 우월하다고 주장했다. 코란에도 예수는 하느님의 아들이 아닌 예언자의 한 사람일 뿐이라는 내용이 되풀이 표현되었다. 그에 대해 기독교 예술가들은 십자가에 못 박힌 예수 상을 그려 부활에 대한 그들의 신념을 나타냈다. 예수가 죽은 자 가운데서 살아난 것을 부정하는 무슬림들에게 완전히 둘러싸인 시나이 산의 카타리나 수도원에 장식된 성상파괴 시대의 성상들에도 십자가에 못 박힌 그리스도 상이 그려져 있다. 그것들 모두 예수가 죽어 무덤에 묻혔다가 다시 살아나 승천한 것을 강조하는 그림들이다. 그렇게 해서 계시의 진위를 가리는 문제는 전 지역으로 확대되고, 정치적 선전의 모든 양상, 건축물과 성상에도 반영되었던 것이다.

성상파괴는 사회의 각계각층에도 영향을 미쳤다. 성상을 계속 그리다 박해받은 수도자 화가들과, 콘스탄티노플 근교의 스투디오스와 코라 수도원처럼 성상파괴주의 정책을 받아들이지 않은 수도원 사회가 그 대표적인 예였다. 성상옹호론자 수도자들은 각 지역으로 추방되거나, 혹은 세태가 바뀐 사실을 인정하고 예전에 성상옹호론의 중심지였던 수도원들로 자리를 옮겼다.

성상파괴는 가정에서 성상을 경배한 모든 이들에게도 영향을 미쳤다. 특히 아낙네들은 위험을 무릅쓰고 성상숭배를 계속하다가 감옥에 가거나 혹은 그보다 더 심한 벌을 받았다. 성 스테파누스를 비롯한 성직자들이 콘스탄티누스 5세의 명령으로 투옥되었을 때는 교도관 부인이 그들에게 몰래 성상을 들여보내주었다는 일화가 전해지기도 한다. 자신들의 신학 이론을 꿋꿋이 지키며 타협을 거부한 성직자들도 성상파괴의 회오리바람을 비껴가지 못했다. 게르마누스와 니케포루스 총대주교는 은퇴를 강요받았고 파울루스 총대주교는 비잔티움에서는 매우 드물게 스스로 자리에서 물러났다. 786년 콘스탄티노플 공의회 개최를 훼방 놓은 성상파괴론자 주교들도 처벌을 받았고, 843년 사임을 거부한 요한네스 그람마티코스 총대주교는 유배되었다.

그러나 성상파괴의 여파가 가장 크게 미친 곳은 역시 군대, 특히 8세기 중반 아랍인과 불가르족을 상대로 대승을 거둔 콘스탄티누스 5세 지배 아래 성상파괴주의자가 된 군인들이었다. 그들은 성상파괴가 비잔티움에 승리를 가져다준 것으로 믿었다. 비잔티움 이외의 기독교 지역도 성상파괴에 민감하게 반응한 것으로 기록돼 있다. 다마스쿠스의 성 요한네스(675년경

10세기(950~1000)에 콘스탄티노플에서 제작된 그리스도 판토크라토르. 만인의 통치자로서의 그리스도의 모습을 형상화한 것으로, 왼손에는 복음서를 들고 있고, 오른손으로는 인류에게 축복을 내리려는 모습이다. 뒤쪽의 십자가는 예수의 신성함과 인류를 위한 희생을 상징하고 있다.

~753/4)만 해도 성상숭배를 옹호하는 논문을 썼다. 로마는 성상파괴주의를 단성론과 같은 동방의 또 다른 이단으로 규정하고 격렬하게 저항했다. 반면 프랑크족 신학자들은 787년 니케아 공의회의 오역된 법령으로 성상옹호론자들을 판단하고는, 그들의 우상주의적 측면에 큰 충격을 받았다. 제국의 국경을 벗어난 지역들도 성상파괴에 대한 논쟁과 그 결과에 촉각을 곤두세웠다.

그러나 성상파괴 영향의 심각성을 보여주는 가장 뚜렷한 예는 아마도 그에 대한 기록을 모조리 말살하려 한 성상옹호론자들의 행위에서 찾아볼 수 있을 것이다. 콘스탄티노플 총대주교 포티우스는 843년 성상숭배가 부활한 지 수십 년이 지난 뒤에도 성상파괴가 다시금 고개를 쳐들지 모른다는 두려움에서, 단죄당했을 때조차 그것은 힘과 세력을 보유하고 있었다는 점을 들어 성상파괴의 위험성을 알리는 글을 썼다. 결과적으로 그의 말은 잘못된 것으로 판명났지만 그렇다고 성상파괴운동을 말살하려 한 계획이 완전히 성공을 거둔 것도 아니었다. 유럽의 종교개혁 기간에도 프로테스탄트들은 비잔티움 시대의 성상파괴 이론과 책자를 그대로 인용해 종교적 성상을 비판했다. 그들은 성상을 옛 이교 신들의 초상과 다를 바 없다고 하면서 성상에 입 맞추고, 찬양하고, 그 앞에 불 밝히고, 향 사르고, 성상을 향해 기도하는 행위는 고대 의식의 재현일 뿐이라고 꼬집었다. 비잔티움 시대의 성상파괴주의자들도 그 행위를 새로운 형태의 이교적 우상숭배로 질타했던 것이다. 목판 그림이 신자들의 기도에 응답해주리라는 미신을 조장했다는 말이었다. 이슬람도 그 점을 직시하고, 기독교가 "우상을 믿는 민족의 종교"로 보이는 까닭도 그 때문이라고 주장했다. 그러자 성상옹호론자들은 기독교 성상과 이교적 우상, 오직 신에게만 주어지는 예배와 단순한 숭배를 뚜렷이 구분짓는 방식으로 그 문제를 해결하려고 했다. 오늘날에도 그것은 정교회

일각의 민감한 사안으로 남아 있다.

성상파괴운동은 중차대한 사건이었다. 그렇다고 성상파괴주의 황제들이 그 시대에 거둔 다른 업적의 중요성까지 가려지는 것은 아니다. 대부분의 비잔티움인들은 제국의 규모가 크게 줄어든 8세기와 9세기에 심각한 군사적 위협에 처해 있었다. 레오 3세와 콘스탄티누스 5세는 바로 그 군사적 위협의 주체인 아랍과 불가리아 세력을 물리쳐 제국의 생존을 보장해주었다. 그 결과 동방과 서방 국경지역의 지방민들은 두 번 다시 그런 참화에 노출되지 않았다. 콘스탄티노플은 이후 다시 포위공격을 받았지만 1204년 제4차 십자군에 점령될 때까지는 모든 공격을 잘 막아냈다. 그런 까닭에 비잔티움인들의 삶에는 법률 개혁, 테마 군사정부의 강화, 황조의 복구, 콘스탄티노플이 동지중해 주요 시장으로서의 위치를 되찾은 것이 성상파괴보다 한층 중요했다. 반면 초상미술의 조직적 파괴(730년 이전에 만들어진 콘스탄티노플의 기독교 성상 가운데 남아난 것이 하나도 없을 정도였다), 성상옹호론자 화가와 수도자들이 받은 박해, 고문, 죽음이 콘스탄티누스 5세가 기획하고 그의 계승자들이 모방한 군사적 승리와 상상파괴운동 간의 긴밀한 관계가 빚어낸 결과였던 것 또한 사실이다.

성상파괴 논쟁은 남자 황제들은 성상파괴를 지지하고 이레네와 테오도라로 대변되는 여황제들은 그것을 뒤집어엎어, 성상에 대한 남녀 간의 뚜렷한 차이점을 드러낸 사건이기도 했다. 특히 이레네는 780년 여제가 되어 제7차 에큐메니컬 공의회를 개최했으며 나중에는 아들까지 배제한 채 비잔티움의 단독 황제가 되었다. 그렇다고 모든 지역이 그녀를 황제로 인정한 것은 아니었고 일부 서방 관측통은 이레네가 황제라는 사실 자체를 믿으려 하지 않았다. 그들은 황제 자리가 프랑크족의 왕 샤를마뉴의 수위권을 나타내기 위해 비어 있다는 종래의 주장을 되풀이했다. 그것을 반영이라도 하듯

베네치아 산마르코 대성당에 있는 여제 이레네의 모습. 1105년경 제작된 것이다.

교황 레오 3세는 800년 성 베드로 대성당에서 거행된 성탄절 미사 중에 느닷없이 샤를마뉴에게 황제관을 씌워주었다. 그러자 군중이 그를 '로마인들의 황제'로 부르며 환호했다. 교황도 비잔티움에 황제 이레네가 있고 따라서 샤를마뉴의 황제권이 인정받지 못하리라는 것은 알고 있었다. 샤를마뉴는 그 나름대로 정략결혼의 가능성을 타진한 이레네에게 호감을 보이며 대관식으로 불거진 양측의 불화를 극복하기 위해 노력했다. 그렇게 되면 두 사람 모두 각자의 정치 영역에서 황제의 호칭을 사용할 수 있게 되는 것이었다. 그런데 그것(정략결혼의 가능성)이 이레네에 대항한 반란을 촉발시켜 그녀는 결국 폐위되었다. 하지만 폐위는 되었을 망정 그녀는 테오도라를 비롯한 차기 황후들의 귀감이 되어 이후 비잔티움의 모후들은 과부가 된 뒤에도 그녀의 본을 따라 어린 아들의 섭정 노릇을 계속했다.

비잔티움 기독교는 성상숭배라는 고유의 의식을 개발하여, 우상에 대한 그간의 인식에서 탈피했다. 이후 비잔티움의 모든 미술은 그 시기에 수립된 원칙을 기본으로 삼았다. 성상은 콘스탄티누스와 유스티니아누스가 성모 마리아의 양옆에 서 있는 모습으로 묘사된 성 소피아 성당의 모자이크화나 혹은 정문 위의 그리스도 상과 같이 장엄하게 그려진 공공미술로서뿐 아니라 가정에서도 찬양받는 존재가 되었다. 교도관 부인과 같은 여자들이 교회의 정책에도 아랑곳없이 성상을 보존하는 용기를 지닌 것을 보면 성상파괴가 시행된 기나긴 기간 또한 성상숭배 의식을 강화시킨 요인이 된 것이 분명하다. 이레네와 테오도라가 신앙심이 아닌 권력에 대한 야망으로 성상숭배 정책을 폈다는 점에서 그것은 역설이 아닐 수 없다. 두 사람은 또 의도와 달리 비잔티움 미술의 특징이 된 성상, 상아 조각, 필사본 삽화, 모자이크, 프레스코화가 만개할 수 있는 예술적 전통도 촉진했다. 그렇게 보면 비잔티움의 성상파괴론자 황제들은 아랍의 공격으로부터 나라를 구해준 것이 되고 성상옹호론자 황후들은 600년, 아니 제국의 바깥에서는 그보다 더 오랫동안 기독교 성자들의 영광스런 초상을 지켜주는 역할을 수행한 것이다.

11
개명된 사회

군사교본과 역사책 그리고 교회서적을 탐독하라. (…) 그것들을 눈여겨보면 얻는 것이 있으리라. (…) 지혜, 덕성, 병법의 격률을 배우게 될 것이다. (…) 구약성서의 내용은 대부분 병법으로 이루어져 있다. (…) 부지런한 사람은 (…) 신약성서에서도 많은 것을 배운다.

― 11세기경에 쓰여진 퇴역장군 케카우메노스*의 「아들들에게 보내는 충고Advice to His Sons」 중에서

성상의 역할에 대한 논쟁이 널리 알려지고 대대손손 끊이지 않고 이어져온 것을 믿을 수 있는 한 가지 근거는 비잔티움이 문文을 중시한 개명된 사회였다는 사실에 있다. 비잔티움은 마을, 감독학교, 사제, 수도자, 개인 교사 등 다양한 교육 여건을 지니고 있었다. 여건만 좋은 것이 아니라 교육 수준도 높아 기본적인 읽기와 쓰기의 범주를 넘어섰다. 특히 수도 콘스탄티노플은 최고 수준의 교육을 실시하여 행정부, 군대, 교회가 필요로 하는 유능한 인력을 배출했다. 또한 각 분야의 요직이 인재에 개방돼 있다 보니 교육은 사회 이동과 입신양명의 수단이 되었다. 그 결과 비잔티움에서는 자식을 교육시키면 가족의 부가 증대되고, 그 혜택이 친척들에게 돌아가고, 그들이 다

* 케카우메노스는 『스트라테기콘 Strategikon』을 저술한 비잔티움인이라는 것 외에는 알려진 것이 거의 없는 인물이다.

시 교육시설과 지적 활동에 투자하여 학자들의 지위가 높아지는 선순환이 반복되었다. 학문을 존중하고 찬양하는 그런 기풍이 비잔티움 문화의 특징이 된 것이다.

성직자 계층에만 고등교육의 기회가 주어진 서방과 달리 비잔티움에서는 재능 있는 모든 남자에게 고등교육의 혜택이 주어졌다. 또 일상적인 대화에서는 어휘와 발음이 독특한 속어가 쓰였지만, 고등교육에서는 호메로스의 서사시와 중세 비잔티움어를 이어준 고대 그리스어가 주로 사용되었다. 모르긴 몰라도 비잔티움 학자들은 집필뿐 아니라 일상 회화에서도 고대 그리스어를 사용했을 것이다. 그와 달리 북부 유럽의 서방 학자들은 라틴어와 그리스어를 외래어로 습득했다. 그들의 토착어인 게르만어, 앵글로색슨어, 그리고 훗날 프랑스어, 에스파냐어, 이탈리아어로 파생돼나간 로망스어와는 두 언어가 확연히 달랐던 탓이다. 그들은 또 비잔티움 학자들이 그리스어에 열정을 쏟은 것 못지않게 키케로, 베르길리우스, 오비디우스와 같은 고전 작가들의 작품을 맹렬히 연구했지만 비잔티움 학자들에 비해서는 연속성이 떨어졌다. 그리스어와 같은 발달된 언어 체계가 없었던 탓이다. 그리스어보다 긴 역사를 가진 언어는 중국어뿐이다.

비잔티움의 교육제도는 예로부터 문법, 수사학, 논리학의 3과와 산술학, 기하학, 천문학, 음악의 4과로 이루어진 고대의 7자유과로 짜여 있었다. 또 플라톤과 아리스토텔레스의 원전은 상급반 학생들만 배웠지만 철학논쟁은 전 강의요강에 포함되었다. 학생들은 문자를 배우면 납판이나 석판에 알파벳 쓰기 연습을 하고 그다음에는 이솝 우화에서 디오니시우스 트락스〔기원전 170~90, 알렉산드리아와 로도스 섬에서 활약한 고대 그리스의 문법학자〕의 『문법의 기술Art of Grammar』로 학습 단계를 서서히 높여갔다. 그들은 시, 특히 호메로스의 서사시를 달달 외워서 학습했다. 학생들이 하루 평균 외우고 깨우치는 시의 분량이 30행 정도 되었으니 1만5천 행이 넘는 『일리아스』를 완독하는 데는 상당한 시간이 걸렸을 것이다. 시와 문법 학습이 끝나면 학생들은 안티오키아의 아프토니우스가 쓴 연설교본(프로김나스마타progymnasmata)을 교재 삼아 연설과 웅변 기술의 연마에 필요한 수사학을 공부했다. 그들은 데모스테네스〔기원전 384~322, 그리스의 정치가 겸 고대 그리스에서 가장 뛰어난 웅변가〕와 리바니오스〔314~393, 그리스의 소피스트이자 수사학자〕의 작품을 읽으며 황실 결혼식과 같은 특별 행사 때 읽을 축사 연습을 했다. 그 모든 과정을 이수해야만 수도 콘스탄티노플에 집중돼 있는 4과와 철학 교육과정을 밟을 수 있었다.

그 이교적 교과과정에는 장점이 많았다. 비잔티움 지식인들은 5세기부터 15세기까지 큰 변화 없이 그 교육과정에 따라 고대 그리스 이론에 기초한 세속적 지식 기반을 쌓았다. 거기에 기독교적 가르침과 신학만 추가했다. 11세기에 독학으로 장군이 된 케카우메노스가 그의 아들들에게도 일렀듯이 성서에는 도덕적 교훈 못지않게 실용적 이야기도 많이 포함돼 있었다. 그래서 그도 유식한 여느 고위급 장성과 다르지 않게 기독교를 숭배하면서도 속인 교육의 중요성을 함께 강조한 것이었다. 성직자들도 신학 문제를 토의하는 데 속인 교육이 유용하다는 것을 깨닫고 그 방법을 사용했다. 일례로 680~681년에 열린 제6차 에큐메니컬 공의회 기록에는, 자료의 진위 여부를 교구 도서관에 보관된 진본과 대조하여 가린 정교한 절차가 드러나 있기도 하다. 비잔티움 교회는 바로 성직자들의 그런 높은 교육 수준과 지적 성취도에 힘입어 정교회 신학을 효과적으로 방어할 수 있었던 것이다.

비잔티움은 중세 초기 수준으로는 유례가 없을 만큼 선진화된 기록보존 능력을 보유하고 있었다. 판결문만 해도 제국의 대법관청과 피고와 원고 쌍방이 각각 한 부씩 보관할 수 있도록 3부가 작성되었다. 1315년 총대주교구

재판소가 심리한 토지 분쟁에서는 동서지간인 두 여자가 같은 구획의 토지와 관련된 서류 6부를 제출했는데, 그중 2부가 위조로 들통난 일도 있었다. 니케포루스 2세 포카스 황제(재위 963~969)가, 967년에 조인된 협약을 968년 서방 외교관이 위반하려 하자 당시에 작성된 합의문을 보여주겠다고 협박한 사실로 알 수 있듯이 외교문서도 꼼꼼하게 기록되었다. 조세대장에도 당대뿐 아니라 과거의 토지 소유주 내역이 상세히 기록되었고, 심지어 공증인이 작성한 계약서에도 개인들의 신상명세가 수록되었다. 수천 명에 이르는 관리와 필경사들의 활약, 서류정리 제도, 교육받은 문관의 지속적 공급이 그 같은 비잔티움 제국 행정의 근간이 되었다.

그렇다고 비잔티움이 기록문서만 존중했던 것은 아니다. 비잔티움은 가난하거나 신분이 낮은 사람들이 작성한 구두계약도 인정해주었고, 문자 문화와의 관계 속에서 발전하여 능란한 말솜씨의 특징을 갖게 된 수준 높은 구두학습도 촉진했다. 구두학습은 대부분의 중세사회가 그렇듯 노래, 이야기, 회상, 기억으로 시작해 세대 간에 전파되는 방식으로 진행되었다. 구어문화의 특성상 기록 사료가 없어 단정하기는 힘들지만 십중팔구 그것은 부모와 집안 어른들이 고대 그리스의 희곡과 시에서 파생된 속담, 고대 신과 여신의 이야기를 들려주며 아이들에게 도덕적 가치를 일깨우는 방식으로 진행되었을 것이다. 아버지가 아들을 대장장이로 키우고 어머니가 딸에게 요리와 직조법을 가르쳐주듯, 건축법, 농법, 산파술 같은 기술도 집안 내에서 대대손손 전해졌을 것이다. 가장 중요했던 의술 분야에서는 노련한 솜씨로 사람의 목숨을 살릴 수도 있었던 산파가 거의 마법사 수준의 높은 대우를 받았다. 간질병과 나병을 돌보는 의사는 말로 전해져온 경험으로 병을 다스렸다. 비잔티움 의사들은 그런 식으로 갈레노스[129~216, 고대 그리스의 의사로 일명 갈렌]와 같은 옛 의사들이 남긴 기록 형태의 의학 지식과 구두 형태를 띤 민간 의술의 전통을 두루 이용할 수 있었다.

수도원도 건립 초기부터 기독교에 헌신하는 삶을 살기로 작정한 무학의 남녀들에게 시편과 복음서를 외우도록 하는 등 단순한 형태의 구두학습을 실시했다. 일부 수도원들에서는 복잡한 방식의 전례 의식을 수행할 수 있도록 신입 원생들에게 읽기뿐 아니라 문자도 가르쳤다. 기나긴 성경구절을 빠르고 쉽게 외우는 능력으로 일찌감치 성자가 될 소질을 드러낸 비잔티움 성인들의 삶에도 초보적 형태의 기독교 교육이 시행된 사례가 언급돼 있다. 아동들의 기독교 교육은 대체로 가정에서 이루어졌는데, 그 경우 학습은 다년의 연습 기간이 필요한 쓰기보다는 읽기에 치중되었다. 성인들의 생애는 쉬운 그리스어로 집필되어 기적담이라든가 '영혼에 좋은' 이야기책으로 발간되었다. 일부이기는 하지만 여자들도 유언장을 작성하고, 재산을 기부하고, 수녀원 생활을 할 수 있을 정도의 문자 교육을 받았다. 그러나 성가, 경구, 시를 지었던 9세기의 수녀 카시아의 영특함에 미치는 여자는 좀처럼 나오지 않았다. 그래도 후대의 사료를 기초로 문자 해득율을 비교해보면 쓰기가 아닌 읽기를 기준으로 했을 때 비잔티움 여성들이 중세 유럽 여자들보다는 교육 수준이 전반적으로 높게 나타났다.

그러나 기본적으로 이교적인 교육 내용과 제국의 기독교 문화가 조화롭게 양립하기는 어려웠다. 따라서 양자 간에는 필연적으로 긴장이 유발되었다. 8세기의 한 책자에도 자칭 철학자들이 콘스탄티노플 조상들의 토대에 쓰인 글귀를 설명하고 고대 기념물들에 해설을 곁들이는 과정에서 직면한 문제들이 자못 흥미롭게 서술돼 있다. 그들은 고대의 조상들과 그것들이 지닌 힘을 기술하고, 황제들의 초상화에 해설을 덧붙이고, 이교 건축물과 기독교 건축물들을 구분하는 내용이 포함된 『간략한 역사 기록 *Brief Historical Notes*』을 집필했다. '여왕의 도시' 콘스탄티노플을 둘러싼 이교적 환경을 이해하는 것이 그들의 연구 목적이었다. 그래서인지 그들은 필리피쿠스 바르다네스 황제(재위 711~713) 치세 때 비잔티온의 아크로폴리스에 있는 옛 원형경기장 키네기온에서, 히메리우스가 막시미아누스 황제의 조상을 살피던 중 그것이 무너져 내려 깔려죽은 것을 상기시키며 그런 화는 누구라도 당할 수 있다는 듯 고대의 조상들이 지닌 악의적 힘에 대해 경고했다. 그런가 하면 그들은 확인 가능한 명칭을 얼토당토않은 어원으로 설명하기도 하고, 자신들의 해석을 뒷받침하기 위해 근거도 없는 출전을 인용하기도 했다. 고대 그리스의 비문을 읽는 것은 현대인들만큼이나 그들에게도 힘들었던 것이다. 하지만 그 정도만으로도 고전시대에 대한 비잔티움 사람들의 관심이 얼마나 컸는지는 충분히 알 수 있다. 그 점은 고전시대와 밀접하게 관련된 천문학과 점성학 분야에도 나타나 있다.

해, 달, 행성의 움직임을 계산하고 그에 따라 식을 예측하는 데 필수적인 프톨레마이오스의 〈천문학 표 Handy Tables〉가 콘스탄티누스 5세(재위 741~775)의 치세, 그러니까 775년 이전 비잔티움에서 발간된 것이다. 8세기 말에는 비잔티움 궁정이 고용한 점성가들이 그 표로 운세도를 만들어 점을 치는 단계에까지 이르렀다. 바그다드에서도 과학의 전통이 높이 평가되어 기독교 수도자 테오필루스는 아바스 왕조의 칼리프 알 마흐디(재위 775~785)의 수석 점성가로 활동하며 다수의 고대 그리스 작품을 시리아어와 아라비아어로 번역했다. 그의 저작은 비잔티움에도 널리 알려져 있었다. 따라서 그것도 교회가 부적절하다고 간주한 점성학 저작물에 대한 관심을 고조시키는 데 한몫했을 것이다. 비잔티움에서 과학 저작물을 재발간하는 작업은, 타라시우스(콘스탄티노플 총대주교, 재위 784~806)와 니케포루스(콘스탄티노플 총대주교, 재위 806~815), 그리고 고전시 운율과 풍자시 작법을 정식으로 교육받은 성 테오도루스(스투디오스 수도원장, 759~826)와 같은 8세기와 9세기 총대주교와 성인들의 '전기'로 확연히 드러난 문학 문화보다 한층 두드러진 경향을 보였다.

그 전통은 콘스탄티노플뿐 아니라 무슬림 통치하에 있던 팔레스타인 수도원들에도 면면히 살아 있었다. 다마스쿠스의 성 요한네스와 그의 이복형제 코스마스만 해도 8세기 전반기에 수학이 포함된 고전적 교과과정으로 양질의 교육을 받았던 것이다. 성 사바스가 예루살렘 근교에 설립한 마르 사바 수도원에도 수많은 학자와 필경사들이 십자군 시대까지 책을 기부한 훌륭한 도서관이 갖춰져 있었다. 그러다 790년대 들어 무슬림 통치가 팍팍해지면서 팔레스타인 수도자들이 그동안의 연구 실적을 몽당 싸 짊어지고 콘스탄티노플로 대거 이동했다. 그중에는 예루살렘 총대주교의 비서synkellos(글자 그대로의 의미는 수행원, 조수)를 지냈다 하여 흔히 신켈로스로 불리는 게오르기우스도 있었다. 그가 천지창조로부터 디오클레티아누스 황제 치세까지 6천 년의 시대를 포괄하는 장구한 『연대기 History』를 들고 콘스탄티노플로 돌아온 것이었다. 그렇게 해서 제국의 국경 밖에 머물러 있던 전통, 다시 말해 천지창조 anno mundi를 시작으로 인간의 모든 역사를 기록하는 전통은 비잔티움의 역사 기록의 신선한 자극제가 되었다. 그 영향은 게오르기우스 신켈로스의 작품을 천지창조 5777년(기원후 284/5)에서 6305년(기원후 812/3)까지 이어받아 쓴 비잔티움 역사가 테오파네스의 『연대기』에도 뚜렷이 드러났다. 그는 아마 신켈로스가 수집한 자료도 이용했을 것이다. 니케포루스 총대주교도 편년체 역사가 아닌 서술형 『역사 History』를 집필하여 테오파네스 『연대기』의 602~769년 부분과 비교해볼 수 있는 재미를 선사해주었다.

스투디오스 수도원장 성 테오도루스도 두 사람 못지않게, 편지들을 통해 장차 비잔티움에서 꽃피게 될 탁월한 수사법 형식을 선보였다. 그는 유배지에서 보낸 편지들에서 성상옹호론자들을 익명으로 보호해주면서 그들을 지지하는 태도를 분명히 드러냈다. 편지들에는 또 성상숭배자들이 산지사방에 흩어져 있으면서도 지도자를 중심으로 유대를 이어가며 사실상 하나의 공동체를 이루었던 과정이 세세히 기록돼 있다. 그와 비슷하게 10세기의 어느 교사가 쓴 편지들에는 결석한 학생이라든가 수업료를 내지 못한 학생을 질책하는 등의 내용이 구체적으로 명시돼 있다. 이름이 알려지지 않은 이 교사의 다른 편지들에는 소포클레스의 책을 구입해서 기분이 좋다는 내용과, 필사를 하려고 하니 고대의 원전을 빌려달라고 친구에게 부탁하는 내용도 포함돼 있다. 다수의 학자와 그들의 제자들도 내용보다는 형식을 중시한 서한집을 편찬했다. 편지의 내용은 식사, 기후, 우정(이것은 특히 수도에서 멀리 떨어진 작가들에게 두드러진 현상이었다), 후원 제도, 병과 죽음을 위로하는 말, 새 생명의 탄생과 결혼을 축하하는 말과 같은 비잔티움의 삶의 특징을 이루는 요소가 주류를 이루었다. 편지쓰기는 그런 식으로 이름을 밝히거나 직설적으로 말하는 것이 금기시된 수사법의 습작으로 이용되었다. 그러다 보니 정작 편지로는 내용 전달이 되지 않아 필요한 메시지는 심부름꾼이 구두로 전하는 일이 속출하기도 했다. 그럼에도 수많은 서한집이 발간되었다는 것은 속인과 성직자를 막론하고 편지쓰기가 문학적 표현력이 뛰어난 비잔티움 지식인들의 관행이었음을 말해준다.

9세기에는 그리스어의 소문자체가 만들어져 문필업이 더욱 촉진되었다. 소문자체는 아마 제국의 대법관청에서 고안했을 것이다. 그와 비슷한 시기에 라틴어의 소문자체도 개발된 것을 보면, 그리스어 필경사들이나 라틴어 필경사들 모두 대문자로 표기하는 것이 여간 더디고 성가신 일이 아니었던 모양이다. 비잔티움에서는 또 글씨체의 변화가, 파피루스에서 내구성이 좋은 양피지로 필기용구가 대체되는 과정에서 일어났다. 필경사들은 이때 양피지에 새로운 서체를 사용하는 것 외에도 단원의 제목을 넣고, 구두점을 달고, 난외주를 포함시키는 편집상의 변화도 시도했다. 13세기에 양피지를 긁어내고 그 위에 덧대어 쓴 기도서에 가려 보이지 않다가 아르키메데스의 『부유체에 대하여On Floating Bodies』와 같은 고대 그리스 원전의 많은 부분이 후세에 전해지게 된 것도 그런 편집상의 변화 덕이었다.

유클리드(일명 에우클레이데스)와 프톨레마이오스의 저작물처럼 본래 파피루스에 기록된 수학과 과학의 원전들도 양피지에 다시 옮겨졌다. 그 작업은 훗날 성상파괴론자 총대주교가 된 그람마티코스 요한네스와 고전적 형식으로 풍자시를 짓기도 한 수학자 겸 철학자 레오가 주도했다. 요한네스는 테오필루스 황제(재위 829~842) 치세 때 아랍에 두 차례 사절로 파견되어 그곳에서 수행된 과학 연구의 근황을 비잔티움에 전해주었다. 레오도 바그다드까지 이름이 날 정도로 유명하여, 전하는 바에 따르면 아바스 왕조의 칼리프가 그곳에 포로로 잡혀 있던 레오의 한 제자로부터 레오가 유클리드의 기하학을 입증할 수 있는 수학의 대가라는 말을 듣고 그를 궁정으로 초빙했다고 한다. 하지만 테오필루스가 반대하여 그 일은 성사되지 않았다. 테오필루스는 레오를 콘스탄티노플에서 교사로 일하게 하면서 고대 그리스의 과학과 문학의 원전을 필경하는 일을 맡겼다. 863년에는 테오필루스의 처남 바르다스가 콘스탄티노플에 대학을 설립하고 레오를 '철학자들의 수장'으로 임명했다. 그곳에서 레오는 네 명의 조교와 팀을 이루어 4과의 전 과목을 학생들에게 가르쳤다.

레오의 제자와 관련된 이야기는 허구일 가능성이 높지만 그런 소문이 나돌았다는 것 자체가 바그다드와 비잔티움에서 지적 발전이 맹렬히 이루어지고 있었음을 말해주는 것이다. 9세기의 아바스 왕조 칼리프들인 알 마문, 알 무타심, 알 무타와킬 치세 때는 바그다드의 궁정 학자들이 '지혜의 전당'과 알 마문이 세운 천문대에 소속되어 프톨레마이오스의 천측 기록을 확인하고 그보다 더 정확성을 기하는 작업을 벌였다. 수학자 겸 천문학자인 알 화리즈미(780~850)도 그런 활발한 지적 분위기 속에 1, 2차 방정식의 체계적 해법이 포함된 수학의 새로운 분야(대수학)를 개척할 수 있었다. 그는 또 위치값과 영(0)의 개념이 들어간 인도-아라비아 수 체계를 이용했는가 하면 지리학, 천문학, 점성학을 주제로 한 책을 저술하기도 했다. 그리스어와 시리아어로 쓰여진 고대의 과학책들을 아라비아어로 번역한 것이 그런 수학적 진보를 가져온 원동력이 되었다. 3세기에 알렉산드리아의 수학자 디오판토스가 저술한 13권짜리 저작 『산학 Arithmetica』 가운데 아라비아어 필사본이 10권, 그리스어 필사본이 6권 남아 있고, 3권이 사라졌다는 사실도 9세기 초 무슬림 학자들이 그때까지 알려져 있던 가장 완벽한 판본의 번역자였음을 시사하는 것이다. 콘스탄티노플과 바그다드 간의 문화적 교류는 쌍방향으로 진행되었지만, 과학은 속도와 내용 면에서 이슬람 세계가 그리스 세계보다 앞서 있었던 것이다. 그리하여 나중에는 아랍어로 쓰여진 책이 도리어 그리스어로 번역돼 고대의 유산이 한층 진보된 형태로 한 바퀴를 빙 돌아 제자리로 돌아온 결과를 낳았다.

그러나 이슬람 사회와 기독교 사회 모두 제국의 후원과 개인의 후원이 없었다면 그런 학문의 발달은 불가능했을 것이다. 비잔티움만 해도 콘스탄티노플 황궁의 마그나우라(큰 홀을 뜻하는 라틴어 마그나 아울라 magna aula에서 나온 말) 궁전을 황실 자제들의 학교로 이용했을 정도다. 황제와 총대주교들은 15세기까지 콘스탄티노플의 고등교육을 꾸준히 증진시켰다. 제국 도서관과 총대주교구 도서관들 또한 학자들이 참고할 수 있도록 원고를 필사하고 정교회 책자 보존하는 일을 차질 없이 수행했다. 지방 도시들에서는 주로 주교가 학교를 열어 행정부, 군대, 교회의 일꾼이 될 소년들을 교육했다. 은수사와 수도자들도 아이들을 가르쳤고, 스투디오스로 알려진 콘스탄티노플 남서부의 성 요한네스(세례요한) 수도원 같은 곳들 또한 경내에 필사실筆寫室을 두고 수도사들에게 필사법과 채색법을 훈련시켰다. 아토스 산의 수도원 공동체는 종종 부자들이 죽으며 남긴 유산을 통해 기독교 서적과 세속 서적의 보고를 얻는 행운을 누렸다. 1354년에는 요한네스 6세 칸타쿠제누스 황제가 퇴위한 뒤 이름도 수도자 요아사프로 바꾸고 콘스탄티노플의 수도원에 은거한 채 회고록을 집필했다. 그렇게 나이 지긋한 지식인들이 수시로 입회하자 수도원 공동체의 지적 수준은 부쩍 높아졌다.

중세 초 비잔티움의 지적 활동은, 뛰어난 업적으로 수백 년 동안 서적 문화와 학문적 노력의 표상이 된 포티우스의 이력에서 정점을 이루었다. 그는 비범한 인물이었다. 그러나 아무리 비범했다 해도 통제와 이완이 적절히 녹아든 비잔티움 특유의 분위기가 없었다면 그도 고전 문화에 흠뻑 빠져들지 못했을 것이다. 그는 가장 우아한 그리스어로 신학, 철학, 문학, 예술에 대한 자신의 생각을 글로 옮겼다.

포티우스는 2단계 성상파괴주의(815~843)가 한창 극성을 부릴 때 성상옹호론자 가정에서 태어났다. 그리고 총대주교를 지낸 삼촌 타라시우스처럼 그도 모든 관직을 두루 거친 뒤 총리대신의 자리에까지 올랐다. 그러고 나서 858년 역시 타라시우스의 이력을 좇아, 폐위된 이그나티우스를 대신해 콘스탄티노플 총대주교로 임명되었다. 총대주교가 된 그는 다수의 설교문, 편지, 그리고 나중에 큰 논쟁을 불러일으킨 성령의 발현에 대한 논문을 집필했다. 그러나 성직자가 아닌 속인이 총대주교로 고속 승진을 하다 보니 이그나티우스의 지지자가 많은 비잔티움에서는 당연히 분란이 일어났다. 이그나티우스의 지지자들이 교황 니콜라우스 1세에게 호소하여 양측의 싸움은 서방 교회로까지 확산되었다(뒤의 12장을 참조할 것). 그러다 바실리우스 1세 황제가 즉위하면서 포티우스는 총대주교(1차 재위 858~867) 자리에

이그나티우스 총대주교의 모자이크로, 9세기 말에 제작된 것이다. 성 소피아 대성당.

서 해임되고 이그나티우스가 총대주교로 복직했다. 이그나티우스가 죽은 뒤에는 다시 포티우스가 총대주교(2차 재위 877~886)로 임명되었으나 현제 레오 6세(재위 886~912)에 의해 다시 실각했다. 하지만 포티우스는 867년 총대주교직에서 해임되고 난 뒤 첫 유배생활을 할 때도 황실 왕자들의 가정교사로 채용되어 수도로 돌아왔다. 교사로서의 그의 명성과 학문의 중심지로서의 왕궁의 중요성을 실감케 한 사건이었다. 포티우스는 교사로 일하며 바실리우스의 아들인 어린 레오에게도 감화를 주었을 가능성이 크다. 훗날 레오가 유능한 설교문 작가에 법률 개혁, 경제조직, 군사전술의 주요 후원자가 된 것으로 볼 때 그런 짐작은 충분히 가능하다. 그게 사실이라면 레오는 배은망덕한 제자였다. 황제가 된 뒤 첫 번째로 한 일이 포티우스를 해임한 것이었으니 말이다. 포티우스는 알 수 없는 정황 속에서 숨을 거뒀다.

  속인의 신분이었다가 총대주교가 된 포티우스의 파격적인 승진은 사실 특별할 것이 없었다. 모자란 경력은 그가 거둔 뛰어난 지적 성과로 충분히 상쇄가 될 만했다. 포티우스는 교회와 국가 간의 이상적 관계를 제시한, 바실리우스 1세가 편찬한 법전 『에파나고가*Epanagoga*』〔에파나고가는 입문서라는 뜻〕의 서문을 쓴 것으로도 알려져 있다. 그 서문에서 그는, 황제는 법률의 제정자이기는 하나 지상에서 신을 대리하는 사람에 불과하므로 특별히 더 법을 준수해야 한다고 말했다. 포티우스는 불가리아의 칸에게 보낸 편지에서도 그와 비슷하게 성군聖君의 올바른 행실에 대해 쓴 이소크라테스의 수사법에 크게 의존하여 기독교 군주의 의무를 강조했다. 자신의 영적 아들에게 '새로운 콘스탄티누스'가 되어 불가리아 백성을 기독교적 오이쿠메네로 인도할 것을 역설한 것이다. 포티우스는 그의 친구 키지코스의 암필로키우스가 제기한 질문에 답하는 과정에서도 광범위한 주제에 대한 폭넓은 지식을 유감없이 드러내 보였다. 그러나 포티우스가 자신의 걸출한 능력을 십분 발휘하여 '서평의 창시자'로 자리매김한 작품은 역시 『총서Bibliotheke』였다. 그의 형제 타라시우스에게 추천한 279권의 책이, 상세한 내용 분석 및 색다른 논평과 함께 실린『총서』에서 그는 기독교적인 것과 세속적인 것, 이단적인 것과 정통적인 것, 문장이 좋은 것과 나쁜 것 등 다양한 종류의 책들로 문학에 대한 감식력을 한껏 뽐냈다. 그는 또 신학에 관련된 책을 많이 다루면서도 아이스킬로스의 희곡에 해설을 붙이고(지금은 사라지고 없다), 스토비의 요한네스(일명 스토바이우스)가 쓴, 그 어느 것보다 완전한 백과사전에 대해 논평을 하기도 했다.

각각의 책에 붙인 그의 주해는 오늘날에 읽어도 손색이 없다.

24부로 구성된 안토니우스 디오게네스[2세기에 활동한 그리스 작가]의 『극북極北 땅 너머의 경이로움Wonders beyond thule』을 읽었다. 소설인데 내용이 상당히 재미있다. 다소 황당무계한 이야기를 그럴듯한 소설적 구조로 담아냈다.

포티우스는 이렇게 써놓고 극북과는 별 상관없는 특이한 관습, 놀라움, 모험심을 지닌 미지의 사람들 사이에 행해진 흥미진진한 여행담을 풀어놓은 뒤 이렇게 결론지었다.

이 책은 루키아누스[120년경~180년 이후. 고대 그리스의 웅변가이자 풍자작가]의 『실화True Story』의 바탕이 되었던 것 같다. 그런 유의 책들이 으레 그렇듯 이것도 기본적으로 두 가지 특징을 지니고 있다. 하나는, 불의한 자는 위기를 곧잘 모면하는 것 같아도 종국에는 죄의 대가를 치르게 됨을 보여준 것이고, 또 하나는 다수의 죄 없는 사람들이 위난에 처하였다가 예상을 깨고 구제되는 식으로 이야기를 설정해놓은 것이다.

이것을 아래 글과 비교해보는 것 또한 흥미롭다.

15부에 장장 5권이 되는 어마어마한 분량의 책을 읽었다. 그리스와 페르시아는 물론 트라키아, 이집트, 바빌로니아, 칼데아[바빌로니아 남부. 지금의 이라크 남부], 로마의 내로라하는 작가들이 작성한 인용문과 증거들을 모아 만든 방대한 전집이다. 이 책의 편찬자는 그들이 순수하고, 초자연적이고, 신성한 종교인 기독교에 동의한다는 점과, 초자연적 삼위일체로서의 하느님을 선포하고 있다는 것을 보여주려고 한다. (…) 저자는 조시모스(파노폴리스 출신의 테베인으로 최초의 연금술사)가 쓴 연금술에 대한 글도 비슷한 방식으로 주저 없이 이용한다. 히브리 말의 의미를 자세히 설명하면서 각 사도들이 구원론을 선포하고 힘든 노동을 마침내 끝낸 사실을 논한다. 그런 다음 이교적 격언과 성서의 구절을 적절하게 혼합하여 설득력 있게 훈계하는 것으로 책을 끝맺는다. 이 책을 보면 누구든 저자의 선과 독실함을 느끼게 될 것이다. (…) 저자가 누군지는 끝내 알아내지 못했다. (…) 그러나 그가 처자식과 함께 콘스탄티노플에 살았고, 헤라클리우스 황제 치세 이후에 왕성한 활동을 했던 것은 분명해 보인다.

이 책은 지금 전해지지 않고 있다. 그러나 포티우스의 글만으로도 7세기에 대해 후대인들이 얼마나 무지한지와 수많은 문예물이 파괴된 사실은 충분히 가늠할 수 있다.

포티우스는 『총서』에서 그의 형제가 요청한 바에 따라 서평을 하면서 그 작업이 계속될 것임을 약속했는데, 그 약속대로 희귀한 서적을 찾아 해설하는 일은 후대의 학자들이 유용한 지식을 뽑아 개요를 편찬하는 방식으로 계속 이어졌다. 그 대표적인 인물이 콘스탄티누스 7세 황제였다(16장 참조). 포티우스 주변의 학자 집단도 그와 비슷하게 9세기에 나온 비교적 덜 알려진 책들을 논하는 모범을 보여주었다. 포티우스는 세간에 알려진 책들을 모두 다루지는 않았다. 플라톤과 아리스토텔레스의 작품들이 그의 『총서』에 실리지 않은 것도 그래서일 것이다. 책의 저자들이 자신들의 최근작을 소개하는 모임도 비잔티움의 지적 생활의 특징이 되어 제국이 멸망할 때까지 문학 토론과 논평이 이루어지게 하는 활력소가 되었다. 12세기의 안나 콤네나처럼 지적 수준이 높은 여성들이라든가, 11세기 흑해 연안 알라니아의 마르타(일명 마리아)와 같이 비잔티움 문화를 배우고 싶어한 외국 황녀들이 철학자, 수사학자, 시인, 역사가를 초빙해 문학 살롱을 운영한 것이 그 대표적인 예다.

포티우스는 걸출한 인물이었다. 그런 반면 그는 또 자신이 속한 사회의 대변자로서, 취향과 수준이 비슷한 독자층을 위해서도 글을 썼다. 일례로 암필로키우스에게 보낸 그의 편지에는 몇 번이고 되풀이 필사하고, 인용하고, 고대 지혜의 요약집(플로릴레기아florilegia)에 재정리하는 등 고대 그리스의 원전을 함께 연구한 사실이 드러나 있다. 성서에도 그에 못지않은 관심을 기울여 성직자와 속인들은 지식의 원천으로서의 성서를 머리를 맞대고 함께 연구했다. 비잔티움 학자들이 다소 융통성 없는 연구를 한 것은 사실이지만, 그런 만큼 그들은 또 호기심과 자제심으로 그리스어로 읽을 수 있는 모든 자료를 섭렵하고 고대의 원전을 신중하게 필사했다. 고대 그리스 작품들이 후대에 풍부하게 전해지게 된 것도 그들의 그런 노력 덕분이었다. 특히 포티우스는 그리스의 유산, 이교, 기독교, 고대, 중세, 과학, 법률, 문학의 모든 양상에 힘을 쏟아 비잔티움의 열망을 구현한 인물이었다. 그는 기존 문화의 경계를 넘어 설교문, 논문, 흥미로운 편지를 작성했다. 또한 그는 중세 비잔티움에 고대 그리스의 중요성을 일깨움으로써 수백 년에 걸친 정치적 불안을 극복할 만한 발판을 마련했다.

14세기에 제작된 성상으로, 오른쪽에 성 키릴루스의 모습이 그려져 있다.

12
'슬라브족의 사도' 키릴루스와 메토디우스

> 그대는 어떻게 누구도 발견하지 못한 문자를 창안하여 이렇게 슬라브족을 가르치고 있느뇨? (…) 우리가 알기로 성서 속의 하느님을 찬양하기에 족한 언어는 히브리어, 그리스어, 라틴어, 그렇게 세 언어뿐이거늘.
>
> — 9세기에 메토디우스가 쓴 것으로 보이는 『콘스탄티누스의 생애 Life of Constantine』 중에서

메토디우스와 콘스탄티누스 형제는 9세기에 해군 장교였던 아버지 레오를 따라 테살로니카에 살면서 슬라브어를 익혔다. 테살로니카에는 슬라브인 교역자가 많이 찾아왔으므로 제국의 변방인 그곳에서 2개 국어를 구사하는 것은 낯선 일이 아니었다. 게다가 두 젊은이는 언어에 남다른 소질이 있었다. 포티우스 총대주교도 그 사실을 알고 형제에게 슬라브 문자를 창안할 것을 권유했다. 그렇게 해서 형제는 슬라브 알파벳을 만들어 정교회의 주요 문헌을 번역하기 시작했다. 그들이 애초에 만든 것은 나중에 교회 슬라브어로 발전해간 글라골 문자였다. 그러다가 후에는 현 러시아어의 모체가 된 키릴 문자를 고안해낸 것이다. 키릴 문자라는 이름은 869년 콘스탄티누스가 죽기 전 수도자가 되어 개명한 이름 키릴루스에서 비롯된 것이다. 두 형제도 훗날 '슬라브족의 사도' 성 키릴루스와 메토디우스로 알려지게 되었다.

두 형제 중 맏이인 메토디우스는 본래 속인 경력을 쌓으면서 슬라브족이 많은 마케도니아 공국에서 관리로 일했다. 그래서 자연스레 슬라브족과 어울려 살게 되었던 모양이다. 그러다 나중에는 관직을 떠나 올림포스 산에 있는 수도원에 들어갔다. 동생 콘스탄티누스도 842년 테오필루스 황제가 죽은 뒤 그의 첫 후원자인 환관 테옥티스투스에게 발탁돼 콘스탄티노플로 가서 학업을 마쳤다. 그런 다음 테옥티스투스에 의해 다시 성직자 겸 성 소피아 성당의 관리로 임명되었다. 콘스탄티누스는 그 일을 하는 것 외에도 시리아어, 히브리어(그는 히브리 문법을 그리스어로 번역하기도 했다), 철학도 함께 공부했다. 그의 두 번째 후원자인 포티우스와도 지적인 흥미와 교육에 대한 관심을 함께 나누었다. 그리고 포티우스처럼 그도 바그다드에서 가까운 사마라의 이슬람 궁정과 흑해 북쪽의 하자르 왕국에 외교사절로 파견되었다. 키릴루스는 그 하자르족 중심지에서 다소 미심쩍은 1세기의 로마 교황, 성 클레멘스의 유골을 발견했던 것 같다.

메토디우스가 쓴 것으로 추정되는『콘스탄티누스의 생애』에는 슬라브어가 테살로니카 지역에서 매우 흔하게 사용되었던 것으로 나타나 있다. 그것은 6세기 말 다수의 슬라브 종족이 도나우 강 국경을 넘어 그곳에 정착함으로써 빚어진 결과였다. 그들 가운데 몇몇 무리는 요새화된 도시들을 점령하고 테살로니카도 몇 차례 포위공격했으나 성공을 거두지는 못했다. 또 다른 집단들은 가솔과 가축 떼를 이끌고 남쪽으로 이동하여 농토를 점령했다. 후대의 기록에 따르면 그들은 발칸지역과 그리스 남부의 펠로폰네소스 반도까지 쳐들어가, 슬라브족 출현에 겁을 집어먹은 그곳 토착민들은 산지의 요새나 섬들로 도망쳤다고 한다. 그러던 중 8세기 말 비잔티움이 슬라브족을 군사적으로 제압하여 그 지역은 다시금 제국의 지배를 받게 되었다. 이레네 황후와 그녀의 아들 콘스탄티누스 6세는 786년 음악인과 무희까지 대동하고 저 멀리 베로이아(지금의 불가리아의 스타라자고라)까지 행차하여 슬라브족 평정을 기념하고 테살로니카에 성 소피아 교회를 헌당했다. 그 20년 뒤에는 니케포루스 1세 황제가 슬라브족과 아랍 연합군이 파트라스에서 일으킨 반란을 진압하고 원주민을 그곳에 재정착시켰다. 9세기의 비잔티움 학자 카이사리아의 아레타스는 그의 친족도 시칠리아 섬에서 파트라스로 귀향해 비잔티움 군에 패한 슬라브족이 주교의 지배를 받는 모습을 목도했다는 내용을 기록으로 남겼다.

콘스탄티노플은 수 세대 동안 발칸 반도의 많은 지역과 그리스 서부지역에 대한 지배권을 잃었지만 새로운 '테마' 제도를 통해 종국에는 제국의 통치권을 회복하는 데 성공했다. 10세기에는 펠로폰네소스 반도, 헬라스(중부 그리스), 케팔로니아의 섬들, 자킨토스 섬(일명 장트 섬), 케르키라 섬(일명 코르키라 섬, 코르푸 섬), 디라키움(지금의 알바니아 뒤러스), 테살리아, 테살로니카, 마케도니아에도 테마가 수립되었다. 스클라비니아이에 정착해 살던 슬라브족도 긴 세월에 걸친 비잔티움과의 접촉으로 그 무렵에는 기독교와 그리스어를 인식하게 되었다. 스파르타 북쪽의 타이게투스 산맥에 사는 두 종족만 집요하게 비잔티움의 문명화 노력에 적대감을 드러냈으나 그들도 종래에는 제국에 편입되었다. 비잔티움은 또 지배권을 상실하기는 했을 망정 서방의 로마가 야만족을 라틴화하고 기독교로 개종시킨 것처럼 동방의 로마가 되어 수많은 침입자를 그리스의 문화, 상업, 법률, 부에 동화되게 만들었다.

그러던 차에 862년 모라비아(고대 판노니아의 일부로 지금의 슬로바키아와 체코 공화국)의 군주 로스티슬라프가 미카일 3세 황제에게 사절을 보내 기독교 사제를 파견해줄 것을 요청했다. 바이에른의 프랑크족 선교단의 영향력이 커지는 것에 불안감을 느낀 나머지 독립적인 모라비아 교회를 세워 그들을 견제하려는 생각에서였다. 총대주교 포티우스는 그리스어의 우수성을 알면서도 전도자로 선정된 메토디우스와 콘스탄티누스에게 새로운 알파벳을 이용해 복음서와 시편, 성 요한네스 크리소스토무스의 전례를 슬라브어로 번역하도록 했다. 두 형제는 863년 모라비아에 파견되어 4년간 그곳에 머물며 슬라브어와 그리스어를 사용해 교회를 세웠다. 그런데 그것이 라틴어 전례를 고집하는 서방 전도자들의 적대감을 불러일으켰다. 그래서인지 두 형제는 로스티슬라프의 요청을 받아들여 모라비아 교회의 힘을 강화하기 위해 제자 몇 명을 성직자로 만들 계획을 세우고 867년 로마로 향했다.

형제가 베네치아에 도착하자 이윽고 슬라브어 전례를 둘러싼 유명한 논쟁이 시작되었다. 서방 성직자들(베네치아와 또 어쩌면 프랑크 왕국의 주교, 사제, 수도자들도)은 십자가에 못 박힌 그리스도가 숨을 거둔 사실을 (로마 병사들이) 히브리어, 그리스어, 라틴어로만 표시했기 때문에 그 세 언어만 신성한 언어가 될 수 있다고 주장했다. 그에 대해 콘스탄티누스는 이렇게 항변했다.

우리가 알기로 수많은 종족이 문자를 보유하고 그들의 언어로 하느님께 영광을 바치고 있습니다. 아르메니아인, 페르시아인, 아브하지아인, 이베리아인, 소그디아나인, 고트족, 아바르족, 투르크족, 하자르족, 아랍인, 이집트인, 그 밖에 다수의 종족이 있습니다. (…) 하느님의 비는 모든 민족에게 동등하게 내리는 것이 아닐까요? 햇빛도 모든 이에게 골고루 비추는 것이 아닐까요?

『성인들의 생애』에 따르면 서방 성직자들이 "독수리 한 마리에 갈가마귀들이 달려들 듯" 그에게 맹공을 가하자 콘스탄티누스는 다른 종족들을 봉사와 귀머거리가 되라고 하는 것에 수치심을 느껴야 할 것이라며 일침을 가한 뒤, 다수의 성경구절로 모든 민족이 주 하느님을 경배할 수 있는 근거를 제시했다고 한다.

그때 마침 니콜라우스 1세 교황이 분쟁에 끼어들어 그들을 초청하자 형제는 로마로 향했다. 그런데 로마에 와보니 니콜라우스는 저세상 사람이 되었고 그의 후임 하드리아누스 2세 교황이 그들을 맞았다. 콘스탄티누스는 흑해 유역에서 가져온 성 클레멘스의 유골을 하드리아누스 교황에게 선사했다. 제자들도 당연히 사제 서품을 받았다. 그들은 "사제 서품을 받기 무섭게 곧 사도 베드로의 성당에서 슬라브어 전례를 드렸다." 산타마리아 아드 프레세페 성당〔지금의 산타마리아 마조레 성당〕에도 슬라브어 성서가 놓이고, 그곳과 로마의 다른 성당들에서도 슬라브어 전례가 행해졌다. 콘스탄티누스는 869년 2월 죽음이 임박한 것을 느끼자 키릴루스로 이름을 바꾸고 수도자가 되었다. 그의 시신은 훗날 파란만장한 그의 일생이 프레스코화로 장식된 성 클레멘테 성당에 묻혔다.

교황 하드리아누스는 슬라브어로 예배 보는 것을 승인해준 데에 그치지 않고 메토디우스를 모라비아와 판노니아 공국의 교황사절로도 임명했다. 다만 거기에는 조건이 따랐다. 라틴어로 일과를 먼저 읽고 그다음에 슬라브어로 읽으라는 것이었다. 메토디우스는 키릴루스가 죽은 뒤 교황이 준 보직을 받아 로마를 떠났다. 그리고 15년간 나날이 거세어지는 프랑크족의 저항에도 굴하지 않고 번역과 선교사업을 꿋꿋이 이어나갔다. 870년에는 로스티슬라프가 그의 조카 스바토플루크에게 타도되어 슈바벤(남부 독일)의 감옥에 수년간 갇혀 지내다가 결국에는 그의 지지자들과 함께 모라비아에서 쫓겨났다. 모라비아 교회 또한 두 형제가 애쓴 보람도 없이 점차 프랑크족의 세력권으로 넘어갔다. 그곳은 지금도 로마 가톨릭 일색으로 남아 있다.

그 밖의 곳들에서는 슬라브어 전례가 제법 성공적으로 시행되었다. 메토디우스도 885년 죽기 전 제자들과 함께 성서, 전례예배, 교회법전의 번역을 마무리지었다. 그렇게 해서 슬라브족은 『콘스탄티누스의 생애』에 기록된 대로 "어느 나라든 그들 고유의 언어로 하느님을 찬양하는 위대한 민족 중의" 하나가 되는 궁극적인 목적을 달성했다. 그 결과 불가리아뿐 아니라 나중에는 러시아와 세르비아도 자국의 언어로 예배를 드릴 수 있게 되었다. 그것은 그리스어 중심론, 곧 그리스어를 모든 문화의 매개어로 생각한 비잔티움의 코를 납작하게 만든 쾌거였다. 어떻게 그런 일이 일어날 수 있었을까? 그 공은 테살로니카 출신의 선교사 형제가 언어에 소질이 있는 것을 알고 일찌감치 그 재능을 십분 발휘할 수 있게 해준 총대주교 포티우스에게 돌리는 것이 마땅하다. 그런가 하면 그것은 비잔티움이 라틴어 사용을 집요하게 요구한 서방 교회에 맞서 전통의 맥을 과감히 끊고 혁신성과 창의력을 보여준 또 다른 사례이기도 했다.

포티우스는 탁월한 학자이자 외교관이었다. 그럼에도 불가리아를 비잔티움 기독교로 편입시키는 과정에서는 교황 니콜라우스 1세와 격렬한 투쟁에 빠져들었다. 로마 교회는 포티우스가 총대주교로 고속 승진을 할 때부터 이미 그를 비판하기 시작하여 861년에는 그의 총대주교 임명을 "이그나티우스의 권리에 대한 침해"로 규정하고 단죄하기까지 했다. 그것을 시작으로 두 사람 사이에는 가시 돋친 편지가 오가게 되었고, 그러다 급기야 그것은 콘스탄티노플 교회와 로마 교회 간의 힘겨루기 양상으로 변해갔다. 콘스탄티노플 교회가 로마 교회와 동등한 힘을 지녔고, 그들 교회의 교리가 옳고, 비기독교도 특히 불가리아인을 정교회로 개종시킬 권한이 있다는 주장에 대해 양측이 논쟁을 벌인 것이다.

불가리아가 양측에 중요했던 까닭은 동방(비잔티움)과 서방(프랑크 왕국)

의 세력권 사이에 끼인 그 나라의 지리적 위치 때문이었다. 862년 불가리아의 칸 보리스 1세는 자국의 서쪽 영토와 인접해 있는 동프랑크의 국왕 루트비히 2세(샤를마뉴의 증손자로 일명 독일인 루트비히)와 동맹을 맺었다. 그에 맞서 미카일 3세 황제가 군대를 보내자 보리스는 다시 비잔티움의 요구를 받아들여 정교회로 개종했다. 포티우스는 불가리아가 정교회로 개종한 것을 기념해 보리스의 세례식을 거행하고 그의 대부인 황제 미카일의 이름을 따 미하일이라는 세례명을 부여했다. 그렇다고 보리스가 불가리아 내의 비기독교도들의 지지까지 얻을 수 있었던 것은 아니었다. 그리하여 그들이 그리스 성직자들에 저항하며 반란을 일으키자 칸은 신속히 반란을 진압한 뒤 서방으로 방향을 급선회하여 866년 독일인 루트비히와 교황 니콜라우스에게 편지를 보냈다. 보리스는 그렇게 로마와 콘스탄티노플 사이에서 줄다리기를 하며 불가리아 교회의 독자성을 갖기 위해 안간힘을 썼다.

새로운 로마와 구로마도 양측에 싸움을 붙여 어부지리를 얻으려는 보리스의 장단에 맞춰 어느 것이 진정한 종교인지를 묻는 그의 질문에 연신 답해주기에 바빴다. 포티우스는 에큐메니컬 공의회에서 정의된 교리가 옳다는 것과, 기독교 군주의 의무를 강조하는 답서를 보내 불가리아 교회를 콘스탄티노플에 종속시키려는 의도를 암암리에 내비쳤다. 교황은 교황대로 불가리아 교회는 로마에 속하는 것이 옳고, 신생 교회인 점을 감안하여 불가리아 교회도 라틴어 전례를 행하는 것이 옳다는 답변을 보냈다. 니콜라우스가 성 베드로의 후계자라는 점을 내세워 로마 교황의 절대적 우위를 강조하자 포티우스는 5개 총대주교구로 기독교계를 지배하는 최고 권위로서의 펜타르키아Pentarchia 이론으로 맞섰다. 그 밖에 니콜라우스는 8세기에 콘스탄티노플 관할로 넘어간 동일리리쿰 주교구에 대한 권리가 로마에 있다는 점도 언급했으며, 불가리아에서 활동하는 비잔티움 성직자들의 몇몇 습성

대천사장 미카엘과 가브리엘의 성상화. 황제의 옷을 입고 있는 모습인데, 한 명은 비잔티움을, 다른 한 명은 불가리아를 상징한다. 1351년 제작된 것으로 소피아 내셔널 아트 갤러리 소장품이다.

에 대해서도 조롱하는 말을 했다. 양측은 또 경쟁적으로 선교단을 보내며 불가리아 교회를 자기편으로 끌어들이기 위해 사력을 다했다.

양측의 분쟁은 결국 867년 여름 포티우스와 니콜라우스가 상대방을 서로 파문에 부치는 극한 상황으로 치달아갔다. 같은 해 9월, 이번에는 시종 바실리우스가 그를 총애한 미카일 3세를 시해하고 비잔티움 황제로 등극하는 일이 발생했다. 앞의 11장에서도 언급했듯이 바실리우스가 황제가 되고 난 뒤 취한 첫 조치가 포티우스를 해임하고 이그나티우스를 복권시킨 일이었다. 그 몇 달 후에는 교황 니콜라우스 1세가 로마에서 숨을 거뒀다. 이렇게 분쟁의 두 주역이 사라지자 바실리우스는 비로소 여유를 갖고 에큐메니컬 공의회를 열어 분열을 종식시키려고 생각했다. 공의회는 869년 10월에서 870년 3월까지 콘스탄티노플에서 열렸다. 보리스의 사절단은 공의회 폐회식이 시작된 지 나흘 뒤 그곳에 도착하여 불가리아 교회의 관할권 문제를 협의하려고 했다. 이에 로마 대표단이 펄쩍 뛰며 그것은 공의회의 결정 사안이 아니라고 하는데도 바실리우스는 그들의 의견을 무시하고 공의회에서 그 문제를 협의하도록 했다. 콘스탄티노플에 유리한 결정이 나도록 손을 써두었음은 두말할 여지가 없다.

키릴루스와 메토디우스 그리고 포티우스가 기울인 노력은 그렇게, 비록 키릴루스는 죽고 나머지 두 사람도 그 일에 참여하지는 못했지만, 성공적인 결실을 맺었다. 바실리우스 1세도 정치적 책략으로 불가리아에 대한 로마의 영향력을 줄이고 제국의 서쪽 국경지역에 정교회 동맹국을 갖게 되었다. 하드리아누스 2세 교황이 불가리아에 대한 공의회 결정을 수용하지 않았음에도 10년 뒤에 열린 또 다른 공의회(879~880)에서 그 결정은 추인되었다. 포티우스가 총대주교로 복직한 뒤에 소집된 그 콘스탄티노플 공의회를 비잔티움은 제8차 공의회로 주장했으나 서방은 인정하지 않았다. 하지만 불가리아 교회의 관할권에 대해 내린 공의회의 결정은 번복되지 않았다. 그렇게 해서 보리스는 비잔티움 '왕가'에 속한 왕으로 불가리아를 통치하면서 성직자 교육은 물론 속인 교육에도 불가리아어 사용을 장려했다. 포티우스도 그의 생애를 다룬 당대의 기록은 이례적으로 남아 있지 않지만 불가르족을 개종시킨 공으로 나중에 정교회에 의해 성인으로 추증되었다.

*

포티우스가 한 일을 지금 다시 평가하면 지도력과 교수법에 대한 새로운 지평을 열고 비잔티움의 지적 관심의 범위를 확장시킨 인물로 말할 수 있을 것이다. 그는 보리스에게, 아버지로서의 콘스탄티노플 황제basilues 아래에 속한 비잔티움의 한 국왕으로 그에 걸맞은 기독교 군주가 될 필요성을 역설했다. 그는 또 호칭, 표장, 관복 등을 하사하는 방식으로 외국 군주들을 비잔티움의 궁정 예법에 합치시키려고 노력했다. 정교회의 확산과 더불어 불가리아에는 또 비잔티움의 예술 형식, 교회 건축, 성상, 채색 타일이 도입되어 보리스만 해도 콘스탄티노플의 황궁을 모델로 한 거대한 왕궁을 지었다. 기독교의 수용은 불가리아를 비잔티움과의 경쟁관계로 몰아간 것이 아니라 발칸 반도의 많은 지역에 정교회를 확산시키는 역할을 했다.

그보다 더 중요한 것은 유럽 북부의 다른 민족들을 개종시키는 데 불가리아의 선례가 귀감이 되었다는 사실이다. 860년 러시아 전사들이 드네프르 강을 타고 내려와 시노프와 가까운 흑해 남부 해안을 공격했다. 그런 다음 그들은 곧장 보스포루스 해협으로 뚫고 들어와 콘스탄티노플 성벽을 위협했다. 그 장면을 목격한 총대주교 포티우스에 따르면 도시민들은 러시아인들의 갑작스런 출현에 경악을 금치 못했다고 한다. 붉은 머리털을 한 인간들이 거친 옷을 입고 짐승처럼 고함을 내지르는 모습에 '루스족'을 한 번도 본 적이 없는 비잔티움인들은 혼비백산했다는 것이다. 그 7년 뒤 포티우스는 루스족의 정착지인 고로디시체(나중에 러시아 북부의 노브고로트가 되는 지역)에 선교단을 파견하여 그들의 지배자(카간 khagan)를 기독교로 개종시켰다. 이렇게 불가리아를 개종시키기도 전에 포티우스는 선견지명을 갖고 원대한 계획을 세우고 있었다. 선교에 대한 증거물은 나오지 않았지만 고로디시체의 유적지에서 비잔티움 주화가 발굴된 사실도 양측 간에 상업적 교류가 있었음을 입증하는 것이다. 하지만 비잔티움은 이단에 대해서는 군사력으로 단호히 응징했다. 제국의 동방 경계지 아르메니아에서 악신과 선신의 이원론을 주장하는 파울리키우파派가 일어났을 때도 바실리우스 1세는 그들의 본거지를 점령하고 이단 기독교도들을 발칸 반도로 이주시켰다. 그들은 나중에 보고밀파로 다시 모습을 드러낸다(22장 참조).

911년 무렵에는 드네프르 강가의 키예프와 가까운 곳에서 온 러시아 상인들이 콘스탄티노플과 통상조약을 맺고 정례적으로 수도를 오가는 상황이 되었다. 그러다 941년 러시아인들은 여왕의 도시를 공격했으나 '그리스의 불'로 무장한 비잔티움 배들에 의해 격퇴되었다. 원정에 실패한 그들은 944년 노예, 밀랍, 꿀과 비잔티움의 고급 비단을 물물교환하는 조건이 명시된 두 번째 통상조약을 체결했다. 러시아인들은 그런 복잡한 조약을 통해 비잔티움 문화를 서서히 익혀갔다. 비잔티움에도 그것은 루스족을 보다 면밀히 파악할 수 있게 하는 계기가 되었다. 10세기 중반에는 루스족의 통치자인 이고르의 미망인 올가가 다수의 상인, 통역관 두 명, 기독교 사제 한 명을 대동하고 콘스탄티노플을 방문하여 세례를 받았다. 세례명은 황궁의 중궁전에서 성대하게 그녀를 맞아준 콘스탄티누스 7세 황후의 이름을 따 헬레나로 정해졌다. 그것이 중요한 출발점이 되어 루스족은 10세기 말 기독교로 개종했다. 그 이야기는 뒤의 17장에 이어진다.

　포티우스는 비기독교도를 정교회로 개종시킨 기나긴 과정에서 언제나 중심적인 위치에 있었다. 그의 독창성은 키릴루스와 메토디우스에게 슬라브 문자를 창안하도록 하여 그것으로 비그리스어권 사람들의 민심을 얻는 방식으로 기독교로 개종시킨 점에 있다. 그와 달리 니콜라우스 1세 교황과 프랑크족 선교사들은, 아랍어가 모국어가 아닌 무슬림에게도 최초의 고전 아랍어로 코란을 배울 것을 요구한(그것은 지금도 마찬가지다) 이슬람처럼 라틴어 전례만을 고집했다. 그러던 중 16세기 종교개혁 시기에 각국의 프로테스탄트들이 자국어로 성서를 번역하겠다고 나서자 서방은 그제야 비잔티움의 예를 따랐다. 그와 달리 이슬람은 흔히 하는 말대로 기독교와 같은 종교개혁을 경험하지 못했다. 그러나 포티우스는 슬라브족에게 슬라브 문자로 성서를 가르치면 훨씬 효과적이라는 것을 알고 있었다. 비록 그 자신은 그리스 본토의 세련된 아테네 말을 쓰고 그리스어를 그 어느 언어보다 우수하다고 생각했지만, '슬라브족의 사도들'에게 슬라브 문자를 발명하게 하여 그것으로 성서와 전례, 법전을 편찬하도록 한 것이다. 그렇게 해서 불가리아, 세르비아, 러시아는 그들 고유의 언어로 예배를 볼 수 있게 되었고, 거기서 그들 고유의 정교회 전통이 만들어졌다. 그것은 또 1453년 콘스탄티노플이 함락된 뒤 러시아 정교회가 그 세 곳의 대변자로 비잔티움 교회의 전통을 계승했음을 주장하는 근거가 되었다.

제3부
중세 국가를 완성하다

요한네스 스킬리체스의 『연대기』 필사본에 수록된 '그리스의 불' 삽화. 12세기 혹은 13세기에 시칠리아에서 필사된 것으로 보인다. "로마인들의 함대가 적군 함대에 불을 질렀다"는 설명과 함께 불붙은 액체가 관에서 뿜어져 나오는 모습이 묘사돼 있다.

13
그리스의 불

그리스 병사들이 사방으로 불을 던지기 시작했다. 불길이 날아들자 러시아 병사들은 불에 타 죽느니 물에 빠져 죽는 게 낫겠다는 듯 황급히 물속으로 뛰어들었다.

― 크레모나의 주교 리우트프린트가 쓴 『복수Antapodisis』 가운데 941년 러시아의 콘스탄티노플 공격 부분

그리스의 불은 지금까지도 불가사의한 존재로 남아 있다. 크림 반도의 유정에서 얻어지는 원유와 수지를 혼합해 만든 것 같은데, 재료의 혼합 비율과 그것을 발사하는 데 필요한 유압의 메커니즘에 대해서는 지금껏 알려진 바가 없는 것이다. 그럼에도 몇 가지 재료를 섞어 만든 그것은 비잔티움의 가장 강력한 무기가 되어 적군의 선박에 가공할 파괴력과 엄청난 공포를 심어주었다. 그리스의 불의 효력에 대해서는 앞에 소개된 아랍 군의 콘스탄티노플 포위공격 부분에서도 언급한 바 있다. 테오파네스가 쓰던 것을 이어받아 813년에서 1077년까지의 부분을 집필한 요한네스 스킬리체스의 『연대기』에도 그리스의 불이 생생히 묘사돼 있다. 노잡이에 의해 추진되는 소형 범선이 적선 쪽으로 다가가 긴 통으로 뜨거운 액체를 흘려보내면 두 선박 사이의 바다에 불길이 확 일면서 적선에 옮겨 붙는 모습으로 그려져 있는 것

뜨거운 액체가 좁은 관을 빠져 나와 "엄청난 굉음과 시커먼 연기를 내뿜으며" 불길을 토해 내는 그리스의 불은 겨냥한 배를 몇 초 만에 전소시킬 정도로 그 위력이 대단했다. 비잔티움이 존속되는 데에는 군사적 위력이 한몫을 했고, 그 군사력의 중추 기능을 담당한 것은 그리스의 불이었다.

οἱ πυρί

이다. 삽화들의 출처, 그것들이 필사된 장소, 그림을 그린 화가들에 대해서는 학자들의 의견이 엇갈리지만 524컷이나 되는 그 책의 삽화들은 매혹적이고 생생한 현실감마저 느끼게 한다. 소장돼 있는 도서관의 이름을 따 마드리드 스킬리체스로 불리는 그 연대기에는 황제들이 타국의 외교사절을 맞거나 자국의 외교사절을 타지로 보내는 모습, 콘스탄티노플로 승리의 입성을 하는 모습, 전투 장면, 도시의 포위공격, 개인들의 초상 등 주로 비기독교적인 내용의 독특한 삽화들이 수록돼 있다.

그리스의 불은 칼리니코스라는 인물이 발명한 것으로 전해지고 있다. 그는 콘스탄티노플에 대한 아랍 군의 기나긴 포위공격(674~678)이 시작되기 직전 그곳에 와서 비밀 병기의 확실한 위력을 보여주었다. 그리하여 그리스의 불은 해전은 물론, 총안이 있는 성벽에 액상 화염을 발사하는 방식으로 지상전에서도 탁월한 효과를 내는 기술무기의 하나가 되었다. 그것은 또 1204년 콘스탄티노플이 제4차 십자군의 포위공격을 받았을 때처럼 우세한 바람을 이용하여 무인화선에 쓰이기도 했다. 2006년에는 존 할든 프린스턴 대학 역사학 교수가 그리스의 불을 직접 만들어 방사한 연구 결과를 토대로 책을 집필했다. 뜨거운 액체가 좁은 관을 빠져나와 "엄청난 굉음과 시커먼 연기를 내뿜으며" 불길을 토해내는 현장감 있는 사진들이 수록된 책이었다. 크림 반도에서 나는 기름과 관으로 그리스의 불을 제조하여 그가 쏘아본 결과, 불길이 날아가는 거리는 10미터에서 15미터에 이르고 겨냥한 배를 몇 초 만에 전소시킬 정도로 위력도 대단했다. 할든 교수의 그 실험 덕에 중세의 전쟁에서 그리스의 불이 초래한 공포와 혼란의 정도는 확실히 밝혀졌다.

10세기에 콘스탄티누스 7세 황제가 그리스의 불을 대외비로 취급하여 비밀이 밖으로 새나가지 않도록 단단히 처신하도록 한 것도 적군에 가공할 공포감을 심어준 그 무기의 위력 때문이었다. 그러나 아랍 군도 신속히 짝퉁 그리스의 불을 발명한 것을 보면 그의 철통 보안책도 그리 믿을 만한 것은 못 되었던 것 같다. 그렇기는 하지만 콘스탄티누스가 아들 로마누스 2세에게, 외국인들이 콘스탄티노플에 빈번하게 부탁하는 세 가지 목록에 그리스의 불을 포함시킨 것을 보면 그것이 중요했던 것은 분명하다. 그 세 가지는 다름 아닌 그리스의 불, 황권의 표상, '황녀로 태어난' 신붓감이었다. 비잔티움의 황녀 한 명이 프랑크족과 결혼하는 예외가 있기는 했지만 그 세 가지는 여하한 이유로도 누출이 허용되지 않았다. 그러나 그것은 이론일 뿐 실제로는 황권의 표상도 유리한 동맹을 맺기 위한 수단으로 외국인들에게 자주 수여되었고, 외교정책의 일환으로 정략결혼도 많이 이루어졌다. 다만 그리스의 불에 대한 비밀만은 절대 밖으로 새나가지 않았다.

그 세 가지 사항은 중세 비잔티움의 독특한 위치를 반영하는 것이기도 했다. 비잔티움은 많은 이들이 탐내는 고귀한 지위의 상징, 전통, 비밀 병기를 소유하고 있었다. 당시 비잔티움의 위상이 어느 정도였는지는 서유럽과 중부 유럽에서 비잔티움을 모방한 표상, 호칭, 어의, 보석 박힌 왕관, 위에 십자가가 달린 보주, 홀을 앞 다투어 사용한 것만 봐도 알 수 있다. 왕과 왕자들도 진정한 황제가 되려고 할 때는 비잔티움식 옥좌에 앉고 비잔티움식 권력의 상징들을 머리에 이고 손에 쥔 채, 비잔티움 방식으로 환호받기를 원했다. 그 점에서 모방은 최고의 찬사라 할 만하다. 모방은 간접적인 방식으로도 이루어졌다. 마드리드 스킬리체스를 의뢰했을 가능성이 있는 노르만족의 로제르 2세 시칠리아 국왕이 11~12세기, 절묘한 모자이크 장식이 된 비잔티움풍의 팔라티노 예배당을 팔레르모에 세운 것이 그 대표적인 예다. 1880년대에는 바이에른의 괴짜 왕 루트비히 2세가 팔라티노 예배당을 본떠 동화 속의 성을 방불케 하는 노이슈반슈타인 성을 지었다.

9세기와 10세기 비잔티움이 국경지역에 대한 지배권을 재수립하는 과정에서 떠오른 시급한 현안은 적의 해상 공격으로부터 긴 해안선을 지키는 것이었다. 820년경 크레타 섬이 아랍족에 점령당한 뒤로는 그 필요성이 더욱 커졌다. 그리하여 제국은 모든 해안지역에서 선박 건조자, 선장, 항해에 능한 선원들을 차출하여 특별 함대를 조직했다. 헬라스 테마에 속한 에보이아 같은 섬들은 선원, 함선, (밧줄, 돛, 닻과 같은) 선박 장비를 조달했다. 그렇게 조직된 제국의 함대는 수도를 방어하고 해상 원정을 실시해 잃어버린 영토를 수복하는 일을 주 임무로 삼았다. 콘스탄티노플 방어를 전담할 중앙군(타그마타tagmata)도 새로 조직했다. 수도나 수도 주변에 주둔해 있으면서 대궁전 단지에 거주하는 황족의 경호 임무를 맡아본 그들은, 봄철에 소집돼 스트라테고스라 불린 장군들 밑에서 가을까지 원정을 벌인 테마 군과 달리 일정한 급여를 지급받으며 근속한 정예부대였다. 비잔티움 장군들은 이렇게 개편된 군 조직 아래서 잃어버린 영토를 수복하고, 머나먼 지역의 새로운 땅을 정복하기 위한 원정에 들어갔다.

비잔티움이 이렇게 안정적이고 효율적인 중세 국가로 발전해간 데는 군대와 그 밖의 경력을 통해 신분 상승을 한 보잘것없는 인물들의 조력도 한몫을 했다. 바실리우스 1세 황제(재위 867~886)만 해도 아르메니아 출신의 가족이 농부로 정착해 살던 마케도니아에서 배운 말 조련 솜씨와 권투 실력으로 입신출세한 인물이었다. 그는 마케도니아에는 출세할 기회가 없다는 것을 알고 수도 콘스탄티노플로 와서 말 다루는 솜씨 하나로 부유한 사람들의 이목을 끌었다. 그런 식으로 처음에는 개인에게 고용돼 일하다가, 궁전의 마구간 지기 자리를 얻어 일하던 중 미카일 3세 황제의 눈에 띄어 보통 환관에게 주어지는 보직인 황제의 침전을 돌보는 시종으로 발탁되었다. 그렇게 해서 황궁에 들어온 그는 미카일의 비위를 맞추기 위해서라면 수단 방법을 가리지 않았고 자신의 앞길을 가로막는 사람들은 무자비하게 제거했다. 총대주교 포티우스는 권력에 대한 그의 야망이 정점을 맞은 모습을, 866년 미카일 황제가 성 소피아 성당의 2층에 2인용 옥좌를 마련하고 바실리우스를 공동 황제로 임명했다고 묘사했다. 그러나 공동 통치자로서의 두 사람의 동거는 오래가지 못했다. 그로부터 불과 1년 뒤 아르메니아 출신의 그 농부가 미카일을 시해하고 비잔티움의 단독 황제가 되었기 때문이다.

바실리우스는 무식해서 글은 몰랐지만 군 지휘관으로서의 능력은 탁월했다. 그래서 그 능력으로 이탈리아 남부와 동방의 아랍족을 상대로 끊임없이 원정을 벌였다. 886년 그가 죽은 지 한 세대 뒤에는 로마누스 1세 레카페누스(재위 920~944)가 해군 사령관의 지위를 이용해 다시금 황제의 자리를 넘보았다. 아르메니아의 초라한 집안 출신으로 해군에서 승진을 거듭하다 921년 쿠데타를 일으킨 것이었다. 로마누스는 딸 헬레나와 결혼시켜 이미 사위가 된 어린 콘스탄티누스 7세와 공동으로 나라를 통치했다. 941년 러시아인들이 콘스탄티노플을 공격했을 때는 '고물과 이물 그리고 배의 양편에 불을 발사하는 장치'를 설치하는 작전으로 수도를 성공적으로 방어했다. 이에 놀란 러시아인들은 그리스의 불을 '하늘의 번개'라 불렀다.

10세기 비잔티움에서는 배경이 없는 군인도 능력만 있으면 장군으로 출세할 수 있는 길이 있었다. 비잔티움 군은 또 군사활동 면으로도 혁혁한 성과를 거두었다. 일례로 니케포루스 포카스는 황제가 되기 전 여러 차례 시도한 끝에 961년 아랍족을 몰아내고 크레타 섬을 수복했으며 그 4년 뒤에는 키프로스 섬도 되찾았다. 966년에서 967년까지는 아르메니아로 진격해 타론 지방을 제국의 영토로 새로 편입시키고 아르메니아인들을 제국 땅으로 이주시켰다. 동방의 재정복 사업은 그의 후임 요한네스 1세 치미스케스 황제 치세 때도 계속되어 969년에는 안티오키아를 수복하여 1084년까지 비잔티움의 통치를 받도록 했으며, 975년에는 다마스쿠스와 베이루트도 잠시나마 점령했다. 하지만 예루살렘만은 성지에 기독교 지배권을 회복하려는 비잔티움의 끝없는 열망만을 보여준 채 끝내 수복하지 못했다.

군대의 병법이 날로 발전함에 따라 군사교본의 내용도 새롭게 바뀌었다. 예전의 병법도 물론 함께 사용되었다. 레오 6세(재위 886~912)가 쓴 것으로 보이는 『탁티카 Taktika』에는 특수한 형태의 보복적 습격 방식을 개발한 아랍 군의 전술에 맞서 싸우는 병법이 소개돼 있다. 레오는 그 책에서 그런 적과는 직접 교전을 벌이지 말고 전리품, 약탈한 소떼, 포로들을 한 짐 가득 싣고 철군하는 그들의 뒤를 밟아 집적거리는 것이 더욱 효과적이라고 썼다. 걸출한 장군이었다가 나중에 황제(재위 963~969)가 된 니케포루스 포카스의 군사교본에도 그러한 게릴라 전술이 상세히 기록돼 있다. 실제로 그 병법은 매우 유용한 것으로 드러났다. 게릴라전 뒤에는 흔히 전투 한번 치르지 않고 국경선의 강둑에서 포로를 교환하는 것으로 상황이 종료되는 일이 발생했기 때문이다. 동방 국경지대의 아랍인과 비잔티움인들 간에는 그런 식의 평화적 관계도 형성되었다.

동방에 비잔티움의 지배권이 확대됨에 따라 국경지대에 사는 기독교도와 이슬람교도들의 생활방식에도 변화의 물결이 일어났다. 분쟁지역이라 인구가 한산했던 그곳에 산꼭대기 요새에 피신해 있던 사람들이 돌아와 정착하기 시작한 것이었다. 그렇게 해서 명목상의 국경지역 양편에서 비잔티움인과 아랍인들은 비옥한 농토를 경작하고 거주할 집을 지었다. 국경지대 주민이던 디게네스 아크리테스의 서사시에는 급습에 이어 종족 간 결혼이 이루어진 사례가 흥미롭게 기술돼 있다. 아랍의 왕족 출신인 디게네스 아크리테스의 아버지가 비잔티움의 신부를 보쌈해간 뒤 나중에 기독교로 개종했다는 내용이었다. 디게네스 아크리테스 서사시의 첫 부분에 해당하는 그 기나긴 로맨스는 나중에 집필된 데다 내용이 조금씩 다른 여러 번역본으로 남아 있기는 하지만 9세기와 10세기 국경지대 사람들의 생활상을 엿볼 만한 자료가 되기에는 부족함이 없다. 서사시의 2부도 아랍인과 비잔티움인의 피가 절반씩 섞인 주인공 디게네스 아크리테스(세례명은 바실리우스)가 아버지의 피를 못 속이고 명망 있는 장군의 딸을 보쌈해간 내용으로 구성돼 있다. 아크리테스는 보쌈해간 처녀를 탑에 가두어놓고 그 아래에서 사랑의 세레나데를 부르며 구애를 했다. 그러자 그녀도 마음이 눈 녹듯 풀어져 유모를 아래로 내려보내 사랑의 징표로 그에게 반지를 전해주었다. 뒤이어 두 사람은 결혼하고, 바실리우스가 맨손으로 사자를 때려잡았다는 등 주로 민간전승에서 인용한 그의 공적이 줄줄이 나열되었다. 그 서사시에는 또 기독교도-무슬림 간 종족 결혼의 배경, 비잔티움의 지배로 사치스런 생활방식이 조장된 유프라테스 강 상류지역 강변에 즐비하게 늘어선 대형 궁전과 정원들에 관한 내용도 소개돼 있다. "이 멋진 낙원의 한복판에 국경지대의 주민〔바실리우스〕도 정사각형 마름돌로 쾌적한 저택을 지었다." 값비싼 대리석과 모자이크 천장으로 치장되고 마노 길이 깔린 으리으리한 집이었다. 그것이 전부가 아니었다. 바실리우스는 삼손, 다윗과 골리앗, 아킬레스가 거둔 군사적 승리, 페넬로페와 오디세우스, 벨레로폰〔호메로스의『일리아스』에 에피레의 시시포스의 손자이자 글라우코스의 아들로 나오는 그리스 전설의 영웅〕, 알렉산드로스 대왕, 모세, 유대인이 이집트를 탈출한 이야기도 서사시 내용에 포함시켰다. 그리고 그는 군인성자 성 테오도루스에 헌당된 교회에 아버지와 어머니를 안장하고 그 자신의 묘도 지었다.

 그런 일들은 국경지역의 비잔티움인들이 아랍어를 구사한 사실과 양측 사이에 상당한 교류가 있었던 것을 기록한 아랍족 사료로도 입증되고 있다. 일례로 멜리테네(지금의 터키 말라티아) 인근의 한 비석에는 의사로 추정되는 현지의 비잔티움인과 그곳에 정착한 이라크인이 허물없는 우정을 나누었음을 짐작케 하는 비문이 새겨져 있다. 그 기독교도 의사는 외국인 친구가 죽자 이슬람의 기도 방향인 메카 쪽으로 그를 묻어주고 생전에 그가 지은 아랍어 시로 비석도 세워주었다.

> 나는 부를 좇아 떠돌이 생활을 하는
> 오랜 편력을 계속하다 보다시피 이렇게
> 박명을 하게 되었다.
> 내가 죽으면 친구들이 울어나 줄지
> 죽은 사실을 알기나 할지
> 처량한 마음이 드는구나.

1100년경 멜리테네의 지배자가 인도 철학자 신드바드〔기원전 100년경에 살았던 것으로 추정되는 인물로 일명 신티파스〕가 쓴 『현명한 7대신』을 번역하도록 한 것 역시 양측 간에 밀접한 교류가 있었음을 나타내는 것이다. 계모에 의해 성적 비행을 한 것으로 고발당한 동양의 한 왕자 이야기를 기본 골격으로 하고 있는 그 작품의 그리스어본은 시리아본에서 번역되었다. 비잔티움은 국경지대 사람들―동방의 아랍인, 아르메니아인, 그루지야인, 서방의 불가리아인, 슬라브인, 세르비아인―의 그 같은 더딘 문화적 병용 과정을 통해 다국어를 말하는 각양각색의 인종들을 서서히 통합시켰다.

비잔티움이 아랍에 잃은 손실분을 만회하는 데는 비밀 병기 그리스의 불 외에도 황조의 연속성이라는 또 다른 요소도 한몫을 했다. 바실리우스 왕가는 비록 비천한 집안 출신이기는 해도 867년에서 1056년까지 근 2세기 동안 비잔티움을 지배했다. 그래서일까, 10세기의 비잔티움 황제 콘스탄티누스 7세는 할아버지 바실리우스를, 황제를 시해하는 대역죄를 짓고 정권을 거머쥔 인물이 아닌 아르메니아의 귀족 출신으로 "술주정뱅이에 난봉꾼"인 미카일 3세로부터 제국을 '구해준' 경이로운 인물로 날조한 바실리우스 전기를 저술했다. 바실리우스의 후견인과 동료의 인격을 깔아뭉개고 그의 할아버지를 지극히 독창적이고 창의적인 인물, 미카일보다 정통성도 강하고 황제의 칭호를 받기에 부족함이 없는 인물로 둔갑시켜놓은 것이다. 그런 식으로 바실리우스 1세가 창도한 마케도니아 황조는 위계(탁시스taxis)의식을 강화하고 아버지에서 아들로 이어지는 엄격한 계승제를 통해 황제직을 더욱 공고히 다졌다. 물론 지도력이 약화될 기미만 보이면 대항자가 나타나기는 했지만(976년에서 1025년까지 비잔티움을 통치한 바실리우스 2세의 미성년 통치 기간에도 그런 일이 벌어졌다), 그런 가운데서도 황조는 꿋꿋이 권력을 유지함으로써 관례와 혈통으로 정통성이 확인된 하나의 황조가 제국을 통치한다는 원칙을 재확인했다. 11세기에 마케도니아 황조의 대미를 장식한 조에와 테오도라 자매처럼 여자들이 황제가 되는 경우도 더러 있었다(17장 참조).

비잔티움의 이런 재기에 버팀목이 된 것이 바로 다음 단원에서 다루어지게 될 경제 회복이었다. 하지만 제국이 일어서는 데 주도적인 역할을 한 것은 역시 843년 성상숭배 부활 뒤 수백 년간 이어진 군사적 승리였고, 전쟁의 영역에서 중추가 되었던 것은 그리스의 불이었다. 그 무기의 기술적 난해함은 몇몇 불가리아인이 그 재료와 관을 확보했음에도 사용법을 몰라 작동시키지 못한 사실로도 여실히 드러났다. 그리스의 불에 얽힌 미스터리는 할든 교수가 행한 실험으로 현대에는 많이 해소되었지만 중세만 해도 철저히 베일에 싸여 있었다. 그 결과 비잔티움 제국의 멸망과 함께 그리스의 불에 대한 지식도 영영 사라져버렸다.

비잔티움에서 사용되었던 인장이다. 경제활동을 철저히 규제했던 비잔티움에서는 모든 물건이 제국의 인장을 받은 후에야 시장에서 거래될 수 있었다.

14
비잔티움의 경제

> 795년 5월 8일 [콘스탄티누스 6세 황제]가 아랍 침입군과 교전하여 (…) 그들을 격파한 뒤 에페소스에 들러 사도 요한 성당에서 예배드리고 정기 시장에 거액의 상거래세(금 100 파운드에 해당하는 금액)를 지불했다. 사도 요한의 환심을 얻기 위해서였다.
>
> — 9세기 초에 집필된 『고백자 테오파네스의 연대기Chronicle of Theophanes Contessor』 중에서

테오파네스의 이 짧은 글에는 콘스탄티누스 6세가 아랍 군에 승리를 거두고 에페소스에 가서 하느님께 감사의 예배를 드린 내용이 기록돼 있다. 그곳 에페소스에는 유스티니아누스 대제와 테오도라 황후가 건립한, 거대한 사도 요한 바실리카가 고대의 아르테미스 신전을 굽어보는 언덕에 우뚝 세워져 있었다. 하지만 당시에는 그 경이로운 고대의 건축물이 폐허가 되다시피 하여, 무너진 돌덩이만으로도 언덕의 요새를 쌓고 교회 하나는 너끈히 지을 정도가 되었다. 사도 요한의 축일이 5월 8일이었으므로 황제가 먼 길을 돌아 에페소스에 들른 것도 필경 그 축일을 기리기 위해서였을 것이다. 중세에는 성인의 축일에 정기 시장이 열리는 것이 보통이었다. 그럴 때면 상인들은 원거리도 마다 않고 시장을 찾았다. 상행위와 종교적 축일은 어울리지 않아 보이지만 교회, 특히 성인의 유골이 안치되어 순례자를 끌어모으

는 교회는 정기 장시와 밀접한 관련을 맺고 있었다. 황제가 상당액의 돈을 기부한 것으로 볼 때 에페소스의 정기 장시도 소아시아 서부의 중요한 상업적 행사였던 것이 분명하다.

비잔티움은 상업을 자유민은 할 것이 못 되는 것으로 천시한 로마의 기풍을 이어받았다. 때문에 상행위도 역사가들의 이목을 끌지 못했다. 그 점에서 위의 책에 정기 장시가 언급된 것은 이례적이고, 금 100파운드에 해당하는 10퍼센트의 상거래세(코메르키온 kommerkion)를 징수한 것 역시 그곳 시장의 규모와 중요성을 알아볼 만한 기준이 될 수 있다. 그 시장의 매상고가 실제로 1천 파운드에 이르렀다면 그것은 그리스 북부의 스트리몬 강(지금의 스트루마 강)에서 싸운 군대의 급여로 지급한 1천100파운드의 금이나 혹은 9세기 초 아르메니아콘 테마 군의 1년 치 급여인 1천300파운드의 금에 버금가는 액수인 것이다. 제국 전역에서 행해지는 모든 상거래에 빠짐없이 부과된 그 세금은 코메르키아리오스kommerkiarios(복수형은 코메르키아리오이kom-merkiarioi)라 불린 세관 관리들이 징수했다. 따라서 그들의 인장으로도 비잔티움이 시장은 물론 수출입이 이루어진 국경지대의 요소요소에 설치된 세관들에서도 세금을 빠짐없이 징수한 사실을 알 수 있다. 현재 수천 개가 전해지고 있는 그 납 인장들에는 특정 황제 치세의, 특정 연도에, 특정 지역에서 근무한 세관 관리들의 이름이 새겨져 있다. 세관 관리는 자기 관할 구역을 통과하는 물품에 10퍼센트의 관세를 부과하고, 세금이 완납되었다는 표시로 화물의 포대자루에 납 인장을 찍었다.

모름지기 그런 징세 방법은 비단과 같은 고가품의 수출을 통제하기 위해 생겨났을 것이다. 따라서 그것도 국경지역과 나중에는 제국 전역으로 확대된 세관 관리들의 활동을 파악할 만한 단서가 된다. 비잔티움은 콘스탄티노플로 들어오는 진입로인 아비도스와 히에론에 세관을 설치해놓고 (다르다넬스 해협과 흑해 사이) 보스포루스 해협 남북단의 수출입 업무를 관장했다. 이 외에 그 세관들은 보스포루스 해협을 오가며 수도에 곡물을 실어다주는 수송선들을 감시하는 역할도 했다. 619년 이집트가 페르시아에 점령된 뒤로 콘스탄티누스 대제가 구축한 곡물의 수입로가 끊기자 제국은 그 대안으로 트라키아와 소아시아 서쪽 지역에서 곡물을 들여오고 있었던 것이다. 세관 관리들은 현지 상인들에게서 구입한 곡물을 수도에 안전하게 공급해야 하는 막중한 임무를 띠고 있었다. 게다가 그들은 관세를 징수하는 정해진 업무 외에 요령껏 장사도 할 수 있었기 때문에 세관 관리직은 공무원들이 탐내는 자리이기도 했다. 비잔티움은 모든 상업 분야에 돈벌이할 기회가 있었다.

콘스탄티노플은 동서남북의 해상 교역로와 육상 교역로를 모두 장악한 채 수많은 외국 상인들이 드나드는 수익성 좋은 시장들을 지속적으로 통제했다. 그러다 보니 7세기에는 도시에 부가 넘쳐흘러 동지중해 지역은 물론 갈리아 지방 사람들까지 몰려드는 상황이 되었다. 7~8세기경에는 로도스 해상법이 제정되어 상인들은 수송 중 화물이 분실되거나 손상되면 정해진 요율에 따라 선주로부터 보상받을 수 있는 길도 열렸다. 그리하여 809~810년 무렵 콘스탄티노플의 일급 선주들은 그야말로 거부가 되었다. 니케포루스 1세 황제가 그들에게 16.67퍼센트의 고금리로 12파운드 금을 빌려가도록 억지로 빚을 떠안겼을 정도였다. 고리대금 이자율은 훗날 4.17~6퍼센트 선에서 조정되었다. 이렇게 보면 그 시대의 상업활동에 대한 자료는 빈약하지만 비잔티움의 상인, 선주, 상인들이 수도에서 수익과 부를 창출했던 것은 분명하다. 그리고 그 부는 대부분 곡물 수송과 관련된 상업활동에서 얻어진 것이었다.

그러나 교역에서 들어오는 세수는 실상 국가 예산의 일부에 지나지 않았다. 예산의 대부분은 토지세와 사람에게 부과하는 인두세로 충당되었다. 사정이 그렇게 된 까닭은 토지세가 안정적인 세수원인 데다 전통적으로 땅에 돈을 투자하는 비잔티움 상류층의 의식 때문이었다. 원로원 계층은 상업에 종사하지 않았다. 그들은 예로부터 토지를 소유하고 궁정에 직위를 가진 상류층으로, 보통 사람과 자신들을 구별지으려는 속물근성에 젖어 있었다. 상업은 설사 그것이 국제무역이라고 해도 천한 직업으로 손가락질했다. 9세기에는 황제 테오필루스(재위 829~842)가, 황후 테오도라와 상선에 모종의 연관성이 있다는 걸 발견해내고 배의 화물을 모조리 불태우도록 한 일도 있었다. 그래도 비잔티움 제국의 제2의 도시 테살로니카의 곡물 공급에 주도적 역할은 한 것은 그곳의 부유한 시민들이었고, 배까지 빌려 마르마라 해의 섬에 유배돼 있던 성상숭배주의자들에게 식량을 제공해준 이들 역시 부유한 개인들이었다. 그렇게 대체로 익명인 사람들은 필요하면 기존의 상행위 방식을 이용했다. 그럼에도 비잔티움의 상류층은 고루한 전통에서 벗어나지 못한 채 도시생활의 근간이 되는 상행위에 모멸적인 태도를 보였다.

비잔티움은 또 나라에 필수적인 물품은 수출하지 않는다는 보수적인 교역 원칙을 고수했다. 그리스의 불, 금, 소금, 무기 재료인 철, 선박 건조에 쓰이는 나무 등, 간단히 말해 적을 이롭게 할 수 있는 물품은 제국 밖으로 절대 빠져나가지 못하도록 했다. 수출금지 품목에는 (고둥 분비액에서 채취한 염료로) 염색된 자줏빛 비단도 포함되었다. 외교적 선물로 해외에 반출되는 경우가 간혹 있기는 했지만 기본적으로 그것은 황족에게만 제공되었다. 콘스탄티노플의 장인과 상인들의 동업조합에 대한 규정을 다룬 책으로 레오 6세 황제(재위 886~912)가 썼다고 알려진『에파르크의 책 Book of the Eparch』에는 값진 비단뿐 아니라 귀금속 제품, 양초, 비누, 물고기, 심지어 공증 기록에 이르기까지, 하나부터 열까지 모든 것을 국가가 통제하려 한 사실이 나

11세기 콘스탄티노플에서 만들어진 대관식 복에서 떨어져 나온 일부이다. 비잔티움의 견직 산업의 한 예를 이 자줏빛 비단을 통해 엿볼 수 있다.

타나 있다. 다른 도시들에는 그와 유사한 동업조합이 발달한 흔적이 없지만 비잔티움이 제국 전역의 이익율과 이자율을 결정하려 했던 것은 분명하다.

그럼에도 에페소스에서와 같은 정기 장시가 매년 열렸다는 사실은 콘스탄티노플을 벗어난 지역에서는 주화가 광범위하게 유통되지 않은 시대에도 교역이 도시, 마을, 요새화된 성채를 유지하는 근간이었음을 말해주는 것이다. 황제들은 제국이 지속되는 내내 몇백 년 동안 계속해서 글씨로도 식별 가능한 자신들의 초상화를 넣은 금, 은 동전을 발행했다. 312년 콘스탄티누스 1세가 주조한 최초의 솔리두스 금화로부터 1020년대에 바실리우스 2세가 주조한 마지막 금화에 이르기까지 제국의 금본위제 또한 변함없이 유지되었다. 그것은 대단한 성과였다. 금화는 공무원과 병적에 오른 군인들에게 지급된 급여를 통해 제국 전역에 유통되었다(8장 참조). 주화에는 그런 프로파간다적인 유용성 외에도 세금 징수를 용이하게 하는 또 다른 중요한 기능이 있었다. 비잔티움의 주된 세수원인 토지세와 인두세도 중앙정부는 금화로 납부할 것을 강요했다. 그런 식으로 정부는 공무원과 군인들에게 지급된 금화를 세금의 형태로 다시 거둬들였다.

비잔티움의 재정정책에는 제국의 전통적 경제 관념이 그대로 반영돼 있다. 요컨대 제국은 토지세와 인두세를 군비, 궁정 운영비, 수도와 주요 도시들의 곡물 구입비, 비단, 금속제품, 에나멜, 성상과 같이 수요가 많은 사치품의 제작비를 조달하는 데 가장 효과적인 수단으로 보았다는 말이다. 그런가 하면 토지는 테마 군 병사들의 토지세를 경감해주고, 그들로 하여금 자비로 무기를 조달하게 하는(혹은 그에 상응하는 현금으로 지급하도록 하는) 군역제로도 이용되었다. 단편적인 숫자밖에 남아 있는 게 없어 제국의 예산을 정확히 계산할 수는 없지만, 그 정책은 제법 잘 운영되었던 것 같다. 유스티니아누스 대제와 같은 황제들의 경우 교회, 요새, 그 밖의 많은 건축물을 짓

602~610년 콘스탄티노플에서 발행되었던 금화 솔리두스로 아테네 비잔티움 & 크리스천 박물관에 소장되어 있다.

는 데 들어간 비용이 직접세(토지세와 인두세)와 간접세(상거래세)로 들어오는 세수의 규모를 초과했지만, 그 부족분도 군사적 승리로 얻어지는 전리품과 재정복된 지역이 중앙정부의 과세권에 편입됨으로써 얻어지는 추가 세수로 상쇄되었다. 그러다 보니 황제들은 예전에 잃었던 지방들을 수복하고 새로운 땅을 정복하여 과세권에 편입시킴으로써 별도의 세수원을 확보하는 일에 언제나 골몰해 있었다. 10세기에 제국의 영토를 넓히고 11세기에 불가리아를 평정한 것도 그런 경우에 속했다(20장 참조). 반면 영토가 줄어들면 세수가 즉시 감소했다. 1261년 이후 나라의 빈곤이 심화된 원인도 어느 정도 여기서 연유했다.

무슬림 정복으로 나라가 어지러웠던 7세기, 영토 상실과 적국의 침입으로 비잔티움 제국에는 많은 난민이 발생했다. 농부들은 토지와 맺고 있던 옛 로마식의 끈끈한 유대마저 끊고 안전한 지역으로 도망쳤다. 그런 어수선한 상황 속에 제국의 중심지를 벗어난 지역들의 과세 기반마저 붕괴되어, 중앙정부가 직접세의 과세 기준을 다시 마련하는 데는 수년의 세월이 걸렸다. 그리하여 7세기 말 제국의 행정력은 마침내 발칸 반도와 새로운 테마가 들어선 소아시아 내륙지역으로까지 미쳐 콘스탄티노플 관리들이 지방으로 가서 새롭게 징세 대장을 작성하기에 이르렀다. 그들은 (인두세와 벽난로 세의 기반이 되는) 인구조사 외에, 농업생산성 평가(돌투성이의 척박한 토지엔 경지와 목초지보다 낮은 세율을 적용했다)와 농가에서 기르는 역축이나 돼지와 염소 같은 가축의 명부도 작성했다. 올리브 과수원, 포도원, 뽕나무 밭(누에먹이)도 중요한 과세 대상이었다. 반면 자줏빛 염료를 추출하는 데 쓰이는 고둥에는 면세 혜택을 부여했다. 이런 복잡한 징세 과정은 토지와 재산평가 방법이 기록된 각종 재정 관련 논문과 기나긴 면세 목록이 덧붙여진 수도원의 기록으로도 입증되고 있다.

황제들은 주화를 주조하는 일도 게을리 하지 않았다. 이 또한 비잔티움 교역의 실상을 파악할 만한 좋은 수단이 된다. 그런데 이상한 것은 668~820년에 주조된 주화들이 코린토스, 에페소스, 사르디스, 아프로디시아스〔소아시아 남서부 카리아 지역의 고대 도시〕, 페르가몬의 유적지에서는 거의 나오지 않는다는 사실이다. 비잔티움 화폐 전문가인 프랑스의 세실 모리송도 최근 그 150년 동안 주조된 주화의 발굴이 매우 저조한 사실을 보여주는 도표로 그 사실을 확인했다. 그 기간은 공교롭게도 성상파괴 논쟁이 일어난 시기와 일치했다. 수십 년간 진행된 아테네 유적 발굴에서도 그 시기의 주화는 거의 나오지 않았다. 그 점에서 유스티니아누스 2세(1차 재위 685~695, 2차 재위 705~711)의 노미스마 금화가 발굴된 것은 매우 이례적이다. 아테네의 새로운 지하철 건설을 앞두고 진행된 유적지 발굴에서 나온 그 주화는 어쩌면 유스티니아누스 황제가 창설한 헬라스 테마와 관련 있을지도 모른다.

일부 현대 역사가들은 주화 주조에 나타난 그 같은 결락을 비잔티움 경제가 물물교환 형태로 바뀌어 세금도 물납세로 대체되었기 때문에 생긴 현상으로 해석했다. 설사 그렇다 해도 그것은, 중앙정부의 관리가 상당액의 금화를 확보하기 위해 에페소스의 정기 시장에 과세를 했던 8세기 말까지는 지속되지 못했을 것이다. 비잔티움이 화폐경제를 운용한 사실은 트라키아에 무거운 세금을 물려 다량의 금화를 얻으려 한 니케포루스 1세 황제(재위 802~811)의 정책으로도 분명히 드러났다. 그는 심할 때는 세금을 50퍼센트나 올리고, 면세 혜택을 주던 자선단체들에도 벽난로세를 물렸으며, 도데카니소스 제도에서 수입한 가정의 노예들에게도 두頭당 금화 2닢의 세금을 매겨 비난을 받았던 인물이다.

반면 콘스탄티노플 이외의 지역, 시칠리아의 서쪽 지방, 이탈리아 남부,

북아프리카에서는 콘스탄티누스 4세로부터 미카일 2세(통합 재위 기간 668~829)까지의 황제들이 주조한 주화들이 양은 적을지언정 사용된 흔적이 남아 있다. 그 지역들 모두 자체적으로 주조소를 가동하고 있었다. 역사가들을 난감하게 하는 문제가 바로 이것이다. 그렇다면 그 결락도 중세보다는 고대에 관심이 많았던 고전학자들이 발굴지를 취사선택하여 생긴 문제일 수 있는 것이다. 그들이 발굴한 도시들은 성채도시로 변하거나(아테네의 아크로폴리스와 코린토스 만 위쪽의 아크로코린토스처럼), 일시적으로 버려지기도 하는 등 적국의 침입과 성상파괴 논쟁 기간에 특히나 쇠퇴한 곳들이기 때문이다. 그러므로 제국 동쪽 국경지역의 성이나 요새화된 지역들을 발굴하면 그 시대의 주화가 더 많이 발견될 가능성도 없잖아 있다. 아니면 소량의 주화만 찍어 수도 부근에서만 유통시켰을지도 모른다. 그렇다면 주화 주조에 나타난 결락은 적국의 침입과 인구 감소로 나라가 어지러웠던 7세기의 난세에 비잔티움의 경제력이 저점을 찍은 현상으로 볼 수 있다.

비잔티움의 황제직은 제국의 역사가 지속되는 내내 광범위한 재산과 제국 각지의 토지가 창출해내는 수입으로 유지되었다. 그 점에서 제국은 옛 로마와 다를 바 없었다. 황제는 제국 최대의 지주로 대리인을 두고 직접 관리하는 종마사육장, 숲, 뽕나무 밭, 포도원, 올리브 과수원 등 상당한 재원을 보유하고 있었다. 공훈을 세운 장군, 행정관, 성직자에게도 황제는 부상으로 종종 토지를 하사했다. 그런 토지들이 나중에 유력 재산가들이 소유한 막대한 토지의 중핵을 이루게 되는 것이다. 황제들은 수도원에도 토지를 기부하고, 이미 비대해진 그들에게 세금면제 혜택까지 주었다. 반면 개인들에게 하사한 선물은 멋대로 빼앗아갔다. 황제들은 추방된 정적의 부와 토지를 몰수하기 일쑤였다. 니케포루스 1세도 자선단체의 재산을 황제에게 귀속시켰다. 그런 식으로 그는 '경건한 종교단체'는 헐벗게 하고 황제의 배만 불렸다.

비잔티움 제국 초기의 재무 관련 기록들에는 모든 마을이 매년 가을걷이가 끝나면 찾아오는 세금 징수원들에게 세금을 일시불로 납부했던 것으로 나타나 있다. 각 가정의 구성원과 토지 소유자가 개별적으로 내는 세금 외에 공동체 단위로 금과 소량의 금화(반 노미스마와 3분의 1 노미스마)를 일괄해서 지급한 것이다. 모자라는 금액을 채워 넣을 책임은 마을의 원로에게 있었다. 가령 남편과 아들들을 잃어 농사를 못 짓게 된 아낙네가 있으면 그는 이웃 사람들에게 그 집 농사일을 돕도록 하여 추수가 끝나면 수확량을 분배하고, 그녀로 하여금 세금을 납부하게 해주었다. 세금 징수원들도 그런 사람들은 세금을 감해주거나 면해주었다. 그러다 그 토지는 결국 이웃 사람들에게 넘어갔다. 반면 과세 대장에 집안의 가장으로 이름이 올라 있는 과부도 적지 않았다. 실제로 테베의 어느 과세 대장에는 한 남자 납세인이 소프로니아라는 여성의 사위로만 이름이 올라 있었다. 그녀는 아마 다세대 자손들의 생계를 책임진 대토지 소유자였을 것이다.

그러나 과세 대장에는 다세대 가정의 규모만 나와 있어 농촌의 인구와 인구 증가에 대한 정보를 제공해주지는 못한다. 반면 교회 건물의 신축과 주교구의 확장 같은 간접적인 지표에는 9세기 중반부터 증가한 인구와 남아도는 기금 덕에 멋진 석조 건물을 올린 사실이 나타나 있다. 테베 부근에 지어진 장엄한 스키리푸 교회도 그 지역의 한 장군이 기부한 돈으로 873~874년에 건립된 것으로 기록돼 있다. 그와 거의 같은 시기 아테네에 세워진 성 요한네스 교회에도 그 교회의 건립자인 콘스탄티누스와 그의 아내 아나스타소 그리고 아들 요한네스의 이름이 새겨져 있다. 그와 비슷하게 카파도키아의 응회암 지형을 이룬 암굴에도 교회와 주거지가 형성되었다. 그 동굴집에 살았던 사람들과 굴을 파 교회를 지은 사람들에 대해서는 거의 알려진 것이 없지만, 벽화로 볼 때 그들이 부유하고 차별화된 공동체를 이루고 살

11세기와 12세기에 지어진 카파도키아의 카란리크 킬리세(어둠의 성당) 전경. 이 지역은 화산폭발에 의한 응회암(튜퍼) 지형을 이루고 있어 바위에 구멍을 내 교회, 수도원, 가옥을 짓기가 수월했다. 그런 건축물은 또 지하이다 보니 겨울에는 따뜻하고 여름에는 서늘했다.

면서 프레스코화를 그려 요한네스 1세 치미스케스 황제를 기렸던 것은 분명하다. 수백 년에 걸친 아랍인의 습격과 전쟁을 겪은 뒤 소아시아 중부는 경제성장을 이루고 괄목할 만한 부를 일구었던 것이다.

9세기와 10세기에는 비잔티움이 토지 매매를 규제하여 농촌사회의 경제적 통합을 유지했다. 그런 상태에서 부유한 사람들이 서서히 주도권을 쥐고 공동체 외곽의 토지를 취득하여 마을에는 불평등 현상이 나타났다. 외부인은 마을의 토지를 취득할 수 없었으므로 황제가 하사한 토지로 대규모 사유지를 갖게 된 개인들이 농촌사회의 새로운 힘으로 부상했다. 그런 식으로 그들은 대지주가 되어 마을 공동체의 자산을 매점하면서 농촌의 사회구조를 뒤흔들었다. 그 세력가들(디나토이dynatoi)은 주민들의 소규모 토지를 취득해 자신들의 재원을 늘리고 농촌사회를 잠식해 들어갔다. 그렇게 해서 적으나마 땅뙈기를 보유하고 있던 가난한 농민들은 새로운 지주의 소농으로 전락하고, 그러다 종국에는 토지에 결박된 중세의 농노가 되었다.

비잔티움은 로마누스 1세 레카페누스 황제(재위 920~944) 치세 때부터 마을 주민들의 권리를 보호하고 수도원이 낡아 허물어져도 신축을 불허하는 조치로 지주들의 고삐를 단단히 움켜쥐려고 했다. 제국이 그런 이중의 조치까지 취하면서 전통적 제도를 고수하려 한 것은 아마도 과세 기준을 유지하려는 경제적 이유 때문이었을 것이다. 제국은 납세 의무를 진 자유민들을 보호하는 것에 초점을 두고 정책을 수립했다. 세금징수원에 대들며 감면을 요구하거나 위세를 부리기도 하는 대지주들 손에 그들의 토지가 넘어가면 세원도 함께 날아가버리기 때문이었다. 그리하여 10세기 황제들은 마을 주민의 집단적 이해관계를 옹호하고 세력가인 지주들의 힘을 견제하는 것을 골자로 하는 일련의 법률을 제정했다. 하지만 바실리우스 2세 황제가 첫 법률이 제정된 지 40년 뒤인 996년 소농들이 눈 뜨고도 토지를 빼앗기는 법률의 맹점을 보완하기 위해 두 번째 법률을 제정한 것을 보면, 세력가의 힘을 꺾으려 한 조치도 별 효과를 거두지는 못했던 것 같다. 그런 반면 대규모 영지가 늘어난 현상에는 긍정적인 측면도 있었다. 그 덕에 휴경지가 개간되고, 물방앗간과 같은 기술, 올리브 나무와 같이 성장하는 데 시간이 걸리는 작물에 투자가 촉진된 것이다. 장기 농업에 대한 확신이 생겼다는 것은 그만큼 경제가 팽창했음을 의미한다. 그런가 하면 그것은 토지와 농장의 확대, 인력의 확충을 원하는 비잔티움 상류층의 목적과도 부합했다.

그러나 한쪽에서는 교회와 수도원이 폐허로 변하는데도 개인들이 교회와 수도원 신축에 열을 올리는 것을 법률로도 막지 못했다. 바실리우스 1세가 황제로 즉위한 867년에도 콘스탄티노플에는 낡아 보수가 필요한 교회들이 수두룩하게 널려 있었다. 그런데도 그가 즉위한 지 얼마 되지 않아 퇴역 장군 콘스탄티누스 립스는 콘스탄티노플에 수도원을 새로 지었다. 지금도 남아 있는 그 수도원은 우아한 타일과 조각 장식이 된 아름다운 건축물이었다. 관리들도 그에 질세라 콘스탄티노플에 고대광실 같은 빌라를 지었다. 도시의 행정관이 그런 집들에 막혀 볕이 들지 않는 작은 집들의 일조권을 보장해주기 위해 법규를 마련할 정도로 상황은 심각했다.

비잔티움의 상류층은 경제활동에 투자하기보다는 그 돈으로 토지를 취득하고 관리직을 얻어 부수입을 올리는 편을 선호했다. 그들은 연금이 나오는 관직도 돈으로 샀다. 비잔티움 인장학의 대가 니콜라스 오이코노미데스에 따르면 그 투자에 대한 대가로 그들이 얻는 것이래야, 최고 직위인 프로토스파타리오스protospatharios(검 받드는 사람의 우두머리라는 뜻)의 경우엔 8.3퍼센트로 수익율이 올라갔지만 나머지 직위에는 공식 이율인 6퍼센트에도 미치지 못하는 연리 2.5~3퍼센트의 수익율밖에 내지 못했다고 한다. 게다가 그 직위는 자손에게 물려줄 수 있는 것도 아니었고 투자한 돈도 돌려받지 못했기 때문에 관직을 사는 행위는 순전히 명예와 지위를 얻기 위한 수단에 불과했다. 그들에게는 경제적 이득보다 거창한 직함과 그에 어울리는 관복을 입고 궁정에 드나드는 것이 더욱 중요했던 것이다. 일례로 수염 있는 프로토스파타리오스(환관)는 귀금속이 박힌 수장首章과 금박 테두리가 쳐진 붉은 도포를 입었으며, 수염 없는 프로토스파타리오스는 금박 장식이 된 백색 의복과 백색 도포를 입었다. 상인을 멸시하는 비잔티움의 전통에도 불구하고 황제들은 비교적 비싼 값에 그들을 상류사회의 일원으로 받아주었다.

그 제도는 또 민간인과 군인, 내국인과 외국인을 막론하고 모든 고위급 인사들을 수도의 중심인 궁정으로 끌어들이는 역할도 했다. 그렇게 함으로써 황제 정부에 그들을 더욱 철저히 통합시키고 궁정의 위계와 중앙관료제도 강화하는 일거양득의 효과를 올린 것이다. 950년 콘스탄티노플 궁정에 외교사절로 파견된 크레모나의 주교 리우트프란트도 궁정 관리들이 연금을 받는 모습을 옆에서 지켜보고 이를 기록으로 남겨 비잔티움에서 관리가 되는 것의 중요성을 재삼 확인시켰다. 종려주일에 시작된 그 행사는 사흘이나 계속되었다.

탁자가 안으로 들어왔다. (…) 거기에는 단단히 동여매진 자루의 곁에 직급에 따라 액수가 쓰인 돈 꾸러미들이 놓여 있었다. (…) 황궁의 의전관이 제일 먼저 호명을 받고 들어와 도포 네 벌과 탁자에 놓인 돈을 받아가지고 갔다. 꾸러미가 너무 커 손이 아닌 어깨에 짊어지고 갔다. (…) 뒤이어 육군 총사령관과 해군 제독이 들어와…

그들이 금화가 든 돈 자루를 힘겹게 들고 나간 뒤 귀족과 하급 관리들 순으로 계속 돈 자루를 지급받았다. 리우트프란트는 그 일이 끝난 뒤 행사가 재미있었는지를 묻는 콘스탄티누스 7세의 질문에 약삭빠르게, 영면永眠한 라자로의 모습에 괴로워하는 지옥의 부자에 자신을 빗대어 이야기했다(「누가복음」 16장에 나오는 부자와 빈자의 비유를 인용한 것). 그러자 황제는 1파운드의 금과 커다란 도포를 그에게 수여했다.

도시의 여왕─콘스탄티누스가 지배하는 도시─은 그곳 시장에서 물건을 사고팔기 위해 몰려드는 외국인들로 넘쳐났다. 그것이 중세의 다른 경쟁 도시들을 자극했다. 비잔티움의 금제품과 비단제품은 상인들을 매혹시켰고, 학교는 학생을 불러 모았으며, 교회, 유골, 성상은 순례자를 끌어당겼고, 제국의 행정부는 일자리를 만들었으며, 콘스탄티노플의 특징인 다민족 사회는 지중해 그 어느 지역보다도 많은 기회를 사람들에게 제공해주었다. 이슬람 세계에는 바그다드와 같이 콘스탄티노플보다 더 큰 도시와 시장이 있었지만 기독교계에는 그에 필적할 만한 도시가 없었다. 그렇다 보니 수도에 몇 달씩 묵고 가는 것이 예사인 시리아인, 러시아인, 베네치아인들에게 콘스탄티노플은 언제나 경제 발전의 축이 되었다. 그들은 또 콘스탄티노플에 올 때면 그들 나라의 종교시설이 갖추어진 도시 내 특별구역에 머물렀다. 아랍 상인들은 모스크, 유대인들은 시나고그, 서방인들은 교회가 갖추어진 곳에서 지냈던 것이다. 그리고 그들 모두 도시에 법과 질서를 유지시킬 책임을 진 도시 행정관의 감시를 받았다.

그러던 중 992년 바실리우스 황제가 베네치아 상인들에게만 다르다넬스 항으로 들어오는 모든 배에 부과하는 기본 세금을 현지 교역인이나 다른 외국인들보다 좋은 조건인 30솔리두스 금화에서 17솔리두스 금화로 감해주는 조치를 취했다. 황제가 그런 특혜를 준 것은 아드리아 해를 넘어 이탈리아 남부로 군대를 수송할 때 베네치아의 지원을 받기 위해서였다. 그로 인해 세금을 정상적으로 내는 현지 상인들만 타격을 받게 되었다. 하지만 그것은 또 서방 상인들이 콘스탄티노플을 주요 시장으로 계속 이용하게 하기 위한 비잔티움의 전략이었을 수도 있다. 황제가 부여한 특권은 언제든 취소 가능했고, 실제로 비잔티움은 12세기에 정치적인 이유로 베네치아에 대한 특혜를 철폐하기도 했다. 또 비잔티움 상인들이 국제 운송 면에서 경쟁력이 떨어진 것은 사실이지만 수익성이 다소 낮은 에게 해 주변을 오가는 교역을 하면 문제될 것이 없었다. 실제로 그들 가운데 일부는 공직과 직함을 살 수 있을 정도로 큰돈을 벌어 중앙집권화된 궁정의 힘을 강화시키고 질서와 위계의식을 확립하는 데도 일조를 했다.

그러나 이런 비잔티움과 달리 베네치아는 일찌감치 상업을 힘과 번영의 원천으로 보는 기풍을 발달시켰다. 그것은 도시국가 베네치아가 난민들의 식민지에서 출발한 것과 관련이 있다. 다시 말해 상업은 상황이 만들어낸 불가피한 선택이었던 것이다. 시민들은 살기 위해 해상무역에 종사하면서 어업과 수송에 쓰이는 선박 건조를 그들 삶의 주요한 특징으로 삼았다. 베네치아의 상선들은 베네치아 원로원이 제공해준 무장선박의 보호를 받으며 무슬림 세계는 물론 비잔티움의 모든 지역을 헤집고 다니며 노예, 소금, 목재를 팔아 번영을 구가했다. 그와 달리 비잔티움은 서비스와 토지에 투자하는 것을 축재의 확실한 수단으로 보았다. 그러다 보니 상업활동이 위축되고 상인들은 규제와 통제에 막혀 기를 펴지 못했다. 어선단도 소홀히 취급하여 걸핏하면 군대는 선장, 선원, 장비를 차출했다. 12세기 말에는 아토스 산의 수도사들이 그들 농지에서 콘스탄티노플로 곡물을 실어나르는 데 쓰는 배들의 용량까지 규제했다.

상업을 대하는 제국의 태도가 이렇다 보니 유연성 있는 경제조직도 발달하지 못하고, 이탈리아와 무슬림 상인들의 상술에도 적절히 대처하지 못했다. 그런 악조건 속에서도 비잔티움이 중세의 세계에서 몇백 년 동안이나 경제적 지위를 유지할 수 있었던 것은 신뢰성 있는 금화를 지속적으로 발행하고 역동적인 시장들의 중심인 콘스탄티노플에서 그것을 유통시킨 덕분이었다. 11세기에 일어난 화폐의 평가절하 뒤에도 비잔티움은 금화본위제를 회복하고 예전처럼 사치품 산업도 유지시켜 거대한 부를 창출했다. 그 모습에는 서방의 십자군 기사들도 감명받았을 정도였다. 1204년 이전에 발행된 외국의 주화가 콘스탄티노플에서 거의 발굴되지 않았다는 사실도 솔리두스 금화의 높은 명성과 그것이 풍족했음을 나타내는 것이다. 솔리두스 금화는 상업적이고 경제적인 상징이기보다는 제국의 상징이었다.

15
비잔티움의 환관

> 그는 장밋빛 얼굴에, 눈처럼 새하얀 피부, 균형 잡힌 몸매, 비단결처럼 보드랍고 사향 냄새 은은히 풍기는 금발을 지니고 있었다.
>
> — 10세기경에 집필된 것으로 보이는 『바보 성 안드레아의 생애*Life of St Andrew the Fool*』 중에서

환관을 왕의 경호원 겸 하인으로 쓰기 시작한 곳은 고대 이집트와 중국이었다. 비잔티움도 중세 일본의 대제국이나 이슬람의 칼리프 왕조들처럼 환관을 고용해 썼다. 그들은 막힘없는 고음의 목소리에, 어린아이같이 야들야들한 피부, 털 없는 몸, 기다란 사지로 궁정생활에 색다른 요소를 가미해주었다. 거세되어 자식을 낳을 수 없는 그 남자들—남자라고도 여자라고도 할 수 없는 제3의 성—은 비잔티움 황제와 황후의 시중을 들고, 황실 여자들을 보호하고, 궁정의 의전을 관리했다. 무슬림 국가들에서는 그들이 이슬람의 성소를 지키기도 했다. 중국에서는 20세기까지도 거세가, 가난한 남자들이 궁정에 자리를 얻기 위한 수단으로 이용되었다. 이렇게 궁정의 환관은 전 세계적인 현상이었다. 따라서 비잔티움의 관행이라고 위계질서를 중시한 여타 제국들과 다를 것은 없었다.

군이 다른 점을 찾는다면 비잔티움의 환관들은 유독 사회에 통합이 잘되었다는 것이다. 그들은 궁정에서 일하는 것 외에도 제국 전역에서 교회, 행정부, 군대, 명가名家의 주요 위치를 점하고 있었다. 비잔티움에 온 십자군 기사들도 사방천지에 환관이 널린 것에 놀라고 때로는 충격을 받기도 했다. 1147년 루이 7세가 콘스탄티노플에 머물러 있을 때는 마누엘 1세가 성 드니의 축일을 맞아 프랑크족에 성가단을 보내주었는데,

> 프랑크족은 그들의 아름다운 노랫소리에 호감을 가졌다. 남자 단원들의 목소리와 혼합된 환관들의 낮고 고운 목소리가 그들의 마음을 촉촉이 적셔주었던 것이다. 그들의 우아한 몸가짐, 조용히 치는 박수 소리, 무릎 꿇는 태도 또한 보는 이들의 기분을 흡족하게 했다.

이 글의 저자 오도 드 되이으Odon de Deuil는 대체로 비잔티움에 적대적인 인물이었다. 그런 그가 남자 성가대원과 공연한 카스트라토(거세된 남성 가수) 성가단의 노래를 찬양한 것은 놀라운 일이 아닐 수 없다.

고대 페르시아와 로마의 환관은 역할이 분명히 정해져 있었다. 비잔티움에서는 디오클레티아누스 황제가 페르시아를 모방하여 왕관, 제왕권의 상징인 금구金球, 옥좌, 금빛 도포를 황권의 상징으로 이용하면서 환관의 역할이 한층 증대되었다. 비잔티움은 황족과 관련된 은밀한 임무를 환관에게만 맡겼다. 그것은 야망을 품은 환관 대신들이 책략을 부릴 때도 있어 언제나 그런 것은 아니었지만, 환관이 지배 황조에 충성을 다하리라는 가정에서 취해진 조치였다. 사춘기가 되기 전에 거세된 환관은 '수염 없는 남자'로 불렸다. 성인이 된 뒤에 거세된 환관은 당연히 남성의 신체적 특징을 보유하고 있었다. 비잔티움의 환관은 또 대개는 상당한 부를 축적하고 예술의 관대한

후원자가 되며 황궁의 힘을 강화시켰다. 그런가 하면 그들은 거세되지 않은 남녀의 변덕과 잔인함도 지나치게 많이 공유했다.

환관은 나약할 것이라는 선입견과 달리 군대의 지휘관으로도 임명되었다. 유스티니아누스 황제 치세 때 이탈리아 정복을 완결지은 아르메니아인 나르세스 장군만 해도, 콜럼버스보다 90년이나 앞서 아메리카 대륙을 발견했다고 알려진 명나라의 수군 제독 정화鄭和나, 동인도 제도까지 항해한 것이 확실시되는 중세 일본의 해군 지휘관에 필적할 만한 인물이었다. 환관 출신의 군사령관에 대한 언급은 14세기와 15세기에만 뜸할 뿐 비잔티움 역사 시기 내내 등장한다. 러시아와의 전투에서 탁월한 기량을 보여준 페테르 포카스(니케포루스 2세 포카스 황제의 성을 따 붙여진 이름)와 같이, 그들 중의 일부는 비잔티움에 오기 전에 거세된 노예 출신의 환관이었다. 포카스는 니케포루스 2세 황제(재위 963~969) 밑에서 근위대 대장을 지내고 960년대에는 동부전선의 사령관으로 임명되었다. 10세기 말에는 바실리우스 2세 황제가 귀족 환관 니콜라우스를 995년의 알레포 공격 지휘관으로 임명해 성공을 거두었다.

그런가 하면 일부 기독교도들은 「마태복음」 19장 12절에 기록된 것을 보고 성욕 억제를 위해 스스로 거세를 하기도 했다. 그 구절에는 고자가 이렇게 정의돼 있다.

어미의 태로부터 된 고자도 있고 사람이 만든 고자도 있고 천국을 위하여 스스로 된 고자도 있도다.

그러나 325년 니케아 공의회(제1차 에큐메니컬 공의회)는 스스로 거세하는 것을 엄격히 금지하는 교회법을 발포했다. 교회에서 이력을 쌓고자 하는 기독교도는 금욕과 절제로 정욕을 물리치고 육욕을 스스로 통제할 것을 요구받았다. 그러나 비잔티움 교회는 거세된 사람도 성직자와 수도자로 받아들였다. 환관이 콘스탄티노플 총대주교가 되고 성인도 되어 성직계급의 최고 위층에 오를 수 있고 위대한 성자가 될 수 있음을 입증해 보였다. 거세된 사제와 수도사는 종종 수녀원에서도 중요한 역할을 맡아 일요일에 성찬식을 집전했다. 실제로 일부 수도원의 설립 헌장에는 수녀원에 봉직하는 성직자의 자격을 거세된 남자로 제한하는 조항이 명시되기도 했다. 반면 수도자가 고자에게 성적 유혹을 느낄 수 있다는 이유로 그들을 고용하지 않은 수도원도 있었다.

자유민인 로마인들은 거세를 참을 수 없는 굴욕으로 생각했다. 그러다 보니 환관은 전쟁에서 포로로 잡혀 노예가 된 비로마계 민족으로 충당되기 일쑤였다. 그 관행은 제국 내에서 거세하는 것을 불법화시킨 유스티니아누스 법전으로 더욱 강화되었다. 그렇게 해서 '안전한' 하인에 대한 수요는 외국인 포로를 국경 밖에서 거세하여 데려오는 것으로 충족되었다. 프로코피우스에 따르면 환관의 주 공급처는 아바스기아(카프카스 산맥 사이에 있는 아브하즈)였다고 한다. 외교관으로 봉직한 유프라타스도 그중의 한 사람이었다. 나중에는 '스키타이', 아랍, 발칸지역의 포로들이 거세를 당하고 노예시장으로 끌려와 부유한 비잔티움인들에게 팔려갔다. 비잔티움의 대가족들은 거의 모두 집 안에 고자 하인을 두고 있었다. 안주인 수발, 아이들 교육, 매개자 역할이 그들의 주 임무였다. 크리소발란톤 수녀원의 성녀 이레네와 에우프로시나도 거세된 하인들을 매개로 해서 친척 및 황궁과 연락을 취했다.

이슬람의 확산으로 칼리프 궁정에서도 노예와 환관의 수요가 급증하자 그들의 공급은 더욱 달렸다. 산발적으로 남아 있는 사료에는 로마와 베네치아에도 노예시장이 형성되었던 것으로 나타나 있다. 그것은 서방에서 노예무역이 활성화되었음을 보여주는 것이다. 반면 중앙아시아 쪽 흑해 연안에 위치한 파플라고니아 출신의 환관 수가 늘어난 것은 비잔티움 제국 내에서 불법행위가 자행되고 있었음을 반증하는 것이다. 8세기에 황후 이레네 궁정에서 일한 파플라고니아인 니케타스도 가족에게 거세된 뒤 비잔티움으로 오는 기다란 대기자 명단에 올라 있다가 일착으로 환관이 된 사람들 중의 하나였다. 예전의 비로마계 환관들과 달리 그들은 자유민인 데다 그리스어도 구사했다. 그래서 그들의 가족도 기를 쓰고 황궁이나 비잔티움 교회에 일자리를 찾아주려고 한 것이다.

10세기에 크레모나의 주교 리우트프란트는 서방의 노예무역이 진행된 방식을 이렇게 기록했다. "소년들의 고환과 음경을 절제하는 시술은 베르됭 장사꾼들이 담당했다. 그렇게 거세된 소년들을 그들은 에스파냐로 데리고 가 엄청난 이문을 남기고 팔았다." 거세를 당하고도 살아남은 소년들은 그런 신체적 장애를 안고도 노령까지 목숨을 부지하는 경우가 많았다. 그런 사람들은 대개 팔다리가 긴 특징을 지니고 있었다. 프랑스 북부 베르됭에는 환관을 높이 평가하는 에스파냐의 우마이야 왕조 같은 이슬람 국가들에 노예 노동력을 공급해주는 시장이 형성돼 있었다. 기독교 상인들은 노예무역을 금하는 교황의 되풀이되는 칙령에도 아랑곳하지 않고 소년들을 붙잡아 거세한 뒤 팔아먹는 그 수지맞는 사업을 결코 포기하지 않았다. 기독교도 소년들도 예외는 아니었다. 소녀들도 이슬람 궁정의 하렘으로 팔려갔다. 그렇다 보니 동방이나 서방 모두 해적에게 사로잡혀 노예로 팔려가는 사람들의 흥미진진한 모험담이 중세 서사시와 로맨스의 단골 주제가 되었다.

949년에는 리우트프란트가 이탈리아의 왕 베렝가리오 1세(일명 베렝가르)로부터 첫 외교 임무를 부여받고 콘스탄티노플에 파견되었다. 그런데 황제에게 줄 선물을 찾기가 쉽지 않았다. 그래서 고심하던 중 그는 문득 예전에 비잔티움 주재 외교관으로 근무한 아버지와 양아버지가 한 말을 생각해내고는 고자 소년 몇 명을 사들였다. 그런 다음 황제를 알현하는 자리에서,

> 그[콘스탄티누스 7세]에게 멋진 갑옷 9벌과 금박 입힌 은제 가마솥을 진상한 뒤 (…) 황제가 그 어느 것보다 소중히 여기는 카르지마시아 네 명을 진상했다. 카르지마시아carzimasia는 소년 고자를 이르는 그리스어였다.

리우트프란트는 비잔티움 측으로부터 후대를 받고 콘스탄티노플에 머무는 동안에도 편안하게 지냈다. 그것이 선물 때문이었다고 단정할 수는 없지만, 그는 분명 자신의 선택을 탁월한 것으로 여겼을 것이다.

고자 소년을 고용한 또 다른 이유는, 제한적이지만 유용성이 있었던 그들의 성행위와 관련이 있었다. 『바보 성 안드레아의 생애』에도 고자 노예의 수려한 외모뿐 아니라 그들이 주인의 침실에서 '구역질 나는 남색 행위'를 강요받은 내용이 기록돼 있다. 안드레아는 지옥의 불구덩이에 떨어질 것이라는 말로 고자 소년을 겁주었다. 한 친구가 주인의 말을 듣지 않으면 매질을 당하고 심한 벌을 받게 될 것이 무서워 그러는 것이라고 말하자 안드레아는 그 짓을 못 하겠다고 대들면 그는 "축복을 받을 것이고, 자네가 말한 고문을 당하면 순교자로 간주되어 더더욱 큰 축복을 받게 될 것"이라고 대꾸했다. 수동적 (다시 말해 여성적) 역할에 머물고 따라서 동성애를 조장한다는 질타를 받기도 했지만 고자 또한 성욕을 지니고 있었다. 그것은 11세기 콘스탄티노플의 제국 고아원에서 자란 '바고아스'의 사례로도 확인된다. 아일랜드 작가 오스카 와일드의 장편소설에 나오는 도리안 그레이처럼 그도 아름다운 외모를 간직하기 위해 스스로 거세하고 나이 많은 친구들의 관능을 탐닉했던 것이다.

고자들은 음악적 재능으로도 중요한 일을 했다. 카스트라토 성가단원이 된 것이다. 그들은 콘스탄티노플의 주요 교회나 황궁에서 일반 소년들과 함께 노래를 불렀다. 그 점에서 제국 고아원은 높은 인기를 누린 카스트라토 창법의 소유자를 확보하기 위한 고자의 또 다른 공급원이었을 수 있다. 그것은 또 바티칸의 로마 교황을 위해 공연한 카스트라토 성가단의 전범이 되기도 했다. 그 새로운 형식의 성가를 도입한 장본인은 비탈리아누스 교황(재위 657~672)이었던 것으로 보인다. 그는 순례자를 돌보고 숙박 편의를 제공해주는 등의 자선사업에 전념한 비잔티움식의 봉사활동 디아코니아이 diakoniai를 시행한 인물이기도 하다. 로마는 카스트라토 성가단을 오랫동안 전통으로 유지하다가 20세기 초 마지못해 철폐했다.

고자가 생겨난 방식 가운데 반드시 짚고 넘어가야 할 또 하나의 유형이 있다. 대를 끊기 위해 거세를 형벌로 이용한 것이 그것이다. 흔히 그렇듯 그것은 퇴위당한 황제(582~602년 집권한 마우리키우스 황제, 811~813년의 짧은 치세에 그친 미카일 1세 황제, 813~820년 재위한 레오 5세)나 혹은 반역자(콘스탄티누스 4세가 귀족이던 아버지를 사형에 처하려 하자 반항하다가 거세당한 뒤 나중에 콘스탄티노플 총대주교가 된 게르마누스 1세가 그 대표적 인물이다)의 어린 아들들에게 시행되었다. 황제는 계승자를 배출해야 했으므로 신체절단은 그런 인물들을 황제직에서 몰아낼 수 있는 효과적인 방법이었다. 레오 3세가 반포한 『에클로가』(740)에는 도둑질한 사람은 손을 자르고 거짓말한 사람은 혀를 자르도록 하는 가장 극단적인 형태의 신체절단 조항이 명시돼 있다. 눈을 멀게 하는 것도 황권을 넘보는 경쟁자나 실정한 황제(713년 장님이 된 필리피쿠스 바르다네스 황제, 797년 어머니 이레네에 의해 장님이 된 콘스탄티누스 6세, 1072년 미카일 7세 두카스에 의해 두 눈을 잃은 로마누스 4세, 1195년 반란을 일으킨 동생에 의해 장님이 된 이사키우스 2세, 1261년 미카일 팔라이올로구스에게 쫓거나 장님이 된 요한네스 4세 라스카리스)를 실격시키기 위해 자주 이용된 방식이었다. 지금은 그런 신체절단이 야만적으로 보이지만 비잔티움 시대에는 거세나 눈을 멀게 하는 것이 사형보다 낮은 형벌이었다.

그럼에도 비잔티움 환관의 중요성이 커진 것은 황궁에 환관만이 할 수 있는 임무들이 속속 생겨났기 때문이다. 환관의 일은 대부분 황제와 황후의 내밀한 공간에서 그들과 접촉하는 것과 관련 있었다. 그 밖의 일은 의전을 관리하는 것이었다. 비잔티움에서는 환관이 그런 민감한 일들에 적합하고 또 없어서는 안 될 존재로 인식되었다. 그렇게 해서 환관의 전통이 수립되자 '수염 없는 남자'로 훈련시킬 거세된 소년의 꾸준한 공급이 필요해졌다. 파플라고니아 사람들도 그것을 알고 거세시킨 아들을 가급적이면 출셋길이 훤히 보이는 황궁에 들여보내려고 했다.

공식 만찬 때의 착석 순서가 기록된 9세기 말 필로테오스의 『논문*Treatise*』에도 법으로 정해진 여덟 자리 외에 황제의 구두 명령으로 환관이 아홉 자리를 더 배당받은 사실이 나타나 있다. 그들은 각자의 지위에 맞는 의복, 신발, 상징물을 착용했다. 환관의 수위 계급은 가장 명망 있는 귀족 클라리시모스klarissimos가 이끈 프라이포시토스praipositos였다. 황제의 시종장 겸 대변인 역할을 하며 감독관으로서 황궁의 의전을 지휘한 프라이포시토스는, 중요한 행사가 있을 때면 하루 전날 관리들을 총집합시켜 착용할 의복과 상징, 그리고 앉을 자리를 미리 알려주었다. 장소를 옮겨가며 행사가 하루 종일 진행될 때도 "실례합니다만"이라는 말로 양해를 구하고 참가자들을 이리저리 이동시키며 의식을 원활하게 진행했다. 그러다 보니 프라이포시토스 자리는 풍부한 경험으로 미숙한 환관들을 진두지휘하며 행사를 차질 없이 수행할 수 있는 환관장에게 돌아가기 마련이었다. 그런 행사들은 또 콘스탄티누스 7세 포르피로게니투스 황제(16장 참조)의 명으로 기록되기 전에는 모두 구술 전통으로 전해졌다. 그것에 한몫한 것이 비잔티움인들의 말솜씨였을 것이다.

환관의 두 번째 계급은 황제의 침실 문밖에서 잠을 자며 황제의 침전을 담당한 파라코이모메노스parakoimomenos, 황제의 어의를 담당한 프로토베스티아리오스protovestiarios, 황제 부부의 식당과 술 저장고를 담당한 환관들이 차지했다. 대궁전 단지와, 거기에 속한 마그나우라와 다프네 소궁전의 질서를 담당한 네 명의 관리도 그 계급에 포함되었다. 황제를 수행하고, 수염 있는 남자들(과 그 밖의 모든 사람)의 눈에 띄지 않게 황제가 옷이나 신발, 왕관을 갈아입을 수 있도록 수발드는 것이 그들의 주 임무였다. 황제는 행사 중 대궁전 지역 밖에서 의복을 갈아입어야 할 때가 많았다. 육지 성벽 너머 페게의 성모 마리아 성당으로 행차할 때도 환관들은 황제를 둥글게 감싸 도포를 입고 왕관을 쓸 수 있게 해주었다. 그런 식으로 황제 부부와 붙어 지내고 그들의 소지품을 다루다 보니 환관은 믿고 맡기는 직책이 되어, 그 점을 노리고 이용하려 드는 외부인들의 표적이 되기 일쑤였다. 황제의 몸을 돌보는 의사처럼 환관장도 황제의 침전에 임의적인 접근이 가능했고 마음대로 드나들 수도 있었다. 다른 사람이 황제에게 말을 걸거나 심지어 먼발치에서 바라보는 것도 막을 수 있는 위치에 있다는 점 또한 그들이 막강한 힘을 휘두를 수 있는 요인이 되었다.

비잔티움 역사는, 일부 현대 역사가들이 과도한 힘을 가진 환관대신들이 군주를 압도하려 했다고 비난한 사례들로 점철돼 있다. 5세기의 크리사포시우스, 유스티니아누스 대제와 테오도라 황후 밑에서 환관장을 지낸 6세기의 유프라타스, 여제 이레네의 총애를 받기 위해 서로 경쟁을 벌인 스타우라키우스와 아이티우스, 9세기의 사모나스, 10세기의 바실리우스 레카페누스, 11세기의 요한네스 '오르파노트로포스orphanotrophos'(콘스탄티노플의 제국 고아원 책임자여서 붙게 된 이름) 등 그런 사람은 부지기수였다. 로마누스 1세 황제의 서자였다 하여 '노토스Nothos'(서자)로 불리는 바실리우스 레카페누스는 그중에서도 특히 성공적인 이력을 쌓은 인물이었다. 그는 황제에 대한 야망을 품지 못하도록 어린 시절에 거세당한 뒤 콘스탄티누스 7세에 의해 파라코이모메노스로 임명되었다. 그런 다음 니케포루스 2세와 요한네스 1세 치세 때 큰 권력을 잡고, 바실리우스 2세 황제(재위 976~985) 치세의 첫 10년 동안에는 제국을 실질적으로 통치했다. 그는 또 막대한 부로 현재 림부르크 성당에 보관돼 있는 성물함과 같은 진귀한 예술품의 후원자가 되었는가 하면, 해전과 관련된 논문을 집필하여 이를 군사교본 탁티카의 멋진 필사본으로 만들기도 했다.

그 점에서 바실리우스 레카페누스는 예술의 후원자, 외교관, 장군, 행정가, 교사, 작가, 신학자, 성직자가 된 여러 고위급 환관들의 전형이라 할 만했다. 많은 경우 그들은 외교적이든 군사적이든 궁정에서 맡는 환관의 업무와는 별개의 특별 임무를 수행했다. 7세기에 아랍인과 협정을 맺은 안드레아스나 9세기에 해군 지휘관으로 활동한 테옥티스투스가 그런 사람들이었다. 비잔티움에서는 이렇게 이슬람의 칼리프 왕조처럼 환관들이 장군이나 외교관으로도 활약했다. 환관이 고위 관리가 된 사실은 그리스계 기독교도 저자인 아메드가 비잔티움과 아랍 자료에 덧붙여 그 자신의 꿈도 참고하여 집필한 『꿈의 해석에 관한 책 Book on the Interpretation of Dreams』으로도 확인되고 있다. 그도 다수의 다른 저자들과 마찬가지로 이 책에서 아름다운 환관을 천사와 동일하게 취급했다. 물론 천사는 성이 없고 환관도 성징을 잃었으므로 그들은 중성으로 간주되었다. 설사 그렇지 않다 해도(앞서 언급한 동성애 사례와, 성관계를 한 환관이 많았던 것으로도 알 수 있듯이), 환관을 천사와 동일시한 것은 심부름꾼, 개인 비서, 매개자 등과 같이 기독교와 무슬림 사

940년경 콘스탄티노플에서 제작된 레오의 성서에 실린 권두화. 레오가 성모마리아에게 성서를 바치자 성모가 다시 그리스도의 형상에 손짓하는 모습이다. 얼굴에 수염이 없고 여린 아이 같은 금발 머리인 것으로 보아 레오는 환관이었음이 분명하다. 그것은 그의 옆에 표시된 호칭들 — 파트리키오스(귀족), 사켈라리우스(재무관), 프라이포시토스(환관장) — 로도 알 수 있다.

회에서 환관이 맡았던 일의 중요성을 나타내는 것이 된다.

환관은 또 황궁에서 황제의 후원을 받으며 고위 관리가 되는 것과는 거리가 먼 이력을 쌓기도 했다. 그리하여 때로는 성인전聖人傳 사료에 이름이 오르는가 하면, 국경지역의 영웅 디오게네스 아크리테스의 서사시에서처럼 결혼선물 목록에 오르는 경우도 있었다. 아크리테스(바실리우스)가 보쌈해간 처녀(이름이 무엇인지는 결코 밝혀지지 않았다)와 마침내 결혼을 하게 되자 신부의 큰아버지는 두 사람에게 10명의 소년을 결혼선물로 주었다. 그들 모두

아름답고 긴 머리에, 목 언저리 부분에 금빛 장식이 달린
페르시아풍의 비단옷을 입은 중성의 미소년들이었다.

그것은 멋진 안장과 굴레가 곁들여진 순혈종의 말, 사냥개, 금박 입혀진 성상과 견주어도 손색없는 값진 결혼선물이었다. 바실리우스 1세 황제의 후원자였던 돈 많은 과부 다넬리스도 펠로폰네소스 반도에서 콘스탄티노플로 이동할 때 고자 하인들이 걸머진 가마를 이용했으며, 그녀가 바실리우스 1세에게 준 고가의 선물 목록에도 100명의 고자 소년이 포함돼 있었던 것으로 전해진다.

제국 내에서 누린 환관의 높은 위치는 10세기 초 레오 6세가 반포한 두 건의 신新칙법에도 고스란히 반영돼 있다. 첫 번째 칙법에는 결혼의 목적이 출산에 있다는 이유로 환관과 여성의 결혼을 금지하는 조항이 포함돼 있지만, 두 번째 칙법에는 환관도 양자를 들여 상속할 수 있게 하는 조항이 명시돼 있는 것이다. 그에 따라 궁정의 최고위층에 올라 부를 축적한 환관은 이제 양자에게 재산을 물려줄 수 있는 길이 열렸다. 그것은 환관에 대한 인도적 배려를 나타낸 것으로, 제국 내에서 거세하는 것을 금지한 법률 내용을 점

차 완화한 조치와도 부합했다. 거세한 뒤 궁정에서 성공적인 이력을 쌓은 성 메트리우스의 아들 콘스탄티누스도 천사의 환영이 나타나 그의 앞날을 예시해준 것으로 거세를 정당화했다.

환관은 수도자가 되기도 했다. 파플라고니아 출신의 환관 수도자 코스마스도 그런 사람 중의 하나였다. 어느 날 그는 이탈리아로 가던 중 잠시 휴식을 취하려고 보이오티아의 스티리스에 있는 성 루카스 묘지 근처에서 발길을 멈추었다. 그때 그의 눈앞에 무덤에 계속 머물러 있으면서 그것을 돌보고 더욱 아름답게 가꿀 것을 지시하는 환영이 나타났다. 하지만 일부 수도원들은 성적 동요가 일어날 것을 우려하여 환관이나 소년을 받아들이려 하지 않았고 아토스 산의 수도원 공동체도 환관을 다른 수도자들에 대한 위험 요소로 인식하여 차츰 배제하는 분위기였다. 요한네스 1세 치미스케스 황제가 마련한 회칙「트라고스Tragos」〔염소가죽에 필사되었다 하여 염소를 뜻하는 그리스어 트라고스로 불리게 된 것〕에는 그것이 이렇게 명시돼 있었다.

> 명하노니, 성직자가 되기 위해 아토스 산에 들어오는 수염 없는 소년과 환관은 받아들이지 말지어다. (…) 만일 수도원장이나 은자kelliotes가 짐의 명령을 어기고 소년이나 환관을 단 한 명이라도 그들의 영역이나 방에 들일 시에는 (…) 산에서 추방시키는 것이 마땅하리라.

비잔티움의 환관들은 궁정에서의 입지도 튼튼하고 사회에서도 무리 없이 받아들여지며 법률적으로도 신분을 보장받았으므로 중세의 다른 나라들과 비교하면 제국 내에서의 존재감이 두드러졌다. 그와 달리 중세 서방의 환관들은 혐오의 대상이었다. 서방에서는 '온전한' 인간만이 주교가 될 수 있었다. 하지만 오흐리드의 테오필락투스가 쓴「환관들에 대한 변호Defence of

11세기 중부 그리스의 스티리스에 세워진 호시오스 루카스 수도원. 돔이 얹힌 부속 교회 두 동, 곧 군인의 수호성녀 바르바라에게 봉헌된 초기 교회와 주 교회는 모자이크와 대리석으로 화려하게 장식돼 있다.

the Eunuch」에도 드러났듯이 비잔티움에도 알게 모르게 편견은 존재했다. 그 유식한 주교 테오필락투스가 수도자와 환관이 나누는 대화 형식으로 꾸민 11세기의 그 논문에서 수도자는, 환관이 지닌 도덕적 약점, 탐욕, 음탕함, 야망, 유약함, 저속한 노래를 부르는 가증스러움, 배우처럼 부자연스럽게 행동하고 과음하는 점을 지적하며 그들에 대해 전반적으로 부정적인 태도를 보였다. 그에 대해 환관은, 비잔티움의 환관은 외국과 달리 주교와 수도자로 봉직하기도 하는 점을 들어 자신들 집단을 변호했다. 그는 소년의 거세도 순결을 지키는 방편으로 찬양하면서, 많은 환관이 그들의 순결성으로 타인들을 각성시키고 있다고 주장했다. 물론 개중에는 비도덕적으로 살아가는 환관도 있지만 그것은 온전한 남자들 사이에서도 일어나는 일이라고 하면서, 외모가 아닌 정신적인 면으로 그들을 판단해줄 것을 요구했다.

테오필락투스의 그 논문은 환관인 그의 형제 데메트리우스에게 헌정한 것으로 폭넓은 독자층을 염두에 두고 쓴 것이 아니었다. 그럼에도 테오필락투스는 약강시弱强詩로 지은 그것의 서문에서 환관에 제기된 불리한 주장들에 반론을 펴고 싶다는 소망을 피력했다. 그 논문은 그의 다른 연설이나 편지와 함께 필사본 전집에 포함되어 전해졌다. 따라서 광범위하게 읽혔을 것이다. 캘리포니아대 샌디에이고 캠퍼스 사학과 교수 캐서린 링로즈에 따르면 비잔티움 작가들은 또 환관에 대한 글을 쓸 때마다 '수사학적 딜레마'에 빠져들었다고 한다. 힘도 약하고 군대 지휘관으로서의 역량도 부족할 것으로 예상되는 환관이 지배자들이 요구하는 임무는 무엇이든 다 수행하다 보니 그런 문제가 발생했던 것이다. 그들은 공훈을 세운 환관을 어떻게 표현할까 고민하던 끝에 결국, 보통의 환관들은 무용에 젬병이지만 그 사람만 예외적으로 비범한 전술을 구사한 것으로 설명했다. 그 모순된 상황은 비잔티움 사회가 환관을 여성도 남성도 아닌 제3의 성으로 나타낸 것으로도 알

산 비탈레 성당의 모자이크 패널화에 그려진 두 명의 환관이다. 비잔티움에서 환관들은 예술의 후원자, 외교관, 장관 등의 중책을 맡았으며, 또 천사와 동일시되어 기독교와 무슬림 사이에서 매개자 역할을 하기도 했다.

수 있다.

제국 말기에 접어들면서 비잔티움 궁정에서는 환관의 역할이 많이 줄어들었다. 모르긴 몰라도 그것은 군사적 문제가 더욱 절박해져서 생겨난 문제였던 것으로 보인다. 하지만 그런 가운데서도 환관은 중요한 일을 계속 수행하며 1453년 콘스탄티노플이 함락된 뒤까지 연장된 직업의 또 다른 연속성을 대변해주었다. 오스만 제국이 토프카프 궁전 내 하렘에 기거하는 술탄의 수많은 처첩과 노예들을 보호하기 위해 환관을 대거 고용했던 것이다. 그렇게 부여받은 새로운 임무로 환관은 수많은 추문의 주인공이 될 흑인(아프리카 출신)과 백인(유럽 출신) 환관의 모습을 띤 채 오스만 제국 궁정에서 다시금 힘 있는 존재가 되었다.

그리스도가 왕관을 내리고 있는 콘스탄티누스 7세 포르피로게니투스의 모습. 945년에 제작된 것이다. 비잔티움 제국의 궁정은 하늘의 궁정을 비추는 거울이요, 황제의 강화된 힘은 신의 지배를 실행하도록 계획된 것이었다.

16
비잔티움의 궁정

아침이면 국왕은 모두가 하나같이 붉은색 옷을 차려입은 측근 및 시종들과 함께 [히포드롬이 내려다보이는 황제석으로] 와, 경기장 위 높은 곳에 설치된 옥좌에 앉는다. 디즈부나dizbuna[그리스어로는 여주인을 뜻하는 데스포이나despoina]라 불리는 그의 부인도 모두가 하나같이 녹색 옷을 차려입은 측근 및 하인들과 함께 모습을 드러내며 황제 맞은편 자리에 가 앉는다. 그러고 나면 이제 공연자와 현악기 연주자들이 들어와 공연을 시작한다.

— 1120년경에 집필된 알-마르와지의 『동물의 특성*Properties of Animals*』 중에서

성례와 카스트라토 성가단이 성 소피아 성당을 찾는 사람들에게 종교적 감명을 주었다면 황궁의 의식, 연회, 만찬은 그에 못지않게 다채로운 세속적 구경거리를 제공했다. 알-마르와지는 9세기 말 혹은 10세기 초에 포로로 사로잡혀 콘스탄티노플로 끌려온 뒤 그곳에서 생활하며 겪은 일들을 글로 남긴 하룬 이븐 야흐야의 뒤를 이어, 수도에 대한 글을 쓴 인물이다. 두 사람 모두 히포드롬의 전차경주를 책에 언급했다. 황금빛 의상을 입은 두 명의 주자가 이륜 전차를 몰고 히포드롬에 들어와 '신상과 동상들(경주로 중앙의 칸막이 벽, 곧 스피나에 세워져 있던 기념물들을 말함)이 늘어선' 트랙을 세 바퀴 도는 경주 장면을 생생히 묘사해놓은 것이다. 그러나 콘스탄티노플에서 가

장 호화로운 행사가 벌어진 곳은 뭐니 뭐니 해도 역시 모든 활동의 중심지였던 제국의 허브, 궁정이 자리한 대궁전이었다. 콘스탄티노플 동쪽 고지대의 광활한 대지에 세워진 대궁전 단지에는 욕장을 연상시키는 고대의 건축물, 기독교 유물을 전시하도록 지어진 교회, 제국의 권위를 드높이도록 설계된 연회장이 있었다. 궁전의 성벽 내에는 황제와 황후의 거처, 특별 행사 구역, 근위대 병영이 갖춰져 있었다. 황제가 고문관들을 비공식적으로 접견할 때를 제외한 모든 공식 행사가 비잔티움 정치의 핵심인 그곳 대궁전의 궁정에서 치러졌다.

서방 국가들이 수도를 건설하여 상설 궁정을 짓는 데는 몇백 년이 소요되었다. 그러나 비잔티움은 콘스탄티누스 1세가 그리스의 옛 식민지에 수도를 창건하여 천도하고 로마 제국의 궁정을 옮기는 것으로 간단히 해결되었다. 그렇게 조성된 대궁전 단지는, 330년부터 1453년까지 단 한 번도 이동하는 일 없이 면면히 그 자리에 서 있었다. 물론 12세기부터는 황제들이 도시 성벽 북서쪽의 블라케르나이 황궁을 이용하기는 했지만 말이다. 그 결과 비잔티움의 대궁전은 고대 페르시아와 나중에는 칼리프가 통치한 이슬람 제국만 필적할 수 있었을 뿐 기독교계의 최대 궁정이 되었다. 제국은 궁정의 규모뿐 아니라 의식으로도 외국인과 자국인 모두에게 경탄을 자아냈다. 대궁전 단지를 찾은 사람들은 행사에 참여하기 전 으리으리한 외관만 보고도 감탄사를 연발했다. 연회장에 늘어선 고대의 조각상들(개중에는 미래를 예측하는 능력이 있다고 전해진 것들도 있었다) 하며, 갈수록 웅장하고 화려한 맛을 더해가는 황금빛 모자이크와 귀금속으로 장식된 건축물들, 다양한 인종군 만큼이나 들고 있는 무기도 제각각인 근위병 부대 모두가 그들에게는 놀라움의 대상이었다.

그것들을 구경하고 나면 이제 연회가 그들을 기다리고 있었다. 연회는 7

세기 말 유스티니아누스 2세가 지은 골든 홀에서 개최되었다. 후진을 장식한 그리스도 판토크라토르 모자이크 상 아래 높다랗게 설치된 옥좌에 황제가 모습을 드러내면 또 다른 곳에서는 수력에 의한 특수효과가 연출되었다. 수력으로 작동되는 고대의 오르간은 비잔티움 시대에도 제 기능을 발휘하며 황궁의 연회와, 분수와 노래하는 새들로 황제들의 흥을 돋워준 욕장에 계속 이용되고 있었다. 마그나우라 궁에는 포효하는 황금사자와 보석 장식이 된 나뭇가지 위 지저귀는 새들 사이에 황금 옥좌가 놓여 있었다. 그곳은 또 외교사절이 황제에게 부복proskynesis(바닥에 머리가 닿도록 조아리는 행위)하는 순간 옥좌가 천장 높이까지 별안간 치솟아 오르는 특징을 지니고 있었다. 949년 첫 외교 임무를 맡아 콘스탄티노플에 파견된 크레모나의 리우트프란트는 그 광경을 보고도 짐짓 놀라지 않은 척했다. 아버지와 양아버지로부터 사전에 그에 대한 정보를 입수했기 때문이다. 그러나 그도 "어떻게 그런 일이 일어날 수 있었는지는 알 수 없었노라"고 실토했다.

궁정은 외국인들의 찬탄과 놀라움만 자아낸 것이 아니라 제국 내에서도 중요한 기능을 발휘했다. 소속감이기도 하고 권위에 대한 숙명적 복종심이기도 한 충성심을 유발시켜 자국 내의 모든 백성을 황제에 더욱 결속시키는 역할을 한 것이다. 타의 존경과 부러움을 사는 책임과 권한 있는 자리로 역량 있는 젊은이를 승진시키는 것도 그 하나의 방법이었다. 실제로 일반인들이 그런 지위까지 올라가는 일은 드물었으나 가능성은 늘 열려 있었기 때문에 많은 가정이 부푼 꿈을 안고 자식들을 권력의 궤도에 진입시키려고 안간힘을 썼다. 그런 식으로 궁정은 권력의 헤게모니를 행사하며 사회의 각 분야를 통합하고 황권을 강화하는 역할을 했다. 궁정은 우월한 문화와 찬란한 광휘의 중심으로 인식되었다. 따라서 야심 찬 지방민들은 저마다 궁정과 자신들을 동일시하며 그곳에 한자리 차지할 수 있기를 바랐다. 11세기에는 퇴역장군 케카우메노스(11장 참조)가 궁정을 음모의 온상으로 지목하기도 했는데, 아닌 게 아니라 그것은 사실이었을 것이다. 그러나 그도 군대에서 출세를 했다. 그것은 아르메니아 출신의 재능 있는 젊은이가 군에 들어와 지속적으로 충성을 바칠 만큼 비잔티움 궁정이 매력적이었음을 보여주는 것이다.

비잔티움 궁정은 환관들 외에 교육 수준이 높은 남자들도 관리로 대거 등용했다. 그들은 대개 정부의 고관으로 승진했다. 앞서도 언급했듯이 그 축에 끼지 못한 다른 사람들은 연봉roga을 받는 명예 관직을 얻기 위해 돈을 쓰며 서로 간에 경합을 벌였다. 그 모든 관리가 고위 성직자, 콘스탄티노플 원로원 의원, 히포드롬의 청색당과 녹색당(3장 참조), 연대기를 든 다양한 부대들과 함께 관복을 입고 권표를 지닌 채 연회에 참석했다. 직위에 따라 순서대로 행사장에 입장하여 황제와 황후에게 예를 올린 뒤 정해진 자리에 가서 갖가지 색상과 신분으로 자신들의 계급을 한껏 과시했다.

젊은 여성들도 궁정에 채용되었다. 궁정은 황후를 시중드는 시녀는 물론 비잔티움의 모든 여성에게 기회가 돌아간 미래의 황후도 선발했다. 이론상 황태자비는 신부 후보자들 가운데 황태자가 가장 마음에 드는 여성을 고르는 간택 형식을 취했다. 비잔티움 문헌에는 황후가 다수의 신부 후보자를 모아놓고 마치 미인 경연대회를 치르듯 미래의 황제에게 그들을 선보인 이야기가 생생히 묘사돼 있다. 실제로 그런 일이 벌어졌을 개연성은 희박하지만 용모가 빼어난 적령기의 딸을 둔 지방의 어느 가정이 그런 횡재를 만나지 말라는 법도 없었다. 실제로 8세기와 9세기 비잔티움 황제들은 간혹 평범한 지방 출신의 여자를 신부로 맞이한 사례가 있었다. 이레네 황후도 아테네 출신이었고, 콘스탄티누스 6세와 결혼한 마리아는 암니아, 여제 테오도라는 파플라고니아 출신이었다. 마리아와 테오도라는 공개 경쟁을 통해 간택되었다고 한다. '미'가 절대적 기준은 아니었다고 해도 그것은 비잔티움 궁정의 활력과 개방성을 나타내는 것이다. 그렇게 제국 내 어느 곳 출신의 여자든 황후로 간택될 수 있는 길이 열리자 지방의 가정들은 운수대통의 기회를 잡기 위해 황궁의 행사 주기에 촉각을 곤두세우고 궁정생활에 언제나 귀를 기울였다. 그렇게 해서 일단 간택만 되면 신부와 연줄 있는 사람들 모두가 혜택을 입었다. 신부의 자매만 해도 조신과 결혼할 수 있는 길이 열렸다. 황후의 시녀도 많은 사람이 탐내는 자리가 되어 아버지들은 이제나저제나 딸들을 황궁에 들여보낼 기회만 엿보았다. 드물기는 했지만 시녀생활을 하다 황제와 결혼하는 예도 종종 있었기 때문이다(8세기 말 이레네 황후의 시녀였다가 콘스탄티누스의 두 번째 부인이 된 테오도테와, 9세기에 레오 6세의 두 번째 부인이 된 조에 자우치나가 그 대표적인 예다). 어린 소년들이 가족에게 거세되어 환관의 길을 걷도록 궁정에 보내졌듯이 소녀들도 미래의 황제나 고위 관리의 눈에 들도록 부모에게 길들여졌다. 제국의 궁정은 그렇듯 사회적 신분 상승, 경제적 상승의 중심이었다.

그러나 실상 간택제의 역할은 미미했다. 외교 협상에 결혼동맹이 주요 변수로 작용하여 중요한 조약을 맺기 위한 방편으로 외국 신부를 맞아들이는 일이 잦았기 때문이다. 732년 이레네(콘스탄티누스 5세의 부인이자 레오 4세의 어머니였던 여자)로 개명한 하자르의 치체크와 1072년 미카일 7세에 이어 니케포루스 3세의 황후가 된 알라니아 왕국의 마리아(일명 마르타)도 그런 경위로 비잔티움의 황후가 되었다. 비잔티움도 같은 목적으로 왕녀들을 해외로 출가시켰다. 심지어 '자주색 방에서 태어난' 황녀를 군사동맹에 이용할 때도 있었다(17장 참조). 십자군 기간에는 서방 왕녀를 황후로 맞는 일이 잦아졌다. 요한네스 2세와 이사키우스 2세 황제도 헝가리 여자를 황후로 맞았으며 마누엘 1세는 처음에는 독일 여자, 두 번째는 라틴왕국의 안티오키아

성 소피아 대성당에 있는 성모자, 요한네스 2세와 이레네.

공작 딸을 신부로 맞아들였다. 그는 아들 알렉시우스 2세도 프랑스 여자와 결혼시켰다. 황제의 여자 친족이 서방 군주와 결혼하는 예는 더욱 빈번했다. 그 또한 외교관계에 결혼동맹이 광범위하게 이용되었음을 보여주는 것이다. 반면 콤네누스 왕가와 앙겔루스 왕가는 신중하게 비잔티움의 명문가를 전략적 동맹에 이용했다. 여자, 남자 할 것 없이 그 두 왕가 사람들은 죄다 결혼을 개인적 선택이 아닌 정치적 도구로 보았다.

  4세기 카이사리아의 주교 유세비우스가 황권은 신의 뜻으로 얻어진 것이므로 황제도 지상의 신의 대리인으로 통치한다는 이론을 정립한 이래 기독교와 로마의 이데올로기는 혼연일체가 되어 비잔티움 문화의 우월성을 지켜주었다. 그 이론에 따르면 제국의 궁정 또한 하늘의 궁정을 비추는 거울이었고, 황제의 강화된 힘은 신의 지배를 실행하도록 계획된 것이었다. 외교정책을 펴는 외교관, 궁정 의식을 지휘하는 환관, 행정을 책임지는 관료들 모두 그 이론에 따라 제국 곳곳에 황권의 개념을 깊숙이 스며들게 하느라 구슬땀을 흘렸다.

  독창적이고 효율적인 제국의 정부 시스템을 운영하는 곳은 대궁전이었다. 대궁전은 주화 주조와 상업 규정 같은 재정 문제로부터 새로운 법률의 공포에 이르기까지 비잔티움의 삶의 거의 모든 면을 통제했다. 그 밖에 황제는 콘스탄티노플 총대주교도 임명하여 교회에도 상당한 영향력을 끼칠 수 있었다. 이처럼 고도로 중앙집권화된 비잔티움 정부를 떠받쳐준 것이 또 서기와 필경사에 대한 수요를 끊임없이 창출하며 궁정의 결정 사항을 차질 없이 시행한 계층적 관료제였다. 비잔티움 정부는 히포드롬의 부속건물에도 문서저장고와 행정부서를 비치해놓았다. 그리하여 11세기의 몇몇 재판관은 그곳의 작업 공간이 협소한 것에 대해 불만을 털어놓기도 했다. 그러나 몇백 년을 지나는 동안 그 거대한 기록보관서는 죄다 파괴되어 현재 남아 있는 극소수 원 사료들은 수도원(특히 아토스 산의 수도원들), 바티칸, 외국의 수집물에서만 발견되고 있는 실정이다.

비잔티움 정부가 지배자의 잦은 교체에도 불구하고 살아남을 수 있었던 한 가지 비결은 굳건한 행정력에 있었다는 것이 통설이다. 황제들은 오락가락했지만 관료들의 일과는 쉼 없이 계속되었던 것이다. 그들의 활동 양상은 지금은 사라지고 없는 양피지 문서에 사용된 납인을 통해서 적으나마 추적해볼 수 있다. 황제에게 보직을 새로 부여받은 관리나 혹은 진급한 장교가 진본임을 확인하는 의미로 새 직책이 들어간 납 도장을 만들어 그것을 명령서에 찍었던 것이다. 그 도장들은 글자를 뒤집어 주형판으로 찍어내는 주화처럼 만들어졌으나 재료는 그보다 값이 한층 헐한 납을 사용했다. 그래서인지 후세에 전해진 비잔티움 시대의 양피지 문서는 극소수에 불과하지만, 거기에 찍힌 도장만은 좀처럼 지워지지 않은 채 남아 있다. 1920년대 테오도시우스 포룸 자리에 이스탄불대학이 들어설 때 그곳 유적지에서 나온 잡석들도 십중팔구 기록보관소의 잔재였을 것이다. 그 속에 수천 개의 납 도장이 포함돼 있었던 것이다. 누구도 눈치 채지 못했겠지만 방파제 밖 바다 속에 집어던진 잡석들 가운데 도장들이 나중에 해변가 뭍으로 쓸려 올라가 사람들에게 발견되었을 것이다. 코린토스 같은 유적지에서도 그와 비슷하게 납 도장이 많이 발견되고 있다. 그 납 도장들로 비잔티움 시대의 수많은 행정가와 군인들이 밟았던 이력을 추적해볼 수 있다. 다만 아쉬운 것은 그 도장이 사용된, 몇백 년에 걸친 중세의 기록물은 대부분 사라지고 없다는 것이다.

관리가 제국 정부에 이바지하여 비잔티움 사회의 엘리트가 되면 궁정의 례를 통해 직책, 관복, 권표를 수여받았다. 부인도 물론 그에 합당한 대접을 받았다. 군 장교와 민간인 관리 모두 명예로운 직책을 부여받으면 당사자의 부인도 그에 상응하는 직위를 갖게 되었던 것이다. 남편이 칸디다토스kan-didatos[군대나 행정부의 고관에게 부여한 직책]에 봉해지면 부인도 공식적으로 칸디다티사kandidatissa가 되었다. 또한 칸디다티사가 새겨진 도장이 발견된 것으로 보아 여성도 남성처럼 도장으로 자신들의 신분을 드러냈던 것 같다. 여자들은 또 고관의 부인이 되면 지위에 맞는 예복을 차려입고 예행연습을 한 뒤 궁정의례에 참석할 의무가 있었다. 이때 프로폴로마propoloma[쿠션을 넣어 둥글게 만 형태의 머리쓰개]라 불린 관을 쓴 여자는 머리를 조아리지 않았는데, 그것은 아마 모자가 떨어지는 것을 막기 위해서였던 것으로 보인다.

비잔티움의 관직 서열은 두 가지 중요한 사료의 기록으로 확인해볼 수 있다. 제국의 행정조직이 기록된 『탁티카』(주요 연회의 착석 순서를 기록해놓은 문헌)[『탁티카』는 비잔티움 제국에서 군사교본과 궁정의례를 기록한 문헌을 뜻하는 두 가지 용어로 쓰였다]와 궁정의례를 기록해놓은 『궁정 의식Book of Ceremonies』[보통 『비잔티움의 궁정 의식에 대하여』로 알려져 있다]이 그것이다. 이 두 기록물 모두 황제를 궁정의 최고 수장에, 콘스탄티노플 총대주교를 그다음 서열에 올려놓았다. 요한네스 1세 치미스케스 황제(재위 969~979) 치세에 이르면 또 다른 문헌 『탁티콘Taktikon』[탁티카의 하위 범주에 속하는 문서]에, 황실 가족이 최고위직 5개(보통 황제의 장모에게만 주어진 황실 여성의 최고위직으로, 의복에 착용한 띠zoste로 구별된 조스테 파트리키아zoste patrikia도 그중의 하나다)를 차지한 것으로 기록돼 있다. 테마의 육군과 해군 총사령관, (황실 가족의 교육을 전담한) 대학 학장, (총대주교의 비서) 신켈로스, 법관, 도시 행정관, 청색당과 녹색당 지도자들(데마르크demarchs), 고위급 행정관과 그에 속한 직원, 콘스탄티노플 산업과 교역, 곡물 점포의 대표들, 지방 수도원장들이 그 뒤를 이었다. 이것으로 보면 비잔티움에서는 군 지휘관이 민간인

보다 언제나 우위를 점한 것을 알 수 있다.

그 두 집단이 제국 내에서 어떻게 공조를 이루었는지는 949년 비잔티움이 아랍에 빼앗긴 크레타 섬을 되찾기 위해 수립한 복잡한 군사 계획에 잘 드러나 있다. 당시 비잔티움이 동원한 인력과 장비에는 드로몬 선 20척, 2교대로 근무하도록 배 한 척당 노잡이와 군인 230명, 기마병이 70명씩 각각 300명으로 구성된 선원 두 팀(따라서 총 600명이 된다), 기마병용 사슬갑옷 윗도리 70벌, 그리스의 불 전담 병사용인 가벼운 쇠사슬 윗도리 12벌이 포함되었다. 재무부서의 드로몬 선 20척에도 배 한 척당 그리스의 불 발사에 쓰이는 관 3개(따라서 그리스의 불 전담 병사는 총 60명이 된다), 노잡이 120명(따라서 노잡이 수는 총 2천400명이 된다), 닻 120개, 다량의 밧줄이 실려 있었다. 그것도 기나긴 목록의 일부에 불과했다. 해군은 인력을 공급하고 수송을 책임지는 것은 물론 키잡이와 그리스의 불 전담 병사들과 기마병들이 입을 방호복도 마련해야 했다. 노잡이와 전투병, 동물들에게 먹일 물과 식량은 중앙 행정기관이 정부 각 부처의 도움을 받아 해결했다. 그렇게 차질 없이 준비를 했는데도 해상 원정은 실패로 끝났다.

비잔티움은 제국이 자랑하는 대외정책과 외교 업무도 수많은 통역관을 두고 능률적으로 수행했다. 외국 사절을 수행하고 그들이 가져온 외교문서를 번역하는 것이 그들의 주된 임무였다. 그 과정에서 통역관들은 때로 고전어가 아닌 실용 그리스어로 외교문서의 답신을 쓰라는 지침을 받기도 했다. 그렇다면 그것은 아랍인과 이탈리아인들 사이에서도 실용 그리스어가 상당히 보편화되어 있었음을 말해주는 것이다. 아랍 측 사료에도, 로마누스 1세 레카페누스가 바그다드 아바스 왕조의 칼리프 알-라디에게 보낸 공문에 금 글씨로 쓰인 그리스어 옆에 은 글씨로 쓰인 아랍어 번역문이 나란히 실린 사실이 나타나 있다. 비잔티움은 그 공문과 함께 보석이 아로새겨진 황금 잔, 수정 사자장, 굽 달린 잔, 귀금속 장식이 된 금 접시와 사발, 의류, 사향 등의 향신료, 호박, 다수의 향수, 그 외 '진기한' 물품을 선물로 보냈다. 비잔티움 제국의 동방지역 사령관 바르다스 스크렐루스가 반란을 일으켜 어수선했던 10세기 말에는 한 아랍 사절이 예전에 체결된 협정문의 사본 3부(원본과 일치하지 않는 것으로 드러났다)를 들먹이며 주요 국경 요새의 지위 문제를 놓고 바실리우스 2세 황제와 협상을 벌이다 실패한 사실을 기록으로 남기기도 했다. 비잔티움은 주교와 수도자, 군 지휘관과 민간인 관리 등 최고의 교육 수준을 지닌 사람을 외교관으로 뽑았다. 시나다의 주교 레오, 레오 코이로스팍테스〔바실리우스 1세 황제 치세 때 정부의 고관을 지내다 외교관으로 근무하고 나중에는 수도자가 된 인물〕, 콘스탄티누스 마나세스〔12세기에 나우팍투스의 수도대주교를 지내기도 한 비잔티움의 연대기 작가〕의 서신들에 직무에 관련된 내용이 빽빽이 기록돼 있는 것이 이를 입증한다. 12세기에는 마누엘 1세 콤네누스 황제가 다수의 이탈리아 상인들을 번역가 겸 통역관으로 채용해 십자군과의 협상에 임했다.

그러나 비잔티움의 행정과 관련된 가장 중요한 사료는 역시 콘스탄티누스 7세 황제(재위 945~959)가 편찬한 『궁정 의식』이었다. 특정일들에 엄수된 연회, 궁정 의식, 궁전 밖에서 치러진 행사를 빠짐없이 기록한 그 저술에는 원로원 의원 페테르가, 로마와 로마에 기거하는 황제들의 안녕을 기원하는 전통적 이교의식이 수록된 『354년의 연대기』 같은 문헌에 의존해, 유스티니아누스 대제 치세 때의 궁정활동을 설명한 초기 자료도 포함돼 있다. 콘스탄티노플에서 가장 중요한 축일은 도시 창건일인 5월 11일이었다. 『궁정 의식』에는 그것을 비롯하여 718년 아랍 군을 대파한 것과 같은 승전 기념일, 특별히 심했던 지진이 일어난 날을 기억하는 추념일, 보스포루스 해협까지 바지선을 띄우는 행사가 포함된 포도수확 축제일 등, 특정일을 기독

콘스탄티누스 7세(재위 945~959) 때 주조된 금화. 앞면에는 그리스도(왼쪽)가, 뒷면에는 십자가가 달린 보주를 든 황제의 모습이 새겨져 있다(오른쪽).

교 의례와 각종 기념행사로 기리는 방법이 수록돼 있다. 황제의 참석이 반드시 요구된 성자의 축일과 교회 축일들도 빠질 리 없었다. 그런 행사는 보통 궁정의 조신들이 성소까지 행진을 하고, 예배에 참석하고, 황제가 총대주교와 만찬을 하느라 하루 종일 걸리는 것이 예사였다. 부활절에서 시작되는 교회력에 따라 정리돼 있는 『궁정 의식』에는 환호, 대관식, 황실 결혼, 황후의 아들 출산을 경축하는 지침도 마련돼 있었다. 그런 의례를 진두지휘하며 행사 단계마다 내방객의 참석 순서를 알려준 사람이 환관들이었다.

다수의 외국인도 비잔티움 궁정과 그것의 작동 방식에 대한 글을 남겼다. 특히 크레모나의 리우트프란트가 쓴 두 작품은 묘사가 생생하고 자세하며 신랄하다. 그중 첫 작품은 949~950년 이탈리아 지배자 베렝가리오 2세의 사절로 콘스탄티노플에 파견되어 그곳에서 보고 느낀 바를 쓴 것인데, 앞의 14장에 나온 것처럼 콘스탄티누스 7세로부터 후대받은 것이 주 내용이다. 그 18년 뒤에 나온 두 번째 작품은 니케포루스 2세 포카스 황제가 자신보다 한층 강력한, 리우트프란트의 주군〔당시에는 리우트프란트가 베렝가리오를 떠나 오토 1세의 궁정에서 지내고 있었다〕인 오토 1세 신성 로마 제국 황제에게 적대감을 보인 내용이 대부분을 차지한다. 리우트프란트의 첫 작품에는 또 대궁전의 '19개의 장의자가 놓인 연회장'에서 개최된 성탄절 축하연 때 황제와 내빈들이 옛 로마인들이 하듯 장의자에 비스듬히 누워 황금 접시에 놓인 음식을 먹는 장면이 흥미롭게 묘사돼 있다. 어느 순간 천장이 열리더니 과일이 담겨 묵직한 황금 접시들이 식탁에 내려앉더라는 것이었다. 식사 코스의 중간 중간에도 무희와 가수들이 오르간과 각종 악기들을 들고 나와 여흥을 제공했다고 한다. 그러나 리우트프란트가 특히 감명 깊게 본 것은 한 사람이 이마 위에 아슬아슬하게 장대를 세우자 두 남자가 그 위를 오르락내리락하며 묘기를 부린 곡예였다. 키예프 성당의 프레스코화와 이슬람 국가에서 만든 대형 에나멜 그릇에도 그와 비슷한 문양이 그려져 있는 것으로 볼 때 그것은 아마 중세 궁정 문화의 특징이었던 것 같다. 중동 국가의 군주들은 희귀 동물을 수집하고, 에나멜 안장이나 금실과 보석 장식이 된 비단 류의 사치품을 주고받고, 정원, 물고기가 노는 연못, 분수 딸린 호화 궁전을 짓는 취미를 가지고 있었다. 비잔티움 황제가 무슬림 국가들의 칼리프와 고관, 슬라브 국가들의 군주와 맺고 있던 교류망도 알고 보면 그런 선물들로 유지되었다. 10세기 중반 비잔티움 장인들이 확장된 코르도바 대사원의 미흐라브를 모자이크와 대리석으로 장식하게 된 것도 그런 교류의 일환이었다.

　리우트프란트가 콘스탄티노플을 두 번째로 찾은 것은 오토 1세의 명을 받고 그의 아들과 비잔티움 황녀의 결혼을 주선하기 위해서였다. 그것은 비잔티움에 달갑지 않은 제안이었다. 그래서인지 이때는 외풍이 심한 궁전에 기거하고 감시도 철저히 당하는 듯 푸대접을 받았다. 비잔티움 당국은 그의 일행이 황제 형제의 부름을 받고 입궐할 때도 말을 타지 못하게 했다. 물마저 구입하지 못하게 할 때가 있었다. 리우트프란트가 보기에 니케포루스 포카스 황제는 비잔티움과 서방의 관계가 변한 뒤부터 오토 1세가 제안한 결혼동맹에 반대하는 것 같았다. 황제는 자주색 방에서 태어난 비잔티움의 황녀를 서방 군주와는 결혼시킬 수 없다고 잘라 말했다. 로마에서 보낸 외교 서신에 자신의 호칭이 부정확하게 기록된 것에 대해서도 그는 길길이 날뛰며 화를 냈다. 니케포루스를 로마인들의 황제가 아닌 그리스인들의 황제로 칭했던 것이다. 그에 질세라 그도 오토를 황제가 아닌 왕으로 불렀다. 리우트프란트는 호칭, 라틴어(로마인들의 원어), 이탈리아 남부의 비잔티움 영토를 오토가 정복한 것에 대해 두 사람이 티격태격하는 것을 보다 못해 '로마인'의 호칭에는 "온갖 종류의 천박함, 소심함, 욕심, 사치, 거짓, 악덕"이 함축돼 있다며 비잔티움 측에 독설을 퍼부었다. 그는 콘스탄티누스 7세와 즐겼던 연회와 달리 니케포루스가 주최한 이번 만찬의 음식은 부추, 마늘, 생선소스 범벅인 것에 대해서도 넌더리를 냈다. 비잔티움 측이 야만족인 불가리아 대사에게 황제와 가까운 곳에 자리를 배정해주고 테이블보까지 깔아주며 예우를 다한 것에 대해서도 그는 분을 참지 못했다. 그것만으로는 모자랐는지 마지막 한 방이 그를 또 기다리고 있었다. 비잔티움 땅을 떠날 때 합법적으로 구입했다고 생각한 비단을 세관 관리에게 몰수당하는 수모를 겪은 것이다.

리우트프란트의 기록은 콘스탄티누스 7세의 『궁정 의식』에 제시된 규정이 실제로 작동된 방식을 살펴볼 수 있는 좋은 사료가 된다. 황제 아들의 약혼식만 해도 『궁정 의식』에는 과정이 복잡하게 기록돼 있으나 실제로는 상황에 맞게 의례가 적절히 조절되었다. 비잔티움인들은 바뀐 상황에 융통성 있고 기민하게 대처했다. 이레네도 단독 통치자가 된 지 2년째 되는 해 부활주일 다음 날의 월요일(799년 4월 1일)에 열린 행사를 황제가 백마를 타고 성 모키오스 성당까지 행진을 벌이며 연도의 군중에게 주화를 뿌려주던 기존 관행을 지양하고, 고위급 장군들이 탄 네 필의 백마가 끄는 마차를 타고 행진하는 것으로 바꾸었다. 그런 식으로 그녀는 군중이 바라 마지않았을 금품 살포를 차질 없이 수행했다. 키예프의 과부 왕비 올가가 콘스탄티노플을 찾았을 때도 비잔티움 황실은 그녀가 여성인 점을 고려하여 접대 형식을 바꾸었다. 올가와 수행원들에 대한 환영 행사는 관례대로 치르되 연회는 별도로 개최한 것이다. 올가를 위해서는 콘스탄티누스 7세의 부인인 헬레나 황후가 여성 내빈만을 초청하여 따로 연회를 열고 남성 사절들(주로 모피와 호박 상인들)은 황제가 주최한 만찬에 참석하도록 했다.

그런 식으로 여성과 남성을 분리하여 행사를 치르다 보니 황궁 안주인으로서의 황후의 역할이 커졌다. 그래서인지 비잔티움은 올가가 콘스탄티노플에 와 있는 동안 그녀에게 특별한 띠로 직위를 나타내는 조스테 파트리키아의 칭호를 수여했다. 남녀가 함께하는 연회에 참석할 수 있도록 하기 위해서였다. 올가는 황제 부처와 어린 아들 로마누스 2세 옆에 앉았다. 비잔티움 궁정에서 자리 배정이 갖는 중요성으로 볼 때 주빈석 가까이 앉는 것은 대단한 영광이었다. 따라서 그것은 올가가 외국인들 가운데 가장 높은 지위를 부여받은 것을 의미했다. 그러나 자리가 엄격히 정해져 있었음에도 황궁 연회에서는 그것을 둘러싼 잡음이 끊이지 않았다. 앞서 언급한 대로 리우트프란트도 불가리아 사절이 자기보다 상석에 앉는 것을 그의 주군 오토 1세에 대한 모욕으로 생각했다. 그는 콘스탄티누스 7세에 대한 암살기도가 있었던 945년의 궁정 연회에 대한 기록도 남겼다. 콘스탄티누스에게 그 사실을 귀띔해준 관리는 그것을 피해갈 수 있는 방법도 알려주었다. '최고의 자리를 차지하기 위한 다툼이 벌어지는' 순간 방패를 두드리면 그의 충성스런 마케도니아 군대가 그것을 신호 삼아 연회장에 난입하여 반역자들을 체포하리라는 것이었다.

아랍 외교관과 전쟁포로들도 리우트프란트 못지않게 비잔티움 궁정에 대한 흥미로운 기록을 남겼다. 황궁의 특별 행사 때 만찬에 초대받은 무슬림 포로들이 의전 담당자로부터 "돼지고기 음식이 없다"는 말을 듣고 안심했다는 재미난 이야기를 들려준 하룬 이븐 야흐야도 그중의 한 사람이었다. 그는 또 민족에 따라 각기 다른 무기를 소지한 근위대(흑인 기독교도, 하자르인, 투르크인), 네 종류의 서로 다른 감옥, 오르간과 대리석, 모자이크, 프레스코화 장식이 되어 있고 목재, 상아, 황금 탁자들이 놓인 황제의 교회와 그 뜰에 대해서도 상세히 묘사했다. 그에 따르면 성 소피아 성당 옆에도 24개의 조그만 문이 자동으로 열리고 닫히며 시간을 알려주는 시계가 있었다고 한다. 하룬은 축일이면 원주 꼭대기에 얹힌 동상들에서 꿀과 포도주가 흘러내리도록 설치된 저장고와, 유스티니아누스 대제의 원주에 놓인 기마상과 같은 동상들에도 지대한 관심을 나타냈다.

그 밖에 하룬은 네 마리의 청동 뱀이 얽혀 있는 히포드롬의 뱀 기둥은 진짜 뱀을 물리치기 위해 세워놓은 것으로 기록했고 사람, 말, 짐승 모습을 한, 속이 텅 빈 다른 황동 동상들에 대해서도 흥미로운 글을 남겼다. 그는 황후가 황제와 나란히 앉아 전차경주와 경마를 관전하는 모습에도 흥미를 보였다. 키예프의 성당 탑을 장식하고 있는 프레스코화에도 황제 부처는 황제석에 따로 앉아 히포드롬의 운동경기를 구경하는 모습으로 그려져 있다. 에스파냐 외교관 곤살레스 데 클라비호도 15세기 초 황후는 히포드롬의 황제석에 황제와 나란히 앉아 있고 다른 귀부인들은 경기장 입구 위 별석에 앉아 마상 창 시합을 관전한 내용이 포함된 여행기를 남겼다. 또한 남녀를 막론하고 공중제비 묘기자, 요술사, 체조선수, 레슬링선수, 가수, 어릿광대(때로는 난쟁이), 무희가 중세세계의 대표적인 궁정 연예인들이었던 것과 달리 비잔티움에는 히포드롬의 두 기둥 사이에 설치된 밧줄을 타거나 낙타 등 위에서 묘기를 부리는, 다른 나라에는 없는 독특한 곡예사들이 있었다. 궁정에도 언제까지나 미성을 유지한 환관 성가대의 노래, 녹색당과 청색당 단원들의 황금 오르간과 은 오르간 연주, 캐스터네츠와 수금 연주 등 즐길 거리가 많았다.

이 같은 궁정활동, 비잔티움의 외교정책 및 행정에 관한 가장 상세한 기록을 남긴 인물이 바로 콘스탄티누스 7세 포르피로게니투스 황제였다. 그는 『궁정 의식』은 물론 아들 로마누스 2세에게 헌정한 『제국 행정론On Governing the Empire』과 『테마 제도에 대하여On the Themes』도 편찬했다. 이 두 작품은 그가 아들 로마누스의 황제 수업에 도움을 주려는 실용적 목적을 염

마상 창 시합을 준비하고 있는 장면. 비잔티움에서 마상 창 시합은 가장 열광적인 반응을 얻었던 볼거리였다. 이 그림은 프랑스에서 1460~1465년에 제작된 것이다.

두에 두고 옛 저작들을 참고로 해서 집필했다. 그중 『제국 행정론』은 제국의 지배권 밖에 있는 영토와 군주, 『테마 제도에 대하여』는 제국 영내에 있는 여러 지역, 곧 테마들을 다룬 책이다. 지형, 산맥, 강 등에 대한 지리 정보와 주민의 특성은 두 작품 모두 공통으로 다루고 있다. 콘스탄티누스는 '자신들이 못 가진 것에 대한 욕심이 과하고 (…) 뻔뻔스럽게 남에게 손 벌리기를 좋아하는' 인간들인 동시에 지극히 위험한 적으로도 간주된 페체네그족에 대한 논의로 『제국 행정론』을 시작하면서 이런 조언을 한다.

황제의 대리인이 케르손을 갈 때는 반드시 파치나키아(페체네그족의 땅)에 사람을 보내 인질과 호위병을 먼저 요구해야 하느니라. 그리하여 그들이 오면 인질은 감시를 붙여 케르손에 남겨두고 호위병만 파치나키아로 데리고 가서 임무를 수행하도록 하라.

그의 조언은 다음과 같은 구체적 경험으로 설명되었다.

사제 가브리엘을 투르크족에 파견했을 때의 일이다. 그가 투르크족에게 페체네그족을 그들 땅에서 몰아내라는 황제의 명을 전하자 (…) 투르크족 족장들은 일제히 페체네그족을 추적하는 일에 자신들은 나설 수 없다고 고함을 지르는 것이었다. 그러면서 하는 말이 페체네그족은 나라도 크고 인구도 많으며 모두가 악마의 자식들이기 때문이라는 것이었다.

비잔티움의 북쪽에 위치한 이웃 나라들을 다룬 책의 그 대목에서 콘스탄티누스는 또 노브고로트, 스몰렌스크, 그 밖의 러시아 도시 사람들이 키예프에 모여 배를 타고 드네프르 강을 따라 크림 반도로 내려가, 거기서 다시 흑해를 건너 콘스탄티노플로 들어오는 여정을 생생히 기술했다. 그는 드네프르 강 하류에는 7개의 급류가 있었다고 하면서 그들이 그 장애물과 사투를 벌이며 헤쳐나간 광경을 실제로 본 것처럼 실감나게 묘사했다. 그들이 처음 마주친 급류는 '잠들면 안 돼!'를 뜻하는 에소우피였다. 그곳에 이르자 물살이 갑자기 '무시무시한 굉음을 내며' 급류 한복판에 섬처럼 솟아난 바위에 가 부딪히더라는 것이었다. 콘스탄티누스는 이 부분에서 급류가 콘스탄티노플에 있는 폴로 그라운드 정도로 폭이 좁았다고 하면서 크기까지 알려주었다. 급류를 맞닥뜨린 러시아인들은 배 안에 있는 사람들을 내리게 한 뒤 장대로 노를 저으며 맨발로 강 한복판에 있는 바위 주변으로 배들을 몰고 갔다.

네 번째 급류는 물살이 더욱 거셌다. 펠리컨들이 그 안에 있는 돌덩어리에 둥지를 틀었다 하여 러시아어로는 아에포르Aeifor, 슬라브어로는 네아시트Neasit라 부르는 곳이었다. (…) 이번에는 러시아인들이 모든 배를 뭍으로 끌어갔다. 그러고는 쇠사슬에 묶인 노예들을 급류의 끝 지점까지 육로로 6마일을 호송해갔다. 그런 다음 질질 끌기도 하고 어깨에 짊어지기도 하여 급류 건너편으로 배들을 날랐다.

러시아인들은 계속 일곱 번째 급류를 지나 크라리온으로 향했다. 그곳에는 히포드롬 정도의 너비에 바닥에서 화살을 쏘면 꼭대기에 닿을 만한 높이로 물살이 세찬 여울이 있었다. 바로 "페체네그족이 내려와 러시아인을 공격하는 곳"이었다.

실용성과 정치성을 두루 갖춘 이 조언들은 콘스탄티누스가 이웃 나라들과의 관계를 다룬 비잔티움의 옛 역사물에서 수집한 것이었다. 그렇다 보니 간혹 시대착오적인 내용이 있기는 해도 예언자 무함마드, 그루지야와 아르메니아의 바그라투니 왕조, 서방의 프랑크족 계보 부분에 이르러서는 중요한 역사적 발전상을 보여주는 자세한 설명이 곁들여져 있기도 하다. 일례로 그는 크로아티아가 불가리아로부터 독립을 계속 유지할 수 있었던 비결에 대해 이렇게 말했다.

크로아티아 군주는 처음부터, 다시 말해 헤라클리우스 황제 치세 때부터 로마인들의 황제에게만 예속돼 있었을 뿐 불가리아 군주의 지배를 받아본 적은 없다.

그렇다고 콘스탄티누스가 아들을 위한 작품만을 썼던 것은 아니다. 그는 또 다른 저술에 대한 필요성도 이렇게 역설했다.

지금껏 역사 연구가 지지부진했던 것은 유용한 책이 부족해서거나 아니면 저술의 양이 참담할 정도로 적었기 때문이리라. 자주색 방(포르피라 porphrya)에서 태어나고 이제까지 비잔티움을 다스린 황제들 가운데 가장 정통적이고 가장 기독교적인 황제 콘스탄티누스가 (…) 그것을 개선할 수 있는 방법은 (…) 무엇보다 오이쿠메네의 곳곳을 뒤져 다양한 지식이 가득 찬 각종 책들을 취합하는 것이라고 보는 까닭도 거기에 있느니라.

('포르피라'는 다음 단원에서 다룰 것이다). 그렇게 해서 군사전략, 사냥, 결혼 등의 주제로 나뉘고 '역사가 주는 모든 위대한 교훈이 포함된' 총 53권의 방대한 백과사전이 만들어졌다. 그중 현재까지 전해지는 것은 1권의 황제들의 선출에 관한 초록, 안티오키아의 요한네스라는 인물의 작품에서 발췌

한 것이 대부분인 22권의 사절들에 관한 초록, 50권의 선악에 관한 초록, 그렇게 3권뿐이다. 그러나 같은 방식으로 저술된 또 다른 작품들은 다행히 지금껏 잘 보존되고 있다. 그리스어 명칭과 용어들을 집대성한 사전 『수다 Souda』와 처음에는 교회 명문에 쓰이는 영광을 얻기도 했으나 나중에는 지극히 음란한 동성애 운문에까지 실린 고대 후기의 그리스 사화집 개정판이 바로 그것들이다.

이들 방대한 백과사전에는 지난날의 역사적 체험이 현대의 역사가들이 '르네상스'로 칭한 운동으로 설명돼 있다. 그러나 그 방법은 또 조부 바실리우스 1세 황제의 집권 과정을 그린 『바실리우스의 생애 Life of Basil』에서 콘스탄티누스가 보여주었듯이, 역사를 왜곡할 우려가 있었다. 앞서도 언급했듯이 바실리우스 1세는 미카일 3세를 시해하고 황제가 된 인물이었다. 그런데도 콘스탄티누스는 미카일 3세의 지배와 아무 관계도 없는 엉뚱하고 요상한 면만을 잔뜩 부각시킨 채 바실리우스의 시해 행위를 마치 술주정뱅이로부터 나라를 구해준 것처럼 정당화시켰다. 그런 식으로 바실리우스 1세를 마케도니아 황조의 창건자로 그럴듯하게 묘사해놓고 자신은 그 황조의 자랑스러운 3대조 황제로 이야기했다. '마케도니아'는 또 그가 일으킨 이른바 고대 지혜의 '르네상스'에 항상 따라붙는 말이 되기도 했다〔마케도니아 황조가 흔히 마케도니아 르네상스기로 불리는 것을 말한다〕.

콘스탄티누스 7세에 의해 지침이 마련된 궁정 의식은 비잔티움에서 몇 세기 동안 계속 사용되었다. 알렉시우스 1세 콤네누스 황제(재위 1081~1118)가 블라케르나이 황궁으로 거처를 옮긴 뒤에는 궁정의 중심이 그쪽으로 옮겨갔다. 1204년 제4차 십자군 기간에 콘스탄티노플이 라틴인들에게 점령돼 있을 때는 망명정부들이 저마다 제국을 대표한다고 목청을 높이며, 각각의 궁정 실정에 맞게 비잔티움 의식을 적당히 개조해 썼다. 그러다가 1261년 니케아 제국의 미카일 8세 팔라이올로구스가 콘스탄티노플을 수복하고 두 발로 걸어 수도에 입성한 뒤에야 승리를 거두고 개선한 황제의 위상에 맞는 궁정 의식을 엄수했다. 어찌 보면 궁정 의식과 관련된 가장 흥미로운 저술은 비잔티움 제국의 말기, 위僞-코디누스Pseudo-Kodinos로 알려진 익명의 저자가 쓴 『위엄과 관직에 관하여Treatise on the Dignities and Offices』일 것이다. 거기에는 비잔티움 제국과 궁정 모두 찬란했던 옛 시절의 그림자에 지나지 않았던 14세기까지도 호칭, 의상, 왕권의 표상에 사람들이 집착했던 것으로 나타나 있다. 코라 수도원의 모자이크화에도 제국의 총리 테오도루스 메토키테스가 카프탄〔넓고 긴 소매와 앞트임이 있고 발끝까지 내려오는 투르크족의 남성용 의상〕을 입고 터번을 쓴 모습으로 그려져 있다. 그것은 비잔티움의 궁중 의상에 투르크족 유행이 깊숙이 침투한 사실을 말해주는 것이다. 그런 식으로 심지어 망할 날이 가까워온 시점에도 관직을 얻기에 혈안이 되게 만든 연봉 로가와 더불어 예전과 같은 직책은 여전히 존재했고, 존칭어도 크게 부풀려져 사람들은 그것을 얻기 위해 유례없이 치열한 경쟁을 벌였다. 비잔티움 최후의 황제 콘스탄티누스 11세(재위 1448~1453)의 짧은 치세 때도 예외는 아니어서 루카스 노타라스 대공은 두 아들을 고위직에 앉히려고 황제에게 입에 발린 아부마저 서슴지 않았다.

폐하께서는 칸타쿠제누스의 자제를 폐하의 형제이신 전제군주의 요청에 따라, 혼인으로 인척이 되고 그의 아비가 사령관을 지냈다는 이유로 야전 사령관에 봉하셨나이다. 그런데 하물며 프란체스를 총사령관보다 직급이 높은 자리에 앉힐 수야 있겠습니까? 원컨대 그를 그보다 직급이 하나 아래인 시종장에 봉해주시기 바라옵니다.

테오도루스 메토키테스의 모자이크화. 1316~1321년 그가 복원한 콘스탄티노플 코라 수도원에 설치돼 있다. 그 교회의 건립자 겸 수석 성직자임을 나타내는 logothetes tou genikou의 글귀가 새겨진 왼편에 카프탄을 입고 터번을 쓴 메토키테스가 그리스도에게 교회를 봉헌하는 모습이다. 그림 중앙에도 교회를 "살아 있는 사람들의 거소"로 표현한 글귀가 새겨져 있다.

사실 사령관이 됐든 총사령관이 됐든 급여의 차이는 크지 않았다. 그런데도 조신들은 관직 서열의 최고위직을 얻기 위해 피 터지는 싸움을 했다. 황제는 노타라스의 부탁을 받고 난감해했다. 그 직책에 맞는 이들은 정작 따로 있었기 때문이다. 투르크족이 도시를 포위한 채 성벽을 무너뜨리려고 거대한 신형 대포를 끌어오고 있는 와중에도 비잔티움 궁정은 그런 시시콜콜한 일로 세월을 보내고 있었다.

콘스탄티누스 9세의 왕관으로, 황제는 여동생 조에, 테오도라와 나란히 서 있는 모습으로 그려졌다. 조에는 1050년에, 콘스탄티누스는 그 후 5년 뒤에 죽었고, 1055년 1월부터 그 이듬해 8월까지 테오도라가 여제로서 단독으로 제국을 다스렸다. 황금과 칠보공예의 탁월한 기술을 엿볼 수 있는 작품이기도 하다.

17
'자주색 방에서 태어난' 아이들

1044년 비잔티움인들은 콘스탄티누스 9세의 정부 마리아 스클레라이나에 항거하며 진짜 황후를 만나게 해달라고 요구했다. "우리는 스클레라이나가 황후가 되는 것을 원치 않는다. 그녀로 인해 '자주색 방에서 태어난(포르피로게니투스)' 우리의 두 국모 조에와 테오도라가 죽는 것을 원치 않는다."

— 11세기에 쓰여진 요한네스 스킬리체스의 『연대기』 중에서

'자주색 방에서 태어난' 이란 뜻을 지닌 포르피로게니투스porphyrogennetos는 750년이 되기 전 대궁전 내에 축조된 자주색 반암 또는 자주색 비단으로 치장된 방을 의미하는 포르피라porphyra의 형용사형이다. 그해 750년 콘스탄티누스 5세의 첫 부인이 된 하자르족의 공주 이레네가 조부 레오 3세의 이름을 따 레오로 명명된 아들을 그 방에서 낳았다. 레오 4세가 훗날 '하자르인'과 포르피로게니투스의 두 호칭을 얻게 된 것은 그런 연유에서다. 그는 자주색 방에서 태어난 최초의 황제 아들이었다. 그 특별한 콤플렉스가 대궁전 단지 내의 파로스(등대) 성모교회를 짓기도 한 성상파괴론자 황제의 출발점이 되었다. 이후 그 방은 황후의 산실이 되었고 그 방에서 태어난 아이들은 '자주색 방에서 태어난'이라는 호칭을 갖게 되었다. 새로운 호칭으로 황제의 계승권을 지키려는 기발한 장치가 마련된 것이었다.

로마시대에는 '자주색으로' 태어난 아이가, 심지어 자주색으로 테두리가 쳐진 포대기에 싸인 황제의 자식을 의미할 정도로 흔하게 사용되었다. 조그만 고둥에서 추출되는 값비싼 염료라는 사실만으로도 황제의 위엄을 높이기에는 충분했던 것이다. 앞서도 언급했듯이 비잔티움에서는 황제와 황실 가족만이 자주색 비단을 입었다. 자주색 비단을 높이 평가한 나라에 외교적 목적으로 선물한 것이 예외였을 뿐이다. 이집트에서만 나는 자주색의 반암 석관도 지배자들만 쓸 수 있었다.

자주색 방이 그 방에서 태어난 아이의 정통성을 보장해주기 위해 축조된 것인지 아닌지는 확실치 않다. 그러나 콘스탄티누스 5세가 황조의 지배를 공고히 하는 데 그것이 중요한 역할을 하게 되리라는 것을 알고 있었던 것은 분명하다. 레오는 비잔티움과 하자르 왕국의 정치적 동맹 강화를 위해 어린 나이에 콘스탄티노플로 시집온 하자르족의 이레네가 낳은 첫아이였다. 콘스탄티누스는 그 경사를 축하하고, 1년 뒤에는 레오를 공동 황제로 임명했다. 자주색 방을 축조하고 첫아들을 황제로 임명한 콘스탄티누스의 두 조치에서 느껴지는 것은 황조의 연속성을 이어가려는 그의 확고한 의지다. 콘스탄티누스는 훗날 세 번째 부인에게서도 아들 여럿을 얻고 그들을 고위직에 앉혔지만 계승자는 결코 바꾸지 않았다.

콘스탄티누스가 '자주색 방에서 태어난'을 진정한 황제의 자식이 되는 요건으로 삼은 것은 황제를 계승직으로 만들기 위해서였다. 원로원과 군대의 입김이 많이 작용한 로마의 황제 선출 방식에서 벗어나 아버지에서 아들로 이어지는 계승제 원칙을 수립하려고 한 것이었다. 자주색 방은 계승자를 정해놓는 새로운 중세적 방식에 이바지한 것 외에도 원로원 의원과 군 장성들을 권력의 핵심에서 떼어놓는 역할도 했다. 7세기의 헤라클리우스 황제와 같은 다른 군주들도 이미 계승제를 고집했으며 아들이 없으면 양자를 들이는 것이 대세였다. 콘스탄티누스의 조치는 비잔티움이 그렇게 고대에서 중세로 변천해가는 오랜 이행기의 고비에 있을 때 터져나온 것이었다. 특별산실은 그의 왕가의 통치에 도전해오는 사람들을 물리칠 해법이 충분히 될 만했다. 그는 이제부터 자주색 방에서 태어난 아이에게만 비잔티움을 통치할 자격을 줄 작정이었다.

그렇다고 정적이나 찬탈자들이 그 조치에 겁먹고 황제직을 노리지 않은 것은 아니었다. 자주색 방 또한 다른 용도로도 많이 이용되었다. 이레네 황후만 해도 아들 콘스탄티누스 6세를, 그가 태어난 자주색 방에서 장님으로 만들었다. 나중에는 이교도의 축일인 브루말리아 날에 황후들이 귀부인들에게 선물 나눠주는 곳으로 그 방을 사용하기도 했다. 10세기 초에는 황조적 위기에 봉착한 황제가 그것을 타개하기 위해 다분히 의식적으로 그 방을 사용했다.

그 황제는 다름 아닌 현제, 철학자 황제로도 불리는 레오 6세(재위 886~912)였다. 그는 세 번 결혼하여 세 번 다 상처하는 불운을 겪었다. 첫 아내 테오파노는 황후라기보다는 차라리 수녀 같은 여자였다. 테오파노가 죽자 레오는 대궁전에 그녀의 일생을 담은 프레스코화를 그려 추모한 뒤 애인 조에 자우치나와 재혼했다. 하지만 그녀도 딸만 낳은 채 죽고 말았다. 그 상태에서 레오가 삼혼을 하려면 기독교 결혼제도의 규정에 따라 혹독한 참회를 해야만 했다. 재혼도 첫 결혼에서 아이가 없었기 때문에 가능했다. 따라서 삼혼은 부적절한 것으로 판단되었으나 참회로 어렵사리 그것을 극복하고 레오는 유도키아 바이아나를 세 번째 황후로 맞아들였다. 그러나 그녀도 901년 아이를 낳다 숨을 거뒀다. 그것이 아들과 계승자를 절실히 필요로 했던 레오를 곤경에 빠뜨렸다. 그런 레오의 마음도 몰라주고 총대주교 니콜라스 1세 미스티코스는 "사혼四婚은 짐승들이나 하는 짓"이라는 교회 규정을

현제 레오 6세에게 제관을 씌우는 성모 마리아와 대천사 가브리엘. 콘스탄티노플에서 886~912년에 제작된 것이다.

그에게 상기시켰다.

레오는 결국 조에 카르보노프시나(까만 눈이라는 뜻)와 결혼하지 않고 동거만 하면서 아이의 출산 때에 이르러서야 그녀의 거처를 자주색 방으로 옮겼다. 그리고 905년 5월 그토록 염원하던 아들을 그 방에서 얻었다. 전통을 따르자면 그 아이는 조부 바실리우스 1세의 이름을 따 바실리우스로 명명되는 것이 옳았다. 그러나 레오는 기독교 제국과 그 수도를 창건한 콘스탄티누스 1세로까지 거슬러 올라가는 전임 황제들의 이름을 따 그 아이를 콘스탄티누스 포르피로게니투스로 명명했다. 그러나 조에에 대한 총대주교 니콜라스의 반대가 여전히 완강했기 때문에 콘스탄티누스는 레오가 그녀를 단념하고 수녀원에 보내는 데 동의한 뒤에야 세례를 받고 레오의 아들로도 인정되었다. 아들이 세례를 받자마자 레오는 기다렸다는 듯 다시 조에를 황궁으로 불러들이고 사제까지 한 명 매수하여 결혼식을 올렸다. 그것을 안 총대주교 니콜라스는 격노하여 교회법을 명백히 위반한 레오를 1년 가까이 교회에서 추방시켰다.

그러다 결국 타협이 이루어져 니콜라스가 〈결혼의 서Tomus Unionis〉에 사혼은 한 번에 그치고 더는 허용하지 않는다는 규정을 명문화하는 것으로 그 사태는 일단락되었다. 그렇게 해서 콘스탄티누스는 레오의 계승자로 인정되고 자주색 방에서 태어난 황손들 중에 가장 유명한 아이가 되어 정통성을 강조하는 별칭 포르피로게니투스로 영원히 알려지게 되었다. 그러나 평화로운 계승이 이루어지기에는 그것으로도 부족하여 912년 레오 6세가 죽은 뒤 콘스탄티누스는, 레오의 동생 알렉산드로스의 13개월에 그친 짧은 재위 기간을 거친 뒤에야 여덟 살의 나이로 황제가 되었다. 913년에는 그의 어머니 조에와 총대주교 니콜라스가 포함된 그의 섭정단이 구성되었다. 이번에도 니콜라스의 태도는 냉랭하기만 했다. 그 6년 뒤에는 비잔티움 함대 제독

로마누스 레카페누스가 어린 콘스탄티누스를 보호한다는 구실로 황제권을 빼앗아 920년부터 944년까지 제국을 다스리며 자기 아들들까지 궁정의 최고위직에 앉혔다. 그렇게 해서 콘스탄티누스는 명목상으로는 913년부터 황제였으나, 945년 레카페누스 일가를 추방한 뒤에야 비로소 단독 황제가 되었다. 레카페누스와 공동 황제로 제위에 있는 26년 동안 그를 지켜준 것이 자주색 아우라였다. 이후 그는 969년까지 제국을 다스리며 학자 겸 화가로 활동했고, 금 세공인, 필사본 삽화가, 그 외 여러 장인을 후원했으며, 고대의 신화를 주제로 삼기도 한 예술의 부활을 촉진했다.

그 무렵에는 서방도 포르피로게니투스를 특별한 칭호로 인식해 진정한 황녀 신부를 맞아들이는 것이 포함된 결혼동맹에 대한 필요성이 곧잘 제기되었다. 그러나 앞서도 나왔듯이 콘스탄티누스 7세는 비잔티움 황녀를 황제의 표장이나 그리스의 불과 같은 보물로 여겨 외부로의 유출을 금지시켰다. 뿐만 아니라 그는 자신의 황위계승권을 주장하기 위해 벌인 투쟁 과정에서, 자주색 방에서 태어나는 것의 의미를 일종의 숭고한 관념으로 발전시켰다. 그래서인지 그는, 레오 3세는 하자르족 공주를 아들의 배필로 삼아 '로마인들의 제국에 큰 망신'을 준 것으로, 로마누스 1세 레카페누스는 손녀 마리아 레카페네를 불가리아의 페타르와 결혼시킨 책임을 물어 힐난했다. 콘스탄티누스는 부적절한 결혼을 시킨 로마누스를 이런 인물로 규정지었다. 즉 그는,

천하고 무식한 자다. (…) 그 자의 행동이 교만하고 횡포가 심한 것도 황실 출신이거나 귀족 출신이 아니기 때문이다. (…) 교회법, 교회의 전통, 법령, 위대하고 거룩한 황제 콘스탄티누스 [1세]의 명령에 반하는 일[결혼]을 벌여 원로원, 모든 평민, 교회의 지탄과 비방과 증오를 한 몸에 받게 된 것도

그런 연유에서다.

그러나 콘스탄티누스는 로마누스 1세를 이렇게 형편없는 인물로 깔아뭉 개놓고도 정작 그의 맏아들을 외할아버지의 이름을 따 로마누스로 명명하고〔콘스탄티누스는 로마누스 1세의 딸 헬레나와 결혼했다〕 서방의 공주 베르타와 결혼시켰다. 그리고는 로마누스를 위해 쓴 『제국 행정론』에서 베르타의 집안을 입에 침이 마르게 자랑했다. 그에 따르면 베르타의 아버지 우고 왕은,

전쟁에서의 영웅적 행위를 담은 노래, 이야기, 저작으로 높이 찬양된 카를(샤를마뉴) 가문 출신이었다. 카를이라면 또 모든 왕국을 다스린 단독 지배자, 대프랑키아(프랑크 왕국)의 황제였던 사람이다. (…) 콘스탄티노플에 와서 그리스도가 사랑한 군주 콘스탄티누스의 자주색 방에서 태어난 아들 로마누스와 결혼한 베르타는, 그녀의 조모 대大베르타의 이름을 따 붙여진 이름이다. 그 소小베르타가 이제 그리스도가 사랑하는 콘스탄티누스의 조모와 누이의 이름에 따라 유도키아가 되었다.

그러나 유도키아는 얼마 안 돼 곧 죽고, 로마누스 2세(재위 959~963)는 여관집 딸로 알려진 여자와 재혼했다.

포르피로게니투스 황제들 중 적지 않은 이들이 그 칭호가 무색할 만큼 콘스탄티누스 7세와 같은 전철을 밟았다. 그의 손자 바실리우스 2세만 해도 963년 어린 나이에 즉위했으나 섭정단의 꼭두각시 노릇을 하다가 976년에야 진정한 황제가 되었다. 황제가 된 뒤에도 10년간은 포카스 집안과 스클레루스 집안으로부터 황권의 도전을 받고 환관 시종장 바실리우스 레카페누스의 영향권 아래 있으면서 그의 조종을 받았다. 그러다 987년 바실리우

스가 반란을 진압하느라 여념이 없는 동안 그는 키예프의 블라디미르 1세로부터 군사 원조를 받아내는 데 성공했다. 그러나 그 원조는 공짜가 아니었다. 블라디미르가 군사 지원에 대한 대가로 바실리우스의 누이 안나를 신부로 줄 것을 요구한 것이었다. 그는 결혼을 허락해주면 자신도 세례를 받고 키예프 백성들도 기독교도로 만들어주겠다고 약속했다. 이후 그것의 진행 과정에 대해서는 논란의 여지가 많지만 결과는 분명하다. 자주색 방에서 태어난 황녀 안나가 블라디미르의 부인이 되어, 두 사람이 함께 비잔티움식 관례를 도입한 키예프 궁정을 장악했다는 것이다. 그녀를 수행한 여러 비잔티움 성직자들도 키예프에 정교회 의식을 도입하고 수도원 제도를 장려하며 비잔티움 문화를 증진시켰다. 자주색 방에서 태어난 황녀와 외국인과의 결혼을 금지한 콘스탄티누스 7세의 조치에도 불구하고 황녀와 외국인의 결혼은 가능했으며, 실제로 또 결혼을 했고, 외교동맹에도 이용되었다. 비잔티움의 왕자들도 서방 여자들과 결혼했다.

 자주색 방에서 태어난 황제의 자식이 난관을 극복하고 황권을 차지한 가장 두드러진 예는 바실리우스의 두 조카딸 조에와 테오도라에게서 찾아볼 수 있다. 바실리우스는 죽을 때까지 미혼이어서 그 두 자매가 바실리우스 1세가 창건한 마케도니아 황조의 마지막 후계자였다. 바실리우스 2세나 두 자매의 아버지인 그의 동생 콘스탄티누스 8세가 결혼으로 후사를 얻으려는 노력을 기울이지 않았다는 사실이 그저 놀랍기만 하다. 미모가 출중했던 것으로 알려진 조에는 비잔티움인의 피가 섞인 신성 로마 제국의 오토 3세 왕자[오토 3세는 오토 2세와 비잔티움 공주 테오파노의 아들이다]와 약혼한 사이였다. 그래서 1002년 결혼하려고 이탈리아에 갔으나 그는 이미 죽은 뒤여서 그녀는 콘스탄티노플로 되돌아왔다. 그후 1028년 조에의 아버지 콘스탄티누스 8세는 죽음이 임박한 것을 알고 그녀를 노령의 장군 로마누스 3세 아르기루스(재위 1028~1034)와 결혼시켰다. 두 사람 사이에는 아이가 없었다. 조에는 그 첫 남편이 죽자 미카일 4세(재위 1034~1041), 미카일 5세(막강한 힘을 지닌 환관조신의 조카로 조에의 양자 자격으로 황제가 된 인물. 재위 1041~1042), 콘스탄티누스 9세 모노마쿠스(재위 1042~1055)를 차례로 제위에 앉혔다. 그중 미카일 4세는 수도원에 들어가고 미카일 5세는 조에를 수녀원에 집어넣으며 황권을 찬탈했다. 그것이 콘스탄티노플 시민들의 폭동을 야기하여 그는 폐위된 뒤 장님이 되고 포르피로게니타(자주색 방에서 태어난 여자) 자매가 공동 황제가 되었다. 그로써 마케도니아 황조의 적법한 계승자는 조에와 테오도라뿐이라는 사실이 명백히 드러났다.

콘스탄티누스 9세는 조에의 동의 아래 그의 정부 마리아 스클레라이나를 대궁전으로 데려와 자주색 방의 건너편 방에 기거하도록 했다. 그러고는 명예직을 수여하였으나 여론의 반대에 부딪혀 황후로 만들지는 못했다. 조에 또한 세 남자와 결혼했음에도 아이를 낳지 못하고 1050년 콘스탄티누스에게 황권을 넘겨둔 채 숨을 거뒀다. 콘스탄티누스는 또 다른 정부에게 높은 명예직을 부여하고 사석에서는 그녀를 황후로 불렀다. 그러나 공개석상에서는 감히 그러지 못했다. 비잔티움에서 공개적으로 황후의 칭호를 사용할 수 있는 여성은 테오도라 포르피로게니투스뿐이었다. 테오도라는 콘스탄티누스 9세의 죽음이 임박했다는 소식을 듣고 황권을 주장하기 위해 수도로 돌아와 근위대의 지지를 얻어냈다. 11세기의 비잔티움 역사가 미카일 프셀루스는 이렇게 썼다.

테오도라의 지배력을 높여준 몇 가지 요소를 꼽자면, '자주색 방에서 태어났다'는 것, 온화한 성격을 지녔다는 것, 비통한 삶을 살았다는 것이었다.

성 소피아 성당 회랑의 모자이크 상. 그리스도의 양옆에 콘스탄티누스 9세 황제와 황후 조에가 자리해 있다. 본래 이 그림에는 조에의 전남편들이 묘사돼 있었으나, 1042년 6월 그녀가 콘스탄티누스와 세 번째 결혼을 하면서 그를 나타내는 글귀도 바뀌고 세 사람의 얼굴도 재배치되었다. 콘스탄티누스가 금이 든 주머니를 그리스도에게 증정하는 옆에서 조에는 남편 직책이 적힌 두루마리를 들고 있다. 그리스도를 믿는 로마인들의 황제 콘스탄티누스라고 적힌 두루마리다.

테오도라는 오랜 기간 수도원에 감금돼 있었음에도 '남자의 역할을 맡아' 마치 황제가 천직임을 새삼 깨닫기라도 한 듯 혼자서 나라를 꿋꿋이 다스렸다.

그러나 포르피로게니투스 자매들의 성공적인 통치권 확보에도 불구하고 마케도니아 황조는 1056년 테오도라의 사망과 함께 막을 내렸다. 이어 두카스 가문이 포르피라를 이용해〔이 가문 출신의 황제로는 콘스탄티누스 10세와 그의 아들 미카일 7세가 있다〕 자신들의 왕조를 수립하려고 했다. 그러나 단독 왕조 수립에는 실패하고 1081년 콤네누스 가문의 알렉시우스 1세와 공동으로 지배권을 갖는 데 그쳤다. 알렉시우스 1세 콤네누스와 그의 아내 이레네 두카스는 슬하에 아홉 자식을 두었다. 그들 모두 포르피라에서 태어났다. 그중 장녀 안나 콤네나가 자주색 방에서 태어난 사실에서 자신의 권위에 대한 고결한 개념을 도출해냈다. 하지만 장녀에게 황제 상속권이 있다고 본 그녀의 생각과 달리 아버지가 죽은 뒤 황제가 된 것은 동생 요한네스 2세 콤네누스였다. 요한네스 2세 황제의 계승권은 아들 마누엘이 차지했다. 하지만 지배자로 환호받은 콤네누스 황조 최후의 포르피로게니투스 황제 알렉시우스 2세(재위 1180~1182)도 종국에는 삼촌 안드로니쿠스 1세(재위 1182~1185)에 의해 추방된 뒤 살해되었다. 콤네누스 황조의 수립에 일조한 자주색 방이 어린 왕자의 계승까지 보장해주지는 못한 것이다.

지금까지 살펴본 것처럼 포르피로게니투스는 단독 통치가 가능할 정도로 나이가 차지 않으면 주변인들이 그 호칭에 부여된 권력을 찬탈하려 드는 일이 자주 일어났다. 843년에는 테오도라, 913년에는 조에 카르보노프시나가 이레네의 본을 떠 아들의 섭정 노릇을 했다. 경쟁적인 상황에서는 바실리우스 레카페누스, 요한네스 오르파노트로포스, 미카일 5세와 같은 환관들이 야망을 품고 포르피로게니투스의 보호자를 자임하고 나섰다. 그럼에도 콘스탄티노플 시민들과 심지어 멀리 떨어진 제국의 지방민들까지 '자주색 방에서 태어난'의 호칭을 가진 이들에게 지극한 충성을 바치며 때에 따라서는 경쟁자들에 맞서 그들을 지켜주었다. 포르피로게니투스의 영원한 명성은 1204년에 세워진 니케아 제국의 라스카리스가 사람들이 자주색 방에서 태어나는 것이 불가능한 상황이었는데도 그것을 주장한 사실로도 여실히 입증되었다. 그런 식으로 포르피로게니투스는 황제를 나타내는 또 다른 호칭이 되어 팔라이올로구스 왕조에 의해 1453년까지 사용되었다. 황권의 정통성을 보장받기 위해 마련된 단순한 장치 자주색 산실은 그렇게 700년간 존속해 있으면서 비잔티움의 네 황조에 혜택을 부여해주었다. 그것은 비잔티움 이외의 어느 제국에도 없는 교묘하고 유효한 장치였다.

18
아토스 산

그동안의 경험으로 나는 모든 형제가 공동으로 살아가는 것이 옳고 이롭다는 것을 알게 되었다. 공동생활을 하면 구원이라는 동일한 목적을 함께 추구할 수 있다. (…) 사도가 정한 바대로 한마음, 한 의지, 한 욕망, 한 몸을 이루게 되는 것이다.

— 973~975년에 작성된 성 아타나시우스의 「티피콘typikon」(회칙) 중에서

아토스 갑岬은 칼키디키 반도의 동쪽 지류에 속하는 곳으로 그리스 본토와는 좁은 지협으로 연결돼 있다. 에게 해 북쪽으로 45킬로미터 뻗어나간 그곳은 바다로부터 가파르게 솟아올라 2천 미터의 원뿔형 봉우리에서 최고조에 이르는 숲이 빽빽이 우거지고 접근하기 어려운 곳이다. 그 좁다란 지협의 땅은 최초의 수도원이 건립되기 전부터 이미 세상과 동떨어진 인적 드문 곳을 찾는 성자들의 은거지로 이용되었다. 소아시아 서부의 비티니아와 같은 황량한 산악지대처럼, 초기 기독교 성인들이 즐겨 찾았던 메마른 사막과 동일하게 인식되었던 것이다. 아토스 산에 들어온 은수사들은 또 초기 사막 교부들의 저작과 금언집(아포프테그마타apophthegmata)으로 수련했다. 그래서 4~5세기의 수도원 규율을 그곳에 적용시켰다. 수도원 창설은 비잔티움 성상숭배주의자들이 유배를 당하게 된 것이 계기가 되었다. 815년 스투디

오스 수도원의 성 테오도루스가 성상파괴의 부활로 유배형에 처해졌을 때 제자들과 함께 아토스 반도와 가까운 테살로니카에 잠시 머물렀던 것이다.

이후 아토스 산은 여성과 암컷 동물의 입산을 금하고 수도자들만 거주하는 유명한 성산이 되었다. 기독교 초기로 거슬러 올라가는 영적 생활의 전통을 물려받은 것이 그들이 얻은 명성의 기초가 되었다. 비잔티움 수도자들은 수도원 생활, 영적 개발의 지침, 금욕의 성취, 기도, 찬송과 관련된 책들이 저술된 이집트, 팔레스타인, 시리아의 초기 수도원 공동체로부터 풍부한 영감을 얻었다. 그리고 거기에 모든 세대의 수도자들이 해설을 덧붙인 새로운 수도원 회칙과 조직법이 개발되었다. 그렇게 마련된 아토스 산의 수도원 제도는 은수사들이 독거하며 느슨한 공동체를 이루는 형태(라우라laura 또는 라브라lavra)와, 집단으로 공동생활(코이노스 비오스koinos bios, 수도원을 뜻하는 명칭의 하나인 코이노비온koinobion은 여기서 비롯되었다)을 하는 형태로 대별되었고, 그것이 종래는 중세 아토스 산의 대표적인 수도원 형태가 된 것이다.

아토스 산의 수도원 공동체는 근동의 초기 기독교 전통에서 영감을 받아 조직되었다. 그러나 시간이 가면서 점차 그곳 고유의 회칙을 갖춘 별개의 수도원 사회로 발전해갔다. 성상파괴 논쟁이 진행 중이던 초기부터, 최초의 설립자들이 마련한 회칙에 따라 살아가는 자급자족적 형태를 유지한 것이다. 비잔티움 황제들도 아토스 산의 수도원 설립을 후원했다. 스스로 그곳의 수도자가 된 황제들도 있었다. 1453년 콘스탄티노플의 함락과 함께 오스만 제국의 지배를 받게 되었을 때도 아토스 산 수도원은 러시아 제국을 비롯한 정교회 국가들의 도움을 받아 수도자들을 지속적으로 배출했다. 1924년에는 헌법이 제정되어 그리스 내의 자치를 인정받았다.

지중해 동부의 수도원들은 성 파코미우스가 만든 규범으로부터 『성 안토니우스의 생애』에 담긴 회칙, 성 바실리우스가 질문에 대한 답변 형식으로 작성한 이른바 긴 회칙서와 짧은 회칙서에 이르기까지 수도원 생활과 관련된 다수의 규범을 마련하고 있었다. 하지만 그 어느 것 하나 보편적 회칙으로 정립시키지는 못했다. 성 베네딕투스의 회칙을 유럽 수도자들의 전범으로 만든 서방 교회와 달리 동방 수도원들은 저마다 다른 회칙을 준수했고, 수도자들도 은자적인 수련 방식을 변함없이 추구했다. 5~6세기에 생겨난 놀라운 주두 고행의 전통도 11세기까지 소아시아의 갈레시온 산과 그리스 중부(아토스 산은 아니었다)에 남아 있었다. 은수자 집단도 주중에는 흩어져 지내다 일요일에만 잠시 모여 예배를 본 뒤 고립된 은거지로 되돌아가는, 시리아와 팔레스타인 라우라의 연장선상에서 활동했다. 7세기에는 이슬람 정복에 밀려 많은 수도자들이 본거지를 등지는 일이 벌어졌지만 그들도 이윽고 비잔티움, 이탈리아(특히 로마), 소아시아(카파도키아와 비티니아의 산지)에서 더욱 바람직한 환경을 찾아냈다. 그 지역들에서 영적 수련을 통한 신체적 자기 통제를 강조하는 예전의 동일한 회칙에 따라 타의 모범이 됨으로써 새로운 제자들을 끌어들였다.

성상파괴 논쟁도 수도원 사회를 변화시킨 요인이 되었다. 성상파괴주의자들의 박해는 성상숭배주의자들(수도자와 수녀 모두)에게 단지 또 다른 혼란을 준 것에 그치지 않고 성상을 숨겨놓고 은밀히 숭배하는 행위도 조장했다. 반면 예배의 영적 개혁에 동참한 수도자들에게는, 성상숭배주의자들이 쫓겨난 건물을 차지할 수 있게 하는 등의 보상이 주어졌다. 그런 식으로 수도원 공동체는 성상파괴가 맹위를 떨친 기간에도 적지 않은 변화를 겪었고, 그 과정에서 극빈의 삶을 선택한 수도자들이 기독교 자선에 의존해 이곳저곳을 떠돌아다니는 고래의 유랑 전통이 촉진되었다. 그것이 비잔티움 수도원 제도의 또 다른 특징이 되어 수도자가 특별히 거룩한 수도원으로 순례를 가거나 영적 지도자들을 찾아다니는 수행 방식이 만들어졌다. 그 결과 수도자가 한곳에 머무는 서방 수도원의 규칙은 비잔티움 수도자들에게보다는 오히려 수녀들에게 더 적합한 방식이 되었다.

아토스 산 수도자들도 843년 정교가 승리를 거두는 데 중요한 역할을 한 것으로 알려졌다. 하지만 그들이 누구였는지는 구체적으로 파악할 수 없다. 그에 반해 스투디오스 수도원 공동체와 그 밖의 수도자 집단이 테오도라의 성상숭배 부활에 두드러진 역할을 한 것은 뚜렷이 드러난다. 아토스 산의 수도원은 은수사들이 특정 지역에 흩어져 살며 개별적 수련을 쌓는 방식으로부터 수도를 위해 특별히 조성된 시설에 함께 정착해 사는 방식으로 더디게 발전했다. 수도원 공동체는 그처럼 서서히 발전해오다가 859년경 아토스 산을 처음으로 찾은 소(小)유티미우스와 같은 사람들에 의해 설립이 촉진되었다. 성 유티미우스는 그 11년 뒤에도 테살로니카 인근의 페리스테리에 있는 황폐한 교회를 성 안드레아 수도원으로 변모시켰다. 883년에는 아토스 반도가 아닌 히에리소스 주교구 주변의 콜로부에 또 다른 수도원이 건립되었다. 다수의 인물이 아토스 산 수도원의 초기 역사를 점점이 수놓고 있다. 하지만 그들은 전설적으로만 명성이 전해지고 있다. 그에 반해 894년의 한 문헌에도 이름이 올라 있는 수도자 유스타티우스는 실재한 것이 분명하다. 유스타티우스는 그의 수도원에 전 재산을 기부하기로 한 그레고리아라는 과부의 영적 아버지였다. 그레고리아는 자식들의 동의를 받아 자기가 죽으면 자유를 얻게 될 노예에게 주기로 약속한 토지를 제외한 전 재산을 교회에 내놓기로 결정했다. 그에 대한 대가로 수도자들이 할 일은 그녀의 영혼을 위해 기도하는 것뿐이었다. 그것이 아토스 산 수도원들이 번영을 이루게 된 가장 보편적인 방식의 하나였다.

수도원 조성은 은수사들이 전례를 행할 수 있는 교회를 짓는 것으로부터 시작되었다. 그 사람이 대개는 수도원 건립자가 되었다. 나중에는 거기에 수도자들의 집, 공동 식당, 부엌, 세탁실, 의료용품실(약용 식물에서 채취한 것이 대부분이었다), 창고가 포함된 별채를 덧붙였다. 그렇게 완성된 수도원은 8세기 말 성 테오도루스에 의해 작성되어 광범위하게 필사된 스투디오스 수도원 회칙과 같은 기존의 문헌을 주로 참고하여 만든 티피콘(회칙)에 따라 운영되었다. 성 바실리우스의 긴 회칙서와 짧은 회칙서, 교회 법령집, 성인들의 권고와 같은 초기 기독교 기록물도 종종 이용되었다. 수도원 제도의 체계를 잡아준 것이 그 회칙이었다. 회칙에는 전례를 행하는 시간, 노동하는 시간, 도서관에서 책 빌리는 시간, 음식과 의복의 종류 등 수도자들이 일상에서 지켜야 할 사항이 자세히 명시돼 있었다. 회칙들이 비슷비슷한 특징을 지닌 것처럼 수도원들의 일과도 대개는 비슷했다. 다만 건립자의 특성에 따라 의무실을 두어 병자나 늙은 수도자를 돌보게 하거나, 무거운 죄를 지은 수도자를 감옥에 가두고 빵과 물만 먹이거나, 나 홀로 수행을 원하는 수도자들을 위해 독거실을 설치해주는 등 운영상의 사소한 차이가 나타나기도 했다. 납골당을 설치하여 무덤에서 파낸 수도자들의 유골을 보관하는 수도원도 있었다. 시나이 산의 카타리나 수도원이 바로 그런 경우로, 그곳에는 지금도 예전 수도자들의 해골과 뼈가 수백 점이나 전시돼 있다. 또한 수도원의 종류는 다양했지만 수도자들이 순결, 가난, 수도원장에 대한 복종의 서약을 한다는 점에서는 모두가 동일했다. 수도자가 수도원에 신규로 입회할 때는 상징적으로 머리를 삭발하는 의식을 가졌다. 그러나 정교회 수도자들은 이후에 자라는 머리는 자르지 않고 길렀다. 검은 수도복만 착용했을 뿐 서방 교회의 수도자들처럼 머리를 둥글게 체발하지 않는 것도 그들만의 특징이었다.

아토스 반도는 산악 지형이어서 곡물 재배에 적합하지 않았다. 그렇다 보니 식료품은 인근의 토지나 재산을 기부받아 충당하는 수밖에 없었다. 지역

주민들과 돈독한 관계를 유지하며 그들의 영적 길잡이가 되고 도움을 주는 대가로 기증받는 것이 하나의 방법이었다. 그런 식으로 수도원과 지역사회가 통합되자 신규 수도자의 입회가 활발해지고 그것은 다시 신설 수도원의 명성을 드높여 먼 타지인들을 아토스 산으로 불러들이는 효과를 가져왔다. 그렇게 해서 수도원들의 재원이 증대되자 부유한 가정들까지 영적 생활을 진로의 한 방편으로 생각하게 되었다. 자식이 많으면 큰아들은 수도자를 만들고, 둘째 아들은 군인, 막내아들과 딸은 각각 환관과 궁녀를 만들어 궁정에 들여보내는 식이었다.

속인 후원자들도 수도원에 이름을 올려 추모를 받고 싶어했다. 비잔티움 황제들은 아토스 산 수도원의 역사가 시작될 때부터 그것을 염두에 두고 수도자들과의 제휴를 모색했다. 883년에는 바실리우스 1세 황제가 수도자 보호를 위해 황칙을 발표하여 아토스 산 목동들의 방목을 금지시켰다. 로마누스 1세 레카페누스 황제도 941~942년 아토스 산 수도자들에게 연금을 지급하고 히에리소스(이에리소스) 경계선을 확정짓는 조치를 취했다. 그 14년 뒤에는 최초로 이름이 붙은 크세로포타무 수도원(말라붙은 강이라는 의미)〔지금의 명칭은 아이우 파블루 수도원〕이 등장했다. 그 수도원은 956년 파울루스 크세로포타미테스가 요한네스라는 사람으로부터 기부를 받아 건립한 것으로 전해지고 있다. 니케포루스 2세 포카스도 963년 황제로 즉위하자마자 라우라 수도원의 건립을 후원했다. 연례 교부금으로 금화 224닢과 밀까지 하사하여 그 수도원은 급속히 성장했다.

이후 대ㅅ라우라로 알려지게 된 그 수도원의 역사는 두 판본으로 나와 있는 『성 아타나시우스의 생애』에 자세히 기록돼 있다. 아타나시우스는 925년 무렵 흑해 유역의 트레비존드에서 태어나 콘스탄티노플에서 교사생활을 하던 중 영적 생활에 투신했다. 초심자들이 으레 그렇듯 그도 처음에는 관록 있는 수도자의 문하생이 되었다. 비티니아의 키미나스 산에서 은수자 집단을 이끌고 있던 금욕주의자 미카일 말레이노스 밑으로 들어간 것이다. 그곳에서 그는 훗날 비잔티움 황제가 된 니케포루스 포카스도 만났다. 아타나시우스는 비티니아에서 다시 속세로부터 멀리 떨어진 은둔처를 찾아 아토스 산으로 들어갔다. 트레비존드에서 아토스 산으로 가는 정도의 장거리 여행은 예루살렘, 로마, 시나이 산으로도 곧잘 순례여행을 다녔던 중세의 수도자들에게는 그리 드문 일이 아니었다. 아토스 산으로 들어간 뒤에는 이름 없는 수도자로 지내려고 했으나 그의 명성에 이끌려 추종자들이 찾아들고 황제도 그를 후원하여 963~964년 대大라우라를 건립하게 된 것이었다. 수도원장이 된 그는 회칙 티피콘과 수도자들을 위한 다수의 문헌을 집필했다. 이후 30여 년간 수도자가 급증하여 수도원에는 새 건물이 필요해졌다. 그리하여 대라우라는 다시금 신축 건물들이 들어서고 벽이 둘러쳐진 대규모 수도원으로 탈바꿈했다. 아타나시우스는 1001년경 신축 중인 교회를 살피다가 사다리에서 떨어져 죽었다.

수도원의 확산은 아토스 산에서만 나타난 현상이 아니었다. 성직자와 독실한 신자들은 비잔티움의 모든 지역에 수도원을 세웠다. 도시들도 예외는 아니었다. 응회암 지형으로 이루어진 카파도키아의 괴레메와 페리스트레마 계곡에서도 몇몇 곳에는 양질의 프레스코화가 장식돼 있기도 한 암굴 주거지와 교회가 발견되었다. 하지만 사료가 없어 10세기와 11세기에 조성된 그 암굴 교회의 건축자들이 수도자였는지 아니면 다른 사람들이었는지는 알 도리가 없다. 반면 성 루카스는 그리스 중부의 스티리스에 수도원을 세울 때 정원은 "아름다운 천국처럼" 꾸몄으나 자신의 집은 "사람들 눈에 띄지 않는 덤불 속에" 감춰놓은 것으로 그의 제자들이 지은『성 루카스의 생애』에 나타나 있다. 그가 그런 행동을 한 것은 "충동적 허영심이 이는 것을 막고 (…) 산 자가 아닌 죽은 자처럼 살기 위해서였다." 수도자 요한네스 크세노스도 그와 비슷하게 크레타 섬의 산지에 수도원을 짓고, 나무와 농작물을 심고, 벌통을 세우고, 초심자들을 훈련시켜 수도자로 육성한 내역을 기록으로 남겼다. 그는 50년 넘게 섬의 이곳저곳을 떠돌아다니며 지역민들의 도움을 받아 땅을 파고 건물을 지었다. 1082년에는 콘스탄티노플을 방문하여 총대주교에게 수도원들을 보호해줄 것을 요청하기도 했다.

비잔티움인들 중에는 수도원이 도시에 있다는 것 자체를 모순으로 여기는 사람들이 있었다. 기도와 묵상으로 살아가는 종교인들이 소란스런 도시에 거주하는 것을 옳지 않다고 본 것이다. 그러나 앞서도 나왔듯이 수도자들은 5세기부터 콘스탄티노플에 정착했으며, 다수의 수도원 공동체가 그곳 높은 담장 뒤에서 번영을 구가했다. 스투디오스, 코라, 에베르게티스, 달마투스 같은 수도원들도 몇 세기 동안 이름을 날리며 꿋꿋이 명맥을 이어갔다. 그 가운데 382년 콘스탄티노플 성벽 외곽에 제일 먼저 건립된 달마투스 수도원은 명맥을 유지하다가 12세기에 와서 수녀원으로 개조되었다. 미로케라톤, 크실리니테스, 쿠쿠비우와 같은 여러 다른 수도원들은 문헌에 한 차례만 언급돼 있어 더 이상 확인하는 것이 불가능하다. 수녀원은 수도원보다도 기록 사정이 더 열악하다.

그렇다고 남성에 비해 여성의 종교열이 부족했느냐 하면 그것은 아니었다. 여자들도 남자 못지않게 기독교 초기부터 그리스도에 헌신하는 삶을 살았다. 일부 사막 교부들은 수녀원을 지어주기도 했다. 도시 주교들도 수녀원 공동체의 설립을 도왔다. 콘스탄티노플 총대주교 요한네스 크리소스토무스(재위 398~404)도, 유산의 일부를 교회에 쾌척하기도 한 부유한 상속녀 올림피아스의 수녀원 건립을 지원했다. 총대주교는 그녀와 주고받은 서신에서 기부를 찬양하고, 수녀원 건립에 물질적 지원을 아끼지 않은 것에 대해서도 사의를 표했다. 올림피아스가 세운 수녀원은 200년, 아니 그보다 더 오래 존속했을 가능성이 크다. 7세기 초에는 대수녀원장 세르기아가 성물을 기적적으로 복구한 이야기를 기록으로 남겼다. 하지만 그것은 예외였을 뿐 보편적 현상은 아니었다. 『성녀들의 생애』에 나타난 사실로 미루어 볼 때, 여자도 남자처럼 수도생활에 전념했던 것은 분명하지만 도시에 있던 지방에 있든 수녀원은 2세대를 넘기지 못하고 파괴되었다. 성상파괴주의자들의 박해가 기승을 부릴 때도 여자들은 수녀원보다는 가정에서 남몰래 성상을 숭배했다. 그것이 어쩌면 훗날 가정에서 공덕을 쌓는 기풍으로 조성되어 10세기에 소小마리아와 같은 기혼 여성이 성녀의 반열에 오르게 되었는지도 모른다.

수도원이 비잔티움 제국 전역으로 확산되고 있는 동안 아토스 산 수도원 공동체는 그 나름의 정부조직을 갖춰가고 있었다. 처음에는 수도자나 은수사로 등록된 모든 구성원에 의해 선출된 프로토스Protos(일인자라는 뜻)가 대외적인 접촉에서 아토스 산 수도원 공동체의 대표 역할을 했다. 그러다 나중에는 수도원 위원회가 집행기관으로 부상했다. 다만 라우라, 바토페디, 그리고 그루지야인들이 세운 이비론 수도원은 예전처럼 독립을 유지하고, 수도원장들도 프로토스보다 높은 위치를 차지했다. 성산의 행정 중심지는 카리아스였다. 수도자들은 일 년에 두 번 그곳에 모여 수도생활의 제반 사항을 점검했다. 아토스 산 수도원 공동체에 영향력을 행사하고 수도원 집단들 간의 관계를 규제하려 드는 황제나 총대주교와 협상을 벌여 특혜를 얻어내는 일은 선임 수도원장들이 맡았다. 그런 식으로 그들은 국세를 면제받고 성산의 농산물을 시장으로 운송하는 데 필요한 배의 수효와 크기도 늘리는 데 허가를 받아냈다.

1045년에는 콘스탄티누스 9세 모노마쿠스 황제가 성산의 잘못된 관행들을 바로잡는 새로운 헌장을 발표했다. 고자와 소년들을 수도자로 받아들이는 행위, 수도원 선박의 크기와 상업적 용도로의 이용, 소를 사용하는 문제, 땔감 나무의 벌목, 건축용 목재의 수출 등 그동안 수도자들의 불평이 잦았던 문제들이 그 헌장으로 깨끗이 해결되었다. 모노마쿠스 황제는 미성년자를 보제deacon나 사제로 앉히는 등 교회법에 위배되는 행위와, 수도원 공동체 내의 파벌싸움에 대해서도 잘 알고 있었던 듯 '원로 수도자들'은 수도원 총회에 빠짐없이 참석하여 "정실과 뇌물 수수, 당파심, 편견, 그 밖의 모든 정념, 시기, 싸움의 감정이나 앙심을 품는 일 없이 오직 하느님에 대한 두려움과 진실된 마음으로 주어진 사안을 결정해줄 것"을 촉구했다.

그러나 알고 보면 그런 문제는 수도자들의 급증으로 먹을 것이 부족해진 데도 일부 원인이 있었다. 아토스 산에는 기독교 세계 곳곳에서 사람들이 꼬여들었다. 처음에는 단순한 방문객이나 순례객으로 왔다가 수도자로 눌러앉는 경우가 많았다. 그루지야인들도 그런 식으로 아토스 산에 들어와 이비론 수도원을 세웠고, 이탈리아 남부 아말피의 베네딕투스 수도자들도 수도원 세 곳을 세웠으며, 아르메니아인, 슬라브인, 불가리아인들도 수도원을 건립했다. 12세기에는 러시아, 불가리아, 세르비아인들이 수도원 건립에 주도적 역할을 담당하여 판텔레이모노스, 조그라푸, 힐란다리우 수도원을 각각 창설했다. 이중 힐란다리우 수도원은 세르비아 지도자 스테판 네마냐와 그의 아들 사바가 나중에 은퇴지로 이용했다. 그런 식으로 아토스 산에는 세계 도처에서 정교회 수도자들이 모여들였고 시나이 산과 그 밖의 먼 지역 수도원들과의 접촉도 유지되었다. 수도자들은 아토스 산에서 수련을 쌓은 뒤 다른 곳에 수도원을 건립하는가 하면, 주교에 임명되기도 하고, 심지어 총대주교가 되는 경우도 있었다.

아토스 산 수도원 공동체는 비잔티움 황제들의 후원으로 장족의 발전을 이루었다. 그렇다고 황제들이 언제나 면세의 특혜를 부여해주는 것은 아니었고, 낡은 수도원을 허물고 새 수도원을 올리는 것도 쉽게 허락해주지 않았기 때문에 수도원 원장들은 늘어난 영지의 면세 혜택을 받기 위해 부단한 노력을 기울였다. 10세기에는 기존 수도원들을 보존하기 위한 일련의 법령이 제정되기도 했다(14장 참조). 아타나시우스가 대라우라 수도원을 세울 수 있도록 후원해준 니케포루스 2세 포카스 황제도 964년 그 법률을 강화하는 조치를 취했으나 성공을 거두진 못했다. 자기 이름이 들어간 수도원을 지어 죽은 뒤에도 추모받고 싶어하는 후원자들이 있는 한, 명성이 자자한 아토스 산에의 기부는 끊이지 않았다.

비잔티움 제국 말기에는 아토스 산 수도자들이 격렬한 헤시카슴(그리스어로는 고요함을 뜻하는 헤시키아hesychia) 논쟁에 빠져들었다. 그것만 봐도 비잔티움 제국의 종교생활에서 아토스 산이 차지한 비중이 얼마나 컸는지를 알 수 있다. 헤시카슴 이론은 13세기 초 시나이 산에서 수련을 쌓은 그레고리우스 시나이테스(일명 시나이 산의 그레고리우스)가 아토스 산에 소개한 것으로, 정신 집중을 위해 호흡을 조절하면서 "하느님의 아들 주 예수 그리스도시여, 자비를 베푸소서"의 기도문을 되풀이 암송으로써 수도자의 영적 의식을 높이려는 수도법의 한 유형이다. 그것이 고립된 곳에 살며 그들 고유의 방식으로 수행생활(이디오리트모스 수도생활idiorhythmic monasticism)을 하는 아토스 산 은수자들 생리에 맞아떨어졌던 것이다. 당시 아토스 산 최고最古의 수도원들 가운데 하나인 에스피그메누 수도원 원장이던 그레고리우스 팔라마스(1296~1359)도 헤시카슴의 영향력과 중요성을 높이는 데 한몫했다. 그는 타보르 산에서 그리스도가 변용할 때 사도들이 목격한 '창조되지 않은 빛'〔「마태복음」 17장 1~6절에 나오는 내용. 창조되지 않은 빛은 자연적 빛이 아니라는 의미〕에서 영감을 얻어 헤시카슴 이론을 개진하는 책들을 집필했다. 팔라마스는 수도자의 의식이 높아지면 신적 에너지와 창조되지 않은 빛을 경험할 수 있고 그에 따라 하느님과의 교제가 이루어져 신화神化가 되는 것으로 믿었다.

하느님을 만족시켜 인간이 창조된 목적, 곧 신이 됨(테오시스theosis)의 경지에 이른 사람은 하느님에 의해 신화가 되었으므로 하느님 안에 있을 수 있고 하느님 또한 그들을 신화시킨 존재로서 그들 안에 계신다. 그럼으로써 그들은 또 신적 에너지를 얻게 되는 것이다.

팔라마스의 이 이론은 남부 이탈리아 칼라브리아 출신의 정교회 수도자 바를람과 그 밖의 수도자들의 거센 반론에 부딪혔다. 그들은 헤시카슴 신봉자들을 "자아 도취자들"이라며 비아냥거렸다. 1339년에는 안드로니쿠스 3세 비잔티움 황제가 콘스탄티노플의 아카탈레프토스 수도원 원장 바를람에게 동서 교회의 통합과 관련된 여러 가지 외교 임무를 맡겨 서방(아비뇽)에 파견했다. 바를람은 그리스어와 라틴어를 모두 구사할 줄 알았으므로 토마스 아퀴나스의 신학에 대해 알고 있었다(그리스어로는 아직 번역되기 전이었다). 그것이 헤시카슴에 내포된 영적 신비주의를 더욱 불신하는 원인이 되었다. 그는 팔라마스를 직접 겨냥한 책들에서 헤시카슴 기도법을 질타하다가 결국엔 1341년의 교회회의에서 단죄되었다. 그 1년 뒤에는 로마 가톨릭으로 전향하여 이탈리아 남부의 제라체 주교로 임명되었다. 바를람의 저작들은 그의 교적들에 의해 거의 다 파기되었다. 그래도 포기하지 않고 그는 토마스 아퀴나스가 적용한 아리스토텔레스의 논리철학에 천착하여 헤시카슴 이론가들이 신봉한 플라톤과 신플라톤주의 신학에 맞서나갔다. 서방에서는 유례가 없는 비잔티움의 신비주의적 영성에 대항한 것이었다. 아닌 게 아니라 그것은 동방의 여러 종교와 유사점이 더 많았다. 정교회의 신학 전통이, 철학 논쟁과 논리적 추론에 수도자가 직접 참여하는 서방 교회의 지적 신학과 구별되는 점이 바로 그것이다.

요한네스 6세 칸타쿠제누스 황제는 비잔티움이 황권을 둘러싼 내분으로 소란스러웠던 1341~1347년, 그레고리우스 팔라마스를 테살로니카 대주교로 임명하고 그가 발전시킨 헤시카슴 이론도 지지했다. 아토스 산 수도자들이 팔라마스와 바를람의 논쟁에 뛰어들어 1341, 1347, 1351년의 종교회의에서 전자를 옹호하고 후자를 단죄하는 과정에 참여하게 된 것도 그래서였다. 결과적으로 그레고리우스 시나이테스가 도입하여 그레고리우스 팔라마스가 발전시킨 기독교 초기 기도법의 신비주의적 요소는 정교회의 특징이 되었다. 비잔티움은 그런 식으로 신플라톤주의적 요소가 강한 영적 기도법을 수용하고 아리스토텔레스의 논리철학을 중시한 서방의 아퀴나스 철학을 거부했다. 양측의 대립은 1438~1439년에 열린 페라라-피렌체 공의회에서도 표면화되어, 신학자들끼리 논쟁을 벌인 끝에 서방 학자들이 아리스토텔레스의 논법으로 동방 학자들을 눌러 이겼다. 그 공의회는 또 비잔티움 신학자 게미스투스 플레톤이 플라톤에 대해 그간 무지했던 서방 철학자들에게 고대 플라톤의 저서들을 소개하여 관심을 일깨운 것으로도 유명하다.

그런저런 일들을 겪으면서도 아토스 산 수도원들은 용케 독립을 유지했다. 서방 십자군들도 그 점을 존중하여 아토스 산은 건드리지 않았다. 그러나 14세기 초 아토스 산의 부富에 군침을 삼킨 카탈루냐 용병부대의 공격을 피해가지는 못했다. 나중에는 그리스 본토 땅을 점령하고 아토스 산에도 압박을 가해온 투르크족을 피해 일부 수도자들이 본거지를 떠나 그리스 중부의 메테오라('공중에'라는 뜻)에 정착했다. 그 바위 꼭대기라면 적의 공격을 견딜 수 있을 것 같아서였다. 그런 어려움 속에서도 13세기와 14세기 아토

1351년 콘스탄티노플 교회회의를 주재하고 있는 요한네스 6세 칸타쿠제누스 황제의 모습. 이 교회회의에서 칼라브리아의 바를람은 단죄되고 그가 쓴 반헤시카슴 저작들도 파기되었다. 네 명의 주교(콘스탄티노플 총대주교 칼리스토스 1세, 헤라클레이아의 필로테오스 콕키노스, 테살로니카의 그레고리우스 팔라마스, 키지코스의 아르세니우스), 수도자, 병사, 조신들이 황제를 에워싸고 있는 모습의 이것은 비잔티움 교회회의를 묘사한 드문 그림 중의 하나다.

스 산에는 새로운 수도원들이 속속 건립되었다. 관리 체계가 느슨한 수도원들도 번성했다. 아토스 산은 투르크족의 발칸 반도 진격을 시작으로 변화를 맞기 시작해 일시적 점령 기간을 거친 뒤 1430년 마침내 오스만 제국에 굴복했다. 투르크족 지배하에서도 연공을 바치며 독립된 종교조직으로서의 위상을 유지했으나 정신적, 물질적 조건은 급격히 쇠퇴했다.

오스만 제국 지배하의 아토스 산의 운명은 원고를 팔아넘기고 러시아 후원자들에 대한 의존도가 심해지는 비통한 이야기들로 점철돼 있다. 수도원들에 대한 통제권도 그리스 정교회 공동체(오스만 제국이 피지배 민족을 통제할 목적으로 도입한 종교 자치체인 밀레트millet)의 수장이 된 콘스탄티노플 총대주교에게 거의 다 넘어갔다. 제1차 세계대전 뒤 연합국과 오스만 제국 사이에 체결된 세브르 조약에 이어 그것을 확인한 1923년의 로잔 조약도 그 내용을 인정했다. 최근에는 아토스 산에 유리한 방향으로 상황이 전개되었다. 그중에서도 특히 고무적인 것이 구소련의 붕괴와 수도원 규율에 가해진 제약의 철폐로 정교회 수도자들이 아토스 산으로 유입된 것이었다. 지금은 아시아 대륙과 발칸 반도는 물론 아메리카와 오스트레일리아의 그리스 공동체로부터도 사람들이 몰려들고 있다. 그리하여 성산은 지금 역경을 딛고 이동전화, 컴퓨터, 쾌속정으로 역사를 다시 쓰고 있는 중이다. 건물도 복구되고 성화상도 새로 그려지고 중세의 프레스코화와 원고들도 보관돼 있다. 숭엄한 비잔티움의 종교시설이 21세기를 맞아 새 출발을 하고 있는 것이다.

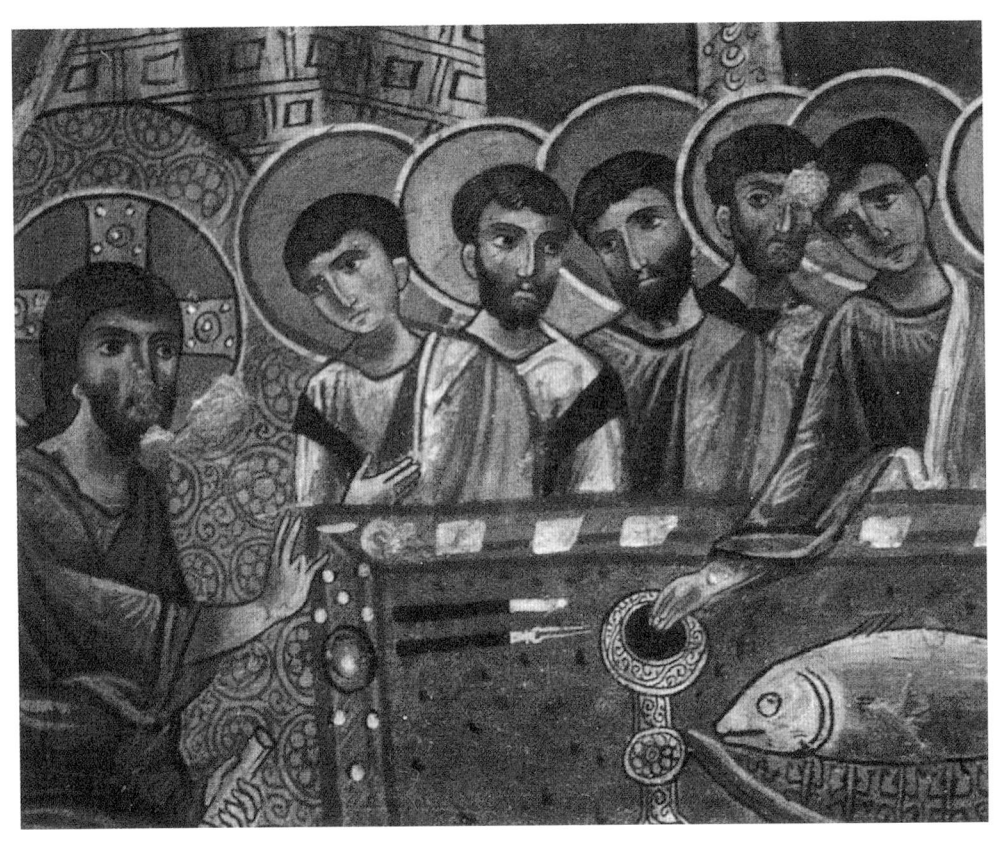

카란리크 킬리세 내부에 장식된 포크가 있는 프레스코화. 그리스도와 사도들, 끝이 둘로 갈라진 포크가 있는 최후의 만찬을 묘사한 12세기 작품이다.

19
베네치아와 포크

> 그녀는 음식에 손도 대지 않다가 환관들이 잘게 썰어준 뒤에야 두 갈래 금 포크로 우아하게 집어 입으로 가져갔다.
>
> — 11세기경에 집필된 추기경 겸 교회박사 페트루스 다미아누스의 『수녀의 지침Institutio monialis』 중에서

비잔티움의 귀부인 마리아 아르기로풀라이나가 베네치아에서 앙증맞은 금 포크를 사용한 이래 서구의 식습관은 결코 예전과 같지 않게 되었다. 처음에는 잘난 척하는 것으로 사람들의 눈총을 받기도 했으나, 결국에는 흑단이나 상아 손잡이가 달린 사치품으로 군주들이 수집을 하고 교회에 유증하는 귀중품이 되었다. 고대 로마인들도 장의자에 비스듬히 누워 포크로 식사를 했으나 중세 초에는 장의자와 포크 모두 자취를 감추었다. 고기를 집을 때만 끝이 뾰족한 칼 모양의 원시적 도구를 사용했을 뿐 식사는 손으로 했다. 노르베르트 엘리아스가 '문명화'의 특성으로 본, 우리에게는 너무도 친숙한 포크가 유럽에 다시 모습을 드러내게 된 것은 비잔티움 덕이었다. 그 점에서 마리아의 금 포크는 비잔티움이 서구에 미친 다양한 문화적 영향력의 한 측면을 나타내는 상징이었다.

비잔티움 문화의 영향은 6세기 이탈리아 북부를 침입한 롬바르드족을 피해 본토에서 도망쳐 나온 난민들이 아드리아 해 입구에 세운 정착촌, 그리하여 나중에는 베네치아 시가 된 곳에서 특히 두드러지게 나타났다(6장 참조). 고향을 등질 때 가지고 나온 재물로 석호에 섬들이 산재한 모래언덕에 정착한 그들은 현지에서 나는 소금과 물고기를 이용해 항해와 조선의 달인이 되었다. 베네치아는 라벤나 총독의 지배를 받으며 콘스탄티노플과도 긴밀한 관계를 유지했다. 7세기에는 헤라클리우스 비잔티움 황제가 제공해준 돈으로 토르첼로의 성모교회(훗날 그 유명한 모자이크와 최후의 심판 그림이 그려진 산타마리아 아순타 대성당으로 개축되었다)를 짓기도 했다. 주민들은 그것을 기념하여 헤라클리아나 신도시(키비타스 노바 헤라클리아나)를 세웠다. 라벤나의 군사적 지원에 현지에서 일군 부를 더하여 말라모코(지금의 리도) 주교구도 설치하고, 비잔티움의 문화를 전수받아 다수의 섬에 흩어져 있던 공동체들을 하나로 통합해 베네치아의 중심지도 조성했다.

롬바르드족의 이탈리아 북부 침입은 그곳에 살던 원주민만 타지로 내몬 것이 아니라 비잔티움 제국에 속한 라벤나도 곤경에 빠뜨렸다. 라벤나 총독은 유스티니아누스 대제 치세 때 수복된 그곳을 지킬 자금도, 군대도 없었다. 그리하여 751년 롬바르드족의 데시데리우스 왕은 기어코 라벤나를 점령하고야 말았다. 그러자 비잔티움은 새로운 정착지 베네치아로 관심을 돌렸다. 베네치아는 베네치아대로 동맹국 비잔티움과, 동맹의 필요성이 새롭게 제기된 서방과의 사이에서 교묘하게 줄다리기를 했다. 8세기부터는 적대 세력, 특히 롬바르드족과 나중에는 헝가리족으로부터 독립을 지키기 위해 프랑크족과도 연대를 맺었다. 그럭저럭하는 사이 옛 로마의 호칭인 베네치아 공작과 비잔티움과의 연계도 끊겨, '둑스dux'는 '도제doge'가 되고〔베네치아 왕을 부르는 호칭이 둑스에서 도제로 바뀌었다는 의미〕 도제를 수반으로 한 자치적 도시국가 정부가 서서히 모습을 드러냈다. 그런가 하면 아드리아해 동부 연안의 일부 달마티아 항구들을 통제하고 있던 비잔티움 덕에 동방과의 접촉이 잦아져, 베네치아는 동방과 서방을 오가는 외교사절들에게 정기 배편도 제공했다. 상인들도 조선용 목재, 밀, 소금, 노예 매매를 하며 교역에 열심히 종사했다. 이처럼 알려진 교역 형태 외에도 유적지에서 발굴된 물증들로 미루어볼 때 베네치아는 또 암포라[몸통이 불룩하고 양쪽에 손잡이가 달린 항아리 형태의 도기]와 같이 포도주, 곡물, 기름 수송에 사용된 비잔티움의 유리제품과 도기류도 거래했던 것 같다. 9세기 말에는 도제 오르소 2세가 비잔티움 황제에게 12개의 종 세트를 증정하고 답례로 비단 선물을 받기도 했다.

베네치아는 무슬림 세계와도 수지맞는 노예장사를 했다. 로마 교황들이 비기독교도와의 상행위를 수시로 단죄하고 비잔티움 황제들도 이슬람과 전쟁을 할 때마다 노예무역을 금지하는데도 아랑곳하지 않고 베네치아는 동지중해에서 노예(기독교도 포로든, 비기독교도 전쟁포로든 가리지 않았다)를 매매하고, 향신료와 귀금속, 향을 사들였다. 829년에는 알렉산드리아의 기독교도들이 무슬림들이 박해받을까봐 떨고 있는 틈을 타 성 마르쿠스의 유물을 이집트에서 몰래 가지고 나왔다. 이후 성 마르쿠스(일명 마르코, 마가)는 베네치아의 수호성인이 되었다. 성 마르쿠스의 날개 달린 사자는 지금도 베네치아의 국기를 수놓고 있다. 성 마르쿠스의 유물을 보존하기 위한 웅대한 성당도 축조되었다. 그러나 비잔티움 공법으로 지어진 그 성당은 976년에 소실되고 현재 베네치아의 산마르코 광장에 우뚝 솟아 있는 것은 나중에 복구되어 완공된 것이다. 11세기 중반 도제 도메니코 콘타리니 치세 때 비잔티움 건축가들이 콘스탄티노플의 성 사도 교회에서 영감을 얻어 짓기 시작한 그 성당은 비잔티움 양식의 돔과 모자이크 장식, 거기에 서방의 건축적

12세기에 비잔티움 양식을 주로 하여 지어진 베네치아 산마르코 대성당.

요소가 절묘하게 어우러진 건축의 백미가 되었다. 대성당 서쪽 입구에는 콘스탄티노플에서 만들어진 청동문이 설치되고, 1105년 도제 오르델라포 팔리에로가 역시 콘스탄티노플에 주문하여 제작한, 금박 위에 에나멜과 보석 장식이 된 비잔티움 예술의 정수 팔라도르(제단 칸막이벽)도 주 제단 뒤쪽에 세워졌다. 비잔티움 문화재들은 1204년 제4차 십자군 원정 기간에 약탈해 온 물건들로 더욱 빛을 발했다. 히포드롬에서 떼어온 4마리의 청동마상, 콘스탄티노플 성 폴리에욱투스 대성당에서 가져온 조각 기둥, 지금은 외벽에 가려져 있는 4황제 자주색 반암 입상이 그런 것들이다. 그렇게 해서 산마르코 바실리카는 베네치아가 비잔티움 문화에 바치는 크나큰 찬사의 상징물이 되었다.

베네치아 공직자들도 비잔티움식의 칭호와 지위를 얻기를 열망했다. 그래서 아들자식도 곧잘 콘스탄티노플에 유학 보내고 비잔티움 여성과 결혼시키곤 했다. 그 점에서 마리아 아르기로풀라이나는 양국의 끈끈한 관계를 몸소 구현한 인물이었다. 피에트로 오르세올로 2세(991~1008년까지 도제를 지낸 인물)의 아들 조반니와 결혼을 한 것이다. 두 사람의 혼인은 이탈리아 남부 바리를 아랍의 공격으로부터 지켜낼 수 있도록 베네치아가 해군을 지원해준 데 대한 비잔티움의 답례 형식으로 이루어졌다. 그렇게 해서 아르기루스(와 그의 아들 아르기로풀로스) 원로원 가문과 베네치아의 귀족 오르세올로 가문은 사돈지간이 되었다. 마리아의 가까운 친척 중에는 훗날 로마누스 3세 비잔티움 황제(재위 1028~1034)가 된 로마누스 아르기루스도 있었다. 두 사람의 결혼식은 1004년 여름 콘스탄티노플에서 성대하게 치러졌다. 총대주교가 축복해주고 바실리우스 2세와 콘스탄티누스 8세 황제(두 형제는 공동 황제였다)가 두 사람 머리에 금관을 씌워준 장엄한 결혼식이었다. 베네치아에 와서도 두 사람은 도시민들의 떠들썩한 환영을 받고 비잔티움 황제

975~1050년경 제작된 성상으로 휴대용이다. 콘스탄티노플 대궁의 대천사장 미카엘에게 바쳐진 교회로부터 나온 것이다. 미카엘과 가브리엘은 비잔티움 미술에서 종종 황제의 권위를 상징했다. 이 작품은 십자군 전쟁으로 1204년 예루살렘이 수복되었을 때 비잔티움의 많은 예술품들을 가져와 명성을 얻은 산마르코 대성당에 있다.

의 이름을 따 바실리우스로 명명된 아들의 탄생도 경사로 받아들여졌다. 2년 뒤에 닥친 전염병 창궐 시기에 세 사람 모두 목숨을 잃기는 했지만 그들의 결혼은 베네치아와 비잔티움 제국의 결속을 다지는 중요한 계기가 되었다.

콘스탄티노플이 베네치아와의 관계를 증진하려 한 데는 문화적인 것 외에 전략적인 목적도 있었다. 이탈리아 남부 영토를 수호해야 하는 비잔티움으로서는 교역과 군사 양면으로 쓰일 수 있도록 조직된 베네치아 함대의 원조가 절실했던 것이다. 양국의 동맹관계는 992년 3월 바실리우스 2세 황제(재위 976~1025)가 베네치아를, 비잔티움 외무부의 직접 통제를 받는 최혜국 대우를 해주는 내용의 증서로 확인되었다. 금으로 만든 인새(크리스불로스chryso-bullos)로 보장해주었다 하여 황금문서로도 불리는 그 협정문에는 군사 원조와 함대 지원 대가로 베네치아 상인들에게 부여하는 갖가지 특혜 조항이 명시되었다. 그중에서 가장 중요한 내용이 콘스탄티노플을 입·출항할 때 내는 관세를 베네치아 상선에게만 감해준 것이었다. 그것은 아말피, 롬바르디아, 유대인 상인들은 물론 비잔티움의 지방민들도 받지 못한 혜택이었다. 바실리우스는 그 협정문에서 베네치아인들이, 특히 이탈리아 해역에서 비잔티움 군이 도움을 필요로 할 때면 언제나 황제의 충복으로 행동했다는 점을 고대의 관습을 들어 상기시키며, 앞으로도 그렇게 해줄 것을 믿어 의심치 않는다는 의견을 피력했다.

황금문서는 베네치아의 도제 피에트로 오르세올로 2세가 먼저 말을 꺼내 얻어낸 결과였다. 그렇기는 하지만 협정문의 격식을 보면 그것이 쌍방의 합의로 작성된 것이 아님을 알 수 있다. 물론 비잔티움은 베네치아를 속국이 아닌 독립국으로 대우했다. 그러나 협정문은 비잔티움이 제시한 조건을 베네치아가 일방적으로 받아들인 것일 뿐이었다. 바실리우스는 교역상의 특혜를 해군의 지원과 명확히 결부시켰다. 알렉시우스 1세 콤네누스 황제(재위 1081~1118) 치세 때는 더 많은 원조의 필요성이 제기되어 특혜의 범위를 확대해주었다. 그리하여 12세기 무렵에는 콘스탄티노플의 골든 혼 해협 주변에 베네치아의 거류지가 형성되고 에게 해 연안 항구들에도 다수의 베네치아 저장시설이 설치되었다. 그런데도 비잔티움 상인들은 10퍼센트의 코메르키온을 꼬박꼬박 물어야 했다. 그로 인해 반反베네치아 정서가 형성되어 양국관계는 악화 일로를 걷게 되었고, 그러다 결국 베네치아가 비잔티움에 등을 돌려 1204년 제4차 십자군 운동 뒤에는 여러 곳에 흩어져 있던 교역지를 통합하여 황폐한 제국의 영토에 식민지 제국까지 건설하기에 이른 것이다.

한편 베네치아가 비잔티움과 특별한 관계를 형성해가는 와중에도 이탈리아 남부지역과 시칠리아는 여전히 비잔티움의 직접 통치를 받다가, 중세 초에는 테마가 되었다. 시칠리아가 비잔티움에 중요했던 이유는 구로마와 신로마 사이의 해상로에 위치한 기항지로서의 전략적 위치 때문이었다. 이탈리아 남부도 바리에서 아드리아 해를 넘어 디라키움으로 넘어가면 에그나티아 가도로 연결되었으므로 비잔티움으로서는 무시할 수 없는 지역이었다. 레오 3세 황제(재위 717~741)도 그 지역들이 포함된 동일리리쿰 주교구를 콘스탄티노플 총대주교구 관할로 이전시켜 그곳들에 그리스의 정체성을 강화하는 조치를 취했다. 비잔티움은 나폴리, 아말피, 살레르노, 라벤나를 비롯해 뱃사람들이 많은 해안 도시들과도 동맹관계를 유지했다. 8세기에는 이탈리아 북부가 롬바르드족에 정복되고 9세기에는 시칠리아가 아랍족에 서서히 넘어가는 와중에도 이탈리아 남부의 칼라브리아와 풀리아 지방만은 11세기 중반까지 제국의 일부로 남아 있었다. 그러다 바이킹족의 후예로 명예와 부를 찾아 고향을 등진 모험심 강한 일단의 젊은 노르만족 기사단에게 점령되었다.

이탈리아 교역도시들이 상업으로 제국과 긴밀한 관계를 맺었다면 서방의 유럽 국가들은 결혼동맹으로 제국과 또 다른 종류의 관계를 모색했다. 동방과 서방은 8세기부터 자주색 방에서 태어난 황녀, 이른바 포르피로게니타를 사이에 두고 빈번한 외교협상을 벌였다. 767년에는 콘스탄티누스 5세 황제가 프랑크 왕국의 왕 피핀 3세에게 청혼서를 곁들인 오르간 선물을 보냈고, 이레네 황후의 궁정 환관도 나중에 서방에 머물며 샤를마뉴의 둘째 딸 로트루드에게 그리스 풍습을 가르쳤으나 두 건 모두 결혼으로 이어지지는 못했다. 901년 레오 6세가 서출 딸 안나를 프로방스의 루이 3세 국왕(재위 887~928, 일명 보소)에게 출가시킨 것이 고작이었다. 콘스탄티누스 7세 포르피로게니투스는 그 결혼을 정당화한 것에 그치지 않고 아들 로마누스 2세를 서방 여자와 결혼시키기까지 했다(17장 참조).

중세의 서방 군주들에게 비잔티움 황녀는 고귀하고 매혹적인 존재로 여겨졌다. 그래서 그들을 얻기 위해 많은 노력을 기울인 끝에 성공을 거두었다. 그중에서도 가장 두드러진 존재가 요한네스 1세 치미스케스의 조카딸 테오파노였다. 그녀는 972년 요한네스 1세의 명에 따라 독일 국왕 겸 신성 로마 제국 황제 오토 1세(재위 936~973, 일명 오토 대제)의 아들 오토 2세와 결혼했다. 이전에 니케포루스 2세 포카스 황제는, 리우트프란트를 통한 오토 1세의 그 혼담 제의를 거부했었다. 하지만 이탈리아 남부의 비잔티움 영토로 오토가 진격해 들어오자 동부전선에 총력을 기울일 필요가 있었던 요한네스 1세는 그와 강화하는 수밖에 딴 도리가 없었고, 그래서 협상을 재개한 것이다. 테오파노는 자주색 방에서 태어난 황녀가 아니었다. 그래도 서방에서의 외교적 목적을 무리 없이 수행할 수 있도록 궁정에서 교육도 철저히 시키고 비단, 귀금속, 성상, 필사본 등 지참금도 수행원 편에 수월찮이 딸려 보냈다. 결혼 계약서도 비잔티움 비단 모양으로 문양이 그려진 기다란 양피지에 금 잉크로 작성되었으며, 로마에서 거행된 결혼식 장면을 담은 상아판도 제작되었다. 비잔티움 양식에 따라 그리스도가 두 사람에게 관을 씌워주는 모습으로 만들어진 것이었다. 황제의 여자 친족을 이용해 외교 협상력을 높이려 한 것은 비잔티움 외교정책의 근간이었다. 10세기에 테오파노를 오토 2세와 결혼시키고 바실리우스 2세의 누이 안나를 키예프의 블라디미르 1세와 결혼시킨 것, 14세기에 요한네스 6세의 딸 테오도라 칸타쿠제네를 오스만 제국의 술탄 오르한과 결혼시킨 것 모두 비잔티움으로서는 피할 수 없는 선택이었다.

오토 2세와 테오파노의 결혼으로 비잔티움의 영향력은 이탈리아에서 북부 유럽까지 미치게 되었다. 테오파노는 시아버지 오토 1세가 네이메헨〔일명 님베겐. 네덜란드 동부 헬데를란트 주의 도시〕과 쾰른 부근에 제공해준 영지에 살며 딸 셋과 훗날 오토 3세가 되는 아들 하나를 두었다. 그녀는 또 신성 로마 제국 황제의 부인 자격으로 유럽 북부 수도원들의 기부 행사에도 여러 번 참석했고 983년 남편이 죽은 뒤에는 로마, 프랑크푸르트, 마크데부르크, 아헨에 교회도 계속 지었으며, 그중의 일부는 니콜라우스, 디오니시우스, 알렉시우스, 데메트리우스와 같은 동방의 성인들에게 봉헌했다. 뿐만 아니라 그녀는 쾰른에 성모와 성 판탈레오에 대한 예배를 강화하는 조치를 취했고 크베들린부르크와 마스트리히트의 주요 수녀원에 딸들을 입회시키기도 했다. 그 수녀원들에는 지금도 비잔티움의 비단이 보존돼 있다. 아들 오토 3세가 미성년으로 있을 때는 그를 대신해 법령을 포고했으며 그 과정에서 한 번은 통상적인 호칭의 여제 imperatrix가 아닌 황제 imperator의 호칭을 쓰기도 했다. 아들도 그리스어로 훌륭한 교육을 받게 했고 고전문화 연구를 진흥하도록 고취하는 일도 잊지 않았다. 나중에는 카탈루냐에서 만들어진 라틴어 번역본으로, 새로운 아랍 과학에 통달한 오리야크의 제르베르를 초빙하여

오토 3세가 왕좌에 오르는 모습. 왼쪽에는 신하로서 경의와 충성을 바치는 주들의 모습이 의인화되어 표현되었다.

오토에게 수학도 가르쳤다. 제르베르는 999년 오토에 의해 실베스테르 2세 로마 교황으로 선출되었다. 테오파노는 또 오토가 결혼 적령기에 이르기 오래전부터 비잔티움에 사절을 보내 그의 신붓감을 물색했다. 그리하여 협상을 진행한 끝에 바실리우스 2세 황제의 조카딸 조에와 약혼을 성사시켰으나 오토 3세가 1002년 스물두 살의 나이로 요절하는 바람에 결혼으로 이어지지는 못했다.

 비잔티움의 영향력이 알프스 이북 지역까지 미친 것은 새로운 현상이었다. 반면 이탈리아에서는 정교회 성당과 성 바실리우스의 회칙을 준수하는 수도원들의 존재가 낯선 풍경이 아니었다. 나폴리, 아말피, 살레르노는 물론 북부의 피사와 제노바, 동부 연안의 바리와 같은 이탈리아 도시의 상인들은 콘스탄티노플과 정례적으로 교역을 했고, 아말피의 수도자들 또한 아토스 산에서 수련을 쌓았다. 이탈리아 남부와 시칠리아에서는 그리스어도 광범위하게 사용되었다. 지금도 그곳들에서는 그리스어 방언이 통용되고 있다. 정치적 영향력이 감퇴하기 시작한 11세기 무렵 비잔티움이 새롭게 유행시킨 청동 교회문도 이탈리아 전역으로 퍼져나갔다. 비잔티움의 청동문은 아말피, 몬테가르가노, 몬테카시노, 베네치아로 수출되었다. 데시데리우스 대수도원장(재위 1058~1087)도 몬테카시노의 성 베네딕투스 수도원에 주 교회를 재건할 때, 콘스탄티노플 예술가들을 불러 모자이크 길을 내고 청동과 은 가림막을 비롯한 예배 기물도 비잔티움에 주문하여 제작했다. 수도원의 필사실 역시 비잔티움의 본을 따라 삽화를 넣어 필사했으며 장인들은 금속세공, 상아, 석재, 나무, 설화석고 조각술, 유리 제조술 등의 훈련을 받았다. 몬테카시노의 베네딕투스 수도자들 또한 이탈리아와 독일을 지배한 오토 왕조와 호엔슈타우펜 왕조의 황제들 치하에서 주기적으로 알프스 산맥을 넘어 제국의 궁정에서 비잔티움에 대한 지식을 습득했다.

돔형 건물을 한 은제 금도금 향로. 12세기 비잔티움에서 제작된 것으로, 금속 세공의 뛰어난 수준을 보여준다.

테오파노와 마리아 아르기로풀라이나의 결혼에서도 드러났듯이 비잔티움 문화는 유럽의 일부 지역에서는 높은 평가를 받았다. 그러나 다른 지역에서는 사정이 달랐다. 두 여성은 서방 성직자들의 상스러운 공격의 표적이 되었다. 서방 성직자들은 그네들이 악영향을 끼쳤다고 하면서 사치스런 관습을 서방에 도입한 죄로 지옥에서 고통받게 될 것이라고 악담을 퍼부었다. 교회 개혁자 페트루스 다미아누스(1007~1072)는 불행한 죽음에 이른 인물들의 목록에 마리아를 기피 대상으로 올려놓았다. 그는 포크를 사용한 것(이 장의 서두에 실린 것처럼)을 비난하는 것에 그치지 않고, 그녀가 베네치아의 물에는 손도 담그지 않고 하인들에게 빗물을 모으게 하여 지극히 편안하고 우아하며 인위적인 삶을 살았다는 점도 지적했다. 그는 또 그녀가 "천박하고 사악한 악취"를 풍기는 백리향과 다수의 방향제 향으로 방을 가득 채워놓았다고 하면서 그것이 결국 1006년의 전염병 기간에 끔찍한 형벌을 받게 된 원인이었다고 설명했다.

테오파노의 경우는 레겐스부르크에 있는 성 에메람 수도원의 사제 오틀로가 1050년경 죄를 뉘우치며 용서를 비는 그녀의 환영을 본 내용을 기록으로 남겼다. 테오파노의 환영을 본 어느 수녀의 말을 글로 받아 적은 것이었다. 오틀로는 그 글에서, 서방에는 없는 요상한 의복과 과도하게 치장하는 법을 궁정 여자들에게 소개하여 그들로 하여금 죄를 짓게 했다면서 테오파노를 질타했다. 그 해괴한 풍습이 서방 여자들을 타락시켜 사치스런 비단옷을 탐하고 악습에 물들게 했다는 것이었다. 그런 몹쓸 죄를 지었으니 야심한 밤에 수녀 앞에 나타나 자신의 혼령을 위해 기도해달라고 애원하는 것도 놀랄 일은 아니라는 것이었다.

그렇다면 오틀로와 페트루스 다미아누스와 같은 지성인들이 두 세대도 더 지난 사건을 굳이 끄집어내 비잔티움 여성들에게 야비한 공격을 퍼부은 이유는 무엇일까? 단순히 깨끗한 물에서 목욕하고 향내 나는 방에 기거하며 비단옷을 입고 손가락 대신 포크로 식사하는, 교양미 넘치는 여성들에 대한 거부감 때문이었을까? 아니, 그것이 아니었다. 그들이 그런 행동을 한 것은 날이 갈수록 서방과의 괴리가 커지는 비잔티움의 신학적 교리와 교회의 관습 때문이었다. 다시 말해 그들은 정교회 교리와 예배에 대한 적대감의 화살을 서방에 비잔티움의 습속을 소개한 애꿎은 두 여인에게로 돌린 것이다. 오래전에 죽은 테오파노와 마리아의 개인적인 습관을, 비잔티움이 서방에 미친 모든 영향을 비난하는 수단으로 삼은 것이다.

비잔티움에 대한 그런 적대감은 구로마와 신로마가 동서 교회의 관례, 특히 신조信條의 용어 차이를 심각하게 인식함에 따라 더욱 높아졌다. 그런 한편 콘스탄티누스 9세 황제(재위 1042~1055)와 교황 레오 9세(재위 1049~1054)는, 남부 이탈리아의 일부분을 정복한 로베르토 기스카르가 이끄는 노르만족의 세력 확대를 저지하기 위한 방법도 함께 모색했다. 그리하여 1054년 실바 칸디다의 훔베르트를 단장으로 하는 교황 사절단이 황제의 초청을 받고 비잔티움에 왔으나, 훔베르트와 총대주교 미카일 케룰라리우스는 확고한 동맹을 맺는 건 고사하고, 급속도로 관계를 냉각시켜 황제를 도리어 당혹하게 만들었다. 그러다 1054년 7월 16일 양측은 급기야 서로 파문장을 주고받는 사태에 이르러, 노르만족에 맞서 통합을 이루려던 계획은 물거품이 되고 말았다. 파문은 신속히 철회되었으나 결코 잊히지는 않았다(4장 참조).

그것이 이른바 동서 교회의 '대분열the Great Schism'이다. 대분열이라고까지 하는 것은 어폐가 있을지 모르지만 아무튼 그로 인해 신조信條의 용어, 누룩 넣지 않은 빵(무교병)의 사용, 성직자의 독신 문제, 로마 교회의 수위권에 대한 양측의 입장차는 더욱 두드러졌다. 비잔티움이 성 베드로의 후계자인 교황의 수위권을 인정하지 않은 것은 서방 교회의 신학 이론을 온당하지 못한 것으로 판단했기 때문이다. 반면 동방 교회에 대한 서방 교회의 끓어오르는 적대감의 원인은 성령의 발현과 같은 교회 문제에서 세속적인 문제에 이르기까지 다양했다. 페트루스 다미아누스는 비잔티움의 비단, 환관, 포크에 대한 극단적 반감을 표출하는 것에 그치지 않고, 테오파노가 칼라브리아 출신의 그리스 수도자 요한네스 필라가토스와도 부도덕한 행동을 한 것으로 비난했다(그것이야말로 상대방을 망신 주는 대표적인 방법의 하나다). 그것도 모자라 여자들이 속이 비치는 비단 옷을 입는 것, 서방과 달리 궁정의 조신들이 남자답지 못하게 긴 관복을 입는 것, 포크를 사용하는 것, 마늘, 양파, 부추를 기름에 조리해 먹는 해괴한 식습관, 별난 음식, 궁정 의식을 환관이 주도하는 그보다 더 요상한 관습, 사방에 환관들이 널려 있는 현상, 비잔티움 남자들은 하나같이 모두 나약하여 싸우기 싫어한다는 발상까지, 비잔티움에 대한 그의 험담은 한도 끝도 없었다. 그리고 그 뿌리 깊은 편견은 모두 부정확하고 비잔티움에 적대적인 고정관념에서 비롯된 것이었다. 9세기에 편집된 교황의 서신집, 특히 아나스타시우스 비블리오테카리우스가 작성한 서신들과 노트케르 발불루스가 쓴 『샤를마뉴의 생애』에도 그리스인들은 가장 혐오스러운 nefandissimi 인물로 묘사돼 있다. 그런 고정관념들은 대부분 제국과 우호적 관계를 맺고 있던 베네치아 및 그 밖의 이탈리아 해상 도시들에서는 나타나지 않은 현상으로, 로마에서 만들어져 프랑크족에 의해 확대된 것이었다. 다미아누스의 비난(나중에 성 보나벤투라(1221~1274)에 의해 강화되었다)을 되풀이하는 것에도 드러나듯, 그런 고정관념 때문에 현대 역사가들은 골탕을 먹고 균형감을 상실하게 되는 것이다. 지금도 일부 사학자들은 고정관념에 담긴 편견에 의문조차 제기하지 않고 그것을 그대로 인용하고 있다. 그들은 그것을 비잔티움의 모든 영향—포크의 소개, 오르간, 그리스 학문 등등—을 폄하하는 방편으로 이용하고 있다. 그러나 알고 보면 비잔티움의 관습에 보인 서방의 그 모든 불안감의 이면에는 1054년의 분쟁을 비잔티움 여인들에게 전가하려는 굴절된 의도가 숨어 있었다. 원컨대 이 글로 그 편견들이 사라지는 데 또 다른 1천 년이 소요되지 않았으면 하는 바람이다.

바실리우스 2세(재위 976~1025)의 시편집에 실린 권두화. 1000년경 콘스탄티노플에서 그려진 것으로 보인다. 대천사들로부터 왕관과 무기를 수여받고 전사 성인들에 둘러싸인 채 신의 축복을 받고 있는 황제의 발밑에 조신들 혹은 패배한 적들이 엎드려 있다.

20
'불가르족의 학살자' 바실리우스 2세

가난한 사람을 상대로 허구한 날 (제국의 테마들을 가로질러 원정길에 오를 때마다) 탐욕과 불법행위가 자행되는 것을 우리는 똑똑히 목도했다. (…) [토지를] 불리고 가난한 백성의 재산을 제 것인 양 부당하게 착취하여 떵떵거리는 세력가들의 땅은 몰수하는 것이 마땅하다.

— 996년에 제정된 바실리우스 2세의 법률 중에서

마케도니아 황조를 창시한 바실리우스 1세(마케도니아인) 이후 근 100년 만에 등장한 바실리우스 2세 황제는 그리스 도시들에서 '불가르족의 학살자 Voulgaroktonos'로 칭송받고 있다. 그렇다고 불가리아에 승리를 거둔 것만이 그를 유명하게 만든 업적의 전부는 아니었다. 바실리우스 2세는 976년에서 1025년에 이르는 기나긴 치세 동안 동쪽의 토로스 산맥 너머까지 제국의 판도를 넓혔고, 러시아를 정교회로 개종시켰으며, 여러 중요한 나라와 동맹을 맺었고, 예술과 학문을 후원했으며, 가난한 백성을 보살펴주었다. 그 점에서 그는 그 유명한 콘스탄티누스 7세 포르피로게니투스의 손자가 되기에 손색없는 인물이었다. 그런 반면 그는 또 마케도니아 황조의 연속성을 지키지 못했다는 점에서는 비잔티움을 치명적으로 약화시킨 주범이었다.

격조 높은 시편집의 권두화에 실린 바실리우스의 초상은 비잔티움의 힘을 나타내는 상징이었다. 대천사 가브리엘이 하늘에서 그리스도가 내려주는 왕관을 받아 황제의 머리에 씌워주는 동안 대천사 미카엘은 그에게 창을 건네는 모습으로 그려져 있다. 그 순금으로 덮인 배경 속에서 바실리우스는 하나같이 전투복을 입고 손에는 창을 든 전사 여섯 명을 양옆에 거느린 채, 신하일 수도 있고 패배한 적일 수도 있는, 그의 앞에 무릎 꿇고 있는 사람들을 향해 위압적으로 군림하고 있다. 로마 제국 황제권의 상징인, 위에 십자가가 달린 보주와 홀은 그림 속에서 더는 찾아볼 수 없다. 요컨대 그것은 승리를 찬양하는 군인황제를 비잔티움이 높이 평가하는 것을 보여주는, 중세 기독교도 군사통치자의 전형적인 초상이었던 것이다. 그 점에서 그것은 평생을 군사행동에 매진한 바실리우스에게 바치는 적절한 봉헌물이라 할 만하다. 벨리사리우스, 콘스탄티누스 5세, 니케포루스 포카스도 군사적으로 큰 공을 세워 콘스탄티노플에서 기려졌다. 그러나 바실리우스는 불가리아를 격파했다는 점에서 그들보다 특별했다. 그것이 그에게 신화적 명성을 안겨준 것이다.

963년 로마누스 2세의 때 이른 죽음으로 다섯 살 된 바실리우스와 그의 동생 콘스탄티누스 그리고 동생 안나(아버지가 죽고 이틀 뒤에 태어났다)는 졸지에 고아가 되었다. 비잔티움에서는 어머니가 생존해 있어도 아버지가 죽으면 고아로 간주되었다. 어머니 테오파노마저 남편의 시신이 채 식기도 전에 당시 크레타 섬을 막 수복하고 돌아온 니케포루스 포카스와 재혼을 하고 그를 제위에 앉혔다. 그로 인해 바실리우스는 할아버지 콘스탄티누스 7세의 전철을 밟아 실권자들의 그늘 밑에서 미성년 치세를 보내야 했다. 의붓아버지인 니케포루스 2세 황제(재위 963~969), 요한네스 1세 치미스케스 황제(재위 969~976), 976년부터 985년까지 10여 년간 권력을 장악한 환관 바실리우스가 그 실권자들이었다. 그중 환관 바실리우스는 로마누스 1세 레카페누스의 서자로 바실리우스의 2세에게는 종조부였으나 마치 두 형제〔공동 황제였던 바실리우스와 콘스탄티누스〕의 아버지처럼 행동했다고 한다. 그 과정에서 그는 976년 요한네스 1세의 사망 뒤에 일어난 반란을 진압하기도 했다. 결국 바실리우스 2세는 종조부와 스클레루스 및 포카스 집안의 장군들과도 싸워 그들을 몰아낸 뒤에야 단독 황권을 수립할 수 있었다.

바실리우스 2세와 콘스탄티누스 8세는 976년 공동 황제로 즉위했다. 그러나 바실리우스는 동생과 권력을 나눠 가질 의사가 없었다. 그래서 985년 종조부를 추방하기 무섭게 동생마저 몰아내는 일에 착수하여 그를 니케아의 궁정에서 사냥과 연회, 방종으로 한세월을 보내게 만들었다. 그러나 그의 단독 통치권도 안전하지는 못하여 987년 두 명의 적대자로부터 도전을 받았다. 그렇게 양쪽에서 협공을 받는 위급한 상황에 직면하자 바실리우스는 지금의 우크라이나에 본거지를 둔 '루스족'의 지도자 키예프의 블라디미르와 동맹 협상을 벌여 6천 명의 러시아 용병을 제공받는 조건으로 자주색 방에서 태어난 그의 누이 안나를 블라디미르와 결혼시키기로 했다. '자주색 방에서 태어난' 황녀는 콘스탄티누스 7세가 외부로의 유출을 금지시킨 비잔티움 보물 가운데 하나라는 것은 그도 알고 있었을 것이다. 그러나 상황이 상황이었던 만큼 블라디미르의 요청을 받아들일 수밖에 없었다. 그렇게 해서 루스족의 지원으로, 반란을 일으킨 두 장군은 타도되고 안나는 블라디미르의 아내가 되었다.

앞의 16장에도 나왔듯이 블라디미르의 할머니 올가는 콘스탄티누스 7세 치세 때 콘스탄티노플을 방문하여 양국의 관계를 공고히 다졌다. 그러다 아들과 손자 대에 이르러 키예프는 예전처럼 다시 이교 국가가 되었다. 루스족은 비잔티움에 대해 혼란스런 태도를 보였다. 블라디미르는 비잔티움에 적대적 태도를 취하기보다는 기독교 제국과 군사동맹을 맺는 편을 택했다. 그렇게 하면 비잔티움의 매력의 상징인 '자주색 방에서 태어난' 황녀와 결혼하여 자신의 지배권에 정통성과 위광을 더하는 일거양득의 효과를 거둘 수 있었던 것이다. 블라디미르는 그것을 얻어낸 뒤에야 드네프르 강에서 러시아 귀족들에 대한 집단 세례식을 실시했다. 안나와의 결혼식도 바실리우스와 옥신각신 밀고 당기는 협상을 하느라 시간이 상당히 지체된 뒤에야 거행되었다. 이후 안나는 그리스 차르tsar〔고대 로마 제국의 카이사르caesar에서 파생된 차르는 흔히 러시아 지배자들을 일컫는 호칭으로 사용되지만 중세에는 비잔티움 제국 황제를 지칭하는 용어로도 쓰였다〕의 누이를 뜻하는 차리차tsaritsa가 되어 블라디미르가 그녀를 위해 지은, 모자이크와 프레스코화로 내부가 장식된 웅대한 석조 궁궐에 기거했다. 양국의 동맹은 키릴루스와 메토디우스가 창안한 키릴루스 문자로 쓰인 옛 사료들을 모아 12세기 초에 편찬된 『러시아 원초 연대기*Russian Primary Chronicle*』에도 실렸다.

 루스족은 그렇게 전격적으로 정교회로 개종하게 되었다. 키예프의 이교적 우상들은 블라디미르의 명령에 따라 공개적으로 망신당한 뒤 제거되었다. 콘스탄티노플에서 안나를 수행해간 수도대주교, 주교, 사제, 수도자들의 지원으로 비잔티움 양식의 성당과 수도원도 축조되었다. 키예프의 개종에는 케르손의 사제들도 한몫했다. 그래서 블라디미르는 그들 중의 한 명인 아나스타시를 자신이 봉헌한 성모교회의 수장으로 임명했다. 이후 그 교회는 블라디미르가 정기적으로 십일조를 헌금했다 하여 십일조 교회로 알려지게 되었다. 돔 하나, 측랑 세 개, 앱스(후진) 세 개가 갖추어진 그 교회는 벽돌과 돌로 지어진 키예프 최대의 건축물이 되었다. 11세기 초에는 아토스 산에서 수도생활을 한 안토니우스(안토니)가 키예프의 동굴에 처음으로 수도원 중의 하나(동굴 수도원 또는 페체르스카야 수도원)를 세웠고, 1037년에는 키예프의 대공 야로슬라프 1세가, 돔은 비잔티움 양식의 그리스도 판토크라토르 모자이크 상으로, 앱스는 서 있는 성모상으로 장식한 성 소피아 성당을 건립했다. 이로써 러시아의 개종과 거대한 지역으로의 동방 정교회 전파는 확실해진 셈이었다.

한편 바실리우스 2세도 마침내 얽히고설킨 종조부의 인맥을 끊고 야망에 찬 군벌 가문들 위에 통치권을 수립하는 데 성공했다. 그리하여 제국에 효율적인 정부, 평화, 거대한 부를 안겨주었다. 치세 내내 거의 쉴 틈 없이 계속된 군사원정 과정에서 지주들이 가난한 농민들을 등쳐 넓힌 토지로 세력을 키우는 위험한 상황을 목격하고 그것을 막기 위한 법률도 제정했다. 바실리우스는 또 뛰어난 전투 능력을 지닌 것 못지않게 금욕적이기도 했다. 그래서 원정 시에는 언제나 그의 영적 아버지 테살로니카의 포티우스를 대동했다. 그런가 하면 그는 성인들의 생애를 월별로 정리하여 펴낸 『메놀로기온*Menologion*』의 저자 시메온 메타프라스테스(번역자라는 뜻)와 같은 지식인은 물론 비잔티움 최초의 대중적 사전 『수다』를 지은 익명의 학자 단체도 후원했다. 『메놀로기온』은 표준판으로 된 성인들의 생애 150편을 각 달의 특정일에 읽을 수 있도록 10권의 전집으로 묶어 편찬한 것이다. 레오 6세와 콘스탄티누스 7세가 미완으로 남겨둔 것에 상세한 내용을 덧붙여 완성한 것으로, 새로 추가된 성인은 극소수에 불과했다. 그와 달리 황제에게 바치는 헌시가 포함된 이른바 『바실리우스의 메놀로기온*Menologion of Basil*』은 성인들의 생애를 간단히 설명하고 매 페이지에 삽화를 다양하게 그려 넣은 특징을 지니고 있다. 『수다』도 최초의 사전은 아니었으나 16세기까지 널리 통용되면서 희귀 단어, 속담, 문법의 형태, 고대인들의 이름, 지역, 개념에 대한 해설이 담긴 유용성에 힘입어 널리 필사되었다.

바실리우스 2세는 비잔티움 황제로서는 극히 이례적으로 평생 결혼을 하

ουμένοσ ὁ κσ ἡμῶν καὶ θσ πληρῶσαι πᾶσαν δικαι
οσύνην· καὶ ἀπαντα τὰ τοῦ ἰουδαϊκοῦ ἔθιμα καὶ τὶ
ποιοῖμεν μὴ τῆς ὁ αὐτὸς μὴ δέχοιτο ἀπ᾽ ἰ θεοδέξι καὶ τοῦ
γὰρ ὄντος παρὰ τοῦ νόμου θεου μαωσ ὁ νόμος ἐν ν
παφέρει· ἰδρωτὸσ ἰουδαίοσ ὄρχμενος πρὸς ἰω
ἀνην τῷ ναντὶ τὴν καὶ ἀπτιζόμενοσ εἰς τὸν ἰορ
δανην ποταμόν· προσερχεται δὲ αὐτὸς ὁ ἰωαννη
λέγων· ὅτ᾽ ἐ ν ἁπτίσωμε· οὐχ ὅσο δε ὁμήρω ὀν καθ᾽
ὁτασ· ἀλλ᾽ ὡς καθαρεί ἀλον ταυ τοῦ κόσμου τὴν
ἁμαρτίαν· ὁ δὲ ἰσ ἀμήν μοι ὅπρος και αυτόσ παρ
φθεισ ἰω δια τὸ ὁρω μη γενέσθαι τὸ θέλημα τοῦ θυ· οὐκ ἐκα
μα ἀπτίσμη αὐτόν· ὅτε δὲ εἰμη αὐτοῖς μεχρι ζονε
μον· και πρὸσ τὰς τὸν ταυτου· ἐ υαπὸ θμὶ ἀφο
μου και τρόμου· και ἀ θδε σαμα όχθη σαμοῦ ουρα
νοι· και δι ἀ τε θ᾽ἁ μὴ ὄκ του μουρανῶν ἡ δρούσα
ὁ τοῦ τος ἡ μοί ὁσμου ὁ αγαπητὸς ἰμα δι δὸκησα

『바실리우스 2세의 메놀로기온』에 실린 세례 장면. 10세기 말 혹은 11세기 초에 그려진 것으로 로마 바티칸 도서관 소장품이다. 1만 4천 명이나 되는 불가리아 군을 생포해 그들의 눈을 멀게 한 바실리우스에게는 천군의 가호가 필요했을 것이다.

지 않아 후사가 없었다. 그래서 마케도니아 황조를 잇는 일은 콘스탄티누스 8세에게 맡겨졌다. 1002년 조에를 오토 3세와 결혼시키기로 한 그의 결정도 조에가 이탈리아에 갔을 때 오토가 죽고 없어서 허사가 되고 말았다. 조에는 나중에 결혼해서도 자식을 얻지 못했다. 게다가 바실리우스의 나이 육십이 넘어 콘스탄티누스 8세의 계승이 확실해지자, 그에 불만을 품은 자들이 쿠데타를 일으키는 바람에 바실리우스는 그것도 진압해야 했다. 그런저런 일을 겪으면서도 나라를 장기간 무리 없이 통치한 것에 자신감을 얻어서였는지 그는 제국의 시스템이 존속될 것으로 믿었던 모양이다. 실제로 그가 수립한 정부는 콘스탄티누스 8세의 짧은 치세(1025~1028)를 넘긴 한참 뒤까지도 존속했다. 그러나 조카들이라도 결혼시켜 마케도니아 황조의 대를 잇게 하지 못한 것이 결국 비잔티움 제국을 약화시킨 요인이 되었다.

바실리우스 2세는 989년부터 본격적으로 영토 확장 전쟁에 나섰다. 그리하여 카프카스의 드넓은 지역, 발칸 반도, 이탈리아 남부를 제국의 지배권 아래 서서히 통합시켰다. 그의 동방 진출은 969년 아랍으로부터 되찾은 안티오키아를 발판으로 시작되었다. 그곳을 기점으로 쉼 없는 원정과 능란한 외교술을 병행한 끝에 그루지야, 아르메니아, 아브하즈의 지배권하에 있던 카프카스 일대의 땅을 제국으로 편입시키는 데 성공했다. 그런 다음 그 지역의 지배는 현지의 귀족층에 맡겼다. 제국의 동방 지배권을 확고히 한 그는 다시 서쪽으로 눈을 돌려 요한네스 1세 황제 치세 혹은 그보다 이른 시기에 관리 한 명에게 지배를 맡겨 다소 소홀한 감이 있었던 이탈리아 남부에 대한 통치권도 강화시켰다. 그 과정에서 비잔티움의 주적인 시칠리아의 무슬림 세력과 싸우기 위해 992년에 체결된 황금문서에 따라 베네치아의 해상원조를 받기도 했다.

그렇게 해서 그리스 정부, 그리스 법정, 정교회 교회, 수도원들이 들어선 이탈리아 남부의 비잔티움 지배 지역은 가톨릭을 믿고 롬바르드족 법률을 준수하며 라틴어를 쓰는 이탈리아 북부의 롬바르드 왕국과 나란히 공존하게 되었다. 그런 공존과 상호 존중에 힘입어 비잔티움이 지배하는 남부 지역은 용수로와 물방앗간을 건설하고, 포도, 올리브, 초기 단계에 있던 비단 산업에 없어서는 안 될 뽕나무를 재배하며 번영을 이루었다. 비잔티움은 그보다 북쪽에 위치한 몬테카시노의 베네딕투스 수도회 수도원들과 아말피와도 우호관계를 유지했다. 992년의 동맹에 따라 베네치아와의 관계도 호전되어 다수의 도제 아들들이 콘스탄티노플로 유학을 오기도 했다.

그러나 바실리우스 2세와 가장 인연이 깊었던 곳은 역시 나중에 그의 별칭에 따라붙게 될 불가리아였다. 10세기 말과 11세기 초 비잔티움에 가장 위험하고 도발적인 나라는 불가리아였다. 불가리아의 차르 사무엘이 발칸 반도의 태반을 장악한 채 986년 불가리아 제국을 재건했기 때문이다. 사무엘은 소피아 부근에서 바실리우스 2세를 격파한 뒤 내쳐 남쪽의 헬라스와 펠로폰네소스 반도로 육박해 들어가 도시들을 유린하고 요새들을 파괴했다. 그는 중부 그리스의 라리사를 점령하고 나중에는 "불가르족의 황제"를 칭했다. 불가리아의 많은 도시들은 지금도 사무엘의 이름을 붙인 거리들로 그의 공적을 기리고 있다. 바실리우스 2세는 사무엘의 야망을 꺾기 위해 테살로니카 주재 총독을 중심으로 그 일대의 행정을 재편한 다음 991년부터 995년까지 매년 원정을 실시했다. 997년에는 비잔티움 장군 니케포루스 우라노스가 테살리아의 스페르키오스 강 전투에서 사무엘의 불가리아 군을 격파했으나 그것으로도 부족하여 1000~1002년과 1005년 바실리우스는 그쪽으로 계속 원정대를 파견했다. 그리고 1014년 비잔티움 군은 마침내 테살로니카 북부 클레이디온 전투[일명 벨라시차 전투]에서 불가리아 군을 격파했다. 그러나 그 지역의 총독이 참패당한 사실로도 알 수 있듯이 양측의 전력은 백중세였다. 불가리아는 그 4년 뒤 사무엘의 계승자 이반 블라디슬라프가 디라키움 전투에서 전사하고 불가리아 포로들이 모두 장님이 된 뒤에야 비잔티움 제국과 더 이상 싸우는 것은 무의미하다는 결론에 도달했다.

바실리우스 2세는 전세가 바뀌었다는 소식을 듣자마자 곧 불가리아의 패배를 확정짓기 위해 콘스탄티노플을 떠나 아드리아노플로 향했다. 그곳에서 서쪽을 향해 진군하면서 불가리아 지도자들의 자진 항복을 받아냈다. 스트루미차에서는 이반 블라디슬라프의 미망인 마리아의 편지도 받았다. 세 아들과 여섯 딸 그리고 다수의 젊은 왕족을 그에게 넘기겠다는 내용이었다. 바실리우스는 그곳에서 다시 오흐리드로 갔다. 그러고는 사무엘의 궁전을 철저히 파괴하고 다량의 은, 보석 박힌 왕관, 금자수가 놓아진 의복, 주화를 약탈하여 병사들에게 나눠주었다. 그런 다음 그곳에서 마리아와 왕실 가족을 접견했다. 그는 나중에 그녀를 비잔티움 최고의 직책인 조스테 파트리키아에 봉했다. 마리아와 왕실 가족의 접견을 마친 바실리우스는 오흐리드를 떠나 그리스 북부의 프레스바 호수와 카스토리아로 돌아왔다. 그곳에서도 각지에서 모여든 불가리아 지도자들을 만나 항복을 받고 관직을 수여하며 콘스탄티노플로 보내는 일을 되풀이했다. 그런 다음 군대를 이끌고 라리사를 거쳐 스페르키오스 강가에 이르자 놀랍게도 20여 년 전에 죽은 불가리아 병사들의 유골이 그대로 널려 있었다. 거기서 그는 다시 테르모필라이로 가서 훌륭한 요새들에 감탄한 뒤 아테네로 갔다. 그러고는 파르테논 신전 내에 있는 성모교회에 들러 승리에 대한 감사의 예배를 드리고 값진 재물을 바쳤다. 그런 다음 콘스탄티노플로 돌아와 사무엘 궁전과 불가리아 왕족으로부터 약탈한 전리품으로 거리에서 행진을 벌이며 승리를 자축했다. 마지막으로 그는 소피아 대성당에 가서 감사 예배를 드렸다.

양측은 기나긴 전쟁으로 막대한 인명 손실을 입었다. 바실리우스도 그것

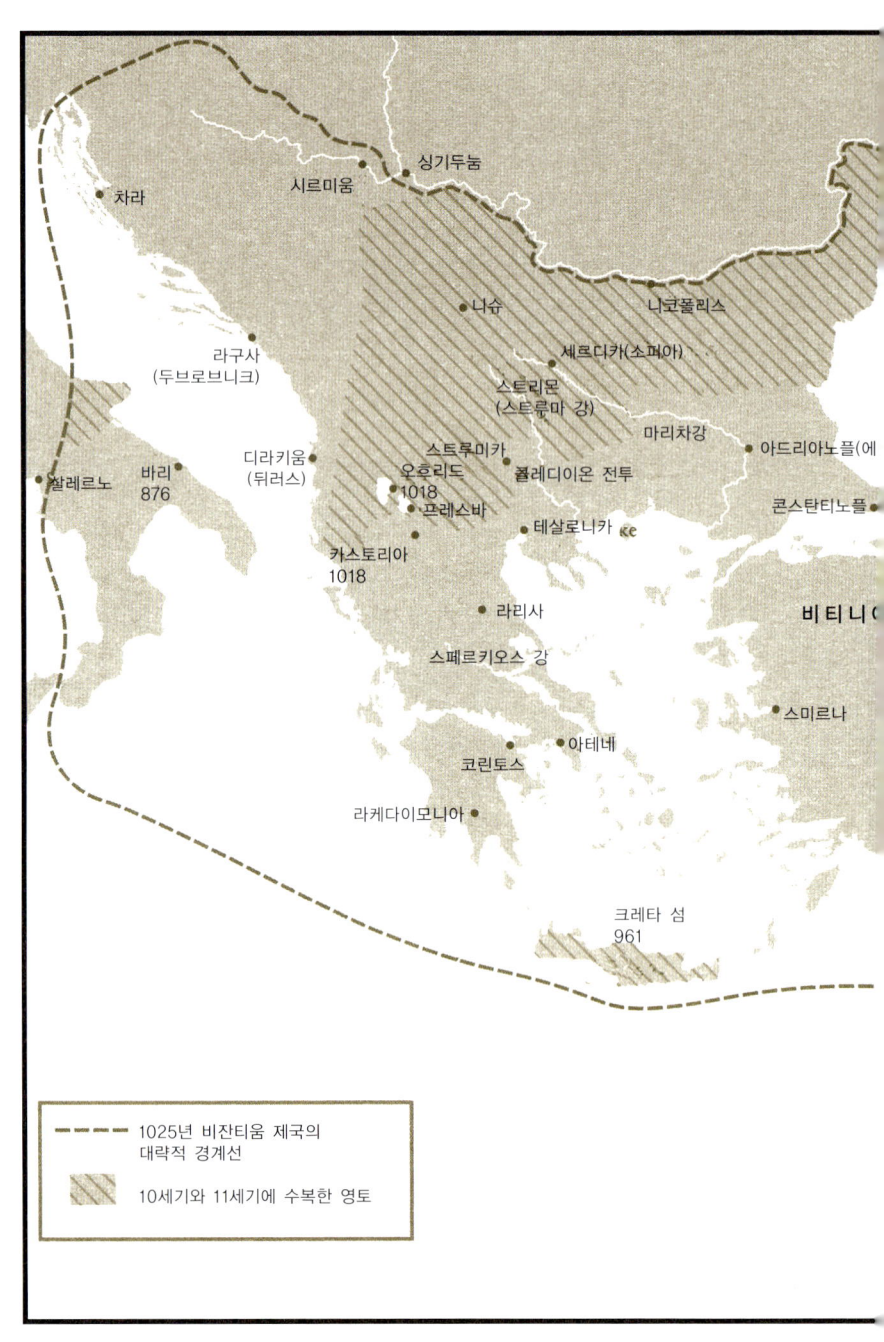

1025년경 비잔티움 제국의 판도

을 알고 불가리아 귀족을 비잔티움 여성과 결혼시키고 귀족들의 여자 친족에게는 비잔티움 남편감을 찾아주는 방식으로 앞날을 위해 두 나라의 관계를 증진시키려고 노력했다. 그는 또 불가리아 백성들에게 현금이 아닌 물납세를 계속 납부하게 해주고 풍습도 그대로 지킬 수 있게 해주었다. 그런 식으로 그는 불가리아인들을 학살만 한 것이 아니라 미래를 위한 통치 기반도 마련했다. 그는 또 아테네까지 일부러 다녀옴으로써 지배의 상징을 명예와 교묘히 결부시키기도 했다. 비잔티움 학자 미카일 프셀루스도 1025년에 죽은 바실리우스를, 그의 치세 때 제국은 그 어느 시기보다 강건하고 부유한 나라가 되었다고만 기록했을 뿐 불가르족의 학살자라는 말은 하지 않았다. 그 역시 불가르족의 학살자라는 별칭이 바실리우스 생전에 만들어진 것이 아님을 보여주는 증거다. 요한네스 스킬리체스가, 1090년대에 불가리아와 싸웠던 곳에서 페체네그족과 전쟁을 벌이게 된 알렉시우스 1세 콤네누스 황제가 귀족 가문들을 그 전쟁에 급히 참여시켜야 할 필요성 때문에, 바실리우스의 위대한 승리들을 찬양할 때도 불가르족의 학살자라는 말은 입에 담지 않았다. 불가록토누스Voulgaroktonos(불가르족의 학살자)는 다시금 불가리아의 도전을 받게 된 이사키우스 2세 앙겔루스 황제(재위 1185~1195) 치세 때 나타난 별칭이었다. 12세기 말 비잔티움 역사가 니케타스 코니아테스도 바실리우스 2세의 기나긴 원정과 그가 거둔 승리를 회고하면서 그를 불가르족의 학살자로 칭했다.

바실리우스 2세와 관련된 이야기 중에서 가장 이목을 끄는 부분이 1014년 클리디온 전투가 끝난 뒤 바실리우스가 1만5천 명의 불가리아 군 포로들을 지배자에게 돌아갈 수 있도록 100명당 1명의 눈 하나만을 남겨놓고 나머지는 전원 장님으로 만들어 돌려보냈다는 신화적인 주장이다. 사무엘은 그 참혹한 광경에 충격을 받아 심장마비를 일으켜 죽었다고 한다. 그러나 그 주장에는 의문점이 많다. 양측은 997년의 스페르키오스 강 전투에서 이미 대규모 격전을 치렀다. 따라서 클리디온의 수비대가 불가리아 군 수만 명의 공격을 받았다는 것은 이치에 맞지 않는다. 비잔티움이 그 전투에서 승리를 거둔 것도 다수의 수비대 병력과 불가리아 군이 전사한 뒤의 일이다. 그러므로 비잔티움 역사가들이 제시한 1만5천 명은 터무니없이 과장된 숫자다. 전쟁포로들의 눈을 멀게 하는 것도 당시의 관행이었을 뿐 특별할 게 없다. 정적이나 반란의 주모자들의 눈을 뽑는 것은 비잔티움도 즐겨 사용한 형벌이었다. 그것이 말뚝에 찌르는 것보다는 한층 불쾌감이 덜해서였다. 바실리우스 2세는 995년에도 베두인족 포로들의 오른팔을 자르도록 했고 1021~1022년의 전투 때는 그루지야 포로들의 눈을 멀게 했다. 그렇다고 그가 유난히 잔인한 인물이었느냐 하면 그것은 아니었다. 잔인하기는커녕 그는 드물게 성공한 인물이었다. 바실리우스는 기독교도든 무슬림이든 가리지 않고 비잔티움의 경쟁 상대면 모두 물리쳐야 할 적으로 간주했다.

장님 이야기의 빌미가 된 것이 1014년 사무엘의 죽음이었다. 그러나 알고 보면 전투는 사무엘이 죽은 뒤에도 4년이나 더 계속되었다. 양측의 전쟁은 사무엘의 계승자 이반 블라디슬라프가 죽은 1018년에야 완전히 종결되었다. 그런데도 불가르족의 학살자라는 별칭에 가려져 바실리우스가 불가리아 이외의 곳에서 거둔 군사적 승리, 루스족을 개종시킨 일, 할아버지와 같은 방법으로 비잔티움의 백과사전 문화를 후원한 업적은 올바로 평가받지 못했다. 그는 또 금욕적인 생활방식을 유지하고, 헵도몬〔지금의 이스탄불 바크르쾨이 지구〕에 성 요한네스(세례자 요한) 교회를 건립하고, 콘스탄티노플 성벽 외곽의 군대 연병장 옆에 부속 황궁을 둘 정도로 경건한 인물이었다. 바실리우스의 군사적 업적은 일인칭 형식으로 서술된 그의 비문에도 새겨져 있다.

하늘의 왕께서 짐을 찾아 세상의 위대한 지배자인 황제로 만들어주신 날부터 짐의 창은 하루도 쉴 날 없이 움직였노라. 짐은 한평생 긴장 속에 살며 서방과 동방의 변경지들을 가리지 않고 용맹스럽게 원정하여 새로운 로마의 백성을 지켜주었다. (…) 그러니 사람들아, 내 이 무덤을 보고 감사의 기도라도 올려주게나.

바실리우스는 시편집 권두화에도 사슬갑옷과 갑옷을 입은 전사의 모습으로 그려져 있다. 그런 식으로 그는 영원한 군사적 힘의 표상이 되려고 했다. 그의 발밑에 부복하고 있는 사람들은 불가리아인일 수도, 비잔티움 조신들일 수도 있다.

21
11세기의 위기

> 내가 말하고자 하는 것은, 방탕함과 무분별한 사치를 일삼은 이 황제[콘스탄티누스 9세] 치세 때부터 로마인들의 삶이 위태로워지기 시작했다는 것이다. 그때부터 점차 내리막길을 걷다가 우리 시대에 이르러서는 극도로 쇠약한 지경에 빠져들었다.
>
> — 요한네스 스킬리체스의 『연대기』 가운데 콘스탄티누스 9세(재위 1042~1055)의 실정에 관한 부분

비잔티움이나 중국처럼 오랜 역사를 지닌 제국들은 나라의 존망이 걸린 위태로운 시기를 반드시 겪게 마련이다. 7세기 이슬람의 도전이 비잔티움에는 그런 중대한 위기의 한 순간이었다. 그리고 그 위기는 영토를 잃고 제국의 조직을 개편하는 결과로 나타났다. 11세기에도 그런 위기가 닥쳤으나 당대인들은 그것을 비잔티움이 발전할 수 있는 또 다른 계기로 생각했다.

11세기에 위기가 닥치리라는 징후는 1071년 여름 비잔티움이 새로운 적들에 두 차례나 패하는 것으로 뚜렷이 나타났다. 저 먼 동방의 셀주크투르크족이 반 호수 북쪽에 위치한 만지케르트 전투에서 비잔티움 군을 격파하고 로마누스 4세 디오게네스 황제를 사로잡은 것이다. 그것이 새로운 무슬림 적의 첫 등장이었다. 그와 같은 시기 서방의 노르만족도 남부 이탈리아의 도시 바리를 점령했다. 부족 지도자 이름을 따 셀주크투르크족으로 불리

게 된 비잔티움의 그 새로운 무슬림 적은 중앙아시아 출신의 몽골계일 가능성이 있는 유목민으로, 서진을 하는 과정에서 그들 앞에 놓인 모든 땅을 성공적으로 정복했다. 그들은 또 이슬람으로 새롭게 개종한 종족답게 지하드(성전)의 개념도 진지하게 받아들였다. 서방에서는 로베르토 기스카르가 지휘하는 노르만족이 칼라브리아와 풀리아에서 10년 넘게 제국군과 전쟁을 벌이다 바리 점령을 끝으로 원정을 종결지었다.

그렇게 해서 비잔티움은 수천 킬로미터를 사이에 둔 머나먼 지역들에서 성격이 판이한 두 종류의 적을 마주하게 되었다. 병법서마다 일어나게 해서는 안 되는 것으로 누누이 강조한 일이 터지고야 만 것이었다. 초기에 그 위협들에 적절히 대처하지 못한 것도 일이 그처럼 커지게 된 원인이 되었다. 그러다 결국 로마누스 4세 디오게네스 황제가 셀주크투르크족에게 사로잡히는 수모까지 당하게 된 것이다. 어떻게 그런 일이 벌어졌을까? 그것을 이해하기 위해서는 먼저 1071년에 일어난 두 사건을 1050년대로 거슬러 올라가는 광범위한 문제들의 맥락 속에서 살펴볼 필요가 있다. 문제 중 하나는 1028년 콘스탄티누스 8세의 사망과 더불어 불거진 비잔티움의 고질적인 정권 불안이었다. 황제들의 빈번한 교체로 상징되는 그 문제는, 국내에서 일어난 반란과 비기독교 종족인 페체네그족이 도나우 강 북쪽에서 제국의 영토를 침범한 또 다른 문제로 한층 악화되었다. 이에 콘스탄티누스 9세 황제(재위 1042~1055)는 비잔티움 정규군만으로는 병력이 부족하여 용병의 필요성이 대두되자 군비를 충당하고 병사들의 충성심을 얻기 위한 방편으로 24캐럿에 못 미치는 경량의 금화를 새롭게 주조했다. 그것은 700년 넘게 사용된 솔리두스 금화의 가치를 심하게 떨어뜨린 조치였다. 그리하여 군대가 약화되고 왕조가 불안정해지는 가장 치명적인 형태의 세 번째 문제가 생겨났다.

앞의 17장에도 나왔듯이 마케도니아 황조의 마지막 계승자는 자주색 방에서 태어난 콘스탄티누스 8세의 두 딸 조에와 테오도라였다. 그런데 문제는 1034년부터 1056년까지 제국 정치의 수뇌부에 미친 그들의 영향이 나라에는 전혀 득이 되지 못했다는 사실이다. 조에의 부군 네 명 가운데 어느 누구도 군대에 전력을 기울이거나 어수선한 제국 정치에 확실한 노선을 제시하지 못했다. 그러다 보니 파벌로 쪼개진 문관과 실전 경험은 없이 입만 나불대는 무능력자가 판치는 궁정이 비잔티움 정치를 장악하게 되었다. 조에는 1050년 마지막 남편 콘스탄티누스 9세 모노마쿠스와 그의 그루지야 애인을 제위에 남겨둔 채 숨을 거뒀다. 1055년 콘스탄티누스 9세가 죽은 뒤에는 테오도라가 여제로 즉위했으나 그녀도 1년을 채 넘기지 못하고 죽었다. 임종하는 자리에서 회유를 당해 별칭이 '노인'이던 미카일 6세를 후계자로 정한 것 역시 통치력 부재의 기간을 연장시킨 조치에 불과했다. 그렇게 해서 탁월한 영도력을 보여준 바실리우스 2세의 치세가 끝난 지 불과 25년 만에 비잔티움은 내부로부터 권력이 해체되는 전례 없는 위기를 맞게 되었다.

확고한 정부의 부재는 외부 공격과 내부 반란으로 이어졌다. 그 상황이 콘스탄티누스 9세(재위 1042~1055) 치세 초기에는 곪아터질 지경이 된 것이었다. 이탈리아 남부에서는 프랑크족 용병들이 급여가 미지급되는 데 항거하여 로베르토 기스카르가 이끄는 노르만족에 도움을 청했으며, 카프카스 지역에서는 현지 지도자들이 정부에 불만을 품고 이베리아와 아브하즈 지방, 아니Ani 부근의 변경지들에서 폭동을 일으켰다. 키프로스 총독도 권력을 강탈하려 했고, 불가리아도 반란을 일으켰으며, 러시아는 콘스탄티노플을 공격했고, 셀주크투르크족은 제국의 동부 변경지를 유린했다. 그러나 그중에서도 비잔티움의 가장 골치 아픈 적은 역시 1046~1047년 겨울, 얼어붙은 도나우 강을 건너 제국 영토에 침입함으로써 발칸지역에서 6년간

(1048~1053) 지속될 전쟁의 단초를 제공한 페체네그족이었다.

콘스탄티누스 9세도 게오르기우스 마니아케스와 카타칼론 케카우메노스와 같은 노련한 장군들을 휘하에 거느리고 있었다. 그런데도 그는 종종 그들을 제쳐두고 그의 친구들—대개는 궁정의 조신들—을 군사원정의 지휘관으로 임명했다. 1042년의 불가리아 원정 때도 디라키움 총독 미카일을 원정의 지휘관으로 임명하여 7명의 스트라테고스와 4만여 명의 병사를 죽음으로 몰아 넣었다. 그는 또 군사 전문가의 올바른 조언도 귀담아듣지 않아 수차례 파멸적인 결과를 낳기도 했다. 그뿐만이 아니었다. 콘스탄티누스는 제국 동부의 이베리아 테마 군을 해체하고 군역의 일부를 현금납부로 전환하는 조치도 취했다. 요한네스 스킬리체스의 비난 섞인 논평에 따르면 콘스탄티누스는 그런 돈을 치세 내내 웅대한 건축물을 짓는 데 소비했다고 한다. 그는 콘스탄티노플의 만가나에 수도원과 궁전을 지었고 키오스 섬에도 새 수도원을 건립했다. 교회와 자선기관 기부에도 열심이었으며, 콘스탄티노플의 성 소피아 성당, 키예프의 성당, 베들레헴의 교회에도 모자이크 장식을 했다. 그는 또 희귀 동물들을 모아 작은 동물원을 만들었으며 대중 오락용으로 히포드롬에서 기린과 코끼리 행진을 벌이기도 했다.

그런 일에 돈을 낭비한 콘스탄티누스가 페체네그족을 물리칠 수 있는 유일한 방법은 통화량을 늘려 부족한 병력을 보충하는 것뿐이었다. 그리하여 그는 경량의 금화 테타르테론tetarteron을 주조한 것이었다. 테타르테론은 진작에 용병의 급여로 지급되면서 노미스마와 동등하게 취급되고 있었다. 그와 동시에 그는 콘스탄티누스 8세(재위 1025~1028)와 미카일 4세(재위 1034~1041) 치세 때 소량의 은을 섞어 금 함유량을 95퍼센트까지 낮춘 비잔티움의 옛 금화 노미스마화의 가치도 지속적으로 떨어뜨렸다. 4세기의 콘스탄티누스 1세 때 수립되어 수백 년간 유지된 비잔티움의 금본위제는 그런 식으로 무너져 내리다가 콘스탄티누스 9세 때는 그 과정이 가속화되어 결국에는 통제 불능 상태에 이르렀다. 금화를 네 종이나 발행하여 통화 가치가 81퍼센트까지 떨어진 것이다. 테타르테론도 본래 금 함유량의 73퍼센트로 가치가 크게 하락했다. 그런 식으로 은을 섞어 금화 가치를 떨어뜨리는 일은 후대의 황제들 치세에도 계속되어 1080년대에는 노미스마의 금 함유량이 10퍼센트에 지나지 않게 되었다. 그 금화와 바실리우스 2세 황제 시대에 발행된 금화는 한눈에 보아도 차이가 확연했다. 그렇다 보니 그 돈은 누구도 받으려 하지 않는 천덕꾸러기가 되었다. 사람들은 모두 옛 금화만을 원했다.

그러나 당대의 어느 역사책도 화폐의 평가절하에 대한 내용은 기록하지 않았다. 그것은 현대의 화폐 전문가들이 11세기에 주조된 경량의 금화와 꾸준히 늘어난 은 합금량을 비교 분석하여 얻어낸 결론이었다. 비잔티움이 내세우는 최고의 강점 가운데 하나였던 금화의 신뢰도를 떨어뜨리게 된 이유는 지금까지도 수수께끼로 남아 있다. 노미스마의 가치가 떨어지면 국내외에서 제국의 권위가 떨어질 것은 불 보듯 뻔한 일이었는데도 비잔티움의 지배자들은 왜 그런 알 수 없는 조치를 취한 것일까? 아마도 그것은 평가절하가 시작되자 황제들이 손 쓸 틈도 없이 그 과정이 가속화되어 벌어진 일이었던 것 같다. 그 현상은 1071년 만지케르트 전투에서 패한 이후 군사와 경제 문제가 갈수록 악화되면서 더욱 두드러졌다. 금화를 찍어낼수록 통화의 가치는 자꾸 하락했던 것이다. 병사들은 요상하게 생긴 테타르테론과 노미스마를 급여로 받지 않으려 했고 상인들도 비잔티움 돈을 받기보다는 차라리 아랍의 금화 디나르나 심지어 유럽 도시들에서 주조된 은화를 선호했다. 비잔티움의 제국적 권위는 그렇게 땅에 떨어졌다.

그러나 화폐 평가절하의 위험성을 지금 이렇게 논하기는 쉽지만 당대의 비잔티움 황제들이 국가경제의 전반을 이해하여 적절한 조치를 취하기는 쉽지 않았을 것이다. 그들은 금 함유량의 감소로 초래될 장기적 결과를 알지 못했을 개연성이 크다. 콘스탄티누스 9세도 아마 화폐를 계속 찍어 용병의 급여를 지급하는 것이 페체네그족에 맞서 제국을 방어할 수 있는 유일한 방법으로 알고 그렇게 했을 것이다. 그 밖에 비효율적이고 부패한 세금 징수 방법, 황제들이 개인들에게 토지를 하사하여 토지세의 세원이 줄어든 데 따른 세수 감소와 같은 요인도 제국에 돈 가뭄이 드는 원인이 되었다. 그러나 단기적으로는 통화량 증가 정책이 효력을 발휘하여 비잔티움은 페체네그족의 공격을 물리칠 수 있었다. 다만 그것은 콘스탄티누스가 800년이나 지속된 비잔티움 문명의 특징을 포기하여 얻은 결과였다. 그리하여 12세기 초 알렉시우스 1세 콤네누스 황제는 다시 손상된 화폐가치를 회복해야 할 필요성을 느끼고 금 20.5캐럿의 노미스마를 주조하는 조치를 단행해야만 했다. 모양도 납작하지 않고 구부러진 데다 예전 금화의 위치도 회복하지 못했지만, 그 조치로 제국은 적으나마 신뢰할 수 있는 금 통화를 부활시키고 화폐 평가절하 정책으로 야기된 타격에서도 벗어나게 되었다.

이처럼 11세기의 위기는 왕조의 안정, 비잔티움 지방들의 전투력, 경제, 제국의 이미지와 같은 문제들이 새로운 방식으로 얽히고설키는 결과를 가져왔다. 군사적 문제의 원인은 무엇보다 기나긴 국경선의 두 지점에서 비잔티움에는 생경했던 두 적의 공격을 받은 데 있었다. 다시 말해 그것은 발칸 지역의 페체네그족이 제기한 위험에 동방의 셀주크투르크족과 서방의 노르만족 공격까지 보태져 불거진 문제였다. 설상가상으로 11세기 중반 제국의 궁정은, 문화와 예술에의 투자는 장려하고 군사 문제는 소홀히 다루는 문민 관료와 지식인이 주도하고 있었다. 그런 상황이었으니 1069년 소아시아 중부의 이코니움을 유린하는 투르크 군을 테마 군이 막지 못한 것도 무리는 아니었다. 그러면 이제 비잔티움의 철학자 겸 역사가 미카일 프셀루스의 눈을 통해 제국의 조신들이 어떤 식으로 11세기의 비잔티움 정치를 파국으로 몰아가는 데 일조했는지 한번 살펴보기로 하자.

프셀루스는 1018년 콘스탄티노플에서 태어나, 훗날 유카이타 수도대주교가 된 이름난 교사 요한네스 마우로푸스 수하에서 교육받는 큰 행운을 누렸다. 그의 동기생들 중에는 법률, 철학, 법정 웅변과 같은 분야에서 최고의 지위에 오른 쟁쟁한 인물들도 있었다. 프셀루스는 인문학과 고등과학에 통달하여 그들 중에서도 특히 두각을 나타냈다. 그는 진정한 박식가였고, 재미있는 사담私談과 고도의 우월감으로 자신이 사는 시대를 포착한 서한집, 연설문, 14대의 황제(976~1078)를 거치는 『연대기』를 집필한 발군의 작가였다. 프셀루스는 철학자로서의 명성도 하늘을 찔러 콘스탄티누스 9세가 재건한 콘스탄티노플 대학의 철학대 학장으로도 임명되었다. 그의 친구 요한네스 크시필리누스는 법과대 학장이 되었다. 변치 않는 그의 열정은 제국의 다른 측면은 거의 도외시한 채 콘스탄티노플과 궁정에만 주안점을 두고 집필한 재기 넘치는 그의 『연대기』만 봐도 충분히 느낄 수 있다. 반면 지방으로 전출된 친구와 제자들을 응원하기 위해 쓴 그의 편지들에는 수도 이외의 지방들에 대한 사정에도 밝아 오지로 '유배된' 친구들의 고통을 조금이나마 덜어주려고 애쓴 흔적이 드러나 있다.

프셀루스는 1071년의 위기가 초래된 원인에 대해서도 우리가 간과했던 중요한 요소를 하나 일깨워주었다. 귀족들 간의 정쟁이 바로 그것이다. 궁정 파벌은 귀족들이 직위, 급여, 존칭을 놓고 경쟁을 벌이는 형태로 나타났다. 10세기 말 바실리우스 2세가 스클레루스 가문과 포카스 가문을 타도했는데도 콘스탄티누스 달라세누스와 같은 집안이 또다시 생겨나 로마누스 3세 치세 때 황권을 차지하기 위한 음모를 꾸몄다. 1057년에는 콤네누스 가가 그 집안의 장군 이사키우스를 황제로 옹립했으나 그도 두카스라는 인물에게 신속히 타도되고 두카스는 다시 디오게네스로 교체되었다. 로마누스 4세가 셀주크투르크족에 사로잡힌 몸이 되었을 때는 그의 경쟁자인 안드로니쿠스 두카스가 또 다른 두카스를 미카일 7세로 옹립했다. 프셀루스는 미카일의 가정교사였으므로 그의 치세에 대한 프셀루스의 열렬한 찬양의 글은 믿을 것이 못 된다. 그렇기는 해도 그것은 제국의 문민 관료와 지식인들이 파벌싸움에서 이기고 군대 문제를 소홀히 다룬 것에 대한 증거는 될 수 있다.

그러나 귀족들의 싸움으로 지도력 결핍이 심화되는 와중에도 비잔티움 제국에는 모종의 활력과 뚜렷한 쇄신의 분위기가 느껴졌다. 콘스탄티누스 9세만 해도 자신은 유력한 귀족 가문 모노마쿠스가 출신이었음에도, 전통과의 맥을 끊고 평민 태생의 인물들을 원로원 의원으로 받아들였다. 원로원도 그 무렵에는 입헌기관으로서는 유명무실해졌지만 그래도 법적 이의나 논란이 많은 계승권 문제에서는 나름의 역할을 했다. 콘스탄티누스가 사회적으로 큰 진전을 이룬 그런 조치를 취한 이유가 무엇이었는지는 알 수 없다. 어쩌면 기존 원로원 가문이 원로원에 들어가기를 기피하여 부족한 인원을 채우기 위해 그런 조치를 취했을 수도 있고, 아니면 새로운 피를 수혈할 필요성을 느꼈는지도 모른다. 비잔티움 작가들은 누군가의 혈통을 논하는 문제에 이르면 구제 불능의 속물이 되었다. 실제로는 그런 귀족이 없었는데도 양가 태생(유게네스eugenes)은 차별화에 반드시 필요한 요소로 생각했다. 따라서 콘스탄티누스의 속내도 알 도리가 없다. 그런 반면 비잔티움에서는 군대, 행정부, 심지어 교회도 인재들에게 언제나 진로의 기회를 열어주었고, 바실리우스 1세처럼 외국인인 데다 태생도 비천한 인물이 밑바닥에서 최고 지위까지 오르는 일도 곧잘 벌어졌다. 상인 계층도 콘스탄티노플의 삶을 지

미카일 7세 황제의 모습을 새긴 금화. 남동생 둘과 나란히 앉아 있는 모습으로, 11세기에 유통된 것이다.

탱하는 중요한 요소였으므로 어쩌면 그것(평민 출신을 원로원에 받아들인 것)은 콘스탄티누스 9세가 그들의 가치(글자 그대로의 가치이기도 하고 사회적 가치이기도 한)를 새삼 깨닫고 취한 조치일 수도 있다.

수도에 사는 사람들—상인, 장인, 거주민—도 자신들의 존재감을 점차 뚜렷이 드러내기 시작했다. 그 점은 동시대 작가들도 주목했다. 1042년 미카일 5세가 조에를 황궁에서 내쳤을 때도 성난 시민들은 테오도라가 추방돼 있는 수도원으로 몰려가 그녀를 석방하고 조에도 황궁으로 다시 불러들일 것을 요구했다. 여인네들까지 거리로 뛰쳐나와 적법한 황후들의 유배를 슬퍼하고 궁정에 소속된 외국 군대까지 분노를 표출하는 전례 없는 현상이 나타났다. 그런 대중운동에 힘입어 자주색 방에서 태어난 황녀들은 이윽고 제위에 복귀하는 데 성공했다. 1055년 콘스탄티누스 9세가 죽었을 때도 테오도라는 대중의 성원에 힘입어 마케도니아 황조 마지막 계승자로서의 권리를 지켜낼 수 있었다.

프셀루스는 황녀들을 지지한 대중을 '시민군'이라 일컬었다. 다른 사람들은 그들을 폭도로 규정하고 그들의 행동은 민중(데모스demos)의 지배를 받는 데모크라티아demokratia〔민중에 의한 지배〕라고 비난했다. 11세기 무렵에는 히포드롬의 전차경주도 시들해지고 히포드롬의 두 파벌(데모스)인 녹색당과 청색당이 대중에 미치는 영향력도 크게 감소했다. 그들의 지도자(데마르크)들은 여전히 궁정 의식에 참여하고 녹색과 청색으로 된 의복으로 차별성을 드러냈으나 이제는 도시 군중이라는 이질적 요소가 비잔티움 정치의 스펙트럼에 새로운 활력소로 작용했다. 제국의 중심부에 근접해 있어 집단행동을 하기 쉬웠던 콘스탄티노플 시민들이 비잔티움 역사상 최초로 황위 계승에서 중요한 몫을 차지하게 된 것이다. 그리고 그 힘은 새로운 확신, 양가 태생은 아닐지라도 수도의 안녕에 이바지하는 사람들의 점증하는 부에서 나왔다. 무엇보다 중요한 것은 그들이 자신들의 권력을 위해서가 아닌 조에와 테오도라의 황위 복귀를 위해 그런 일을 했다는 것이다.

물론 위계질서가 엄격한 군주국 비잔티움에서 국가나 교회 관리들이 데모크라티아의 조짐이 이는 것을 방임하고 있었을 리는 없다. 그러나 이번 군중은 626년 적군에 맞서 도시를 수호하기 위해, 하느님을 낳은 테오토코스를 부르는 의식에 참여한 시민들과는 확연히 다른 방식으로 정치활동에 참여했다. 게다가 그것은 비잔티움 정치에서 지속적으로 중요한 역할을 담당했다. 그 점은 총대주교 미카일 케룰라리우스가 1054년 교황 사절단에 맞서 지지층을 확보하기 위해 군중을 이용한 방식에서도 여실히 드러났다. 1054년 레오 10세는 훔베르트를 단장으로 하는 교황 사절단을 콘스탄티노플에 파견하여 교회 문제를 협의하도록 했다. 그리고 그해 여름 총대주교와 훔베르트 추기경이 서로 간에 파문을 주고받는 싸움을 벌일 때, 비잔티움인들의 적대 행위는 작지만 매우 중요한 역할을 했다. 케룰라리우스는 과격한 군중을 등에 업고 로마에 대한 저항의 강도를 높일 수 있었던 것이다. 비잔티움 사람들은 그런 식으로 자신들의 새로운 힘을 자각하기 시작했다.

그들은 고상한 본토 그리스어만 쓰는 조신들 사이에 잘 알려져 있던 통속 그리스어로 자신들의 의견도 말하기 시작했다. 11세기에는 구어체의 통속 그리스어로 쓰여진 문학도 발전했던 것이다. 민중(데모스demos)과 통속 그리스어가 결합된 사실은, 통속 그리스어를 뜻하는 '데모틱demotic'이란 단어가 나타난 사실로도 잘 알 수 있다. 모르긴 몰라도 수준 낮은 그 그리스어는 거리와 항구, 외국인과의 교역협정에 사용되며 수백 년간 비잔티움에서 존속했을 것이다. 지중해와 흑해 유역에서 콘스탄티노플로 장사하러 온 상인들은 모두 그 단순한 형태의 그리스어를 사용했다. 11세기와 12세기에는 통속 그리스어가 문예 창작에도 영향을 주어, 오랫동안 구전으로만 전해오던 디게네스 아크리타스 서사시가 정치적 환호에서 빌려온 15음절 운율의 여러 판본으로 만들어지기도 했다. 그에 자극받아 통속어 요소가 강한, 혼용어로 쓰여진 다른 작품들도 등장했다. 녹색당과 청색당의 정치적 연호를 이용한 풍자시, 동물 우화, 6세기의 장군 벨리사리우스에 헌정한 것과 같은 운문 로맨스도 창작되었다. 비잔티움의 세속 음악, 노래, 춤에 대한 사료는 지금 거의 사라지고 없지만 통속 그리스어로 된 노래도 십중팔구 그 시대에 처음 만들어졌을 것이다. 음악 필사본에는 간혹 "X곡조에 맞춰 노래 부를 것"이라고 토를 달아놓은 것이 있는데, 그 역시 귀에 익숙한 멜로디를 종교음악에 재활용한 것을 나타내는 것이다. 네우마─가사 위에 음의 상승과 하강(음조)을 붉은색으로 표시한 기호(음표)─가 들어간 문헌도 11세기에 처음 등장했다.

비잔티움이 이렇게 다른 분야와 어깨를 나란히 하여 언어 혁신을 이룬 것은 전통에 얽매이는 경직성에서 탈피하여 새로운 추세도 기꺼이 받아들일 용의가 있음을 보여준 것이었다. 11세기에 콘스탄티노플 법원 법관들이 소수 의견을 낸 것도, 예전의 판례를 한층 융통성 있게 해석하여 새로운 논거를 제시한 행위로 볼 수 있다. 유스타티우스 로마이오스의 판례집(페이라)에는 특히 할머니가 어릴 때 정해준 약혼자를 성인이 된 손자가 파기한 것과 같은 놀라운 판례들이 포함돼 있는데, 그 역시 비잔티움 최고법원의 법관들이 중세의 현실을 감안해 유스티니아누스 법전을 바탕으로 구제도를 개선하는 데 자신감을 보여줬음을 말해주는 것이다. 물론 그것이 전반적으로 받아들여지지는 않았을 테지만 법률 발전에 지속적으로 영향을 주었을 것은 분명하다.

11세기에는 의학 분야에서도 중요한 혁신이 이루어졌다. 예전에 금지되었던 해부가 허용된 것이다. 의사들은 아이이나(아이기나)의 파울로스(625

년경~690년경, 알렉산드리아의 외과의사)가 쓴 고대 후기의 의술서에 기록된 수술법도 계속 사용하면서—수술 도구가 남아 있는 것이 이를 말해준다—의학용 시체로 해부와 장기에 대한 연구도 함께 실시했다. 11세기와 12세기 비잔티움 의사들은 교회의 금지에도 아랑곳하지 않고 해부실습을 재개했다. 에페소스의 수도대주교를 지낸 12세기의 지식인 게오르기우스 토르니케스도 비잔티움 의학 지식의 발전을 위해 해부의 중요성을 설파했다. 서방에서도 고대 그리스의 전통을 보존, 발전시킨 살레르노의 의과대학에서 비슷한 경향이 나타났다. 미카일 프셀루스도 의학 문제를 다룬 글을 여러 편 썼으며, 그와 동시대인인 시메온 세트는 식이요법뿐 아니라 특정 음식의 좋은 점과 나쁜 점에 대한 논문을 작성했다. 케카우메노스 같은 사람은 모든 의사를 치료보다는 돈벌이에 혈안이 된 것으로 싸잡아 비난했지만, 좋은 진료와 나쁜 진료를 구분짓고 능숙한 솜씨로 수술을 하여 사람의 목숨을 구한 의사들을 찬양하는 사람들도 생겨나기 시작했다. 1136년 요한네스 2세 황제가 설립한 판토크라토르 수도원에도 최소한 황실 가족과 연로한 수도자들에게는 상당히 진보된 치료 행위가 행해진 사실이 상세히 기록된 문헌이 남아 있다. 그곳은 황실 여자들은 여의사가, 황실 남자와 수도자들은 남의사가 진료하고, 나병환자들은 나병원에 수용할 정도로 선진화된 의료 체계를 갖추고 있었다.

 법률과 의학 전통을 구조적으로 맞물리게 적용해간 그런 방식은 비잔티움이 교육의 중요성과 고대의 전통을 깊이 인식하고 있었음을 보여준다. 콘스탄티누스 9세만 해도 학자들의 관대한 후원자가 되어 철학과 법률 분야 학자들의 연구 자금을 지원해주었다. 비잔티움에서는 고대 그리스 철학에 대한 연구가 그칠 날 없이 계속되었다. 거기다 11세기에는 중세의 주석과 해설까지 더해져 고대 학문의 가치는 더욱 높아졌다. 요한네스 마우로푸스

밑에서 수학한 미카일 프셀루스는 플라톤과 플루타르코스를 열렬히 숭배하다 못해, 기독교 복음이 전해지기 전에 살았던 훌륭한 그들을 천국에 보내달라고 하느님께 간구하는 기도문을 쓰기도 했다. 그는 또 필사본으로 보존된 다수의 고대 원전을 이용해 플라톤과 아리스토텔레스를 넘어 칼데아 신탁(선한 힘과 악한 힘, 백색 힘과 흑색 힘으로 이루어진 이원론적 세상을 다룬 것으로 2~4세기에 작성되었으나 현재는 단편적으로만 전해지고 있다)으로까지 자신의 철학적 관심을 확장시켰다. 그런가 하면 그는 비잔티움 교회가 엄격히 금지한 고대의 혼령을 불러내는 주술, 곧 강령을 행할 자신이 있다고도 말했고, 비금속卑金屬을 금으로 변환시키는 유사과학 연금술과 점성술에 대한 글을 쓰기도 했다. 이름이 알려지지 않은 그 밖의 학자들 또한 프톨레마이오스의 고대 저작을 그 분야의 아랍 책에서 보고 배웠을 게 분명한 자신들의 천문학 지식과 비교하는 작업을 했다. 아랍의 천문학을 그리스어로 번역한 책들도 11세기와 12세기의 비잔티움 대계에 포함되어 미카일 1세 콤네누스 황제(재위 1143~1180)의 관심을 불러일으키는 데 일조했다. 별을 관찰하는 일과 점치는 일은 분야가 서로 연관돼 있어 함께 발전을 이루었다. 그런 식으로 두 학문은 비잔티움에서 인기 높은 꿈 해몽 책들에 널리 이용되었다.

비잔티움 학자들은 고대의 저작들에 붙인 주석들을 통해 천체의 영원성, 물질의 실재, 자연의 법칙에만 관심을 보인 것이 아니라 천체의 구형적 구조와 자연 현상으로까지 관심의 폭을 넓혔다. 시메온 세트만 해도 번개가 친 뒤 조금 있다가 천둥이 치는 이유를 "눈에 보이는 것은 시간과 무관하게 일어나지만 소리는 전파되는 데 시간이 걸리기 때문에" 나타나는 현상으로 설명했다. 반면 프셀루스는 그것을 튀어나온 눈과 움푹 들어간 귀가 만들어내는 차이로 생각했다. 비잔티움 역사가 미카일 아탈레이아테스도 천둥은 거대한 용이 일으키는 것이라는 설은 일축했으나 그것이 일어나는 원인은 규명하지 못했다. 이렇게 합리성을 추구하다 보니 과학 연구가 교회 당국과 마찰을 일으킬 것은 불을 보듯 뻔했다. 결국 프셀루스 후임으로 콘스탄티노플의 수석 철학자가 된 요한네스 이탈루스는 성육신 이론과 그리스도가 행한 기적에 논리학을 적용하고 영혼 불멸성과 육신의 부활을 부정한 죄로 재판에 회부되어 1082년 이단과 이교를 행한 혐의로 단죄되었다. 그의 제자들도 나중에 운명을 같이했다. 그러나 그런 어려움 속에서도 물리학, 천문학, 수학, 논리학 작품과 더불어 고대 철학 원전들에 대한 그들의 연구는 하나의 전통이 되어, 비잔티움 제국이 끝날 때까지 명맥을 이어나갔다. 과학과 기독교도 긴장된 순간들이 있기는 했지만 그럭저럭 공존했다. 철학자 게미스투스 플레톤만이 기독교에 배은망덕하게도 펠로폰네소스 반도의 미스트라(지금의 미스트라스)에서 제우스와 아폴론을 기리는 기도문을 썼다.

프셀루스를 비롯한 비잔티움 학자들은 고대 철학에 대한 심오한 지식을 갖추는 데 그치지 않고 역사 서술의 새로운 방식도 제시했다. 프셀루스만 해도 비잔티움의 정치 발전에 자신이 이바지한 점을 과장한 측면이 있기는 해도, 궁정에서 직접 보고 행사에도 참여한 것을 바탕으로 『연대기』를 집필했다. 그는 황후 테오도라의 측근이 그들의 잇속만 바라고 계승을 획책하는 것도 옆에서 지켜보고는, "마치 주사위 놀이를 하듯 제국에 불충한 짓을 저지르는 것을 내 눈으로 직접 보고 들었다"고 기록했다.

그 밖에 프셀루스는 그가 그토록 찬양해 마지않았던 고대 저자들이 사용한 본토 그리스어로 풍자, 유머, 심리적 통찰력에 대한 능력도 유감없이 과시해 보였다. 콘스탄티누스 10세 두카스 황제(재위 1059~1067)에 대해서도 그는 이렇게 맛깔나게 표현했다.

콘스탄티누스 황제는 존엄한 지위를 마음속 깊이 혐오하여 그런 자리에 있기보다는 차라리 고적하게 살기를 원했다. 그래서 옷도 편하게 입고 시골 촌부처럼 돌아다녔다. 여인들의 옷차림도 단순한 것이 오히려 미를 돋보이게 한다고 믿었다. 요컨대 아름다움은 감출수록 빛이 나고 옷차림이 자연스러울 때 공들여 화장한 것 같은 효과를 낼 수 있다는 말이었다. 그런데 황제가 걸친 옷에서는 은밀한 미가 감춰지기는커녕 두드러져 보이는 것은 왜일까.

프셀루스와 같은 천부적인 재능을 지닌 작가는 흔치 않았다. 그러나 일인 칭으로 견해를 말하는 것과 같은 흥미롭고 창의적인 그의 작법을 모방하는 작가는 많았다.

*

11세기 비잔티움의 위기는 1081년 콤네누스 가문의 알렉시우스 1세가 경쟁 가문인 두카스 가와 결혼동맹을 맺은 뒤 제위를 찬탈하는 방식으로 해결되었다. 이어 두 가문은 힘을 합쳐 비잔티움의 적들—노르만족, 페체네그족, 셀주크투르크족—을 물리치고 통화가치의 하락이 불러온 부정적인 결과도 가까스로 극복하는 데 성공했다. 다음 장에도 나오겠지만 알렉시우스 1세는 100년이나 지속될 비잔티움의 새로운 왕조를 창건했다. 그럼에도 요한네스 스킬리체스는 11세기를 "매우 허약했던" 시기로 기록했다. 위기의 뚜렷한 흔적을 남긴 시기로 규정한 것이다. 그런가 하면 현대의 일부 역사가들은 그 시기를 '봉건제도'의 한 단계로 규정했다. 다른 학자들은 비잔티움이 세계 지배권을 주장했던 제국에서 콤네누스 가라는 일개 가문이 통치한 보잘것없는 중세 국가로 전락한 시기로 보았다. 그러나 그 시기에 이탈리아 교역도시들—아말피, 피사, 제노바, 베네치아—의 힘이 증대하고, 특히 콘스탄티노플 지배하에 있던 발칸 지역민들 사이에 정체성이 뚜렷이 나타나기 시작했다는 점에서는 모두의 의견이 일치했다. 지중해 세계에서 새롭게 일어난 공화주의적이고 분리주의적인 그 힘은 이제 비잔티움이 주장하는 제국적 패권에 큰 영향을 미치게 될 터였다. 반면 그 힘은 또 여러 학문이 새로운 표현 방식을 추구하는 일에도 기여하게 될 것이었다. 그러나 그 모든 것을 넘어 저편에는 아직은 과소평가되어 어렴풋이 들릴 뿐이었지만 투르크족의 팽창을 알리는 북소리가 비잔티움의 마지막 숨통을 끊을 것임을 예고하며 둥둥 울려 퍼지고 있었다.

미카일 7세 두카스와 황후 알라니아의 마리아.

22
안나 콤네나

> 황녀께서는 글로도 남자를 능가하시었고, 행동도 대장부 같으셨으며 계획은 단호히 세우시고 신중하게 일을 행하셨습니다. (…) 눈이 세 개인가 싶을 정도로 직관력도 뛰어나시고 총기 넘치시고 능수능란하셨습니다.
>
> — 12세기에 작성된 게오르기우스 토르니케스의 안나 콤네나를 위한 「추도사」 중에서

비잔티움에 관한 내로라하는 책들 치고 12세기의 황녀 안나 콤네나를 다루지 않은 것이 없다. 안나는 비잔티움 최고의 역사가이자, 가장 이름난 학자의 한 사람이며, 아버지 알렉시우스 1세 콤네누스의 전기『알렉시아스 *Alexias*』를 집필한 저자였다. 그녀는 그 책을 1137년경에 시작하여 10년 뒤 사망할 무렵에 완성했다.

안나는 자신이 1083년 대궁전 구역의 자주색 방에서 알렉시우스 1세와 황후 이레네 두카이나 사이에 장녀로 태어났다는 사실을 그 책에서 누누이 강조했다. 그녀의 탄생은 11세기의 난세를 안정시킨 콤네누스 가와 두카스 가의 결합을 상징적으로 보여준 사건이었다. 알렉시우스는 양가의 동맹을 강화하는 의미에서 미카일 7세(재위 1071~1078)와 알라니아의 마리아 사이에서 태어난 콘스탄티누스 두카스를 양자로 삼아 안나와 약혼시켰다. 그녀

의 어린 시절 아버지 알렉시우스가 대중의 환호를 받았던 때를 안나는 기억하고 있었다. 안나와 콘스탄티누스도 그처럼 대중의 환호를 받았다. 황제와 황실 가족이 궁궐 밖으로 행차하면 황제의 파벌이 그들을 수행하여 "황제시여 영원하소서! 황후시여 영원하소서!"를 세 차례 복창했다. 따라서 안나는 때가 되면 그들 부부가 당연히 황권을 계승하게 될 것으로 믿었다. 하지만 그 희망은 1087년 동생 요한네스가 태어남으로써 산산조각이 났다. 남편 콘스탄티누스가 계승권을 빼앗기면 황후가 되려던 자신의 꿈도 물거품이 될 것이기 때문이었다. 안나는 60년 뒤 그 사건을 기록할 때까지도 분을 삭이지 못했다. 아들을 계승자로 임명하는 것이 비잔티움 황제들의 관행이라는 것쯤은 알고 있었을 텐데 말이다.

안나는 남편 콘스탄티누스 두카스와 그의 어머니 알라니아의 마리아에 대해 매우 행복한 추억을 가지고 있었다. 정략결혼의 관행으로 일곱 살 무렵 두 모자에게 보내져 그들과 함께 지낸 인생의 초창기를 안나는 언제나 행복한 추억으로 떠올렸다. 시어머니가 될 마리아와 약혼자 콘스탄티누스에 대한 그녀의 칭찬은 입에 침이 마를 지경이었다. 안나보다 나이가 아홉 살가량 많았던 콘스탄티누스는 "이 세상 사람 같지 않은 수려한 용모를 지니고 있어, 그를 본 사람이면 누구나 매력이 넘쳐흐르는 모습에 넋을 잃고 그림에 나오는 큐피드 같다고들 입을 모았다"고 안나는 말했다. 안나는 또 미카일 7세의 미망인인 마리아도 "사랑의 화신 (…) 살아 있는 예술품, 미를 사랑하는 사람들에게 욕망의 대상"이었던 것으로 이야기했다. 다른 사료를 봐도 마리아는 세간에 절세미인으로 통했던 것으로 되어 있다. 그녀는 또 아름다웠을 뿐 아니라 아들의 계승권도 몇 년간 성공적으로 지켜냈고, 문학 살롱도 개최했으며, 오흐리드의 테오필락투스와 니케아의 유스트라티우스 같은 쟁쟁한 작가들에게 작품도 의뢰했다. 안나의 독서열과 학문에 대한 탐

1128년경에 제작된 복음서에 수록된 요한네스 2세 콤네누스(왼쪽)와 요절한 그의 아들 알렉시우스(오른쪽). 황후의 역할을 거부당한 안나 콤네나를 물리치고 요한네스 2세가 황제의 자리에 올랐지만, 안타깝게도 그의 아들 알렉시우스는 요절하고 만다.

구열을 부추긴 것도 십중팔구 마리아였을 것이다.

그런데 1094년 이후 어느 때인가 콘스탄티누스 두카스가 돌연 세상을 떠나는 바람에 안나는 친정으로 다시 돌아왔다. 안나의 인생에서 그 시기는 학문에 대한 소질을 나타내고 왕성한 호기심을 보이며 지적 탐구를 본격적으로 시작한 단계로 볼 수 있다. 안나는 4과를 통달한 것 외에 철학과 의학도 공부했다. 그러고 나서 아리스토텔레스의 수준 높은 학문을 습득하려 하자, 그것을 가로막는 부모의 눈이 있어 이를 피해 그 분야의 대가인 에페소스의 미카일을 선생으로 고용했다. 안나는 알렉시우스 1세가 해외로 원정을 다니느라 수도를 비울 때면 그를 대신해 제국을 통치한 황태후 안나 달라세나도 무척 흠모했다. 안나라는 이름도 그녀의 이름에서 따온 것이다. 안나는 황태후를 대장부의 배포에 경건함, 강단, 지성미를 겸비한 여성의 전형으로 극구 찬양했다. 그녀도 안나가 정치적 야심을 갖게 하는 데 본보기가 되었을 것이다.

안나는 그녀의 나이 열네 살 때 아버지의 또 다른 동맹자인 니케포루스 브리엔니우스와 결혼해 그와의 사이에 네 자녀를 두었다. 쟁쟁한 군인 집안 출신인 브리엔니우스는 알렉시우스 1세의 치세 내내 그에게 충성을 바쳤다. 안나도 브리엔니우스를 "나의 카이사르"라 부르며 남편에 대한 변함없는 애정을 과시했다. 그런가 하면 그녀는 고대와 당대를 가리지 않는 광범위한 독서로 철학, 의학, 과학, 문학에 대한 연구를 수행했고, 알라니아의 마리아처럼 학자, 시인, 성직자들이 모여 당시 출간된 그들의 저서를 읽고 토론하는 문학 살롱도 개최했다.

안나는 동생 요한네스 콤네누스의 계승이 확실시된 상황에서도 황후의 역할을 거부당한 자신의 운명을 결코 받아들이려 하지 않았다. 어머니 이레네 두카이나도 그녀가 잘못된 길로 나아가는 데 일조했다. 이레네는 브리엔니우스를 후계자로 임명하도록 남편 알렉시우스를 지속적으로 설득했고 알렉시우스도 그 가능성을 배제하지 않았다. 그 계획에 정작 초를 친 것은 당사자인 브리엔니우스였다. 사위인 자신이 적출 아들과 싸워봤자 승산이 없다는 것을 일찌감치 깨달은 것이었다. 결국 1118년 임종을 앞둔 알렉시우스 1세의 손에 끼워져 있던 반지를 차지하고 황제로 갈채받은 것은 요한네스 콤네누스였다. 그렇게 정상적으로 제위에 올랐는데도 이레네와 안나의 음모가 계속되자, 1년 뒤 그는 두 여인을 테오토코스 케카리토메네(은총이 가득한 성모) 수녀원에 집어넣었다. 그곳에서 이레네는 1127년에 죽고 안나는 남편 요한네스가 사망한 1137년부터 걸작 『알렉시아스』의 집필에 들어갔다.

알렉시우스 1세 황제의 전기 『알렉시아스』(영어권에서는 『알렉시아드 *Alexiad*』로 쓰인다)에서는 어딘지 모르게 알렉시우스를 오디세우스로 상정한 듯한 호메로스의 기미가 느껴진다. 운문이 아닌 산문으로 쓰여졌다는 것만 다를 뿐 알렉시우스가 제위에 오르기까지의 거의 모든 양상과 37년에 걸친 기나긴 치세를 아우른 웅대한 규모의 역사라는 점도 그것을 말해준다. 펭귄 클래식 번역본으로도 거의 500쪽에 이르는 그것은 흥미진진하고 재미난 내용으로 가득 찬 역사서다. 『알렉시아스』의 첫 세 권은 제위를 찬탈한 콤네누스 가의 과오를 면해주려는 목적으로 쓰여졌다. 그다음의 4권과 9권은 노르만족, 스키타이족('야만적' 무기로 싸운 북방 민족), 투르크족, 투르크계 유목민인 쿠만족과 싸운 알렉시우스의 전쟁들에 대한 내용이 대부분을 차지한다. 반면 10권과 11권은 제1차 십자군(1096~1104)에 대한 안나 콤네나의 유명한 관점이 담겨 있어 서방의 자료와도 대조해볼 수 있다. 십자군 뒤에는 1105년 로베르토 기스카르의 아들 보에몽(1세)이 지휘하는 노르만족이 그리스의 비잔티움 영토를 공격했다가 격퇴당한 이야기가 이어지고 마지막

두 권에는 알렉시우스의 또 다른 전쟁들, 이원론적 종파인 마니교파와 보고밀파(알렉시우스가 근절해야 했던 이단)를 알렉시우스가 대우한 방식, 콘스탄티노플 고아원 건립에 대한 이야기가 실려 있다. 안나는 이 책에서 군사적 공훈을 비롯한 알렉시우스의 다양한 치적을 순차적으로 서술하다가 곧잘 옆길로 새면서 국내 상황의 서술을 등한시하는 경향을 보이기도 했다.

그럼에도 그녀의 아버지 알렉시우스 1세가 황제권을 회복하여 한층 강력해진 제국을 아들 요한네스 2세에게 물려준 것은 분명하다. 안나는 알렉시우스가 비잔티움 황제의 격을 높인 방식을 이렇게 우회적으로 기록했다.

그는 로마인들의 지배자가 되기 무섭게 곧 행동하는 인물답게 국사에 매진했다. (…) 통치술의 대가 알렉시우스는 모든 쇄신의 방향을 제국의 선에 맞추었다.

그녀에 따르면 알렉시우스는 또 어머니 달라세나를 비롯한 그의 친족에 의존하여 그들을 행정부 요직에 앉혔다고 한다. 황제가 된 뒤 그가 취한 조치의 하나도 달라세나에게 행정권을 일임한 것이었다.

그리하여 명하노니 (…) 세상사의 경험이 풍부한 모후가 서면으로 내리는 법령은 (…) 짐이 시행하는 것과 마찬가지로 영구한 효력을 지니게 할 것이니라. (…) 성문이든 불문이든, 이치에 닿든 닿지 않든 모후가 제시하는 해결책이나 명령은 날인이 되어 있는 한 짐이 내리는 것과 동등한 것으로 간주하도록 하라.

달라세나는 수도원 관례를 황궁에 도입하여 행정부의 질서를 바로잡는

데도 이바지했다. 그렇게 달라세나는 콤네누스 가로 권력을 이양하는 데 중요한 역할을 했다. 1095년에도 그녀는 건재를 과시하며 알렉시우스 1세를 해하려는 음모를 꾸민 니케포루스 디오게네스의 눈을 멀게 해 추방시켰다.

걸출한 여성 달라세나는 적어도 여덟 자식을 낳아 그들이 성인이 되자 콤네누스 가와의 동맹에 가장 유리할 만한 귀족 가문의 자식들과 결혼시켰다. 처음에 반대했던 두카스 가문을 받아들이기로 한 것도 알렉시우스와 이레네 두카이나가 결혼하면 강력한 지원군이 생겨 콤네누스 가의 힘을 공고히 하는 데 도움이 되리라는 판단에서였다. 알렉시우스 1세도 행정부를 개편할 때 관직을 신설하여 가족과 그의 파벌에만 수여하는 방식으로 계파의 폭을 더욱 두텁게 했다. 안나 콤네나의 『알렉시아스』에도 개천에서 용 된 인물들, 심지어 권력층에 새로 편입된 외국인까지 알렉시우스에게 충정을 바친 내용이 기록돼 있다. 알렉시우스는 안나 콤네나의 책에는 상술돼 있지 않지만 통화개혁도 실시했다. 12세기에 작성된 '세액계산법Logarike'에는 그가 20.5 캐럿의 금화를 새로 주조한 사실이 기록돼 있다. 거기에는 세무 관리가 보고서를 올리자 알렉시우스가 새로운 금 통화에 맞춰 세액을 조정한 내용도 실려 있다. 그 밖에 알렉시우스는 이단 종파인 보고밀이 활개치지 못하도록 강력한 조치를 취하며, 정교회 수호에 앞장선 것으로도 안나의 찬양을 받았다. 그는 보고밀파 지도자 바실리우스를 화형에 처했다.

안나는, 외교 문제에 있어서는 알렉시우스가 10여 년간의 혼란 뒤 제국에 안정과 질서를 가져다준 것에 주안점을 두고 책을 집필했다. 특히 그녀는 알렉시우스가 1081년 황제로 즉위하기 전에 이미 베네치아와 협정을 맺은 사실에 주목했다. 비록 그 협정문이 비잔티움인들은 도외시하고 베네치아에만 교역상의 특혜를 부여해준 것이기는 해도 그 덕에 비잔티움은 베네치아의 해군 지원을 받아 노르만족을 격퇴할 수 있었다는 것이다. 안나는 투르크족이 보스포루스 해협의 다말리스를 습격했을 때 알렉시우스가 그들을 물리친 방식도 이렇게 기록했다.

알렉시우스는 급하게 모집한 신병들을 소형 선박에 승선시켰다. (…) 그들이 지닌 무기래야 활과 방패가 전부였다. (…) 그런 경무장 상태로 그들은 야음을 틈타 콘스탄티노플 앞 바다의 갑 주변으로 살며시 다가갔다. (…) 그런 다음 배에서 뛰어내려 투르크 군을 덮쳤다. 그렇게 임무를 마치자 그들은 배에 올라 즉시 기지로 귀환했다. (…) 알렉시우스는 배의 노잡이들에게 노 젓는 소리를 내지 못하게 주의를 주었다.

이어 투르크족이 철수를 시작하자 알렉시우스는 병사들에게 부락과 건물들을 점령하도록 명했다.

보병들은 황제의 명령에 따라 말 위에 올라 창을 휘두르며 적군에 기병대의 매운맛을 보여주었다. (…) 때는 벌건 대낮이어서 (…) 감춰진 로마의 명성이 불꽃으로 활활 타오르자 (…) 술탄은 다급히 휴전을 요청하는 것이었다.

알렉시우스는 투르크족 지도자들끼리 싸움을 붙여 어부지리를 얻는 방식으로 예전 영토의 상당 부분을 수복했다. 그러나 1084년 그들이 이코니움을 함락시켜 셀주크 룸 술탄국의 수도(이후 코니아로 개칭)로 삼는 것은 막지 못했다.

그 밖에 알렉시우스는 1087년 예루살렘이 셀주크투르크족에 점령되는 것을 보고 교황 우르바누스 2세에게 동서 기독교계가 단결하여 이슬람 전사들에 맞설 것을 촉구하기기도 했다(24장 참조). 비잔티움에 유례가 없는 그 새로운 정책은 서방 군대를 동지중해로 불러들이는 결과를 초래했다. 하지만 그 덕에 알렉시우스는 1097년 십자군의 도움을 받아 투르크족으로부터 니케아를 되찾을 수 있었다. 4년 뒤에도 그는 앙카라를 수복하고, 소아시아 북부, 서부, 남부 해안지대에도 제국의 지배권을 재수립했다. 물론 야망을 품은 서방 기사들과 상인들로 인해 비잔티움도 예상치 못한 문제를 떠안기는 했지만, 그들로부터 득을 본 면도 있었으므로 안나가 서방 기독교계와의 유대를 공고히 한 알렉시우스를 찬양한 것은 지극히 당연한 일이었다.

『알렉시아스』는 안나 콤네나가 전쟁, 토론, 세간의 평판에 등장인물들의 독특한 버릇, 의복, 철학을 비롯한 갖가지 촌평을 양념으로 곁들여 서술한 흥미진진한 역사서다. 이를테면 이런 식이다. 페체네그족과의 전투에서 특별히 속 터지는 패배를 당한 뒤 게오르기우스 팔라이올로구스는 말[馬]도 없이 열하루 동안 정처 없이 길을 잃고 헤매다가 한 과부 집으로 찾아들어 그와 마찬가지로 역시 페체네그족과의 전투에서 살아남은 그 집 아들들에게 돌아가는 길을 전해 듣고 간신히 본대로 귀환했다는 것이다. 그런가 하면 키프로스 섬에서 폭동이 일어났을 때 비잔티움이 군대를 파견하고 보니 정작 그 폭동의 주모자 랍소마테스는 말도 못 타는 숙맥이었다는 것이다. 그 밖에 안나의 책은 1104년 기상천외한 방식으로 안티오키아를 빠져나간 노르만족 지도자 보에몽에 대한 이야기에도 상당한 지면을 할애하고 있다. 죽었다고 거짓 소문을 낸 뒤 송장 썩는 냄새가 나는 죽은 수탉을 관 속에 넣은 뒤 그 안에 누워 배에 실린 채 로마로 들어갔다는 것이다. 안나는 "코를 찌르는 악취를 그가 어떻게 견딜 수 있었는지 신기할 따름"이라고 하면서 잠시 뜸을 들인 뒤, 그것은 그가 "로마 제국을 몰락시키기 위해 꾸민 (…) 전무후무하게 독특한 책략"이라고 일침을 가했다. 하지만 알고 보면 그것은 안나가 가증스러운 종족으로 되풀이 비난한 노르만족이 일찍이 사용한 방법이었다.

『알렉시아스』는 안나가 아버지 알렉시우스의 치적을 알리기 위해 쓴 책이었다. 그렇다 보니 결렬된 협상이나 로베르토 기스카르와 보에몽에게 패배를 당한 이유가 장황하게 서술되거나, 실패로 돌아간 황제의 계획에 대해서도 구구절절 변명이 많다. 반면 투르크족과 스키타이족의 의표를 찌르고 그들을 회유하여 전투를 피해간 황제의 수완에 대해서는 찬양을 아끼지 않는다. 아버지에게 조금이라도 부정적인 이야기를 한 뒤에는 곧장 그가 지닌 '최고의 덕목', 적과의 전투와 이교도와의 싸움을 가리지 않고 보여준 그의 '놀라운 역량'과 같은 현란한 문구로 지면을 도배하다시피 했다. 그런가 하면 그녀의 책에는 아버지 편을 들고 싶어하는 자식의 마음과 공정하게 책을 써 역사가로 길이 남고 싶어하는 학자적 의무감 사이에서 갈등을 일으킨 면도 나타나 있다.

안나는 보고밀파에 거둔 최종적 승리로 알렉시우스가 "의외의 대담함과 참신함이 빛났던 그의 치세"를 끝낸 것으로 결론지었다. 그러면서 "황제와 같은 시대를 살고 그와 연관되었던 사람들은 당대에 그가 행한 업적에 분명 놀라게 될 것"이라고 주장했다. 안나는 아버지가 황권을 성공적으로 복구하는 데 도움이 된 세 가지 장점으로 대담성, 참신성, 의외성을 꼽았다. 그런 알렉시우스도 비잔티움의 시계를 거꾸로 돌려놓지는 못했다. 다시 말해 11세기의 위기로 약화된 제국을 원상으로 회복시키지는 못했다는 말이다. 그럼에도 안나는 알렉시우스의 대담성, 참신성, 의외성에 힘입어 비잔티움이 강대국으로 부활할 수 있었던 것으로 확신했다.

독자들은 『알렉시아스』가 여류 작가의 작품이라는 것을 기억할 필요가 있다. 다른 여성들도 물론 편지, 찬송가, 운문, 성인들의 생애와 같은 작품을 썼다. 그러나 장문의 역사책을 쓴 것은 안나가 처음이었다. 그 무렵 서방에서는 여류 작가들의 활동이 매우 왕성했다. 의학서적과 환상에 대한 책을 쓴 빙겐의 힐데가르트도 있었고, 『설화Lais』를 쓴 12세기의 시인 마리 드 프랑스, 『부인들의 도시 City of Women』를 쓴 프랑스 여류 작가 크리스틴 드 피장도 있었다. 그러나 그네들이 쓴 이야기, 환상문학, 서정시들은 규모 면에서 『알렉시아스』에 미치지 못했다. 그들은 『알렉시아스』에 비견될 만한 일반 역사책을 쓰지도 않았다. 『알렉시아스』는 엄청난 대작이었다. 그렇다 보니 현대의 역사가들 중에는 안나가 그것의 실제 저자인지에 대해서까지 의문을 품는 사람들이 있다. 특히 그들은 군사행동에 대한 그녀의 상술을 문제 삼으며, 그것은 그녀가 남편 니케포루스 브리엔니우스가 수집한 자료를 이용해 썼을 것으로 추측한다. 니케포루스는 황후 이레네의 의뢰를 받아 로마누스 4세 디오게네스 치세(재위 1068~1071) 때부터 알렉시우스 1세 콤네누스의 치세까지, 프셀루스가 쓰다 만 역사를 집필했다. 그러나 1079년에 끝나는 4권만을 완성하고 정리되지 않은 이야기 하나를 남기는 것으로 그쳤다. 안나도 니케포루스가 쓴 『역사History』를 되풀이 언급하기는 했지만 그가 수집한 추가 자료에 대한 직접적인 언급은 하지 않았다. 남편의 책 『역사』를 인용할 때조차 그녀 특유의 세련된 문어체로 다시 고쳐 썼다. 역사가들은 남녀를 불문하고 다른 사람들의 사료를 이용하기 마련이다. 따라서 자기 눈으로 직접 보지 않은 사건들의 기록에 의존하여 작품을 쓴 뒤 그것의 신뢰성이나 편견에 대한 판단을 독자들에게 맡겼다고 하여 안나의 업적을 깎아내릴 수는 없다.

안나도 물론 특정 사건이나 병법, 전투들은 배워 익혀야 했고 그 사실은 책에도 밝혀놓았다. 그 점에서 그녀는 여느 역사가들과 다를 바 없었다. 다시 말해 그녀는 비잔티움의 역사서술 전통에 따라, 투키디데스나 헤로도토스 같은 고대 작가들의 방식을 철저히 연구했다. 역사가들은 기회가 닿는 대로 목격담, 원정에 다녀온 병사들 사이에 회자하는 이야기, 사건 뒤에 나온 세평을 사료로 이용했다. 안나도 직접 참여하지 않은 전쟁을 실감나게 묘사한 다른 작가들처럼 그 관행을 따른 것이었다. 노르만족 함대를 쑥대밭으로 만든 무시무시한 폭풍에 대한 글을 쓸 때, 디라키움에서 전투를 벌이고 있던 로베르트 기스카르에게 바리 주교가 보낸 라틴 사절을 그녀가 사료원으로 이용한 것이 그 좋은 예다. 안나는 또 어머니 이레네 두카이나와 함께 알렉시우스의 원정에도 수차례 동행하여, 아버지가 들려주는 전황 이야기를 곁에서 듣고, 게오르기우스 팔라이올로구스와 같은 군 지휘관들과 회의를 하는 광경도 지켜보고, 다른 참전자들의 증언도 청취했다. 그녀의 책은 그런 토론과 대화로 가득 차 있다. 직접 보고 들은 듯한 현장감 있는 용어도 자주 등장한다.

그 밖에 안나는 타국과의 동맹에 관한 정부 기록, 계획된 전략, 성공을 거두었거나 실패한 병법, 그것에 적군이 대처한 방식을 정리해놓은 문건도 사료로 이용했다. 용감하거나 비겁한 행동, 전사자와 같은 병사 개인들에 관한 사항에도 관심을 기울였다. 유스타티우스 카미체스가 투르크족이 니케아를 공격했을 때 비상한 방식으로 탈출한 과정을 시민들에게 들려준 것처럼, 콘스탄티노플의 콘스탄티누스 포럼에서 이따금씩 발표되는 전선의 생생한 소식도 책의 사료로 이용했다. 남성 작가들처럼 전쟁에 이따금씩 참가하여 직접 체험할 기회는 얻지 못했으나 전황의 파악에 용이한 권력의 핵심부에 있었으므로 그것도 어느 정도는 상쇄되었다. 다만 아버지 곁에 있다 보니 작전이 실패로 돌아가 패주를 하게 된 경우에도 그녀는 언제나 그에 대한 호의적인 글을 쓰려고 한 것이 단점이라면 단점이었다.

안나가 아버지의 외교 수완을 강조한 또 다른 이유는 1147년 마누엘 1세 콤네누스 황제가 제2차 십자군 지도자들을 콘스탄티노플로 기꺼이 맞아들인 것과 관련이 있었다. 아마도 그녀는 친서방적 태도를 지닌 조카와 제1차 십자군 지도자들을 신중하게 다룬 아버지를 대비시키고 싶었을 것이다. 1096년 기사와 순례자들로 구성된 대규모 라틴 군대가 비잔티움에 들어온 일은 향후 기독교계의 모든 협상에 영향을 미친 동서관계의 일대 전기가 되었다. 그런데 그런 알렉시우스의 공적이 제왕적 풍모와 무용武勇으로 궁정 연설가들의 찬사를 한 몸에 받고 있던 마누엘의 그늘에 가려질 위기에 처하자 아버지에게로 관심의 초점을 돌릴 필요를 느꼈던 것이다. 결과적으로 안나의 글은 마누엘의 걸출함을 내세우는 12세기 중반 궁정 연설가의 정치적 선전을 견제하는 성격을 띠게 되었다.

마누엘은 12세기 비잔티움에 도입된 마상 창 시합과 바지 착용과 같은 서방의 괴상한 관습도 장려했다. 비잔티움의 궁정 관리는 예전부터 다양한 색상의 비단으로 지어진 긴 튜닉을 관복으로 착용했고, 군인은 옛 로마 제국의 전통대로 다리덮개가 있는 짧은 튜닉을 제복으로 착용했다. 바지는 점잖지 못한 것으로 간주되어 착용이 금지되었다. 5세기 페르시아에서 도입되어 궁정 귀족들 사이에 널리 알려진 폴로와 달리 마상 창 시합도 비잔티움에는 비교적 생소한 운동이었다. 9세기에 개인들 사이에 마상 창 시합이 벌어져 비잔티움인이 외국인을 말에서 떨어뜨려 이겼다는 기록이 남아 있기는 해도 서구식의 마상 창 시합은 비잔티움인들에게 생경했다. 그리하여 그 두 가지 모두 비잔티움 보수층의 반발을 사게 되자 안나는 그것을 마누엘과 결부시켜 조카에 대한 개인적인 불만을 표시하는 기회로 이용했다. 그녀는 서구의 관습에 열광하는 마누엘의 태도를 혐오한 것에 그치지 않고 위험하다고까지 생각했을 가능성이 있다.

안나는 소아시아 중부 지역에 대한 투르크족의 정복이 점점 현실화되고 있는 시점에도 집필을 계속했다. 1071년 만지케르트 전투에서 비잔티움이 패한 뒤 그 지역에는 잡다한 종족들의 침투가 이어졌다. 현지 주민들은 그들에게 밀려 서쪽으로 도망을 쳤다. 부락 전체가 옮겨가기도 하고, 주교와 지주들도 제국의 유럽 영토로 넘어가 그곳에 새로운 둥지를 틀었다. 그렇게 동에서 서로 인구가 이동하자 발칸 반도와 그리스 지방들이 크게 발전하여 제국은 아시아에서 잃을 것을 어느 정도는 벌충할 수 있었다. 그러나 1130년 무렵 십자군의 지원에도 불구하고 그 지역에의 투르크족 정착을 제국이 막을 능력이 없음은 더욱 분명해졌다. 1092년 알렉시우스 1세가 금본위제를 확립했음에도 제국의 부가 많이 줄어들었던 것이다. 비잔티움의 쇠퇴의 주 수혜자는 서방의 베네치아, 피사, 제노바였다. 투르크족도, 그 무렵에는 까마득히 멀어진 그들 고향과 새로 정복한 소아시아 일대를 연결하는 캐러밴서리〔상인들의 숙소〕를 확립했다. 마누엘이 서방 군주들과 맺고 있던 밀접한 관계는 잃어버린 제국의 영토를 되찾는 데 아무런 도움이 되지 못했다. 그랬으니 안나가 마누엘을 곱게 보았을 리 없다.

안나는 패배감으로 인한 깊은 슬픔 속에 『알렉시아스』의 집필을 마쳤다. 남편 니케포루스 브리엔니우스를 설득하여 알렉시우스의 임종 자리에서 계승권을 따내지 못한 여한 때문이었다. 그것은 또 그녀가 동생의 즉위 장면을 묘사할 때 처량한 자기 신세를 생각하고 목이 메었던 것에 대한 설명이 되기도 한다. 그러나 『알렉시아스』에는 울적한 기색이 없다. 그것은 경쾌하고 재미나는 책이다. 『알렉시아스』는 알렉시우스 1세의 치세를 다룬 역사서이기도 하고, 안나 가족들의 전기이기도 하며, 사건들에 대한 그녀 개인의 반응, 생각, 두려움이 담겨 있다는 점에서 안나의 자서전이기도 하다. 그런가 하면 그 책은 난해한 어휘와 고대의 격언으로 가득 찬 고색창연한 본토 그리스어로 쓰였다는 점에서도 특별했다. 안나는 지극히 세련되고 까다로운 문체를 사용했다. 그녀가 사랑한 아버지 알렉시우스 1세 콤네누스의 치세처럼 『알렉시아스』도 대담함, 참신함, 의외성을 특징으로 하고 있다. 동방과 서방을 불문하고 중세에 그만한 비전과 확신과 야심작을 쓸 역량을 지닌 여성은 없었다.

알렉산드로스 로맨스. 1281년 터키 트레비존드에서 만들어진 것으로 250장의 삽화가 곁들여져 있다. 알렉산드로스 로맨스는 후기 비잔티움에서 굉장히 폭넓은 인기를 끌었다. 터번을 쓰고 있는 인물들로써 삽화가는 당시 비잔티움에 아르메니아인이나 이슬람인들, 또 서방인들의 영향이 깊숙이 스며들었음을 나타내고 있다.

23
세계의 중심, 비잔티움

나는 스키타이족 사이에 있으면 스키타이인이 되고 라틴인 사이에 있으면 라틴인이 된다. (…)

페르시아인에게는 페르시아어로 말한다. (…)

알라니족을 만나면 알라니어로 이렇게 말한다.

"처음 뵙겠습니다, 선생님, 부인. 고향은 어디신지요?Tapankhas mesfili khsina korthi kanda"

아랍인이 보이면 당연히 아랍어로 말을 건다. (…)

루스족도 그들 관습에 따라 반갑게 맞아들인다. (…)

"Sdraste, brate, sestritza"["건강하시길, 형제, 자매시여"라는 뜻]라고 말한 뒤 "dobra deni"["좋은 하루 되시길"이라는 뜻]를 덧붙인다.

유대인에게도 적절하게 히브리어로 말한다.

"당신네 소경의 집은 주술에만 몰두하고, 크게 벌린 입으로는 파리를 삼킨다 Memakomene beth fagi beelzebul timaie…"

―12세기 요한네스 트제트제스가 콘스탄티노플 거리에서 만난 다양한 국적의 사람들에게 말을 걸며 유창한 외국어 실력을 뽐내는 내용의 시

이것은 12세기 비잔티움 학자 요한네스 트제트제스가, 모욕을 준 유대인만을 제외하고, 제국의 수도 콘스탄티노플을 찾는 사람들을 환대하기 위해 지은 시로, 여기 나열된 외국인의 종류는 전혀 과장된 것이 아니다. 과장은커녕 마음만 먹었으면 그는 988년 바실리우스 2세가 창설한 바랑기아 근위대 소속의 러시아인, 스칸디나비아인, 앵글로색슨인, 1140년대부터 콘스탄티노플에 위치한 그들 거류지에 살고 있던 독일인 부대, 제국의 시장들을 들락거리며 용병으로 활약한 바르셀로나 출신의 카탈루냐인도 포함시킬 수 있었을 것이다.

이 글에서 보인 요한네스의 유대인에 대한 태도에는 또, 유대인은 기독교라는 보편적 메시지를 깨닫지 못한 채 그들 종족의 종교에 집착한다는, 당시 비잔티움인들의 통념 하나가 드러나 있다. 위의 글에 이어 그는 이렇게 말한다. "이 고집불통 유대인들아, 구세주가 오셨다. 너희 머리 위에 벼락이 떨어질 것이다." 그러나 구약성서에 기록돼 있듯이 하느님이 모세에게 율법을 계시하여 유대인 또한 선택된 민족이었으므로 그들을 이교도나 이단으로 함부로 내칠 수도 없는 노릇이었다. 그래서 요한네스는 그 불편한 진실을 어정쩡하게 표현한 것이었다. 베엘제붑Beelzebub(히브리어로 '파리 떼의 왕'을 뜻하는 베엘제불beelzebul에서 나온 말)을 넌지시 암시해 대중은 그것을 파리 떼의 왕으로 알고 있다는 것을 나타내면서 유대인의 관습과 자주 연관되는 주술을 이야기한 것이다. 그런데도 유대인 공동체는 콘스탄티누스 1세 시대부터 줄곧 비잔티움의 주요 도시들에 거주하며 생업에 종사해왔다. 게토에 살도록 강요받지는 않았지만 시나고그(유대교 회당) 부근에 모여 살았던 것은 분명하다. 요한네스에 따르면, 그들은 히브리어로 말하기는 했지만 6세기부터는 그리스어로 번역된 히브리 성경을 사용하여 철저한 그리스화가 이루어졌다고 한다.

유대인은 때로 박해의 대상이 되기도 했다. 7세기의 헤라클리우스 황제도 그들에게 기독교로 개종할 것을 명령했고 8세기의 레오 3세 황제도 세례받을 것을 강요했다. 그러나 유대인들은 그것을 회피하는 법을 알고 있었다. 비잔티움 역사가 테오파네스에 따르면 "유대인들은 (…) 억지로 세례받은 뒤 그것을 도로 씻어내고 배가 부른 채로 성찬식에 참석하는 방식으로 기독교를 모독했다"고 한다. 레오 6세도 9세기 말 유대인의 기독교 개종을 강요하는 취지의 법률을 제정했으나 결과는 신통찮았다. 한두 명도 아닌 수많은 유대인을 영원히 개종시키기는 사실상 불가능한 일이었다. 성자 니콘 메타노에이테도 10세기에 스파르타—중세의 라케다이모니아—에서 전염병이 창궐하자 유대인에게 그 책임을 물어 유대인 공동체를 공격했다. 그는 유대인들을 그곳에서 추방하고 기독교로 개종하지 않으면 직조공과 의복 마무리 공으로 일할 수 없게 하겠다고 엄포를 놓았다. 유대인은 그런 식으로 기독교인들이 당한 원인 불명의 질병, 죽음, 그 밖의 불행에 대한 책임을 수시로 뒤집어썼다. 8세기 초 무슬림이 지배한 시리아의 기독교 교회에서 처음 발발한 성상파괴운동도 유대인 주술사의 탓으로 돌려졌다.

하지만 그런 박해 속에서도 비잔티움 제국 내의 유대인들은 대체로 관대한 대접을 받았고 기독교와의 차별성도 인정받았다. 유대인의 직업은 상인, 은행가, 고리 대금업자가 주종을 이루었다. 또 비단 직조공과 의복 마무리 공으로도 일했다. 1160년대에 비잔티움 제국 내의 유대인 공동체 서른 곳 정도를 돌아보고 『여행안내서 Itinerary』를 발간한 에스파냐 랍비 투델라의 벤하민 덕에 후대인들은 비잔티움 제국 내에서 다양한 활동을 펼친 유대인 9천여 명의 동향을 알 수 있게 되었다. 그 책에 따르면 유대인들은 델포이 근처 파르나소스 산에 형성된 200명 규모의 가난한 농촌사회로부터 콘스탄티노플의 13번째 구역을 형성하고 있던 곳으로, 벤하민은 나중에 개칭된 명칭 페라로 알고 있던 골든 혼 북쪽 갈라타의 유대인 거주지를 비롯한 크고 작은 도시 공동체들에 이르기까지, 다양한 형태로 살고 있었다. 벤하민은 갈라타와 테베 그리고 테살로니카의 비잔티움 유대인들이 비단 직조업에서 두각을 나타내고, 그들 모두 높은 생활수준을 유지하고 있는 것도 알게 되었다. 11세기 말 유대교 회당에서 사용될 예배용 성가들을 새로 지은 그리스 북부 카스토리아의 유대인 공동체는 가보지 않은 듯하지만, 랍비와 이름난 탈무드 학자들의 이름들은 빠뜨리지 않고 책에 기록했다.

벤하민은 세계 각지에서 모여든 상인들로 왁자지껄한 콘스탄티노플의 활기찬 모습에도 놀라움을 금치 못했다. 북서부 나라들과 더불어 메소포타미아, 바빌론, 페르시아, 이집트, 팔레스타인에서 느낀 단상도 여행기에 포함시켰다. 비잔티움 황제의 주치의로 유대인 중에서는 유일하게 말을 타도록 허용받은 랍비 솔로몬(이집트인)과, 랍비파 유대교의 탈무드를 거부하고 규범적 유대교에서 분리돼 나온 카라이트 종파에 대한 언급도 잊지 않았다. 페라(갈라타)에서는 비잔티움의 가죽 무두질하는 사람들이 유대인 집들 앞에 오수를 쏟아 부어, 증오심과 이웃 간의 불화를 야기하는 장면도 목격했다. 그러나 그런저런 사소한 충돌은 있었지만 비잔티움의 유대인 공동체는 제1차 십자군 기간 중 라인란트에서 일어난 유대인 학살과 같은 끔찍한 일은 결코 겪지 않았다(뒤에서 다룰 것이다). 벤하민은 또 나중에 페르시아를 여행하면서 그곳의 유대인들이 비잔티움 유대인들보다 부유하게 산다는 사실도 알게 되었다. 그러면서도 "바그다드만 견줄 수 있을 뿐" 콘스탄티노플 같은 도시는 이 세상 어디에도 없다는 점을 강조했다. 유대인은 그 코스모폴리탄적 비잔티움 사회의 항구적 일원이었다.

비잔티움 제국 내에서 뿌리내리고 산 유대인과 달리 다른 종족들은 임시 직장을 찾고 개개인의 역량에 따라 제국의 시스템에 속하거나 궁정을 위해 일했다. 비잔티움에는 상인과 용병은 물론, 한 밑천 노리거나 자신들 의견에 귀 기울여줄 청중을 찾아 모험가, 해적, 거짓 예언자, 이교도들이 수백 년 동안 끊임없이 꼬여들었다. 아르메니아인도 제국 군에 수시로 고용되었다. 비잔티움의 세력 범위가 넓어진 10세기부터는 제국과 연계를 맺는 나라와 문화의 범주도 한층 넓어졌다. 1034년 노르웨이의 왕 하랄드 하르드라다가 그들의 전통 무기인 쌍두 도끼로 무장한 바이킹 500명을 거느리고 콘스탄티노플에 나타난 것이 가장 대표적인 예다. 그들은 노르웨이를 떠나 노브고로트, 러시아의 강 수로, 기독교 식민지들을 경유하여 드네프르 강 하류의 급류와 흑해를 넘는 험난한 여정을 거쳐 비잔티움에 도착했다. 그렇게 천신만고 끝에 들어온 그들은 스칸디나비아인들이 미클라가르드Miklagard(대도시)라 부른 콘스탄티노플의 바랑기아 근위대에서 10년간 복무하고 시칠리아 원정에도 참여했다. 하랄드의 성공에 고무되어 아이슬란드와 스칸디나비아, 그리고 1066년 헤이스팅스 전투에서 노르만족에 패한 잉글랜드의 앵글로색슨족 용병들까지 콘스탄티노플로 모여들었다. 그들은 직업군인으로 전투에 참가하기도 하고, 때로는 대궁전 지역의 근위대에 배치되어 특이한 외모와 무기로 사람들의 눈길을 사로잡기도 했다.

하랄드가 콘스탄티노플을 떠나게 된 경위에 대해서는 여러 가지 설이 난무하고 있다. 그의 『무용담 Saga』에는 그가 황후 조에와 언쟁을 벌였고, 조에의 조카딸 마리아의 납치를 기도했으며, 미카일 5세의 눈을 멀게 하는 데도 관여한 것으로 되어 있다. 그런 다음 골든 혼 항구에 쳐놓은 쇠사슬을 이렇게 뚫고 도주했다는 것이다.

그는 몇몇 노잡이에게 있는 힘을 다해 노를 젓도록 한 뒤 노를 젓지 않는 다른 노잡이들을 재빨리 장비가 적재돼 있는 갤리선의 고물 쪽으로 뛰어가게 했다. 그렇게 쇠사슬 쪽으로 돌진시켜 배들이 쇠사슬 상단에 닿는 순간 노잡이들을 다시 이물 쪽으로 보냈다. 그 탄력으로 하랄드의 배는 앞으로 기울어지며 쇠사슬 아래로 미끄러져 내려갔다. 하지만 다른 배는 쇠사슬에 부딪혀 용골이 부러지는 바람에 많은 선원이 죽고 일부만 물속에서 구조되었다.

하랄드는 나중에 마리아를 육지에 내려놓고 노브고로트로 돌아와 키예프 대공 야로슬라프 1세의 딸과 결혼했다. 그런 다음 조상으로부터 물려받은 노르웨이 왕권도 되찾고 비잔티움의 은화 밀리아리시온miliaresion(노미스마의 12분의 1 가치를 지닌 돈)을 본 뜬 듯한 은화도 주조했다. 스웨덴과 핀란드에서도 비슷한 주화가 주조되었다. 모르긴 몰라도 그는 콘스탄티노플의 스칸디나비아 거류지에, 북유럽 이교 신자들의 기부를 받아 노르웨이의 수호성인 올라프 2세에게 바치는 교회도 축조했을 것이다.

노르웨이인들이 떠난 빈자리는 덴마크 왕 에리크와 그의 계승자인 시구르 왕 같은 기독교 순례자들이 메웠다. 두 사람 다 예루살렘과 로마로 가는 길에 콘스탄티노플에 들렀다가 유물, 금은으로 된 교회 장식물, 그리스어로 쓰여진 기도서를 선물로 갖고 돌아왔다. 특히 시구르는 바이킹 배를 타고 수로를 따라 내려오다 흑해를 건너 비잔티움으로 들어온 뒤 그 배를 알렉시우스 1세 콤네누스 황제에게 증정했다. 콘스탄티노플의 정경이 담긴 15세기의 한 유명한 그림에는 그 배가 이물에 용머리 장식이 된 모습으로 묘사돼 있다. 황제는 금박 입혀진 그 용머리 장식을 성 베드로 성당에 안치했다. 바랑기아 근위대 전통도 변함없이 유지되었다. 제4차 십자군의 지도자 중 한 사람이자 연대기 작가였던 조프루아 드 빌라르두앵은 1203년 7월 비잔티움 수도에서 본 화려한 의장대를 이렇게 묘사했다. "잉글랜드인과 데인족은 전투용 도끼로 무장한 채" 블라케르나이 황궁의 출입문들에서 이사키우스 2세 앙겔루스 황제가 즉위식을 가진 궁궐 정문에 이르는 통로에 죽 도열해 있었다. 그들은 또 1204년 십자군이 콘스탄티노플을 포위공격할 때 그들에 맞서 싸우다 비잔티움 군과 함께 전사한 장본인들이기도 했다.

바랑기아 근위대는 제국 곳곳에 흔적을 남겼다. 성 소피아 성당의 대리석 난간에도 긴 예배의 지루함을 견디다 못해 새긴 듯한 룬 문자(게르만족이 사용한 초기 문자) 낙서가 남아 있고, 아테네의 피라이우스 항에 세워져 있던 사자 대리석 상(지금은 베네치아에 있다)에도 룬 문자가 새겨졌다. 다른 점이라면 사자 대리석 상의 글이 조금 더 격식 있는 문체로 쓰여졌다는 것이다. 근위대 병사들은 복무를 마치면 비잔티움의 주화, 수의용 비단, 제대포, 무기, 독특한 의류를 가지고 귀향했다. 중세 아이슬란드의 『락스다엘라 사가 Laxdaela Saga』에 등장하는 인물 볼리 볼라손도, "미클라가르드(콘스탄티노플)의 왕이 하사한 비단 옷"에 금실이 수놓아진 자줏빛 망토를 걸친 화려한 모습으로 귀향했다고 한다. 이런 밀접한 관계와 선물을 주고받은 영향으로 비잔티움 양식의 교회 건축, 프레스코화, 채색 필사본은 저 멀리 아이슬란드까지 북유럽 전역으로 전파되었다. 비잔티움에 상인, 순례자, 용병으로 갔다 온 것을 기념하는 룬 문자 비도 세워지고 그들의 공적을 기리는 아이슬란드와 스칸디나비아어로 된 시와 역사서도 집필되었다.

비잔티움 동쪽에 위치한 아르메니아와 그루지야인들도 11세기의 제국 군대에 뚜렷한 족적을 남겼다. 특히 케카우메노스 가와 파쿠리아노스 가는 성공한 군 지휘관을 배출한 것으로 이름이 높다. 이중 첫 번째 가문에 속하는 아르메니아의 케카우메노스 장군은 군 지휘관으로서의 명성 외에도 글쓰는 기술을 연마하여 병법, 불가리아로부터 거둔 뜻밖의 승리, 아들들에 대한 아비의 노련한 충고가 포함된 회고록을 집필했다. 두 번째 가문을 빛

아르메니아 복음서. 1455년. 삽화가 포함된 아르메니아 복음서로 예수의 수난에 대한 두 가지 에피소드를 기록하고 있다. 이 삽화를 보면 13세기에 유행했던 이슬람 디자인의 영향과 터키와 페르시아의 영향도 함께 보인다. 비잔티움은 아르메니아인들을 받아들여 자신들 사회를 코스모폴리탄적 사회로 만들었고, 아르메니아인들 역시 비잔티움의 영향을 듬뿍 받았다.

낸 인물은 그루지야의 그레고리우스 파쿠리아노스 장군이었다. 그는 1064년부터 1086년 페체네그족과의 전쟁에서 죽을 때까지 비잔티움에 충성을 바쳤고, 아내 칼레와 함께 그루지야인들이 아토스 산에 세운 이비론 수도원도 후원했다. 칼레 또한 친족과 해방 노예들에게 재산이 골고루 돌아가도록 명시된 유언장을 남겼다. 그레고리우스는 페트리초스에도 그 자신의 수도원(지금의 불가리아 바치코보 수도원)을 건립하고 관계 당국과의 접촉을 위해 그리스어를 익혀야 했던 그루지야 수도자 51명과 공증인 1명을 위한 회칙도 작성했다. 그 회칙에 따라 수도자들은 매년 부활절 수도원 정문에서 정기 시장이 열릴 때마다 연금도 지급받았다. 그레고리우스의 동료 지휘관들도 그가 거액을 기부한 수도원으로 은퇴하여 여생을 보냈다.

그레고리우스는 발칸 중부 지역에서 마리차 강 계곡으로 내려와 아드리아노플과 콘스탄티노플로 들어오는 여행객들을 위한 숙박소도 세 곳 건립했다. 그러나 알고 보면 그것은 초기 기독교 시대로 거슬러 올라가는 비잔티움의 전통, 다시 말해 지배자들이 황제의 덕목으로 알고 행하던 숭고한 자선활동의 계보를 이어간 것이었다. 여제 이레네만 해도 콘스탄티노플에 무료급식소와 노인 요양소, 그리고 수도에서 병들어 죽은 외국인들을 위한 특별 묘역을 조성했던 것이다. 그런 사회복지 시설은 대개 도시에 편중돼 있었지만 농촌 수도원들도 기본적인 의료 행위는 제공했다. 1152년 이사키우스 콤네누스가 베라(트라키아의 페라이)에 세운 제국 수도원도 마을 주민과 수도자들을 위한 병상 36개 규모의 병원과 욕장을 갖추고 있었다. 파쿠리아노스 장군은 바로, 자선기관을 세워 중세의 여행객들에게 양질의 봉사를 제공하고 이동을 편리하게 하며 사람들 사이의 교류를 촉진시킨 제국의 자선 전통에 힘을 보탠 것이었다.

12세기 알렉시우스 1세가 창건한 콤네누스 왕조 때는 더 많은 외국인이 제국에 고용되어, 때로는 프로노이아pronoia('보살핌'이라는 의미)로 알려진 특혜를 부여받았다. 그것의 진정한 의미에 대해서는 논란이 많지만 한 가지 분명한 것은, 대개는 군인이었던 그것의 수혜자들은 한시적으로 토지, 그 토지에 얹혀사는 소작농, 또는 수도원과 같은 종교기관의 국세 징수권을 가지고 있었다는 사실이다. 물론 그 특혜는 일시적이고 또 언제든 취소 가능했지만, 지나간 복무에 대한 대가이든 앞으로의 복무를 예견하고 미리 주는 것이든 군역과 관련된 그것의 본래 의미는 갈수록 퇴색했다. 그러다 미카일 3세 팔라이올로구스 황제(1259~1282) 치세에 이르러서는 그것이 아예 대물림되는 지경에 이르러 나라의 세수를 영영 빼앗기는 결과를 초래했다. 프로노이아를 가진 사람이 군역을 제공하지도 않고 세금만 받아 챙긴 것이다. 외국 용병들에게 보수를 주기 위해 12세기에 도입된 프로노이아 제도가 그런 식으로 변질된 것은 비잔티움 제국이 약화되는 한 요인이 되었다.

 이 모든 코스모폴리탄적 현상은 비잔티움이 다른 때보다 왜 11세기와 12세기에 유독 외부인들에게 더욱 개방적이었는지에 대한 궁금증을 갖게 만든다. 서방 십자군의 도착으로 라틴 기독교인들에 대한 비잔티움 상류층과 대중의 인식이 크게 바뀌었던 건 사실이다. 그러나 비잔티움에는 10세기 말부터 각양각색의 외국인이 들어와 발달된 제국의 시장에서 일자리를 찾고 그에 상응하는 보수를 받았다. 외부인을 받아들일 만한 역량과 숙련된 노동력을 필요로 하는 제국의 조건이, 부를 추구하는 사람들의 욕망과 맞아떨어졌던 것이다. 비잔티움의 조직은 제국에 충성을 바치는 한에 있어서는 다양한 종족을 수용할 역량을 갖추고 있었고, 황제들 또한 바랑기아인 같은 전사들의 전투술과 참신함에 우호적인 태도를 보였다. 비잔티움의 안정된 정치와 사회조직이 토대가 불안정한 다른 중세 국가들보다 외국인에게 더욱 개방적일 수 있는 힘이 된 것이다.

외국인들이 비잔티움에 정착해 살며 납세 의무를 다하기 위해서는 또 그리스어를 알아야 했다. 그것은 11세기와 12세기에 배우기가 한층 수월했다. 지식인들이 쓰는 본토 그리스어보다 간편한 구어체의 통속 그리스어가 그 시기에 발달했기 때문이다(21장 참조). 시간이 흐르면서 통속 그리스어는 아랍, 시리아, 베네치아, 피사의 상인들이 구사하는 동지중해의 교역어로 자리매김했다. 이탈리아인들은 제국의 궁정에서 상시로 통역을 맡아보았다. 그렇다고 이탈리아인만이 통역관을 독점했던 것은 아니다. 1054년 교황 사절단을 이끌고 콘스탄티노플에 온 훔베르트 추기경과 총대주교 케룰라리우스 간에 논쟁이 벌어졌을 때 두 사람의 이견을 조정한 것도 다름 아닌 '에스파냐 사람' 후안이었다. 1192년 제노바로 파견된 비잔티움 사절단에도 그리스 여성과 결혼한 것으로 보이는 독일인 게라르트 알라마노풀로스('알라만의 아들'이라는 뜻)가 통역관으로 포함돼 있었다. 그렇게 해서 신참자들은 고대 그리스어를 애써 익히지 않고도 비교적 간편한 언어 체계로 비잔티움 사회에 진입할 수 있게 되었다.

학자들은 오래전부터 「롤랑의 노래Song of Roland」와 「샤를마뉴의 순례 Prigrimage of Charlemagne」와 같은 서구의 무훈시와, 디게네스 아크리테스의 서사시, 그리고 고대 후기 비잔티움에서 부활한 로맨스 사이의 유사성에 주목하면서 서구의 영향이 비잔티움에 영향을 미쳤을 가능성에 대해 문제제기를 했다. 지금껏 남아 있는 비잔티움 로맨스 4편 가운데 3편이 고대 그리스어로 쓰여졌고 나머지 1편만 구어체의 통속 그리스어로 집필되었다. 디게네스의 서사시가 바로 그것이다. 그렇게 해서 디게네스의 서사시는 이름난 장군, 기독교의 기적담, '영혼을 살지우는' 것으로 간주된 이야기들을 조롱거리로 삼는 주제별 운문이 갖는 특징을 공유하게 되었다. 서방의 시 chansons에도 비슷한 속어가 사용되었다. 통속 그리스어의 발달은 1090년대에 알라니아의 마리아, 마누엘 1세 황제(재위 1143~1180)의 첫 부인이었던 슐츠바흐의 베르타, 그리고 그리스 문화를 익히기 위해 요한네스 트제트제스와 같은 작가들에게 『일리아스』와 『오디세이아』를 통속 그리스어로 번역해줄 것을 요청한 서구의 왕녀들에 의해서도 촉진된 면이 있었다.

라틴인이나 교육 수준이 낮은 비잔티움인들 모두가 반겼을 그러한 속어 문학의 발달은 고대 그리스어가 배우기 어렵다는 새로운 인식과 더불어 좀 더 쉬운 문학작품에 대한 갈망이 컸음을 보여준다. 일부 역사가들은 남편 루이 7세 프랑스 국왕을 따라 1147년 제2차 십자군에 동행한 아키텐의 엘레오노르가 음유시인들의 유명한 후원자였고, 따라서 비잔티움 궁정에서 베르타를 만났을 개연성을 주장하기도 하지만, 그녀가 없었더라도 비잔티움의 속어 문학은 발전했을 것이다. 비잔티움은 새로운 추세로 나아가는 변화기에 있었고, 구어에 상응하는 새로운 형태의 통속 그리스어도 그 과정에서 발전한 것이었다.

비잔티움의 궁정을 찾는 외국인은 갈수록 늘어났다. 활성화된 경제 덕에 지중해 전역의 상인들도 비잔티움으로 속속 모여들었다. 12세기에 어느 익명의 작가가 쓴 풍자문에는 이런 이야기가 실려 있다. 책의 주인공인 카파도키아 출신의 여행자 티마리온이 성 데메트리우스의 연례 축제가 열리는 시기에 맞춰 테살로니카를 찾았다. 도시의 성지도 둘러보고 기적을 행하는 기름이 똑똑 방울져 떨어진다는 데메트리우스의 화상이 걸린 교회도 구경할 겸, 겸사겸사 찾은 것이었다. 때마침 열린 시장을 보고도 그는 엄청난 규모에 놀라 입을 다물지 못했다. 성城이 있는 언덕 꼭대기에 올라서니 거대한 천막의 물결이 눈앞에 이렇게 펼쳐져 있더라는 것이었다.

통로의 양옆에 상인들의 노점이 일렬로 죽 설치돼 있었다. (…) 천막 열의 측면에도 노점이 이곳저곳 설치돼 있었다. (…) 그 모습이 마치 배 아래 수많은 발이 달린 지네처럼 보였다. (…) 노점들에는 보이오티아와 펠로폰네소스 반도로부터 이탈리아, 그리스, 페니키아, 이집트, 최상의 제대포가 만들어진다는 에스파냐와 헤라클레스의 기둥(지브롤터 해협)에 이르기까지 도처에서 만들어진 갖가지 종류의 남녀 의복들이 진열돼 있었다.

티마리온은 바로 성 데메트리우스의 축일인 10월 8일 '마케도니아에서 열린 가장 중요한 정기 시장'을 보고 감탄한 것이었다.

그런 정기 시장들이 지역 경제를 활성화시키고 도처의 상인들을 제국으로 끌어들였다. 그리고 그것은 지방들의 재정이 고갈되고 거래 당사자들의 이름이 기록되지 않았을 때조차 상업활동은 계속되고 있었음을 보여주는 것이다. 12세기 무렵에는 뽕나무밭을 곁에 둔 지방들의 비단제품과 올리브유가 수출된 사실이 이탈리아 사료에 기록되었다. 베네치아 상인들은 펠로폰네소스 반도의 항구들과 중부 그리스를 수시로 들락거리며 수익성 좋은 장사를 했다. 그렇다고 콘스탄티노플이 중요한 교역지로서의 위상을 잃은 것은 아니었다. 콘스탄티노플이 그처럼 계속 번영할 수 있었던 것도 도시 내에 거류지를 갖고 있거나 혹은 뜨내기식으로 장사를 한 외국 상인들 덕이었다. 12세기 중반 이슬람의 지리학자 이드리시는 "콘스탄티노플이 시장과 상인들이 넘쳐나는 부유한 도시이고, 시민들 또한 윤택한 삶을 살고 있다"고 기록했다. 제국의 수도는 그렇게 사람들을 지속적으로 감동시켰고 수백 년간 숱한 여행객을 매료시킨 코스모폴리탄적 특성도 고스란히 간직하고 있었다. 1261년[제4차 십자군에게 콘스탄티노플을 점령당했다가 탈환한 해] 이후 쇠락의 길을 걷고 있을 때조차 무슬림 상인 압둘라의 눈에는 콘스탄티노플이 여전히 경이로운 도시로 보였다.

콘스탄티노플은 알렉산드리아에 비해서도 손색이 없는 해안가의 대도시다. 이 끝에서 저 끝까지 돌아보는 데만도 한나절이 걸린다. 문이 하나 달린 성벽으로 둘러싸인 무슬림 거주지역은 면적이 자그마치 다마스쿠스의 3분의 2에 이른다. 유대인 구역도 그와 비슷하게 조성돼 있다. (…) 교회도 무수히 많다. 그러나 그 어느 것도 (…) 그[황제]가 지은 성 소피아 성당 하나에 미치지 못한다. (…) 그것은 진정 이 세상 어디에서도 볼 수 없는 장엄한 건축물이다.

비잔티움은 동지중해 전역을 지배하며 최대 판도를 이룬 6세기부터 보잘것없는 도시국가들의 집합체에 지나지 않았던 14세기까지 언제나 국가가 아닌 제국으로 존재했다. 그 안에 사는 사람들도 그리스인, 라틴인, 아르메니아인, 유대인, 그 밖의 공동체 출신인 것에 관계없이 스스로를 제국의 시민으로 여기며 세금을 납부하고, 제국의 보호와 법률의 혜택을 받았다. 제국의 공식 언어 또한 차츰 고전 그리스어의 특성을 잃고, 배우기 쉽고 타지인들과의 의사 전달에 용이한 통속 그리스어로 변질되기는 했지만 시종일관 그리스어였다. 비잔티움은 이주에 개방적이고 이방인에 호의적인 호메로스적 세계관도 결코 잃지 않았다. 그 혜택을 신규 이민자들은 지속적으로 향유했다.

비잔티움은 또 많은 제국이 그렇듯 그 어느 세력에도 속해 있지 않은 외래인은 용병과 궁정의 관리로 등용해 썼다. 교역의 기회로든 단순한 호기심으로든 깜짝 놀랄 정도로 먼 지역 사람들까지 끌어당긴 비잔티움의 코스모폴리탄적 특성 또한 에페소스의 정기 시장에서 보았듯이(14장 참조) 콘스탄티노플에만 국한되지 않은 전 제국적 현상이었다. 항구에서 항구를 오가는 해로를 이용하거나 육로를 이용하거나 간에 비잔티움의 모든 지역은 교역에 적합하도록 조직되었고, 순례자들에게도 문호가 개방돼 있었으며, 병원, 선술집, 숙박소와 같은 편의시설도 잘 갖춰져 있었다. 그 모든 점이 오만하고 이기적이었을망정 비잔티움 제국은 결코 편협하거나 폐쇄적인 나라가 아니었음을 말해준다.

제4부
코스모폴리탄적 사회

도메니코 틴토레트(1560~1635)가 그린 1204년 콘스탄티노플의 정복, 베네치아 팔라초 듀 칼레.

24
십자군의 지렛대

그러니 헤아려주시오. 하느님이 여러분에게 이 일을 주신 것은 그 목적 때문일 것이오. 여러분을 통해 타락에 빠진 예루살렘을 구하기 위해서일 것입니다. (…) 하느님이 보우하사 여러분은 이 일을 해낼 수 있을 것입니다.

―1095년 클레르몽 공의회에서 제1차 십자군 운동을 설파한

교황 우르바누스 2세의 연설을 노장의 기베르가 기록한 것 가운데 일부

1087년 셀주크투르크족의 예루살렘 점령으로 중동의 힘의 균형은 대번에 바뀌었다. 만지케르트 전투(1071)에서 비잔티움 군을 격파한 셀주크투르크족이 그들 본래의 목표인 파티마 왕조의 이집트가 있는 남쪽을 향해 착실히 진격하다가, 팔레스타인에서 파티마 왕조 세력을 축출하고 예루살렘을 점령한 것이었다. 그로 인해 성지로 가는 순례길이 막히자 알려진 세계의 모든 기독교도들이 들고 일어섰다. 기사와 병사는 말할 것도 없고 심지어 가난한 순례자들까지 "비열하고 열등한 투르크족 (…) 저주받은 종족", "이교도의 불결함"을 설파한 교황 우르바누스 2세의 섬뜩한 말에 고무되어 1096년 봄 마침내 '십자가를 지고'(각자 입고 있는 옷에 십자가의 형상을 그려 넣은 것에 불과했다) 성지 수복을 위한 운동에 나선 것이었다. 이어 근동에서 벌어진 십자군 전쟁으로 서방과 동방은 비잔티움을 사이에 두고 12세기 내내 밀

고 당기는 애증의 관계를 겪게 된다.

　알렉시우스 1세 콤네누스 황제(재위 1081~1118)가 10여 년간의 분란에 종지부를 찍고 제위에 올랐을 때 비잔티움 군은 만신창이가 되어 있었다. 그 상태로는 동방의 투르크족과 서방의 노르만족을 동시에 상대하는 것은 불가능했다. 그래서 그는 일단 에피루스의 노르만족(1081~1085년 에피루스를 장악하고 있었다)을 격퇴하는 데 총력을 기울이기로 했다. 셀주크투르크족이 소아시아 서부의 니케아에 기반을 굳히고 있었지만 당장은 어쩔 도리가 없었다. 그런 와중에 1088년 그는 플랑드르 백작의 기사 500명을 용병으로 얻어 요긴한 도움을 받기도 했다. 알렉시우스는 1095년 교황 우르바누스 2세에게 군사원조를 요청할 때도 그와 비슷한 수준의 병력을 지원받아 소아시아의 투르크족과 싸울 수 있을 것으로 기대했다. 그는 아마 자신의 필요와 십자군의 목적이 부합될 것으로 여겼을 것이다. 양측이 힘을 합쳐 소아시아에서 투르크족을 몰아낸 뒤 함께 예루살렘을 수복하면 될 것으로 믿었을 것이다.

　638년 아랍인들에게 예루살렘이 정복된 뒤에도 기독교도들은 수백 년간 별 탈 없이 성지로 순례여행을 다녔다. 헝가리가 기독교로 개종한 뒤에는 발칸 반도와 콘스탄티노플을 거쳐 예루살렘으로 가는 육로도 다시 개통되어, 비잔티움의 부와 비잔티움이 수집한 막대한 양의 유골도 서방 기독교도들에게는 낯선 풍경이 아니었다. 비잔티움은 비잔티움대로 그들을 통해 라틴 기사들의 군사적 위력을 실감했다. 그래서 알렉시우스는 교황 그레고리우스 7세(재위 1073~1085)의 서방 교회 개혁으로 교황의 힘이 강화되고 베네딕투스 수도회의 영향력이 커지고 있는 점에 대해서는 떨떠름해하면서도, 로마의 주교들과는 개인적으로 친분을 유지하고 기독교의 통합도 내심 바라고 있었다. 그 점은 교황 우르바누스 2세도 마찬가지였다. 그도 물론 십자군 운동을 로마 교회가 콘스탄티노플 교회를 지배할 수 있는 기회로 보았으나 클레르몽 공의회에서 행한 십자군 연설에서는 "심지어 같은 기독교도들과도 싸움을 벌이는 데 익숙해진" 서방 기사들을 향해 그 힘을 이교도들에게로 돌릴 것을 간곡히 호소했던 것이다. 제1차 십자군에 군목軍牧으로 참가한 프랑스의 연대기 작가 푸셰 드 샤르트르에 따르면 교황은 기사들에게 "이미 수차례나 원조를 요청한 동방의 형제들을 도와주도록" 촉구했다고 한다. 랭스의 로베르(수도자)는 우르바누스 2세가 기사들을 정신적으로 고취했을 뿐 아니라 구체적인 방안까지 제시하며 독려했다고 하면서 이렇게 덧붙였다.

성묘로 가는 길을 장악하시오. 사악한 종족으로부터 성지를 빼앗아 여러분의 것으로 만드시오. 성서에 '꿀과 젖이 흐르는' 것으로 기록된 그 땅은 하느님이 이스라엘의 백성에게 주신 것이오.

그러나 교황이 십자가를 들도록 설파하고 그것을 행하면 죄를 사해주겠다고 제의하자 정작 행동에 나선 것은 아녀자를 포함하여 가난하고 무장도 안 된 어중이떠중이 무리였다. 그들이 '은자 피에르', '무일푼의 발터', 라인란트 출신의 '사제 고트샬크'와 같은 카리스마 넘치는 설교가들을 따라 동방으로 길을 떠나기로 한 것이었다. 그리고 그들 대부분은 "발길을 재촉하여 한시 바삐 동방 교회를 구해주라"는 우르바누스 2세의 지시에 따라 프랑스 북부와 독일에서 중부 유럽을 가로질러 콘스탄티노플로 가는 육로를 택했다. 그것이 결국 이슬람 세력에 맞서 동서 기독교계가 힘을 합쳐 군사원정을 펼친다는 생각을 근본적으로 바꿔놓았다.

서방 기사들 중에는 에스파냐의 무슬림과 싸워본 사람들이 있었다. 성 야고보의 유골이 있는 산티아고 데 콤포스텔라도 순례자들이 많이 찾았다. 그러나 1096년 예루살렘으로 향한 순례자는 그 정도 규모가 아니었다. 무장도 안 한 민간인 수천 명이 처음으로 한곳에 집결한 것이었다. 그 많은 무리가 이교도와의 성전에 참가하게 되어 감정이 고양되었는지 중세사회의 '저들'에 대한 그들의 반감은 갈수록 커져만 갔고, 그러다 급기야 그 반감의 화살은 유대인들에게로 돌려졌다. 12세기 기나긴 유대인 연대기의 일부를 이룬 슈파이어의 솔로몬 벤 심프슨의 글에 따르면 기독교도 순례자들은 서로 이런 대화를 나누었다고 한다.

알다시피 우리는 (…) 무슬림에 복수하기 위해 (…) 장도에 올랐어. 그런데 까닭 없이 그[그리스도]를 죽이고 희생시킨 유대인 자손들이 우리와 함께 이렇게 버젓이 살고 있잖아. 우리 그들부터 먼저 처단하기로 하세.

십자군 무리는 쾰른, 마인츠, 슈파이어, 보름스에서 유대인을 보는 족족 붙잡아 죽였다. 그것도 모자라 유대교 교회당을 파괴하고 유대교 율법인 토라도 불살랐다. 헝가리에서도 현지 기독교도들과 시비를 벌이며 폭력을 휘둘렀다. 제1차 십자군 운동이 일어난 지 50년 뒤 그에 대한 역사를 쓴 아헨(엑스라샤펠)의 알베르트는 그들이 헝가리에서 파렴치한 행동을 저질렀다고 하면서, "그들은 마치 무뢰배처럼 마구잡이로 행동하며 수많은 비행을 저질렀다"고 말했다. 오합지졸 무리가 성지로 가는 길에 저지른 그런 난잡한 행동으로 그 뒤를 이어 동방으로 향한 십자군 본대는 많은 어려움을 겪었다. 그들은 또 비잔티움인을 포함해 낯선 동유럽 주민들 사이에 서방의 태도에 대한 부정적인 인상을 심어놓았다.

안나 콤네나는 실제보다 훨씬 부풀려 서방 기사 10만 명과 병사 8만 명이 그 거대한 순례에 참가한 것으로 기록했다. 현대의 역사가들도 그에는 못 미치지만 기사 3만 명과 그보다 훨씬 많은 수의 순례자들이 비잔티움의 수도에 불시에 들이닥쳤을 것으로 추측하고 있다. 그 결과 십자군 운동은 정예 병사들로 단출하게 구성되었을 것으로 생각한 알렉시우스의 예상과는 전혀 딴판으로 전개되었다. 그들이 제1차 십자군으로 알려진 것은 나중의 일이고 당시에는 이교도로부터 성지를 되찾으러 예루살렘으로 가는 기사들을 동행한 순례자 무리에 불과했다. 제1차 십자군 가운데 제일 먼저 콘스탄티노플에 도착한 것은 은자 피에르가 이끄는 무리였다. 도보로 순례를 마칠 생각이었던 그들은 순례로 중에서 가장 위험하다는 소아시아 서부를 가로지르는 여정을 계속하기 전에 지친 몸을 먼저 추스르기로 했다. 그래서 휴식도 취하고 도시에 형성돼 있던 시장에서 식료품도 구입한 뒤 황제가 마련해준 배편으로 보스포루스 해협을 건너 소아시아로 향했다. 그러고 나서야 십자군 본대가 도착했다. 알렉시우스는 십자군 지도자들에게 셀주크투르크족으로부터 수복하는 영토 가운데 예전에 비잔티움에 속했던 지역은 제국에 돌려줄 것을 약속하는 서약을 요구했다. 몇몇 제후들이 강하게 거부했으나 결국 충성의 서약을 받아냈다. 그러고도 협력을 이루는 데 많은 어려움을 겪었으나 종래엔 극복을 하고 기독교 연합군은 마침내 소아시아로 진격, 1097년 6월 니케아를 함락시켰다. 그렇게 해서 비잔티움은 니케아를 되찾고, 십자군은 폭염 속에 아나톨리아 고원을 넘는 행군을 계속했다.

제1차 십자군의 전개 과정에 대해서는 서방 측 사료, 비잔티움 측 사료, 아랍 측 사료들이 많이 남아 있다. 그것들 모두 십자군과 알렉시우스 1세, 십자군 내부, 그리고 이슬람 세력들 간에 불화가 있었던 것으로 기록하고 있다. 그 불화가 현지 무슬림 세력이 철통같이 지키고 있던 안티오키아 성벽 밖에서 한꺼번에 충돌을 일으켰다. 십자군은 일곱 달에 걸친 포위공격 끝에 성벽을 부수고 안티오키아를 점령했다(1098년 6월). 그러나 그 기쁨을 만끽하는 것도 잠시, 그들은 다시 족장과 군소 제후들이 안티오키아 구조를 위해 소집한 강력한 투르크 군의 공격에 직면했다. 그런 판에 도시를 탈출한 몇몇 서방 기사들은 어차피 그곳은 함락될 것이 뻔하다고 하면서 알렉시우스에게 지원군을 보내지 말도록 조언했다. 그로 인해 알렉시우스는 나중에 배신자로 낙인찍혔다. 십자군은 성스러운 창(십자가에 못 박힌 그리스도의 옆구리를 찔렀다는)을 발견하는 기적의 도움도 받아 결국 안티오키아에서 최종적인 승리를 거두었다. 그런 다음 비잔티움 황제에게 충성의 서약을 한 로베르트 기스카르의 아들 보에몽을 안티오키아 공으로 선출했다. 그것은 명백한 약속 위반이었다.

십자군 운동 기간 중 안티오키아(안타키아)가 겪은 파란만장한 역사에는 당사자들의 상반된 이해관계가 적나라하게 드러나 있다. 비잔티움의 입장에서 볼 때 안티오키아는 636~637년 아랍 군에 점령되었지만 이후 수복의 기회를 노리다가 969년 되찾았고, 그 100년 뒤 예루살렘을 향해 남진 중이던 셀주크투르크족에게 또다시 빼앗긴 한 맺힌 곳이었다. 따라서 그런 상징적인 곳은 성전으로 되찾는 것이 마땅하고, 그러니 안티오키아는 비잔티움에 돌려주는 것이 옳다고 여겼다. 반면 보에몽을 비롯한 다수의 십자군 지도자들은 동방에 그들의 공국을 세울 야망을 품고 있었다. 따라서 안티오키아 점령이 그들로서는 순례와 영토 점령을 처음으로 합치시킬 수 있는 절호의 기회인 셈이었다. 노르만족은 노르만족대로 기스카르가 이탈리아 남부의 비잔티움 영토를 점령하고 1066년 노르망디 공작 윌리엄이 잉글랜드를 정복함으로써 그들의 야망을 분명히 드러낸 바 있었다. 보에몽은 결국 안나 콤네나가 말한 대로, 죽은 것처럼 위장하고 송장 썩는 냄새가 나는 관 속에 숨어 도망치는 것으로 안티오키아의 권리를 주장한 것에 대한 비잔티움의 보복을 간신히 면해갔다.

    1098년 십자군은 안티오키아를 떠나 예루살렘을 탈취하기 위한 남진을 시작했다. 그러던 중 예루살렘이 이집트의 파티마 왕조에 다시금 넘어간 사실을 알게 되었다. 그것은 셀주크를 비롯한 투르크족이 이슬람의 수니파에 속해 있었던 반면 이집트의 파티마 왕조는 시아파에 속하여 근동의 무슬림 세력이 양분되어 초래된 결과였다. 이슬람의 그런 불화의 덕도 어느 정도는 작용하여 제1차 십자군 운동은 대성공을 거두었다. 십자군은 6주간의 포위 공격 끝에 예루살렘을 점령했다. 그러고는 전 주민을 무자비하게 학살했다. 그 모든 일이 끝나자 서방 기사들은 십자군 지도자들 중 한 명인 부용의 고드프루아를 예루살렘 왕으로 선출했다. 예루살렘 라틴 왕국은 그렇게 탄생했다. 십자군의 승리로 무슬림과 유대인들은 깊은 상실감에 빠져들었다. 왜 아니겠는가. 예루살렘은 그들에게 각별히 거룩한 도시였다. 638년부터 줄곧 이슬람 통치하에 있던 곳에서 추방까지 당하자 그들의 원한은 더욱 뼈에 사무쳤다.

    그렇게 해서 예루살렘은 12세기 내내 기독교 세력과 이슬람 세력이 상호 간에 쟁탈전을 벌이는 투쟁의 중심지가 되었다. 무슬림 세력이 예루살렘에 대한 공격을 재개하려고 하면 라틴 왕국도 그에 질세라 서방 기사들에게 지원을 요청했다. 1144년에는 에데사 백령이 이슬람 군에 탈취당한 것에 자극받아 제2차 십자군이 결성되었으나, 그들은 목표로 한 다마스쿠스를 탈취하지도 못하고 예루살렘에 도착하지도 못했다. 해상을 통해 추가 병력을 지원해준 것이 그나마 다행이었다. 1131년부터 1153년까지 아들 보두앵 3세와 함께 라틴 왕국을 통치한 멜리장드 왕비의 후원 아래 예술품 생산이 늘어나고 식민지 수립에 제법 성공을 거둔 것도 이슬람의 지속적인 위협을 막기에는 역부족이었다. 크라크데슈리에와 같은 십자군 요새도 지어보고

11~12세기 비잔티움 제국

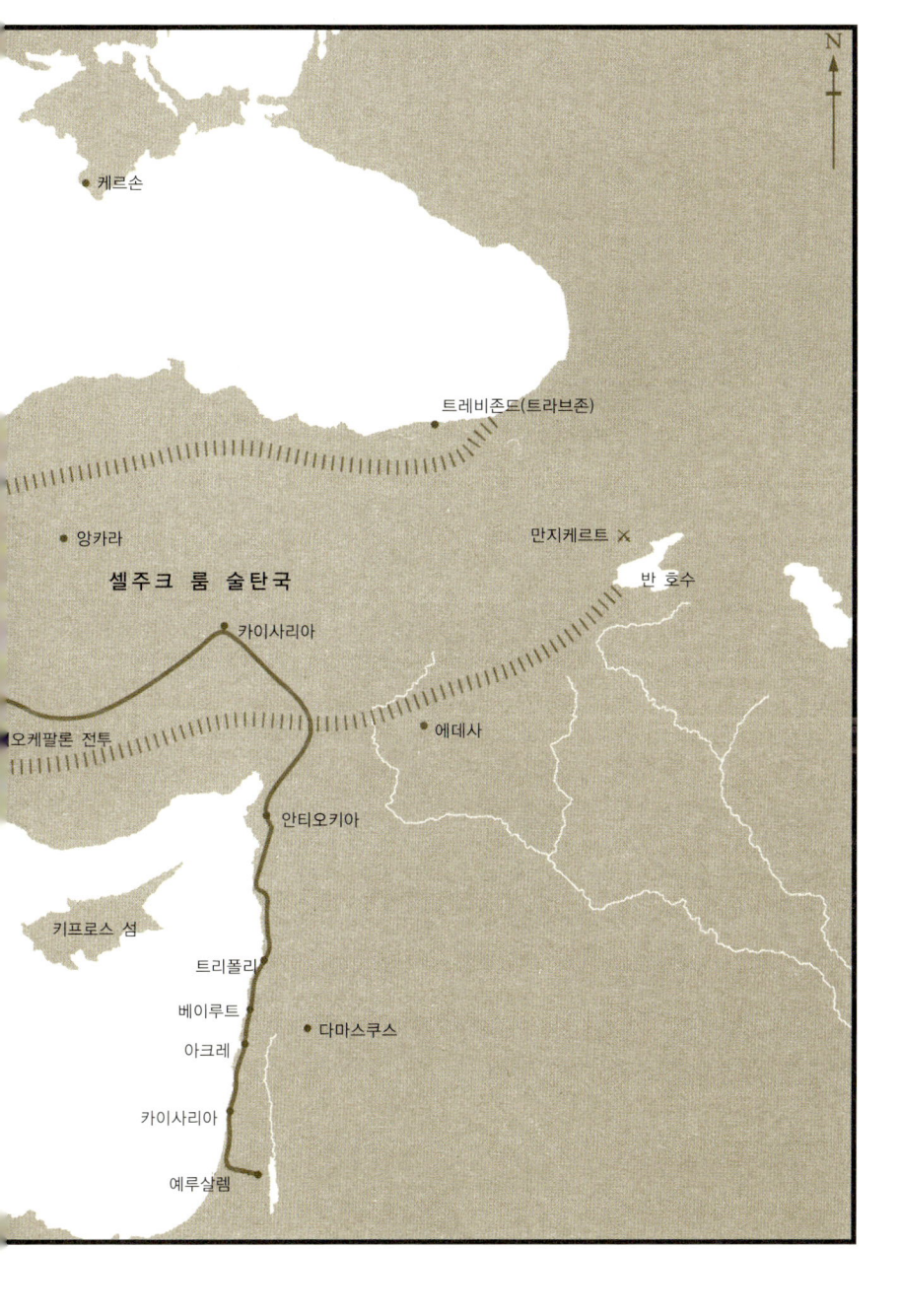

1149년에는 초기 기독교, 아랍, 로마네스크, 비잔티움 양식이 혼합된 성묘 교회도 개축하였으나 그 역시 밀려드는 이슬람 세력을 저지하지는 못했다. 그러다 1187년 예루살렘은 결국 이집트 술탄이 된 쿠르드족 장군 살라딘에게 점령되었다. 살라딘은 도시 내의 비非무슬림 주민들을 온정적으로 대하여 많은 사람의 칭송을 받았다. 그럼에도 서방은 성도를 이슬람 세력에 빼앗겼다는 소식에 분개하여 다시금 십자군을 소집했다. 제3차 십자군(1189~1192) 운동과 제4차 십자군 운동(1202~1204)은 그렇게 해서 일어난 것이었다.

십자군 운동 기간에 동방이 서방을 상대하며 맞닥뜨린 가장 절실한 문제는 언어였다. 그리스인도 라틴어를 잘 몰랐고 라틴인도 그리스어를 몰랐으니 그럴 수밖에. 마누엘 1세 황제(1143~1180)는 서방 관리의 수를 대폭 늘려 통역관으로도 쓰고 사절로도 이용했다. 비잔티움에 대한 서방의 영향력이 증대된 사실은 황제가 마상 창 시합을 즐기고, 바지 입는 풍습을 장려하며, 황실 남자를 서방의 왕녀와 기꺼이 결혼시키려고 한 태도에서도 분명히 드러났다. 조신들도 황제의 친서방 정책은 못마땅해하면서도 라틴인들의 전투 역량과 용맹성이 뛰어난 점만은 인정했다. 기병이든 보병이든 '프랑크족'—서방인들을 부르는 통칭이었다—이 지닌 힘에 대해서는 감탄을 아끼지 않았다. 안나 콤네나도 아버지의 적이기는 했지만 노르만족 지도자 보에몽이 훤칠한 미남이었다는 사실은 인정했고, 12세기 말의 비잔티움 역사가 니케타스 코니아테스도 마누엘 1세의 사위이자 그의 맹우였던 몬페라토의 코라도를 높이 평가했다. 그것도 모자라 그는 여자처럼 나약하고 소심한 비잔티움인과 어깨가 떡 벌어지고 용감무쌍한 라틴인들을 노골적으로 비교하는 일까지 서슴지 않았다.

비잔티움은 언어적 문제 외에 이탈리아 상인들이 제기하는 적잖은 긴장 때문에도 골머리를 앓았다. 앞서도 언급했듯이(19장 참조) 베네치아인들은 골든 혼 해안가에 자체 교회와 물류창고까지 갖춘 거류지를 보유하고 있었다. 제노바인과 피사인들도 아드리아 해, 지중해, 에게 해 연안 항구들을 중심으로 꾸준히 교역활동을 했다. 비잔티움으로서는 물론 국제무역이 중요했다. 그런데 문제는 그들과의 정치적 관계가 언제나 좋을 수만은 없다는 사실이었다. 비잔티움 상인들은 이탈리아인들에게만 주어지는 교역상의 특혜를 못마땅하게 여겼다. 그러다 그 긴장은 1171년과 1182년에 기어코 폭발하고야 말았다. 마누엘 1세 콤네누스와 그의 후계자 안드로니쿠스 1세(재위 1182~1185)가 제국 내의 베네치아 상인들을 억류하고 그들의 재산과 상선에 대한 공격 명령을 내린 것이다. 그 공격으로 베네치아는 막대한 피해를 입어 제국에 보상까지 요구했다. 당시에 파손된 다수의 가옥, 선박, 물품은 1203년〔이 해에 제4차 십자군은 베네치아의 지원을 받아 콘스탄티노플을 공격했다〕까지도 보상이 이루어지지 않은 상태였다. 양국 관계가 악화 일로로 치닫게 된 데에는 그것도 한몫했을 것이다.

동방과 서방의 기독교계는 언어, 사회, 경제적 요인뿐 아니라 교리상의 차이 때문에도 적대감이 높아졌다. 1054년 동서 교회가 분리되기 전까지만 해도 그리스인들은 서방 기독교도들이 신조信條의 라틴어 구절 필리오쿠에(4장 참조), 다시 말해 "그리고 성자로부터"를 읊조리는 것을 못 본 체 그냥 넘길 수도 있었다. 그러나 1054년부터는 양상이 달라졌다. 그것이 동서 교회의 차이를 나타내는 쟁점으로 부상한 것이었다. 누룩 넣은 빵과 넣지 않은 빵, 무릎 꿇는 횟수, 단식 일자와 단식 정도에 대한 차이도 뚜렷이 드러났다. 비잔티움인들은 기사처럼 말 위에 올라 전투하는 서방 주교와 사제들의 모습에 기겁을 했고, 라틴인들은 정교회 사제와 하급 성직자들이 결혼하는 풍습에 난색을 표했다. 콘스탄티노플 총대주교와 그의 보좌진들은 특히 로마 교황이 성 베드로의 후계자임을 내세워 수위권을 주장하는 것에 위기감을 느꼈다.

무슬림 칼리프와 아랍 지도자 그리고 투르크족 족장들과 외교관계를 맺는 비잔티움의 정책도 양측이 반목하는 원인이 되었다. 서방 기사들은 외교적 접촉과 정보망 가동을 위해 적국과도 대사를 교환하는 비잔티움의 오랜 관행을 달가워하지 않았다. 비잔티움으로서는 그것이 전쟁도 피해가고 포로도 교환하며 평화도 유지하는 한 가지 방책이었으나, 서방은 그것을 배신 행위로 간주했다. 그 문제는 안드로니쿠스 1세 황제가 살라딘 및 투르크족과 동맹을 맺은 사실이 알려진 1180년대에 좀 더 노골적인 방식으로 표면화되었다. 독일의 수도자 라이헤르스베르크의 마그누스가 비잔티움인들을 서방 세력에 반역적이고 적대적이라고 비난한 것이었다. 그 말에는 어느 정도 선전적인 목적도 있었고, 따라서 허위였을 가능성도 없잖아 있었다. 그러나 비잔티움의 황제들이 근동의 무슬림 지도자와 외교관계를 맺는 것에 라틴인들이 놀라고 그 행위를 언짢게 생각했던 것은 분명하다.

서방의 그런 복잡한 속내는 비잔티움에 대한 의혹과 두려움으로 발전했다. 그리고 그 감정은 비잔티움이 투르크족과 싸우기 위해 서방에 지속적으로 군사 지원을 요청한 12세기 내내 증폭되었다. 제2차 십자군 운동 기간인 1147년 마누엘 1세 황제는 콘스탄티노플을 찾은 프랑스 국왕 루이 7세와 독일 황제 콘라트에게 성대한 연회를 베풀고 도시의 주요 건축물과 유적지도 돌아볼 수 있게 해주었다. 두 왕의 방문에서는 어딘지 모르게 아이슬란드의 사가와 서구의 무훈시, 샤를마뉴의 예루살렘 순례가 연상되었다. 서방 기사들은 제국의 부, 특히 교회와 대수도 콘스탄티노플이 지닌 부에 놀라움을 금치 못했다. 비잔티움인들은 그런 십자군이 행여 제국의 부에 탐을 내지나 않을까 노심초사했다. 실제로 그들은 콘라트에 이어 신성 로마 제국 황제가 된 프리드리히 1세 바르바로사(붉은 수염왕 프리드리히)에게서 이교도가 아닌 여왕의 도시에게로 창끝을 돌릴 수도 있는 유능한 지도자 상을 발견했다.

한편 셀주크투르크족은 소아시아 중부 고원지대에 있는 그들의 본거지를 더욱 공고히 했다. 1176년 술탄 킬리지 아르슬란이 미리오케팔론 전투에서 마누엘 1세를 격파하고 비잔티움 세력을 몰아냄으로써 셀주크 룸 술탄국의 입지를 확고히 다진 것이다. 그곳에 있던 제국의 주교들은 도망치고 기독교도들은 이슬람교로의 개종을 강요당했다.

12세기의 마지막 20년 동안에도 동서 기독교계는 서로에 대한 경계를 늦추지 않았다. 거기에는 그럴 만한 이유가 있었다. 이사키우스 2세 앙겔루스 황제(재위 1185~1195)는 제3차 십자군 기간 중 서방 병사들이 아크레 탈환에 한창일 때 이집트 맘루크 왕조와 휴전조약을 체결하여 서방 측의 맹비난을 샀던 것이다. 1198년에는 교황 인노켄티우스 3세가 예루살렘 수복을 위한 제4차 십자군을 제창했다. 그 1년 뒤에는 형 이사키우스 2세를 장님으로 만들고 제위에 오른 알렉시우스 3세 앙겔루스 황제(재위 1195~1203)가 투르크족 공격을 이유로 로마에 군사 지원을 요청하는 사절을 보냈다. 교황은 그에 대해 십자군을 지원해줄 것과 로마 교회의 수위권을 인정해달라는 조건을 내걸었다. 콘스탄티노플 교회의 독립을 위태롭게 할 수도 있는 그것이 향후 십자군과 비잔티움 간의 모든 협상에 영향을 끼쳤다.

조프루아 드 빌라르두앵이 이끄는 북유럽 기사들은 당초 이집트 공략을 제4차 십자군 운동의 목표로 삼는다는 참신한 계획을 갖고 있었다. 그런 계획으로 베네치아에 지중해에서 알렉산드리아까지 병력 수송을 요청하여 상당한 액수의 수송비를 지불하기로 하고 계약도 체결했다. 그런데 막상 베네치아에 도착한 그들은 자신들을 위해 특별 제작된 배의 수송료를 지불할 능력이 없었다. 그러자 베네치아는 길을 조금 우회하여 달마치야 해안의 헝가리 도시 차라(지금의 크로아티아 자다르)를 공격하여 수송비를 보탤 것을 제안했다. 십자군도 하는 수 없이 그 제안을 받아들이고 차라를 약탈하여 부족한 수송비를 충당했다. 십자군이 차라에서 얻은 것은 그것만이 아니었다. 그들은 장님이 된 이사키우스 2세의 아들 알렉시우스 왕자가 비잔티움 감옥을 탈출해 십자군 지도자들을 만나러 그곳에 왔다는 사실도 알게 되었다. 삼촌 알렉시우스 3세의 타도 계획을 세우고 있던 그 젊은 왕자는 십자군에, 자신을 제위에 앉혀주면 20만 실버 마르크를 주겠다고 제의했다. 그는 또 콘스탄티노플 교회를 교황에 굴복시키는 안도 수용하겠다고 약속했다. 십자군은 여러 차례 토론을 거친 끝에 또 한 번 길을 우회하여 콘스탄티노플로 가서 알렉시우스를 제위에 앉히고 그가 약속한 돈도 받아낸 뒤 알렉산드리아로 가기로 최종 합의했다. 그러나 기사들 상당수는 이미 그 무렵 지중해 동부 도착이 지연되는 것에 환멸을 느껴 원정대를 떠나고 없었다.

1203년 봄 십자군을 태운 함대가 마침내 차라를 떠나 콘스탄티노플 성벽 밖에 닻을 내렸다. 그 몇 주 뒤에는 알렉시우스 왕자가 알렉시우스 4세 앙겔루스 황제로 즉위했다. 따라서 이제는 차라에서 약속한 대금을 십자군에 갚아야 할 차례였다. 그러나 그는 돈이 없었다. 십자군은 1년 가까이 기다려도 약속한 대금이 지불되지 않자 대표를 보내 그에게 이렇게 경고했다.

십자군 지도자들은 (…) 폐하와 그분들 사이에 체결된 계약의 조건을 이행하실 것을 폐하께 이미 여러 차례 촉구하였습니다. 계약을 이행하면 그분들로서도 더할 나위 없을 것이옵니다. 허나 만에 하나 약속을 이행하지 못하면, 그분들은 폐하를 주군과 맹우로 인정하지도 않을 것이며 그분들이 가진 힘의 한도 내에서 모든 방법을 강구하여 약속한 돈을 받아낼 것이옵니다.

　조프루아 드 빌라르두앵은 뒤이어 이렇게 말했다. "그리스인들은 대놓고 윽박지르는 듯한 십자군의 그런 태도에 몹시 놀라고 큰 충격을 받았다. (…) 격앙된 목소리가 궁전 홀을 가득 메웠다." 나중에 집필한 제4차 십자군 연대기에서 빌라르두앵은 당시 블라케르나이 궁전에서 살아 나갈 수 있었던 것이 천만다행이었다고 기록했다. 그렇게 경고까지 한 마당이었으니 십자군이 적대 행위를 할 가능성은 그 어느 때보다 높아졌다. 그리고 돈이 지불되지 않자 그 가능성은 현실이 되었다. 1204년 4월 십자군은 마침내 무슬림 점령하의 예루살렘 공격에 써야 할 최신식의 공성 무기로 콘스탄티노플을 포위공격했다. 그리고 나흘 뒤 바다 쪽의 성벽을 뚫고 들어가 닷새 동안 제국의 수도를 마음껏 유린했다. 그러고는 플랑드르의 보두앵 백작을 황제로 선출하고 베네치아인 토마소 모로시니를 총대주교로 임명했다. 콘스탄티노플의 라틴 제국이 건설되는 순간이었다. 비잔티움인들은 도시에서 추방되었다.

　그 모든 과정에서 결정적인 역할을 한 인물이 베네치아 도제 엔리코 단돌로였다. 그는 1180년대에 콘스탄티노플에 살면서, 제국이 베네치아 거류지를 공격할 때 한쪽 눈을 잃은 아픔을 지니고 있었다. 그는 이제 차라에서 한 수법대로 십자군 참가국들과 전리품을 분배하려 했다. 그렇게 해서 1204년 '로마니아 제국의 분할조약Partitio terrarum Imperii Romaniae'이 체결되었다. 그것은 콘스탄티노플의 부富뿐 아니라 비잔티움의 서구식 호칭인 로마니아의 영토 분배를 정당화하고 공고히 하기 위한 요식 행위였다. 엔리코는 콘스탄티노플의 방어시설이 난공불락이어서 점령이 어려워 보일 때 골든 혼에 대한 해박한 지식으로 십자군의 마지막 공격을 성공으로 이끈 장본인이

기도 했다. 그랬으니만큼 베네치아는 당연히 콘스탄티노플 정복의 최대 수혜자가 되었다. 베네치아가 그간 사용한 모든 교역지에 대한 점유권을 갖는 것도 거기에 포함되었다. 결과적으로 제4차 십자군이 낳은 베네치아 해상 제국은 60년 남짓 존속한 콘스탄티노플의 라틴 제국보다 한층 성공적이고 영속적인 존재가 되었다.

비잔티움에는 1204년 4월에 당한 약탈의 경험이 씻을 수 없는 상처가 되었다. 그리스 작가와 서방 작가들 모두 그에 대한 생생한 목격담을 남겼다. 서방 측에서는 조프루아 드 빌라르두앵, 로베르 드 클라리, 파이리스(독일의 수도원)의 귄터가 제4차 십자군에 대한 글을 썼고, 그리스 측에서는 비잔티움의 대표적 중세 역사가인 니케타스 코니아테스가 그에 대한 글을 남겼다. 양측 모두 광범위한 약탈과 파괴 행위가 자행되었으며, 화재로 그 상황은 더욱 악화되었다는 점에 일치된 견해를 보였다. 귄터는 이렇게 썼다.

> 산처럼 쌓인 금은보화, 찬란한 보석과 의류, 값나가는 교역품, 넘치는 식료품, 온갖 종류의 물건이 가득 들어찬 아름다운 가옥들로 (…) [십자군]은 가난뱅이 외국인 신세에서 졸지에 벼락부자가 되었다.

반면 니케타스는 이렇게 한탄했다.

> 모든 나라의 기쁨이요 자랑거리인 콘스탄티누스의 위대한 도시가 불에 타 황폐해지고 숯검댕이가 되었다. 공적인 부, 사적인 부 할 것 없이 도시의 부는 죄다 빼앗기고 하느님께 바쳐진 것까지 사방으로 흩어진 서방 민족에게 털려 무엇 하나 남아난 것이 없었다. (…) 그 자들은 존귀한 성상이 모셔진 곳을 발로 짓밟고 성인들의 유골을 내던지고 (…) 귀중한 성배와 성

진실 십자가 성유물함. 11세기 콘스탄티노플에서 제작된 것이다.

반을 약탈했다. (…) 남자들의 비명과 아낙네들의 울부짖음도 모른 채 포로들을 잡아가고 강간을 자행했다.

콘스탄티노플 점령 닷새 뒤 코니아테스와 그의 가족은 포도주 상인인 그의 베네치아 친구가 그들을 전리품이라고 속여 보호해준 덕에 간신히 파괴된 도시를 빠져나갈 수 있었다.

십자군의 콘스탄티노플 점령은 장기적으로 막대한 영향을 끼쳤다. 특히 타격이 컸던 것은 제국의 수많은 성물, 골동품, 보물들이 서방으로 빠져나간 것이었다. 1207년 하인리히 폰 울멘도 963년경 금과 에나멜로 만들어진 기품 있는 진실 십자가 성물함을 그의 교구 주교에게 헌납했다. 중세 최고의 기독교 도시에서 약탈한 그 보물은 현재 림부르크 성당 보고에 소장돼 있다. 5세기부터 히포드롬의 출입문에서 전차경주자들의 용기를 북돋워준 4마리의 청동마상도 베네치아로 옮겨져 산마르코 대성당의 서쪽 면에 세워졌다. 현재 그곳에 세워져 있는 것은 복제품이다. 그뿐만이 아니었다. 십자군은 성 폴리에욱투스 대성당을 장식하고 있던 6세기 때의 조각기둥, 조각품, 성상, 비단, 필사본, 귀중한 예배용품 등 막대한 양의 비잔티움 보물들도 약탈하여 전리품으로 착복했다.

제4차 십자군 지도자들은 그런 식으로 제1차 십자군의 고매한 이상을 타락시켰다. 클레르몽 공의회에서 우르바누스 2세가 설파한 기독교 순례와 모험의 정신을 콘스탄티노플 정복이 망쳐놓은 것이다. 그것으로 십자군이 끝난 것은 아니었지만, 이후 기독교가 이슬람에 맞서 통합을 이루려는 모든 노력에는 제4차 십자군의 먹구름이 짙게 드리워졌다.

25
트레비존드, 아르타, 니케아, 테살로니카의 탑들

> 공중으로 치솟아 오른 거대한 탑, 하늘에라도 닿을 기세다. (…) 탑의 모양은 정교한 벌집을 방불케 한다. 그 육각형 탑이 빼어난 자태로 하늘의 별들로, 드넓은 창공으로 솟아오른다. 신이 우리에게 난공불락의 탑을 부여해주셨다. (…) 하늘로 솟구쳐 오른 장대한 탑, 형언할 수 없는 기쁨의 탑을…
>
> — 989년 이후 비잔티움의 시인 겸 수도자 요한네스 게오메트레스가 탑을 주제로 하여 쓴 시

1204년 4월 12일 기독교계 최고의 도시가 자욱한 연기 속에 폐허로 변했다. 황궁과 귀족들의 저택은 약탈되고, 그 안에 걸려 있던 벽걸이와 예복은 불에 탔으며, 지붕은 소실되어 뼈대만 앙상하게 남았다. 장서와 기록물들도 불에 타 없어지고 남은 것은 비를 맞거나 곤충과 설치류의 먹잇감이 되었다. 연장, 주방기기, 성화상 받침대, 기도서들에 이르기까지 수백 년 세월의 흔적이 배어든 소소한 생활용품도 죄다 부서지고 박살이 났다. 일부 물건만 정복자들이 전리품으로 챙겨가 서방 여러 나라에 보존돼 있을 뿐 숱한 비잔티움의 귀중품들은 1204년에 존재도 없이 사라졌다. 얼마나 많은 물건이 사라졌는지는 알 수 없다. 나중에 다른 적에게 더 많이 빼앗겼을 수도 있다. 하지만 그것은 논점의 대상이 아니다. 중요한 것은 1204년 4월 그것들이 파괴되었다는 사실이다.

근래에 전 세계 학자들이 콘스탄티노플 약탈 800주년을 주목한 것을 계기로 1204년 4월의 그날들에 대해서도 다시금 고찰이 이루어졌다. 요한네스 파울루스 2세 교황(재위 1978~2005)도 그 일에 대해 사과했다. 그것이 비잔티움에 대한 현대 역사가들의 기존 인식을 재점검하는 계기가 되었다. 중세 서방에서 비잔티움의 존재감은 뚜렷했다. 그런데도 발칸지역으로의 이슬람의 팽창을 막아주고 자잘하게 분리된 서방 왕국들 뒤에서 방패막이 되어 유럽의 형성을 도와준 비잔티움의 공로는 무시되고 있는 것이다. 그것은 나아가 비잔티움은 모호한 회색지대였다는 고정관념으로 제4차 십자군을 바라보는 서방의 관점에도 영향을 미쳤다. 제국의 1천 년 역사를 황제와 전쟁이 오락가락한 것 이상으로는 보지 않았던 것이다. 일이 그렇게 된 데는 제국 내부의 역동성을 충분히 살리지 못한 비잔티움의 복잡한 역사 서술 방식도 한몫을 했다. 학자들은 그런 지루한 책들과 씨름을 벌여야 했던 것이고, 그러다 보니 충분한 주의를 기울이기보다는 비잔티움을 빈사 상태에 빠진 것으로 본 초기 계몽주의 관점으로 간단히 후퇴하는 쪽을 택한 것이었다.

기록으로 입증하기는 힘들지만 1204년의 콘스탄티노플 공격과 파괴 행위에 대한 관점도 그런 고정관념이 빚어낸 결과의 하나였다. 어찌 보면 제국은 십자군의 공격을 자초한 면이 있었다. 알렉시우스 4세와 그의 조언자들은 포위공격에 필요한 완벽한 공성기구를 갖춘 군대를 성벽 밖에 야영하도록 하는 어처구니없는 실수를 범했다. 미리 약속한 대금을 지불하지도 않고 선제공격을 하여 병력을 약화시키지도 않은 채 말이다. 그리하여 십자군은 바다 쪽 성벽의 내막에 밝은 베네치아 도제 엔리코 단돌로의 도움을 받아 콘스탄티노플을 점령하는 데 성공했다. 게다가 베네치아는 비잔티움으로부터 능란한 외교술과, 교역과 군대를 교묘히 연계시키는 방법을 터득한 나라였다. 다시 말해 베네치아는 비잔티움 제국의 경쟁국이자 그것의 산물이기도 했던 것이다. 당연히 콘스탄티노플을 점령한 뒤 십자군 사이에 제국을 분할할 때 가장 큰 몫을 차지한 나라는 베네치아였다. 교황 인노켄티우스 3세도 로마 교회의 지배권 아래 들어온 지역에 서방 성직자들을 보내 그곳을 점령하고 정교회 주교와 수도자들은 추방하도록 했다.

그러고 나자 기독교 서방은 이제 기독교계 최고의 도시를 파괴하고 형제 기독교인을 학살한 것에 대한 해명과 정당화가 필요해졌다. 무슬림 이교도와 싸워야 할 군대로 성상을 불사르고 위대한 기독교 수도의 교회들을 욕보인 일이 가당키나 했던가? 아니 그것은 비잔티움의 자업자득이어야 했다! 비잔티움은 믿을 수 없고, 망할 운명이고, 나약하고, 역겹고, 로마 교회에 대항하는 나라로 비쳐야 했다는 말이다. 제4차 십자군의 결과 또한, 인노켄티우스 3세 교황과 그의 후계자, 그리고 십자군에 참가한 서방 군주와 수도자들에게 그리스인은 기본적으로 교활하고 믿을 수 없는 존재임을 확인시켜주었다. 자국의 허약함을 외교술로 감춰오다 막상 싸워야 할 처지에 몰리자 뒤꽁무니를 뺀 것이었다. 그들은 비잔티움의 정부제도도 위태로운 것으로 보았다. 반역자를 황제로 앉히고 실정한 황제를 폐위시켜 장님으로 만드는 제도가 온전할 리 없다는 것이었다. 당시 군주제의 초기 단계에 있었던 유럽은 지배자들이 권력 강화에 한창이었다. 따라서 비잔티움의 계승제가 당연히 불안정해 보였을 것이다. 그러나 낡은 정치제도를 비판하면서도 제국의 유물, 금은 귀중품, 성상, 비단 등에 대해서는 찬사를 아끼지 않았다. 그것도 물론 그런 값진 물건들은 비잔티움 같은 낙후된 곳에 있어서는 안 된다는 말을 하기 위해서였다. 십자군은 그런 식으로 콘스탄티노플의 약탈을 정당화했다. 존재할 가치도 없는 듯이 이야기한 '비잔티움'에 대한 부정적인 시각은 바로 1204년의 약탈에 대한 허위의식에서 비롯된 것이었다.

비잔티움은 철저하게 파괴되어 회복이 영영 불가능할 것 같았다. 사실 웬

만한 나라 같으면 수도가 공격당하고 50여 년이나 점령되는 타격에서 결코 벗어나지 못했을 것이다. 그러나 비잔티움은 제국의 다른 중심지들에서 여러 형태로 새롭게 모습을 드러냈다〔콘스탄티노플에서 도망쳐 나온 황족들이 트레비존드, 니케아, 에피루스 등지에 망명정부를 수립한 사실을 말하는 것〕. 그리고 비잔티움 문명 특유의 내적 역동성에 힘입어 250년이나 더 존속해 있었다.

이 책을 쓰면서 내가 알게 된 가장 놀라운 사실 중의 하나가 바로 그것이다. 건축물이 즐비하게 늘어서고 교역을 선도한 멋지고 훌륭한 도시 콘스탄티노플이 중요한 역할을 하게 되리라는 것은 충분히 짐작할 수 있었다. 그러나 정부와 종교로부터 군대, 지적 역량에 이르기까지 비잔티움 문명이 그처럼 광범위한 분야에 압도적인 독창성과 참신성을 발휘한 사실에 대해서는 알지 못했다. 비잔티움은 비밀 병기인 해상 폭탄을 개발하고도 수백 년 동안 그것을 비밀에 부쳤다. 성상의 역할과 정체성, 교리에 대한 논쟁을 일으킨 것도 극복했다. 라틴 기독교계와 무슬림 동방이 라틴어와 아랍어로 된 성경만을 고집할 때도 비잔티움은 과감하게, 슬라브족 개종을 용이하게 하기 위해 그리스어 성경을 자국 학자들이 창안한 문자로 번역했다. 솔리두스 금화를 주조하여 700년 넘게 사용하는 안정된 통화정책도 실시했다. 비잔티움은 로마식 행정부를 유지하면서도 제왕적 형태의 권력을 개발하는 독창성도 발휘했다. 로마, 이교, 기독교, 그리스의 유산을 절묘하게 결합하여 역경에 처하면 그것에 굴하는 것이 아니라 그것을 딛고 일어나 공적으로 만드는 능력도 지니고 있었다. 비잔티움은 이렇게 통념과 달리 스스로에 대한 믿음과 강한 활력뿐 아니라 창의력 넘치는 사회였다.

그 사실, 다시 말해 비잔티움의 위대성은 비잔티움 문명의 풍부한 재원에 기반을 두고 있다는 사실은 나라가 무력화되고 수도가 외세에 점령된 것에 제국의 변방이 대응한 방식에서도 여실히 드러났다. 1204년 서방인들이 콘스탄티노플에 라틴 제국을 세우고 57년간 황궁을 점유하자 수도를 제외한 비잔티움 사회의 나머지 중심지들이 모습을 드러낸 것이었다. 그곳들에 소제국들이 들어서고 활발한 예술활동이 수반된 비잔티움이 다시금 등장한 것이었다.

그중의 하나가 제국의 동쪽 국경 흑해 남부 유역에 콤네누스 형제가 세운 트레비존드 제국(오늘날의 명칭은 트라브존, 옛 이름은 트라페주스)이었다. 도시국가의 규모를 상회하는 그곳은 1204년부터 1461년까지 존속해 있었다. 콘스탄티노플에서 2천 킬로미터나 떨어진 그리스 서부 지역에도 아르타와 제국의 가장 분주한 항구도시 테살로니카를 중심으로 한 에피루스 제국이 창건되어 비잔티움의 진정한 계승국임을 알렸다. 마르마라 해 건너편 콘스탄티노플 성벽과 가까운 곳에도 수도를 탈출한 황족이 비잔티움을 장엄하게 부활시킨 니케아 제국을 건설했다. 심지어 베네치아 속국으로 계속 남아 있던 크레타 섬조차 1669년 오스만투르크족에 점령당할 때까지 결코 비잔티움의 특성을 잃지 않았다. 그 특성은 그리스어와 종교에 깊숙이 배어들어 프레스코화, 성상, 역사, 시의 형식으로 새롭게 표현되었다. 콘스탄티노플이 점령된 뒤에 나타난 각 지역의 이런 다양한 힘과 양상 모두가 비잔티움이 지닌 교육, 행정, 문화, 군사적 능력의 전통이 깊고 위기에 대응하는 능력이 뛰어났다는 사실을 말해주는 것이다. 그러므로 획일적이고, 관료적이고, 나약하고, 부패하고, 지나치게 복잡하고, 비효율적이라는 제국에 대한 고정관념은 전적으로 그릇된 것이다.

십자군의 공격을 받기 전 12세기의 마지막 20년간 비잔티움 제국은 이미 수도 콘스탄티노플에 대한 적대감이 높아지고 있음을 나타내는 지방들의 반란으로 몸살을 앓고 있었다. 발칸지역의 봉기는 1182년 안드로니쿠스 1

세 콤네누스가 어린 황제 알렉시우스 2세를 살해하고 제위를 찬탈하는 등 비잔티움 궁정이 혼미한 틈을 타 일으켰던 것으로 보인다. 세르비아에서는 스테판 네마냐가 영토를 확장하고 1371년까지 지속될 독립 왕조를 창건했다. 불가리아에서도 아센 1세와 그의 동생 표트르가 비잔티움으로부터 떨어져 나와 투르노보를 도읍으로 한 아센 왕조를 세웠다. 콘스탄티노플 중앙정부의 가렴주구에 제국의 지방들이 느낀 절망감은 1180년에서 1205년까지 아테네의 수도대주교를 지낸 미카일 코니아테스의 불평불만에도 고스란히 드러나 있다.

부족한 것이 대체 무엇인가? 마케도니아, 트라키아, 테살리아에서는 밀을 경작해주고, 에보이아, 프텔리온, 키오스, 로도스 섬에서는 포도주를 만들어주고, 테베와 코린토스에서는 직물을 짜주고, 수많은 강이 바다로 흘러들 듯 우리의 모든 부가 여왕의 도시로 흘러들고 있는데.

키프로스 섬에서도 총독이 정부에 불만을 품고 1185년 반란을 일으켜 제3차 십자군 기간 중 잉글랜드의 리처드 1세 사자심왕Richard the Lion Heart이 그 섬을 정복하는 데 빌미를 제공해주었다(나중에 그는 이 섬을 다시 예루살렘 왕을 지낸 뤼지냥의 기에게 팔았다). 비잔티움 내 도시들에서도 제국의 지배권을 벗어나 독립 왕권을 수립하는 인물들이 속속 생겨났다. 소아시아 서부 필라델피아의 테오도루스 만가파스는 황제를 참칭하며 주화를 주조했고, 레오 스구로스는 아크로코린토스의 성을 본거지 삼아 코린토스와 그리스 중부로 지배 영역을 넓혔으며, 신원 미상의 어떤 인물은 펠로폰네소스 반도 남서 해안가에 위치한 메토네를 점령했다. 그런 지배자들(아르콘)이 유사 황권을 주장하며 콘스탄티노플의 중앙정부를 교란시켰던 것이다.

그러다 1204년 십자군의 콘스탄티노플 점령으로 비잔티움의 황권은 결정적으로 분열되었다. 콤네누스 형제의 트레비존드 제국, 미카일 1세 콤네누스 두카스의 에피루스 제국, 테오도루스 1세 라스카리스의 니케아 제국으로 분리된 것이다. 알렉시우스 3세는 또 그런 일들이 벌어지든 말든 자신을 계속 부재 황제로 여기며, 레오 스구로스와 손잡고 1211년에서 1212년까지 소아시아에서 라스카리스와 황권을 놓고 전투를 벌이던 와중에 전사했다. 1204년의 콘스탄티노플 약탈에 참여한 십자군도 일부만 전리품을 갖고 고향으로 돌아갔을 뿐 나머지 기사들은 로마니아 제국의 분할 조약에 명시된 영토를 얻기 위해 원정길에 나섰다. 서방 기사들이 현지 지배자들과 영토 분쟁을 벌이는 정치 혼란의 여파는 제국의 모든 지방들에 미쳤다. 콘스탄티노플에서는 몬페라토의 코라도가 라틴 제국의 황제 보두앵이 분배해준 땅을 차지하기 위해 테살로니카로 십자군을 이끌었고, 오토 드 라 로쉬는 테베와 아테네로 향했으며 조프루아 드 빌라르두앵, 그의 조카 그리고 샹플리트의 기욤은 펠로폰네소스 반도에 그들만의 아카이아 공국을 세우기 위해 남진을 계속했다. 그러다 그들 모두 알렉시우스 3세와 불만에 찬 비잔티움의 지도자, 불가리아인들의 조직적인 저항에 부딪혔다. 베네치아도 에게 해의 수많은 항구에 지배권을 수립하느라 여념이 없었다. 베네치아는 해군력 부족으로 정복을 포기한 몬페라토의 보니파체로부터 크레타 섬까지 사들이는 행운을 얻었다. 17세기까지 지속될 베네치아 해상 제국의 동지중해 거점은 그렇게 마련되었다.

  지역적으로 보면 제국 영토의 분할은 긍정적인 결과를 초래한 면도 있었다. 황제 참칭자들이 너 나 할 것 없이 모두 궁정을 수립하다 보니 그것을 지탱할 행정가, 웅변가, 교사, 예술가, 장군이 필요해졌기 때문이다. 다행히 제국이 들어선 곳들에는 교육제도도 잘 갖춰져 있고 지적 수준이 높은 주교단도 포진해 있어 그들은 어렵지 않게 진용이 잘 짜여진 궁정을 설치할 수 있었다. 그런 다음엔 그들 모두 건축물, 법률, 농업, 교역의 발전에 힘쓰고, 개발을 촉진하고, 교회와 수도원의 예술을 후원했다. 그들은 또 역사가와 지식인들이 쓴 효과적인 선전문, 성직자가 지은 감동적인 설교문, 현지 장인에게 장식을 맡겨 지은 비잔티움 양식의 건축물 등 현지의 재원을 총동원하여 비잔티움 제국의 진정한 계승자가 되기 위한 각축전을 벌였다.

비잔티움 제국의 계승국들이 1204년에 일어난 사건의 결과로 맞닥뜨린 문제는 비단 황권의 분할만이 아니었다. 그들은 알렉시우스 4세 앙겔루스 황제가 차라에서 한 약속에 따라 동방 교회를 로마 교회에 복속시킬 수 있는 호기를 부여잡은 인노켄티우스 3세 교황과 그 후계 교황들의 도전에도 응해야 했다. 콘스탄티노플이 점령되자 로마 교황은 즉시 십자군이 지배하는 비잔티움의 모든 지역에 라틴 주교들을 파견했다. 수도원들에도 도미니쿠스, 프란체스코, 시토 수도회 수도자들을 보내 그리스 정교회에서 로마 가톨릭으로 개종하는 중심지로 만들도록 했다. 그렇게 서방은 군사적 공격에 이어 종교적으로도 비잔티움을 재차 공격했다. 그러나 정교회 교리에 오류가 있음을 알리고 그리스인들의 영혼까지 정복하려 한 서방의 시도는 제국의 신민들이 정교회 주교들이 추방당한 상황에서도 그들에게 변함없는 충성을 바침에 따라 실패로 끝났다. 그들은 그렇게 제국이 끝내 수복하지 못한 머나먼 지역에서도 서방 세력에 저항하며 비잔티움의 문화적 유산을 지켜냈다.

그 좋은 예가 키프로스 섬이었다. 그 섬은 중세 말과 근세 초 십자군, 프랑크족, 베네치아, 오스만 제국의 지배를 차례로 받기는 했지만, 프레스코화, 모자이크, 성상으로 장식된 정교회 성당의 정취가 물씬 풍겨났다. 하늘을 찌를 듯 치솟아 오른 파마구스타의 고딕 성당, 벨라파이스 수도원, 성 힐라리온, 키레니아, 사란다 콜론네스의 성들 옆에서도 비잔티움의 전통은 주눅 들지 않고 섬 사정에 맞게 개조되고 그 나름으로 발전을 이루었다. 서방 수도자들은 그리스 중남부의 다프니와 안드라비다에도 아치형 창문이 달린 고딕 교회와 수도원들을 재건했다. 카리타이나와 미스트라의 성들, 그리스 중부에 산발적으로 위치한 프랑크족풍의 탑들도 서구식 건축 기법의 특징을 지니고 있다. 아테네의 아크로폴리스도 셰익스피어의 『한여름 밤의 꿈』에 테세우스 공작의 목가적 저택으로 소개된 궁전을 에워싸고 있는 성채 요새로 변형되었다. 그렇다고 그리스적 요소가 사라지는 것은 아니었다.

　그리스와 라틴적 요소, 비잔티움과 십자군 요소가 혼재된 이런 사회의 모습은 펠로폰네소스 반도의 정복을 주제로 한 14세기 초의 서사시 「모레아 연대기Chronicle of the Morea」에 잘 드러나 있다. 펠로폰네소스 반도의 또 다른 이름인 '모레아Morea' 도 모르긴 몰라도 비단 생산에 필요한 뽕나무mulberry, 곧 모레아morea 혹은 무루스murus가 펠로폰네소스 반도 어디에서나 재배되는 특징에서 비롯되었을 것이다. 「모레아 연대기」가 옛 프랑스어, 아라곤어, 이탈리아어, 통속 그리스어의 여러 판본으로 남아 있다는 사실도 그곳이 여러 민족이 살았던 다국어 지역이었음을 말해준다. 예루살렘 왕국의 법률집을 토대로 만든 로마니아 법령에는 그리스인과 라틴인의 결혼으로 생겨난 혼혈아gasmoules에 대한 권리와 지위도 명시돼 있었다. 라틴인들은 정복 지역에 서구식 봉건제도 시행했다. 그러나 현존하는 건축물, 특히 전통적 양식의 프레스코화와 성상으로 장식된 마을 교회들에서는 비잔티움의 특성이 뚜렷이 느껴진다. 그 모두 제국의 새로운 중심지들이 비잔티움 문화의 발전을 촉진하고, 순수한 종교적 범주를 넘어 비잔티움의 전통을 구현하고 있던 그리스 정교회에 지방민들이 충성을 바친 결과였다.

1204년 이후 분할된 비잔티움 제국의 모습

다프니 수도원의 그리스도 판토크라토르 모자이크. 1150년 제작된 것이다.

트레비존드

　비잔티움의 세 계승국 가운데 흑해 남동부 연안에 위치한 트레비존드는 1204년부터 1461년까지 250년 넘게 독립 제국으로 번영을 누렸다는 점에서 특히 주목할 만하다. 11세기 셀주크투르크족으로부터 침략받았을 때도 그곳의 귀족 테오도루스 가브라스는 비잔티움에 거의 의존하지 않은 채 독자적으로 싸움을 하고 협상도 벌였다. 그러다가 그곳의 지배권은 1204년 안드로니쿠스 1세 콤네누스 비잔티움 황제(재위 1182~1185)의 두 손자에게 넘어갔다. 두 사람이 그루지야 여왕 타마르의 지원을 받아 트레비존드를 점령한 것이었다. 두 형제(다비드 콤네누스와 알렉시우스 콤네누스)는 트레비존드에서 나는 천연자원과 자치의 전통을 살려 그곳을 새로운 수도로 삼았다. 그리하여 트레비존드는 극동에서 시작되는 가장 중요한 육로 가운데 하나의 서단을 장악하게 되면서, 상업세로 짭짤한 수익을 올리는 흑해 국제무역의 중심지가 되었다. 그곳은 또 남쪽에 천혜의 방벽을 형성하고 있던 폰투스 산맥의 은광에서도 상당한 부를 얻었다.

　트레비존드는 소설의 무대가 되기도 했다. 영국의 소설가 로즈 매콜리가, 바다 위로 우뚝 솟은 성채와 도시의 수호성인 에우게니우스에게 봉헌한 교회를 비롯하여 웅대한 수도원과 교회들이 들어선 그림 같은 그 흑해 항구도시의 낭만적 풍경을 배경으로 한 『트레비존드의 탑 *The Towers of Trebizond*』을 쓴 것이다. 그곳 탑들은 흑해가 바라다보이는 멋진 성채 위에 자신들의 궁궐을 축조하기도 한 13세기와 14세기 군주들에 의해 재건되었다. 그들은 비잔티움 황제의 계승자로서 자신들의 정치적 입지를 강화하기 위해 대콤네누스 가家라는 칭호를 사용하고 수도원과 교회를 축조하는 비잔티움 황제 고유의 자선 전통도 이어나갔다. 13세기 중엽 마누엘 1세도 그런 전통을 이어받아 성 소피아 수도원을 건립했다. 나중에 크게 증축된 그 수도원에는 멋진 프레스코화와 외면의 조각 장식이 지금껏 보존돼 있다. 트레비존드(트라페주스) 제국은 행정과 국제무역 부문에서도 콘스탄티노플의 제도를 답습했다. 제노바와 베네치아 상인들에게 특혜를 부여하여 항구 가까운 곳에 거류지를 설치할 수 있게 해준 것이 그 좋은 예다. 카프카스와 러시아 상인들도 트레비존드 항구를 많이 이용했다.

트레비존드는 절경으로도 이름이 높았다. 11세기에는 그곳 출신의 비잔티움 학자 요한네스 크시필리누스(나중에 콘스탄티노플 총대주교가 된다)가 에우게니우스의 순교와 스키타이 병사들(바랑기아 부대)의 병을 치료한 것 등 그(에우게니우스)가 행한 기적의 이야기를 책으로 펴냈다. 그 기적담은 성당지기 요한네스 루키테스에 의해 나중에 흥미로운 내용으로 개작되었다. 그는 에우게니우스를 "동방과 금빛 트레비존드의 모든 지역에서 명성이 자자한 영광스러운 인물"로 묘사했다. 그러나 트레비존드에 대한 묘사가 가장 돋보인 것은 역시 1400년경 그곳에서 태어나 훗날 가톨릭교회의 추기경이 된 요한네스 베사리온과 15세기 중반 아버지의 고향 트레비존드를 찾아 찬양의 글을 쓴 요한네스 에우게니쿠스의 유명한 연설문들이다. 두 사람의 연설문이 기존 장르〔에크프라시스ekphrasis. 생생하고 역동적인 묘사를 특징으로 하는 문체〕에 충실한 수사학적 찬양문임에도 사료적 가치가 높은 것은 그 안에 트레비존드의 삶의 모습이 많이 담겨 있기 때문이다. 베사리온은 트레비존드를 강력한 요새와 웅장한 궁궐이 있는 '세계의 시장'으로 묘사했고, 에우게니쿠스는 트레비존드의 아름다운 풍광과 비옥한 농토에 주목했다. 그런 식으로 두 사람은 이름난 도시 트레비존드의 상반된 모습을 뛰어나게 묘사했다.

트레비존드는 국경에 붙어 있다는 지리적 특성으로 무슬림 칼리프국과 동방 여러 나라의 사상의 중개로가 되기도 했다. 그리스의 수도자 게오르기우스 키오니아데스도 1290년대에 트레비존드를 경유하여 몽골 제국 일한국(지금의 이란)의 수도 타브리즈에 가서 이름난 학자 샴스 부하리 수하에서 아랍 천문학을 연구했다. 그는 타브리즈에 오랫동안 머물며 아랍의 천문학 서적을 그리스어로 번역하고 천체 관측을 위한 아스트롤라베astrolabe[별의 위치, 시각, 경위도 등을 관측하기 위한 천문 기계]를 들여와, 비잔티움이 외국의 우월한 학문을 받아들이는 드문 선례를 하나 남겼다. 귀국한 뒤에는 콘스탄티노플에서 과학과 의학서적들로 천문학과 의학을 가르치며 후진 양성에 힘썼다. 그가 아랍 서적을 그리스어로 번역한 것의 중요성은 나중에 폴란드의 천문학자 코페르니쿠스가 태양중심설에 대한 글을 쓰면서 그것들을 참조한 사실로도 잘 알 수 있다. 그레고리우스는 1305년 주교 자격으로 타브리즈에 돌아와 5년가량 일한국의 기독교 공동체에서 일하다가 트레비존드의 수도원으로 은퇴해 1320년 숨을 거뒀다.

트레비존드 제국은 대콤네누스 황제들이 외교나 결혼 등의 방법으로 투르크족, 몽골족, 그루지야 지배자들과 용케 충돌을 피하며 통치한 덕에 250년 넘게 존속하다가 1461년 오스만 제국에 병합되었다. 버밍엄대학 앤서니 브라이어 명예교수의 폭넓은 연구로도 밝혀졌듯이, 트레비존드는 '작은 것이 아름다운' 제국의 훌륭한 전범이 되었다. 이후 트레비존드는 트라브존이 되었으나, 그런 가운데서도 20세기 초까지 남아 있던 수멜라 수도원과 같은 폰투스 산맥의 수도원들에서 볼 수 있듯 비잔티움의 특성은 사라지지 않고 많이 남아 있었다. 외딴 공동체들에는 폰투스의 그리스어 방언과 1줄로 된 리라 연주법의 전통도 보존돼 있었다. 트라브존은 지금도 흑해 유역의 가장 매혹적인 도시로 빛을 발하고 있다. 과일과 견과 초콜릿을 만드는 영국 버밍엄의 캐드버리 사에 지역 특산품인 헤이즐넛을 수출하여 적잖은 소득을 올리면서 말이다.

에피루스

1205년 비잔티움의 또 다른 계승국이 미카일 콤네누스 두카스에 의해 그리스 서단 아드리아 해 유역의 에피루스에 창건되었다. 이사키우스 2세 앙겔루스와 알렉시우스 3세 황제의 사촌으로 아버지 요한네스로부터 콤네누스와 두카스의 성을 물려받은 그는 몬페라토의 보니파체가 지휘한 라틴 군대에서 잠시 복무한 뒤 그리스 서부의 아르타로 탈출, 십자군에 맞선 저항군을 조직하여 10년 만에 코린토스 만에서 북쪽의 알바니아 국경에 이르는 해안지대와 케르키라 섬(코르푸 섬)을 점령하고, 동쪽으로 진출하여 중부 테살리아의 라리사까지 정복하는 기염을 토했다. 그렇게 해서 수도 아르타를 기반으로 세워진 이 조그만 나라는 핀두스 산맥으로 그리스 본토의 나머지 지역과 분리돼 있었다. 에피루스는 그리스 서쪽에 면해 있으면서 풍부한 농산물로 국내외 시장을 공략했다. 1249년에는 미카일의 서자 미카일 2세 콤네누스 두카스가 전제군주despotes의 호칭을 사용하여 역사적인 에피루스 전제국가의 등장을 알렸다.

1215년 테오도루스 1세 콤네누스 두카스가 그의 이복형제 미카일 1세의 뒤를 이어 에피루스 제국의 황제가 되었다. 그는 오흐리드를 수복하고 라틴 제국의 황제 피에르를 사로잡았다. 1224년에는 테살로니카를 점령한 데 이어 콘스탄티노플에서 이틀 행군 거리밖에 안 되는 아드리아노플(지금의 에디르네)로 진격해 들어갔다. 그런 다음 1225~1227년 테살로니카 성당에서 오흐리드의 수도대주교 데메트리우스 코마테누스 집전으로 황제 즉위식을 갖고 비잔티움의 황제 계승권까지 주장했다. 테오도루스는 20년 가까이 비잔티움 제2의 도시 테살로니카와 에피루스국을 통치했다. 그를 계승한 미카일 2세 콤네누스 두카스는 영토 확장보다는 에피루스국의 독립을 확고히 하는 데 힘썼다. 그리하여 후임 전제군주들은 수도 아르타에서 건축물을 지어 자신들의 영토를 아름답게 가꾸며 1318년까지 에피루스를 통치했다.

이들 경쟁 국가(트레비존드와 에피루스)가 주도권을 잡기는 쉽지 않았다. 나라의 규모가 작다 보니 적과도 손을 잡아야 하는 등 상황이 여의치 않았던 것이다. 그리스에 위치한 에피루스의 경우는 그것이 십자군 지도자와 근거지 확보에 열을 올리는 서방 세력을 상대해야 하는 것을 의미했다. 그렇다 보니 비잔티움 서쪽 지역에서는 경쟁, 전열의 재정비, 격전, 분열을 영구화하는 자멸적 살해의 악순환이 이어졌다. 앙주의 샤를―나폴리와 시칠리아 국왕(재위 1265~1285)―과 같은 서방 군주, 이탈리아의 토코 가문과 아치아이우올리 가문, 카탈루냐와 아라곤의 용병부대들이 십자군 왕국과 비잔티움 계승국들 사이에서 이리저리 편을 바꾸며 정치적 혼란을 부채질했다.

그런 어려움 속에서도 에피루스의 전제군주들은 아르타에 도읍을 정하고 비잔티움을 모델로 한 궁정과 행정부를 수립했다. 예술가, 학자도 후원하고 수도원과 교회도 건립했다. 요한네스 아포카우코스와 데메트리우스 코마테누스 같은 대주교들도 전제군주의 후원이 있었기에 비잔티움 법률을 그들 법정에 적용하고 콘스탄티노플의 제도를 교회 행정에 원용해 쓸 수 있었다. 앞의 7장에서도 언급했듯이 그들의 판결문은 읽기에도 흥미로울 뿐 아니라 불공정한 제도를 개선하려는 인도적 고려마저 느낄 수 있다. 미카일 2세는 수도 아르타에 웅대한 성모교회(지금은 카토 파나기아로 알려져 있다)도 지었다. 그의 아내 테오도라도 수도원을 건립하고 죽은 뒤에는 1270년경 자신이 수도원에 덧대어 지은 나르텍스에 묻혔다. 성녀로 추증된 테오도라가 생전에 행한 거룩한 활동은 그녀의 전기에도 잘 나타나 있다. 테오도라의 아들 니케포루스도 예술을 후원하여 1290년 에피루스에서 가장 빼어난 비잔티움 양식의 파나기아 파리고리티사 성당(위안의 성모 성당)을 건립했다. 다섯 개의 돔이 얹혀진 그 높다란 성당은 그리스도 판토크라토르 모자이크 상이 있는 중앙 돔까지 계단식 열주가 떠받치고 있는 3층 건물인데, 벽면도 2층까지 대리석으로 덮여 있다. 또 부조에서는 로마네스크 양식이 느껴지지만 내부는 명백히 비잔티움풍으로 장식되었다.

니케아

니케아 제국은 위의 두 제국과는 차이가 있었다. 배를 타면 한걸음에 달려갈 수 있고 육로 행군으로도 하루면 닿을 수 있었으므로 어느 모로 보나 콘스탄티노플과는 가장 밀접한 곳이었다. 니케아는 또 에큐메니컬 공의회가 두 차례나 열린 곳으로서의 화려한 역사와, 수도에 필요한 도시 건축물들도 빠짐없이 갖추고 있고 방비도 튼튼한 고대 도시였다. 그렇다 보니 그곳은 처음부터 수도에서 도망쳐 나온 황족이 자리를 잡고 가장 권위 있는 황권을 주장하는 곳이 되었다. 알렉시우스 3세 앙겔루스 황제의 사위 테오도루스 라스카리스(그의 딸 안나와 결혼했다)는 수도가 십자군에 함락되자 니케아에 비잔티움 제국을 그대로 옮겨놓은 듯한 제국을 건설했다. 콘스탄티노플 총대주교 요한네스 카마테루스가 니케아로 오기를 거부하여 생긴 문제는 미카일 아우토레아누스를 회유하여 망명지의 총대주교로 삼는 방식으로 해결했다. 그런 다음 그는 1208년 그의 집전 아래 대관식을 갖고 비잔티

아르타에 있는 파나기아 파리고리티사 성당의 전경. 1290년 무렵 에피루스 전제국의 니케포루스 1세 콤네누스 두카스가 건립했다.

파나기아 파리고리티사 성당의 내부 중앙 돔에 설치된 그리스도 판토크라토르 모자이크 상.

움 계승국의 첫 황제가 되었다.

1254년에는 할아버지 테오도루스 라스카리스의 손자 테오도루스 2세가 니케아 제국의 황제가 되었다. 황제가 되기 전 그는 니케아를 찬양하는 글을 작성하여 아버지 요한네스 3세 바타체스(테오도루스 라스카리스의 사위)와 시민들 앞에서 연설했다.

지금 니케아 시민들 머리에는 (…) 비잔티움의 진정한 자줏빛 관이 장엄하게 씌워져 있습니다. (…) 그리하여 이제 니케아는 당당한 권위를 갖고, 부나 군사력이 아닌 학문으로 빛나는 사람들이 사는 도시 중의 도시가 되었습니다. (…) [니케아는] 모든 도시의 여왕, 학문의 면에서는 진정 최고의 도시입니다.

테오도루스 2세는 니케아의 아름다운 자연, 비옥한 농토와 호수, 포도밭, 풍부한 수자원에 대해서도 언급하면서 그것들 모두 미식가와 호사가들을 만족시킬 만한 수준이고, 농촌지역에도 도시 교육의 혜택이 미쳐 니케아는 농부들조차 몽매한 상태를 벗어났다고 주장했다.

도시의 계몽적 역할을 강조하는 이런 류의 연설은 사실 특별할 것이 없었다. 그러나 테오도루스 2세가 다른 점은 니케아가 배움의 혜택으로 고대 도시 바빌론, 인도의 도시들, 심지어 아테네마저 능가하게 되었다고 말한 것이었다. 그 같은 찬양의 공식은 1291년 안드로니쿠스 2세 팔라이올로구스 비잔티움 황제의 니케아 방문에 맞춰 테오도루스 메토키테스가 작성한 연설문에 더욱 충실히 반영되었다. 훗날 비잔티움 총리대신이 된 그는 니케아가 명당 자리에 위치해 있다는 것과, 그곳 호수의 아름다움, 또 신성한 질병(간질)을 포함해 병마와 가난에 시달리는 사람들의 안식처가 되어준 "편리함에 호사스러움까지 갖춘 매혹적인 욕장의 쾌적함도 향유할 수 있다"는 점에 주목했다. 그는 교회, 수도원, 성벽, 가옥들에 대해서는 더욱 상세한 묘사를 하면서 니케아에는 이런 것도 있다고 안드로니쿠스 황제의 관심을 일깨웠다.

> 천상의 아름다움을 지닌 보물, 우리 시대의 찬란한 지혜를 나타내는 기념물, 그것의 과실果實, 장려한 의식, 속세를 벗어나 기독교에 귀의하려는 사람들을 위해 마련된 거룩한 수행지.

니케아 황제들은 라틴인들이 콘스탄티노플을 점유하고 있을 때 소아시아 서부에 실행 가능한 제국정부를 수립하고 농업을 발전시켜 경제적 자립 기반을 마련했다. 그리하여 요한네스 3세 바타체스 황제의 기나긴 치세(1221~1254)에 이르러서는 물품과 식료품을 수입할 필요 없이 니케아에서 나는 생필품만으로도 자급자족이 가능하게 되었다. 니케아의 이런 농업 발전에는 각종 단체들의 도움이 컸다. 그 사실은 스미르나(지금의 이즈미르) 인근의 렘비오티사 수도원 기록물에도 나타나 있다. 요한네스 3세는 또, 이탈리아에서는 처음으로 수익성 좋은 흑해 유역 교역지에 거점을 마련한 제노바와도 동맹을 맺어 국제무역도 신장시켰다. 그러면서도 그는 니케아보다는 주조소와 국고가 있었던 님파이온에 살기를 좋아하여 그곳으로 궁정을 옮겼다. 그러나 총대주교는 니케아에 계속 남아 있었다.

니케아 황제들은 라틴인, 투르크족, 에피루스와 테살로니카 세력을 상대로 원정을 활발하게 벌였다. 그런 한편 총대주교들과 더불어 동서 교회의 재통합 협상에도 적극적으로 관여했다. 그 결과 코르토나의 엘리아스와 파르마의 요한(두 사람 다 프란체스코 수도회의 총회장이었다) 같은 주로 서방의 탁발승이 이끄는 사절단이 토론을 위해 콘스탄티노플과 니케아를 오가게 되었다. 1249년에서 1250년에는 파르마의 요한이 이끄는 교황 사절단이 님파이온의 궁정에서 동서 교회의 주요 쟁점 사안인 필리오쿠에(성령의 발현에 대해서는 앞의 4장 참조) 논쟁을 벌였다. 동방 교회에서는 13세기의 비잔티움의 신학자 니케포루스 블레미데스가 토론자 대표로 참석했다. 일부 서방 사절들은 신학 문제 이외의 분야에도 큰 흥미를 보였다. 플랑드르 출신의 도미니쿠스 수도회 수도승 기욤 드 모어베크는 특히 고대 그리스 철학에 깊은 관심을 나타내며 원고를 수집하고, 동방 교회 측에 도움을 청해 그리스어를 배우고, 1260년에는 니케아와 테베를 방문하고, 아리스토텔레스의 『동물의 각 부분에 관하여 On the Parts of Animals』, 200년 무렵에 활동한 그리스 철학자 아프로디시아스의 『알렉산드로스』, 5세기의 그리스 철학자 프로클로스, 아르키메데스, 고대 그리스의 의사 갈레노스의 작품을 라틴어로 번역했다. 1274년에도 그는 교황 사절로 동서 교회의 통합을 위해 일했으며, 1278년에는 코린토스의 서방 교회 대주교로 임명되었다. 그의 라틴어 번역은 완전한 직역(그리스인들은 이것을 '또박또박'을 의미하는 카타 포다kata poda로 불렀다)으로 이루어져, 현재 사라지고 없거나 일부만 남아 있는 그리스 원전을 복원하는 데 많은 도움이 되고 있다.

  비잔티움인들 눈에 탁발승은 일반적인 서방인들과는 달라 보였다. 그들은 가난, 겸손과 같은 기독교적 이상에 고취돼 있었고 십자군 성직자들과 달리 전투에도 참가하지 않았다. 1204년 이후 라틴인들에 대한 비잔티움인들의 반감이 커지고 서방 교회에 대한 동방 교회의 공격의 강도가 높아진 것도 서방 성직자들의 그런 전투적 기질 때문이었다. 그러나 교육받은 탁발승들은 정교회를 노골적으로 비판하기보다는 정교회 교리를 적극적으로 이해하려는 태도를 보였다. 그리하여 참석자들은 니케아에서 여러 차례의 토론을 거친 끝에 동서 교회의 재통합을 위한 사전준비 작업을 마쳤다. 그레고리우스 9세 교황과 인노켄티우스 4세 교황도 보편적 공의회 개최는 거부했으나 공의회의 예비회의 개최에는 지지 의사를 나타냈다. 요한네스 3세와 그의 아들 테오도루스 2세도 그 협상을 지휘하고 관장하는 일에 중요한 역할을 담당했다. 니케아의 총대주교 아르세니우스(재위 1254~1260, 콘스탄티노플 총대주교로서의 재위 1261~1265)는 알렉산데르 4세 교황에게 보낸 편지에서 그 점을 누차 강조하면서, 황제의 참여가 없었다면 동서 교회의 재통합 문제는 상정도 못 했을 것이라고 말했다. 그러나 니케아 공의회로 강화된 황제의 그런 입지는 총대주교의 역할을 황제가 빼앗는 것이 되어 황권과 교권 간의 미묘한 힘의 균형을 깨뜨릴 위험을 내포하고 있었다.

1204년 십자군이 콘스탄티노플을 점령한 이후 비잔티움은 전혀 딴판이 되었다. 약탈에 대한 몸서리쳐지는 기억으로 반反서방 정서가 하늘을 찔렀다. 반면 콘스탄티노플의 라틴 제국은 고질적인 병력 부족으로 제대로 기를 편 적이 한 번도 없었다. 동방의 예루살렘 왕국과 다를 바 없이 그곳도 언제나 서방에 방어를 위한 지원군을 요청하기에 급급했다. 교역은 베네치아 덕에 간신히 유지되었고 비잔티움 교회들을 서방의 용도로 전환한 것도 프란체스코 수도회와 도미니쿠스 수도회의 탁발승들이었다. 플랑드르의 보두앵 1세가 수립한 라틴 제국의 왕조 또한 외국의 지배자들과 맺은 이런저런 결혼의 연줄로 힘을 강화하려고 애쓰는 처지였다. 기독교도들 간의 경쟁관계도 동서 교회의 통합 가능성을 감소시키는 데 일조했다. 골수 정교도들은 '콘스탄티노플 교회를 로마 교회에 복속시키려는' 서방의 모든 시도를 거부했다. 그런 태도는 나아가 동서 교회가 공조를 이루어 십자군 운동을 벌이는 데도 걸림돌이 되었다. 1261년 여름 니케아의 해군 사령관이 운 좋게,

베네치아 함대가 흑해로 원정을 떠나 콘스탄티노플이 무방비 상태에 놓여 있다는 것을 알게 되었을 때도 양측은 그런 복잡한 관계에 놓여 있었다. 그는 즉시 황제 요한네스 4세 라스카리스의 섭정 미카일 팔라이올로구스의 이름으로 콘스탄티노플을 탈환했다. 미카일 8세 팔라이올로구스가 재건된 비잔티움의 황제로 탄생하는 순간이었다.

26
반역자와 후원자

> 농사짓고, 집 짓고, 배 만들고, 공예품 만드는 일은 우리 [가난한 사람들]가 다한다. (…) 너희가 할 줄 아는 게 무엇이냐? (…) 노름하고, 쾌락이나 추구하고, 과욕을 부려 국가의 재난을 불러오고, 빈곤을 확산시켜 시민적 질서를 무너뜨리는 것밖에 더 있느냐.
>
> — 14세기 전반기, 알렉시우스 마크렘볼리테스가 쓴
> 『부자와 빈자의 대화Dialogue between the Rich and the Poor』 중에서

비잔티움은 궁정 의식으로 정밀함이 더해진 계층제로 고착화된 사회 같지만 그 이면에는 상당한 정도의 유연성, 사회적 이동, 혁신의 움직임이 일고 있었다. 물론 1204년 이후에도 '양갓집 자손'은 여전히 엘리트 지배계층— 성직자나 민간인 할 것 없이 모두—과 교육받은 행정가가 되기 위한 필수 요건으로 인식되었다. 책임 있는 당국자들은 농촌의 소작농이나 도시의 장사꾼 같은 하층민의 세습을 당연하게 여겼다. 교육과 군대가 신분 상승의 수단이 되었고 뼈대 있는 가문과의 결혼이 입신출세를 위해 흔히 사용된 방법이었다. 반면 황제의 정적으로 몰리면 재산을 빼앗기고 추방당하여 하루아침에 신분이 나락으로 떨어질 수도 있었다. 그래도 비잔티움에서 소외계층이 상류층에 진입할 수 있는 길은 여전히 요원하기만 했다.

질서(탁시스taxis)를 최고로 아는 황제의 관점이 변하지 않는 한 비잔티움에서 엘리트에 의한 지배가 바뀔 가능성은 희박했다. 그것은 민중의 불온한 움직임이 처음 감지되었을 때 동시대 작가들이 데모크라티아(민중에 의한 지배)와 오클로크라티아ochlokratia〔군중에 의한 지배. 군중mob을 뜻하는 오클로스ochlos와 크라티아kratia가 더해진 그리스어〕라는 용어를 사용해 군중과, 인생 역전을 꿈꾸는 그들의 열망을 비난한 것으로도 알 수 있다. 콘스탄티노플에서는 군중의 의사가 청색당과 녹색당을 통해 표출되었다. 그러나 그들도 정부의 정책에 불만이 있으면 거리로 뛰쳐나왔다. 알렉시우스 3세 황제도 1203년 십자군의 공격으로 수도를 탈출할 때 민중이 "혼란을 도모"하고 "사회 불안을 야기하는" 존재라고 말했던 것으로 전해진다. 그런 반면 민중은 1261년 콘스탄티노플을 탈환하고 도시로 입성한 비잔티움 군을 제일 먼저 맞아준 사람들이기도 했다. 그것을 보자마자 보두앵 2세 라틴 제국 황제와 라틴 총대주교는 프란체스코 및 도미니쿠스 수도승들과 함께 수도를 떠났다.

그렇게 해서 콘스탄티노플의 비잔티움 제국은 재건되었다. 그 한 달 뒤에는 제위 찬탈자 미카일 8세 팔라이올로구스가 비잔티움에서 이미 유명한 날이 된 8월 15일 성모승천 대축일에 마리아의 성상을 앞세우고 콘스탄티누스의 도시에 도보로 입성하여 성 소피아 성당에서 수도 탈환 감사 예배를 드렸다. 미카일이 라틴인들에게 푸대접받은 여왕의 도시를 본 것은 그때가 처음이었다. 그런 다음 그는 아내 테오도라와 함께 콘스탄티노플 총대주교로 복직된 아르세니우스 아우토레아누스의 집전으로 소피아 성당에서 또 한 번 대관식을 갖고, 예술가들로 하여금 양옆에 성모와 세례자 요한이 자리한 그리스도 모자이크 상을 새로 만들어 성당 회랑을 꾸미도록 했다. 미카일은 비잔티움 제국의 전통에 따라 성 사도 교회에 자신의 기념 원주도 세웠다. 라틴식 예배도 정교회식으로 복원하고 도시 성벽도 새롭게 보강했다. 그는 또 1204년 십자군과 공모하여 수도를 함락시킨 책임을 물어 베네치아 상인을 도시에서 추방하고 페라(갈라타)의 제노바인 거류지를 재건하여 그들에게 국제무역권을 넘겨주었다.

그 모든 일을 마친 뒤 미카일은 적법한 황제 요한네스 4세 라스카리스의 눈을 멀게 해 통치를 할 수 없게 만들었다. 요한네스는 그 상태로 40년을 더 살았다. 미카일도 바실리우스 1세와 다를 바 없이 폭력으로 제위를 찬탈한 것이었다. 그리고 바실리우스의 마케도니아 황조처럼 200년 가까이 존속될 팔라이올로구스 황조를 창건했다. 팔라이올로구스 황조는 1320년대와 1340년대에 제위를 둘러싼 내분이 일어난 것을 제외하면 1453년 오스만 제국에 패망할 때까지 비잔티움의 제위를 꿋꿋이 지켰다. 그 황조의 황제들은 또 예술을 후원하고 교회, 수도원, 성을 건립했다. 학문에 조예가 깊은 황제도 많았다. 마누엘 2세만 해도 그리스인과 투르크인이 종교에 관해 토론한 내용을 담은 『대화 Dialogue』를 집필했고 또 다른 황제는 결혼이 주는 이점에 관한 글을 썼다. 팔라이올로구스 황제들이 예술과 문화를 장려한 덕에 비잔티움 예술은 활짝 꽃피어 제국 후기의 특징으로 자리매김했다.

그러나 의기양양하게 제국을 수복한 미카일도 에피루스와 트레비존드를 굴복시키지는 못했다. 그에 따라 비잔티움의 지배권이 미치는 곳도 제국 서부의 트라키아, 마케도니아, 모레아(펠로폰네소스 반도)의 일부 지역, 니케아 제국 영토(소아시아 서부)에 지나지 않았다. 미카일이 내세울 만한 자산은 에게 해와 흑해 사이를 잇는 해로의 통제권이 고작이었다. 비잔티움은 그 두 곳을 오가는 물품에 관세를 부과하여 수익을 창출했다. '해협의 제국'이란 말도 그래서 생겨났다. 이렇게 바짝 줄어든 제국이 승승장구하는 오스만투르크족의 기세를 막을 도리는 없었다. 그것이 조각난 비잔티움을 갈기갈기 찢어놓는 또 다른 원인이 되었다. 1204년 이후 비잔티움은 결코 제 모습을 되찾지 못했다.

　투르크의 많은 부족은 그때까지도 유목민의 때를 벗지 못했으나 1282년 무렵 오스만이 이끄는 부족이 성전의 전통을 이어받아 비잔티움 제국에 맞선 군사행동을 시작했다. 그는 부족 간 파벌싸움을 종식시킨 수완으로 자잘한 공국의 지도자들을 어렵지 않게 규합하여 아나톨리아 북부에 위치한 비잔티움의 지방 비티니아를 공격했다. 미카일 8세에 대한 충성심이 약했던 그 지역의 일부 비잔티움 지주들도 재산을 보유하게 해준다는 약속에 그의 편으로 돌아섰다. 비잔티움 군복 차림에 비잔티움 무기를 들고 비잔티움 지휘관의 지휘를 받는 별도의 부대를 구성하여 투르크족 군대에서 용병으로 활약한 기독교도들도 있었다. 오스만은 그런 추가 병력의 도움을 받아 방비가 튼튼한 니케아의 고대 도시들, 니코메디아, 프루사를 공략했다. 그리하여 1302년에는 비티니아에서 비잔티움 군을 대파하여 오스만 제국의 근거지를 마련하고 1326년 죽기 직전에는 아들 오르한이 오랜 포위공격 끝에 프루사도 점령했다.

　오르한은 프루사를 오스만 제국의 수도로 삼고 부르사로 개칭했다. 그런 다음 소아시아 서부에 있는 비잔티움의 나머지 영토를 공격하여 1331년 3월에는 니케아(지금의 이즈니크)를 굴복시키고 그 6년 뒤에는 니코메디아마저 정복했다. 오르한은 아버지의 유해를 부르사로 옮겨 지금은 이슬람 사원이 된 성 엘리아스(엘리야) 교회 옆에 신축한 거대한 영묘에 안장했다. 후대의 투르크족 족장과 술탄들도 부르사에 모스크와 영묘(터키어로는 튀르베 Türbe)를 축조했다. 오르한은 정복한 지역에 대해 기독교 관리를 기용하여 토지대장과 납세자 명부를 작성하게 하는 등 비잔티움의 행정 방식에 따라 통치했다. 그런 식으로 그는 제국의 동부를 전략적으로 지배하여 비잔티움을 궁지로 몰아넣었고 그로 인해 유럽의 후배지後背地에 대한 제국의 의존도는 나날이 높아졌다. 그렇다고 오르한이 비잔티움과의 관계를 언제나 적대적으로 몰고 간 것은 아니었다. 안드로니쿠스 3세(재위 1328~1341) 치세 때만 해도 그는 황제를 도와 제노바의 자카리아 가家 아래 명반明礬의 주산지가 된 포카이아(스미르나 부근)를 함께 되찾았다. 명반은 염색에 필수적인 매염제의 원료인 데다 가죽공예나 그림에도 쓰였기 때문에 명반석 광산은 짭짤한 수입원이 될 수 있었다. 오르한은 나중에 요한네스 6세 칸타쿠제누스 황제와도 동맹을 맺고 그의 딸 테오도라와 결혼했다. 그것도 투르크족과 비잔티움 간에 진행된 여러 정략결혼의 하나일 뿐이었다. 그러나 1341년 비잔티움에 제위를 둘러싼 분쟁이 일자 투르크족과 그 밖의 인접국들은 신속히 그 기회를 이용했다.

1341년 안드로니쿠스 3세 황제는 아홉 살밖에 안 된 장자 요한네스를 남기고 숨을 거뒀다. 따라서 섭정이 필요했으나 그에 대한 뚜렷한 규정이 없었다. 과부가 된 황후 사보이의 안나는 그런 상황에서 아들의 계승권을 지켜야 할 입장이었다. 그런 그녀를 도와 처음 섭정이 된 인물은 안드로니쿠스 3세의 최측근 고문을 지낸 요한네스 칸타쿠제누스였다. 콘스탄티노플 총대주교 요한네스 12세 칼레카스도 섭정권을 주장하며 그에 맞선 대항 세력을 구축했다. 세르비아, 불가리아, 투르크족도 그 기회를 이용하기 위해 재빨리 행동에 나섰다. 1341년 7월 요한네스 칸타쿠제누스가 세르비아와 전쟁을 하기 위해 콘스탄티노플을 떠났다. 칼레카스는 이때다 싶어 요한네스가 역모를 꾀한다며 황후의 마음을 교란시켰다. 이어 콘스탄티노플의 칸타쿠제누스 가家 재산은 공격을 받고 황후의 명령으로 군대도 해산되었다. 칼레카스는 어린 황제를 손아귀에 넣기 위해 콘스탄티노플의 행정장관 겸 함대 제독이던 알렉시우스 아포카우코스도 자기편으로 끌어들였다.

요한네스 칸타쿠제누스도 그에 질세라 1341년 10월 디디모테이코스(트라키아)에서 자신을 황제로 선포했다. 비잔티움의 고질적인 귀족 간 파벌싸움이 발발한 것이었다. 총대주교 칼레카스는 "황제 사칭자"(요한네스 6세 칸타쿠제누스)를 파문에 부치고 어린 요한네스 5세 팔라이올로구스를 제위에 앉혔다. 칸타쿠제누스가 팔라이올로구스 왕조의 황권을 찬탈하려 한다는 소식에 여론도 양분되어 민심이 흉흉해졌다. 아드리아노플에서는 그것이 브라노스라는 노동자 주동으로 반귀족 폭력 시위가 도시를 휩쓰는 예기치 않은 사태로 발전했다. 군중은 브라노스의 선동에 따라 부유층의 재산을 공격했다. 칸타쿠제누스 가문이 엄청난 거부였던 것도 귀족층에 대한 반감이 높아지는 원인이 되어 가난한 사람들은 이참에 그동안 쌓이고 쌓인 울분을 풀고야 말 기세였다. 행정장관 아포카우코스는 다분히 계산적인 행동으로 그들에 대한 지지 의사를 표하며 아들 마누엘을 아드리아노플 총독으로 임명했다. 그로 말하자면 칸타쿠제누스의 격려에 힘입어 원대한 포부를 갖고 부도 축적하여 정계의 실력자가 된 인물이었다(덧붙여 말하면 그 부의 일부는 필사본 제작에도 쓰여 현재 파리 국립박물관에 소장돼 있는 히포크라테스의 유명한 필사본(그리스어 사본 2144)에도 돈을 기부한 그의 초상이 그려져 있고, 저명한 의사 겸 안드로니쿠스 2세 궁중의 시의侍醫였던 요한네스 아크투아리오스도 그가 쓴 『의술법The Method of Medicine』을 아포카우코스에게 헌정했다).

한편 그 무렵 테살로니카는 성 니콜라우스 오르파노스 교회를 장식한 익명의 예술가와 같은 지역 화가와 학자들로 상징되는 14세기 학문과 문화의 중심지 겸 주요 항구도시로 발달해 있었다. 그런데 그곳에서도 칸타쿠제누스 사태로 귀족층에 항거하는 폭동이 일어났다. 그들은 스스로를 젤로트Zealot(자신들의 대의에 '열과 성을 다한다'는 열광자라는 뜻)라 부르며 총독을 추방한 뒤 12명의 대표로 구성된 평의회를 구성하여 그것을 통치기구로 삼았다. 그에 필요한 정치적 힘은 도시 속의 도시라 할 수 있는 항구에 대한 영향력이 컸던 선원 동업조합으로부터 얻었다. 도시의 중산층(가옥 소유자와 유대인 상인을 비롯한 자영업자들로 이른바 메소이mesoi로 불린 계층)도 그들의 반란에 힘을 보탰던 것 같다. 젤로트들은 이후 7년간 사실상 테살로니카를 통치하면서 다른 곳들의 지원도 이끌어냈다. 아포카우코스는 이번에도 테살로니카가 요한네스 5세 팔라이올로구스에 대한 충성을 공식적으로 표명한 것을 이용해 지배권을 확보할 요량으로 그의 또 다른 아들을 총독으로 임명했다. 그래봐야 그가 12인 평의회에 미친 영향은 미미했다.

그렇다면 테살로니카의 반란을 예기치 않은 성공으로 이끈 주인공들은 누구였을까? 사료에는 선원 동업조합장 안드레아스 팔라이올로구스, 알렉시우스 메토키테스, 아포카우코스의 명령으로 살해당하기 전까지 12인 평의회의 일원으로 활동한 미카일 팔라이올로구스, 젤로트들 가운데 가장 과격한 인물이었고 지금도 그의 가문은 그 지역을 대표하고 있는 게오르기우스 코칼라스 등이 반란의 주역이었던 것으로 기록돼 있다. 안드레아스와 미카일은 성은 같아도 팔라이올로구스 황가와는 관련이 없었고, 알렉시우스 메토키테스와 그 가문의 다른 사람들과의 관계도 알려진 것이 없다. 젤로트도 하층민 출신은 많지 않았다. 그런데도 그들은 부유층의 착취에 맞서 싸우는 빈곤층의 대변자를 자임했다. 그들의 반란이 성공한 것도 어쩌면 테살로니카가 동업조합에 의해 생계를 보호받는 선원이 인구의 태반을 차지한 항구도시였기 때문일 개연성이 크다. 그것까지는 모르겠지만 그들이 안드레아스 팔라이올로구스의 지휘로 민병대를 구성하여 친칸타쿠제누스 세력을 물리친 것은 분명하다.

테살로니카의 반란 세력이 어떤 형태의 행정부를 꾸려갔는지도 불분명하다. 다만 그들이 칸타쿠제누스의 지지자뿐 아니라 외국 세력에도 맞서 도시를 방어했던 것은 확실하다. 1343년 아이딘의 투르크족 족장 우무르가 6천

명의 추가 병력을 파견하여 테살로니카에 대한 포위공격의 강도를 높였을 때도 그들은 완강하게 저항하며 도시를 지켰다. 그 2년 뒤 칸타쿠제누스 지지파가, 테살로니카의 미카일 팔라이올로구스와 콘스탄티노플의 행정장관 아포카우코스가 살해당한 틈을 타 평의회의 전복을 시도했을 때도 젤로트들은 아포카우코스의 아들과 친칸타쿠제누스 인물들을 죽여 그들에게 보복을 가했다. 1347년 테살로니카의 대주교로 임명된 그레고리우스 팔라마스도 그들의 저지를 받아 대주교로 취임하지 못했다. 그것이 영적 예배와 신비적 명상을 중시한 헤시카슴 이론을 그가 지지했기 때문인지 아니면 콘스탄티노플에서 보낸 성직자라는 단순한 반감 때문이었지는 알 수 없지만 아무튼 팔라마스는 2년간 테살로니카에 들어오지 못했다.

젤로트들에 대한 사료는 거의가 그들 반대파가 기록했다. 그러다 보니 그들이 표방한 가치가 무엇이었는지도 파악하기가 쉽지 않다. 당대 비잔티움 역사가들 중의 한 명인 니케포루스 그레고라스는 젤로트들이 조직한 정부를 오클로크라티아로 부르며 그들을 비방했다. 보수적인 비잔티움인들에게 군중에 의한 지배는 확실히 위험해 보였을 것이다. 테살로니카 출신인 데메트리우스 키도네스도 1345년의 폭동으로 죽은 사람들을 애도하는 추도사를 써 젤로트들에 대한 적대감을 드러냈다. 그는 추도사에서 젤로트들의 주도로 노예, 소작농, 부락민들이 부자들을 공격해 "세상이 뒤집혔다"며 개탄을 금치 못했다. 따라서 그가 극심한 고통을 당한 귀족들 편을 드는 것은 당연했다. 그러면서도 그는 과격파 젤로트인 코칼라스조차 자기 사위가 군중에게 살해되는 것을 막지 못했다는 점을 언급했다. 테살로니카 토박이인 토마스 마기스트로스도 콘스탄티노플의 친구들에게 보낸 편지에서 그와 비슷한 속내를 드러냈다. 보수적 성향의 학자 겸 교사였던 그는 젤로트들이 야기한 혼란에 불안감을 느끼며 그들을 서 푼어치밖에 안 되는 쓸모없는 존재로 깎아내렸다. 부동산에 투자하고 조상을 숭배하며 사는 점잖은 중산층을 존중할 줄 모르는 막돼먹은 인간들이라고 그들을 비난했다.

그런 뻔한 이야기들과는 달리 알렉시우스 마크렘볼리테스가 쓴 『부자와 빈자 간의 대화 Dialogue between the Rich and the Poor』에는 젤로트들의 숨은 동기를 엿볼 수 있는 논쟁적인 내용들 여러 편이 수록돼 있다. 이 매혹적인 책에서 빈곤층 대변자는 탐욕적이고, 자연이 주는 혜택을 자신들의 이기적인 목적을 위해 부당하게 이용하고, 한도 끝도 없이 욕심을 부리고, 정신적인 가치는 도외시한 채 물질적인 가치만 추구하는 것을 포함하여, 부유층이 행하는 그릇된 행태들을 예로 들며 그들을 질타했다. 그러자 부유층 대변자는 가난한 사람을 '도둑질, 술주정, 태만, 중상, 시기심, 살인'이나 저지르는 존재로 매도하면서 부자들의 우월한 위치를 정당화하려고 했다. 그에 대해 빈자는 이렇게 맞받아쳤다.

> 부자들이 돈을 어떻게 버는지 알 만한 사람들은 다 안다. 물론 개중에는 지식을 활용하거나 장사를 하거나 절약하여 부자가 되는 사람들도 있다. 하지만 강탈이나 끗발, 유산, 혹은 그와 유사한 방법으로 치부를 하는 사람들도 얼마든지 있다. 그런 작자들 때문에 다른 사람들이 가난해지는 것이다.

빈자는 이 정도는 그래도 봐줄 만하다는 듯, 가난한 사람과는 같이 앉지도 않고, 일상적인 대화에서조차 가난한 사람에게는 말도 안 걸고, 빈곤에서 벗어나기 위한 술수일 거라며 가난한 사람과는 결혼도 하지 않는 수치스런 사회 관습에 대해서는 더욱 목청을 높였다. 그러면서 부자들이 남아도는 부를 가난한 사람들에게 조금만 나눠주어도 "그 부가 골고루 분배되어 (…) 건전한 중산층이 창출될 수 있을 것"이라고 말했다. 그는 또 산해진미와 향기로운 술, 값비싼 의복, 쾌적한 주거환경, 양질의 의료 혜택, 모임의 맨 앞줄에 앉는 특권을 누리고 사는 부자들에 비해 빈곤층은 말라빠진 빵에 신내 나는 술로 식사를 대신하고, "이와 벼룩이 들끓는" 헐어빠진 외투 하나로 한 철을 지내고, 비바람도 못 막는 허름한 집에 살고 있다며 극심한 빈부차를 개탄했다. 그는 장례 문화의 차이에 대해서도 일침을 가했다. '과시적 소비'를 자랑하듯 촛대를 든 시종들이 늘어서고, 친족과 여자들이 곡을 하고, 추도사를 낭독하고, 성가를 부르고, 호화 분묘에 안장하며 떠들썩하게 장례를 치르는 부자들과 달리 가난한 사람들은 "멋지게 부활하는 데는 더 도움이 되는" 조촐한 의식으로 만족한다는 것이었다. 그러면서 그는 부자 기독교도보다는 오히려 유대인과 무슬림이 동족에 대한 마음 씀씀이가 낫다며 그리스도를 본받지 못한 그들은 내세의 삶도 얻지 못할 것이라고 조롱했다.

마크렘볼리테스는 반역과는 거리가 먼 인물이었다. 그도 14세기의 여느 저자들과 다를 바 없이 궁정을 위해 연설문을 쓰고 문관으로 생계를 유지한 지식인이었던 것이다. 다른 점이라면 투르크족의 급성장과 같은 14세기의 특징적인 현상들을 동시대의 다른 작가들보다는 좀 더 현실적으로 바라보았다는 것이다. 그는 1346년 성 소피아 성당의 돔이 무너진 것(땜질을 하여 복구가 되었는데도)도 세상에 종말이 온 징조로 해석하고 비잔티움 사람들의 과도한 탐욕과 타락된 행동을 질타했다.

『부자와 빈자 간의 대화』는 비잔티움의 빈곤을 액면 그대로 묘사했다기보다는 내용을 인위적으로 꾸민 책이었다. 그렇기는 하지만 부유층의 변명이나 가난한 사람들에 대한 부자들의 업신여김 같은, 빈자의 입을 빌려 토로한 불만은 동시대인의 감정을 충분히 반영한 것이었다. 다시 말해 칸타쿠제누스 같은 가문이 축적한 막대한 부에 저항하며 젤로트를 비롯한 반귀족 세력에 동참한 사람들은, 가진 자와 못 가진 자 간의 엄청난 괴리에 빈자들이 통상적으로 나타내는 반응을 보였을 것이라는 얘기다. 무엇보다 중요한 것은 전통적인 지배를 붕괴시키고 7년간이나 테살로니카를 제국의 지배권에서 벗어나게 한, 젤로트 폭동이 가져온 장기적인 효과였다.

그러나 12인 평의회도 종래는 반란의 문제 해결 방식을 놓고 분열을 일으켰다. 1347년 2월에는 요한네스 칸타쿠제누스가 콘스탄티노플로 입성, 황후 안나를 압박하여 총대주교 칼레카스를 사임시키고 요한네스 5세 팔라이올로구스와 자기 딸 헬레나 칸타쿠제네의 결혼도 성사시켰다. 그렇게 해서 불화를 빚던 두 가문은 하나로 결합되었다. 칸타쿠제누스가 새 왕조를 열지 않은 것에 그의 지지자들이 불만을 드러내기는 했지만 말이다. 그에 대해 젤로트들은 수도에서 하달된 명령서를 공개적으로 불태우며 맹렬히 저항했다. 그러고는 이미 세르비아인과 그리스인의 황제를 칭하고 있던 스테판 우로슈 4세를 테살로니카의 지배자로 초빙했다. 요한네스 6세 칸타쿠제누스를 군주로 인정하는 것보다는 세르비아인을 통치자로 받아들이는 것이 자신들의 독립성을 지키는 데 유리하리라는 판단에서였다. 스테판은 이게 웬 떡이냐 싶어 테살로니카로 병력을 파견했다.

이것이 젤로트들 간의 내분을 야기하여 급기야 상황은 알렉시우스 메토키테스가 안드레아스 팔라이올로구스를 공격하는 사태로 치달았다. 알렉시우스는 선원 동업조합 세력을 물리치고 칸타쿠제누스에 대한 지지를 선언한 뒤 세르비아인의 테살로니카 진입을 가로막았다. 이 소식에 요한네스 6세 칸타쿠제누스는 아들 마타이우스를 지휘관으로 한 비잔티움 정규군과 투르크족 보조부대를 테살로니카로 보내놓고, 자신도 부랴부랴 공동 황제 요한네스 5세 팔라이올로구스와 함께 콘스탄티노플에서 배에 올라, 1350년 부루퉁한 세르비아 장교와 투르크족 해군의 도움을 받아 테살로니카에 입성했다. 안드레아스 팔라이올로구스는 아토스 산으로 쫓겨가고 다른 젤로트들은 체포되어 추방당하거나 콘스탄티노플로 보내져 재판에 회부되었다. 젤로트들의 지지를 받은 요한네스 5세 팔라이올로구스도 황제로 환호받고 그레고리우스 팔라마스도 테살로니카의 대주교로 취임했다. 그는 대주교가 되어 행한 첫 설교에서 반역자들을 '야수'라 부르며, 팔라이올로구스 왕조 아래 평화와 화합을 이룰 것을 테살로니카인들에게 호소했다.

요한네스 6세 칸타쿠제누스도 투르크족과 동맹을 맺은 그의 조치에 항거하여 일으킨 대중의 시위에 밀려 퇴위를 하고, 수도원에 들어가 요아사프라는 수도명으로 회고록을 집필했다. 그 회고록에서 그는 반란에서 자신이 맡은 역할을 정당화하기 위해 과도한 폭력을 행사한 젤로트들을 맹비난하면서 그들의 폭동을 광범위하게 확산된 운동으로 이렇게 규정했다.

폭동은 끔찍하고 유해한 질병처럼 퍼져나가며 분별력 있고 멀쩡한 사람마저 난폭하게 만들었다. (…) 도시인들 모두가 귀족층에 항거하는 그 반란에 동참하였고 늦게 가담한 자들은 잃어버린 시간을 만회라도 하듯 앞선 사람들보다 한 술 더 떠 미친 듯이 날뛰었다. 그들은 온갖 형태의 반인륜적 행동을 저질렀다. 학살도 서슴지 않았다. 무분별한 행동은 용기의 이름으로 찬양되었고 동족에게 보이는 몰인정함은 황제에 대한 충성으로 합리화되었다.

요한네스는 또 귀족층을 엘리트로 묘사하면서, 가난한 자들은 그들의 태생이 좋은 것을 트집 잡아 복수하려고 했으며 중산층도 반도들의 압력에 떠밀려 그들을 지지한 것이라고 주장했다. 그가 비난한 도시 군중의 폭거는, 테살로니카 사태가 일어나기 한참 전이던 1328년 콘스탄티노플의 저택이 공격받아 전 재산을 날리다시피 한 제국의 관료 테오도루스 메토키테스의 사례로도 입증되었다. 테오도루스는 훗날 코라 수도원을 복원하고 그 스스로도 관복 입은 후원자의 모습으로 묘사된 모자이크화로 수도원 내부를 단장한 인물이었다. 젤로트들에게 비잔티움의 거부들에 대항하여 봉기를 일으킬 능력이 있었던 것처럼 부자들에게도 잃어버린 재산을 만회할 길은 얼마든지 있었던 것이다.

이후 테살로니카는 다시 엘리트 지배 체제로 돌아와 요한네스 5세 팔라이올로구스의 모후인 사보이의 안나의 통치를 받았다. 안나는 1351년부터 1365년경 죽을 때까지 테살로니카를 마치 자신의 사유지처럼 다스렸다. 그녀는 제위 다툼으로 콘스탄티노플이 소란스러울 때 돈이 떨어지자 베네치아인들에게 왕관의 보석을 저당 잡히고 빌려 쓴 돈 3만 두카트도 갚지 않은 채 죽었다. 그다음에는 마누엘 2세(비잔티움 제국 황제로서의 재위 1391~1425)가 1387년까지 테살로니카를 다스렸다. 마누엘이 도시에서 도망친 뒤에는 그의 아들 안드로니쿠스가 테살로니카를 맡아 통치하다가 1422년 베네치아에 방어권을 넘겨주었다. 투르크족의 포위공격에 허구한 날 시달리다 못해 넘겨준 것이었는데 베네치아인도 비잔티움인들보다 나을 게 없어 1430년 테살로니카는 끝내 투르크족에 점령되었다. 젤로트의 폭동도 더는 되풀이되지 않았으나 그들이 7년간 시행한 민중에 의한 자치정부는 미래의 정부 추세로 자리매김하여, 몇몇 이탈리아 도시들은 이미 공화국 체제를 받아들였고, 그곳에서 멀리 떨어진 바르셀로나와 그다인스크 같은 서방 도시들이 그 뒤를 이었다. 부자가 빈자를 지배하는 자연적 질서를 타도하는 데는 테살로니카의 상업활동과 선원 동업조합의 힘이 컸다. 그 밖에 젤로트 사건은, 비잔티움에서도 사회적 불이익을 감수하고라도 기존 정부를 저버릴 반동 세력이 얼마든지 생겨날 수 있음을 보여주었다.

테살로니카가 반역자들에게 전복당한 것과 거의 때를 같이하여 고대 스파르타(미스트라)에서는 웅대한 프랑크족의 성이 비잔티움 문화의 새로운 중심지로 떠올랐다. 전제군주로 불린 비잔티움 황제의 아들들이 1348년에서 1460년까지 미스트라를 수도로 한 모레아를 통치하게 된 것이었다. 본래 그 성은 아카이아 공국의 4대 공작 빌라르두앵의 기욤 2세가 1247년 라케다이모니아(스파르타의 다른 이름)가 내려다보이는 타이게투스 산맥(지금의 타이예토스 산맥) 꼭대기에 축조한 것인데, 이후 40년간 임자가 여러 차례 바뀌었다. 처음에는 기욤 2세가 외세의 힘을 빌려 정권을 유지하는 십자군 왕국의 관례에 따라 나폴리와 시칠리아의 군주 앙주의 샤를(카를로 1세)과 동맹을 맺고 공국을 지배했다. 1278년 그가 죽은 뒤에는 샤를이 공국의 지배권을 계승했다. 이에 미카일 8세 팔라이올로구스는 프랑스의 영토 확장 획책에 위협을 느끼고 유럽 여러 나라와의 연대를 모색했다. 그런 복잡한 정세와 음모의 소용돌이 속에 1282년 시칠리아의 프랑스 군이 대량 학살되는 사태가 벌어졌다. 베르디의 유명한 오페라 〈시칠리아의 저녁기도The Sicilian Vespers〉(1855)의 주제가 되기도 한 이른바 그 '시칠리아의 만종 학살'은 모레아의 지배권에도 영향을 미쳐 서방과 비잔티움 간의 분쟁을 촉발시켰으나 결국엔 비잔티움이 모레아를 소유하게 되었다.

13세기 말부터는 미스트라의 성채와 가까운 언덕배기로 주민들이 이동하여 성 아래쪽에 조그만 도시가 형성되기 시작했다. 그 위쪽에는 프랑크족의 토대로 여겨지는 곳에 지어진 총독의 궁전과 후대인들이 덧대어 지은 성 데메트리우스 성당을 비롯한 교회들이 우뚝 세워져 있었다. 이후 그 도시는 콘스탄티노플이 파견한 총독(스트라테고스 혹은 문자 그대로 '머리'를 뜻하는 케팔레kephale로 불렀다)의 지배를 받으며 착실히 성장했다. 총독들 중에는 칸타쿠제누스 가문의 일원으로 요한네스 6세의 아버지였던 인물도 포함돼 있었다. 지역민의 후원으로 수도원도 많이 지어졌다. 그들 중의 일부는 초상화나 비문의 형태로 업적이 기려지기도 했다. 수도원들 가운데 특히 1290년에서 1310년 사이에 축조된 브론토키온 수도원은 교회 두 동이 포함된 대규모 단지로, 다양한 건축 양식이 사용되고 프레스코화로 장식돼 있어 장인들의 뛰어난 기량을 엿볼 수 있는 곳이다. 황제의 황금문서 채색 필사본에도 이 수도원이 받은 특혜가 나열돼 있다.

펠로폰네소스는 이렇게 중부 그리스를 계속 지배하고 있던 아테네와 테베의 프랑크 공국들에 의해 제국의 수도와도 단절되고 다른 서방 세력들—카탈루냐와 아라곤의 용병부대, 이탈리아의 아치아이우올리 가문과 토코 가문, 이름뿐인 아카이아 공작들—의 끊임없는 위협에도 시달리며 특색 있는 비잔티움의 지방으로 발전했다. 1349년에는 요한네스 6세 칸타쿠제누스가 아들 마누엘을 모레아 자치국의 전제군주로 임명했다. 그때부터 그곳은 모레아 전제군주국으로 불리며 칸타쿠제누스 가문 혹은 팔라이올로구스 왕조의 아들들에 의해 지배되었다. 모레아는 1349년에서 1380년까지 이어진 마누엘의 기나긴 치세기에 태평성대를 이루었다. 중정中庭 위 스파르타 평원이 내려다보이는 시야가 확 트인 방들이 있는 2층짜리 궁전의 본관을 지은 것도 아마 마누엘이었을 것이다. 그는 미스트라에 성 소피아 성당도 축조했다. 황실 전용 교회로 사용된 듯한 그것은 나중에 한 수도원에 통합되었다. 1361년에는 요한네스 6세 칸타쿠제누스 황제였다가 나중에 수도자 요아사프로 변모한 마누엘의 아버지가 역병이 창궐한 아토스 산을 떠나 미스트라로 피신해왔다. 1380년 마누엘이 죽은 뒤에는 요한네스 5세 팔라이올로구스의 아들 테오도루스가 미스트라의 전제군주가 되었다. 그때부터 80년간 미스트라는 팔라이올로구스 왕조가 다스렸다.

그러나 14세기 비잔티움 세계의 모든 곳이 그러하듯, 미스트라도 오스만 제국이 공격해오리라는 두려움에 항상 떨고 있었다. 투르크족이 펠로폰네소스 반도를 처음 공격한 것은 1388년이었다. 1390년대에는 미스트라까지 쳐들어와 포위공격을 가했던 모양이다. 모레아의 전제군주들은 라틴 군대를 방어에 투입하는 등 서방 세력과의 연대를 통해 투르크족의 위협에 맞서려고 했다. 뤼지냥의 이사벨, 바르톨로메아 아치아이우올리, 클레오파 말라테스타, 마드달레나-테오도라 토코, 카테리나 자카리아와 같은 부유한 귀족 가문의 딸들과 결혼한 것도 그래서였다. 그러나 그들은 곧 (처가의) '야심 찬 장인들'과도 한판 대결을 벌여야 한다는 사실을 깨달았다. 그래도 1430년 무렵에는 그럭저럭 토코 가와 자카리아 가의 야망을 꺾고 아카이아 공국과 펠로폰네소스 반도 북서쪽에 위치한 베네치아 도시 파트라스를 모레아 전제군주국에 편입시켰다. 그렇게 해서 영토가 확장되고 힘이 강해지자 미스트라는 피난처로도 높은 인기를 누리게 되었다. 마누엘 2세 비잔티움 황제만 해도 서방에 장기간 순방을 다닐 때 아내와 아이들을 펠로폰네소스 반도에 머물게 했으며, 1417~1418년 콘스탄티노플에 유행병이 창궐했을 때는 미스트라가 유용한 피신처로 이용되었다. 그 5년 뒤에는 테살로니카 총독 안드로니쿠스 팔라이올로구스가 베네치아에 도시의 지배권을 넘겨준 뒤 미스트라로 은퇴했다. 모레아 전제국의 난공불락 성채는 경쟁 세력들의 각축전으로 만신창이가 되었을 때조차 안전을 보장해주었다.

미스트라는 타이게투스 산맥 산비탈에 세워진 소규모 지역이라는 지리적 특성 때문에 대도시가 되지는 못했지만 부유하고 국제적인 곳이었다. 성벽으로 둘러쳐진 그 자그마한 지역은 고대 도시국가를 방불케 하여 마치 가까이 있던 스파르타로부터 영감이라도 받는 듯했다. 주민들의 생계는 포도, 올리브, 뽕나무가 무성하게 자라는 비옥한 농토가 해결해주었다. 그곳에는 또 직조업과 카펫 제작, 천과 비단 짜는 일에 종사하는 유대인 공동체가 형성돼 있었고, 제노바인, 베네치아인, 에스파냐인, 피렌체인과 같은 외국 상인들의 왕래도 잦았다. 에브로타스 강(에우로타스 강)과 바다를 통하면 서방과의 교류도 쉽게 이루어졌으며, 콘스탄티노플 사절들도 미스트라를 경유하는 길을 곧잘 이용했다. 제국의 일개 파편에 지나지 않는 미스트라는 이렇게 비잔티움의 활력으로 넘쳐났다.

헬레네스는 비잔티움 제국 초기만 해도 이교도를 지칭하는 말이었다. 그것이 12세기 말과 13세기 초를 거치며 라틴인들에 대한 비잔티움 문화의 우월성을 나타내는 말로 변질된 것이다. 니케아 제국(1204~1261)의 지식인들은 고대 그리스의 지혜 가운데 특히 철학을 비잔티움의 정체성에 합치시켰다. 요한네스 3세 바타체스도 자신의 '그리스' 혈통에 대해 이야기했다. 비잔티움 학자들도 너 나 할 것 없이 모두 고대 그리스 세계와의 친밀감을 나타냈다. 그 현상은 학자들에게만 그치지 않고, 이시도루스(나중에 키예프의 주교와 로마 가톨릭의 추기경이 된 인물), 니케아의 주교 베사리온(그도 나중에 로마 가톨릭의 추기경이 되었다), 미스트라에 한동안 살기도 하고 훗날 콘스탄티노플 총대주교가 된 게오르기우스 스콜라리우스 같은 수도자들 또한 그리스 유산을 기독교 교리에 합치시키는 데 아무런 문제점을 느끼지 않았다. 비잔티움 제국 후기에는 콘스탄티노플, 트레비존드, 테살로니카의 교사들이 그리스 유산을 보존하고 심화시키는 작업을 벌였다. 스파르타 문명이라는 고대 유산의 특별한 양상을 옆에 끼고 있던 미스트라는 그리스 문화의 특징이 더욱 두드러지게 나타났다. 데메트리우스 키도네스도 다른 면으로는 알려진 것이 없는 철학자 게오르기우스에게 이런 말을 했다. "그리스 문화에 대한 절절한 사랑이 귀하로 하여금 스파르타 땅에 가면 리쿠르고스(고대 스파르타의 입법자)를 만나볼 수도 있으리라는 상상의 나래를 펴게 했군요."

플레톤으로도 알려진 게오르기우스 게미스투스가 1410년경 이단으로 탄핵되어 마누엘 2세에 의해 미스트라로 추방된 것이 그 시점이었다. 그의 성은 게미스투스였다. 그런데도 그는 필생의 역작 『아리스토텔레스와 플라톤의 차이에 관하여 On the Differences of Aristotle from Plato』를 집필할 때 플레톤이라는 필명을 사용했다. 게미스투스나 플레톤 모두 '완전함'을 나타내는 말이었는데도 그가 굳이 플레톤이라는 필명을 고집한 것은 고대 그리스 철학자 플라톤에 대해 남다른 애정을 품고 있었음을 나타낸다. 그에 대해 그의 적과 지지자들은 상반된 반응을 보였다. 그의 적들은 "그런 식으로 그는 플라톤과의 정신적 유대를 에둘러 표현했다"고 콧방귀를 뀐 반면 그의 지지자들은 플레톤을 "제2의 플라톤" 혹은 "플라톤 다음으로 위대한 철학자"라 부르며 우러러보았다. 플레톤이 오기 전에도 미스트라 궁정은 학자와 예술가가 답지하여 비잔티움과 그리스 문화의 중심지로 꽃피우고 있었다. 거기에 콘스탄티노플에서 교사로 활동한 철학의 대가 플레톤이 가세한 것이었다. 플레톤은 15세기의 그 어느 철학자보다, 학자들은 그리스의 지혜를 구현하여 그것을 실제에 적용해야 한다는 점을 강조했다. 그 자신도 미스트라에 머무는 동안 법관으로 봉직하며 행정과 정치 발전을 위한 개혁안을 부지런히 내놓았다. 그에 대한 답례로 미스트라의 전제군주들은 플레톤에게 영지를 하사했다. 콘스탄티노플과 미스트라의 지배자 모두 그의 조언에 목말라 했다.

플레톤은 미스트라의 마누엘 팔라이올로구스에게, 젤로트들의 의도를 연상시키는 혁신적인 변화를 주문했다. "토지는 거기에 사는 주민들의 공유물이 되어야 합니다. (…) 모두가 피땀 흘려 거둔 농산물은 삼등분하여 (노동자, 농부, 정부에) 골고루 나눠주는 것이 옳습니다." 그는 또 군인에게는 면세 혜택을 주고, 국가와 헬로트(농노)의 노역으로 군대를 유지시킬 것을 제안했다.

보병 한 명에 헬로트 한 명, 기병 한 명에 헬로트 두 명을 붙여주어야 합니다. 그래야 병사들이 장비를 제대로 구비하여 복무에 전념하고 평생 군대에 남아 있을 수 있습니다.

플레톤은 통화개혁도 건의했다. "지금 우리가 쓰고 있는 이 낯설고 저급한 동전을 계속 사용하는 것은 어리석기 짝이 없는 일입니다. 봉이 되어 남 좋은 일만 시키는 것입니다." 그런가 하면 그는 자급자족을 위해서는 무역도 규제할 필요가 있다면서 그것을 위해 효율적인 시민군을 창설하고 합리적 과세 기준을 마련하여 정부와 군대를 능률적으로 운영해야 한다고 말했다. 또한 독립을 추구하는 다른 지역들처럼 미스트라도 정부가 좀 더 민감하게 반응하여, 평등을 원하는 대중의 요구를 지방 행정에 반영해야 할 필요성을 제기하기도 했다.

플레톤은 일종의 스파르타 사회를 만들기 위한 이런 제안과 관련지어 고대 그리스의 사회적 가치와 종교의 부활을 건의했다. 아마 십중팔구 그의 저작 『법전 *Book of Laws*』에도 제우스를 기리는 기도문 전문이 수록돼 있었을 것이다. 3권으로 구성되고 총 100장章으로 꾸며진 이 책은 현재 16장만 남아 있고, 남겨진 것조차 몇몇은 온전하지 않지만 각 장의 제목만 보아도 그것이 신학, 윤리학, 정치학, 의식, 자연과학을 주제로 다루고 있었음을 알 수 있다. 자연과학 부분에는 학문의 신들에 바치는 기도문도 포함돼 있다.

오소서, 오 학문의 신들이여. 누구든, 수효가 얼마나 많든 괘념치 않겠습니다. 과학적 지식과 진정한 믿음의 수호자들. 만물의 위대한 아버지, 제우스 왕의 명에 따라 원하는 사람 누구에게나 그것을 나눠주시는 신들. (…) 바라건대 이 책이 큰 성공을 거두어 사적, 공적으로 더할 나위 없이 고결하게 살고자 하는 인간들의 앞날을 밝혀주는 영원한 재산이 되게 하소서.

여기서 플레톤이 말하는 제우스는 절대적 신이다. 비발생적이고, 영속적이며, 스스로의 아버지이자, 그를 제외한 나머지 모든 만물의 아버지, 뛰어난 창조자였다. 올림푸스 산의 신들은 또 수효도 많지 않고 하늘을 초월한 존재, 다시 말해 육체 없이 우주 밖에 머물러 있는 존재였다. 현세의 악마들처럼 수효가 많은 하위 신들과는 달랐다.

플레톤의 『법전』은 종교의식(아침, 오후, 저녁 기도), 사제의 역할, 신들의 이름이 내용의 대부분을 차지하고 있지만 형이상학(우주의 영원성을 묻는 추상적인 질문), 윤리학(근친상간과 일부다처에 대한 반대), 정부의 실질적인 문제(행정, 사법, 경제)에도 지면이 일부 할애돼 있다. 그 부분에서 플레톤은 후기 비잔티움 사회를 개선하는 데 필요한 뚜렷한 복안을 가지고 있었다. 그는 음란한 성행위는 화형의 형벌로 막고 간통한 여인은 머리를 깎아 창녀로 살게 해야 한다고 주장했다. 강간, 동성애, 수간을 저지른 자들은 사제, 일반 시민, 범죄인으로 묘역이 분리된 공동묘지 너머 특별 구역에서 화형에 처해야 한다고도 말했다. 끝으로 그는 『법전』의 종장에서 신들의 권능과 피타고라스, 플라톤, 쿠레테스〔어린 제우스를 보호한 반신반인의 존재들〕, 조로아스터의 가르침을 최고의 덕목으로 강조했다. 플레톤은 또 영원불멸을 통해 참다운 행복에 이를 수 있다고 약속하며 혹세무민하는 일부 궤변론자들(기독교도 교사들을 말하는 것)의 가르침은, 그들이 말하는 영원성은 내세에만 해당된다는 이유로 일축했다. 『법전』의 내용으로 볼 때 그는 과거와 미래에 똑같이 주어지는 절대적 영원불멸, 다시 말해 지속적이고 되풀이되는 영혼의 윤회를 신봉했던 것 같다.

플레톤은 라틴 교회와 그리스 교회의 재통합을 위해 1438~1445년에 열린 페라라–피렌체 공의회에 참석하여 이탈리아 학자들과도 만났다. 그리고 그곳에서 신학에 별 관심이 없었음에도 논쟁이 일어나면 명쾌한 논리로 문제를 해결했다. 그러다 한번은 라틴 교회가 787년 니케아 공의회(제7차 에큐메니컬 공의회)에서 공표된 것으로 제시한, 신조信條에 필리오쿠에 구절이 포함된 문서가 위조임을 밝혀내기도 했다. 그가 논박한 방식은 이랬다. 만일 그게 사실이라면 그리스인과 라틴인 모두 당시에 그것을 받아들였을 것이고, 그렇다면 문제가 없다. 그러나 787년 공의회에서 필리오쿠에(성령이 아버지와 아들로부터 모두 발현한다는 교리)가 다시 언급되었다〔325년 니케아 공의회에서 발표된 니케아 신조에는 성부와 성자는 하나(동일 본질)라는 사실만 표시되었을 뿐 '필리오쿠에'라는 구절은 들어 있지 않았는데, 그것을 787년 니케아 공의회에서 다시 언급했다는 말〕는 증거는 어디에도 없다. 교황 하드리아누스 1세와 레오 3세는 787년 공의회에서 결정된 성상파괴의 종료만 반겼을 뿐, 필리오쿠에가 들어간 신조를 전례에 사용하지는 않았다. 로마 교황들은 유럽의 다른 지역들에서는 이미 관행이 된 그 신조(필리오쿠에가 들어간)를 11세기가 되어서야 예배에 도입했다〔교리적으로는 옳다고 인정하면서도 비잔티움인들과의 관계를 고려하여 그렇게 했던 것이다〕.

플레톤은 또 피렌체의 이탈리아 학자들에게 플라톤 철학을 강의하여 당대의 인문주의자들에게도 큰 감명을 주었다. 그것을 계기로 이탈리아 학자들은 플라톤의 원전을 찾고, 읽고, 번역하는 작업에 열성적으로 매달렸다. 아리스토텔레스를 공격하고 플라톤을 찬양하는 내용의 『아리스토텔레스와 플라톤의 차이에 관하여』도 그동안 상대적으로 무시해왔던 플라톤에 대한 그들의 관심을 새롭게 일깨우는 계기가 되었다. 플레톤이 지펴놓은 플라톤 철학에 대한 연구열은 1460년경 코스모 데 메디치가 피렌체에 플라톤 아카데미를 설립하는 것으로 정점을 맞았다. 그리하여 피렌체의 철학자 마르실리오 피치노(1433~1499, 그는 플라톤의 『향연 Symposium』을 번역하고 그것의 중요한 서문까지 쓴 인물이다)를 중심으로 플라톤의 원전을 찾고 연구하는 일은 더욱 활발히 진행되었다. 플레톤은 지리학에 대한 관심도 높아 서방에 스트라본의 『지리학 Geographika』도 소개했다. 그 역시 1430년대 르네상스 인문주의자들 사이에 전개된 논의에서 중요한 역할을 담당했을 것이다. 플레톤이 이탈리아에서 만난 사람들 중에는 지구 구형설을 믿었던 이탈리아 천문학자 파올로 토스카넬리도 있었다. 그는 플레톤에게 지구 최북단의 섬들(당시 탐험이 이루어지고 있던 스칸디나비아, 그린란드, 툴레)이 포함된 새 지도를 보여주었다. 1474년 토스카넬리는 극동으로 가는 가장 빠른 길이 유럽에서 서쪽으로 항진하는 것이라는 요지의 글도 썼다. 고대 그리스의 지리학자 스트라본도 물론 인류 역사상 가장 위대한 탐험의 신뢰할 만한 지침으로 간주되었다. 1492년 대서양을 횡단하여 인도에 닿으려는 크리스토퍼 콜럼버스의 야심찬 계획은 그렇게 수립되었다.

　플레톤은 게오르기우스 트라페준티오스('트레비존드의' 라는 뜻)와 게오르기우스 스콜라리우스의 아리스토텔레스 철학에 맞서 플라톤 철학을 끝까지 변호하다가 1452년 숨을 거뒀다. 그가 죽은 뒤에는 그의 수제자들인 미카일 아포스톨레스와 요한네스 아르기로풀로스, 추기경 베사리온을 비롯한 그의 옹호자들이 소수파의 입장에서 플라톤 원전 연구를 계속했다. 아리스토텔레스 철학은 6세기부터 기독교 신학에 흡수되어 비잔티움에서는 이미 용인된 학문의 일부가 되어 있었다. 서방에서도 중세 학교들의 논리학 연구와 성 토마스 아퀴나스의 『이교도에 대한 반론 Summa contra gentiles』 (1259~1264)에 힘입어, 아리스토텔레스 철학이 합리적 논쟁의 확실한 도구로 자리매김했다. 스콜라리우스는 그 스콜라 철학의 열렬한 옹호자가 되어 비잔티움의 전통적 교과과정에 그것을 포함시키기 위해 노력했다. 그 일환으로 그는 아퀴나스의 책을 번역하고 그의 저작들에 주석도 달았다. 플레톤에 대한 스콜라리우스의 적대감은, 아리스토텔레스에 대한 플레톤의 공격뿐 아니라 1453년 콘스탄티노플이 함락된 뒤에 받아본 『법전』에도 기반을 두고 있었다. 그 무렵 스콜라리우스는 겐나디오스라는 이름의 수도자로 지내고 있었다. 그러던 중 정복자 메메드 2세에 의해 총대주교로 임명되자 그 권력을 이용해 그리스 종교에 대한 플레톤의 열정을 이단으로 매도하며 『법전』의 필사본들을 모두 불사르도록 했다. 그는 플레톤의 나머지 저작들도 빛을 보지 못하게 만들었다.

그 강력한 조치가 시행된 지 몇 년 후 중세 이탈리아의 봉건 지배자 시지스몬도 말라테스타가, 1460년 미스트라를 점령하고 전제군주 데메트리우스와 그의 아내 테오도라를 콘스탄티노플로 도망치게 만든 투르크족에 맞서 원정을 벌였다. 1464년에는 미스트라의 아래 지역을 수복하고 그곳에서 플레톤의 무덤을 찾아냈다. 그에 앞서 몇 년 전 그는 플레톤에게 이탈리아 리미니에 있는 그의 궁정 학교장을 맡아줄 것을 간청했다가 거절당한 일이 있었다. 그런 박대를 당했음에도 그는 플레톤의 무덤을 명성에 부끄럽지 않게 다시 조성해주었다. 유해를 리미니로 옮겨 템피오 말라테스티아노 성벽 안에 정중하게 재매장한 것이었다. 거기 세워진 비석의 비문은 이렇게 시작된다. "당대 철학자들의 최고봉, 비잔티움인 게미스투스의 유해가…"

그렇게 해서 미스트라는, 미스트라에서 가장 유명한 철학자의 무덤을 잃게 되었다. 미스트라 또한 투르크족이 펠로폰네소스를 통치한 기나긴 기간 동안 버려지다시피 하여 교회, 수도원, 가옥의 대다수가 폐허로 변했다. 그러나 지금은 그것들이 복구되고, 프레스코화도 복원되었으며, 비문집도 발간되고 있다. 전제군주들의 왕궁도 지붕이 다시 얹혀져 비잔티움학 연구소가 신설되면 관광지로 각광받게 될 것이다. 미스트라 역사책을 집필해 그곳을 세상에 널리 알린 영국의 역사가 스티븐 런치만에 대한 감사의 표시로 그의 이름이 붙여진 거리도 하나 조성되었다. 그러니 이제는 천혜의 비경을 자랑하는 그 비잔티움 도시에 게오르기우스 게미스투스 플레톤의 이름이 붙은 도로나 광장 하나쯤은 나올 때가 되지 않았을까?

27
"교황의 삼중관보다는 차라리 술탄의 터번을"

위의 제목은 비잔티움 제국 최후의 대공 루카스 노타라스(재위 1444~1453)가 한 유명한 말이다.

라틴인들로부터 콘스탄티노플을 탈환한 1261년부터 오스만 제국에 멸망당한 1453년까지 비잔티움 외교정책의 초점은 온통 동서 교회의 통합 문제에 맞춰져 있었다. 비잔티움이 처한 정치 현실이 상황을 그렇게 만든 것이다. 투르크족의 위협에 직면한 황제들로서는 서방의 군사원조가 절실했다. 그런 약점을 지닌 황제들에게 서방의 영적 지도자들은 그리스 교회를 로마 교회에 예속시키는 형태의 통합을 원조의 전제조건으로 내걸었다. 설상가상으로 비잔티움인들까지 1204년의 사건을 겪은 뒤로는 서방 교회를 이단으로까지 매도하진 않았지만 교회 통합에 대해서는 혐오감을 드러내며 결사 반대 의지를 나타냈다. 팔라이올로구스 황제들은 결국 이러지도 저러지도 못하는 진퇴양난에 빠졌다. 군사원조를 받기 위해서는 서방의 교회통합안을 받아들여야 했고, 그러자면 절충과 합의의 교회 정책이 필요했지만, 교리의 정확성에 집착하는 신학자와 콘스탄티노플 교회, 성상, 정교회의 이상에 충실한 비잔티움인들은 그 정책을 한사코 받아들이려 하지 않았다. 비잔티움인들은 로마 교회에 예속되지 않는 형태의 교회 통합과 군사 지원을 원했다.

중세 초 기독교 세계는 이슬람의 압박으로 동방에서는 영역이 축소된 반면 서방으로는 범위가 확대되고 그러다 십자군 기간에 다시 합쳐지는 과정에서 전례상의 몇몇 요소가 동서 교회의 주요 차이점으로 부상하게 되었다. 비잔티움인들에게 있어 신조의 용어를 바꾸는 것은 있을 수도, 받아들일 수도 없는 일이었다. 성 베드로의 후계자임을 내세워 수위권을 주장하는 로마 주교들의 태도 또한, 5대 총대주교를 중심으로 교회를 지배하는 펜타르키아 개념에 익숙한 비잔티움인들의 신경을 거슬리게 했다. 성찬식에 사용되는 빵(누룩 넣은 빵과 넣지 않은 빵)은 또 어떠했던가? 그것이야말로 모든 기독교도가 한눈에 알아볼 수 있는 양 교회의 차이점이었다. 그에 비하면 성직자의 독신 여부나 단식 일수는 문젯거리도 아니었다. 지리적 요인으로 전례에서 그리스어와 라틴어가 따로 쓰이고 생소한 관례가 만들어진 것도, 내력이 다른 두 교회가 기독교 세계 내에 공존하는 원인이 되었다.

하지만 그런 차이점에도 불구하고 기독교계에는 특히 이슬람에 맞서 통합을 이루려는 근본적인 열망이 내재해 있었다. 그것은 콘스탄티노플과 로마의 주교들이 상대방을 깍듯이 예우하여 예배 때마다 서로를 위해 기도한 것으로도 알 수 있다. 콘스탄티노플 총대주교 포티우스와 로마 교황 니콜라우스 1세가 대립한 9세기와 그리고 다시 1054년, 서로 간에 파문장을 주고받으며 으르렁거릴 때도 단절의 기간은 이해 당사자들의 생애를 넘지 못했다. 알렉시우스 1세 콤네누스 황제가 교황 우르바누스 2세를 향해 동방의 기독교도들을 도와 투르크족에 맞서 싸울 것을 호소한 것도 공통의 종교를 믿는다는 확신에서 비롯된 행위였다. 교황도 그에 부응하여 전례상의 차이를 일단 제쳐두고 제1차 십자군 원정을 설파하여 예루살렘을 수복했던 것이다.

그런 양측의 관계를 망가뜨린 것이 1202~1204년에 일어난 사건이었다. 그것이 양측의 차이를 심화시켜 서로 간에 경계심과 적대감을 갖게 만든 것이었다. 특히 정교회는 성 소피아 성당에 신성모독적 행위를 저지르고 콘스탄티노플 교회와 수도원들을 점령한 십자군에 대해 격분을 감추지 못했다. 콘스탄티노플이 점령된 뒤 새로 수립된 계승국들로 쫓겨간 정교회 성직자들은, 수도를 비롯한 십자군 점령지의 '자신들' 교구와 수도원들에 안방마님처럼 들어앉은 라틴 주교와 수도승들을 향해 맹렬한 비난을 퍼부었다. 하지만 그런 가운데서도 니케아 제국의 요한네스 3세 바타체스 황제와 테오도루스 2세 라스카리스 황제는 훔베르트 추기경에 비해서는 서방 수도승들이 덜 독단적인 것을 알고 라틴 교회와 그리스 교회 대표들 간의 접촉을 지지했다. 그렇게 해서 동서 교회의 통합을 위한 진지한 논의는 재개되었고, 1261년 콘스탄티노플이 탈환된 뒤 미카일 8세 팔라이올로구스에 의해 그 정책은 한층 강화되었다.

문제는 정치적인 상황이 번번이 그것의 발목을 잡는다는 데 있었다. 교황 우르바누스 4세는 콘스탄티노플이 탈환된 뒤 수도에서 도망친 라틴 제국의 마지막 황제 보두앵 2세를 로마로 받아들이고 그에게 복위를 약속했다. 그의 후임 클레멘스 4세 교황(재위 1265~1268)도 보두앵을 적극 후원했다. 1267년 클레멘스가 비테르보에서 앙주의 샤를(카를로 1세)이 결성한 강력한 반反비잔티움 동맹에 축복을 내려준 것도 그래서였다. 샤를은 정략결혼으로 그 동맹의 결속을 더욱 굳혔다. 그의 딸과 아들을 각각 보두앵의 아들과, 아카이아 공국의 제후 빌라르두앵의 기욤의 딸과 결혼시킨 것이다. 그러나 비잔티움에는 다행스럽게도, 그 시점에 클레멘스 4세는 세상을 떠나고 이후 3년간 교황직은 공석으로 있다가 1272년 그레고리우스 10세가 신임 교황으로 선출되었다. 그리고 이 교황은 이슬람에 맞선 십자군의 재창도를 최우선 과제로 삼고 그것을 위한 공의회 개최를 선언했다. 교회 개혁과 동서 교회 통합을 제창하게 될 공의회였다.

미카일 8세 황제는 이 장밋빛 전망에 고무되어, 그간 동서 교회의 통합에 불신감을 드러내며 비난까지 서슴지 않았던 비잔티움 성직자들의 마음을 돌려보려고 했다. 콘스탄티노플 총대주교 요셉 1세 갈레시오테스와 다수의 주교, 수도자들은 로마 교회에의 '예속'을 결사반대했다. 그들이 "제국을 위협하는 끔찍한 전쟁과 출혈로부터 그리스인들을 구하고자 하는" 황제의 소망에 맞서 동서 교회의 결합을 반대한 이유는, 그렇게 되면 로마 교회의 수위권을 인정하고 필리오쿠에를 신조에 포함시켜야 하기 때문이었다. 그 밖에 다른 문제도 있었으나 그것은 니케아 공의회에서 발표된 신앙 선언서에 관련된 것이어서 덮어두기로 했다. 신앙 선언서는 기독교의 가르침과 설파에 중요한 방법으로 인식되었기 때문에 그에 대한 여하한 견해차도 분열을 일으킬 소지가 있었다(4장 참조). 그러나 필리오쿠에는 12세기 동방과 서방 교회 신학자들 간의 논쟁에서 걸림돌이 되었던 중요한 문제였다. 밀라노 주교 피에트로 그로솔라노와 독일 주교 하벨베르크의 안젤름도 콘스탄티노플과 테살로니카를 방문한 뒤 그에 대한 글을 썼고, 훗날 테살로니카 대주교가 되는 '마로네이아의' 니케타스도 서방의 관점을 변호하는 취지의 대화 여섯 편을 집필했다. 그러나 그도 필리오쿠에를 신조에 포함시키는 것만은 반대했다.

미카엘은 동서 교회의 이런 견해차가 생기게 된 배경을 훤히 꿰뚫고 앉아 정교회의 반대자들을 설복시키기 위한 작업에 들어갔다. 즉 1273년 요셉 1

세 갈레시오테스 총대주교를 투옥하고, 성 소피아 성당의 기록 보관인으로 나중에 콘스탄티노플 총대주교가 되는 요한네스 11세 베코스를 그 운동의 선봉장으로 내세웠다. 그러나 미카엘 8세와 그의 아들 겸 계승자까지 로마식 신조에 지지를 선언했는데도, 요한네스의 글에 경도되어 라틴 교회 쪽으로 돌아선 비잔티움 성직자는 극소수에 지나지 않았다. 심지어 비잔티움은 그레고리우스 10세가 소집한 1274년의 리옹 공의회에 파견할 고위 성직자도 찾기 힘든 형편이었다. 대표단은 결국 총리대신 게오르기우스 아크로폴리테스, 콘스탄티노플 총대주교를 지낸 게르마누스 3세(1266년에만 잠시 그 직책을 맡았다), 니케아 대주교 테오파네스가 이끌게 되었다. 교회보다는 오히려 민간인 색채가 짙은 대표단이었다.

그렇게 해서 대표단은 교황에게 선물로 주려고 가져간 성상과 교회 보물이 든 보따리를 바닷물에 빠뜨리는 등 우여곡절 끝에 간신히 리옹에 도착했다. 리옹 공의회는 1274년 5월 7일 팡파르가 울려 퍼지는 가운데 성대하게 개최되어 대표단이 머문 2주 동안 필리오쿠에, 교황의 수위권, 그리고 비잔티움에는 다소 생소한 연옥의 존재 문제를 주요 의제로 다루었다. 회개할 틈을 갖지 못하고 죽은 죄인들이 사후에 맞닥뜨릴 일은 양 교회의 신학자들이 1230년대부터 줄곧 토의해온 문제였다. 서방에서는 교황 인노켄티우스 4세(1254년 사망)와 1263년 토마스 아퀴나스가, 경미한 죄를 지은 사람은 복음서에 언급된 불로 죗값을 치르게 되리라는 이론을 정교하게 도출해냈다. 그러나 정교회는 죽은 영혼은 어차피 심판을 받아 천국이나 지옥에 가게 될 것이므로 그 밖의 사후세계는 필요하지 않다는 입장이었고, 따라서 서방 측이 제시하는 연옥의 존재도 받아들일 의향이 없었다. 결국 양측은 연옥이란 표현은 쓰지 않고 죽은 자의 영혼에 크게 보탬이 되는 요소로 '미사, 기도, 자선'을 강조하는 선에서 그 문제를 마무리했다.

정교회 대표들은 미카일 8세와 교황 간에 합의된 신앙고백서에도 서명했다. 그리하여 게오르기우스 아크로폴리테스가 교황에 충성할 것과 라틴 교리를 받아들일 것을 맹세하자 공의회는 미카일 8세와 안드로니쿠스 2세의 '복종'을 정식으로 받아들였다. 1274년 7월 6일에는 리옹의 생장 성당에서 교회통합 축하 미사가 열렸다. 교황은 그리스인들을 서방 교회의 품안으로 기꺼이 맞아들였다. 로마는 이 리옹 공의회의 결정 사항을 교회 지도자들뿐 아니라 정교회 전체가 로마 교회에 예속된 것으로 해석했다. 미카일에게도 이제 서방에 합법적으로 군사 지원을 요청할 수 있는 길이 열렸다. 하지만 그것으로도 통합에 반대하는 그리스 성직자들을 설득하기에는 부족했다. 결국 그는 공의회가 끝난 뒤 교황에게 이런 간청의 글을 보냈다.

(그리스 교회가) 동서 교회 분열 이전부터 지금까지 사용해온 신조를 읽도록 해주시오. 다시 말해 우리는 분열 이전의 방식, 앞에 말한 신앙에 배치되지 않는 방식으로 예배를 드리려고 하오.

그러나 나중에 로마에 보낸 신앙고백서에서 미카일 8세와 그의 아들 안드로니쿠스 2세는 '연옥, 즉 정화의 형벌'을 언급하며 연옥의 존재를 받아들였다.

콘스탄티노플도 물론 요셉 1세 갈레시오테스에 이어 콘스탄티노플 총대주교가 된 요한네스 11세 베코스 주재로 교회통합 축하 미사를 올리기는 했다. 그러나 대표단의 일원으로 리옹 공의회에 참석했던 게오르기우스 메토키테스는 그것을 맹렬히 반대했다.

비잔티움 사절이 공의회에서 들은 말이라고는 "프랑크족이 되었다"는 것뿐이다. 논쟁도, 반박의 증거를 제시하는 말도, 성서의 구절에 근거하여 주장을 펴는 것도 듣지 못했다. 그렇다면 친통합주의자들은 비잔티움의 애국자가 아닌 외국의 떨거지로 불리는 게 마땅하지 않을까?

그리하여 1204년의 약탈에 대한 기억이 아직도 생생한 콘스탄티노플로부터 전제군주가 정교도 전통의 진정한 대변자를 자임하고 있던 에피루스에 이르기까지 제국 곳곳에서는 이윽고 반통합운동이 일어나기 시작했다. 세르비아와 불가리아도 교리의 정확성을 비잔티움에 대한 정치적 적대감과 교묘히 연계시키며 반통합운동을 지지하고 나섰다. 그렇다고 서방 측이 약속한 군사원조가 온 것도 아니었다. 일이 그렇게 된 까닭은 어느 정도는 1276년 그레고리우스 10세가 죽은 것과, 앙주의 샤를이 라틴 제국 수복을 위한 전쟁을 계속하고 있었던 데 있었다. 결국 리옹 공의회가 열린 지 8년 후 미카일 8세가 죽자마자 안드로니쿠스 2세(재위 1282~1328)는 인기 없는 부친의 정책을 파기했다. 요한네스 베코스도 총대주교직에서 해임시켜 재판에 회부한 뒤 투옥시켰다. 그 3년 뒤에는 신임 콘스탄티노플 총대주교 그레고리우스 2세 키프로스가 동서 교회의 통합을 부인했다.

당시 동방에서 유포된 기록물을 보면 통합에 반대한 이유가 라틴 교회와 그리스 교회 전례 간의 갖가지 차이점 때문이었음을 분명히 알 수 있다. 성찬식에서 쓰는 빵의 문제, 다시 말해 누룩 넣은 빵과 누룩 넣지 않은 빵의 문제에 대해서도 비잔티움은 이런 생각을 갖고 있었다.

누룩 넣지 않은 빵을 먹는 사람은 온당하고 생명감 있는 하느님의 양식을 취하는 것도, 우리 인간에게 일용할 양식이자 성체인 빵을 취하는 것도 아니다. 그것은 율법의 비호를 받으며 유대인의 양식을 취하는 것이다. (…)

사물의 본질이 그러하듯 누룩 넣지 않은 빵은 생명이 없는 것과 같다.

나중에 이 익명의 팸플릿을 쓴 저자는 또 이렇게 물었다.

당신네 성직자들이 결혼하지 않는 이유가 무엇이냐? (…) 교회는 그대들이 아내 취하는 것을 금하지 않는다. 그런데도 결혼하지 않고 첩을 두거나 아랫사람에게 여자를 구해오도록 하여 촛불을 끄고 깜깜한 방에서 밤새도록 놀아나고 있지 않은가.

그는 또 성상을 숭배하지 않고, 테오토코스(하느님을 잉태한 자)를 일개 성녀를 뜻하는 '산타 마리아'로 부르고, 두 개의 손가락을 이용하여 십자성호를 긋고, '피 흘리지 않은 동물의 고기'를 먹는 등, 그리스인들에게는 낯설고 그릇돼 보이는 라틴인들의 관습에 대해서도 비판을 가했다. 1440년대에 콘스탄티노플 시민들이 요한네스 8세 팔라이올로구스 황제가 협의한 교회 통합을 반대할 때도 이 문제들은 다시금 불거져 나왔다.

1274년 교회 통합을 이루려는 시도는 실패로 돌아갔다. 그렇다고 교황의 축복을 받은 서방의 지원부대가 오리라는 희망이 완전히 꺼진 것은 아니었다. 비잔티움에서 서방 신학에 대한 관심이 고조되고 라틴 교부들의 작품이 처음으로 번역되어 분위기가 호전되고 있었던 것이다. 비잔티움에서는 11세기부터 상인, 십자군, 외교관, 순례자들이 쓰는 일상어와 더불어 중세 라틴어에 대한 지식이 널리 보급되었다. 학자 겸 수도자 막시무스 플라누데스(1255년경~1305)가 라틴 고전 작가들과 성 아우구스티누스의 작품을 그리스어로 번역한 것도, 서방을 바라보는 비잔티움의 시각에 일대 혁명을 몰고 온 계기가 되었다. 시인 오비디우스의 『변신 이야기 Metamorphoses』, 『여류의 편지 *Heroides*』, 그 밖에 그의 다른 연애시들, 철학자 보이티우스의 『철학의 위안 *Consolation of Philosophy*』, 키케로의 수사학, 문법학자 마크로비우스와 아우구스티누스의 『신국론 *City of God*』의 일부 등 그가 번역한 것 모두 비잔티움인들로서는 처음 접해보는 라틴 저작들이었다. 데메트리우스 키도네스와 프로코로스 키도네스 형제, 마누엘 칼레카스도 그 작업을 계속 수행했고, 게오르기우스 키오니아데스는 페르시아 작품을 그리스어로 번역하여 이슬람 천문학의 중요성을 논증했다.

그것은 비잔티움 문화에 나타난 새로운 현상, 다시 말해 비잔티움인들이 비그리스적 외래 학문의 가치를 인정하기 시작했음을 나타내는 것이었다. 비잔티움도 이제 모든 분야에서 지적으로 우월하다는 생각에서 벗어나 교회 통합 논쟁에서 양쪽의 의견을 듣고 절충할 수도 있음을 보여준 것이었다. 라틴어 작품을 그리스어로 번역한 학자들은 거의가 십자군 점령 때 서방 수도승들로부터 라틴어를 익힌 사람들이었다. 그렇게 배운 언어 실력을 그들은 '슬라브족의 사도들'처럼 비잔티움 문화를 향상시키는 데 쓴 것이었다. 막시무스 플라누데스는 라틴어 실력을 인정받아 1296년 베네치아에서 비잔티움의 외교사절로 봉직하기도 했다. 그는 고대 그리스 문화에 대해서도 폭넓은 관심을 보이며 고대 그리스 수학자 디오판토스의 정리定理를 비롯한 각종 수학작품을 편집했고, 고대 후기의 경구 모음집인 『그리스 사화집 *Anthologia Graeca*』도 개정 편찬했다. 반면 데메트리우스 키도네스와 프로코로스 키도네스 형제는 주로 신학 문제에 천착하면서 14세기 교회 정치에 직접 관여했다. 토마스 아퀴나스의 『이교도에 대한 반론』과 『신학대전 *Summa Theologiae*』을 번역하여 통합주의자 진영에 신선한 바람을 불어넣었다. 그런가 하면 그들은 아우구스티누스, 보이티우스, 캔터베리의 안셀무스의 작품들에도 지대한 관심을 보였으며, 리콜도 데 몬테 크로체의 『코란에 대한 반박*Refutation of the Qur'an*』도 번역했다.

그러나 서방 철학에 대한 점증하는 관심에도 불구하고 당시 발생기에 있었던 중세 유럽 대학들이 채용한 방식의 아리스토텔레스 논리학은 비잔티움에서 큰 반향을 일으키지 못했다. 아리스토텔레스의 원전에 동방에서 가르치는 형이상학, 우주론, 윤리학, 논리학과 관련된 주석을 덧붙여 책의 가치를 높인 비잔티움 고유의 교육 전통 때문이었다. 플라톤 철학에 가까운 헤시카슴이 발전하고 영적 묵상을 통해 개명에 이르게 하는 그 이론의 가르침 또한, 아리스토텔레스 논리학이 동방에서 힘을 쓰지 못한 또 다른 요인이었을 수 있다(18장 참조). 그것은 아토스 산의 헤시카슴 수도자들이 리옹 공의회에서 결정된 교회 통합을 강력히 반대한 사실로도 잘 알 수 있다. 반면 교회통합파는 라틴어로 번역된 아리스토텔레스, 다시 말해 동방의 주석이 포함되지 않은 아리스토텔레스 논리학에 기초한 서방인들의 주장에 크게 경도되었다.

그러나 투르크족의 위협에 직면한 요한네스 5세 팔라이올로구스 황제(재위 1341~1391)는 그 스스로 로마 가톨릭으로 개종해서라도 서방의 군사원조를 반드시 받겠다는 심산이었다. 그렇다 보니 1366년부터 1369년까지 계속된 그의 헝가리와 이탈리아 순방도 자연 로마 교회에 대한 복종으로 끝이 났다. 그것은 비잔티움 교회를 연루시키지 않고 그가 단독으로 내린 결정이었다. 그래도 그는 내심 군사 지원을 받을 수 있을 것으로 기대했다. 그러나 서방 순방을 마치고 귀국길에 들른 베네치아에서 그는 연체된 빚 때문에 억류되었다. 그것만 봐도 당시 비잔티움의 상황이 얼마나 위태로웠는지를 알 수 있다. 그의 아들 마누엘은 요한네스가 귀국하기도 전에 그의 몸값으로 비잔티움령 테네도스 섬을 베네치아에 넘겨주었다. 서방의 원조도 세르비아가 주축이 된 기독교 동맹군의 형태로 오기는 했지만, 그 역시 1371년 마리차 강 전투에서 투르크 군에 패하고 말았다. 그러자 황제는 친서방 정책을 포기했다. 그런데도 일부 비잔티움 지식인들은 가톨릭으로 개종까지 하고는, 서방의 원조만이 콘스탄티노플을 압박해오는 오스만 제국을 막을 수 있는 유일한 해법이라며 교회 통합을 줄기차게 요구했다. 그중의 한 사람인 데메트리우스 키도네스는 1389년 라틴인들의 원조를 얻을 수 있는 조건이 명시된 논문까지 집필했으나 반통합파에 의해 묵살되었다. 오스만 제국이 유럽 팽창에 열을 올리고 있을 때 비잔티움은 이렇게 지식인들끼리 파벌싸움이나 하며 나라를 좀먹고 있었다.

1422년에도 콘스탄티노플은 오스만 제국의 포위공격을 가까스로 물리쳤다. 그러나 그 8년 뒤 테살로니카를 잃음으로써, 투르크족에 동방과 서방 양쪽에서 수도를 포위할 수 있는 길을 열어주었다. 그런 절체절명의 위기 속에서 요한네스 8세 팔라이올로구스는 다시금 교회 통합의 방법으로 서방의 군사원조를 받으려고 했다. 1438년 대규모 고위급 수행원단—콘스탄티노플 총대주교 요셉 2세, 에페소스 대주교 마르코스 에우게니쿠스, 니케아 대주교 베사리온, 16명의 수도대주교, 관리, 수도자 등 자그마치 700명이 넘는 규모였다—을 거느리고 페라라로 향한 것이다. 그런데 총대주교 요셉 2세와 교황 간에 마찰이 빚어져 황제의 계획은 시작부터 삐걱거렸다. 요셉 2세가 관리들이 하듯 그에게도 교황의 발에 입 맞추라는 요구에 격분하여, 그 문제가 해결되지 않으면 배에서 내리지 않겠다고 뻗댄 것이었다. 그 문제는 결국 교황 에우게니우스(유게니우스) 4세가 성대한 의식으로 맞지 않고 그를 사적으로 접견하는 것으로 일단락지어졌다. 페라라 공의회는 지도급 인사들의 자리 배정을 놓고 20일이나 티격태격하다가 4월 9일에야 겨우 개최되었다. 그러고도 몇 차례 지연이 되고, 요령부득의 모임이 이어지고, 전염병이 창궐하고, 자금 부족 사태를 겪은 끝에 1439년 1월 메디치가가 후원

요한네스 8세 팔라이올로구스의 초상이 새겨진 청동 메달. 페라라-피렌체 공의회에 참석했을 때의 모습이다. 파리 루브르 박물관.

추기경 베사리온의 모습이 묘사된 그림. 비잔티움의 진실 십자가 성유물함 앞에서 기도하고 있는 왼쪽의 인물이 바로 그이다.

하는 피렌체로 장소를 이동했다.

페라라-피렌체 공의회의 기나긴 토의 내용은 기록으로 남겨졌다. 그러나 정작 재미있는 것은 콘스탄티노플 총대주교구의 관리 실베스테르 시로풀로스가 쓴 글에서 찾아볼 수 있다. 협상 과정에서 오간 뒷얘기들이 그의 회고록에 많은 부분 수록돼 있는 것이다. 비잔티움 대표들 간에 분란이 있었고(요한네스 8세와 마르코스 에우게니쿠스 간의 견해차가 컸기 때문이다), 그런 내분이 표면화되지 않도록 토의의 주제를 선별했으며(이를테면 연옥의 존재 같은 것), 라틴어를 몰랐던 탓에 때로는 그들이 들도 보도 못한 생소한 글을 인용하여 동방의 책들을 조목조목 반박하는 통에 서방 신학자들과는 갈수록 논쟁하기가 어려워졌다는 점이 그런 것들이었다.

필리오쿠에 문제, 다시 말해 제1차 에큐메니컬 공의회(니케아 공의회)와 제4차 공의회(칼케돈 공의회)에서 합의된 신조에 필리오쿠에를 추가하는 문제도 이번 공의회의 쟁점 사안이었다. 비잔티움 대표단은 여러 달 동안 라틴 교회의 압력을 받은 끝에 모든 성인은 서방과 동방에 관계없이 같은 성령에 의해 영감을 받았고, 따라서 라틴어나 그리스어로 표현은 다르게 할지라도 그들의 신앙은 실체 면에서 같다는 의견에 동조했다. 그러나 그것보다 정작 골치 아픈 것은 교황의 수위권 문제였다. 신조의 필리오쿠에 추가문은 받아들인다 해도 콘스탄티노플 교회가 로마 교회 밑에 들어가는 것은 견디기 힘든 일이었다. 교황은 서방에 갖고 있는 로마의 사법적 위치를 이용하여 수세기 동안 교묘하게 힘을 강화한 끝에 성 베드로의 후계자임을 내세워 모든 교회에 앞서는 로마 교회의 수위권을 주장했다. 따라서 교회 통합 전에 콘스탄티노플 총대주교가 교황에 먼저 복종해야 한다는 입장이었다. 그것은 비잔티움이 로마 교회보다 열등한 위치가 되는 것은 물론 5대 총대주교가 기독교계 최고 권위자의 자격으로 공의회에 참석하는 전통마저 부정해야 함을 의미했다. 그리하여 설사 구로마의 우월한 지위를 인정한다 해도 동방의 펜타르키아 이론은 로마의 총체적 수위권 주장과 조화를 이루기 힘들었다.

동방의 성직자들은 결국 요한네스 8세의 강요에 못 이겨 교황의 수위권을 인정하는 내용의 합의문에 동의했다. 누룩 넣은 빵과 넣지 않은 빵의 사용, 정교회 하급 성직자의 결혼, 단식, 무릎 꿇는 관행과 같은 그 밖의 문제들은 각 지방의 관습을 존중해주는 선에서 절충했다. 그리하여 1439년 7월 6일 라틴어와 그리스어로 통합칙서가 발표되고 참석자들이 환호하는 것으로 서방 교회와 그리스 교회는 하나가 되었다. 요한네스 8세도 소화상, 청동제품, 이탈리아 조각가 피사넬로가 만든 메달로 교회의 통합을 축하했다. 그것을 이루는 데는 무려 3년의 기간이 소요되어 비잔티움 대표단은 1440년 2월에야 콘스탄티노플에 도착했다.

교회가 통합되자 중부 유럽의 군주들—트란실바니아의 야노슈 후냐디, 헝가리 왕 울라슬로 1세, 세르비아의 주라지 브란코비치—도 마침내 발칸 지역으로 십자군을 이끌어 1443년에서 1444년까지 계속된 원정에서 투르크 군을 격파했다. 그런 다음 그들은 술탄 무라드 2세와 10년간의 휴전협정을 체결했다. 그러나 이 협정은 1444년 11월 몇몇 십자군 부대가 바르나를 공격함으로써 깨지고 말았다. 게다가 투르크 군에 패하기까지 하여 콘스탄티노플의 운명은 이제 바람 앞의 등불이 되었다. 후냐디는 이후에도 비잔티움에 대한 지원 정책을 이어나갔고, 바르나 공격에 가담하지 않은 브란코비치도 기독교 동맹군으로 남아 있었다. 그러나 요한네스 8세 팔라이올로구스 황제가 울며 겨자 먹기로 술탄의 승리를 축하해야 할 만큼 비잔티움의 국력은 쇠약해져 있었다.

페라라-피렌체 공의회에 참석한 비잔티움 대표단 가운데 통합칙서에 서명하지 않은 인물은 에페소스의 대주교 마르코스 에우게니쿠스와 또 한 명의 수도대주교뿐이었다. 그런 관계로 에우게니쿠스는 반통합파의 대변자가 되었다. 실베스테르 실로풀로스도 나중에 강요에 못 이겨 서명했다고 주장하면서, 신앙과 전통을 한꺼번에 잃었다고 느낀 대다수 그리스인들 편으로 돌아섰다. 그러자 교황 니콜라우스 5세는 악화된 민심을 되돌리기 위해 가톨릭으로 개종한 뒤 추기경이 된 키예프의 이시도루스를 1452년 콘스탄티노플로 파견했다. 이시도루스는 자비로 모집한 궁수단 200명을 거느리고 수도에 도착하여 콘스탄티노플 시민들을 기쁘게 했다. 그러나 그것도 잠시, 상황은 이내 바뀌었다. 그리스 역사가 두카스는 당시의 상황을 이렇게 기록했다. '사제, 수도자, 대수도원장, 수녀들의 대다수는 통합에 찬성하지 않았다. (…) 그들 중 어느 누구도 통합에 찬성하지 않았다. 황제도 찬성하는 시늉만 했을 뿐이다.' 두카스는 수녀들의 반대가 특히 심했다고 하면서, 그들이 판토크라토르 수도원의 겐나디오스 스콜라리우스에게 지지를 호소했다고 말했다. 겐나디오스도 마침내 그들의 간원을 받아들여 반(反)통합 팸플릿을 작성해 문에 못질해 박았다. '어리석은 로마인들아, 너희는 속은 것이다. (…) 이제 곧 파괴될 수도와 더불어 너희의 신앙심도 사라질 것이다.' 이어 수도자와 수녀들이 반통합운동에 대한 소문을 퍼뜨리자 콘스탄티노플 시민들은 성모 마리아를 소리쳐 부르며 지난날 페르시아, 아바르족, 아랍족과 싸울 때처럼 투르크족으로부터도 자신들을 구해줄 것을 기원했다. '누룩 넣지 않은 빵을 사용하는 자들과도 멀리 떨어져 있게 해줄 것'을 기도했다.

통합파도 그에 질세라 1452년 12월 12일 투르크 군이 콘스탄티노플 성벽을 에워싸고 있는 가운데 성 소피아 성당에서 통합축하 미사를 드렸다. 이시도루스는 교황에게 미사가 성공적이었다고 보고했다. 그러나 겐나디오스를 비롯한 수도자 다수가 미사에 참석하지 않은 것으로도 알 수 있듯이 교회 통합은 비잔티움인들에게 폭넓게 받아들여지지 않았다. 그래도 이시도루스는 1453년 콘스탄티노플 공방전 때 성벽에서 용감히 싸웠다. 그 과정에서 부상을 입고 포로로 사로잡혔으나 나중에 변장을 하고 크레타 섬으로 탈출하여 콘스탄티노플이 함락된 것을 한없이 슬퍼했다. 또 다른 통합파 인사 베사리온도 콘스탄티노플을 수복하기 위한 노력에 지속적으로 후원했다. 정교회 관점으로 보면 그들은 추기경이 되어 교황 사절로 활동한 역적이었다. 그러나 그들은 인문학을 장려했고, 신학작품을 저술했으며, 서구에서 그리스 학문의 진흥에도 힘썼다. 베네치아의 마르시아나 도서관이 베사리온의 귀중한 책들을 소장할 수 있었던 것도 1468년 그가 남긴 도서관 덕이었으며, 바티칸 도서관 또한 이시도루스의 저작과 그가 원고에 붙인 주석들로 가치가 한층 높아졌다.

반통합파 겐나디오스 스콜라리우스도 1453년 공방전 때 포로로 사로잡혀 노예로 팔려갔으나, 정복자 메메드에게 발견되어 콘스탄티노플 총대주교로 임명되었다. 그는 본래의 참된 기독교 교리에 시종일관 충실한 태도를 보였다. 동시대인들의 의견이 반영된 그의 태도를 비잔티움 제국 최후의 대공 루카스 노타라스는 이렇게 표현했다. '교황의 삼중관보다는 차라리 술탄의 터번이 낫겠다.' 비잔티움인들은 콘스탄티노플이 로마에 예속되는 상태, 다시 말해 교황의 수위권을 받아들이지 않았다. 그 지지자가 아무리 소수라 해도 정통 교리라고 믿는 것에 충실했다. 로마 교회에 통합되어 서방의 지배를 받느니 오스만 제국의 지배를 받으며 정통 교리를 지키고자 했다. 1204년의 끔찍한 전철을 밟고 싶지 않아서였다.

28
1453년 콘스탄티노플 함락

5월 29일 이날 우리 주 하느님은 자진하여 수도를 함락하기로 결정하셨다. (…) 고대의 세 가지 예언이 모두 충족되었음이다. (…) 투르크족이 그리스에 발호하고, 헬레나의 아들과 이름이 같은 콘스탄티누스 황제가 등장하고, 달의 징조가 하늘에 나타났으니 세 예언이 충족된 것이 아니고 무엇이랴.

— 니콜로 바르바로의 〈콘스탄티노플 공방전 일지 Diary of the Siege of Constantinople〉 중에서

1354년 트라키아 해안선을 초토화시킨 지진으로 비잔티움 제국과 오스만 제국의 힘의 균형은 크게 뒤바뀌었다. 지진의 여파로 헬레스폰트 해협(지금의 다르다넬스 해협)의 유럽 쪽 도시들의 요새가 붕괴되어 그곳에 살던 주민들이 피난을 간 틈을 이용해 오르한의 장자 쉴레이만이 대규모 투르크 군과 가솔들을 이끌고 헬레스폰트 해협을 건넌 것이었다. 이어 그는 그 누구의 제지도 받지 않고 파죽지세로 진격해 칼리폴리스(아름다운 도시라는 뜻으로 지금의 갈리폴리)를 점령하고, 그곳을 기반으로 비잔티움 제국의 서쪽 지역을 평정하기 시작했다. 오스만 제국의 트라키아 공격은 발칸지역으로의 영토 확장과 맥을 같이했다. 오르한의 계승자 무라드 1세(재위 1362~1389)는 아드리아노플(지금의 에디르네)을 점령하고 그곳을 오스만 제국 서쪽 지역의 수도로 삼았다. 1371년에는 마리차 강 전투에서 스테판 우로슈 4세가 지휘

하는 세르비아 군을 격파하고 내쳐 소피아와 테살로니카까지 정복해 세르비아, 불가리아, 마케도니아를 오스만 제국 영토에 편입시켰다. 1387년에는 모레아의 전제군주 테오도루스 팔라이올로구스마저 굴복시켰다. 그러나 미스트라를 점령하지는 못했다.

그리하여 술탄 무라드는 제위에 오른 지 25년도 채 못 돼 콘스탄티노플을 에워싸고 동서쪽과 육해 양면으로 수도를 협공할 수 있는 기반을 마련했다. 그런 위기 속에서도 콘스탄티노플이 80년이나 더 버틸 수 있었던 것은, 무라드가 비잔티움의 모든 지배자를 오스만 제국의 봉신으로 삼고 그들의 지원에 의존하는 정책을 썼기 때문이다. 1372~1373년에도 그는 요한네스 5세 팔라이올로구스에게 지원을 강요하여 소아시아의 잔존해 있던 기독교 세력을 상대로 원정을 벌였다. 비잔티움 역사가 라오니코스 칼코콘딜레스(1423년경~1490년경)는 그 상황을 이렇게 묘사했다.

요한네스는 무라드와 동맹을 맺었다. 근자에 유럽으로 영토를 확장한 그의 기세에 눌린 것이다.
그것도 모자라 그와 아들들은 무라드를 주군으로 섬기며 원정 때마다 그를 수행했다.

칼코콘딜레스에 따르면 무라드는 세르비아 지도자 콘스탄틴 드라가슈와 악시오스 강(바르다르 강) 유역의 지배자 보그단도 무라드처럼 다루었다고 한다. 그것이 무라드가 군대와 봉신을 확보한 방식이었다. 그러나 세르비아와 보스니아인들도 눌려 지내지만은 않고 오스만 제국에 지속적으로 항거하며 무라드 1세를 합동으로 공격했다. 그러다 1389년 세르비아 연합군은 마침내 코소보 폴레(검은 새들의 들판)에서 투르크 군과 격돌했다. 이 전투에

Columna lxx. cubitorum alta videtur in qua iustinianus eneus equester habetur

ecclesiam ad meridiem in platea columna .lxx. cubitorum alta videtur cuius in capite iustinianus
eneus equester habetur et pomum cum leva aureum tenens ad orientem cum dextra minatur et imp
bant sex columne minores erecte marmoree videntur sciatis. Ultra vero has ad meridiem ypo
dromium ostenditur quod latine equi cursus appellatur. In hoc autem spatio nobiles coram instrabant
populo et duella atque ornamenta parabant. dc. xc. etiam longitudine brachia et c. xxxiii
ampliatur et super columnas edificatum est in quibus cisterna amplissima optime aque totum su
pradictum continet spatium. In capite vero ypodromii .xxiiii. erant altissime columne ubi impera
tor cum principibus residebat. Ab utraque alta parte ypodromii sedilia gradatim in longitu
dine erant ipsius minora ubi populus sedendo omne ludum videbat. Per medium denique dic
tus in longitudine huius est murus et post versus sanctam sophiam est ecclesia cum muro magnifico

Ubi sanctam sophiam est ecclesia cum muro magnifico et mirabilium fenestrarum adornata

et mirabilium fenestrarum adornata ubi domine iuvencule cum matribus suis prospicie
bant dilectos. Ubi in principio dicti muri balneum erigebatur in quo vulnerati ponebantur. Dein
agulia ex uno lapide in quatuor eneis taxillis in altum vero circuitur cubitorum . plurimorum.
et in pede eius sic sonat. Difficilis quondam dominis parere serenis iussus et extinctis pal
mam portare tirannis. Omnia theodosio cedunt soboliique perenni. Terdenis sic victus
ego domitusque diebus iudice sub proculo superas elatus ad auras. Ultra hunc
lapidem tres eneos serpentes in unum videmus ora aperta habentes a quibus ut dicitur aqua
vinum et lac exibant diebus iustiniani. Ultra etiam alta ex multis lapidibus coniuncta
lviii. cubitorum erigitur. Ultra denique in fine huius muri hic .iiii. huius columne mi
nores videntur erecte in quibus imperatrix eminebat ad festum. Fecit quoque theodosius
omnia ista et multa alia laudanda per urbem imprimi. Insuper hodie infinite columne
quadrangule quinque videntur maiores et lx. cubitorum per quamlibet elevatur in altum et post columnam
iustiniani dictam Sancta crux que in loco .iiii.or erecte prospicue videntur in quibus quadrige equorum .iiii.or enei ante
positi erant et veneti illos venecias apud sanctum detulerunt marcum in columnis remanentibus
Ceterisque quoque columnarum que in medio polis sunt posite in quibus cuncta actorum imperatoris
sculpta cognoscuntur. In ecclesia vero sanctorum apostolorum quinta cum angelo eneo et consta
ntino genuflexo columna est. Et in ecclesia iam diruta que amplissima omnia sepulcra imperatorum

In ecclesia sanctorum apostolorum quinta cum angelo eneo et constantino genuflexo columna est.

porphirea videntur. Magnifica una cum constantino in medio. Et ibi columna ubi
xpistus flagellatus et ligatus. In monasterio pantocratora est lapis ubi ioseph involuit
xpistum in sindone. In monasterio sancti iohannis de petra sunt vestimenta xpisti et arundo cum
spongeaque lancea in unum conservata. Sunt denique per urbem innumerabiles ecclesie atque
cisterne mire magnitudinis et industrie fabricate et in ruina posite vinea pro
quolibet in ea tamen vel ortum vegetum unum crescat. Cisterna sancti iohannis de petra. Cisterna pa
dopti. Cisterna pantocratoris. Cisterna apostolorum. Cisterna machomeri in qua subtili ar
tificio sunt ordinate columne quod est incredibile ad narrandum et alie multe sicut sancta
sophia que est principalior aliis et iustinianus in quindecim annis illud explicavit opus.
Sanctus demetrius. Sancta herini. Sanctus lazarus. Chiramas. Enea petrusque paulus. Sanctus pol
nm et sua cisterna amplissima optime aque in qua ut dicitur nullum invenire finem.
Anastasis. perileptos. Sanctus iohannes de studio. Sanctus andreas. blacherna in qua tanta co
probriaque edificata remanent ipsarum ecclesiarum una pulchrior alta quam longum est
enarrare. Sunt etenim per civitatem pauci habitatores et minimi latinorum qui numquam secta

In hac civitate sunt pauci habitatores et minima latinorum

pacem cum eis optinebunt et si promittet non observabunt. Fuit etiam hec urbs
pulcherrima valde et aulaque sapientie honestatis nunc vero ad ignorantiamque ductam
vetuste opinionis puncti parvi gule adheserunt et in tantum delati post copiam pis
ciumque carnium quoque etiam post ipsius admonitionem inciderunt lepre et doctrina iohannis crisos
tomi damascenique aliorum sanctorum patrum dimisere. Ad septentrionem vero per unum
miliare pera ianuensium pulcherrima civitas est.

1482~1485년 부온델몬테가 그린 콘스탄티노플 조감도. 투르크족에 함락되기 이전이므로 전형적인 그리스도교의 모습을 띠고 있다. 영국 대영도서관.

서 무라드 1세는 암살되었다. 코소보 전투의 진정한 승자가 누구인가에 대해 역사가들의 견해는 엇갈린다. 그러나 분명한 점은 그 전투 이후 발칸지역에 대한 투르크족의 지배가 강화되었다는 것이다.

비잔티움 제국 말기의 역사는 비잔티움의 관점으로 집필된 것과 투르크족의 관점으로 쓰여진 것 두 가지로 대별된다. 전자를 대표하는 역사가는 두카스, 후자의 대변자는 칼코콘딜레스였다. 두 사람 모두 콘스탄티노플이 함락당한 뒤에 책을 저술했다. 두카스는 황제가 술탄에게 조공을 바친 행위를 비잔티움의 굴욕으로 해석한 반면, 칼코콘딜레스는 주군과 봉신 간의 자연스런 관계로 설명했다. 그러나 요한네스 5세의 기나긴 치세(1341~1391)에 그의 아들들이 벌인 골육상쟁으로 제국이 만신창이가 되었다는 점에서는 두 사람 의견이 일치했다. 요한네스 5세의 장자 안드로니쿠스 4세와 그의 아들 요한네스 7세, 요한네스 5세의 둘째 아들 마누엘 2세, 셋째 아들 테오도루스는 제노바, 베네치아, 투르크족을 동맹으로 끌어들여 제위 다툼을 벌였다. 그러자 요한네스 5세는 제국 곳곳에 흩어진 얼마 안 되는 영토를 그들에게 나눠주어 분쟁을 막으려 했다. 미스트라를 수도로 한 모레아, 발칸 지역에 남아 있던 비잔티움의 중심지 테살로니카, 1340년대에 요한네스 6세 칸타쿠제누스가 트라키아의 본거지로 삼을 요량으로 요새화한 셀림브리아는 그렇게 해서 점차 비잔티움의 자치령이 되었다. 요한네스 5세의 아들들이 독립 군주 노릇을 한 그 소왕국, 아니 비잔티움의 속령들은 여러 작은 왕국과 공국들이 영토 다툼을 벌인 서유럽의 유사 봉건제와 비슷한 면이 있었다. 그러나 프랑스, 잉글랜드, 카스티야, 독일의 명목상의 왕들이 영토 확장을 위해 노력한 서방과 달리 팔라이올로구스 황족은 하나로 뭉쳐 있던 제국을 산산조각 내고 있었다. 서방 기독교계의 나라들이 권력 집중화로 힘을 강화하는 동안 동방의 기독교계는 권력을 분산시켜 재원과 영토를 갉아먹고 있었던 것이다.

1389년 코소보 전투에서 무라드 1세가 암살된 뒤 콘스탄티노플에 대한 투르크족의 압력은 한층 거세졌다. 무라드에 이어 오스만 제국의 술탄이 된 바예지드 1세(재위 1389~1402)는 보스포루스 해협의 아시아 쪽(동쪽) 해안에 아나돌루 히사르라는 요새까지 축조하여 비잔티움이 타국으로부터 해군 지원을 받을 수 있는 길을 차단했다. 1391년 마누엘 2세가 비잔티움의 제위에 올랐을 때는 수도에 대한 투르크의 공격이 금방이라도 가해질 것만 같은 분위기였다. 그러다 1394년 투르크 군은 기어코 육해 양면으로 콘스탄티노플을 포위하기 시작했다. 유럽의 기독교도들은 그제야 화들짝 놀라며 헝가리 왕 지기스문트와 프랑스 사령관 부시코가 지휘하는 연합군 형태의 지원군을 편성했다. 그리하여 서방 십자군이 도나우 강변 니코폴리스(지금의 불가리아 니코폴)의 오스만 제국 요새로 육박해 들어오자, 술탄 바예지드 1세는 사태의 심각성을 깨닫고 즉각 포위공격을 지휘하고 있던 콘스탄티노플을 떠나 니코폴리스로 향했다. 1396년에 벌어진 이 니코폴리스 전투에서 서방 십자군은 투르크 군에 대패했다. 병사들은 대부분 학살되고 소수만 포로로 잡혔다. 지기스문트와 부시코도 포로로 잡혔다가 나중에 몸값을 치르고 풀려났다. 그래도 부시코는 동방의 기독교도들을 저버리지 않고 샤를 6세 프랑스 국왕에게 소규모 군대를 보내주도록 탄원하여 1399년 투르크 군의 봉쇄망을 뚫고 콘스탄티노플의 마누엘 2세 군대와 합류했다.

프랑스 지휘관 부시코가 조카 요한네스 7세에게 나라를 맡겨두고 서유럽을 순방하며 군사원조를 요청하도록 마누엘 2세에게 권유한 것이 그 무렵이었다. 요한네스 7세는 아버지 안드로니쿠스 4세의 획책으로 할아버지 요한네스 5세의 통치권을 빼앗아 제위에 오른 적도 있고, 투르크족과 공모해 삼촌 마누엘 2세의 제위마저 찬탈하려 한 인물이었다. 그러다 한동안 바예지드의 인질로도 잡혀 있었던 그에게 마누엘은 지금 수도 방어의 책임을 맡기고 서방 순방길에 오르려는 것이었다. 마누엘과 부시코는 1399년 12월, 봉쇄 중인 투르크 군의 눈을 피해 콘스탄티노플을 출발했다. 결과적으로 오랜 시간이 걸린 마누엘의 유럽 순방에 대한 내용은, 데메트리우스 크리솔로라스와 마누엘 크리솔로라스 형제, 나중에 콘스탄티노플 총대주교가 되는 에우티미오스, 그리고 마누엘 포토스에게 보낸 그의 편지들로 생생히 되살아났다.

마누엘은 전에 방문한 적이 있는 베네치아에 대한 내용은 빼고 유럽의 다른 도시들에 대해 보고 느낀 점만 상세히 기록했다. 1400년 여름 그는 파리에 도착하여 샤를 6세의 환대를 받았다. 이듬해에는 런던의 엘섬 궁에서 헨리 4세 잉글랜드 국왕과 함께 성탄절 예배를 드렸다. 마누엘은 특히 파리에서 국왕과 국왕의 친족, 조신들이 보여준 '숭고한 정신, 우정, 신앙에 대한 끝없는 열정'에 깊은 감명을 받았다. 숙소로 제공된 루브르 궁전에 걸린 태피스트리를 보고 그것의 아름다움에 감탄하는 글도 적어 보냈다. 군사 지원의 희소식을 가지고 이내 귀국하게 되기를 바란다는 말도 덧붙였다. 마누엘은 파리 북부의 유명한 수도원에서 열린 성 드니의 축일연 여드렛날 행사에 와달라는 샤를 6세 프랑스 국왕의 초청도 받았다. 일부 프랑스인들이 정교회와 가톨릭은 종파가 다르다는 이유로 그것을 달가워하지 않았음에도 샤를은 끝내 고집을 꺾지 않았다. 마누엘은 마누엘대로 군사원조를 받고 못 받고는 양 교회의 통합에 달려 있다는 사실을 알고 있었기에 거절할 입장이 아니었다.

1400년에서 1401년으로 넘어가는 겨울에는 런던을 방문하여 헨리 4세의 극진한 환대를 받았다. 마누엘에 따르면 국왕은,

헨리 4세 황제.

계절에 따른 것이기도 하고 운수이기도 했던 폭풍, 보통 때보다 두 배나 강한 폭풍을 만난 우리에게 사실상 피난처를 제공해주었다. 국왕은 대화도 재미있게 하고 다양한 방법으로 우리를 기쁘게 해주었다. 병사, 궁수, 돈, 필요한 곳마다 군대를 수송할 수 있는 선박 등의 군사원조도 해주었다.

잉글랜드의 사제이자 연대기 작가였던 우스크의 아담(1352~1430)은 비잔티움 사절단을 이렇게 묘사했다.

황제는 색깔도 흰색으로 똑같고 모양도 한결같이 길게 늘어진 관복을 입은 남자들과 언제나 함께 다니셨다. (…) 머리와 수염을 깎지 않은 사제들도 옆에 대동하고 계셨다. 그리스인들은 예배도 지극정성으로 드렸다. 신분의 차별 없이 사제와 병사가 한자리에서 자국어로 성가를 불렀다. 그토록 훌륭한 기독교 군주가 이교도들의 침략에 시달리다 못해 그 머나먼 동방에서 이 서방의 낯선 곳까지 손을 벌리러 왔다는 생각에 내 가슴은 미어질 듯했다.

마누엘이 서방의 군사원조를 받기 위해 프랑스와 잉글랜드 군주들을 설득하고 있는 동안 소아시아에서 뜻하지 않게 비잔티움의 구세주가 하나 나타났다. '이슬람의 검'으로 알려진 몽골족의 지배자 티무르(태멀레인)가 1399년부터 1400년까지 그루지야, 알레포, 다마스쿠스, 바그다드를 약탈하고 점령한 것이었다. 그런 다음 그는 서쪽으로 방향을 돌려 몽골족 특유의 십진법 방식으로 편제되고〔십부, 백부, 천부 등의 방식으로〕지하드에 몸 바치는 정예군대로 바예지드의 투르크 군을 공격했다. 1402년 7월 28일에 벌어진 이 앙카라 전투에서 티무르는 투르크 군을 대파한 것에 그치지 않고 바예지드와 그의 아들 무사도 포로로 사로잡았다. 오스만 제국은 술탄까지

성모 마리아의 축복을 받는 마누엘 2세 팔라이올로구스, 그의 아내 헬레나, 그리고 그의 세 아이(자주색 방에서 태어난 요한네스, 테오도로스, 안드로니코스)의 모습. 하나같이 관복을 입고 손에는 십자가를 들고 있다. 황제는 샤를 6세 프랑스 국왕에 대한 감사의 표시로 이 성화가 수록된 위 디오니시오스의 저작을 필사하여, 1408년 비잔티움 학자 마누엘 크리솔로라스로 하여금 파리 북부의 생 드니 수도원에 황제의 이름으로 증정하도록 했다.

사로잡히는 수모를 당하자 충격과 공포에 휩싸였다. 그러나 서방 국가들에게는 그것이 희소식이어서 카스티야의 엔리케 3세, 프랑스의 샤를 6세, 잉글랜드의 헨리 4세는 티무르에게 사절단까지 보내 승리를 축하했다. 순방 중인 마누엘을 대신해 섭정을 맡고 있던 콘스탄티노플의 요한네스 7세 팔라이올로구스도 몽골 군이 투르크족의 공격을 막아준다는 조건하에 티무르에 굴복했다. 그렇게 해서 몽골족의 우산 아래 한시름 놓게 되었으나 티무르의 다음 행보가 여전히 오리무중이었기 때문에 비잔티움의 불안감은 가시지 않았다. 다행히 티무르는 구호기사단과 싸워 스미르나를 빼앗은 뒤에는 동방으로 돌아가 중국 정복이라는 원대한 야망을 이루는 일에 매진했다. 그리고 과연 그는 명나라로 출정해 '세계의 정복자'라는 별칭을 얻었다.

1402년 앙카라 전투가 끝난 뒤 마누엘 2세는 유럽 순방을 마치고 콘스탄티노플로 돌아왔다. 오스만 제국에서는 바예지드가 죽자마자 곧 그의 네 아들 사이에서 제위 다툼이 일어났다. 그리하여 수년간 내분을 벌인 끝에 1413년 메메드 1세가 세 형제를 누르고 통합된 제국의 술탄으로 등극했다. 그와 동시에 비잔티움에 대한 투르크족의 공격도 재개되었다. 1408년 마누엘 2세는 샤를 6세에 대한 감사의 표시로 그의 가족 초상이 삽화로 실린 위 디오니소스의 저작을 필사하여 생 드니 수도원에 증정했다. 그런데도 서방은 1422년 투르크 군의 포위공격에 직면한 콘스탄티노플에 지원군을 보내주지 않았다. 같은 해 마누엘이 뇌졸중으로 쓰러져 아들 요한네스 8세가 제위에 올랐다. 하지만 그 무렵 황제의 지배권은 이미 후배지 없이 수도에만 간신히 미칠 정도여서 비잔티움도 더는 제국들의 여왕이 아니었다. 그리고 1453년 콘스탄티노플은 메메드 1세의 손자 정복자 메메드(메메드 2세)에게 함락되었다.

오스만 제국은 수백 년간 지속된 비잔티움과의 상호작용을 통해 힘을 배양했다. 그 과정에서 투르크족은 영토를 확장하며 국력을 키우고 비잔티움은 갈수록 허약해진 것이었다. 장기간에 걸쳐 때로는 밀접한 관계를 맺기도 하며 양측이 정치적으로 대립한 현상은 상호 간에 영향을 미쳤다. 오스만 제국 궁정에 기독교를 처음 소개한 것도 투르크족 황실로 출가한 비잔티움 황녀들이었다. 무슬림 징세 대장도 기독교 관리들이 비잔티움식으로 관리했다. 반면 군역과 토지 보유를 연계시킨 비잔티움의 프로노이아pronoia제는 술탄이 충성의 대가로 토지를 하사하는 티마르timer제로 변질되었다. 사회적 봉사에 대해서는 양국이 비슷한 철학을 가지고 있었다. 다른 점이라면 이슬람계가 수입의 일정액을 자선 용도로 의무적으로 뗀 것과 달리 기독교계는 개인의 양심에 맡겼다는 것이다. 이슬람의 자선기금 와크프wakf도 다양한 사회적 기능을 지녔다는 점에서 기독교의 수도원과 흡사한 면이 많았다. 그러나 오스만 제국의 정복기에 접어들면서 기독교의 재원, 인구, 교회 재산, 세금은 이슬람 단체들로 빠져나가기 시작했다. 대상 숙소인 캐러밴서리, 마드라사(이슬람 학교), 모스크도 이슬람으로 개종한 기독교도(굴람gulam)가 관리하는 일이 많아졌다. 와크프 단체들 또한 종교와 무관하게 모든 여행자에게 무료 식사와 잠자리를 제공해주기는 했지만, 기독교를 희생시켜 이슬람을 강화하기는 마찬가지였다.

그 현상은 교회가 모스크로 전환되고, 교회 재산을 투르크 정복자에게 몰수당하고, 기독교 농부가 재산을 지키려는 고육책으로 이슬람으로 개종한 소아시아의 수도대주교와 주교들의 수가 급감한 사실로도 확인되고 있다. 데메트리우스 키도네스는 소아시아의 기독교도들이 당하는 핍박을 보다 못해 비잔티움 황제에게 서방의 원조를 요청하도록 촉구하는 연설을 하기도 했다.

투르크족은 헬레스폰트 해협으로부터 아르메니아 산맥까지 동방 기독교도들의 생활 근거지를 모두 앗아갔사옵니다. 그들은 도시를 파괴하고, 교회를 약탈하고, 무덤을 파헤치고, 온 천지를 피와 송장으로 메워놓았습니다. 그것도 모자라 그 자들은 참된 신을 거부하고 타락된 자신들의 종교로 개종할 것을 강요하며 주민들의 영혼마저 오염시켰습니다.

이렇게 되자 교회 중심지 서열에서 전통적으로 강세를 보이던 소아시아 주교구들도 유럽 지역의 주교구들에 우위를 빼앗겨, 1324년 콘스탄티노플 총대주교가 재정 지원을 요청할 때 언급한 소아시아의 주교구는 프리지아의 키지코스, 프로이코네소스, 로파디온(지금의 터키 울루아바트)의 세 곳에 지나지 않게 되었다. 소아시아의 교회에 임명된 성직자들도 그곳 교구들에서 배겨나지 못하고 수도로 쫓겨와 총대주교에게 얹혀살기 일쑤였다. 그리하여 15세기 말 교회 명부(노티티아 notitia)에는 이제 소아시아의 '수도대주교구 51곳, 대주교구 18곳, 주교구 478곳이 황량하게 버려진 것'으로 기록되기에 이르렀다. 소아시아에서 투르크족의 정복 기간에 살아남은 것은 대주교구 한 곳과 주교구 세 곳뿐이었다.

비잔티움은 예술적인 면으로도 투르크족에 많은 영향을 끼쳤다. 그 현상은 셀주크투르크족 때부터 시작되어 그들은 이미 비잔티움의 쌍두독수리 양식을 채용해 쓰기 시작했고, 14세기에는 성 소피아 성당에서 영감을 얻어 돔과 자기타일을 이용한 모스크도 지었다. 1424년 메메드 1세가 축조한 부르사의 웅대한 돔이 얹혀진 녹색 사원 또한 훗날 에디르네에 지어진 것과 같은 여러 모스크의 모델이 되었다. 그러다 그 사원은 건축가 시난(1489~1588)이 지은 16세기의 건축물들, 특히 이스탄불의 블루 모스크〔이 부분에서 저자가 약간 착오를 일으킨 것 같다. 시난이 이스탄불에 지은 것은 쉴레이만 사원이고, 블루 모스크는 시난의 제자 메메드 아가가 술탄 아흐메드 1세의 명령으로 1609년에 착공하여 1616년에 완공한 것이다]로 다시 새로운 명성을 얻었다. 정교회 기독교도의 아들로 태어난 시난은 오스만 제국의 소년 징집제도(데브시르메 devsirme)에 따라 황실 근위병으로 뽑혀 건설장교로 복무하던 중 공공욕장과 일반 건축물, 이슬람 사원을 지어 건축가로 크게 이름을 떨친 인물이다.

그러나 오랜 시간의 상호작용에도 불구하고 가족법과 관습 분야에서 드러난 양측의 차이는 끝내 좁혀지지 않았다. 기독교는 단혼제를 중시하여 재혼을 꺼렸으나 이슬람은 능력만 있으면 남자가 아내를 네 명까지 둘 수 있었다. 술탄만 해도 본부인이 여럿 있었음에도 하렘에 수많은 첩실을 두고 있었다. 게다가 그 여자들은 욕심껏 아들을 낳으려 했고 그 아들들 모두 아버지의 계승자가 되고 싶어했으므로, 술탄만 죽으면 궁정에서는 여자들끼리는 물론 친형제와 이복 동기들 사이에도 피 튀기는 제위 쟁탈전이 벌어지기 일쑤였다. 이슬람은 장자가 아버지의 영토를 자동 승계하도록 된 중세의 장자 상속권을 인정하지 않았다. 만에 하나 술탄이 나중에 총애하는 애첩의 아들을 계승자로 임명할까봐서였다. 1402년에서 1413년 바예지드 1세의 아들들이 벌인 제위 다툼도 장차 일어날 골육상쟁들의 전조일 뿐이었다.

비잔티움과 서방 국가들에서도 물론 제위 쟁탈전은 일어났다. 안드로니쿠스 2세만 해도 1321년에서 1328년 손자 안드로니쿠스 3세와 다툰 뒤 그에 의해 폐위되었으며, 요한네스 6세 칸타쿠제누스도 요한네스 5세 팔라이올로구스(재위 1341~1347)의 황권을 주장하며 6년간이나 분란을 일으켰다. 요한네스 8세(재위 1425~1448)와 콘스탄티누스 11세(재위 1448~1453)가 수도 방어를 위해 모레아의 전제군주들인 두 동생 테오도루스와 데메트리우스에게 도움을 청했을 때도 그들은 싸움질하기 바빠 형들의 요구를 모른 체 했다. 그러나 이슬람계의 제위 다툼은 특유의 궁정조직과 하렘의 등쌀 때문에 기독교계보다 한층 수위도 높고 그로 인해 야기되는 정정불안도 심했다. 게다가 오스만 제국은 군주제를 채택하고 있었으므로 지배자 한 사람이 모든 경쟁자를 누르고 권위를 수립해야 하는 부담을 안고 있었다. 그러다 보니 술탄이 바뀔 때마다 형제들 간에는 으레 한바탕 혈전이 벌어지기 마련이었다. 그들은 또 모두 기독교도들의 수도인 콘스탄티노플을 정복하고 싶어 했다.

1422년 콘스탄티노플을 포위공격한 무라드 2세도 그 점에서 예외가 아니었다. 그는 정복을 떼어놓은 당상으로 여기며 약탈에 대한 훈령까지 내려놓았다. 공방전의 한 목격자는 이렇게 썼다.

투르크족 군주는 땅의 모든 끝까지 전령을 보내 콘스탄티노플의 부와 그 안에 사는 사람들을 죄다 무슬림들에게 나눠주겠다는 약속을 하도록 했다. 무슬림들을 그러모으기 위해서였다. (…) 그 말을 듣고 한탕주의자, 모험가, 상인, 향수제조자, 제화업자, 심지어 투르크 수도승들까지, 돈벌이에 혈안이 된 인간들이 벌떼처럼 모여들었다. (…) 포로와 여자를 원하는 자, 남자를 원하는 자, 소아를 원하는 자, 동물을 원하는 자, 물건을 원하는 자, 모여든 목적도 가지가지였다. 투르크족 수도승은 기독교 수녀와 공짜 전리품을 원했다.

1422년의 포위공격을 두 눈으로 직접 목도한 비잔티움 역사가 요한네스 카나누스에 따르면 이때 성모 마리아가 나타나 콘스탄티노플을 지켜주었다고 한다. 투르크족도 성벽에서 그녀가 싸우는 모습을 보았다는 것이다. 그러나 무라드가 콘스탄티노플에 대한 포위를 푼 것은 그것 때문이 아니었다. 그는 마누엘의 회유를 받은 부르사의 투르크 지도자가 술탄을 선언하자 위기감을 느껴 공격을 포기하고 돌아간 것이었다.

무라드는 콘스탄티노플을 점령하려던 계획이 좌절되자 모레아로 공격의 화살을 돌려 데메트리우스와 토마스 팔라이올로구스 형제〔요한네스 8세의 동생들〕를 굴복시키고 자신에게 조공을 바치도록 했다. 그러나 투르크족과의 야합을 반긴 데메트리우스와 달리 토마스는 처가인 제노바의 자카리아 가와 손잡고 반투르크 동맹을 결성했다. 한편 콘스탄티노플의 요한네스 8세가 1448년 후계자 없이 숨을 거두자 황태후 헬레나는 죽은 황제의 동생이자 데메트리우스와 토마스의 형인 콘스탄티누스를 제위에 앉혔다. 그렇게 해서 황제가 된 콘스탄티누스 11세는 투르크족의 위협이 그 어느 때보다 심각하다는 것을 깨닫고 두 동생에게 즉각적인 지원을 요청했다. 그러나 그들은 형의 요청을 거절했고 1451년 사태는 이미 돌이킬 수 없는 지경이 되었다.

1451년 메메드 2세가 아버지 무라드 2세에 이어 오스만 제국의 술탄이 된 것이다. 당시 그는 열아홉 살의 새파란 나이였음에도 콘스탄티노플 정복을 완결지으려는 결의에 차 있었다. 비잔티움이 존폐의 기로에 서 있다는 것은 그도 알고 콘스탄티누스도 알았다. 메메드 2세는 아나돌루 히사르에 이어 콘스탄티노플의 유럽 쪽 해안에 루멜리 히사르라는 또 다른 요새를 축조하여 보스포루스 해협을 오가는 선박을 통제하고 콘스탄티노플로 들어오는 서방의 대규모 군사 지원 길을 차단했다. 그때부터 콘스탄티노플의 운명은 결정된 것이나 다름없었다. 콘스탄티누스 11세가 신형 대포를 주조해주겠다고 나선 헝가리 기술자에게 지급할 돈만 있었어도 수도는 몇 년간 더 버틸 수 있었을 것이다. 그러나 황제에게는 그만한 여력이 없었다. 그러자 헝가리인은 그 기술을 오스만 제국에 팔아버렸다. 그가 만든 초대형 대포가 결국 투르크족에 승리를 안겨주었다. 직선으로 축조된 5세기 고전 후기 때의 삼중성벽이 15세기 화약의 힘에 배겨날 도리는 없었다.

콘스탄티누스 11세는 서방의 여러 나라에 지원을 요청했다. 그러나 그의 호소에 응답한 나라는 소수에 지나지 않았다. 1452년 가을 교황 특사 이시도루스 추기경(전 키예프 주교)과 키오스 섬의 가톨릭 성직자 레오나르도가, 이시도루스가 비용을 부담해 모집한 궁수부대를 이끌고 콘스탄티노플에 도착했다. 안코나, 프로방스, 카스티야도 선박을 보내왔고, 크레타 섬의 그리스인들도 도시에 남아 방어를 돕기로 했다. 크레타 선박 6척은 나중에 도시를 몰래 빠져나가기는 했지만 말이다. 1453년 1월에는 제노바인 용병대장 조반니 주스티니아니 롱고가 투르크 군 봉쇄망을 뚫고 선박 2척에 병사 700명을 싣고 나타나 콘스탄티노플 시민들을 기쁘게 했다. 콘스탄티누스 11세는 성벽의 가장 취약한 부분인 로마노스 문 옆에 그를 배치시켰다. 그리고는

백성들의 힘을 북돋우며 희망을 갖고 신에 대한 믿음을 잃지 않도록 그들을 독려했다. 이에 모든 사람이 황제를 우러러보며 그의 말에 복종했다.

비잔티움 제국 최후의 날들은 공방전에 참여한 베네치아 해군 군의관 니콜로 바르바로에 의해 기록으로 남겨졌다. 그 마지막 날들을 묘사한 바르바로의 일지에 따르면 콘스탄티노플 시민들은 '미쳐 날뛰는 사악한 이교도'로부터 도시를 구할 수 있는 길은 기적뿐이라는 생각에 흐느껴 울며 기도를 하다가 이렇게 행동했다고 한다.

경보가 울리자 사람들은 모두 제 위치를 찾아갔다. 아녀자들도 요철 성벽 위에서 아래쪽의 투르크 군을 향해 던질 수 있도록 성벽으로 돌을 날랐다.

니콜로는 베네치아인이었으므로 당연히 베네치아에 유리한 방향으로 글을 썼다. 주스티니아누스에 대해서도 그는 로마노스 문의 주둔지를 이탈했다며 비난하는 말을 했다. 그러나 그 제노바인은 황제와 방어 계획을 수립한 뒤 몸에 화살을 맞는 부상을 입고 키오스 섬으로 이송되어 그곳에서 숨을 거뒀다.

콘스탄티누스 11세는 헝가리 장군 후냐디에게도 지원을 요청했다. 그리하여 1453년 4월 그의 사절단이 콘스탄티노플에 도착하여 메메드 2세와 협상을 벌였으나 그 무렵 메메드는 이미 승리를 직감하고 있던 터라, 투르크 군을 공격하겠다는 헝가리의 위협에 눈도 깜짝하지 않았다. 투르크 군 병력은 정규군 6만 명과 보조군 14만 명에 이르렀다. 그에 비해 비잔티움 병력은 다 합쳐도 8천 명 남짓에 불과했다. 그런 열세 속에서도 콘스탄티누스는 골든 혼에 방재防材를 설치하고 둘레가 19킬로미터나 되는 성벽의 방어에 총력을 기울였다. 그러나 포신이 긴 투르크 군의 신형 대포가 뿜어내는 포탄을 막기에는 역부족이었다. 투르크 군은 '최고'의 별칭을 가진 그 대포로 무게가 자그마치 1만2천~1만3천 파운드나 나가는 포탄을 성벽에 연신 쏘아댔다. 비잔티움 군도 빈 통과 잡석을 비롯한 오만가지 물건으로 균열이 간 성벽 틈을 부지런히 메웠다. 그러나 20일 동안 난타를 당하자 성벽엔 결국 구멍이 뚫렸고 그 틈으로 투르크 군은 물밀듯 쇄도해 들어왔다. 1453년 5월 23일 콘스탄티노플에는 오스만 제국 기가 게양되었다.

시민들의 저항심을 고취시키며 장렬하게 싸운 콘스탄티누스 11세는 공방전 중에 행방불명되었다. 그렇다고 시체가 발견된 것도 아니었다. 도시에서는 황제가 성벽 속으로 모습을 감췄고 따라서 언젠가는 다시 모습을 나타내리라는 소문이 나돌았다. 황제는 투르크 군의 총공세가 있기 전날 밤 그의 조언자인 게오르기우스 스프란체스(프란체스)와 함께 성벽을 마지막으로 둘러보았다. 역사가이기도 했던 스프란체스에 따르면 그때 두 사람은 투르크 군의 거대한 막사, 그 주변에 피워진 화톳불, 투르크 군의 전투 준비 과정을 지켜보며 그 시점에 비잔티움을 구해줄 수 있는 것은 하느님의 개입밖에 없다는 결론을 내렸다고 한다. 하지만 하늘도 무심하게 콘스탄티노플은 끝내 함락되고 말았다. 투르크 군은 사흘간 도시를 약탈하고 스프란체스를 비롯한 비잔티움 고관들을 포로로 사로잡았다. 일설에 따르면 메메드 2세는 그리도 원하던 콘스탄티노플에 입성하여 도시의 헐벗은 모습과 아름다운 건축물들을 보고는 눈물을 흘렸다고 한다. 투르크인들이 사람들은 물론 개들에까지 성직자 복을 입히고 거대한 모닥불 속에 성상들을 던져놓고는 그 위에서 고기를 구워 먹고 물도 타지 않은 포도주를 성배에 따라 마셨다는 기록도 전해진다.

술탄은 수도에 남은 시민들을 오스만 제국의 신민으로 만들고, 5천 가구를 추가로 이주시켜 비잔티움의 이슬람화를 시작했다. 1454년에는 명망 있는 학자 겸 수도자 겐나디오스 스콜라리우스를 콘스탄티노플 총대주교로 임명했다. 이후 겐나디오스는 밀레트의 지도자가 되어, 정교회의 권리가 침해당하지 않도록 보호하는 일에 힘썼다. 지금도 그의 후계자(현재의 콘스탄티노플 총대주교는 바르톨로메우스)는 제1차 세계대전 뒤, 터키의 초대 대통령이 된 케말 아타튀르크와 연합국 간에 체결된 로잔 조약(1923)에 따라 콘스탄티노플 총대주교구 자리를 지키고 있다. 이스탄불(콘스탄티노플)의 기독교도는 소수에 지나지 않지만 콘스탄티누스 1세에 의해 공식적으로 인정받고, 테오도시우스 1세에 의해 구로마와 동등한 위치로 승격된 새로운 로마, 곧 콘스탄티노플 교회는 이렇게 정교회의 등불 역할을 계속하고 있다. 그러나 성 사도 교회 터에 비잔티움이 오스만 제국의 수도가 되었음을 나타내는 상징물로 오늘도 우뚝 서 있는 것은 정복자 메메드의 승리를 기리는 파티흐 모스크(정복자 모스크)이다.

맺는말

비잔티움의 위대성과 유산

비잔티움을 대표하는 특징은 무엇일까? 유서 깊은 공의회와 개종으로 권위가 높아지고 성 소피아 성당과 같은 웅대한 교회 혹은 성상이 걸린 아늑한 가정에서 찬미된 기독교일까, 아니면 로마식 조직과 행정부를 지닌 제국이라는 자기 확신일까? 그것도 아니면 비잔티움이 지닌 영속적인 고대 그리스 유산과 교육제도일까? 아니, 비잔티움의 특징은 그 어느 하나가 아닌 세 가지 요소를 결합한 것이다. 그리고 그 특징들은 모두, 콘스탄티노플이 기념물과 항구들을 갖춘 로마 제국의 새로운 수도가 되어 풍부한 전통과 재원을 갖춘 곳에 비잔티움이 뿌리내리게 된 4세기에 기반을 두고 있다.

그럼에도 비잔티움에 대한 현대인들의 생각은 여전히 공허한 의례와 복잡다단한 관료제에 집착하는 허약하고 소심한 사람과 부패한 환관들이 정사를 좌지우지한 전제국가였다는 고정관념에 머물러 있다. 그 가당치도 않은 주장을 최초로 편 인물은 18세기 프랑스의 정치철학자 몽테스키외였다. 그가 로마 제국의 쇠퇴를 설명하는 과정에서 그 우스꽝스러운 이론을 도출해낸 것이다. 프랑스 사상가 볼테르도 종교에 대한 이성의 우위를 주장하며 그것에 힘을 보탰다. 몽테스키외는 수도자들이 지닌 과도한 권력, 교리 논쟁의 과열, 정교분리의 실패를 들어, 그가 말하는 이른바 '그리스 제국'을 무가치한 것으로 폄하했다. 볼테르도 '인간 정신에 대한 치욕'으로까지 말하며 비잔티움을 철저히 매도했다. 비잔티움의 사례를 절대왕정을 합리화하는 수단으로 이용한 루이 14세도 아마 두 사람이 그런 관점을 갖게 하는 데 한몫했을 것이다.

우리에게 잘 알려진 에드워드 기번의 『로마 제국 쇠망사 History of the Decline and Fall of the Roman Empire』(1776~1788)도 그 이론에 입각하여 비잔티움을 그리스-로마와 '수동적'으로만 연결돼 있던 보잘것없는 나라로 설명했다. 다시 말해 그는 비잔티움을 서유럽의 야만족 국가들과 세계의 정세를 변화시킨 당당하고 중요한 혁명들의 연결고리가 되었던 점을 제외하면 그 자체로서는 별 의미가 없는 국가로 본 것이다. 그러나 이들도 19세기의 아일랜드 역사가 윌리엄 레키(1838~1903)가 퍼부은 거리낌 없는 독설에 비하면 약과였다. 그는 편견에 가득차고 여성 혐오적인 관점으로 이렇게 말했다.

비잔티움 제국에 대한 역사적 평가는 예외 없이 모두 열등하고 비루한 문명이었던 것으로 귀결된다. 위대함의 모든 형태와 요소가 그토록 철저하게 결여된 문명은 없었으며, '천박한'이라는 문구가 그처럼 잘 어울리는 문명도 없었다. (…) 비잔티움 제국사는 사제, 환관, 여자, 독살, 음모, 배은망덕함으로 점철된 단조로운 이야기의 연속에 지나지 않는다.

그러나 비잔티움은 수동적이지 않았다. 수동적이기는커녕 소중한 전통과 유산을 화려하게 되살려낸 능동적이고 창의력 넘치는 나라였다. 비잔티움은 숙련된 관료제와 조세제도 위에 세워진 황제정부, 로마법에 기초한 법률

조직, 고전과 이교적 과목이 다수 포함된 세속적 교과과정, 정교회 교리, 그리스 교회에 보존된 예술과 영적 전통, 많은 나라가 앞 다투어 모방한 대관식과 궁정 의례를 후대에 유산으로 남겼다. 6세기에 활동한 이집트 상인 코스마스 인디코플레우스테스는 또 이렇게 말했다.

> 신이 부여해준 로마인들의 힘을 절감할 수 있는 요소가 또 하나 있다. 모든 나라의 상거래에 이용되는 노미스마 금화가 그것이다. 그 돈은 지구 이 끝에서 저 끝까지 모든 곳에서 다 통용된다. 그런 것을 가진 나라는 이 세상에 비잔티움밖에 없다.

'베잔트'(비잔티움의 또 다른 금화)는 여왕의 도시가 투르크족에 함락된 지 수백 년이 흐른 뒤에도 사람들 사이에 회자되었다. 이 역시 비잔티움 금화의 높은 신뢰성을 나타내는 것이다. 11세기의 평가절하에도 불구하고 베잔트라는 이름은 비잔티움이 베네치아와 그 밖의 이탈리아 도시국가들의 성장 동력이 되었던 중세 초 무역을 발전시킨 견인차로 사람들의 뇌리에 박혀 있었던 것이다.

비잔티움의 예술 또한, 비단과 상아제품이 미와 숙련도의 기준이 되고 성상도 전 세계 정교회 공동체의 성상화가들에게 지금껏 영감의 원천이 될 정도로 높은 수준을 자랑했다. 신학도 모세 율법(십계명)에 우상숭배 금지 조항이 명시돼 있고 이슬람마저 그것을 준수한다는 사실에 자극받은 성상파괴주의자들이 1세기 동안이나 벌인 투쟁을 그 1천 년 뒤에 청교도인들이 참고할 만큼 후대에 많은 영향을 끼쳤다. 비잔티움은 또 정복의 능력과, 특히 제국을 지키고 제국의 장려한 수도를 방어할 수 있는 군사적 역량으로 서로마 제국 패망에 이은 혼란스러우면서도 창조적이었던 시기, 지중해 북서 지역을 지키는 방패막 역할도 수행했다. 비잔티움 없이 유럽은 존재할 수 없었다.

사막을 뛰쳐나온 아랍족이 유대인과 기독교도의 성지 및 이집트의 곡창지대를 정복하며 공포를 확산시키던 중세 초, 파죽지세로 진격하는 그들의 야망을 꺾은 것도 다름 아닌 비잔티움이었다. 콘스탄티노플 성벽과, 그곳 주민들―황제, 조신, 백성―의 결의와 수완이 물샐틈없는 방어 체계를 만들어낸 결과였다. 그것이 없었다면 비잔티움은 7세기 이슬람에 정복되고 말았을 것이다. 다마스쿠스, 예루살렘, 알렉산드리아, 페르시아 제국을 정복한 무슬림 세력이 콘스탄티노플과 함께, 콘스탄티노플의 재원, 세입, 조선소, 교역망마저 차지한 채 로마가 세운 지중해 제국을 대번에 무너뜨렸을 것이다. 비잔티움이 있었기에 망정이지 그렇지 않았다면 무슬림 세력은 지중해 남부 해안을 끼고 에스파냐로 쳐들어갈 때처럼 발칸지역을 가로질러 지중해 북서 해안지대마저 집어삼켰을 것이다.

비잔티움은 이렇게 어느 정도는 아랍 계승국들과의 경쟁관계로 한계가 설정되었다. 따라서 기독교와 이슬람의 관계는 제국의 발전을 좌우하는 중요한 요소였다. 앞서도 언급했듯이 7세기 비잔티움과 이슬람의 접촉은 기습적으로 이루어졌다. 비잔티움은 페르시아를 대패시킨 우쭐함에 젖어, 아랍족의 존재를 왜곡된 천년왕국설로 무장한 조무래기 약탈 민족쯤으로 여겼다. 그런데 웬걸 예언자의 기치를 내걸고 나타난 아랍족은 결과적으로 비잔티움의 기나긴 악몽이 되고 말았다. 아랍 군은 632년부터 642년까지 10년간 예루살렘이나 베들레헴과 같은 기독교 최고 성지들은 물론, 초기 수도원들이 산재한 이집트, 팔레스타인, 시리아마저 점령하고 비잔티움을 소아시아로 내몰았다. 그렇다고 비잔티움이 일방적으로 당한 것만은 아니어서 콘스탄티노플에 대한 아랍 군의 포위공격도 여러 차례 물리치고 토로스 산맥의 국경선도 굳건히 지켰다. 그런 이슬람의 부침 속에 고대세계는 균일하지 않은 세 지역으로 분리되었다. 시리아와 이집트로부터 아프리카 해안을 거쳐 에스파냐까지 뻗어나간 동방의 무슬림 지역, '유로파'로 불린 서방, 비잔티움의 핵심 지역으로 남아 있던 동방이 그곳들이었다.

비잔티움은 장기간에 걸친 아랍족과의 첫 격돌에서 그들이 연전연승을 거두는 모습에 경악을 금치 못하는 한편 이슬람 신학에 대한 비난에도 열을 올렸다. 7세기에 나타난 다른 교리적 오류와는 차이가 있다고 느끼면서도 이슬람을 이단으로 매도했다. 나중에는 물론 그들도 이슬람이 기독교와 같은 유일신에서 파생한 계시종교라는 사실을 받아들였지만, 쿠란(코란)에 대해 철저히 연구하거나 이슬람이 기독교를 대신해 나타난 진정한 계시종교라는 주장을 논박하는 일은 게을리 했다. 그러고는 유대교와의 논쟁에서 써먹었던 케케묵은 이론을 재포장하여 그것으로 새로운 적과 맞서 싸웠다. 활발한 논쟁으로 무슬림을 비난하는 한편 기독교 측을 안심시킨 것이다. 8세기와 9세기 성상파괴주의가 기승을 부릴 때는 논쟁이 더욱 요란한 형태를 띠었다. 그것은 이슬람에 대한 대응이기도 했고 이슬람과 싸우는 제국의 힘을 결집시키기 위한 방편이기도 했다.

750년 이후에는 이슬람 세계가 부족 간의 분란과 내전으로 혼란을 거듭하던 끝에 아바스 왕조가 우마이야 왕조를 타도하고 다마스쿠스에서 티그리스 강변의 바그다드로 수도를 옮겼다. 그 여파로 이슬람계의 칼리프제는 바그다드의 아바스 왕조와 에스파냐의 우마이야 왕조로 분리되었다. 그것이 비잔티움에 대한 이슬람의 압력을 완화시켰다. 그러나 다마스쿠스보다 거리상으로는 멀어졌지만 이슬람의 새로운 중심지 바그다드와 코르도바는 이후에도 계속 비잔티움의 주요 협상국으로 남아 있었다. 비잔티움은 모든 이슬람 국가들과 외교관계를 유지하려고 노력했다.

11세기에는 또 다른 무슬림 세력이 나타나 이슬람 세계를 재편했다. 중앙아시아의 몽골에서 발원한 셀주크투르크족은 모든 적과 싸워 이기고 주요 도시들을 점령, 약탈하는 것을 본업으로 삼았다. 그들은 11세기 바그다드를 점령하고 그곳을 셀주크 제국의 수도로 삼으면서 비잔티움과 처음 맞닥뜨렸다. 셀주크족은 또 이슬람의 수니파였기 때문에 이집트의 파티마 왕조 같은 시아파 국가들과도 적대적이었다. 파티마 왕조가 지배하던 예루살렘도 그래서 점령한 것이었고, 그러자 비잔티움과 서방 기독교계가 십자군을 일으켜 성지를 되찾은 것이었다. 따라서 1099년 십자군의 예루살렘 수복도 어느 정도는 수니파와 시아파 무슬림들 간에 일어난 내분을 이용하여 얻은 어부지리적 측면이 있었다. 그러다 80년 뒤인 1187년 예루살렘은 다시 쿠르드족 장군 살라딘이 이끄는 무슬림 세력에 넘어갔다.

비잔티움 측에서 볼 때 아랍족과 투르크족은 확연히 달랐다. 셀주크투르크족은 고대 위구르어(이 언어는 지금도 터키에서 극동지역에 이르기까지 광범위하게 사용되고 있다. 극동에서는 중국 북부의 무슬림 소수민족이 위구르어를 사용한다)를 사용하는 몽골족이었다. 셀주크투르크족과 그 뒤를 이은 오스만투르크족은 문화적, 역사적으로 아랍족과는 거리가 멀었다. 처음 그들이 정복의 대상으로 삼은 것도 기독교 세력이 아닌 무슬림 세력이었다. 그들이 소아시아로 쳐들어와 여왕의 도시로 진격하게 된 것도 따지고 보면 그들 앞을 가로막는 것이 없어 벌어진 우연의 소산이었다. 그리하여 11세기 말과 12세기 그들은 점차 소아시아로 세력을 확대했다. 그제야 비잔티움도 투르크족을 다수의 공국으로 분리된 새로운 적대 세력으로 간주하고, 그들의 군사적 승리도 현실로 받아들였다. 그러다 1354년 오스만투르크족은 끝내 대규모 군대를 이끌고 다르다넬스 해협을 넘어 비잔티움 제국의 서쪽 지역들을 정복하기 시작한 것이었다.

비잔티움은 그 충격적인 사건을 겪은 뒤에야 비로소 700년 전 아랍족의 포위공격을 받을 때와는 전혀 다른 양상으로 콘스탄티노플이 사방으로 포위돼 있다는 사실을 깨달았다. 투르크족은 비잔티움과의 오랜 접촉 과정에서 유목민의 때를 벗고 정주민으로 탈바꿈했다. 종교시설인 모스크를 짓고 극동지역과의 교역의 편리성을 위해 여행자 숙소를 설치하는 한편 비잔티움의 행정 체계를 받아들이고, 제국의 규범을 따르고, 고대의 기술을 익혔던 것이다. 그와 동시에 투르크족에 둘러싸인 비잔티움 속령들은 그들과 공생관계를 이루며 수백 년간 번영을 이루었다. 트레비존드 제국의 대콤네누스 황제들도 그런 식으로 주변의 무슬림 세력과 손잡고 기독교 지배권을 유지했다. 왕족 간 통혼도 양측의 관용과 교류가 이어지는 가교 역할을 했다.

1391년 콘스탄티노플에서는 마누엘 2세 팔라이올로구스가 요한네스 5세의 뒤를 이어 비잔티움 황제로 즉위했다. 황제의 직위와 함께 그는 아버지로부터 오스만 제국의 봉신 자리도 물려받아 바예지드 1세에게 조공을 바치고 원정도 따라다니는 신세가 되었다. 그해 여름에도 두 사람은 함께 원정을 다니다 작전을 마치고 아나톨리아의 안키라(지금의 앙카라)에 막사를 설치한 뒤 낮에는 사냥하고 밤에는 잔치를 벌이는 일로 소일했다. 그것은 마누엘이 원조를 얻기 위해 잉글랜드와 프랑스를 비롯한 서유럽 여러 나라를 순방하기 몇 년 전에 일어난 일이었다. 그러던 중 첫눈과 함께 계절이 겨울로 접어들어 기온이 뚝 떨어지고 밤이 길어지자 마누엘과 투르크 군 지휘관들은 달리 시간 보낼 방법을 찾다가, 현지의 무슬림 뮈데리스müderris(법학자 또는 법관 카디qadi를 뜻하는 말)와 이슬람 종교의 장점에 대해 토론을 벌이게 되었다. 그렇게 철학적 사색을 하며 그들은 저녁 시간을 때웠다. 무라드 2세는 본래 편지도 많이 쓰고 고대 그리스 수사법을 이용한 습작도 즐긴 작가 황제였다. 그런 인물답게 그는 안키라의 투르크 군 월동지에서 벌인 종교 토론도 300쪽에 이르는 상당한 분량의 글로 엮었다.

그런데 2006년 9월 12일 교황 베네딕토(베네딕투스) 16세가 교황이 되기 전 한때 교직에 몸담았던 도시 레겐스부르크에서 설교를 하던 중 비잔티움의 그 유산을 불쑥 끄집어냈다. 교황은 마누엘 2세가 1391년 이후의 어느 무렵엔가 집필한 〈페르시아인과의 대화 Dialogue with a Persian〉 중 이슬람에 대한 공격이 특히 심했던 7장의 일부를 설교에 인용했다. 그에 따르면 황제는 이렇게 말했다고 한다.

무함마드가 새롭게 제시한 것이 무엇인지 한번 대보시오. 무력으로 자신의 가르침을 전파하라고 명령을 내리는 것과 같은 사악하고 비정한 것밖에 찾을 수 없을 거요.

교황의 이 인용으로 그동안 존재조차 없던 비잔티움 제국 말기의 학구적 황제는 졸지에 서방 주요 신문들의 일면을 장식하게 되었다. 신문들은 마누엘 2세의 글을 이슬람의 본질을 정면으로 비판한 것처럼 보이는 것을 정당화하기 위한 수단으로 이용했다. 그리하여 비잔티움은 잠시나마 '테러와의 전쟁'에 동참하게 되었다. 그런데 정작 교황은 나중에 그 글을 인용한 이유가 '마누엘의 논쟁을 지지해서가 아니라 신앙과 이성 간의 본질적 관계'를 바라보는 시각이 같다는 점을 강조하기 위해서였다고 밝혔다. 그것은 비잔티움에 대한 교황의 무지를 드러낸 말이었다. 〈페르시아인과의 대화〉는 이슬람을 단순화시키고 적대적으로 묘사한 몇 줄의 인용문보다 훨씬 더 복잡하고 흥미로운 글이었다. 그런가 하면 그것은 오스만 제국 치하의 무슬림이 비잔티움의 기독교도와 합리적으로 논쟁을 벌일 수도 있었음을 보여준 것이었다.

교황 베네딕토 16세의 설교에는 비잔티움과 이슬람의 총체적 관계를 보여주는 보다 폭넓은 문제가 내포돼 있다. 거기에는 또 교황의 가장 중요한 신학적 적敵이 이슬람이 아닌 복음주의 신앙을 믿는 기독교도임이 암시돼 있기도 하다. 그것은 교황이, 그리스도의 가르침과 말씀(성자 또는 로고스)에 대한 정교회 교리를 합치시킨 신성, 다시 말해 그가 이성과 계시의 통합으로 주장한 것에 논의의 초점을 맞춘 사실로도 알 수 있다. 그렇게 함으로써 교황은, 그리스도의 설교와 현존으로 기독교를 축소시키려는 관점을 논박한 것이었다. 그렇다고 교황의 설교에 반이슬람적 의도가 깔려 있지 않다고 말하는 것 또한 옳지 못할 것이다. 베네딕토 16세는 이렇게 말했다.

성서적 믿음과 그리스 철학의 탐구 사이에 내적 화해가 형성된 일은 매우 중요하다. 그 수렴 현상이 오늘날까지 유럽으로 불러 마땅한 것의 토대가 되고 있다.

그러면서 교황은 이슬람을 획일적이고, 암묵적으로 반유럽적이고, 신도들 또한 충성심에 매몰된 나머지 이성과 신앙의 결합 능력을 본질적으로 상실한 종교적 이데올로기로 설명했다. 교황은 이슬람을 이성과 신앙이 아닌 폭력과 계시를 결합시킴으로써 세속법에 의한 통치 개념은 물론이고 심지어 대학의 개념조차 받아들일 능력이 없는 것처럼 이야기했다.

베네딕토 16세가 인용한 〈페르시아인과의 대화〉에서 페르시아인으로 나오는 뮈데리스는 예언자를 사악하고 비정한 인물로 묘사한 황제의 주장에 직접 대응하기보다는 인간에 대한 신의 마지막 계시, 요컨대 예전의 계시들을 대신해 나타난 것이 이슬람이라는 사실을 일깨우는 방식으로 맞섰다. 그러면서 그는 유대교를 대신해 나타난 것이 기독교이고 기독교를 대체한 것이 이슬람이므로, 이슬람으로 개종하는 것이 유일신을 믿는 사람들의 의무라고도 주장했다. 〈페르시아인과의 대화〉는 마누엘 2세가 믿는 기독교의 우월성을 나타내기 위해 그리스어로 집필된 책이었다. 따라서 무슬림의 강력한 주장을 액면 그대로 실었을 리 만무하다. 실제로 책 속에서 황제는 「요한복음」에 나오는 파라클레토스Parakletos(성령. 개역 성경에는 보혜사로 번역돼 있다)가 예언자 무함마드일 리가 없다고 주장하는 등 대부분의 논쟁에서 자신의 신학적, 철학적 지식을 과시하는 것으로 묘사돼 있다. 새롭다는 이슬람법도 알고 보면 모세의 율법에 지나지 않고, 천국에 대한 이슬람적 관점도 지극히 부도덕하고 천당에 갈 수 있다는 약속 또한 속임수에 지나지 않는다고 비난했다. 심지어 책의 종장에서는 자신이 뮈데리스에게 기독교의 우월성을 납득시켰으므로 그의 개종이 기대된다고까지 말했다.

두 사람의 토론은 마누엘도 투르크 말을 몰랐고 뮈데리스도 그리스어를 몰랐으므로 통역관을 통해 진행되었을 것이다. 따라서 〈페르시아인과의 대화〉도 두 사회의 가교 역할 하는 것을 직업으로 삼은 통역관들에게 일자리나 제공해주면서, 직접 대화의 특징인 재치나 순발력 없이 매우 더디게 진행되었을 것이다. 그러다 보니 토론자들은 비잔티움과 투르크족의 이해관계를 조정한답시고 쑥덕공론을 벌인 통역관들에 대해 불만이 많았던 모양이다. 그럼에도 날이 저물어 토론이 끝날 때면 당사자들은 이야기가 재미있었다고 입을 모으며 다음날을 기약했다고 한다. 그런 식으로 그들은 아나톨리아의 겨울을 보냈다.

14세기 말에는 수니파와 시아파, 그리고 오스만의 전통인 신비주의 시 등 다수의 이슬람 유파가 생겨났다. 그보다 이른 시기 바그다드, 카이로, 코르도바의 아랍인들은 아리스토텔레스의 저작을 그들의 교육제도에 접합해 고도의 논리적 사고력을 개발했다. 나중에 라틴어로 번역되어 서방에 심대한 영향을 끼친 것도 다름 아닌 12세기 에스파냐의 아랍계 철학자 이븐 루슈드(아베로에스)가 지극히 합리적인 방법으로 주해를 붙인 아랍어본 그리스 철학이었다. 비잔티움 지식인들이 이단적 견해를 확산시켰다 하여 교회의 정죄를 받았듯이 이븐 루슈드도 이슬람 당국의 질타를 받았다. 따라서 이슬람은 결코 획일적인 종교가 아니었다.

이슬람에 합리적 논쟁의 능력이 없다는 것을 말하기 위해 교황이 기독교도와 무슬림 간에 진행된 토론을 설교에 인용한 것이 오해를 산 것도 아마 그래서였을 것이다. 비잔티움은 700년 넘게 서로 다른 이슬람 국가 및 사회들과 힘을 겨뤘다. 그런가 하면 비잔티움은 그들과 공존했고, 그들 사이에서 존재감을 드러냈으며, 비잔티움의 유산을 표식으로 남겼다. 가장 중요한 유산은 오늘날의 터키에 남아 있지만 그 밖의 지역, 이를테면 예루살렘과 코르도바의 무슬림 성소들에도 비잔티움의 모자이크 장식이 남아 있다. 그 외적 유산이야말로 제국의 활력소가 된 비잔티움의 내적 힘을 나타내는 상징이었다.

비잔티움은 그리스 정교회를 대표하는 나라이기도 했다. 다수의 다른 종파도 정교회와 나란히 존재하고 있었다. 비잔티움은 또 철두철미 기독교 제국이었지만 기독교 이전 시대의 고전 문화를 적극 수용함으로써 중세의 서방과도 구별되었다. 비잔티움의 이교적 요소는 성상을 숭배하고 향을 사르는 것과 같은 다소 원시적인 면도 있었고, 페르시아의 궁정 의례와 같이 로마세계와는 무관한 곳에서 도입한 것도 있었다. 문화적으로도 비잔티움은 본래부터 세계가 존재했는지 아니면 창조된 것인지, 지구의 형태가 평평한지 둥근지와 같은 고대의 철학적 개념을 포괄하는 최고 수준의 학문을 발전시켰다. 인간사의 모든 부분이 거의 빠짐없이 포함된 수학, 지리학, 의학, 수의학, 문학, 윤리학, 도덕학도 비잔티움 학문에 뿌리를 둔 채 주석들을 붙여 타지로 전파되었다. 뿐만 아니라 비잔티움은 문학의 형식을 개조·발전시켜 고대 그리스의 로맨스, 각종 운율시, 성가, 서사시 등 다방면의 문학이 만개하게 했다. 비록 고대의 연극은 기독교 시대까지 존속하지 못했지만 그리스 희곡들은 계속 읽히고 연구되어 비잔티움 아이들에게 대대손손 전수되었다.

이렇게 비잔티움은 본질적으로 고전적이었고 또 얼마간은 이교적이었다. 가장 기독교적인 황제 콘스탄티누스 11세가 그로서는 구입할 여력도 제조할 능력도 없었던 대포를 이용해 이윽고 성벽을 무너뜨리게 될 투르크 군에 포위된 채, 제국이 한낱 가망 없는 도시국가로 전락했다는 사실을 깨닫고 취한 행동도 진정한 로마인의 모습을 보여달라고 그리스어로 백성들에게 호소한 것이었다. 그런 식으로 그는 1453년으로부터 콘스탄티노플이 건설된 330년까지 1123년의 역사를 거슬러 올라가, 자랑스러운 이교도 조상인 그리스, 로마인들과 비잔티움인들을 하나로 합치시켰다.

비잔티움의 이교적 유산은 종종 기독교 문화에 묻혀 존재가 잘 드러나지 않는다. 그러나 알고 보면 그런 요소는 곳곳에 숨어 있었다. 콘스탄티노플 총대주교 포티우스가 본인 스스로 읽었다고 밝힌 거의가 기독교적인 서적들 속에도 기원전 1세기에 활동한 그리스 철학자 아이네시데모스의 피론주의(회의주의)적 글, 그리스 의사 갈레노스와 배교자 율리아누스 황제의 주치의였던 오리바시오스의 작품, 아테네 정치가 데모스테네스의 진본 연설문 65편이 포함돼 있었다. 포티우스는 그 연설문들로 데모스테네스의 시대와 생애를 다룬 글을 집필했다. 12세기에 테살로니카 대주교를 지낸 유스타티우스도 호메로스 서사시에 대한 비평문을 써 고대 그리스 운문에 대한 보다 직접적인 관심을 드러냈다. 비잔티움 학자와 관리들은 전반적으로 고대 작가들의 글솜씨를 자신들보다 우월한 것으로 간주했다(우리에게도 생각할 거리를 제공해주는 겸양의 미덕이다). 그렇다고 그들이 조상들의 작품을 성역시하여 손도 대지 못했던 것은 아니다. 그들은 기독교 이전 시대의 원전들을 읽고, 편집하고, 주해를 달아 이교의 저작을 한층 풍성한 형태로 후대에 남겼다.

그런 학문적 활동을 가능하게 한 것이 고대 그리스의 교과과정을 기초로 하여 이교적 원전들에 담긴 심오한 지식으로 지탱된 비잔티움의 교육제도였다. 교회가 교과과정에 추가시킨 교리와 신학 관련 저술들은 암기로 교육되는 고대의 원전들과 경쟁이 되지 못했다. 그런 세속적 관례가 수백 년간 비잔티움 제국의 곳곳에 스며들었다. 그리하여 시절이 좋을 때는 수녀 카시아와 수도자 요한네스 게오메트레스, 주교 요한네스 마우로푸스와 게오르기우스 키오니아데스, 안나 콤네나, 그녀의 문단 친구들, 철학자 미카일 프셀루스와 게오르기우스 게미스투스 등 독창적이고 명민한 문인들을 배출하기도 했다. 요한네스 마우로푸스가 플라톤과 플루타르코스의 영을 기리는 기도문을 쓴 것으로도 알 수 있듯이 비잔티움인들은 기독교 이전 작가들의 도덕적 자질을 진심으로 높이 평가했다.

고등교육을 받지 못한 사람들도 고대 작가들의 글, 그들의 도시가 건설된 방식, 비문과 조각으로 기려진 기독교 이전 시대 사람들에 대한 높은 관심을 드러냈다. 철학자를 자임한 그들은 중세에 이르기까지의 오랜 기간 근동의 여러 도시를 수놓고 있던 건축물, 기념물, 흉상들의 신원을 확인하는 등, 기존의 방식과는 다르게 이교적 과거를 캐내는 일에 몰두했다. 물론 그 과정에서 그들은 오류를 범하기도 하고 기독교적 사고방식으로 고대를 도외시하기도 했다. 아테네의 수호신 아테나를 하느님의 어머니인 동정녀 마리아의 예시로 기록한 것도 그 하나의 예다. 제우스를 숭배하여 고대 신들을 기리는 기도문까지 쓴 플레톤의 이교적 활동도 고대세계를 관찰하고 연구하는 그런 오랜 전통이 없었다면 꽃피지 못했을 것이다.

비잔티움에서는 궁중과 상류층 가정의 아들뿐 아니라 딸들에게도 고등 교육의 혜택을 부여하여 여자들도 나랏일에 적극 참여하도록 능력을 함양시켰다. 물론 그것은 상황에 달린 문제였으나 교육이 최고 수준의 사회 참여를 할 수 있는 보장책은 되었다. 실제로 몇몇 여자들은 남자 군주들과의 관계를 통해 간접적이지만 공개적으로 권한을 행사했다. 성상숭배를 부활시킨 이레네와 테오도라, 마케도니아 황조의 마지막 계승자들이었던 조에와 테오도라가 그런 경우였다. 비잔티움에서는 326년 예루살렘으로 순례여행을 가 그곳에 교회를 세우고 병사들에게 돈도 나누어준 콘스탄티누스 1세의 어머니 헬레나로부터 키프로스의 뤼지냥 가家 군주 장 2세와 결혼해 1442년에서 1458년까지 섭정을 지낸 헬레나 팔라이올로기나에 이르기까지, 근 1천200년 동안 여걸이 끊이지 않았다.

비잔티움은 고전시대에 언제나 매료돼 있었다는 점에서 중세 초 내내 서구의 기독교계와도 구별되었다. 고대에 대한 비잔티움의 애착은 일시적 현상이 아니라 장기적으로 큰 영향을 미친 전통적인 활동이었다. 그리고 그 점은 제약이기도 하고 영감의 원천이 되기도 했다. 13세기 말과 14세기 초 창의력이 번뜩였던 시기에도 기본적으로 새로운 발전은 이루어진 것이 없었다는 면에서 그것은 제약이었다. 그와 달리 이탈리아에서는 기독교 이전 시대에 대한 탐구를 시작하면서 고대의 부활에 대한 새로운 관심을 불러일으켜 르네상스를 촉발시켰다. 고대 그리스, 로마의 사상과 문화에 대한 상대적인 빈곤감이 그들 안에 색다른 종류의 호기심과 열정을 불러일으켜 과학을 자신 있게 이용하고 세속의 역사도 탄생하게 만든 것이다. 서구의 계몽주의자들이 비잔티움 문화를 비합리적이라거나 혹은 무의미하다고 폄하한 것도 그 전통을 따른 것이었다. 그 이론의 주창자들도 그런 관념으로 근대적 역사관을 수립했다. 모쪼록 이 책에서는 그들이 올바로 인식하지 못한 것을 제대로 설명했기를 바라는 마음이다.

그런 식으로 계몽주의는 지난 수백 년간 축적된 비잔티움에 대한 서방 적개심의 계보를 이어나갔다. 1천 년 넘게 계속된 비잔티움의 존속은 서방에 없어서는 안 될 중요한 요소였고, 그들로부터 재원도 많이 제공받았다. 그런데도 비잔티움에 대한 서방의 적대감은 8세기부터 조직적으로 형성되었다. 서방은 성상파괴운동도 이단으로 매도하고, 비잔티움인들이 그리스어를 쓰는 것도 기독교 이전 시대의 이교세계와 연관지어 부정적으로 생각했다. 서방의 그런 편협성은 843년의 성상숭배 부활로도 완화되지 않았다. 완화되기는커녕 옥스퍼드대학의 중세사 교수 크리스토퍼 위컴이 지적한 대로, 노트케르가 그리스인들을 겁쟁이와 멍청이로 묘사한 9세기 들어 비잔티움에 대한 서방의 적대감은 한층 강화되었다. 그러다가 그것은 편견으로 굳어져, 그리스 문제 전문가인 또 다른 영국 역사가 C. M. 우드하우스(1917~2001)에 따르면 '1439년〔페라라–피렌체〕공의회가 끝난 지 100년이 지난 뒤에도 에라스무스는 여전히 교회에서 그리스어를 쓰면 의혹의 대상이 된다는 사실을 깨달았다'고 한다.

그리스인들에 대한 서방의 적개심이 높아진 것은 착실히 진격해오는 셀주크투르크족을 막기 위해 비잔티움이 고투를 벌이는 동안 베네치아와 제노바가 경제적으로 급성장하고 있던 시기와 일치했다. 그러던 중 그 상황은 1204년 이교도에 겨누어야 할 창끝을 콘스탄티노플에 겨누고 무자비한 약탈을 자행하여 귀중한 보물을 서방으로 빼돌린 제4차 십자군으로 전기를 맞게 되었다. 따라서 서방이 자신들이 한 행위—고대 기독교 성소들에 대한 신성모독, 강간과 살인, 동료 기독교도들에 대한 학대, 부당한 약탈 행위—를 정당화할 수 있는 방법은 분리주의자, 이단자, 그보다 더 심한 말로 비잔티움을 매도하는 것뿐이었다. 오늘날까지 계속되고 있는 비잔티움에 대한 서방의 조직적 비방도 알고 보면 십자군의 탐욕과 콘스탄티노플 약탈을 정당화하려는 그들의 시도에서 비롯된 것이었다.

비잔티움의 훼손된 명예는 마누엘 크리솔로라스와 같은 걸출한 학자들이 이탈리아 르네상스에 현저한 기여를 한 것으로도 회복되지 않았다. 크리솔로라스는 14세기 말 피렌체에서 고대 그리스어를 가르쳤고 그리스어의 구조적 지식도 알려주었다. 서방 지식인들은 그가 제공한 문법의 도움을 받아 플라톤과 아리스토텔레스의 원전을 읽었으며, 그의 제자들 또한 그 원전들의 번역을 통해 비잔티움의 학문과 고대에 대한 인식의 폭을 넓힐 수 있었다. 몇몇 이탈리아인은 콘스탄티노플로 그리스어 교사를 직접 찾아오기도 했다. 프렌체스코 피렐포만 해도 1420년대에 콘스탄티노플에 와서 게오르기우스 크리소코케스와 함께 연구하고, 크리솔로라스의 딸과 결혼하고, 크세노폰과 플루타르코스 작품들의 라틴어 번역을 준비했다.

동서 교회의 재결합을 공식화한 페라라-피렌체 공의회(1438~1439)도 비잔티움에 대한 서방의 편견을 호감으로 바꿔놓지는 못했다. 피렌체 인문주의자들은 게미스투스 플레톤의 플라톤 강연에 깊은 감명을 받았다. 코시모 데 메디치와 시지스몬도 말라테스타와 같은 후원자들까지 생겨났을 정도니 말이다. 그럼에도 비잔티움인들을 낮추보는 서방 측 대표단의 태도는 변하지 않았다. 그들이 높이 산 것은 고대 그리스 원전들에 대한 플레톤의 해박한 지식뿐이었다. 플레톤이 진정으로 믿은 것은 고대의 신들이라는 것을 그들이 알기나 했는지 모를 일이다. 크리솔로라스의 제자인 베로나의 과리노(1370/74~1460)도 플레톤이 소개한 스트라본의 『지리학』을 라틴어로 번역했고, 마르실리오 피치노도 나중에 플레톤이 편집한 칼데아 신탁을 번역했다. 그러나 플레톤의 『아리스토텔레스와 플라톤의 차이에 관하여』를 이교적 관습을 조장한다 하여 조직적으로 불사른 것을 보면 비잔티움도 서방보다 하등 나을 게 없었다. 이렇게 비잔티움에 대한 고정관념은 외적 요인 뿐 아니라 내적 요인에 의해서도 강화된 면이 있었다.

1453년 콘스탄티노플 함락으로 비잔티움 학문에 대한 서방인들의 존중심은 더욱 높아졌다. 그것은 피난민과 그들이 가져온 원고를 반긴 것만 봐도 확연히 알 수 있다. 추기경 베사리온도 그가 소장하고 있던 책들을 베네치아에 기증했다. 현재 마르시아나 도서관의 중핵을 이루고 있는 그의 애서들 가운데는 고대 그리스 철학과 과학에 관련된 중요한 원고도 다수 포함돼 있었다. 나중에 라틴어로 번역된 디오판토스의 『산학』도 그중의 하나다. 3세기에 쓰여진 디오판토스의 그 작품에 비잔티움 수학자들—테온과 5세기 알렉산드리아에서 교사로 활동한 여류 수학자 히파티아, 11세기의 미카일 프셀루스, 13세기 말 콘스탄티노플에서 활동한 막시무스 플라누데스, 15세기 초의 인물 요한네스 코르타스메노스—이 해설을 곁들여 완성한 것을 베사리온이 보관하고 있었던 것이다. 17세기 프랑스의 수학자 페르마도 라틴어와 그리스어의 2개 국어 판으로 나온 데오판토스의 『산학』을 보고 책의 빈칸에 이런 유명한 글을 적었다. '이 정리定理에 대한 놀라운 증명을 찾아냈는데 여백이 좁아 쓸 수가 없구나.' 그러나 서방은 비잔티움 학문의 성과를 차지한 이런 기막힌 횡재도 1204년 여왕의 도시를 약탈할 때의 우월감으로 받아들였다. 그 횡재수를 비잔티움의 공헌으로 보지 않고 비잔티움의 본질적 열등함을 나타내는 또 다른 증거로 받아들인 것이다.

비잔티움은 1453년 제국이 멸망한 뒤에도 콘스탄티노플 주재 총대주교에 의한 상징적이고 성직적인 형태로 명맥을 유지했다. 정복자 메메드가 수도자 겐나디오스(예전의 게오르기우스 스콜라리우스)를 콘스탄티노플 총대주교로 임명하여 그리스 정교회 밀레트의 첫 지도자로 만든 것이다. 비록 나중에는 모스크바가 정교회의 수위권을 주장하게 되지만 그렇게 해서 콘스탄티노플 총대주교는 펜타르키아 이론에 근거한 교회 행정 체계와 영적 예배를 중시하는 헤시카슴 전통을 고수할 수 있게 되었다. 서방은 물론 그에 동조하지 않았지만. 그것이 정교회 세계가 수백 년간의 오스만 제국 통치기를 견뎌낼 수 있는 힘이 되어, 지금까지 중동뿐 아니라 전 세계에 퍼져 있는 정교회 공동체들의 신앙심을 고취시키고 있다.

　정복자 메메드는 기독교 장인들도 수도를 떠나지 못하게 했다. 모든 교회가 이슬람 사원으로 개조된 것도 아니었다. 비잔티움은 오스만 제국으로 옷만 갈아입었을 뿐 세계 각지 사람들이 거주하고, 수개의 언어가 통용되고, 머나먼 곳의 상인들이 모여드는 곳으로 남아 있었다. 특히 콘스탄티노플은 오스만 제국의 초기 술탄들이 고아한 건축물을 세우고, 토프카프에 새로운 궁전을 짓고, 성 소피아 성당을 모방해 거대한 돔이 얹힌 모스크들을 축조하여 전보다 더욱 장려한 도시가 되었다. 콘스탄티노플은 이렇게 새롭게 태어나, 오스만으로 이름이 바뀐 동지중해 제국의 중심에서 수도로서의 역할을 재개했다. 그 점에서 투르크족은 역사의 계승자가 된 것이었다. 그런가 하면 그것은 서로 다른 전통들을 혼재시키는 결과를 가져와, 그리스인은 물론 아르메니아인 같은 기독교 소수민족도 교역인, 행정가, 외교관으로 기량을 펼 수 있는 길을 열어주었다. 1492년 에스파냐에서 쫓겨난 세파르디 유대인들〔에스파냐와 포르투갈에서 살다 추방된 유대인과 그 후손들을 가리키는 말〕이 정착한 곳도 다름 아닌 라디노어(세파르디어)와 유대교 전통을 받아준 콘스탄티노플이었다.

　오스만 제국은 나중에 유럽으로도 깊숙이 진출하여 활기찬 기독교 세력과 대결을 벌였다. 그리하여 몇백 년 동안 유럽에서는 투르크족이 서진을 하면 기독교계가 격퇴하는 일이 되풀이되는 동서 간 공방이 계속되었다. 그 몇백 년간 오스만 제국은 유럽의 국가였다. 그러던 오스만 제국이 쇠퇴를 거듭하던 끝에 19세기에는 급기야 '유럽의 병자'로 알려지게 되었다. 투르크 혁명으로 술탄제마저 폐지되자 과거의 위대했던 제국은 위임통치령으로 전락하여 유럽 열강의 분할을 기다리는 처지가 되었다. 그러나 아나톨리아를 분할하려던 연합국의 야망은 개혁을 주도하여 터키 공화국을 창건한 무스타파 케말에 의해 좌절되었다. 아타튀르크는 '병들고' 허약한 오스만 제국을 무너뜨리고 유럽과 같은 방식으로 민족적 주권에 기반한 세속 헌법을 채용했다. 그 결과 터키에는 의회와 법정이 들어서고, 오스만어에 로마자 표기법이 도입되었으며, 전통 모자인 페즈를 착용하는 것이 금지되었다. 지금도 터키인들은 무슬림의 금요 예배를 허용하고 토요일과 일요일도 법정 공휴일로 정해놓은 세속 헌법의 체제 아래 살고 있다.

킹스 칼리지의 건설 노동자들이 추측한 대로 비잔티움과 터키는 분명 상관관계에 놓여 있다. 터키는 비잔티움의 풍부한 역사를 보유하고 있으니 유럽연합의 회원이 될 자격이 있다는 말이 맞든 틀리든, 고대로부터 보스포루스 해협과 아나톨리아 일대에 위치해 있던 중세 제국의 정신과 유산의 일부가 지금껏 세계에 영향을 주고 있는 것은 사실이다. 두 개의 다리로 유럽과 아시아가 연결되고, 지하철 공사로 북새통을 이루고, 거대한 교외의 밀집지역이 무질서하게 형성된 오늘날에도 이스탄불은 비잔티움의 특성을 계속 보유하고 있다. 기독교의 존재뿐 아니라 웅장한 도시의 형태, 국제적 도시다운 분주한 상업활동, 각 나라 말을 쓰는 도시의 주민들이 그것을 말해준다.

지금까지의 나의 설명이 비잔티움에 대한 독자들의 부정적 인식을 바로잡는 데 도움이 되었기를 바란다. 최근에는 뉴욕의 메트로폴리탄 박물관, 아테네의 베나키 미술관, 로스앤젤레스의 J. 폴 게티 박물관에서, 전 세계의 비잔티움 미술품과 카타리나 수도원의 성상과 원고들을 모아 '비잔티움의 영광', '믿음과 권능', '성화상', '성지'의 제목으로 전시회를 개최했다. 호소력 있게 기획되고 예상 외로 큰 성황을 이룬 그 전시회들은, 비록 현대의 계승 국가는 없지만 수많은 나라에 영향을 끼친 비잔티움 세계의 일면을 엿볼 수 있는 좋은 기회가 되었다. 비잔티움 미술품이 비잔티움 제국에 대한 고정관념을 깨는 데 도움이 된 것은, 예술가의 기량과 미술품의 빼어난 아름다움도 아름다움이지만, 그토록 오랜 세월 그토록 흔치 않은 고품격의 물건들을 만들어낼 수 있었던 사회에 대한 폭넓은 관심을 유발시켰기 때문이기도 하다. 2006년 런던에서 개최된 국제 비잔티움 학술대회도 비잔티움에 대한 인식을 새롭게 하는 계기가 되었다.

그러므로 거짓을 일삼는 우리의 정치 지도자, 통탄스럽도록 무능한 우리의 관료제, 교활한 이기주의와 불법적 메커니즘이 판을 치는 거대 기업, 전 세계 명예의 회랑이 뿜어내는 어수선한 화려함도 이제는 '비잔티움적'이라는 말이 아닌, 그에 걸맞은 새로운 현대적 용어로 표현하는 것이 옳을 것이다. 비잔티움에도 물론 부패, 잔혹, 야만의 요소는 있었다. 그러나 '비잔티움적'이라는 표현이 주는 암묵적인 느낌은 그것과는 다르다. 다시 말해 비잔티움적이라는 말에는, 위의 결점들(거짓을 일삼는)이 우리의 특성과는 무관하고, 우리의 전통과도 상관없고 우리와는 동떨어진, 멸망할 운명에 처한 사회의 특징이라는 의미가 내포돼 있는 것이다.

지금까지 나는 어쩌면 건축가로부터 환관, 수도자로부터 황후, 비단 직조자로부터 학교 교사에 이르기까지 비잔티움 사회의 독창적이며 교육 수준 높고 수완 좋은 인물들의 묘사에 치우친 나머지 위대한 황제와 장군 혹은 되풀이되는 궁정 의식 같은 주제는 소홀히 다루었는지도 모른다. 내가 그렇게 한 것은 두 가지 이유 때문이었다.

하나는, 전통과 유산을 고집스럽게 통합시킨 비잔티움의 능력과 다채롭고 자신감 있는 문명을 창조하다 때로는 도가 지나쳐 힘을 잃고 살아남기 위해 분투를 벌인 과정을 독자들에게 전해주고 싶었기 때문이다. 비잔티움이 1204년 십자군에게 수도를 점령당하고 57년간이나 나라를 빼앗긴 뒤에도 존속해 있었던 것은 비록 그 후계국으로 창건된 소왕국들이 비잔티움의 진정한 계승국은 아니었지만 경탄할 만한 일이었다. 그것은 비잔티움 창건 DNA의 구성 요소가 된 예의 그 다양한 요소들—고전적, 이교적, 기독교적, 동방적, 서방적—의 결합이 수세기에 걸쳐 끊임없는 생명력을 불어넣어준 결과였다.

내가 그렇게 한 두 번째 이유는, 비잔티움의 정신이 1453년 콘스탄티노플 함락에서도 살아남은 것은 물론 그 뒤 수백 년 넘게 존속했고, 비잔티움의 유산 또한 중부 유럽, 발칸, 터키, 중동을 넘어선 지역에도 면면히 살아 있다는 것을 보여주고 싶었기 때문이다. 다시 말해 나는 비잔티움인이 되어보는 것의 어떤 양상을 독자들에게 전달하고 싶었다. 그렇게 해서 적으나마 우리의 지식과 다른 사람들의 경험의 폭을 넓히고, 내세에 대한 경건한 믿음은 물론 스스로의 존재감에 대한 역사적 믿음을 갖고 코스모폴리탄적 도시사회에 살았던 그들이, 우리와는 다른 듯하면서도 같을 수 있다는 점을 살펴보려 했던 것이다.

:: 더 읽어볼 책들

아래의 책들은 좀더 심화되고 다양한 지식을 얻고자 하는 독자들을 위해 이 책과 더불어 읽으면 좋을 것들을 각 장별로 제시해놓은 것이다.

들어가는 말: 비잔티움의 또 다른 역사

The Oxford Dictionary of Byzantium (ed. Alexander P. Kazhdan), 3 vols. (Oxford 1991).

Henry Maguire, ed., *Byzantine Court Culture from 829 to 1204* (Dumbarton Oaks, Washington DC 1997).

Elizabeth Jefferys, ed., *Rhetoric in Byzantium* (Aldershot 2003).

Fernand Braudel, *The Mediterranean and the Mediterranean World in the Age of Philip II*, 2 vols. (London 1975).

Chris Wickham, *Framing the Early Middle Ages: Europe and the Mediterranean, 400-800* (Oxford 2005).

Judith Herrin, *The Formation of Christendom* (Oxford and Princeton 1987).

Judith Herrin, 'The Imperial Femininein Byzantium', Past and Present 169 (2000), 3-35.

Judith Herrin,*Women in Purple : Rulers of Medieval Byzantium* (London and Princeton 2001).

Meyer Schapiro, *Late Antique,* Early Christian and Medieval Art (London 1980).

제1장 콘스탄티누스의 도시

Chapter quote: Zosimos, *New History*, tr. Ronald T. Ridley (Canberra 1982), pp. 37-8.

Quote on P.11 from *The Acts of the Council of Chalcedon,* tr. with introduction and notes by

Richard Price and Michael Gaddis, 3 vols. (Liverpool 2005), vol. 2, p. 240

Eusebius, *Life of Constantine*, tr. Averil Cameron and Stuart G. Hall (Oxford 1999).

Leslie Brubaker, 'Memories of Helena: Patterns of Imperial Female Matronage in the Fourth and Fifth Centuries', in Liz James, ed., *Women, Men and Eunuchs: Gender in Byzantium* (London 1997), pp. 51-75.

Marina Warner, *Monuments and Maidens: The Allegory of the Female Form* (London 1985).

제2장 기독교계 최대의 도시, 콘스탄티노플

Chapter quote: Niketas Choniates, *O City of Constantinople*, Annales of Niketas Choniates, tr. H. Magoulias (Detroit 1984), p. 325.

Quote on p. 19 from al-Marwazi, V. Minorsky, 'Marvasi on the Byzantines', in his *Medieval Iran and its Neighbours* (London 1982), pp. 455-69.

Quotes on p. 20 from Nadia Maria El Cheikh, *Byzantium Viewed by the Arabs* (Cambridge, Mass., 2004), p. 204.

John F. Matthews, *Laying Down the Law: A Study of the Theodosian Code* (New Haven/London 2000).

Cyril Mango and Gilbert Dagron, eds., *Constantinople and its Hinterland* (Aldershot 1995).

Sarah Guberti Bassett, *The Urban Image of Late Antique Constantinople* (Cambridge 2004).

Cyril Mango, 'Constantinople as Theotokoupolis', in Maria Vassilaki, ed., *Mother of God: Representations of the Virgin in Byzantine Art* (Milan 2000), pp. 209-18.

Philip Mansel, *Constantinople: City of the world's Desire, 1453-1924* (London 1997).

제3장 동로마 제국

Chapter quote: *The Fall of the Byzantine Empire: A Chronicle by George Sphrantzes 1401-*

1472, tr. Marios Philippides (Amhurst, Mass., 1980), p.122.

Proconpius, *Secret History*, tr. G. A. Williamson, Penguin Classics (London 1981).

Peter J. Heather, *The Fall of the Roman Empire: A New History of Rome and the Barbarians* (Oxford 2005).

Leslie Brubaker, 'Sex lies and textuality: the Secret History of Prokopios and the rhetoric of gender in sixth-century Byzantium', in Leslie Brubaker and Julia M. H. Smith, eds., *Gender in the Early Medieval World: East and West, 300-900* (Cambridge 2004), pp. 83-101.

Janet Nelson, 'Symbols in context: inauguration rituals in Byzantium and the West in the early Middle Ages', *Studies in Church History* 13 (1976), pp. 97-111; reprinted in her collection *Politics and Ritual in Early Medieval Europe* (London 1986).

제4장 그리스 정교회

Chapter quote: St Maximos Confessor, *Mystagogia* quoted by Patriarch Germanos in his *Commentary on the Divine Liturgy*, tr. Paul Meyendorff (Crestwood, New York, 1984), p. 93.

Eusebuis of Caesarea, *A History of the Church from Christ to Constantine*, tr. G. A. Williamson (rev. edn; London 1989); on Blandina, see book 5.i.47-61, pp. 144-8.

Peter Brown, *The Rise of Western Christendom: Triumph and Diversity AD 200-1000* (2nd edn; Oxford 2003).

William Dalrymple, *From the Holy Mountain: A Journey in the Shadow of Byzantium* (London 1997).

Helen C. Evans and Bruce White, *St Catherine's Monastery, Sinai, Egypt: A Photographic Essay* (New York, 2004).

Evangelos Chrysos, '1054: Schism?', in *Cristianita d'Occidente e Cristianita d'Oriente* (secoli VI-?), 2 vols. (Spoleto 2004), vol. 1, pp. 547-67.

제5장 성 소피아 성당

Chapter quote: Procopius, *The Buildings*, tr. H. B. Dewing and Glanville Downey (Cambridge, Mass., 1940), p. 21; also in Cyril Mango, *The Art of the Byzantine Empire 312-1453* (Englewood Cliffs, New Jersey, 1972), pp. 72-8.

Quote on p. 56 from *The Russian Primary Chronicle* (Laurentian Version), trs. and eds. Samuel Hazzard Cross and Olgerd P. Sherbowitz-Wetzor (Cambridge, Mass., 1973), p. 111.

On the construction of Hagia Sophia, see Mango, *The Art of the Byzantine Empire* (as above), pp. 78-102.

Averil Cameron, *Procopius and the Sixth Century* (London 1985).

Anna Muthesius, 'Silken diplomacy', in Jonathan Shepard and Simon Franklin, eds., *Byzantine Diplomacy* (Aldershot 1992), pp. 237-48.

Glen Bowersock, *Mosaics as History* (Cambridge, Mass., 2006).

Eunice Dautermann Maguire and Henry Maguire, *Other Icons: Art and Power in Byzantine Secular Culture* (Princeton 2007).

제6장 라벤나 모자이크

Chapter quote: Agnellus, *Book of the Pontiffs of the Church of Ravenna*, tr. D. M. Deliyannis (Washington DC 2004), p. 200.

Quote on p. 63 from Cassiodorus' *Variae* I.1.3, in Theoderic in Italy, tr. John Moorhead (Oxford 1992), p. 44.

Quotes on p. 64 from Cassiodorus, *Variae*, tr. S. J. B. Barnish (Liverpool 1992), V.6 to the illustrious senator Symmachus, pp. 75-6; II.27 to the Jews of Genoa, pp. 34-5.

Charles Barber, 'The imperial panels at San Vitale: a reconsideration', *Byzantine and Modern Greek Studies* 14 (1990), pp. 19-42.

제7장 로마법

Chapter quote and p. 78: Thomas Magistros, *On the Duty of a King*, tr. Ernest Barker, in *Social and Political Thought in Byzantium from Justinian I to the Last Palaeologus* (Oxford 1957), p. 166.

Quote on p. 75 from Ruth Macrides, 'The Ritual of Petition', in Dimitrios Yatromanolakis and Panagiotis Roilos, eds., *Greek Ritual Poetics* (Cambridge, Mass., 2004), pp. 356-70.

Quote on p. 77 from Gilbert Dagron, *Emperor and Priest: The Imperial Office in Byzantium* (Cambridge 2003), p. 257.

Matthews, *Laying Down the Law* (as above in chapter 2).

Nikos Oikonomides, 'The Peira of Eustathios Romaios', *Fontes Minores* 7 (1986), pp. 169-92.

Angeliki Laiou, 'On Just War in Byzantium', in *To Hellenikon: Studies in Honor of Spyros Vryonis Jr.*, vol. 1 (New Rochelle 1993), pp. 153-72.

Ruth Macrides, 'The law outside on law books: law and literature', *Fontes Minores* 11 (2005), pp. 133-45.

제8장 이슬람에 맞선 보루

Chapter quote: *Chronicle of Dionysios of Tel-Mahre*, tr. Andrew Palmer, *The Seventh Century in the West-Syrian Chronicles* (Liverpool 1993), p. 212.

Quote on p. 85: *The Chronicon Paschale, 284-628 AD*, tr. Michael and Mary Whitby (Liverpool 1989), pp. 183-8.

Quote on p. 90: Chase F. Robinson, *'Abd al-Malik* (Oxford 2005), p. 7.

Quote on p. 92: Raymond Davis, tr., *The Book of Pontiffs* (Liber pontificalis): *The Ancient Biographies of the First Ninety Bishops of Rome to AD 715* (rev.edn; Liverpool 2000), pp. 73-4.

Judith Herrin, *The Formation of Christendom* (as above in Introduction).

Henri Pirenne, *Mohammad and Charlemagne* (London 1939).

Patricia Crone and Michael Cook, *Hagarism: The Making of the Islamic World* (Cambridge 1977).

Richard Fletcher, *The Cross and the Crescent: Christianity and Islam from Muhammad to the Reformation* (London 2003).

Vasso Pennas, 'The Island of Orovi in the Argolid: Bishopric and Administrative Center', *Studies in Byzantine Sigillography* 4, Nicolas Oikonomides, ed. (1995), pp. 163-72.

제9장 새로운 기독교 미술, 성상

Chapter quote: *Sermon of Eustathios of Thrace*, in E. A. Wallis Budge, *Saint Michael the Archangel: Three Encomiums* (London 1894), pp. *79-*80.

Quote on p. 103: *Greek Anthology* XVI 80 tr. W. R. Paton, 5 vols. (New York and London 1916), vol. 5, p. 201.

Lucy-Ann Hunt, 'For the Salvation of a Woman's Soul: an icon of St Michael described within a medieval Coptic context', in Anthony Eastmond and Liz James, eds., *Icon and Word: The Power of Images in Byzantium* (Aldershot 2003), pp. 205-32.

Hans Belting, *Likeness and Presence: a History of the Image Before the Era of Art*, tr. Edmund Jephcott (Chicago 1994).

Michele Bacci, "With the Paintbrush of the Evangelist Luke", Mother of God', in Vassilaki, ed., *Representations of the Virgin in Byzantine Art* (as above in chapter 2), pp. 79-89.

Averil Cameron, 'The Language of Images: The Rise of Icons and Christian Representation', in D. Wood, ed., *The Church and the Arts, Studies in Church History* 28 (Oxford 1992), pp. 1-42.

Thomas F. Mathews, *Byzantium: From Antiquity to the Renaissance* (New York 1998).

Robin Cormack, *Writing in Gold: Byzantine Society and its Icons* (London 1985).

Maria Vassilaki, ed., *Images of the Mother of God: Perceptions of the Theotokos in Byzantium* (Ashgate 2005), esp. Thomas F. Mathews and Norman Muller, 'Isis and Mary in early icons', pp. 3-11.

제10장 성상파괴와 성상숭배

Chapter quotes: Daniel Sahas, ed. and tr., *Icon and Logos: Sources in Eighth Century Iconoclasm* (Toronto 1986), pp. 96, 101; and St John of Damascus, *On the Divine Images: Three Apologies Against those who Attack the Divine Images*, tr. D. Anderson (Crestwood, New York, 1980), pp.64, 72.

Quote on p. 105: Old Testament, Exodus 20:4; Deuteronomy 5:8-9.

Quote on pp. 110-11: from Sahas, *Icon and Logos* (as above), p. 101.

Robin Cormack, *Painting the Soul: Icons, Death Masks and Shrouds* (London 1997).

Charles Barber, *Figure and Likeness: On the Limits of Representation in Byzantine Iconoclasm* (princeton 2002)

Judith Herrin, *Women in Purple* (as above in Introduction).

제11장 개명된 사회

Chapter quote: Kekaumenos, *Book of Advice and Anecdotes,* unpublished translation by Charlotte Roueche (very kindly made available to the author).

Quote on pp. 128-9 from N. G. Wilson, Photius: *The Bibliotheca* (London 1994), no. 166, pp. 149-53; no. 170, pp. 154-5.

Robert Browning, 'Teachers', in Gugielmo Cavallo, ed., *The Byzantines* (Chicago 1997).

Averil Cameron and Judith Herrin, eds., *Constantinople in the Early Eighth Century: The Parastaseis Syntomoi Chronikai* (Leiden 1984).

Liliana Simeonova, *Diplomacy of the Letter and the Cross: Photios, Bulgaria and the Papacy, 860s-880s* (Amsterdam 1998).

Fora helpful entry on the founder of Arab algebra, see www-history.mcs.standrews. ac.uk/Biographies/Al-Khwarizmi.html

Catherine Holmes and Judith Waring, eds., *Literacy, Education and Manuscript Transmission in Byzantium and Beyond* (Leiden 2002).

제12장 '슬라브족의 사도' 성 키릴루스와 메토디우스

Chapter quote: *The Vita of Constantine and the Vita of Methodius*, tr. Marvin Kantor and Richard Stephen White (Ann Arbor, Mich., 1976), p. 49.

Quote on pp. 133-4: *The Vita of Constantine* (as above), pp. 49 and 55.

V. Vavrinek, 'The Introduction of the Slavonic Liturgy and the Byzantine Missionary Policy', in *Beiträge zur byzantinischen Geschichte im 9-11. Jh.* (Prague 1978), pp. 255-84.

V. Vavrinek and B. Zasterova, 'Byzantium's Role in the Formation of Great Moravian Culture', *Byzantinoslavica* 43 (1982), pp. 161-88.

제13장 그리스의 불

Chapter quote: Liutprand of Cremona, *The Embassy to Constantinople and Other Writings*, tr. F. A. Wright (London 1930; repr. London 1993), p. 136.

Quote on p. 145: from Elizabeth Jeffreys, ed. and tr., *Digenis Akritis. The Grottaferrata and Escorial versions* (Cambridge 1998), p. 205.

Quote on p. 146: from *The Book of Strangers: Medieval Arabic Graffiti on the Theme of*

Nostalgia, tr. Patricia Crone and Shmuel Moreh (Princeton 2000), p. 40.

J. F. Haldon et al., 'Greek Fire revisited', in Elizabeth M. Jeffreys, ed., *Byzantine Style, Religion and Civilization in Honour of Sir Steven Runciman* (Cambridge 2006), pp. 290-325, with photographs at p. 312.

John Haldon, *Warfare, State and Society in the Byzantine World 565-1204* (London 1999).

제14장 비잔티움의 경제

Chapter quote: *The Chronicle of Theophanes Confessor*, ed. and tr. Cyril Mango and Roger Scott (Oxford 1997), Anno Mundi 6287, p. 645.

Quote on p. 157: from Liutprand of Cremona (as above in chapter 13), p. 156.

Angeliki Laiou, 'Exchange and trade, seventh-twelfth centuries', in A. Laiou et al., eds., *The Economic History of Byzantium* (Washington DC 2002), and online at http://www.doaks.org/EconHist/EHB36.pdf/

Cecile Morrisson, 'Byzantine money: its production and circulation', in Laiou et al. (as above), and online at http://www.doaks.org/EconHist/EHB42.pdf/

Jacques Lefort, 'The rural economy, seventh-twelfth centuries', in Laiou et al. (as above), and online at http://www.doaks.org/EconHist/EHB14.pdf/

Warren Treadgold, *The Byzantine State Finances in the Eighth and Ninth Centuries* (New York 1982).

Nicolas Oikonomides, 'Title and Income at the Byzantine Court', in Henry Maguire, ed., *Byzantine Court Culture from 829 to 1204* (Dumbarton Oaks, Washington DC 1997), pp. 199-215.

Leonora Neville, 'Taxing Sophronia's son-in-law', in Lynda Garland, ed., *Byzantine Women, Varieties of Experience 800-1200* (Aldershot 2006), pp. 77-89.

제15장 비잔티움의 환관

Chapter quote: *The Life of St Andrew the Fool*, Lennart Ryden, ed., 2 vols. (Uppsala 1995), vol. 2, pp. 81-3.

Quote on p. 161: Odo of Deuil, *de Profectione Ludovici VII in Orientem* (The Journey of Louis VII to the East), ed. and tr. Virginia Gingerich Berry (New York 1948), p. 69

Quote on p. 163: Liutprand of Cremona, *The Embassy to Constantinople* (as above in chapter 13), p. 154.

Judith Herrin, 'Theophano: On the Education of a Byzantine Princess', in A. Davids, ed., *The Empress Theophano* (Cambridge 1995), pp. 64-85.

Donald M. Nicol, *Byzantium and Venice: A Study in Diplomatic and Cultural Relations* (Cambridge 1988).

William H. McNeill, *Venice: The Hinge of Europe 1081-1797* (Chicago 1974).

Quote on p. 167: Elizabeth Jeffreys, Digenis Akritis. *The Grottaferrata and Escorial versions* (Cambridge 1998), p. 205.

Quote on p. 168: John Thomas and Angela Constantinides Hero, Eds., *Byzantine Monastic Foundation Documents* (Washington DC 2000), no. 12, *Typikon* of Emperor John Tzimiskes, p. 238; also available from www.doaks.org/typikaPDF/typo19.pdf

Kathryn M. Ringrose, *The Perfect Servant: Eunuchs and the Social Construction of Gender in Byzantium* (Chicago and London 2003).

Shaun Tougher, ed., *Eunuchs in Antiquity and Beyond* (London 2002).

제16장 비잔티움의 궁정

Chapter quote: al-Marwazi, court physician and Malik Shah, *Properties of Animals*, tr. V. Minorsky, 'Marvasi on the Byzantines', in his *Medieval Iran and its Neighbours* (London

1982), pp. 455-69.

Quotes on p. 181: Constantine Porphyrogenitnus, *De Administrando Imperio*, Gy. Moravcsik, ed., and R. Jenkins, tr. (Washington DC 1967), pp. 55-7.

Quotes on p. 182: Porphyrogenitnus, *De Administrando Imperio*, (as above), pp. 59-61, 151.

Quote on pp. 182-3: Paul Lemerle, *Byzantium Humanism: The First Phase*, tr. Helen Lindsay and Ann Moffat (Canberra 1986), pp. 325-6.

Quote on p. 184: *The Fall of the Byzantine Empire: A Chronicle by George Sphrantzes 1401-1472*, tr. Marios Philippides (Amhurst, Mass., 1980), p. 67.

A. A. Vasiliev, 'Harun ibn Yahya and his description of Constantinople', *Seminarium Kondakovianum* 5 (1932), pp. 149-63.

Nadia Maria El Cheikh, *Byzantium Viewed by the Arabs* (Cambridge, Mass., 2004)

John Haldon, 'Chapters II, 44 and 45 of De Cerimoniis. Theory and practice in tenth-century military administration', *Travaux et Memoires* 13 (1999).

James Trilling, 'Daedalus and the Nightingale: Art and Technology in the Myth of the Byzantine Court', in Henry Maguire, ed., *Byzantine Court Culture from 829 to 1204* (as above in chapter 14), pp. 217-30: excellent on the virtuosity of Greek fire and court technology, two related aspects of the Byzantine ability to impress foreigners and courtiers alike.

Alexander P. Kazhdan and Michael McCormick, 'The Social World of the Byzantine Court', in Maguire, *Byzantine Court Culture* (as above), pp. 167-97.

제17장 '자주색 방에서 태어난' 아이들

Chapter quote: Jean Skylites, *Empereurs de Constantinople*, tr. Bernard Flusin and Jean-Claude Cheynet (Paris 2003), p. 361.

Quotes on pp. 188-9: Constantine Porphyrogenitus, *De Administrando Imperio* (as above in chapter 16), pp. 73-5, 113.

Quotes on p. 190: Michael Psellos, *Fourteen Byzantine Rulers*, tr. E. R. A. Sewter (London 1966), p. 260.

제18장 아토스 산

Chapter quote: the *Typikon of Athanasios* (973-5), tr. Geroge Dennis, para. 38, *Byzantine Monastic Foundation Documents* (as above in chapter 15), no.13, p. 260; also at http://www.doaks.org/typikaPDF/typo20.pdf

Quote on p. 199: Typikon of Constantine IX Monomachos, tr. Timothy Miller, para. 14, *Byzantine Monastic Foundation Documents* (as above), no.15, p.289; also at http://www.doaks.org/typikaPDF/typo22.pdf

Quote on p. 200: Robert E. Sinkewicz, *Saint Gregory Palamas: The One Hundred and Fifty Chapters* (Toronto 1988), p. 201.

Anthony Bryer and Mary Cunningham, eds., *Mount Athos and Byzantine Monasticism* (Aldershot 1996).

Carolyn L. Connor and W. Robert Connor, trs., *The Life and Miracles of St Luke* (Brookline, Mass., 1994).

Norman Russel, *The Doctrine of Deification in the Greek Patristic Tradition* (Oxford 2006).

Alice-Mary Talbot, ed., *Holy Women of Byzantium: Ten Saints Lives in English Translation* (Washington DC 1996); includes 'The Life of St Maria the Younger', tr. Angeliki Laiou.

A. A. Karakatsanis, ed., *Treasures of Mount Athos* (2nd edn; Thessalonike 1997): an exhibition catalogue with a marvellous range of essays and photographs of the monasteries of the Holy Mountain and their art collections.

제19장 베네치아와 포크

Chapter quote: Peter Damian, *Institutio monialis*, Opusculum 50, addressed to the nun Blanca, chapter 11, in J. P. Migne, ed., Patrologia Latina, vol. 145, col. 744.

Norbert Elias, *The Civilizing Process*, rev. edn tr. Edmund Jephcott (Oxford 2000).

Johanna Vroom, *After Antiquity: Ceramics and Society in the Aegean from the Seventh to the Twentieth Century* (Leiden 2003), p. 32.

Judith Herrin, 'Theophano: On the Education of a Byzantine Princess', in A. Davids, ed., *The Empress Theophano* (Cambridge 1995), pp. 64-85.

Donald M. Nicol, *Byzantium and Venice: A Study in Diplomatic and Cultural Relations* (Cambridge 1988).

William H. McNeill, *Venice: The Hinge of Europe 1081-1797* (Chicago 1974).

제20장 '불가르족의 학살자' 바실리우스 2세

Chapter quote: from Basil II' law of 996 partly translated in Deno John Geanakoplos, *Byzantium: Church, Society and Civilization seen through contemporary eyes* (Chicago 1984), pp. 245-7.

Quote on p. 219: from Marc D. Lauxtermann, *Byzantine Poetry from Pisides to Geometres: Texts and Contexts* (Vienna 2003), pp. 236-7; verse tr. in Paul Stephenson, *The Legend of Basil the Bulgar-Slayer* (Cambridge 2003), p. 49.

Catherine Holmes, *Basil II and the Governance of Empire* (Oxford 2006).

Barbara Crostini, 'The Emperor Basil II' s Cultural Life', *Byzantion* 66 (1996), pp. 55-81.

제21장 11세기의 위기

Chapter quote: Jean Skylitzes, *Empereurs de constantinople*, tr. Flusin and Cheynet (as above in chapter 17), p. 393.

Quote on p. 230: Michael Psellos, *Fourteen Byzantine Rulers*, tr. E. R. A. Sewter (London 1966), p. 327-8.

Costas Kaplanis, 'The Debasement of the "Dollar of the Middle Ages"', *Journal of Economic History* 63.3 (2003), pp. 768-801.

Nikos Oikonomides, 'The Peira of Eustathios Romaios' (as above in chapter 7).

Katerina Ierodiakonou, ed., *Byzantine Philosophy and its Ancient Sources* (Oxford 2002), with helpful articles on Psellos by the editor, John Duffy and Polymnia Athanassiadi.

제22장 안나 콤네나

Chapter quote: from *Eulogy for Anna Comnène*, in Jean Darrouzès, ed., *Georges et Dèmètrios Tornikès, Lettres et Discours* (Paris 1970), pp. 220-323.

Quotes on p. 233-8: from *The Alexiad of Anna Comnena*, tr. E. R. A. Sewter, Penguin Classics (London 1969), pp. 104-5, 112, 115-20, 129-30, 366-8, 504.

Thalia Gouma-Peterson, ed., *Anna Komnene and Her Times* (New York and London 2000).

Paul Magdalino, *The Empire of Manuel I Komnenos, 1143-80* (Cambridge 1993).

제23장 세계의 중심, 비잔티움

Chapter quote: John Tzetzes, tr. A. P. Kazhdan and Ann Wharton Epstein, in *Change in Byzantine Culture in the Eleventh and Twelfth Centuries* (Berkeley and Los Angeles 1985), pp. 259-60.

Quote on p. 245: Snorri Sturlson, *King Harald's Saga*, tr. M. Magnusson and H. Palsson, Penguin Classics (London 2005), p. 63.

Quotes on p. 250: Barry Baldwin, tr., *Timarion* (Detroit 1984), pp. 43-5; Nadia Maria El

Cheikh, *Byzantium Viewed by the Arabs* (Cambridge, Mass., 2004), p. 206.

Krijnie Ciggaar, *Western Travellers to Constantinople: The West and Byzantium, 962-1204* (Leiden 1996).

Sandra Benjamin, ed., *The World of Benjamin of Tudela: A Medieval Mediterranean Travelogue* (Madison, Calif, 1995).

S. Blondal and B. S. Benedikz, *The Varangians of Byzantium* (Cambridge 1978).

Lynda Garland and Stephen Rapp, 'Mary "of Alania" : Woman and Empress Between Two Worlds', in Garland, ed., *Byzantine Women* (as above in chapter 14), pp. 91-123.

제24장 십자군의 지렛대

Chapter quote: Pope Urban II, as reported by Guibert of Nogent, tr. A. C. Krey, from *The First Crusade. The Chronicle of Fulcher of Chartres and other source materials,* Edward Peters, ed. (2nd edn; Philadelphia 1998), pp. 35-6.

Quotes on p. 256: from Fulcher of Chartres (as above), pp. 52-3; and from Robert of Rheims (as above), pp. 27-8.

Quotes on p. 257: from Solomon ben Simpson of Speyer (as above), p. 126; and from Albert of Aachen (as above), p. 139.

Quote on p. 263: from Geoffrey Villehardouin, Joinville and Villehardouin, *Chronicles of the Crusades,* tr. M. B. B. Shaw, Penguin Classics (London 1963), pp. 82-3.

Quotes on p. 264: from Gunther of Pairis, in Alfred J. Andrea, ed. and tr., *The Capture of Constantinople. The 'Historia Constantinopolitana' of Gunther of Pairis* (Philadelphia 1997), p. 107; and from Niketas Choniates, tr. H. Magoulias, *O City of Constantinople* (as above in chapter 2), pp. 315-16.

Paul Magdalino, *The Empire of Manuel I Komnenos, 1143-1180* (as above in chapter 22).

David Abulafia, *Frederick II : A Medieval Emperor* (2nd edn; London 2002).

Jonathan Harris, *Byzantium and the Crusades* (London and New York 2003).

Site with images of the famous Psalter made for Queen Melisende in the British Library http://en.wikipedia.org/wiki/MelisendePsalter

제25장 트레비존드, 아르타, 니케아, 테살로니카의 탑들

Chapter quote: from John Geometres, tr. Henry Maquire, 'The beauty of castles: a tenth-century description of a tower at Constantinople', *Deltion tes Christianikes Archaiologikes Etaireias* 17 (1993-4), pp. 21-4.

Quote on p. 270: from Michael Choniates, tr. Judith Herrin, 'The collapse of the Byzantine Empire in the twelfth century: a study of a medieval economy', University of Birmingham *Historical Journal* 12 (1970), p. 198.

Quotes on p. 277: *Nicaea: A Byzantine Capital and its Praises*, tr. Clive Foss (Brookline, Mass., 1996), pp. 132, 143.

Quotes on p. 278: from Theodore Metochites, in *Nicaea*, tr. Foss (as above), pp. 177-9.

A. Laiou, ed., *Urbs Capta: The Fourth Crusade and its Consequences* (Paris 2005).

Rose Macaulay, *The Towers of Trebizond* (London 1956, and frequently reprinted).

N. Oikonomides, 'The Chancery of the Grand Komnenoi: Imperial Tradition and Political Reality', *Archeion Pontou* 35 (1979), pp. 321-32.

J. O. Rosenqvist, ed. and tr., *The Hagiographic Dossier of St Eugenios of Trebizond in Codex Athous Dionysiou 154* (Uppsala 1996).

A. A. M. Bryer, *The Empire of Trebizond and the Pontos* (London 1988).

On Byzantine influence in the Balkans, see S. Ćurčić, 'Religious Settings of the Late Byzantine Sphere', in Helen C. Evans, ed., *Byzantium: Faith and Power 1261-1557* (New

Haven 2004), pp. 65-77.

Michael Angold, *A Byzantine Government in Exile: Government and Society under the Laskarids of Nicaea, 1204-61* (London 1974).

Michael Angold, *Church and Society in Byzantium under the Comneni: 1081-1261* (Cambridge 1995).

Donald M. Nicol, *The Despotate of Epiros* (Oxford 1957).

Harold E. Lurier, tr., *Crusaders as Conquerors: The Chronicle of Morea* (London 1964).

제26장 반역자와 후원자

Chapter quote: 'Alexios Makrembolites and his Dialogue between the poor and the Rich', tr. Ihor Ševčenko, in *Zbornik Radova Vizantološgog Instituta 6* (1960), p. 222.

Quote on p. 287: from Alexios Makrembolites (as above), p. 219.

Quote on p. 289: from John Kantakouzenos, tr. Donald M. Nicol, *The Last Centuries of Byzantium 1261-1453* (2nd edn; Cambridge 1993), pp. 193-4.

Quote on p. 294: from Plethon, tr. C. M. Woodhouse, *George Gemistos Plethon: The Last of the Hellenes* (Oxford 1986), pp. 104-5.

Quote on p. 295: Plethon's prayer to Zeus (as above), pp. 328-9.

John W. Barker, 'Late Byzantine Thessalonike: A Second City's Challenges and Response', *Dumbarton Oaks Paper 57* (2003), *Symposium on Late Byzantine Thessalonike*, pp. 5-26.

Franz Tinnefeld, 'Intellectuals in late Byzantine Thessalonike' (as above), pp. 153-72.

Steven Runciman, *Mistra: Byzantine Capital of the Peloponnese* (London 1980).

Steven Runciman, *The Sicilian Vespers: A History of the Mediterranean World in the Later Thirteenth Century* (Cambridge 1958).

Manolis Chatzidakis, *Mystras: The Medieval City and the Castle* (Athens 1981).

제27장 '교황의 삼중관보다는 차라리 투르크족의 터번을'

Chapter quote: attributed to Notaras, see Doukas, *Decline and Fall of Byzantium to the Ottoman Turks*, tr. Harry J. Magoulias (Detroit 1975), p. 210.

Quotes of p. 303: from Michael VIII Palaiologos, tr. in Geanakoplos, *Byzantium: Church, Society and Civilization* (as above in chapter 18), p. 219; from George Metochites, *On the Procession of the Holy Spirit*, in Geanakoplos, *Byzantium* (as above), p. 158.; and from an anonymous pamphlet, the *Libellus* of c. 1274, against the union of churches, tr. in Geanakoplos (as above), pp. 179-88.

Quote on p. 304: from the *Libellus* (as above).

Quote on p. 308: from Doukas, *Decline and Fall* (as above), p. 204.

Colin Imber, *The Ottoman Empire 1300-1656: The Structure of Power* (Houndmills and New York 2002).

Donald M. Nicol, *The Last Centuries of Byzantium* (as above in chapter 26).

Deno Geanakoplos, *Interaction of Sibling Byzantine and Western Cultures in the Middle Ages and Renaissance* (New Haven 1976).

Jacques le Goff, *The Birth of Purgatory* (Chicago 1984).

제28장 1453년 콘스탄티노플 함락

Chapter quote: Nicolo Barbaro, *Diary of the Siege of Constantinople, 1453*, tr. J. R. Jones (New York 1969), p. 61.

Quote on p. 311: from Laonikos Chalkokondyles, *Demonstrations of Histories*, tr. Nicolaos Nicoulides (Athens 1996), pp. 131-3.

Quotes on p. 313: from the letters of manuel II, tr. George Dennis, *The Letters of Manuel II Palaeologus: Text, Translation and Notes* (Washington DC 1977), pp. 100-103; and from

Adam of Usk, tr. E. M. Thompson, *The Chronicle of Adam of Usk, AD 1377-1421* (2nd edn; Oxford 1904), p. 220.

Quotes on p. 315: from Demetrios Kydones, tr. Speros Vryonis Jr., *The Decline of Medieval Hellenism in Asia Minor and the Process of Islamization from the Eleventh through the Fifteenth Century* (Berkeley/LosAngeles/London 1986), p. 307; on the number of bishoprics, ibid., p. 286.

Quote on p. 317: from John Kananos, tr. in Geanakoplos, *Byzantium: Church, Society and Civilization* (as above in chapter 18), pp. 387-8.

Quotes on p. 315: from Nicolò Barbaro, *Diary of the Siege of Constantinople* (as above), p. 60.

Justin Marozzi, *Tamerlane: Sworld of Islam, Conqueror of the World* (London 2004).

Roger Crowley, *Constantinople: The Last Great Siege , 1453* (London 2005).

Steven Runciman, *The Last Byzantine Renaissance* (Cambridge 1970).

맺는 말: 비잔티움의 위대성과 유산

Quote on p. 321: Edward Gibbon, *History of the Decline and Fall of the Roman Empire*, J. B. Bury, ed. (London 1909-14), stresses the passivity of Byzantium in the ninth volume, at the beginning of chapter 48, where he lists the defects of the empire and outlines the plan of the last four volumes.

Quotes on p. 322: from William Lecky, *A History of European Morals from Augustus to Charlemagne*, 2 vols. (London 1869), vol. 2, p. 13; and from cosmas Indicopleustes, *The Christian Topography*, tr. J. W. McKrindle (London 1897), p. 73.

Quote on p. 326: from Manuel II's Dialogue with a Persian, *Entretiens avecun Musulman, 7e controverse*, tr. Theodore Khoury (Paris 1966), quoted by Pope Benedict XVI, Lecture given in the Aula Magna of the University of Regensberg. The extract from Manuel II's Dialogue had been edited with a French translation by Professor Theodore Khoury. The full Greek text was edited with a German commentary by Karl Förstel, *Manuel II. Palaiologus, Dialoge mit einem Muslim*, 3 vols. (Würzburg-Altenberge 1993-6).

Quote on p. 327: from Pope Benedict's Lecture. For the full text, see http://www.vatican.va/holyfather/benedictxvi/speeches/2006/september/documents/hfben-xvispe20060912university-regensburgen.html

Quote on p. 332: C. M. Woodhouse, *George Gemistos Plethon* (as above in chapter 26), p. 150.

Steven W. Reinert, 'Manuel II and his Muderris', in S. Čurčić and D. Mouriki, eds., *Twilight of Byzantium* (Princeton 1991), pp. 39-51.

Chris Wickham, 'Ninth-century Byzantium through western eyes', in *Byzantium in the Ninth Century: Dead or Alive?*, Leslie Brubaker, ed. (Aldershot 1998), pp. 245-56.

Chase F. Robinson, *'Abd al-Malik* (as above in chapter 8), p. 7.

Sidney Griffith, 'Image, Islam and Christian icons', in P. Canivet and J. P. Rey-Coquais, eds., *La Syrie de Byzance à l'Islam* (Damascus 1992), pp. 121-38.

On bezants, see The 'Historia Constantinopolitana' of Gunther of Pairis, Alfred. J. Andrea, ed. (as above in chapter 24), p. 100; '"modern people" call these gold coins byzants, because they were minted in Byzantion'. In c. 1400, Wyclif used the term 'bezant' to translate the Greek drachma of the Bible, and it occurs in the Morte d'Arthur and Chanson de Roland.

Glen Bowersock, *Mosaics as History* (as above in chapter 5).

Judith Herrin, 'Mathematical Mysteries in Byzantium : The Transmission of Fermat's Last Theorem', Dialogos: *Hellenic Studies Review* 6 (1999), 22-42.

Helen C. Evans and William D. Wixom, eds., *The Glory of Byzantium: Art and Culture of the Middle Byzantine Era AD 843-1261* (New York 1997).

Helen C. Evans, ed., *Byzantium: Faith and Power* (as above in chapter 25).

Robert S. Nelson and Kristen M. Collins, eds., *Holy Image, Hallowed Ground: Icons from Sinai* (Los Angeles 2006).

:: 비잔티움과 관련된 역대 황제 목록

콘스탄티누스 1세(대제)	306-337
콘스탄티우스 2세	337-361
율리아누스(배교자)	361-363
발렌스	364-378
테오도시우스 1세	379-395
호노리우스(서로마)	395-423
아르카디우스(동로마)	395-408
테오도시우스 2세(동로마)	408-450
발렌티니아누스 3세	425-455
마르키아누스	450-457
제노	474-491
아나스타시우스 1세	491-518
유스티누스 1세	518-527
유스티니아누스 1세	527-565
마우리키우스	582-602
포카스	602-610
헤라클리우스	610-641
콘스탄스 2세	642-668
콘스탄티누스 4세	668-685
유스티니아누스 2세(1차 재위)	685-695
레온티우스	695-698

유스티니아누스 2세(2차 재위)	705-711
필리피쿠스 바르다네스	711-713
아나스타시우스 2세	713-715
테오도시우스 3세	715-717
레오 3세	717-741
콘스탄티누스 5세	741-775
레오 4세	775-780
콘스탄티누스 6세와 모후 이레네 공동 통치	780-790
콘스탄티누스 6세 단독 통치	791-797
이레네 단독 통치	797-802
니케포루스 1세	802-811
미카일 1세 랑가베	811-813
레오 5세(아르메니아인)	813-820
미카일 2세 (프리지아 아모리움 출신)	820-829
테오필루스	829-842
미카일 3세와 섭정인 모후 테오도라의 공동 통치	842-856
미카일 3세의 단독 통치	856-867
바실리우스 1세(마케도니아인)	867-886
레오 6세(현제)	886-912
알렉산데르	912-913
콘스탄티누스 7세 포르피로게니투스와 섭정의 공동 통치	913-920
로마누스 1세 레카페누스	920-944
콘스탄티누스 7세 포르피로게니투스 단독 통치	945-959

로마누스 2세	959-963
바실리우스 2세와 섭정의 공동 통치	963-976
니케포루스 2세 포카스	963-969
요한네스 1세 치미스케스	969-976
바실리우스 2세의 단독 통치	976-1025
콘스탄티누스 8세	1025-1028
로마누스 3세 아르기누스(조에의 첫 남편)	1028-1034
미카일 4세(조에의 두 번째 남편)	1034-1041
미카일 5세(조에의 양자)	1041-1042
조에와 테오도라	1042
콘스탄티누스 9세(조에의 세 번째 남편)	1042-1055
테오도라의 단독 통치	1055-1056
미카일 6세 '노인' (테오도라의 남편)	1056-1057
이사키우스 1세 콤네누스	1057-1059
콘스탄티누스 10세 두카스	1059-1067
로마누스 4세 디오게네스	1067-1071
미카일 7세 두카스	1071-1078
알렉시우스 1세 콤네누스	1081-1118
요한네스 2세 콤네누스	1118-1143
마누엘 1세 콤네누스	1143-1180
알렉시우스 2세 콤네누스	1180-1182
안드로니쿠스 1세 콤네누스	1182-1185
이사키우스 2세 앙겔루스	1195-1203
알렉시우스 4세 앙겔루스와 이사키우스 2세	

공동 황제	1203-1204

콘스탄티노플 라틴 제국의 황제들

플랑드르 백작 보두앵	1204-1222
코트니의 피에르	1217-1219?
보두앵 2세	1240-1261

니케아의 군주들

테오도루스 1세 라스카리스	1204-1222
요한네스 3세 바타체스	1222-1254
테오도루스 2세 라스카리스	1254-1258
요한네스 4세 라스카리스	1258-1261

에피루스의 군주들

미카일 1세 콤네누스 두카스	1205-1215
테오도루스 1세 콤네누스 두카스	1215-1230
미카일 2세 콤네누스 두카스	1230-1266/8
니케포루스 1세 콤네누스 두카스	1266/8-1296/8

트레비존드의 군주들

알렉시우스 1세 콤네누스와 동생 다비드 콤네누스 (1204-1212, 파플라고니아의 군주)	1204-1222
마누엘 1세 메가스 콤네누스	1238-1263

콘스탄티노플 수복 이후의 비잔티움 황제들

미카일 8세 팔라이올로구스	1259-1282
안드로니쿠스 2세 팔라이올로구스	1282-1328
안드로니쿠스 3세 팔라이올로구스	1328-1341
요한네스 5세 팔라이올로구스	1341-1391
요한네스 6세 칸타쿠제누스(요한네스 5세와 재위 다툼을 벌인 황제)	1347-1354
안드로니쿠스 4세 팔라이올로구스	1376-1379
요한네스 7세 팔라이올로구스	1390
마누엘 2세 팔라이올로구스	1391-1425
요한네스 8세 팔라이올로구스	1425-1448
콘스탄틴스 11세 팔라이올로구스	1449-1453

:: 연표

306   콘스탄티누스 1세, 브리튼 북부의 요크에서 병사들에 의해 황제로 추대

312   콘스탄티누스, 로마 외곽의 밀비우스 다리 전투에서 막센티우스 격파

313   콘스탄티누스, 밀라노 칙령을 포고하여 로마 제국의 모든 종교에 신앙의 자유 부여해줌

324   콘스탄티누스, 크리소폴리스에서 리키니우스를 격파하고 콘스탄티노플 건설

325   제1차 에큐메니컬 공의회(니케아 공의회)

326   콘스탄티누스 1세의 모후 헬레나, 예루살렘으로 순례여행

330   5월 11일 콘스탄티누스의 도시 콘스탄티노플, 로마 제국의 수도로 선포됨

337   콘스탄티누스 1세가 사망하고, 기독교식으로 장례 엄수

356/7   콘스탄티우스 2세, 성 사도 교회에 성인들의 유골 안치

378   발렌스 황제, 아드리아노플 전투에서 전사

380   테오도시우스 1세, 콘스탄티노플 입성

381   제2차 에큐메니컬 공의회(콘스탄티노플 공의회)

402   호노리우스 서로마 제국 황제, 밀라노에서 라벤나로 행정수도 이전

406   브리튼에서 로마 군 철수

410   알라리크의 고트족, 로마 약탈

412/13 콘스탄티노플 성벽 증축

437   발렌티니아누스 3세와 테오도시우스 2세의 딸 유독시아의 결혼

437/8   『테오도시우스 법전』 편찬

451   제4차 에큐메니컬 공의회(칼케돈 공의회)

455   북아프리카의 반달족, 로마 유린

489	동고트족의 왕 테오도리쿠스, 라벤나에서 오도아케르 타도
524	보이티우스의 『철학의 위안』 발간
529	아테네의 플라톤 아카데미 폐쇄
532	유스티니아누스 1세, 페르시아와 영구 평화조약 체결. 콘스탄티노플에서 니카 반란 발발
533	벨리사리우스의 비잔티움 군, 북아프리카의 반달족에 대승을 거둠
534	『유스티니아누스 법전』 편찬
540	비잔티움 장군 벨리사리우스, 라벤나에서 고트족 왕 비티게스를 사로잡고 직접 통치권 수립
541/2	지중해 일대에 선페스트 창궐
547	라벤나의 산 비탈레 성당 봉헌
608	콘스탄티노플 원로원, 페르시아 공격받고 카르타고 총독 헤라클리우스에게 도움 요청
610	비잔티움 황제 포카스, 카르타고 총독의 아들 헤라클리우스에게 폐위당함
622	무함마드, 메카에서 메디나로 도주(헤지라)
626	아바르족과 페르시아 연합군, 콘스탄티노플 포위공격
628	헤라클리우스의 비잔티움 군, 니네베와 크테시폰에서 페르시아 군 격파. 페르시아 왕 호스로우 2세 사망
630	헤라클리우스, 예루살렘에 진실 십자가 반환
632	무함마드 사망
636	헤라클리우스의 비잔티움 군, 야르무크 강 전투에서 아랍 군에 대패
638	아랍인, 안티오키아와 예루살렘 점령
642	아랍인, 이집트 점령
655	아랍인, 소아시아 근해 피닉스 해전에서 콘스탄스 2세의 비잔티움 군 격파
662	콘스탄스 2세 황제, 시칠리아의 시라쿠사로 궁정 이동

674-8 아랍인, 콘스탄티노플에 대한 기나긴 포위공격 실시

680/81 제6차 에큐메니컬 공의회(콘스탄티노플 공의회)

691/2 칼리프 아브드 알 말리크, 예루살렘에 바위의 돔 사원 축조

692 트룰로(퀴니섹스트) 공의회 개최

698 비잔티움의 카르타고 총독령, 아랍 군에 함락

711 아랍인, 우즈베키스탄의 옥수스 강을 건너 에스파냐로 진공, 서고트 왕국 멸망시킴

717-18 아랍인, 콘스탄티노플 포위공격

726 티라(산토리니) 섬 근해에서 수중 화산 폭발

730 레오 3세 황제, 콘스탄티노플 총대주교 게르마누스 1세를 해임하고 성상파괴운동 실시

740 레오 3세, 아들 콘스탄티누스 5세와 연명으로 법전 『에클로가』 발간

750 이슬람 세계의 분란으로 아바스 왕조, 우마이야 왕조를 무찌르고 바그다드로 천도

751 롬바르드족, 라벤나 점령

754 히에레이아 지방 공의회 개최. 교황 스테파누스 2세와 프랑크 왕국의 지도자 피핀 3세, 동맹 체결

787 제7차 에큐메니컬 공의회(니케아 공의회)

800 교황 레오 3세, 프랑크 왕국 샤를마뉴(카를 대제)의 서로마 황제 대관식 집전

815 성 소피아 성당에서 성상파괴 공의회 개최

829 베네치아, 알렉산드리아의 성 마르쿠스(마르코)의 유물을 몰래 빼내옴

843 테오도라, 성상숭배를 부활시키고 정교의 시노디콘 작성

858-67 콘스탄티노플 총대주교 포티우스의 1차 재위기. 불가리아의 칸 보리스 1세가 세례받고 불가르족도 기독교로 개종

860 러시아, 콘스탄티노플 공격

863 키릴루스(콘스탄티누스)와 메토디우스, 모라비아에서 선교

867 마케도니아 인 바실리우스, 미카일 3세 시해

869/70 제8차 에큐메니컬 공의회(콘스탄티노플 공의회)

877-86 콘스탄티노플 총대주교 포티우스의 2차 재위기

905   콘스탄티누스 7세 포르피로게니투스 황제 탄생

907   레오 4세, 네 번째 결혼

911   비잔티움과 루스족, 첫 번째 통상조약 체결

941   러시아, 콘스탄티노플 공격

944   올가의 콘스탄티노플 방문에 이어 비잔티움, 루스족과 두 번째 통상조약 체결

961   니케포루스 포카스가 이끄는 비잔티움 군, 크레타 섬 수복

965   비잔티움, 키프로스 섬 수복

972   비잔티움 공주 테오파노, 로마에서 독일 왕 오토 2세와 결혼

969   요한네스 1세 치미스케스 황제, 안티오키아 수복

989   키예프의 대공 블라디미르 1세, 세례받고 자주색 방에서 태어난 비잔티움의 황녀 안나와 결혼

992   바실리우스 2세 황제, 황금문서를 발행하여 베네치아에 최혜국 대우 보장해줌

1004 마리아 아르기로플라이나, 조바니 오르세올로와 결혼

1004/5 비잔티움 귀부인 마리아 아르기로플라이나, 베네치아에 포크 소개

1034 노르웨이 왕 하랄드 하르드라다, 바이킹족과 함께 콘스탄티노플 도착

1046-53 페체네그족, 도나우 강 넘어 비잔티움 영토를 침입해 발칸지역을 황폐화시킴

1048 콘스탄티누스 9세 모노마쿠스, 비잔티움 금화의 평가절하

1054 콘스탄티노플 교회와 로마 교회의 분리(동서 교회의 대분열)

1071 노르만족, 남부 이탈리아의 바리 점령. 셀주크투르크족 만지케르트 전투에서 비잔티움 군 격파하고 황제 로마누스 4세 디오게네스를 생포

1082/4 알렉시우스 1세 콤네누스 황제, 베네치아에 두 번째 황금문서 발행

1082-5 노르만족, 에피루스 침공

1087　셀주크투르크족, 예루살렘 점령

1092　알렉시우스 1세 콤네누스 황제, 금본위제 확립

1095　알렉시우스 1세 콤네누스 황제, 셀주크투르크족과 싸우기 위해 서방에 군사원조 요청

1096-9 제1차 십자군

1111년경 보고밀파의 바실리우스, 화형에 처해짐

1146-8 제2차 십자군

1171　비잔티움, 제국 내 베네치아 거류지 공격

1182　비잔티움, 1171년에 이어 베네치아, 피사, 제노바인들의 재산을 재차 공격

1187　쿠르드족 장군 살라딘이 이끄는 이슬람 세력, 십자군을 몰아내고 예루살렘을 재탈취

1189-92 제3차 십자군. 잉글랜드의 '사자심왕' 리처드 1세, 비잔티움의 속주 키프로스 점령

1202-4 제4차 십자군

1203　제4차 십자군의 콘스탄티노플 포위공격으로 알렉시우스 3세 앙겔루스 황제가 도주하고, 알렉시우스 4세와 그의 부친 이사키우스 2세 앙겔루스가 공동 황제로 즉위

1204　제4차 십자군, 콘스탄티노플을 재차 포위공격하고 약탈한 뒤 라틴 제국 창설

1204/5 십자군에 의한 콘스탄티노플 점령 뒤 트레비존드, 니케아, 에피루스에 비잔티움의 계승 왕국들이 세워짐

1208　테오도루스 1세 라스카리스, 니케아 제국의 황제로 즉위

1216　에피루스의 테오도루스 콤네누스 두카스, 오흐리드 수복

1224　에피루스의 테오도루스 콤네누스 두카스, 테살로니카 점령

1225/7 에피루스의 테오도루스 콤네누스 두카스, 아드리아노플을 점령하고 테살로니카 성당에서 황제 즉위식 거행

1248　빌라르두앵의 기욤 2세, 미스트라 건설

1249　에피루스의 미카일 2세 콤네누스 두카스, 전제군주의 호칭 사용

1249/50　비잔티움 신학자들, 님파이온에서 서방의 수도승들과 교리(필리오쿠에) 논쟁 벌임

1259   미카일 팔라이올로구스 8세, 에피루스와 아카이아의 동맹군 격파하고 빌라르두앵의 기욤 2세 생포

1261   미카일 8세 팔라이올로구스, 라틴인들을 몰아내고 콘스탄티노플로 개선

1274   리옹 공의회, 콘스탄티노플 교회와 로마 교회의 재통합 선언

1278   빌라르두앵의 기욤 2세가 사망하고, 앙주의 샤를이 아카이아 공국의 지배권 계승

1282   '시칠리아의 만종 학살' 사태로 비잔티움을 침공하려던 샤를의 앙주 계획 무산

1327   오스만투르크족, 프루사(부르사) 점령

1331   오스만투르크족, 니케아(이즈니크) 점령

1337   오스만투르크족, 니코메디아(이즈미트) 점령

1341-7 요한네스 5세 팔라이올로구스와 요한네스 6세 칸타쿠제누스 간의 제위 쟁탈전

1342-9 젤로트 세력, 테살로니카 지배

1351   콘스탄티노플 교회회의, 헤시카슴 이론 승인

1354   오스만투르크족, 헬레스폰트 해협(다르다넬스 해협)을 넘어와 칼리폴리스(갈리폴리) 점령

1369   오스만투르크족, 아드리아노플(에디르네) 점령

1397-1402 오스만투르크족, 콘스탄티노플 포위공격

1399-1403 마누엘 2세 황제, 서방 순방

1402   티무르 군, 앙카라 전투에서 오스만투르크 군을 격파하고 술탄 바예지드 1세와 그의 아들 무사 생포

1422   오스만 제국의 술탄 무라드 2세, 콘스탄티노플 포위공격

1438/9 페라라-피렌체 공의회, 동서 교회의 통합칙서 공포

1444   무라드 2세, 바르나에서 기독교 군 격파

1453   5월 29일 오스만 제국의 술탄 메메드 2세(정복자 메메드), 콘스탄티노플 함락. 콘스탄티누스 11세 황제는 전투 중 행방불명

1460 오스만 제국, 미스트라 점령

1461 오스만 제국, 트레비존드(트라브존) 점령

:: 감사의 말

먼저 이 책의 쓰는 데 재정적 지원을 해준 A. G. 레벤티스 재단, 마이클 마르크스 자선기금, 그리스 공화국의 문화부 국제교류 부장 알키스티스 술로기아니 박사, 킹스 칼리지의 릭 트레이너 총장에게 감사드린다. 귀중한 시간을 할애하고 격려를 아끼지 않은 킹스 칼리지의 고전학과, 비잔티움학과, 현대 그리스학과 동료교수들에게도 사의를 표한다.

스튜어트 프로핏은 책의 마지막 집필 단계에서 원고를 두 차례나 읽고 현명한 조언을 해주었고, 크레타 섬의 정교회 아카데미 원장 알렉산드로스 파파데로스 박사는 집필의 주요 단계에서 환대를 베풀어주어 뭐라 감사의 말을 해야 될지 모르겠다. 나의 친구들인 디오니시우스 스타하코풀로스, 샬롯 루에쉐, 캐럴 크린스키도 없는 시간을 쪼개 이 책의 초고를 읽고 여러 가지 오류를 바로잡아주었다. 무라트 벨제, 닐 밸턴, 앤서니 치덤도 책의 사소한 부분까지 신경을 써주었으며 밥 오스티어호우트, 크리스 위컴, 그리고 익명의 두 독자는 하마터면 놓칠 뻔한 책의 오류를 바로잡아주는 데 그치지 않고 새로운 주제들을 추가로 포함시킬 것을 제안하는 성의도 보였다.

조지나 카펠도 책의 집필을 열렬히 후원해주었으며 브리기타 반 라인베르크도 최종적 결과에 대한 확신을 나타냈고, 캐서린 홈즈, 데메트라와 차라람보스 바키르치스, 세실 모리송, 아치 던, 엘리자베스 제프리스, 코스타스 카플라니스, 안나 콘타디니, 루스탐 슈크로프, 차라람보스 부라스, 제시카 로슨은 희귀본이나 신문, 잡지의 기사, 그리고 간행되지 않은 출판물을 복사하고 그 밖의 자료들을 찾을 수 있게 도와주었다. 그리스 유산 보존협회가 주관한 시나이 산의 카타리나 수도원 순례여행에 내가 동행할 수 있었던 것은 마리아 바실라키 덕이었다. 그녀와 리디아, 코스타스 카라스, 그리고 안나 리아에게 고마운 마음을 전한다. 삽화를 찾는 데 길잡이가 돼준 칼리르로에 리나르두, 영국 버밍엄의 바버 미술관 직원, 워싱턴 D. C.의 덤바턴오크스 학술 도서관 및 박물관의 비잔티움관, 아테네의 베나키 미술관, 런던의 코톨드 미술관의 관대한 후원에도 감사드린다.

끝으로 이 책과 함께 부대끼며 책의 단계마다 의견을 제시하며 변함없이 나를 격려해준 앤서니, 타마라, 포셔에게 진심으로 고마운 마음을 전한다.

: : 옮긴이의말

 로마 제국의 중심은 누가 뭐라 해도 로마다. 로마를 떠난 로마 제국은 상상할 수조차 없다. 로마는 제국의 수도이자 제국 그 자체였다. 그런 의미에서 3세기와 4세기의 난세에 개혁을 주도한 두 황제 디오클레티아누스와 콘스탄티누스가 로마를 등진 것은 상징적 의미가 깊다. 의도적이든 아니든 그때부터 제국의 정체성이 변질되었기 때문이다. 아우구스투스 이래 전성기를 구가하던 로마 제국은 양위 체계로 인한 혼란과 광대한 속주 통치의 어려움으로 2세기, 아니 좀 더 정확히 말하면 5현제 이후부터 쇠락의 조짐을 보이기 시작했다. 그러다가 3세기, 혼란이 극에 달하자 디오클레티아누스 황제는 제국을 분할통치하는 극약 처방으로 위기를 타파하려고 했다. 4제 통치제를 수립하고 스스로 최고 지배자인 정제가 되어 소아시아의 니코메디아로 수도를 옮긴 것이다. 디오클레티아누스 황제가 은퇴한 뒤 4제 통치제는 붕괴되고, 이어 벌어진 내전에서 콘스탄티누스는 최후의 승자가 되어 다시금 제국의 단독 황제가 되었다. 그리고 그 또한 유럽과 아시아를 잇는 그리스의 옛 식민도시 비잔티움에 새로운 수도를 건설하여 천도했다.
 그렇다고 그 시점에 제국이 완전히 양분된 것은 아니었다. 황제들도 그렇게 믿지 않았다. 편의상 동방과 서방으로 통치 영역만 분리되었을 뿐 제국은 여전히 하나로 결속돼 있었던 것이다. 그러나 황제들이 믿고 안 믿고를 떠나 제국의 무게중심이 동방으로 옮겨감에 따라 로마는 더 이상 로마 제국의 중심이 아니었다. 그 점에서 395년 죽음을 앞둔 테오도시우스 황제가 큰아들인 아르카디우스에게 동방을, 차남인 호노리우스에게 서방을 맡긴 것은 기정사실이 된 제국의 분리를 공식화한 것에 지나지 않았다. 그것은 또 야만족 침탈로 어수선해져 있던 서로마의 멸망을 부추긴 요인이 되기도 했다. 그리하여 476년 서로마 제국은 멸망하고 비잔티움이 '새로운 로마'로 제국을 이끌게 되었다.

그러나 '새로운 로마'는 로마의 계승국이 되지 못했다. 로마를 계승한 것은 비잔티움이 아닌 서방의 프랑크 왕국이었다. 일이 그렇게 된 것은 어느 정도 기독교 때문이었다. 롬바르드족의 재침으로 위협받게 된 로마를 비잔티움 황제가 방어해주지 못하자 교황이 서방 군주에게 도움을 청한 것이 그것의 단초가 되었다. 교황에 의한 샤를마뉴의 서로마 황제 대관(800년)은 그로 인해 기독교 제국이 양분되고 서유럽이 출현했다는 점에서 획기적인 사건이었다. 가정이긴 하지만, 그때 만일 교황이 프랑크 왕국과 제휴하지 않고 비잔티움과 손을 잡았더라면 기독교는 물론 서유럽의 역사는 전혀 딴 방향으로 흘러갔을 것이다. 비잔티움도 서방으로부터 왕따를 당하지 않았을 것이며, 십자군 전쟁도 일어나지 않았을지 모른다. 십자군 전쟁이 일어나지 않았다면 콘스탄티노플이, 형제 기독교도에게 짓밟히고 점령당하는 어처구니없는 일도 벌어지지 않았을 것이다. 그랬다면 물론 비잔티움도 오스만 제국에 정복되지 않았을 테고, 궁극적으로 오늘날의 문명충돌이나 테러와의 전쟁도 일어나지 않았을지 모른다.

로마교회(가톨릭)가 콘스탄티노플(정교회)에 등을 돌리게 된 데에는 물론 단성론이라든가 성상파괴와 같은 신학상의 문제도 있었다. 그것이 교회의 분열로 나아가 정치적인 것 못지않게 동방과 서방을 갈라놓는 주요인이 된 것이다. 그렇기는 하지만 비잔티움의 이질화에는 종교적인 것 못지않게 문화적 요인도 한몫했다. 비잔티움 황제들은 수도를 콘스탄티노플로 옮긴 뒤에도 로마의 수복을 꾀하며 고대 로마 제국의 영광을 되찾기 위해 그들 나름으로는 많은 노력을 기울였다. 그러나 애만 썼을 뿐 내면적으로는 그리스와 동방적 요소에 깊이 물든 전제군주들이었다. 비잔티움은 명목상으로는 로마 제국이었으나, 로마의 라틴적 요소는 그리스의 헬레니즘 전통 속에 빠르게 퇴색해갔다. 언어도 그리스어로 대체되었다. 그런 식으로 비잔티움은 서방인들에게 낯선 존재로 변해갔고 로마의 흔적은 상징으로만 남게 되었다. 요컨대 비잔티움은 진정한 동방도 진정한 서방도 아닌 어정쩡한 존재였던 것이다. 서방인들에게 비잔티움은 기독교를 믿는 공통점만 있을 뿐 동방적 전통에 흠씬 물든 낙후된 그리스인들의 나라일 뿐이었다. 그들이 믿고 싶은 로마는 고대의 로마뿐이었다. 그것만이 유럽 문명의 토대가 될 자격이 있었다. 로마사가 오늘날에 이르기까지 서구 중심적 맥락에서 쓰여지고, 심지어 일부 학자들은 '열등한 제국'이라고까지 부르며 비잔티움을 심하게 왜곡하게 된 것은 그 때문이다.

이 책은 그런 비뚤어진 시각을 바로잡아 비잔티움의 역사를 바로 세우기 위해 집필된 또 하나의 색다른 비잔티움 역사서이다. 콘스탄티누스가 새로운 수도 콘스탄티노플로 천도한 330년을 시발점으로 본다면 비잔티움은 무려 1100년의 오랜 역사를 지닌 제국이었다. 고대, 중세, 근세 초를 아우르는 그 기나긴 기간 내내 비잔티움은 기독교계의 보루가 되어 서방으로의 이슬람 팽창을 막아주었을 뿐 아니라 세계에서 유례를 찾아볼 수 없는 독특하고 매력적인 문명을 발전시켰다. 난공불락의 성벽을 축조하여 외침을 막아냈고, 성 소피아 대성당으로 대표되는 찬란한 건축 양식을 발전시켰으며, 정교하고 신비로운 모자이크화, 채색 필사본, 금은 상아 장식품을 제작했고, 고대의 로마법전을 개정하여 새로운 『시민법 대전』을 편찬했으며, 복잡한 신학 이론을 발전시켰고, 오늘날의 달러에 버금가는 화폐 노미스마 금화를 유통시켜 지중해를 중심으로 한 국제무역을 선도했으며, 변화된 대외 정세에 맞게 테마 제도를 실시해 군사력을 강화시켰고, 러시아를 비롯한 동유럽 슬라브 사회에 정교회와 비잔티움 문화를 전파하여 그들로 하여금 독자적인 문화를 형성하는 데 기틀을 마련해주었다. 서구 르네상스의 그리스 고전이 부활할 수 있었던 것도 어느 정도는 비잔티움 학자들에게 그 공이 있다. 실로 로마세계의 잔해 속에 태어난 중세의 대표적인 세 문명, 비잔티움, 프랑크, 이슬람 가운데 문화다운 문화를 꽃피운 것은 비잔티움뿐이었다.

비잔티움의 그 모든 다채로운 요소가 이 한 권의 책 속에 녹아들어 있다. 고대 후기와 비잔티움사의 권위자인 저자 주디스 헤린은 비잔티움의 정수만을 뽑아 1천 년을 가로지르는 방대한 역사를 마치 씨줄과 날줄을 엮듯 입체적으로 묘사해놓았다. 연대기적 서술 방식에서 오는 지루함을 덜기 위해 주제별로 이야기를 전개시키는 참신한 방법을 택해, 콘스탄티노플 창건에서 함락에 이르기까지의 장구한 역사를 마치 한 장의 모자이크처럼 아기자기하게 꾸며놓은 것이다. 독자들은 그 28개의 모자이크 조각들 가운데 원하는 부분만을 골라 읽는 재미를 느낄 수도 있다. 비잔티움은 모후가 황제 아들을 장님으로 만들고, 음모가 판을 치고, 복잡한 관료제와 궁정의식에 짓눌리고, 환관이 세도를 부린 이상한 나라인 것만은 아니었다. 비잔티움은 안나 콤네나와 같은 보기 드문 여걸이 배출되고, 해전용 화약 그리스의 불이 발명되고, 수도원 전통이 수립되고, 다인종의 코스모폴리탄적 사회가 형성된 활력에 넘치는 나라이기도 했다. 무엇보다 비잔티움은 오늘의 유럽을 있게 한 제국이었다.

2010년 가을, 이순호

∷ 찾아보기

ㄱ

가브라스, 테오도루스 521
가자 81, 202
갈라 플라키디아 28, 160~161, 163
갈리폴리 576
게르마누스 1세, 콘스탄티노플 총대주교 95, 245, 249, 341
게르마누스 3세, 콘스탄티노플 총대주교 563
게오르기우스 (신켈로스) 279, 361
게오메트레스, 요한네스 509, 609
겐나디오스(게오르기우스 스콜라리우스), 콘스탄티노플 총대주교 557, 574~575, 594, 613
계몽주의 510, 610~611
고드프루아 (부용의) 497
고트족 57~58, 60, 79, 100, 162~163, 165, 167~168, 294
『궁정 의식』 361, 363, 365, 367, 369
귄터 (파이리스의) 506
그레고라스, 니케포루스 542
그레고리우스 1세 교황 242
그레고리우스 2세, 콘스탄티노플 총대주교 565
그레고리우스 2세 교황 249
그레고리우스 3세 교황 249~250
그레고리우스 9세 교황 531
그레고리우스 10세 교황 562, 565
그라티아누스 황제 57~58
그루지야 18, 314, 373, 399~400, 431, 437, 441, 479, 482, 521, 523, 584
그리스의 불 20, 66, 212, 245, 301, 305, 308~309, 311, 314~315, 320, 362, 384
그리스 정교회 95, 113, 129, 405, 516~517, 607, 613
기번, 에드워드 598
기베르 (노장의) 491
기스카르, 로베르트 421, 440~441, 461, 466, 468, 496
기욤 (샹플리트의) 515
기욤 2세, 빌라르두앵 548, 561
기욤 드 모어베크 531

ㄴ

나르세스, 장군 337
나지안주스 101
나폴리 414, 418, 525, 548
납인(납 도장) 360
네마냐, 스테판 400, 514
네스토리우스, 콘스탄티노플 총대주교 105
노타라스, 루카스, 비잔티움 제국의 대공 375, 377, 559, 575
노트케레 422, 611
니슈 36
니카 반란 150~152, 172
니케아 91, 98, 100, 104, 163, 184, 187, 229, 375, 390, 427, 458, 465, 468, 492, 495, 509, 512~513, 515, 526, 529~532, 537~538, 551, 555, 561, 563, 569
니케아 공의회 98~100, 123, 229, 254~256, 259, 268, 337, 532, 555, 562, 572
니케타스, 콘스탄티노플 총대주교 214
니케타스, 파플라고니아인 339
니케타스, 헤라클리우스의 사촌 194

니케포루스 1세 황제 293, 319, 325~326
니케포루스 2세 포카스 황제 276, 311~312, 337, 344, 365~367, 396~397, 401, 415, 426
니케포루스 3세 357
니케포루스, 콘스탄티노플 총대주교 266, 278~279
니코메디아 48, 538
니코폴리스 581
니콜라우스 1세 교황 283, 295~297, 299, 302, 560
니콜라우스 5세 교황 574
님파이온 530~531

드네프르 강 300~301, 371~372, 428, 477
드 라 로쉬, 오토 515
디게네스 아크리테스 312~313, 450, 484
디디모테이코스 539
디라키움 293, 414, 433, 442, 468
(소)디오니시우스(디오니시우스 엑시구스) 181
디오니시우스, 텔마하렌시스 193
디오스코리데스, 페다시우스 89
디오클레티아누스 황제 36, 48, 51, 78, 87, 96~98, 279, 336
디오판토스 282, 567, 613

ㄷ

다마스쿠스 193, 202, 211, 241, 265~266, 279, 311, 487, 497, 584, 600~601
다미아누스, 페트루스 407, 420, 422
다프니 수도원 517
단돌로, 엔리코 505, 510
단성론자 107, 179, 215
단의론 215~216
달라세나, 안나 460, 462~463
데메트리우스, 성인 194, 234, 416, 485~486, 548
데모크라티아 448~449, 536
도미니쿠스 수도회(수도자) 516, 531~532, 536
동고트 30, 100~101, 154, 161~162
동서 교회의 대분열 125, 421, 501, 564
두카스, 콘스탄티누스 453, 458, 460, 515
두카스 가家 389, 454, 457, 463
두카이나, 이레네 457, 460, 463, 468

ㄹ

라리사 432~433, 524
라벤나 (모자이크) 27~28, 36, 100, 131, 159, 160~168, 172~176
라자로스, 성상 화가 138
라케다이모니아 475, 548
랍소마테스 465
러시아 16, 23, 35, 47, 66, 92, 156, 291, 296, 300~302, 305, 311, 332, 337, 371~372, 392, 400, 405, 425, 427~429, 441, 474, 477, 522
레오, 수학자 겸 철학자 281
레오 1세 황제 72, 91, 92, 225
레오 1세 교황 105
레오 3세 황제 66, 70, 124, 183, 244~245, 248~250, 259, 265, 269, 384, 414, 475, 555
레오 3세 교황 91~92, 271, 341, 379
레오 4세 황제 150, 255~256, 357, 379

레오 5세 황제 89, 214, 256, 341
레오 6세 황제(현제) 72, 89, 120, 122, 150, 183, 238, 285, 312, 320, 346, 357, 380, 383, 415, 429
레오 9세 교황 123~125, 421
레오나르도 (키오스 섬의) 592
레카페누스, 바실리우스 311, 329, 343~344, 362, 384~385, 389, 396, 427
레키, 윌리엄 598
로도스 섬 211, 274, 514
로도스 해상법 319
로마누스 1세 레카페누스 황제 70, 311, 329, 344, 362, 384~385, 396, 427
로마누스 2세 황제 89, 150, 309, 368~369, 385, 415, 426
로마누스 3세 아르기루스 황제 386, 411, 435
로마누스 4세 디오게네스 황제 341, 439~440, 446~447
『로마법 대전』(시민법 대전) 179~180, 182
로베르 (랭스의) 493
로스티슬라프, 모라비아 국왕 293~295
로파디온(울루아바트) 588
롬바르드족 174, 213, 254, 408, 414, 432
루이 3세 (프로방스의) 415
루이 7세, 프랑스 국왕 336, 485, 502
루이 14세, 프랑스 국왕 598
루카스 (스티리스의) 127~128, 347, 397
루키테스, 요한네스 522
루피키나, 에우페미아 144
룸Rum 72~73
리미니 557
리우트프란트, 크레모나의 주교 305, 331~332, 339~340, 355, 365~368, 415

리처드 1세, 잉글랜드 국왕 514
리키니우스 황제 36, 38
립스, 콘스탄티누스 330

ㅁ

마기스트로스, 토마스 177, 188, 542
마누엘 1세 콤네누스 황제 336, 357, 363, 468~470, 485, 500~502, 521
마누엘 2세 팔라이올로구스 황제 537, 547, 550~551, 580~582, 584, 586, 591, 603~604, 606
마니아케스, 게오르기우스 442
마르 사바 수도원 279
마르키아누스 황제 52, 105
마리나 110
(소) 마리아 399
마리아, 이집트의 성녀 110
(성모) 마리아 64, 66, 105, 111, 120, 144, 154, 195, 209, 223~225, 245, 259, 271, 536, 574, 590, 609
마리아, 이반 블라디슬라프의 미망인 433
마리아 (알라니아의) 288, 357, 457~458, 460, 485
마리아 황후 (암니아의), 콘스탄티누스 6세의 부인 356
마르텔, 카를 23, 174, 208
마르티누스 1세 교황 216
마리차 강 전투 568~569, 576
마우로푸스, 요한네스 445, 451, 609
마우리키우스 황제 194, 341
마케도니아 293, 310, 368, 374, 486, 514, 537, 577

마케도니아 황조 292, 315, 374, 389, 425, 431, 441, 448, 537, 610

마크렘볼리테스, 알렉시우스 535, 543~544

막센티우스 황제 36, 47

막시무스, 고백자 95, 124, 183, 216, 566~567, 613

막시미아누스, 라벤나 주교 159, 168, 172, 230

만가파스, 테오도루스 514

만지케르트 전투 439, 443, 470, 491

말라테스타, 시지스몬도 557, 612

맘루크 왕조 503

메나스, 성인 107, 234

『메놀로기온』 429

메메드 1세, 오스만 제국의 술탄 586, 588

메메드 2세, 오스만 제국의 술탄 75, 156, 557, 575, 586, 591, 593~595, 613~614

메토디우스, 성인, 슬라브족의 사도 291~292, 294~296, 299, 302, 428

메토디우스, 콘스탄티노플 총대주교 209, 259

메토키테스, 게오르기우스 564

메토키테스, 알렉시우스 541, 545

메토키테스, 테오도루스 73, 375, 529, 546

멜라니아, 두 성녀 113

멜리장드, 예루살렘 라틴왕국의 왕비 497

멜리테네 313~314

모넴바시아 213

모레아 517, 537, 548~550, 577, 580, 589, 591

『모레아 연대기』 517

모로시니, 토마소 505

모술 203

몬테카시노의 베네딕투스 수도원 418, 432, 492

몽골족 523, 584, 586, 602

몽테스키외 597~598

무라드 1세, 오스만 제국의 술탄 576~577, 580~581

무라드 2세, 오스만 제국의 술탄 573, 590~591, 603

무아위야 1세, 칼리프 212

무함마드, 예언자 23, 112, 202, 204, 208, 373, 604, 606

미리오케팔론 전투 503

미스트라, 모레아의 수도 453, 517, 548~553, 557, 577, 580

미카일 1세 콤네누스 두카스, 에피루스 군주 341, 452, 515

미카일 2세 황제 214, 256, 326

미카일 2세 콤네누스 두카스, 에피루스 군주 524~525

미카일 3세 황제 70, 259, 293, 297, 299, 310~311, 315, 374, 483

미카일 4세 황제 387, 442

미카일 5세 황제 387, 389, 448, 477

미카일 7세 두카스 황제 341, 357, 389, 446, 457~458

미카일 8세 팔라이올로구스 황제 375, 536~538, 548, 561~562, 564~565

ㅂ

바그다드 278, 281~282, 292, 332, 362, 476, 584, 601~602, 606

바랑기아 (부대, 근위대) 474, 477~479, 483, 522

바르나 573

바르바로, 니콜로 503, 576, 592

바를람 (칼라브리아의) 402~403

바리 411, 414, 418, 439~440, 468

바빌론 194, 476, 529

바실리우스 1세 황제 70, 89, 183, 283, 285, 299, 301, 310~311, 315, 346, 374, 383, 386, 396, 425, 446, 537

바실리우스 2세 황제(불가르족의 학살자) 150, 315, 322, 329~330, 337, 344, 363, 385, 386, 411, 413, 416, 418, 425~438, 441, 443, 445, 474

바실리우스 주교 (카이사리아의) 101, 109~110, 113, 181, 229, 392, 395, 418

바예지드 1세, 오스만 제국의 술탄 581, 584, 586, 589, 603

바이킹족 414

반달족 60, 79~80, 100~101, 161, 167

발렌스 황제 57~58, 61

발렌티니아누스 3세 황제 160

발사몬, 테오도루스 183, 187

베네딕토(베네딕투스) 16세 교황 605

베네치아 20, 175, 294, 332~333, 338, 407~414, 420, 422, 431~432, 455, 463, 470, 479, 484, 486, 501, 503~511, 515~516, 522, 532~533, 537, 547, 550, 567~568, 575, 580, 592~593, 599, 611, 613

베르타 (슈츠바흐의) 485

베르타(유도키아) 385

베리나 황후, 레오 1세의 부인 72, 225

베리투스(베이루트) 178~179, 182

베사리온, 요한네스 (니케아의) 522, 551, 556, 569, 575, 613

베스테스, 테오도루스 183

베잔트 29, 599

베코스, 요한네스 1세 563~565

벤하민 (투델라의) 475~476

벨리사리우스, 비잔티움 제국의 장군 154, 167~168, 426, 450

보고밀파 128, 301, 462~463, 466

보니파체 (몬페라토의) 515, 524

보두앵, 플랑드르 백작 505

보두앵 2세, 라틴 제국 황제 515, 536, 561

보리스 (보고밀파의) 128

보리스 1세, 불가리아의 칸 297, 299~300

보에몽 461, 465~466, 496, 500

보이티우스 165, 183, 567

볼테르 597~598

부르사(프루사) 538, 588, 591

부시코, 프랑스 사령관 581~582

불가리아 16, 23, 128, 183, 244, 245, 269, 285, 293, 296~297, 299~300, 302, 314~315, 324, 367~368, 373, 384, 400, 425~426, 432~433, 436~438, 441~442, 479, 482, 514~515, 539, 565, 577, 581

브라노스 540

브란코비치, 주라지 573

브로델, 페르낭 14

브리엔니우스, 니케포로스 460~461, 470

블라디미르 (키예프의) 132, 386, 416, 427~428

블라디슬라프, 이반 433, 437

블라스타레스, 마테우스 188

블란디나, 노예 소녀 96

비잔티온 38~39, 42, 88, 278

비탈리아누스 교황 211, 341

비티게스 168

ㅅ

사무엘, 불가리아의 차르 432~433, 436~437
산마르코 (광장, 대성당) 409, 411, 508
살라딘, 이집트 술탄 500, 502, 602
살레르노 414, 418, 451
샤를(카를로 1세) (앙주의) 525, 548, 561, 565
샤를 6세, 프랑스 국왕 581~582, 586
서고트족 30, 100~101
성 베드로 (대성당) 18, 124, 163, 211, 271, 295, 478
세르기우스 1세 콘스탄티노플 총대주교 64, 195, 215
세르비아 16, 23, 80, 188, 296, 302, 314, 400, 514, 539, 545, 565, 568, 573, 577
세트, 시메온 451~452
셀림브리아 61, 580
셀주크 룸 술탄국 464, 503
셀주크투르크족 71, 187, 439~441, 444, 446, 454, 464, 491~492, 495~496, 503, 521, 588, 602, 611
셉티미우스 세베루스 39, 88
소프로니우스, 예루살렘 총대주교 208, 234
솔로몬, 랍비 153, 476
수산나, 성녀 110
쉴레이만 576, 589
스구로스, 레오 514~515
스칸디나비아 반도 47, 204, 478, 556
스클레라이나, 마리아 379, 387
스킬리체스, 요한네스 305, 308~309, 379, 436, 439, 442, 454
슬라브족 64, 193~195, 213~215, 220, 291~293, 296, 302, 512, 567
시구르, 덴마크 왕 478
시나이테스, 그레고리우스 401, 403
시난 588~589
시노페 435
시돈 135
시르미움 48
시칠리아 섬 81, 212~213, 293
싱기두눔 194
스파르타 293, 475, 547~551, 553
스프란체스(프란체스) 77, 594
스테파누스 2세 교황 174
스테판 우로슈 4세, 세르비아 왕 545, 576
시나이 산 16, 28, 111~112, 138, 265, 395, 397, 400~401, 652
시메온 (대, 소), 성인 27, 110, 234
시메온, 메타프라스테스(번역자) 429
실로풀로스, 실베스테르 572, 574
실베스테르 2세 교황 418
심마쿠스 교황 163
십자군(1~4차) 23, 60, 66, 71~73, 125, 187, 189, 269, 279, 308, 334, 336, 357, 363, 374, 403, 411, 414, 461, 465, 469~470, 476, 478~479, 483~486, 491~497, 500~506, 508, 510~511, 513~517, 524~526, 531~532, 536~537, 546, 560~562, 566~567, 573, 581, 602, 611~612, 617

ㅇ

아나스타시우스 1세 황제 61, 145, 154, 162
아나스타시우스 2세 황제 64, 244
아넬루스(아넬로), 안드레아스 159, 172, 175
아담 (우스크의) 584
아드리아노플(에디르네) 39, 57, 433, 482, 524,

540, 576
아레타스 215, 293
아르기로풀라이나, 마리아 407, 411, 420
아르기로풀로스, 요한네스 411, 556
아르메니아 18, 70, 120, 187, 210, 244, 294, 301, 310~311, 314~315, 356, 373, 400, 431, 477, 479, 487, 588, 614
아르세니우스 (니케아의) 532, 536
아르카디우스 황제 60, 79, 160
아르키메데스 281, 531
아르타 509, 513, 524~525
아리스토텔레스 25, 182, 274, 288, 402~403, 452, 460, 531, 552, 555~557, 568, 606, 612
아리우스파(교리) 58, 96, 100~101, 160, 163, 168, 172~173
아말라순타 167
아말피 20, 400, 413~414, 418, 432, 455
아바르족 64, 194~195, 213, 294, 574
아바스 왕조 278, 281, 362, 601
아브드 알 말리크, 칼리프 18, 208, 212
아비도스 318
아우구스티누스, 성인 80, 101, 109, 123, 566~567
아우토레아누스, 미카일 526, 536
아카바(엘라트) 111
아카이아 515, 548~550, 561
아퀴나스, 토마스 402~403, 556~557, 563, 567
아크로이노스 전투 249
아크로폴리테스, 게오르기우스 563~564
아타나시우스, 성인 391, 396~397, 401
아타나시우스, 알렉산드리아 총대주교 107
아테네 28, 58, 101, 178, 182, 213, 255, 302,

325~327, 356, 433, 436, 479, 514~515, 517, 529, 549, 608~609, 615
아탈라리크 167
아토스 산 16, 71, 127, 283, 333, 347, 360, 391~394, 396~397, 399~401, 403, 405, 418, 428, 482, 545, 549, 568
아틸라 (훈족의) 80
아포스톨레스, 미카일 556
아포카우코스, 알렉시우스 539~542
아포카우코스, 요한네스 187, 525
아헨 173~174, 416, 494
안나 (사보이의) 539, 547
안나, 키예프의 블라디미르 부인 386
안드로니쿠스 1세 콤네누스 황제 189, 389, 501~502, 513, 521
안드로니쿠스 2세 팔라이올로구스 황제 529, 540, 564~565, 589
안드로니쿠스 3세 팔라이올로구스 황제 402, 539, 589
안드로니쿠스 4세 팔라이올로구스 황제 580~581
안키라(앙카라) 603
안테미우스 (트랄레스의) 151, 153
(성) 안토니우스 109, 392, 428
알라마노풀로스, 게랄트 484
알라리크 80
알렉산드로스 황제 39, 43, 238, 313
알렉산드리아 18, 39, 78, 81, 88, 98, 101, 104~105, 107, 112, 178, 182, 194, 234, 274, 282, 409, 451, 487, 503~504, 600, 613
『알렉시아스』 457, 461, 463, 465~467, 470~471
알렉시우스 1세 콤네누스 황제 94, 125, 374,

389, 413, 436, 444, 454, 457~458, 460~471, 478, 482, 492, 495~496, 521, 560
알렉시우스 2세 콤네누스 황제 359, 514
알렉시우스 3세 앙겔루스 황제 503~504, 515, 524, 526, 536
알렉시우스 4세 앙겔루스 황제 73, 510, 516
알베르트 (아헨의) 494
알 카즈위니 75
암미아누스 마르켈리누스 78
암필로키우스 285, 288
안티오키아 18, 48, 78, 81, 101, 104, 110, 179, 181, 194, 202, 234, 275, 311, 357, 373, 431, 465, 495~497
알 마르와지 72~73
알 화리즈미 282
에우게니우스, 성인 521~522
에우게니쿠스, 마르코스 569, 572, 574
에우게니쿠스, 요한네스 522
에큐메니컬 공의회 98~99, 101, 104~105, 113, 124, 163, 181, 216~217, 229, 250, 255, 269, 275, 297, 299, 337, 526, 555, 572
엑사르크, 총독 173
엘레오노르 (아키텐의) 485
엘리아스, 노르베르트 407
엘리아스 (코르토나의) 530
울라슬로 1세, 헝가리 왕 573
에게리아 111
에데사 229, 497
에디르네(아드리아노플) 39, 524, 576, 588
에리크, 덴마크 왕 478
에스파냐 26, 28, 58, 79, 81, 89, 124, 180, 204, 207~208, 274, 339, 369, 475, 484, 486,
493, 550, 600~601, 607, 614
에우게니우스 4세 교황 521, 569
에우프로시나 338
에페소스 105, 317~318, 322, 325, 451, 460, 487, 569, 574
에피루스 492, 512, 513, 515, 524~526, 530, 537, 565
예루살렘 18, 23, 28, 51, 104, 109, 113, 125, 154, 194~195, 202~203, 208~209, 234, 279, 312, 397, 464, 478, 491~492, 494~497, 500, 502~503, 505, 514, 517, 532, 561, 600, 602, 607, 610
오도 드 되이으 336
오르한 416, 538~539, 576
오스만 제국 23, 36, 73, 75, 156, 180, 210, 351, 392, 405, 416, 516, 523, 537~538, 549, 559, 569, 575~577, 581, 584, 586~587, 589~591, 593~594, 603~604, 614~615
오스만투르크족 513, 537, 602
오클로크라티아, 군중에 의한 지배 536, 542
오토 1세, 신성 로마 제국 황제 175, 365~366, 368, 415~416
오토 2세, 신성 로마 제국 황제 29, 386, 415~416
오틀로 (성 에메람 수도원의) 420
오흐리드 113, 187, 347, 433, 458, 524
올가 301, 367~368, 427
옵시키온, 비잔티움의 테마 210, 244
요셉 2세, 콘스탄티노플 총대주교 569
요한 (파르마의) 530~531
요한네스 1세 치미스케스 황제 311, 329, 344, 347, 361, 415, 426, 427, 431
요한네스 2세 콤네누스 황제 357, 389, 451,

460~462

요한네스 3세 바타체스 니케아 황제 529~530, 532, 551, 561

요한네스 4세 라스카리스 황제 342, 533, 537

요한네스 5세 팔라이올로구스 황제 540~541, 545~547, 549, 568, 577, 580~581, 603

요한네스 6세 칸타쿠제누스 황제 283, 403, 416, 539~540, 545, 548~549, 580, 589

요한네스 7세 팔라이올로구스 황제 580~581, 586

요한네스 8세 팔라이올로구스 황제 566, 569, 572~573, 586, 589, 591

요한네스 13세, 콘스탄티노플 총대주교 120

요한네스 크리소스토무스, 성인 120, 398

요한네스, 다마스쿠스의 성인 241, 265˜266, 279

요한네스, 문법학자(그람마티코스), 콘스탄티노플 총대주교 263~264, 266, 281

요한네스 오르파노트로포스 343, 389

우르바누스 2세 교황 464, 491~493, 508, 560

우무르, 투르크족 족장 541

울필라스 100, 167

위僞 코디누스 375

유대인(유대교) 18, 22, 26, 95~96, 165, 194, 203, 205, 242, 245, 254, 265, 313, 332, 413, 473~476, 487, 494, 497, 541, 544, 550, 565, 600~601, 605, 614

유도키아 바이아나 381

유세비우스, 카이사리아의 주교 48, 359

유스타티우스 로마이오스 184, 186, 450

유스타티우스, 트라키아의 주교 221, 394

유스티누스 1세 황제 144

유스티니아누스 1세(대제) 황제 14, 18, 27~28, 61, 68, 84~86, 94, 101, 111, 134~135, 144~145, 151, 152~156, 159, 167, 168, 172~174, 179, 317, 322, 343, 363, 369, 408

유스티니아누스 2세 황제 89, 213, 216~217, 219, 237, 254, 271, 325, 337, 325

유카이타 445

유클리드 281

유트로피우스 79

(소)유티미우스 394

유페미아 221

율리아누스 황제(배교자) 78~79, 96, 101, 168, 608

이그나티우스, 콘스탄티노플 총대주교 283, 285, 296, 299

이드리시 486

이레네 (크리소발란톤 수녀원의) 338

이레네 황후, 콘스탄티누스 5세의 부인 26, 150, 255~256, 264, 269, 271, 292, 339, 341, 343, 356~357, 367, 379~381, 389, 415, 457, 460~461, 463, 467~468, 482, 610

이베리아 294, 441~442

이븐 할둔 75

이비론, 아토스 산의 그루지야 수도원 399~400, 482

이스탄불 27, 35~36, 61, 75, 131, 156, 360, 437, 588~589, 594, 615

이슬람 13~14, 18, 22~23, 26~27, 64, 75, 112, 125, 129, 157, 193, 202~207, 209, 211, 213, 215~216, 219~220, 234, 242, 245, 248~250, 264~265, 268, 282, 292, 302, 312, 314, 332, 335, 338~339, 344, 354, 365, 393, 409, 439~440, 464, 486, 493,

495, 497, 500, 503, 508, 510, 538, 560, 562, 567, 584, 587, 589~590, 594, 599~607, 614
이사키우스 2세 앙겔루스 황제 341, 357, 436, 446, 479, 482, 503~504, 524
이시도루스 (밀레투스의) 151, 153
이시도루스 (키예프의) 551, 574~575, 592
이집트 22, 26, 28, 42~43, 48, 58, 77, 81, 84, 96, 98, 107, 110~112, 153, 173, 182, 202~203, 211, 223, 224, 287, 294, 313, 319, 335, 380, 392, 409, 476, 486, 491, 497, 500, 503, 599~602
이코니움(코니아) 444, 464
이탈루스, 요한네스 128, 453
인노켄티우스 3세 교황 503, 511, 516
인노켄티우스 4세 교황 532, 563

ㅈ

자카리아 가 539, 550, 591
자킨토스 섬 293
『전사』(프로코피우스의) 154~155, 168
정교의 승리 263
정기 시장 317, 325, 482, 486~487
제노 황제 162
제노바 75, 165, 418, 455, 470, 484, 501, 522, 530, 537, 539, 550, 580, 591~593, 611
제우스 43, 224, 237, 453, 553~554, 609
젤로트 540~547, 552
조시무스 35, 39, 48
조에, 황후, 여제 379, 383, 386~387, 389, 418, 431, 441, 448~449, 477, 610
조에 자우치나 황후, 레오 6세의 부인 357, 381

조프루아 드 빌라르두앵 71, 478, 503, 505~506, 515
주스티니아니 롱고, 조반니 592
지기스문트, 헝가리 왕 581
진실 십자가 194~195, 508

ㅊ

차라, 헝가리 도시 504~505, 516
청색당과 녹색당 86~87, 356, 361, 536

ㅋ

카나누스, 요한네스 590
카를(샤를마뉴), 프랑크 왕국의 왕 23, 174, 269, 271, 415
카리타이나 517
(성) 카리톤 109
카미체스, 유스타티우스 468
카마테루스, 요한네스 526
카스토리아 433, 476
카시아, 수녀 277, 609
카시오도루스 162, 165
카이루완(알카이라완) 204
카이사리아 48, 81, 101, 109~110, 229, 293, 359
카타리나 수도원 28, 112, 138, 217, 265, 395, 615, 652
카파도키아 110, 113, 327, 393, 397, 485
칸타쿠제누스 가 539~540, 548~549
칼데아 신탁 452, 612
칼라브리아 402, 414, 422, 440
칼레카스, 요한네스 12세, 콘스탄티노플 총대주교 539, 540, 545, 567

칼리니코스 308

칼리폴리스(갈리폴리) 576

칼케돈 105

칼케돈 공의회 52, 104~105, 107, 123, 215, 572

칼코콘딜레스 577, 580

케룰라리우스, 미카일, 콘스탄티노플 총대주교 124, 214, 421, 449, 484

케말, 무스타파(아타튀르크) 594, 615

케카우메노스 273, 275, 356, 442, 451, 479

케팔로니아 293

코니아테스, 니케타스 57, 73, 436, 500, 506, 562

코니아테스, 미카일 514

코라 수도원(카미예 카미) 73, 266, 375, 547

코라도 (몬페라토의) 500, 515

코르도바 28, 89, 204, 366, 601, 606

코르푸 섬 293, 524

코린토스 213~214, 325~326, 360, 514, 524, 531

코마테누스, 데메트리우스 113, 187, 524~525

코메르키아리오이 318

코소보 폴례(검은 새들의 들판) 전투 577

코스마스 인디코플레우스테스, 이집트 상인 599

코스마스, 환관 수도자 279, 347

코칼라스, 게오르기우스 541~542

콘라트, 독일 황제 502

콘스탄스 2세 황제 193, 211, 219

콘스탄티노플 공의회(2차, 6차, 8차) 58, 99, 104, 124, 266, 299

콘스탄티누스 4세 황제 212~213, 216, 326, 341

콘스탄티누스 5세 황제 68, 174, 249~250, 254, 256, 259, 264, 266, 269, 278, 357, 379~380, 415, 426

콘스탄티누스 6세 황제 150, 255~256, 292, 317, 341, 356, 381

콘스탄티누스 7세 포르피로게니투스 황제 89, 150, 288, 301, 308, 311, 314, 332, 340, 342, 344, 363, 365, 367~369, 374, 384~386, 415, 425~427, 429

콘스탄티누스 8세 황제 386, 411, 427, 431, 440~442

콘스탄티누스 9세 모노마쿠스 황제 123~124, 186, 379, 387, 399, 421, 439, 440~446, 448, 451

콘스탄티누스 10세 두카스 황제 389, 453

콘스탄티누스 11세 팔라이올로구스 황제 77, 94, 375, 589, 591~593, 608

콘스탄티누스, 니콜레이아의 주교 248

콘스탄티우스 2세 황제 51

콤네나, 안나 150, 288, 389, 457, 461, 463, 465, 494, 496, 500, 609

콤네누스, 알렉시우스 1세 94, 125, 374, 389, 413, 436, 444, 457, 467, 469, 471, 478, 492, 521, 560

콤네누스 왕조(가) 359, 389, 445, 454, 457, 463, 482, 521

콤네누스, 이사키우스 482

콥트(교도, 교회) 107

크레타 섬 27, 81, 245, 310~311, 362, 398, 426, 513, 515, 575, 592

크로아티아 373, 504

크리소폴리스 38, 42

크리솔로라스, 마누엘 582, 612

크세노스, 요한네스 398

크세로포타미테스, 파울루스 396

크시필리누스, 요한네스 186, 445, 522

크테시폰 195, 203

클레멘스, 성인 292, 295

클레멘스 4세, 교황 561~562

클레이디온 전투 432

키도네스, 데메트리우스 542, 551, 567, 569, 587

키도네스, 프로코로스 567

키릴루스, 알렉산드리아 총대주교 105

키릴루스, 슬라브족의 사도 291~292, 295, 299, 302, 428

키릴 문자 291

키비르라이오톤 210, 245

키예프 132, 301, 365, 367, 369, 371, 386, 416, 427~429, 442, 478, 551, 574, 592

키오니아데스, 게오르기우스 523, 567, 609

키오스 섬 442, 592~593

키지코스 212, 285, 588

키케로 78, 183, 274, 567

키프로스 섬 27, 81, 211, 311, 465, 514, 516

킬리지 아르슬란, 술탄 503

ㅌ

타라시우스, 콘스탄티노플 총대주교 255, 278, 283, 286

타마르, 그루지야 여왕 521

테네도스 섬 568

테베 327, 476, 514~515, 531, 549

테살리아 153, 293, 432, 514, 524

테오다하트 167~168

테오도라 황후, 유스티니아누스 1세의 부인 85, 145, 150, 155, 159, 168, 172, 317, 343

테오도라 황후, 테오필루스 황제의 부인 150, 259, 320

테오도라, 비잔티움의 여제(1055~1056) 26, 151, 264, 269, 271, 315, 356, 379, 386~387, 389, 394, 441, 448~449, 610

테오도라, 성녀, 에피루스의 미카일 2세 부인 525~526, 536

테오도루스 1세 콤네누스 두카스, 에피루스 제국의 황제 524~525

테오도루스 1세 라스카리스, 니케아 제국의 황제 515, 526, 529

테오도루스 2세 라스카리스, 니케아 제국의 황제 529, 532, 561

테오도루스, 성인, 스투디오스 수도원장 278~279, 313, 392, 395

테오도레투스, 키루스의 주교 135

테오도리쿠스, 동고트족의 왕 80, 100, 161~163, 165, 167~168, 172~173, 175

테오도시우스 1세 황제 58, 60, 79, 104, 160, 594

테오도시우스 2세 황제 71, 88, 91, 161, 178

테오도시우스 3세 황제 244~245

테오도테 357

테오파네스, 고백자 195, 213, 248, 279, 317, 475

테오파네스, 니케아 대주교 563

테오파노, 오토 2세의 부인 29, 386, 415~416, 418, 420~422

테오파노 황후, 레오 6세의 첫 부인 381

테오파노 황후, 로마누스 2세와 니케포루스 2세의 부인 150, 426

테오필루스, 점성가 278

테오필루스 황제 87, 150, 184, 259, 281, 292, 320

테오필락투스 (오흐리드의) 347, 349, 458

테옥티스투스, 환관장 259, 292, 344

토마스, 슬라브족 214

토로스(타우루스) 산맥 135, 207, 210, 425, 600
토르니케스, 게오르기우스 451, 457
토스카넬리, 파올로 556
톨레도 207
통합칙서(1439) 573
투르노보 514
투르크족 68, 129, 187, 294, 371, 375, 377, 403, 405, 455, 461, 463~466, 468~470, 491~492, 497, 502~503, 523, 530, 538~539, 541, 544~547, 549~550, 557, 559~560, 568~569, 574, 576, 580~581, 586~588, 590~592, 599, 602~603, 606, 614
트라케시온, 비잔티움의 테마 210, 245
트라키아 61, 84, 210, 221, 287, 319, 325, 482, 514, 537, 539, 576, 580
트라페준티오스, 게오르기우스 556
트레비존드(트라브존, 트라페주스) 28, 396~397, 509, 512~513, 515, 521~523, 525, 537, 551, 556, 603
트제트제스, 요한네스 473~474, 485
티라(산토리니) 섬 248
티레 135
티무르(태멀레인) 584, 586

ㅍ

파코미우스, 이집트 군인 109, 392
파쿠리아노스, 그레고리우스 482
파쿠리아노스 가 479
파트라스(파트라이) 213~214, 293, 550
파티마 왕조 491, 497, 602
판노니아 293, 295

팔라마스, 그레고리우스 401~403, 542, 546
팔라이올로구스, 게오르기우스 465, 468
팔라이올로구스, 데메트리우스와 토마스 형제 591
팔라이올로구스, 미카일 341, 375, 483, 533, 536, 541~542, 561
팔라이올로구스, 안드레아스 541, 545, 546, 548
팔라이올로구스 왕조 390, 537, 540, 541, 549
팔라이올로구스, 테오도루스 577
팔라이올로기나, 헬레나 610
페라라-피렌체 공의회 403, 555, 572~573, 611~612
페체네그족 371~372, 436, 440, 442, 444, 454, 465, 482
페타르 (불가리아의) 384
페트리초스(바츠코보) 482
펠로폰네소스 반도 128, 194, 213, 292~293, 346, 432, 453, 486, 514~515, 517, 537, 549~550
포르피로게니투스 342, 369, 379, 383~385, 387, 389~390, 415, 425
포카스 385, 427, 445
포카스, 페테르 337
포카스 황제 94, 276, 311~312, 337, 365~366, 396~397, 401, 415, 426
포크 407, 420~422
포티우스, 콘스탄티노플 총대주교 89, 183, 238, 263, 268, 283, 285~288, 291~292, 294, 296~297, 299~302, 311, 429, 560, 608
푸셰 (샤르트르의) 493
푸아티에 23, 208
풀케리아 52, 72, 105
프란체스코 수도회(수도승) 27, 516, 530, 532,

536

프레스바 433
프로노이아 제 483
프로이코네소스 588
프로코피우스 68, 85, 111, 131, 145, 150, 152, 154~155, 168, 338
프로토스파타리오스 330~331
프리드리히 바르바로사(붉은 수염왕 바르바로사) 503
프셀루스, 미카일 186, 387, 436, 445~446, 448, 451~454, 467, 609, 613
프톨레마이오스 278, 281, 452
플라누데스, 막시무스 183, 566~567, 613
플레톤, 게오르기우스 게미스투스 25, 128, 403, 453, 551, 552~558, 609, 612
피렌, 앙리 204
피렐포, 프란체스코 612
피사 418, 455, 470, 484, 501
피사넬로 573
피에르, 은자 493
피치노, 마르실리오 556, 612
피핀 174, 415
필라가토스, 요한네스 422
필라델피아 514
필로테오스 342
필리피쿠스 바르다네스 황제 70, 278, 341

ㅎ

하드리아누스 2세 교황 295, 299
하랄드 하르드라다 477
하르메노풀로스, 콘스탄티누스 188~189
하룬 이븐 야흐야 353, 368

하자르족 66, 138, 292, 294, 379~380, 384
헤라클리우스 황제 52, 64, 181, 194~195, 202, 211, 219, 234, 287, 373, 380, 408, 475
헤시카슴 401~403, 542, 568, 614
헨리 4세, 잉글랜드 국왕 582, 586
헬라스, 비잔티움의 테마 213, 293, 310, 325, 432
헬레나, 콘스탄티누스 1세의 모후 51~52, 104, 576, 610
헬레나 칸타쿠제네 황후, 요한네스 5세 팔라이올로구스의 부인 545
헬레나 황후, 콘스탄티누스 7세의 부인 311, 367, 385, 591
호노리우스 황제 27, 60, 79, 160
호메로스 16, 274, 313, 461, 487, 608
호스로우 2세, 왕 중의 왕 195
호시오스 루카스 수도원 128
환관 72, 79, 214, 292, 310, 331, 335~339, 342~344, 346~347, 349, 351, 356~357, 359, 365, 369, 385, 387, 389, 396, 407, 415, 422, 426~427, 597~598, 616
후냐디 (트란실바니아의) 573, 593
후안, '에스파냐 사람' 484
훔베르트, 실바 칸디다의 추기경 124, 421, 449, 484, 561
흘루도프 시편집 263
히메리우스 278
히에리소스 394, 396
히파티우스 145

14주제 비잔티움 법전 181

비잔티움—어느 중세 제국의 경이로운 이야기

1판 1쇄 2010년 10월 18일
1판 9쇄 2024년 7월 8일

지은이   주디스 헤린
옮긴이   이순호
펴낸이   강성민
편집장   이은혜
마케팅   정민호 박치우 한민아 이민경 박진희 정유선 황승현
브랜딩   함유지 함근아 고보미 박민재 김희숙 박다솔 조다현 정승민 배진성
제작   강신은 김동욱 이순호

펴낸곳   (주)글항아리 | 출판등록 2009년 1월 19일 제406-2009-000002호

주소   10881 경기도 파주시 심학산로 10 3층
전자우편 bookpot@hanmail.net
전화번호 031-955-2689(마케팅) 031-941-5158(편집부)
팩스   031-941-5163

ISBN   978-89-93905-38-0 03900

잘못된 책은 구입하신 서점에서 교환해드립니다.
기타 교환 문의 031-955-2661, 3580

www.geulhangari.com